本書の使い方

世紀ごとの世界全図ページ

時代の概観
その世紀の歴史の大きな流れを，事件や政治の動きを中心に解説しています。

結びつく世界
その時代の世界的規模での地域の結びつきを解説しています。世界が，どのように一体化していったのかを理解するのに役だちます。

地域インデックス
その時代の各地域の歴史が，時代別・地域別通史ページのどこで扱われているかを示しています。

地図にアクセス
世界全図を見るときの導入やきっかけとなる視点を，身近で具体的な当時の交流にかかわるトピックから解説しています。
Tryでは，実際に地図へ入り込んでいく際の活動を示しています。

当時の日本
なじみのある日本の歴史が，当時の東アジアをはじめとした世界の動きと，どのような関係や影響のもとで展開したかを解説しています。

地図上の④は図版番号と対応しています。

QRコンテンツ 動画でふり返る20世紀のその瞬間

歴史上の著名な事件・演説を動画で確認し，実際の音声で聞くことができます。スマートフォンやタブレットなどのコード読み取りアプリで左のQRコードを読み取ると，動画一覧ページが閲覧できます。下のアドレスから，QRコードにアクセスすることもできます。

https://ict.teikokushoin.co.jp/materials/escalier/2023/

国名略記号

米	アメリカ	中	中国
英	イギリス	独	ドイツ
伊	イタリア	土	トルコ
印	インド	日	日本
豪	オーストラリア	仏	フランス
墺	オーストリア	普	プロイセン
蘭	オランダ	葡	ポルトガル
西	スペイン	墨	メキシコ
ソ	ソヴィエト連邦	露	ロシア

※ QRコンテンツへのアクセスの際に発生する通信料は，各自のご負担となります。※※ QRコードは，（株）デンソーウェーブの登録商標です。

時代別・地域別の通史ページ

🏛 は世界遺産登録の文化財。

時代の扉
各テーマの導入となるコーナーです。テーマをイメージできる歴史的な名場面をはじめ，テーマの本質にかかわる身近で具体的な題材を扱っています。

？クイズ
なぞ解きを通して，世界史を楽しみながら学べます。探す，数える，比較する，選ぶといった，さまざまな活動を取り入れています。

ポイントチェック
各テーマの重要事項を，短時間で簡単に確認できる選択式の作業コーナーです。学習のまとめや整理に役だちます。

文化の特設ページ「アートにTRIP」

Q1
各文化を代表する絵画や彫刻などを，楽しみながら味わうことができるクイズです。なぞ解きをしながら，各文化の特色も理解することができます。

アートの社会背景
各文化を生み出した社会背景を確認するコーナーです。当時の政治や経済の動きが，文化の形成にどのように関連していたのかを理解できます。

読み解きチャレンジ

歴史資料を読み解く
3つのステップを順に追うことで，歴史資料を読み解く方法を学べます。

コラムの種類

more
テーマとしてさらに掘り下げて解説しています。

人物の生涯やエピソードを紹介しています。

プチ 知って得する豆知識を紹介しています。

追跡！歴史の真相

あの事件の真相は？
事件や出来事の確認と，真相に迫っていけるように「なぜ」を引き出す問い。

この人にインタビュー
当事者たちがどのように考え，行動したかを小説のように読み進められます。

I

世界史上の人物

さあ，これから世界史の学習が始まります…とその前に，あなたは世界史上の人物で気になる人はいますか？ 歴史映画や歴史マンガの登場人物で，お気に入りの人がいるかもしれません。ここでは，あなたの性格を診断する中で，気が合いそうな世界史上の人物を紹介します。簡単な質問に答えるだけなので，気軽な気持ちでやってみましょう！

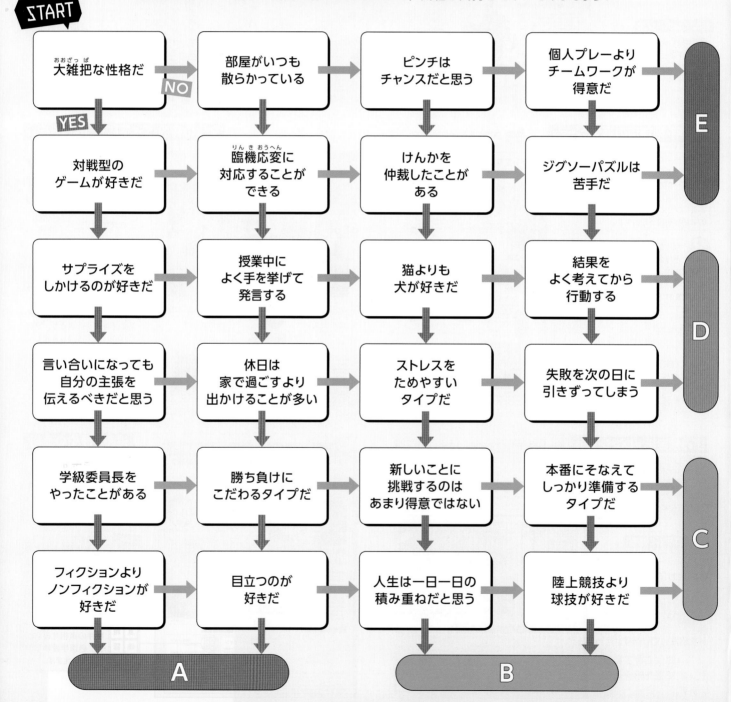

START

大雑把な性格だ	部屋がいつも散らかっている	ピンチはチャンスだと思う	個人プレーよりチームワークが得意だ → **E**
対戦型のゲームが好きだ	臨機応変に対応することができる	けんかを仲裁したことがある	ジグソーパズルは苦手だ →
サプライズをしかけるのが好きだ	授業中によく手を挙げて発言する	猫よりも犬が好きだ	結果をよく考えてから行動する → **D**
言い合いになっても自分の主張を伝えるべきだと思う	休日は家で過ごすより出かけることが多い	ストレスをためやすいタイプだ	失敗を次の日に引きずってしまう →
学級委員長をやったことがある	勝ち負けにこだわるタイプだ	新しいことに挑戦するのはあまり得意ではない	本番にそなえてしっかり準備するタイプだ → **C**
フィクションよりノンフィクションが好きだ	目立つのが好きだ	人生は一日一日の積み重ねだと思う	陸上競技より球技が好きだ →

A　　　　**B**

A にたどり着いたあなたは…
ビシバシリーダータイプ の 始皇帝（しこうてい）と気が合うかも!?

あなたの診断結果

あなたは積極的で決断力があるリーダータイプ！人とかかわり合うことが好きで，多くの人から頼りがいがあると思われている人気者です♪ そんなあなたは………始皇帝と気が合うかもしれませんね！

始皇帝ってどんな人？

年	始皇帝略年表
前259	趙の都邯鄲（かんたん）に生まれる
247	秦（しん）の王となる
237	親政開始
221	戦国諸国を統一し，初代「皇帝」に全国で郡県制を実施
214	大運河建設に着手
213	焚書（ふんしょ）・坑儒（こうじゅ）（〜212）
210	死去（49歳）

コツコツ度
ノビノビ度
ビシバシ度
ワクワク度
ニコニコ度

基礎データ
生没年：前259〜前210（位前221〜前210）
出　身：邯鄲（かんたん）（現中国）
肩　書：中国初代皇帝

始皇帝って何をした人？

一言でいえば，私は中国最初の統一王朝をつくり，「皇帝」を名乗ったんだ！

これは私が行った統一政策の文字の一部だが… 何の統一に関するものだろうか？ p.68 から探してみよう！

始皇帝に迫る！

彼は，法家（ほうか）（➡ p.67）の思想を統治の基礎として，古い体制を打破（だは）した，力強いリーダーです。広大な中国を一つの国家として成り立たせるために，文字や貨幣，度量衡（どりょうこう）（ものさし・升・はかり）の統一など政治・経済の一体化を行いました。一方で，自分の方針に反するものは弾圧（だんあつ）するなど，自己中心的な人物だったともいえます。

関連ページ p.68「秦」

B にたどり着いたあなたは…
ニコニコ仲介者（ちゅうかいしゃ）タイプ の アウグストゥスと気が合うかも!?

あなたの診断結果

あなたは面倒見がよく，人と人との間を取り持つことが得意な仲介者タイプです！また，まわりの人に信用されていて，付き合いやすいと思われているかも。そんなあなたは………アウグストゥスと気が合うかもしれませんね！

アウグストゥスってどんな人？

年	アウグストゥス略年表
前63	ローマに生まれる
44	カエサル，暗殺される
43	第2回三頭政治開始
31	アクティウムの海戦で勝利
27	元老院からアウグストゥスの称号を得る 元首政開始（初代ローマ皇帝に就任）
後14	ポンペイ近郊で死去（77歳）

コツコツ度
ノビノビ度
ビシバシ度
ワクワク度
ニコニコ度

基礎データ
生没年：前63〜後14（位前27〜後14）
出　身：ローマ（現イタリア）
肩　書：ローマ帝国初代皇帝

アウグストゥスって何をした人？

一言でいえば，私は内乱をおさめ，ローマ帝国繁栄の礎（いしずえ）を築いたんだよ！

これは私が神々の子孫であることを示すキューピッドなのだが… どこにいるかわかるかな？ p.53 から探してみてね！

アウグストゥスに迫る！

彼が始めた元首政（げんしゅせい）は，ローマの伝統である共和政の枠を尊重するものだったので，人々に安心感を与えました。また，虚弱（きょじゃく）体質だった彼は，体力を消耗（しょうもう）する軍事などの苦手分野を部下に頼りました。部下もまた彼に信頼をよせて，お互いによい関係を築きました。

関連ページ p.52 〜 53「古代ローマ」

C にたどり着いたあなたは…

ワクワク革新者タイプ の ピョートル1世 と気が合うかも!?

あなたの診断結果

あなたは知的好奇心や創造性が高い革新者タイプです！素早く決断し行動力抜群なので，エネルギッシュな人と思われているかも。そんなあなたは………ピョートル1世と気が合うかもしれませんね！

ピョートル1世ってどんな人？

年	ピョートル1世略年表
1672	モスクワに生まれる
89	ネルチンスク条約締結
97	西欧使節団の派遣
1700	北方戦争の開始
03	サンクトペテルブルク建設開始
21	ニスタット条約 バルト海の覇権を握る
25	死去（52歳*）

＊誕生日が来る前に死去

基礎データ
生没年：1672〜1725（位1682〜1725）
出　身：モスクワ（現ロシア）
肩　書：ロマノフ朝第5代皇帝

ピョートル1世って何をした人？

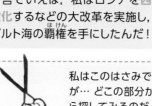

一言でいえば，私はロシアを西欧化するなどの大改革を実施し，バルト海の覇権を手にしたんだ！

私はこのはさみで顔のある部分を切ったのだが… どこの部分かわかるだろうか? p.129から探してみるのだ！

ピョートル1世に迫る！

ロシア近代化のために西欧を視察した彼は，持ち前の好奇心と行動力で，オランダの造船工場では職人にまじって働き，自ら技術を身につけました。帰国後，取得した西欧の知識・技術を生かし，教育・医療の普及や軍事改革，経済政策を強力に進めました。しかし，急激な改革や増税は反発を招き，反乱が相次ぐことになりました。

関連ページ p.129「ロシアの西欧化」

D にたどり着いたあなたは…

ノビノビ楽観主義者タイプ の 徽宗(きそう) と気が合うかも!?

あなたの診断結果

あなたは物事を楽観的にとらえ，難しい状況も気にせず対処することができる楽観主義者タイプです！また，リラックスが上手でいつもストレスフリー♪ そんなあなたは………徽宗と気が合うかもしれませんね！

徽宗ってどんな人？

年	徽宗略年表
1082	北宋の都開封に生まれる
1100	北宋皇帝に即位
20	江南で方臘の乱起こる（〜21）
25	金が侵入し，子の欽宗に譲位
26	欽宗とともに金の捕虜となる（靖康の変，〜27）
27	北宋滅亡
35	捕虜のまま，五国城（現黒竜江省）で死去（52歳*）

＊誕生日が来る前に死去

基礎データ
生没年：1082〜1135（位1100〜25）
出　身：開封（現中国）
肩　書：北宋第8代皇帝

徽宗って何をした人？

一言でいえば，私は皇帝でありながら趣味に没頭し，文化の黄金時代をつくったんだよ！

これは私が描いた絵画の一部なのだが… p.82〜83から探し出してどのような絵画か鑑賞してみてね！

徽宗に迫る！

彼は詩・書・画にすぐれ一流の芸術家として，風流天子(ふうりゅうてんし)（文化人皇帝・遊び人皇帝）とよばれました。北方諸国から圧力を受けるなか自らの趣味に没頭できた楽天家ですが，国を治める皇帝としては無責任でもありました。政治には熱心でなく，芸術活動の資金づくりのために，民衆に重税を課し，反乱を引き起こしました。

関連ページ p.81「宋②」，p.82〜83「宋代の生活と文化」

E にたどり着いたあなたは…
コツコツ努力家タイプ の サラディン と気が合うかも!?

あなたの診断結果

あなたは真面目で責任感が強く，人一倍勤勉な努力家タイプです！また，時間や身の周りの秩序をきちんと守るしっかり者♪そんなあなたは………サラディンと気が合うかもしれませんね！

サラディンってどんな人？

年	サラディン略年表
1138	イラクに生まれる
69	アイユーブ朝創建
87	イェルサレム奪回
89	第3回十字軍と戦う（アッコをめぐる攻防，～92）
92	キリスト教のイェルサレム巡礼を認める
93	ダマスクスにて死去（55歳）

基礎データ
生没年：1138～93（位 1169～93）
出　身：ティクリート（現イラク）
肩　書：アイユーブ朝初代スルタン

サラディンって何をした人？

一言でいえば，私はイスラーム勢力を結集して十字軍を破り，イェルサレムを奪回したんだよ！

彼は第3回十字軍を率いたイギリス王だが…ムスリム捕虜に何をしているだろうか？ p.108から探してみてくれ！

サラディンに迫る！

十字軍はたびたびムスリムを虐殺しましたが，彼は異教徒の虐殺には手を染めず，責任をもってキリスト教徒を捕虜として扱い，身代金によって解放しました。若いときから文武ともに誉れが高く，出世して責任ある職につくとともに贅沢をやめるなど，より堅実に努力しました。

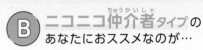

関連ページ ▶ p.108「十字軍」

タイプ別 おススメの特集ページ

A ビシバシリーダータイプのあなたにおススメなのが…

▶p.192 追跡！歴史の真相「世界が震えた13日間！キューバ危機の真相！」

米ソが鋭く対立し，世界が全面核戦争の危機を迎えたキューバ危機。米ソのリーダーはそれぞれどのようなリーダーシップを発揮したのか見てみましょう。

B ニコニコ仲介者タイプのあなたにおススメなのが…
▶p.92 アートに TRIP「はなやかな清朝の皇帝たちと東西文化交流！」

清朝の皇帝が推進したはなやかな東西異文化交流。皇帝たちは，ヨーロッパの文化をどのように取り入れて自らの文化と融合させていったのか見てみましょう。

C ワクワク革新者タイプのあなたにおススメなのが…
▶p.212～213 アートに TRIP「これって芸術？20世紀アーティストたちの挑戦！」

20世紀の芸術家たちは，画期的な手法でそれまでの芸術観を大きく転換しようとしました。3種の新しいアートを通して革新的な発想に触れてみましょう。

D ノビノビ楽観主義者タイプのあなたにおススメなのが…

▶p.132～133 アートに TRIP「贅沢こそ至高！ロココの必須アイテム7選！」

ポンパドゥール夫人とマリ＝アントワネットがロココ様式の7つのアイテムを紹介します。リラックスしながら，贅沢で享楽的な文化にひたってみましょう。

E コツコツ努力家タイプのあなたにおススメなのが…

▶p.116～117 アートに TRIP「美の競演！巨匠たちのめざした理想とは!?」

ルネサンスの巨匠ミケランジェロとラファエロ。彼らの作品群を通して，緻密な構図や繊細な表現技法を味わってみましょう。

（漫画）
ねぇ，最近イフスタどう？　う〜ん
面白い投稿ないかな〜
え! なにこれ，マジヤバイ!!
これって…　ザビエルじゃない!?
ホントだ…　フォロワー，キリスト教の人ばっかり
めちゃ気になる! ちょっと見てみよ〜

① 我が名はフランシスコ＝ザビエル!

 Ifstagram

フランシスコ＝ザビエル
聖フランシスコ・ザビエル像〈神戸市立博物館蔵〉

  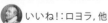 いいね!：ロヨラ, 他

ザビエル　日本に初めてキリスト教を伝えるために，ポルトガルから来ました‼ この絵は日本の信者さんが描いてくれたんです✨一番下には，万葉仮名で「瑳布落怒青周呼山別論廖瑳可羅綿都」って書いてあります🖊

コメント6件すべてを表示

◀ コメント

島津貴久（薩摩の戦国大名）よく鹿児島に来てくれた👍 日本気に入った？ところで心臓飛び出ちゃってるけど👀 大丈夫か!?

　　ザビエル @島津貴久 布教を許してくださってありがとうございます※😃 日本人，私たちが知ってる異教徒の中で最高です✨✨✨ この心臓は，キリストへの燃える愛を表しているんですよ🖤　　※のちに禁止されました

大内義隆（長州の戦国大名）山口にも寄ってくれてありがとね〜😆 お土産の銃とか時計とか，すっごい気に入った〜✨あとさ，ずっと気になってたんだけど，変わったヘアスタイルだよね？

　　ザビエル @大内義隆 うっ😵 ついに触れてしまいましたね…これはトンスラという，当時のカトリック修道士定番の髪型なんですよ! 決して自然に抜けたのではなく💦わざとなんですからね!!

大友宗麟（豊後の戦国大名）大分でもキリスト教広めてOKよ😃👍✨あのさ，十字架のキリストが光ってるのはわかるんだけど，その下の文字も光ってるのはどうして？

　　ザビエル @大友宗麟 この文字は「IHS」って書いてあるのですが，イエスのことを意味しています😊 このIHSに十字架を付けたマークが，私の所属するキリスト教カトリックの組織イエズス会の紋章なのです…✨

ザビエル，戦国大名たちといい感じだね! でもさ，なんでポルトガルからわざわざ日本に来たのかなぁ？

う〜ん，次の投稿見てみよっか〜なんかわかるかも

② 大航海時代の波に乗れ！

フランシスコ＝ザビエル
発見のモニュメント〈リスボン, ポルトガル, 1960年〉

@ヴァスコ＝ダ＝ガマ

@マゼラン

ザビエル あれは1541年のこと…リスボンから喜望峰経由で布教の旅に出発しました‼ ここでは世界一周したマゼランさんたちと一緒に, 私もモニュメントになってます✨ 時は大航海時代, スペイン🔵は（ A ）に, ポルトガル🔵は（ B ）に進出していったのです🏃 私もポルトガル国王から, アジアにカトリックを広めるよう命を受けたのです💪

Q A・Bそれぞれにあてはまる言葉を次から選んでください！
❶アジア ❷新大陸

#p.120 に #大航海時代 の勢力範囲の地図あるよ

フランシスコ＝ザビエル
聖フランシス修道院聖堂〈オールド＝ゴア, 16世紀〉

ザビエル インドのゴアはかつてポルトガル領で,「東洋のローマ」と言われるくらい繁栄していました✨ 私も訪日前は, ここや同じくポルトガル領のマラッカを拠点にして布教したんですよ！

#ザビエル の #ミイラ も #ゴア の #ボム＝ジェズ教会 にあるよ

そっか, このころ世界は大航海時代だったんだ！

ザビエルって日本だけじゃなくて, インドとかでもがんばってたんだね〜

③ 世界にカトリックを広めるのだ！

フランシスコ＝ザビエル
イエズス会の創設〈イエズス会礼拝堂蔵, ローマ〉

@ローマ教皇

@イグナティウス＝ロヨラ

ザビエル これは, わが友ロヨラがイエズス会創設の嘆願書を出したところです✝ このころヨーロッパでは宗教改革⚡ が広がっていて, カトリックの長であるローマ教皇は, プロテスタントの勢力を何としても抑えたかったのです🔥 ロヨラの嘆願は認められました🎉✨✨

#こちらの #教皇 は #贖宥状 をばらまいた #レオ10世 じゃないよ #ロヨラ のことは #p.119 を見てね

フランシスコ＝ザビエル
マリア十五玄義図〈京都大学研究資源アーカイブ提供〉

ザビエル この絵も日本人が描いてくれたのですが…上半分に聖母マリア, その下には私（髪型でわかるでしょ😄）とロヨラが描かれてます😆💪 ロヨラとはパリ大学の寮で部屋が一緒だったんだよね〜😊

#ここにも #イエズス会 のマーク！探してみてね

な〜んか意外と面白かった‼ ザビエルの投稿（笑）歴史が急に身近に思えてきたよ

あなたは誰のifstagramを見てみたい？どんな投稿になるか想像してみよう！

Q の解答 A ② B ①

特集 もしも ペリーが twifter を使ったら

※この特集は、"もしも歴史上の人物が短文発言SNSを使ったらこのような投稿をするかもしれない"という仮設定の上で構成しています。

暇つぶしにちょっと
ツイフター見てみよ〜

あれ!?このツイート，
バズってない!?

これって…
あのペリーの
ツイート!?

カイコク シテクダサ〜イ
たしかペリーって
日本を
開国させた人
だったよね…?

面白そう！
ちょっと
見てみよ〜

① ワタシの名前はペリーです！

東インド艦隊司令長官ペリー @MatthewPerry
ちょっと待て，これ全部ワタシ…!?

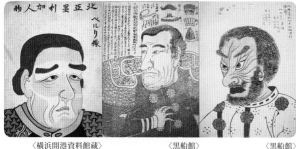
〈横浜開港資料館蔵〉　〈黒船館〉　〈黒船館〉

♡5.5K　♡5.7K

ペリーに同行した画家 ハイネ @WilhelmHeine
返信先：@MatthewPerry さん
ウケる…ペルリ(笑)日本人は表現力が豊かだね〜私が
写実的に描いたペリーはこんな感じ。安心した(笑)？

〈横浜開港資料館蔵〉

江戸の瓦版絵師 @Kawaralove 返信先：@MatthewPerry さん
ペルリさんはたれ目で天狗級にこわい顔，手には鷹
の爪が生えているって聞いたけどなぁ！

ペリー 返信先：@kawaralove さん
普通の人間デース！部下は陰で"熊おやじ"って呼ん
でるみたいですが。。。

ペリー @MatthewPerry
ちょっと待て，パートツー！これ本当にワタシの船…!?

〈神奈川県立
歴史博物館蔵〉

♡5.0K　♡5.5K

ペリー 返信先：@MatthewPerry さん
本物はこんなんだよ！これは，初め訪日した4隻のう
ち私が乗っていたサスケハナ号で，大型蒸気船です！

サスケハナ号
建造年：1850年
トン数：2450トン
艦の長さ：257フィート
乗組員数：300人
備砲数：9砲

〈横浜開港資料館蔵〉

江戸の狂歌師 @kyokalove 返信先：@MatthewPerry さん
おおおおお…いい歌できたよっ…！泰平のねむけを
さます上喜撰たった四はいで夜も寝られず

ペリー 返信先：@kyokalove さん
上喜撰…?日本語ベリーディフィカルト！

江戸の狂歌師 @kyokalove 返信先：@MatthewPerry さん
上喜撰っていうのはお茶の銘柄だよっ！お茶のカフェ
インで眠れない，蒸気船はこわくて眠れないってん
で，言葉遊びだよっ

ペリー，当時の日本人
に大注目されてるね！
そういえば，なんでペ
リーって日本を開国さ
せたかったんだろう…？

ペリーのトップ
画面から
見てみよ〜

② 鯨！そして貿易の中継地！
〜ペリー来航の目的

〈横浜開港資料館蔵〉

日本の近くでとれた鯨の油が産業革命を動かしていたなんて驚きだね！

アメリカが貿易で輸出してたのも産業革命で生産されたものでしょ？ ペリー来航って産業革命にめちゃ関係してる〜

東インド艦隊司令長官ペリー ⚓ @MatthewPerry フォローする
日本のみなさん，開国してください！　誕生日：1794年4月10日

ペリー @MatthewPerry
このジャイアントな生き物！なんだかわかりますか？ 今回の訪日の目的の一つです。オホーツク海など日本近海で鯨がとれること，わかってきました。捕鯨船の補給地として日本はベスポジです！

江戸の漁師 @fishlove 　返信先：@MatthewPerry さん
鯨？アメリカ人は鯨の肉がそんなに好きなのかい？

ペリー 　返信先：@fishlove さん
フフフ…日本の皆さんはまだ知らないことです…鯨の油はランプを灯したりマシーンを動かしたりするために必須なのです！ 19世紀半ばのアメリカは産業革命真っ只中ですから！

ペリー @MatthewPerry
そして長い船旅の中継地点！ 中国と貿易するときに日本を中継地にして，船の燃料の石炭やウォーター，食料を補給したいのです。これが訪日の目的パートツーです。

江戸の漁師 @fishlove 　返信先：@MatthewPerry さん
あんなにでっけぇ船持ってるんだから，補給なんて言わねぇで全部積んでくりゃあいいじゃねぇか！

ペリー 　返信先：@fishlove さん
アナタ，まさかワタシが（ A ）横断して来たと思ってないよね…？ ワタシが来航したルートは，（ B ）経由です！

Q1
A・Bそれぞれにあてはまる言葉を次から選んでください！
❶太平洋　❷大西洋
ヒント p.32〜33の地図を見てください！

まずワタシはアメリカ東海岸のノーフォークから出発してます。西海岸まで出るとしたら，馬とトレインで数か月かかります！そしてワタシが出発したとき，まだパナマ運河もスエズ運河もありません！ハッキリ言って，日本に来るまで半年以上かかってますから！！
#パナマ と #スエズ の位置は #前折込「世界史の舞台①世界の地形」参照

③ 世界の中の日本
〜日米和親条約の世界史的位置づけ

東インド艦隊司令長官ペリー @MatthewPerry
1840〜42年の中国での恐ろしいこと，二度と起こさないためにも，早く開国してください！

高杉晋作 @ShinsakuTakasugi 返信先：@MatthewPerry さん
これ，マジヤバイから！この戦争の後，上海行ったけど，中国人はまるで欧米人の家来みたいな状況だったよ。

Q2
ペリーが言っている「恐ろしいこと」とは何のことでしょう？次から選んでください！
❶アヘン戦争　❷日清戦争　❸第一次世界大戦
ヒント p.162の「時代の扉」を見てください！

現代の歴史学者 @historylove 返信先：@MatthewPerry さん
幕府は結局，ペリーの圧力に屈して日米和親条約を結んだわけだけど，この条約は戦争に負けて結んだ条約ではなく，対話と議論を通じて成立した条約だったんだ。だから，アヘン戦争に負けた中国が結んだ南京条約などと違って，賠償金の支払いや領土割譲もなく，早めに条約改正をすることができたんだよ。

列強による支配の3つのパターン

①植民地となるパターン	②戦争に負けて不平等条約を結ぶパターン	③戦争せず交渉のみで不平等条約を結ぶパターン

立法・司法・行政などの国家三権すべてを喪失 〈例〉インド	賠償金支払，領土割譲，司法・行政の一部喪失 〈例〉中国（清）	賠償金・領土割譲なし，司法・行政の一部喪失 〈例〉日本

ザビエルもペリーも，中学で習ったときには“日本に突然やって来た”ってイメージだったけど…

こうやって見ると，世界の歴史の流れのなかで“来るべくして来た”ってことがよくわかるね！

日本の歴史も世界の歴史のなかの一つなんだね

Qの解答 Q1A① B② Q2①

②ヨーロッパ
1：53 000 000
0　　　500km
（ただし北緯45°上での長さ）

● 首　都
○ おもな都市
国名 安全保障理事会の常任理事国

（注1）白い部分は、帰属が確定していない地域。
（注2）イスラエルは、イェルサレムを首都として宣言しているが、国際的な承認は得ていない。

世界の
おもな公用語

世界ではさまざまな公用語が使用されているが、その分布には歴史が深くかかわっている。

▼①インドの紙幣に見る公用語　インドではヒンディー語を連邦公用語と定める一方で、州ごとにも公用語を設けている。紙幣にはそのうち17の言語が表記されている。

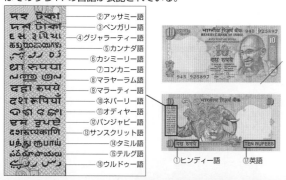

②アッサミー語
③ベンガリー語
④グジャラーティー語
⑤カンナダ語
⑥カシミーリー語
⑦コンカニー語
⑧マラヤーラム語
⑨マラーティー語
⑩ネパーリー語
⑪オディヤー語
⑫パンジャビー語
⑬サンスクリット語
⑭タミル語
⑮テルグ語
⑯ウルドゥー語
①ヒンディー語
⑰英語

▼②おもな公用語の分布

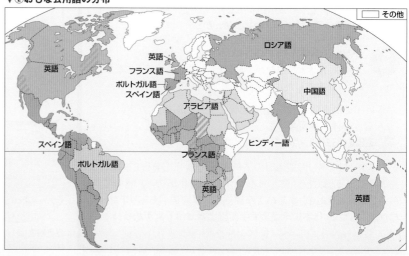

その他

英語
フランス語
ポルトガル語
スペイン語
アラビア語
ロシア語
中国語
ヒンディー語
スペイン語
ポルトガル語
フランス語
英語
英語

① 世界の国々

1：109 000 000
ミラー図法（高緯度ほど面積が拡大）
（ただし赤道上の長さ）
3000km
—2022年11月現在—

（地図内の地名）
クインエリザベス諸島
グリーンランド〔デ〕
カーナック〔チューレ〕
ヴィクトリア島
バッフィン島
ウトキアグヴィク（バロー）
アラスカ
アメリカ合衆国
ユーコン川
アンカレジ
イエローナイフ
カナダ
ハドソン湾
ラブラドル半島
エドモントン
バンクーヴァー
ウィニペグ
ニューファンドランド島
シアトル
サンフランシスコ
ロサンゼルス
北 ア メ リ カ
モントリオール
ケベック
オタワ
トロント
デトロイト
ニューヨーク
シカゴ
セントルイス
ワシントンD.C.
アメリカ合衆国
ヒューストン川
ニューオーリンズ
バミューダ諸島〔イ〕
リューシャン列島
ハワイ諸島
アメリカ合衆国
北回帰線（23°26′21″N）
メキシコ湾
マイアミ
ハバナ
ナッソー
西インド諸島
キューバ
メキシコ
メキシコシティ
レビヤヒヘド諸島〔メキシコ〕
グアダルーペ島〔メキシコ〕
ドミニカ共和国
ホンジュラス
グアテマラ
エルサルバドル
ニカラグア
コスタリカ
パナマシティ
パナマ運河
ガラパゴス諸島〔エクアドル〕
赤道
コロンビア
エクアドル
ギアナ
大　西　洋
太　平　洋
ニ　ア
サモア諸島
クック諸島
タヒチ島
ソシエテ諸島
トゥアモトゥ諸島
オーストラル諸島（トゥブアイ諸島）〔フ〕
ガンビア諸島〔フ〕
マルキーズ諸島〔フ〕
キリティマティ島
パルミラ島〔ア〕
ラパヌイ島〔チリ〕（イースター島）
南回帰線（23°26′21″S）
南 ア メ リ カ
ブラジル
アマゾン川
リマ
ペルー
ラパス
ボリビア
ブラジリア
ベロオリゾンテ
リオデジャネイロ
サルヴァドル
フォルタレーザ
パラグアイ
サンパウロ
アスンシオン
チ　リ
ア　ル　ゼ　ン　チ　ン
ロスデスベントゥラドス諸島〔チリ〕
フアンフェルナンデス諸島〔チリ〕
サンティアゴ
ブエノスアイレス
モンテビデオ
東京の対蹠点（地球の反対側の位置）
フォークランド（マルビナス）諸島
フエゴ島
サウスジョージア島

暦の歴史

太陽暦
太陽の運行，すなわち季節が変化する周期をもとにしてつくられた暦。エジプト・ヨーロッパで，おもに用いられた。現在，世界のほとんどで使用。

太陰暦
月の周期的変化，すなわち月の満ち欠けをもとにしてつくられた暦。季節の変化とは無関係で，イスラーム世界のヒジュラ暦がその例。

太陰太陽暦
季節の変化と合うようにするため，太陰暦に太陽暦の要素を取り入れてつくられた暦。閏月を入れることで調節する。

ヨーロッパ

古代ローマ
前8C **ヌマ暦**
・1年355日
・不完全なため，混乱

前45年 **ユリウス暦** 導入
・ユリウス＝カエサルにより改暦
・1年365.25日，4年に1度閏年の設置
→ 各地へ広まる

近世ヨーロッパ
1582 **グレゴリウス暦**
・ローマ法王グレゴリウス13世による改暦
・1年365.2425日
・カトリック国ではすぐに採用

フランス
1793 **革命暦**
・1805年に廃止

ヨーロッパ 16～18C
（ヨーロッパの植民地は本国と同時に改暦）

アジア・アフリカ

古代エジプト
エジプト暦
・1年365日
・ナイル川の氾濫とシリウス星，太陽の動きにもとづく

古代バビロニア
バビロニア暦
・月神の信仰にもとづく

イスラーム世界
639 **ヒジュラ暦** イスラーム天文学の影響（→p.93）
・ムハンマドのヒジュラの年を紀元元年とする。（西暦622年7月16日）1年354日で閏月を設けないため，月と季節がずれ，約33年で一巡する。

イスラーム世界では，ムスリムの生活を律する太陰暦（ヒジュラ暦）と農作業の基礎となる太陽暦が併用されている。

古代インド
ヒンドゥー暦
・1年360日
・季節は6季
・ギリシア天文学の影響により七曜制が流入（5C）

古代中国
前5C～4C 太陰太陽暦の発達
前漢
前104 **太初暦**
・武帝による改暦（王朝の交替）ごとに改暦
元 1281 **授時暦**
・郭守敬が作成
・1年365.2425日
清

南・北アメリカ

古代中央アメリカ
マヤ暦
・常用暦（1年365日）
・宗教暦（1年260日）

ロシア 1918 トルコ 1927 中国 1912 日本 1873

（→p.93）

地図の歴史

a. 古代ギリシア・ローマ（2世紀ごろ）
—プトレマイオスの世界図—

イベリア半島
セイロン島
1.ヨーロッパ　2.地中海　3.アラビア半島

プトレマイオスは世界が球体であると考え，経緯度線を使用して平面に描く図法を考案し地図を作製した。

b. 中世ヨーロッパ（13世紀）
—TOマップ—

1.イェルサレム
2.パラダイス
3.タナイス川（ドン川）
4.ナイル川
5.地中海

※TOマップとは，タナイス川とナイル川，地中海とでT，周辺の海がOに見えるところからこのようによばれた。

キリスト教的世界観が強まり，世界は**イェルサレム**中心の丸く平らな陸地と考えられた。

c. 中世東アジア世界（15世紀ごろ）
—混一疆理歴代国都之図—

中国
朝鮮
アフリカ
日本

〈龍谷大学図書館蔵〉

モンゴル帝国の拡大により，イスラームの地図が中国に伝来した。西方地域が地図上に，小さいながらも初めて描かれるようになった。

d. 近世ヨーロッパ
—メルカトルの世界図—

大航海時代になると，アメリカ大陸が発見され，アジア・アフリカ大陸なども描かれた。

先史時代〜文明の発生

➤①礫石器（れき） 石を打ち砕いただけの最も原始的な石器。

➤②握斧（あくふ）（石核石器） 石材の外側を打ち砕き，心（しん）の部分を利用してつくった石器。

先史時代年表

（文字が発生する以前の時代：先史時代）
（文字が発生した以後の時代：歴史時代）

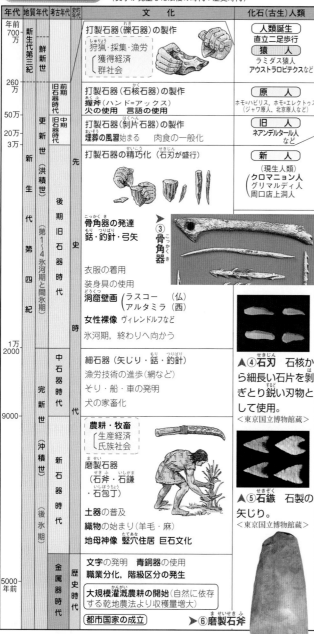

年代	地質年代	考古年代	史的時代	文化	化石（古生）人類
年前700万	新生代第三紀	鮮新世		打製石器（礫石器）の製作 狩猟・採集・漁労 獲得経済 群社会	**人類誕生** 直立二足歩行 **猿人** ラミダス猿人 アウストラロピテクスなど
260万		旧石器時代 前期	先	打製石器（石核石器）の製作 握斧（ハンド＝アックス） 火の使用 言語の使用	**原人** ホモ＝ハビリス，ホモ＝エレクトゥス（ジャワ原人，北京原人など）
50万 20万 3万	更新世（洪積世）（第1〜4氷河期と間氷期）	旧石器時代 中期		打製石器（剝片石器）の製作 埋葬の風習始まる 肉食の一般化	**旧人** ネアンデルタール人など
		後期旧石器時代	史	打製石器の精巧化（石刃が盛行） 骨角器の発達 銛・釣針・弓矢 衣服の着用 装身具の使用 洞窟壁画（ラスコー（仏）／アルタミラ（西）） 女性裸像 ヴィレンドルフなど 氷河期，終わりへ向かう	**新人** （現生人類） クロマニョン人 グリマルディ人 周口店上洞人
1万2000	完新世（沖積世）（後氷期）	中石器時代	時	細石器（矢じり・銛・釣針） 漁労技術の進歩（網など） そり・船・車の発明 犬の家畜化	
9000		新石器時代	代	**農耕・牧畜** 生産経済 氏族社会 磨製石器（石斧・石鎌・石包丁） 土器の普及 織物の始まり（羊毛・麻） 地母神像 竪穴住居 巨石文化	
5000年前		金属器時代	歴史時代	文字の発明 青銅器の使用 職業分化，階級区分の発生 大規模灌漑農耕の開始（自然に依存する乾地農法より収穫量増大） 都市国家の成立	

③骨角器（こっかくき）

④石刃（せきじん） 石核から細長い石片を剝ぎとり鋭い刃物として使用。<東京国立博物館蔵>

⑤石鏃（せきぞく） 石製の矢じり。<東京国立博物館蔵>

➤⑥磨製石斧

人類の誕生と進化

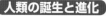

アフリカにいた人類

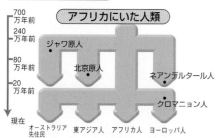

700万年前 ジャワ原人 北京原人 ネアンデルタール人
240万年前
80万年前
20万年前
現在 オーストラリア先住民 東アジア人 アフリカ人 ヨーロッパ人 クロマニョン人

▲⑧人類アフリカ単一起源説　人類の起源に関しては，「現代人は，20万年前ごろにアフリカで誕生した新人の子孫であり，その新人が世界各地へ拡散した」という説が有力。

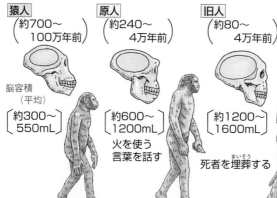

猿人	原人	旧人	新人
（約700〜100万年前）	（約240〜4万年前）	（約80〜4万年前）	（約20万年前〜現在）

脳容積（平均）
約300〜550mL ／ 約600〜1200mL 火を使う 言葉を話す ／ 約1200〜1600mL 死者を埋葬する ／ 約1300〜1600mL

※ホモ＝ハイデルベルゲンシス …従来は原人段階にあると考えられていたが，近年では旧人に分類。

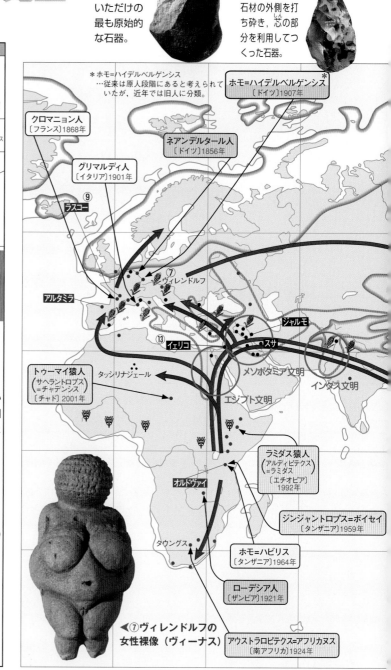

クロマニョン人〔フランス〕1868年
ホモ＝ハイデルベルゲンシス〔ドイツ〕1907年
ネアンデルタール人〔ドイツ〕1856年
グリマルディ人〔イタリア〕1901年
⑨ラスコー
⑦ヴィレンドルフ
アルタミラ
ジャルモ
⑬イェリコ
スサ
メソポタミア文明
インダス文明
トゥーマイ猿人（サヘラントロプス＝チャデンシス）〔チャド〕2001年
タッシリナジェール
エジプト文明
ラミダス猿人（アルディピテクス＝ラミダス）〔エチオピア〕1992年
ジンジャントロプス＝ボイセイ〔タンザニア〕1959年
オルドヴァイ
ホモ＝ハビリス〔タンザニア〕1964年
ローデシア人〔ザンビア〕1921年
タウングス
アウストラロピテクス＝アフリカヌス〔南アフリカ〕1924年

◀⑦ヴィレンドルフの女性裸像（ヴィーナス）

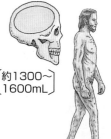

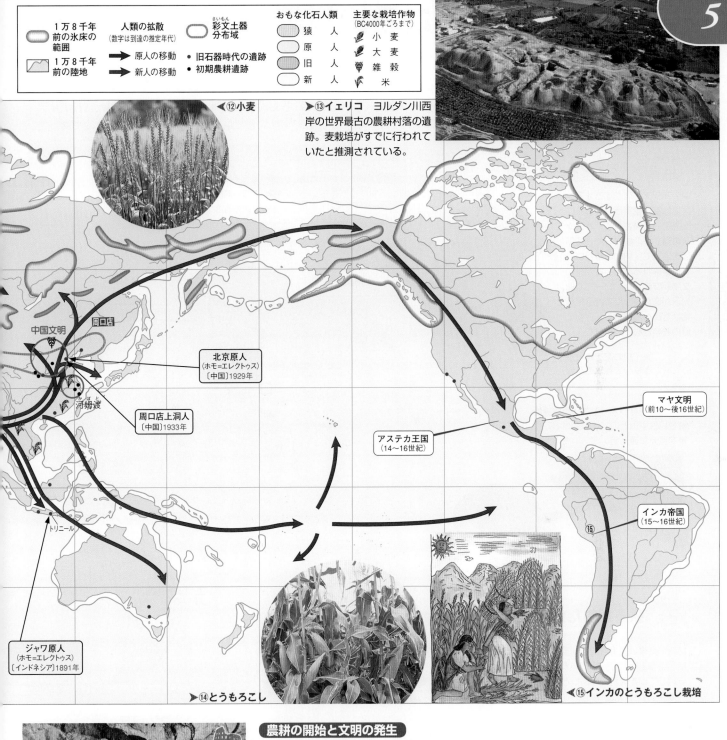

凡例

◯	1万8千年前の氷床の範囲	人類の拡散（数字は到達の推定年代）
〰	1万8千年前の陸地	彩文土器分布域
➡	原人の移動	● 旧石器時代の遺跡
➡	新人の移動	● 初期農耕遺跡

おもな化石人類
- 猿人
- 原人
- 旧人
- 新人

主要な栽培作物（BC4000年ごろまで）
- 小麦
- 大麦
- 雑穀
- 米

◀⑫小麦

▶⑬イェリコ　ヨルダン川西岸の世界最古の農耕村落の遺跡。麦栽培がすでに行われていたと推測されている。

中国文明

周口店

北京原人（ホモ=エレクトゥス）〔中国〕1929年

周口店上洞人〔中国〕1933年

河姆渡

トリニール

ジャワ原人（ホモ=エレクトゥス）〔インドネシア〕1891年

マヤ文明（前10〜後16世紀）

アステカ王国（14〜16世紀）

インカ帝国（15〜16世紀）

⑮

▶⑭とうもろこし

◀⑮インカのとうもろこし栽培

▲⑨ラスコーの洞窟壁画　南フランスで発見された旧石器時代の洞窟壁画で，牛・馬・鹿などの100点以上の動物が描かれている。

農耕の開始と文明の発生

▶⑩農耕社会と国家の発生

はじめ農耕民は集団で平等に生活していたが，農業生産力の高まりで食料余剰が生まれると，それを管理する神官，農具や土器をつくる技術者，農業の指揮者などのスペシャリストが現れて分業がおこり，階級が発生した。やがて，農耕だけでは不足する物資を求めて他集団との物々交換が行われるようになり，国家の体裁が整っていった。

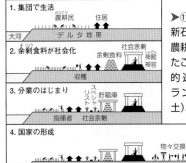

1. 集団で生活
　農耕民　住居
　大河　デルタ地帯

2. 余剰食料が社会化
　社会余剰
　余剰食料　神殿・神官
　収穫

3. 分業のはじまり
　スペシャリスト　貯蔵庫
　指揮者　社会余剰

4. 国家の形成
　農耕民　物々交換　遊牧民

▶⑪彩文土器
新石器時代，農耕が始まったころの代表的遺物（イラン スサ出土）。

<河出文庫『世界の歴史1　人類の誕生』(今西錦司他著)より>

前2～前1世紀ごろの世界 ——東西で成長する古代帝国

時代の概観

この時代、東方では、**漢**が武帝のときに全盛期を迎えて、朝鮮・ベトナムまで支配下におき、中国文明を広めた。しかし、遊牧帝国の**匈奴**も強大化しており、両者は激しく争った。西方では、**ローマ**がカルタゴやヘレニズムの国々を破り、地中海一帯を征服した。

この時代は、ユーラシア大陸の東と西に強大な帝国が成立し、こうした両者の中間では、遊牧民から出た**パルティア**が、勢力を拡大して東西の交易路の支配に意欲的であった。

結びつく世界 「オアシスの道」と絹

中央アジアに点在するオアシスには**都市国家**がつくられ、交易路も整備されて「**オアシスの道**」が形成された。この道を通って、中国の**絹**がローマに運ばれるなど、さかんに文物が交流した。ローマでは、光沢があり薄衣にできる絹織物はたいへん貴重で、とくに夏の衣料として好まれた。

▶①絹の服をまとうギリシア神話の巫女

▼②敦煌で見つかった漢代の絹織物
遊牧民は中国との国境の交易場で馬と絹を交換し、絹を西方に運んだ。

竜

凡例：
- 武帝即位当時（前141）の前漢の領土
- 前漢末期の支配地
- → 張騫の西域行路（前139～前126）
- ■ 朝鮮4郡
- ■ 南海9郡
- ■ 河西4郡
- ⇒ ローマの進出
- ⇒ 匈奴の進出
- ⇒ 月氏の西遷

ゲルマン人
ケルト人
前58～前51 カエサル（シーザー）の征服
ガリア
ヒスパニア
マッサリア（マルセイユ）
ローマ 共和政 前509～前27
カプア
カルタゴノウァ
ヌミディア
カルタゴ ✕ザマ 前202
シチリア
シラクサ
イリリア
ダキア
マケドニア
ビザンティウム
ピュドナ✕前168
アテネ
エフェソス
クレタ ロードス
ペルガモン
ペルガモン王国（前133ローマ領）
アンティオキア
シリア王国（セレウコス朝）前312～前64
アレクサンドリア
メンフィス
ペトラ
バビロン
パルミラ
メソポタミア
ダキア
ドナウ川
黒海
中
海
前31 アクティウムの海戦
エジプト王国（プトレマイオス朝）前304～前30
テーベ
アラビア
クシュ王国
アクスム王国
イエメン
紅海

地図にアクセス 張騫がもたらした西域事情

前漢の**武帝**は、**大月氏**と同盟して**匈奴**をはさみ撃ちにしようと計画し、**張騫**を大月氏につかわしたが、安住していた大月氏は匈奴と戦う気はなく、その目的は達成できなかった。しかし、張騫の帰国は、不明だった**西域**の状況を明らかにし、東西交易が活発化するきっかけとなった。

張騫

▶③西域へ向けて出立する張騫

▶④汗血馬
「1日400km走り、血の汗を流す」という**フェルガナ産**の名馬。武帝は危険な遠征を2度も強行し、ようやく獲得した。

飛燕

Try 張騫の西域行路をたどり、匈奴、前漢との位置関係を確認しよう。

凡例：
- ＝おもな陸上交通路
- ＝おもな河川交通路
- ―おもな海上交通路

年表で見る日本のおもな動き

縄文時代	1万年前	日本列島ができる　縄文文化が続く
	前5000年	黄河流域で農耕始まる
	○	長江流域で稲作農耕始まる
弥生時代	前300年	水稲農耕を基礎とする弥生文化成立
	○	列島各地にクニができる
	前108	漢の武帝，楽浪郡など朝鮮4郡を設ける
	○	倭国（日本）は100国余りに分かれ，定期的に楽浪郡に遣使（『漢書』地理志）

○このころ　青字日本史にかかわる対外事項

当時の日本

金属器文化の伝播

中国の長江下流域で始まった**稲作**は，約2500年前，海を越えて日本にも伝わった。また，**青銅器**や**鉄器**などの金属器を扱う文化も，中国の戦乱に伴う亡命者や移住者とともに，各地に広がっていった。日本には，朝鮮半島を経て伝わり，**弥生時代**が始まった。

▶⑤銅鐸　<東京国立博物館蔵 国宝>

▲⑥銅鐸に描かれた農作業のようす

▶⑦胡のつく産物
「胡」は中国の西方の地域，つまり西域のことで，そこから伝来してきた産物であることを示している。

胡瓜
胡麻　胡椒

冒頓単于時代
（位前209〜前174）
の匈奴

バクトリア王国
（前255ごろ〜前139）

大月氏
前140ごろ〜後1c

パルティア（安息）
前248ごろ〜後226

サータヴァーハナ朝
（アーンドラ朝）
前1cごろ〜後3cごろ

▲⑧中国での機織り
（後漢時代のもの）

1〜2世紀ごろの世界 ——活性化する東西交易

時代の概観

東方では、匈奴の弱体化もあって、後漢が、周辺諸国との朝貢関係による秩序を安定させ、また、地中海一帯を支配した西方のローマでは、帝政が始まり、「パクス=ロマーナ（ローマの平和）」とよばれる全盛期が訪れた。

この時代は、東と西に大帝国が存在するなかで、両国を結ぶ交易が活発化して陸と海の交通路が発達し、その交通路の要衝に位置したパルティアやクシャーナ朝、サータヴァーハナ朝が繁栄した。

結びつく世界 「海の道」とヒッパロスの風

ローマ帝国の繁栄により、ローマの人々が東方の物産を求め始めると、中国から金や絹織物、インドから真珠などの宝石や香辛料などが、季節風（ヒッパロスの風）を利用した海上交易によって運ばれ、ローマから中国にいたる「海の道」が形成された。

▶①古くから交易品として珍重されたインド産の真珠

▼②ローマの商船 ローマ人は紅海からインド洋の交易を、4〜5人乗りの木造の帆船で行った。

地図にアクセス ローマと漢の交流の足跡

中国の正史『後漢書』によると、大秦（ローマ帝国）は漢と国交をもちたいと思って使者を派遣するが、漢との絹交易を独占しようとする安息（パルティア）が使者を通さないので、166年、大秦王の安敦は、海路、現在のベトナム経由で中国（後漢）へ使者をつかわしたという。

【中国を訪れたローマ皇帝の使者】

（166年）ローマ皇帝の安敦（マルクス=アウレリウス=アントニヌス？）は使者をつかわして…象牙・犀角…を献上してきた。ここで初めてローマと漢は使節を通ずることができた。 〈『後漢書』西域伝〉

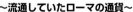

～流通していたローマの通貨～

◀④インド南部から出土したローマ貨幣 インド南部、とくにサータヴァーハナ朝領内の東西交易路の繁栄を物語る。

地図凡例

- ----▶ 班超の外征路
- □ 後漢の最大領域
- ➡ 匈奴の移動
- ▦ カニシカ王時代のクシャーナ朝の版図
- ・ インドにおけるローマ貨幣の発見地
- 🧵 ローマの輸入品

大西洋

北海

ゲルマニア

ロンディニウム（ロンドン）

ブリタニア（パリ）

ワイン

ガリア

ウィンドボナ（ウィーン）

ダキア

西ゴート

東ゴ

ヒスパニア

イタリア

ローマ

ボスポロス王国

トラキア

ビザンティウム

黒海

カッパドキア

アフリカ

カルタゴ

シラクサ

アテネ

エフェソス

アルメニ

ローマ帝国（大秦）前27〜後395

キレネ

アンティオキア

メソポタミア

シリア パルミラ

クテシフォン

120年ごろのローマ帝国

地中海

キレナイカ

パレスチナ

イェルサレム

バビロ

アレクサンドリア

メンフィス

穀物

97 班超の部下甘英、条支（シリア？）に到着

ヤスリブ（メディナ）

アラビ

メッカ

エチオピア

アクスム

象牙

アデン

香料

▲③マルクス=アウレリウス=アントニヌス帝

Try ローマから漢への海上ルートをたどりながら、左のローマ貨幣が発見された地域と、ローマの使者が漢を訪れた場所を確認しよう。

- ═ おもな陸上交通路
- ─ おもな河川交通路
- ── おもな海上交通路

年表で見る日本のおもな動き

弥生時代	25	光武帝、後漢を建国
	57	倭の奴国、後漢に遣使し、光武帝より「漢委奴国王」の金印を授かる（『後漢書』東夷伝）
	107	倭国王帥升等、後漢に遣使し、生口（奴隷）を献上（『後漢書』東夷伝）
	2C後半	倭国が大いに乱れる（『後漢書』東夷伝）

当時の日本 「漢委奴国王」

漢の皇帝は，貢ぎ物とお返しのやりとり（朝貢）を行った周辺の支配者を，名目的に臣下として任命し（冊封），官爵と印綬を与えて中国中心の国際秩序を形づくった（冊封関係）。当時の倭国は小国分立状態であったが，後漢に朝貢した奴国王は，光武帝より金印を授けられた。

▶⑤金印（漢委奴国王）〈福岡市博物館所蔵 国宝〉

▼⑥印面

▲⑦カニシカ王の金貨 クシャーナ朝は東西交易の中継地として栄え，金貨が製造された。表面はカニシカ王を，裏面はブッダを表している。

「BoDDo」

表面／裏面

鮮卑の勢力圏

91～102 班超の西域経営

ノインウラ／キルギス／丁零／モンゴル高原／大興安嶺／扶余／鮮卑／烏桓／高句麗／コグリョ／遼東／楽浪郡／帯方郡／辰韓／馬韓／弁韓／倭（弥生時代）

奄蔡（アラン）／バルハシ湖／アラル海／烏孫／康居／シル川／アム川／車師前王国／ハミ（伊吾城）／匈奴／オルドス／南匈奴／張掖／酒泉／敦煌／黄河／洛陽／長安／後漢 25～220

マラカンダ／ソグディアナ／バクトラ／天山山脈／カシュガル（疏勒）／クチャ（亀茲）／タリム盆地／ミーラン（鄯善）／ホータン（于闐）／チェルチェン（且末）／崑崙山脈／羌／揚州／呉／会稽

パルティア 前248ごろ～後226／ヘラート／メルヴ／カーブル／プルシャプラ／ガンダーラ／クシャーナ朝 1C～3C／氐／蜀／巴／長沙／チベット高原／後漢の最大領域

ヒマラヤ山脈／ガンジス川／パータリプトラ／マガダ／南海

ハルモジア（ホルムズ）／バリガザ／ウジャイン／プラティシュターナ／サータヴァーハナ朝 前1Cごろ～後3Cごろ／香料／パルラ／バルバリコン／交趾（ハノイ）／九真／日南／インドシナ半島

166 大秦王安敦の使者海路日南に到着

林邑／扶南／タトン／オケオ

モンスーン（11月～3月）

アラビア海（エリュトゥラー海）／チョーラ朝／パーンディヤ朝／ムジリス／真珠／タプロバネ／シンハラ（獅子国）

モンスーン（4月～10月中旬）（ヒッパロスの風）

ベンガル湾／マレー半島

▲⑧オケオ出土のローマ貨幣 オケオは扶南の港で「海の道」の重要な拠点であった。

時代の概観

この時代は、ユーラシア各地で**民族移動**が活発化し、前代までの大帝国は滅亡した。東アジアでは、遊牧民の侵入が続いて、華北を支配するようになり、南の漢族王朝とにらみあう**南北朝時代**が始まった。西アジアでは、**ササン朝ペ**ルシアが、侵入してきた遊牧民を倒し、東西交易路を支配して台頭したが、地中海では、フン人の移動に押された**ゲルマン人**の大移動により、**ローマ帝国が東西に分裂**し、476年にローマ帝国は滅亡した。

結びつく世界 ササン朝の台頭と東西交易

ササン朝ペルシアは、アフリカからインドにいたる陸と海の交易路を支配し、ローマ帝国の金貨に対し、交易に銀貨を用いた。ササン朝による交易路の拡大は、ササン朝の文化を東西に伝えるとともに、インド商人の活動をうながしてインドの文化を東南アジアにもたらした。

▶①ササン朝の銀貨

▼②クテシフォン　パルティアとササン朝ペルシア時代に都となった。ササン朝が建造した精巧なれんがの大ドームが、その繁栄ぶりを物語る。

地図にアクセス 仏教の隆盛と東方への伝播

インドでは**ヒンドゥー教**が優勢となったが、**ナーランダー僧院**やグプタ様式の仏像が誕生し、仏教も栄えた。また、内陸アジアのオアシス都市に定着した仏教は、交易路に沿って中国へと伝わった。

▼③敦煌莫高窟　仏教の東伝の入り口にあたる敦煌では、インドや西域の僧侶が集まり、多くの石窟がつくられた。

▼④石窟内の仏画　彩色鮮やかな壁画や粘土による塑像が数多く安置されている。

世界遺産

Try 法顕の行路をたどりながら、敦煌を探してみよう。また、彼の旅の目的を考えてみよう。

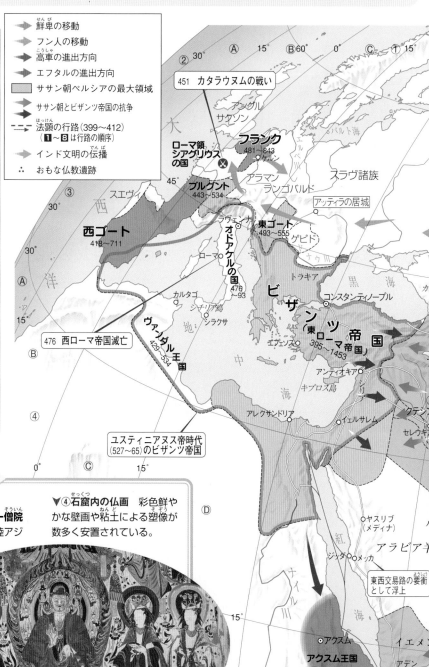

凡例：
- 鮮卑の移動
- フン人の移動
- 高車の進出方向
- エフタルの進出方向
- ササン朝ペルシアの最大領域
- ササン朝とビザンツ帝国の抗争
- 法顕の行路（399～412）（1～8は行路の順序）
- インド文明の伝播
- おもな仏教遺跡

451　カタラウヌムの戦い
アングル
サクソン
フランク　481～843
ケルン
スラヴ諸族
ローマ領シアグリウスの国
アラマン
ランゴバルド
アッティラの居城
ブルグント　443～534
ラヴェンナ
東ゴート　493～555
ゲピド
スエヴィ
西ゴート　418～711
オドアケルの国　476～93
ローマ
ビザンツ帝国
トラキア
コンスタンティノープル
黒海
カルタゴ
シチリア島
シラクサ
ヴァンダル王国　429～534
エフェソス
東ローマ帝国　395～1453
アンティオキア
シリア
キプロス島
クテシフォ
セレウキア
476　西ローマ帝国滅亡
アレクサンドリア
イェルサレム
ユスティニアヌス帝時代（527～65）のビザンツ帝国
ヤスリブ（メディナ）
アラビア半
ジッダ　メッカ
東西交易路の要衝として浮上
アクスム
アクスム王国
イエメン
アデン
ナイル川
紅海

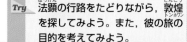
- おもな陸上交通路
- おもな河川交通路
- おもな海上交通路

鉄の流入とヤマト王権

当時の日本

当時の日本列島には，製鉄技術はまだなく，鉄は延べ板の形で朝鮮半島からもたらされていた。鉄資源の確保をめぐって各地の豪族が争うようになり，豪族たちは，鉄の豊富な百済とつながりのあったヤマト王権との結びつきを強め，その支配下へはいっていった。

▶⑤奈良の古墳から出土した鉄の延べ板

<宮内庁書陵部蔵>

年表で見る日本のおもな動き

弥生時代	239	邪馬台国の女王卑弥呼，魏に遣使（「魏志」倭人伝）
古墳時代	3C	前方後円墳の造営開始
	304	中国に五胡十六国の混乱始まる
	313	高句麗，楽浪郡を滅ぼす
	346	馬韓に百済おこる
	○	倭でヤマト王権が発展
	400	百済・倭の連合軍，高句麗の広開土王と戦う
	421	倭の五王，宋にたびたび遣使（〜478）

⑥ナーランダー僧院　数千人の僧が学ぶ仏教学の一大中心地として，アジア各地から留学僧が集まった。

② 死者の枯骨をたどって砂漠を横断。

③ 毒を吐く竜がいるという山脈越え。

④ 3年間滞在し，仏教研究や写経を行う。

① 399年，4人の仲間と長安を出発。（64歳）

⑧ 416年，建康に到着。「仏国記」を著す。（81歳）

⑤ 2年間滞在し，経典を収拾する。

⑦ 大暴風雨にあい漂流。412年山東半島に漂着。（77歳）

⑥ 411年秋，多くの経典と仏像をもって商船で中国に向け出航。（76歳）

7世紀ごろの世界 ——混乱をおさめる東西の二大帝国

12

時代の概観 この時代は、東西の新しい勢力が、より中央集権的な制度によって前世紀までの混乱をおさめ、大帝国を建設した。東方では、**唐**が**律令**を整備し、周辺諸国は唐に進んで朝貢してその制度や文化を導入した。

西方では、アラビア半島の商業民の間にイスラームが誕生した。ムスリムは**ジハード（聖戦）**による征服活動を開始し、中央アジアから北アフリカ、イベリア半島にいたる広大な地域を支配する**ウマイヤ朝**が成立した。

結びつく世界　活躍するソグド商人

遊牧世界とオアシス世界を支配した**突厥**の保護のもと、イラン系の**ソグド人**は、国際商人として東は中国から西はビザンツ帝国にいたるユーラシア全土で活躍した。彼らの用いたソグド語は当時の中央アジア一帯の国際商業語となり、イランの文化も東方へ伝えられた。

▶①馬上のソグド人

▼②盗賊に襲われる商人たち　旅は、つねに危険ととなり合わせであった。

地図にアクセス　インドへ旅する玄奘 ～『大唐西域記』

唐の僧であり、別名三蔵法師として知られる**玄奘**は、629年、仏教の原典を求めて苦難の旅を続けてインドにおもむき、645年に帰国した。帰国後、持ち帰った膨大な量の経典を翻訳し、自らの体験をもとに旅行記『**大唐西域記**』を書いた。

▼④バーミアーンの石仏（2001年のタリバーンによる破壊前のもの）

▶③玄奘（602〜664）＜東京国立博物館蔵 重文＞

◀⑤『**大般若経**』玄奘が訳した経典の一つで奈良時代の書写。玄奘が訳した経典は75部1335巻に及ぶ。

Try 玄奘の行路をたどり、彼が旅の途中で訪れ、今も残る仏教の遺跡を2つあげてみよう。

45

8〜9世紀ごろの世界 ——イスラーム世界の確立と繁栄

時代の概観

この時代は、前世紀の二大帝国のうち、西方の**イスラーム帝国**である**アッバース朝**が、すべてのムスリムの平等を徹底したため、さらに求心力が高まり、繁栄をきわめた。一方、東方の**唐**は、8世紀半ば以降、中央政府の力が弱まり、律令体制も徐々にくずれて、地方では半独立的な勢力がはびこるようになった。

ヨーロッパでは、**フランク王国**が、**ローマ教会**との結びつきを深め、**キリスト教**にもとづく新たなまとまりをみせた。

結びつく世界 イスラーム＝ネットワークの誕生

アッバース朝の都**バグダード**は、陸路・海路の国際貿易都市として建設された。このバグダードを中心に、イスラームの広域ネットワークが誕生し、インド洋の海上交易も急成長して、**ムスリム商人**が中国にまで来航するようになった。

▲①バグダードの市街図

▼②バグダードの円城

シリア門　王族・高級官僚の邸宅　黄金門宮（カリフの宮殿）　クーファ門

地図にアクセス 『千夜一夜物語（アラビアン＝ナイト）』

もとはイランなどでつくられた話が8世紀後半にアラビア語に翻訳された物語で、16世紀初めごろまでに現在の形になった。毎晩女性を殺していく王に、大臣の娘が千と一夜をかけて興味深い物語を語っていく。

▲③王に物語を聞かせる大臣の娘シェヘラザード

▶④船乗りシンドバッドの冒険　イラク南部の港町に生まれた海の男シンドバッドの冒険談。その舞台はペルシア湾からインド洋、南シナ海にまで及ぶ。

▲⑤季節風（モンスーン）を利用してインド洋を航海するムスリム商人のダウ船

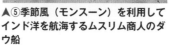

Try　シンドバッドが航海した海を確認し、この物語の舞台の広がりを地図上で確認しよう。

- □ 8世紀前半の唐の最大領域
- □ 800年ごろの唐の支配地域
- ● 唐の十節度使
- ➡ 吐蕃の進出
- ➡ ウイグルの進出
- □ シュリーヴィジャヤの影響海域
- ◉ シュリーヴィジャヤの中心港市
- □ アッバース朝の最大領域（8世紀後半）
- 🔶 ムスリム商人の交易品
- ➡ スラヴ諸族の移動

732　トゥール―ポワティエ間の戦い

800　カールの戴冠

イングランド王国

フランク王国 481〜843

アストゥリアス王国

後ウマイヤ朝 756〜1031

スラヴ諸族

アヴァール

ブルガリア

パリ　アーヘン　ヴェネツィア　ラヴェンナ　教皇領　ローマ　コルドバ

ビザンツ帝国 395〜1453

コンスタンティノープル

黒海

クレタ　キプロス

タンジール　チュニス　トリポリ

イドリース朝 789〜926

中　海

シリア　ダマスクス

アレクサンドリア　フスタート　イェルサレム　バグダード②

（イスラーム帝国）アッバース朝 750〜1258

ガーナの貿易　輸出・・・金　輸入・・・塩

ガーナ王国

サハラ砂漠

メディナ　アラビア　ジッダ　メッカ

イエメン　アデン　紅海

モガディシュ　マリンディ　モンバサ

年表で見る日本のおもな動き

飛鳥時代	701	大宝律令制定
	710	平城京(奈良)に遷都
奈良時代	724	聖武天皇即位
	743	聖武天皇、大仏造立を命じる(752 完成)
	754	唐の高僧鑑真、日本に招かれ戒律を確立
平安時代	794	平安京(京都)に遷都
	9C	藤原氏の摂関政治が始まる
	894	唐の衰退により、遣唐使を停止

当時の日本　遣唐使と天平文化 ～大陸の国際的文化の流入

日本は、天皇中心の強い国家を建設するため、中国の唐にたびたび**遣唐使**を派遣して、**律令**・公地公民制・碁盤目状の都城制といった統治制度を取り入れた。それとともに、**仏教**や暦といった大陸の進んだ文化も流入し、国際色豊かな**天平文化**が花開いた。

▶⑥復元された遣唐使船〈広島市蔵〉

▶⑦大陸文化を積極的に取り入れた聖武天皇〈宮内庁侍従職蔵〉

安禄山の本拠地

751**タラス河畔の戦い**
中国からイスラーム世界に製紙法伝わる。

ヴォルガ=ブルガル国
ブルガル
ウラル山脈
ハザール王国
カスピ海
アラル海
ソグディアナ
タシケント
スイアブ(砕葉城)
カシュガル
サマルカンド
ブハラ
メルヴ
バルフ
カーブル
カシミール
プルシャプラ
ホラーサーン
ヘラート
イスファハーン
バスラ
カンダハル
ホルムズ
マスカット
オマーン
'62~66 バグダード建設

キルギス
ウトゥケン山
オルドバリク(カラバルガスン)
アルタイ山脈
ウイグル 744~840
北庭
天山山脈
クチャ 安西
西州
タリム盆地
ホータン(于闐)
吐蕃 7C~9C
沙州(敦煌)
ラサ
ヒマラヤ山脈

キタイ(契丹)
上京竜泉府
渤海 698~926
遼東
平盧
范陽
河東太原
洛陽
汴州
朔方霊武
隴右
涼州
鄯州
鄯州
長安 とう
唐 618~907
剣南成都
揚州
蘇州
福州
泉州 チュワンチョウ
嶺南広州 コワンチョウ

日本 (奈良～平安時代)
新羅 356ごろ～935
金城(慶州)
平安京
大宰府

パーラ朝 8C~12C
カナウジ
ナーランダー
プラティハーラ朝 8C~11C
ウジャイン
チャールキヤ朝
ラーシュトラクータ朝 8C~11C
パッラヴァ朝 3C~9C
パーンディヤ朝 6C~10C
シンハラ
くじゃく

南詔 7C~902
大和城
ピュー(驃)
ドヴァーラヴァティー
カンボジア(真臘)
チャンパー(環王)
交州安南
南シナ海
シャイレーンドラ朝の進出

シュリーヴィジャヤ(室利仏逝)
パレンバン
ランカスカ
ニコバル島
シャイレーンドラ朝
ボロブドゥール

イ　ン　ド　洋
ア　ラ　ビ　ア　海
ベ　ン　ガ　ル　湾
太　平　洋
東シナ海
日本海

凡例：
▬▬ おもな陸上交通路
── おもな河川交通路
── おもな海上交通路

10世紀ごろの世界 ——二大帝国の崩壊と新勢力の出現

時代の概観 この時代は北方民族の拡散と大帝国の解体の時代であった。9世紀に**ウイグル帝国**が滅びるとトルコ系遊牧民は西進を開始し、中央アジアに定住していった。西アジアでは**アッバース朝**が解体し、複数のイスラーム国家が並び立った。

東アジアでは唐が滅亡して**五代十国**の乱世に入ると、周辺諸国の律令体制国家もいっせいに崩壊した。**マジャール人、ノルマン人**の侵入が本格化したヨーロッパでは、国家の再編が進むとともに、**キリスト教**の布教と取り込みがさかんに行われた。

結びつく世界 カイロの繁栄

10世紀にアッバース朝が衰退し始めると、交易の中心が**バグダード**から**カイロ**へと移り、ペルシア湾にかわって紅海の交易ルートが発達した。

世界遺産

▶①**アズハル学院** 10世紀末にカイロに建てられた現存する最古のイスラーム学府。現在もイスラーム世界に大きな影響力をもつ。

▼②**にぎわうカイロ** ファーティマ朝時代に建設され、国際都市として発展した。

（写真はマムルーク朝時代の絵画）

ヴェネツィア商人

地図にアクセス 西へ西へ移動するトルコ人

9世紀半ばにトルコ系のウイグル帝国が衰退すると、トルコ人は中央アジアへと西進していった。さらにその地でイスラーム化したり、**奴隷軍人（マムルーク）**としてイスラーム王朝で用いられるようになって西アジアへ流入していった。

▼③**トルコ人の移動** イスラーム化したトルコ人によって王朝が建国されていった。

▲④トルコ系奴隷軍人（マムルーク）の騎士

オスマン帝国 13～20世紀
ウイグル 8～9世紀
突厥 6～7世紀
ガズナ朝 10～12世紀
セルジューク朝 11～12世紀

	突厥の最大領域
	ウイグル帝国の最大領域
	ガズナ朝の最大領域
	セルジューク朝の最大領域
➡	トルコ人の進行方向

地図凡例

	五代十国の領域
	ジャーヴァカの影響海域
◎	ジャーヴァカの中心港市
➡	ウイグルの移動
➡	カルルクの移動
➡	マジャール人の進出
	ノルマン人の原住地
- - ➡	ノルマン人の襲撃・交易ルート

地図ラベル
スカンディナヴィア半島
イングランド王国
フランス王国 987～1792 パリ
神聖ローマ帝国 962～1806
ポーランド王国
キエフ公国 9C後半～13C
キエフ
マジャール
レオン王国
ナバラ王国
ブルグント
ヴェネツィア
トレド
バルセロナ
ローマ教皇領
ブルガリア王国
後ウマイヤ朝 756～1031
コルドバ
コンスタンティノープル
黒海
タンジール
フェズ
マグリブ
チュニス
シチリア島
地中海
ビザンツ帝国 395～1453
ハムダーン朝 905～1004
トリポリ
クレタ島
アンティオキア
ダマスクス
アレクサンドリア
イェルサレム
アッバース朝 750～1258
バグダード
カイロ建設
ファーティマ朝 909～1171
カイロ ①②
エジプト
アスワン
メディナ
アラビア
ジッダ
メッカ
紅海
ナイル川
エチオピア
アデン
モガディシュ
マリンディ
モンバサ

Try1 右の世界地図を見て、トルコ系遊牧民（ウイグル人・カルルク人）の移動をたどってみよう。

Try2 トルコ人が西方へ流入した一因である、奴隷軍人の売買を行った王朝をさがそう。

年表で見る日本のおもな動き

	907	唐が滅亡する
平安時代	○	武士団が形成される
	○	かな文字が広まる(→p.19)
	935	関東に平将門の乱が起こる
	939	瀬戸内海に藤原純友の乱が起こる
	960	中国で宋が建国される(北宋)
	○	摂関政治が本格化する
	○	浄土教の流行

当時の日本 律令国家の崩壊から武士の成長へ

唐が滅亡したことで，東アジアの律令体制国家が一斉に崩壊していった。日本でも律令体制が崩れていくなか，地方豪族による朝廷への反乱が起き，戦力としての武士が登場した。

▶⑤平将門の乱(935〜40)
関東を制圧し，自らを新皇と称した。
〈金戒光明寺蔵〉

▶⑥平将門像
〈國王神社蔵〉

989 ギリシア正教に改宗
840 ウイグル帝国崩壊 キルギス，ウイグルの首都を急襲
トルコ系奴隷軍人(マムルーク)の売買を行う
46 ブワイフ朝，バグダード入城

⑦キタイ(契丹)人
ヴォルガ=ブルガル国
燕雲十六州
遼(キタイ帝国)916〜1125 ⑦
西ウイグル王国
甘州ウイグル
カラ・ハン朝
サーマーン朝 875〜999
ブワイフ朝 932〜1062
高麗 918〜1392
日本 京都
後唐・後晋・後漢 923〜50
後蜀 934〜65
荊南 907〜63
呉越 907〜78
南唐 937〜75 閩 909〜45
楚 907〜51
南漢 917〜71
大理 937〜1253
プラティハーラ朝 8C〜11C
パーラ朝 8C〜12C
ラーシュトラクータ朝 8C〜10C
チョーラ朝 前3C〜13C
チャンパー(占城)
カンボジア(アンコール朝)
ジャーヴァカ(三仏斉)

おもな陸上交通路
おもな河川交通路
おもな海上交通路

時代の概観

この時代は、前代までの分立の状態から、再び地域ごとのまとまりがみられるようになった。
東方では、長い間分裂の状態にあった中国が、**宋**によって統一されたが、つねに北方の遊牧民の圧迫を受け続けた。

西アジアでは、トルコ人が**セルジューク朝**を樹立し、広大な領域を治め、再びイスラームが勢力を拡大した。これに対し、ヨーロッパのキリスト教国の間では、イスラームからの聖地奪還をはかって、**十字軍**が組織された。

結びつく世界 十字軍の大遠征

1096年、教皇はセルジューク朝に占領された聖地**イェルサレム**解放のため、十字軍を派遣した。その後、十字軍は何度も繰り返されたが、結果的に失敗に終わった。しかし、この大遠征は、ヨーロッパがイスラームをはじめとする東方と接触するきっかけとなった。

▼①イェルサレムに向かう十字軍

凡例

- 宋の四京
- 遼(キタイ帝国)の五京
- → チョーラ朝の進出

イスラーム
- アラブ系　トルコ系
- → トルコ系ムスリムの進出
- セルジューク朝の最大領域（11世紀後半）
- → ヨーロッパのイスラームへの反攻
- —— 第1回十字軍のルート（1096〜99年）

1066 ヘースティングズの戦い

1095 クレルモン教会会議

スウェーデン王国
デンマーク王国
イングランド王国
ノルマンディー
パリ　ケルン
フランス王国　神聖ローマ帝国 962〜1806
ポーランド王国　クラクフ
キエフ公国 9C後半〜13
キエフ
カスティリャ王国
レオン王国
クリュニー
クレルモン
トゥールーズ　ヴェネツィア
アラゴン　ジェノヴァ
ハンガリー王国
レコンキスタ
トレド
バルセロナ
ローマ教皇領
ビザンツ帝国 395〜1453
タンジール
コルドバ
グラナダ
コンスタンティノープル
アナトリア
フェズ
マラケシュ
チュニス
アンティオキア　アレッポ
ムラービト朝 1056〜1147
セルジ
十字軍
ダマスクス
トリポリ
アレクサンドリア
バグダー
ファーティマ朝 909〜1171
カイロ　イェルサレム
エジプト
アラビア
トンブクトゥ
ガーナ王国
アスワン
メディナ
ジッダ　メッカ
エチオピア
アデン
モガディシュ
マリンディ
モンバサ

地図にアクセス 聖地イェルサレム

イェルサレムは、**キリスト教**の「聖墳墓教会」、**イスラーム**の「岩のドーム」、**ユダヤ教**の「嘆きの壁」と、3宗教の共通の聖地であり、宗教的にきわめて重要な都市である。

岩のドーム（イスラームの聖地）
世界遺産
嘆きの壁（ユダヤ教の聖地）

▶③聖墳墓教会　イエスが哀しみの道を十字架を背負って歩いたあと、はりつけにされて処刑されたゴルゴダの丘に建立された教会。

世界遺産

イェルサレム旧市街

0　200m

ロデ門
聖アンナ教会
ライオン門
ダマスクス門
黄金門
哀しみの道
岩のドーム
新門
聖墳墓教会
嘆きの壁
ヤッフォ門
シオンの丘
田 キリスト教聖地
▶ イスラームの聖地
☆ ユダヤ教聖地
城壁

▲②岩のドーム　イェルサレムを征服したムスリムは、**ムハンマド**が天国の神に会いに旅だった場所とされる岩に聖地としてドームをかぶせた。

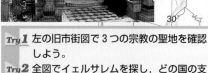

Try1 左の旧市街図で3つの宗教の聖地を確認しよう。

Try2 全図でイェルサレムを探し、どの国の支配下におかれていたかを確認しよう。

年表で見る日本のおもな動き

平安時代	1016	藤原道長，摂政となる（摂関政治全盛）
	○	清少納言，『枕草子』を執筆
	○	紫式部，『源氏物語』を執筆
	53	藤原頼通が平等院鳳凰堂を建立する
	68	後三条天皇が即位，摂関政治終わる
	○	末法思想が広まる
	83	後三年合戦（〜87）
	86	白河上皇，院政を始める

当時の日本

日本独自の国風文化

唐の衰退は，唐をモデルに国家体制を整えたアジアの諸地域で，中国の文化を独自に改良して発展させる動きを生み出した。894年に遣唐使を停止した日本でも，漢字から仮名文字がつくられ，『源氏物語』をはじめ，仮名文字を使用した文学が発展し，国風文化が栄えた。

▶④『源氏物語絵巻』〈徳川美術館蔵〉

▲⑤『源氏物語』の作者　紫式部
〈東京国立博物館蔵（部分）〉

毛皮帽
胡服
⑥女真人
矢をいれるえびら
ズボン

鄰山支　用疼
辭旄癥　竷菀顙顙
西夏文字　11世紀

キタイ（契丹）文字
10世紀

兌弟　嵐元伲
伋代　伲伐
女真文字　12世紀

以→い
呂→ろ
仮名文字　9世紀

手＋求
求→はし
球（箸の意）
チュー・ノム（字喃）
13世紀

ヴォルガ＝ブルガル国
ブルガル

1071 マンジケルトの戦い

セルジューク朝の興起地

カスピ海

アゼルバイジャン

○ーク朝
38〜1194
レイ
ニシャープール
ホラサーン
イスファハーン
メルヴ

バスラ

ペルシア湾
オマーン
マスカット

ホルムズ

アラル海
ジェンド
ウルゲンチ
ブハラ
サマルカンド
バルフ
ゴール
ガズナ
カブル
ラホール

バルハシ湖
キルギス

西ウイグル王国
天山山脈
クチャ
ロプノール
カシュガル
タリム盆地
ホータン
沙州

カラ＝ハン朝
（10C中ごろ〜12C中ごろ）

ガズナ朝
962〜1186

ヒマラヤ山脈

チベット
ラサ

バイカル湖

ナイマン

ビシュバリク
ハミ
コーチョー

涼州
興慶

西夏
1038〜1227

上京臨潢府

遼（キタイ帝国）
916〜1125

ダタル
モンゴル

生女真
⑥熟女真

アム

タタル

日本
（平安時代）
京都（平安京）

大宰府
坊津

高麗
918〜1392
開京（開城）

黄海

1004 澶淵の盟

東京開封府

宋（北宋）
960〜1127

杭州
明州

江陵

成都

潭州

福州
泉州

広州

景徳鎮

大理
937〜1253

昇竜

パガン朝
1044〜1299
パガン

ペグー

カンボジア
（アンコール朝）
アンコール

大越（李朝）

チャンパー
（占城）
ヴィジャヤ

シンド

プラティハーラ朝
カナウジ

パーラ朝

ウジャイン
パラマーラ朝

チャールキヤ朝

チョーラ朝
前3C〜13C
タンジョール

クイロン

ベンガル湾

マラッカ海峡進出 1025,1068

アラビア海

ジャーヴァカ
（三仏斉）

ジャンビ
パレンバン

マレー半島

ボルネオ

モルッカ諸島

クディリ朝
928ごろ〜1222
クディリ

太平洋

南シナ海

055 セルジューク朝入城

	おもな陸上交通路
	おもな河川交通路
	おもな海上交通路

D 30° E 45° F 60° G 75° H 90° I 105° J 120° K 135° L M
F 60° G 75° H 90° I 105° J 120° K

12世紀ごろの世界 ——群雄割拠がもたらす経済発展

東アジア
81～83

南・東南アジア
63・101

西アジア
95

ヨーロッパ
107～108

時代の概観

この時代は、大帝国が現れず、各地に諸勢力が割拠していたが、ほとんどの地域で経済発展がみられた。
東方では、中国の東北地方に建国した**金**が、**宋（北宋）**を圧迫して中国の北半分を支配下においた。江南へとのがれた宋（南宋）では、農業技術の向上により水田開発が進み、産業が著しく発展した。
西方では、**十字軍**や東方への大規模な入植活動（**東方植民**）など、ヨーロッパの拡大運動が進んだ。

結びつく世界 「12世紀ルネサンス」

十字軍の遠征によってイスラーム世界と接触したヨーロッパでは、古代ギリシアやアラビアの進んだ学術成果がもたらされ、翻訳活動や大学の創設といった12世紀ルネサンスが花開いた。また、地中海を経由する**東方貿易**の活発化によりジェノヴァやヴェネツィアなど**イタリア諸都市**が繁栄し、商業も発達した。

▼①東方貿易で栄えたジェノヴァ

◀②アストロラーベ
この時代にイスラームからヨーロッパへ伝わった。天体の高度をはかる器具で、船上でも正確な緯度を知ることができた。

凡例
- ホラズム朝の最大領域
- ゴール朝の興起地
- ゴール朝の進出
- ジャーヴァカの影響海域
- ジャーヴァカの中心港市

第3回十字軍の進路（1189～92）
- → フリードリヒ1世
- ⇢ リチャード1世の艦隊
- ⇒ フィリップ2世

地図にアクセス 結びつく3つの海の交易ネットワーク

地中海を掌握したイタリア商人の交易ネットワークは、インド洋で活動するムスリム商人のそれとエジプトで結びつき、さらに、インド洋東半分から東シナ海に及ぶ中国系商人の交易ネットワークとつながり、3つの海の交易ネットワークが一つになった。

▼③イドリーシーの世界図
プトレマイオスの世界図をもとに、ムスリム商人の活動によって得られた知識が加えられている。（→ p.3）

地図中の国名・地名：
スウェーデン王国、イングランド王国、デンマーク王国、神聖ローマ帝国、ポーランド王国、キエフ公国 9C後半～13C、ロンドン、パリ、ヴォルムス、フランス王国、レーゲンスブルク、ブダ、カスティリャ王国、ジェノヴァ、ヴェネツィア、ハンガリー王国、キエフ、トレド、アラゴン王国、ポルトガル王国 1143～、グラナダ、教皇領 ローマ、セルビア、ブルガリア、シチリア王国、コンスタンティノープル、黒海、ビザンツ帝国、ルーム＝セルジューク朝、フェズ、チュニス、マグリブ、メッシナ、シチリア、アチェ、クレタ、キプロス、アレッポ、大翻訳時代 イスラーム文献翻訳の中心地、マラケシュ、ムワッヒド朝 1130～1269、イェルサレム王国、ダマスクス、アッコ（アッコン）、イェルサレム、バグダード、アレクサンドリア、カイロ、エジプト、アイユーブ朝 1169～1250、アッバース朝 750～1258、アスワン、メディナ、アラビア、ジッダ、メッカ、イエメン、エチオピア、モガディシュ、マリンディ、モンバサ

イタリア古地図の地名：イタリア、スペイン、中国、アラビア、インド

Try ③の古地図には現在のどのあたりが描かれているだろうか。右上の全図で確認してみよう。

凡例（交通路）：
- おもな陸上交通路
- おもな河川交通路
- おもな海上交通路

年表で見る日本のおもな動き

平安時代	1127	宋の高宗、金からのがれて南宋建国（〜1279）
	59	平治の乱起こる　平清盛が政治の実権をにぎる
	67	平清盛、太政大臣となる
	○	清盛、大輪田泊（神戸港）を修築する
	○	日宋貿易がさかんになる
鎌倉時代	80	源頼朝ら、平氏政権への反乱を起こす
	85	頼朝、全国に守護・地頭を設置　○鎌倉幕府成立
	92	頼朝が征夷大将軍になる

当時の日本

日宋貿易と宋銭の流入

中国の**宋（南宋）**では経済が大きく発展し，宋の商人が日本にさかんに通商を求めてやってくると，当時の権力者であった平清盛は，宋との貿易を推進し保護した。宋からは，陶磁器や**宋銭**，書籍などを輸入し，僧が宋へ留学するなど，交流も活発に行われた。

▶⑤大量に出土した宋銭（岡山県倉敷市）
〈倉敷埋蔵文化財センター提供〉

▶⑥日宋貿易を推進した平清盛
〈六波羅蜜寺蔵
浅沼光晴撮影〉

◀④森を切り開く修道士
ヨーロッパは大部分が森であったが，11世紀ごろから人口が増大して森の開墾が進んだ。

ヴォルガ＝ブルガル国
○ブルガル

1125　遼の西遷

ブルカン山
ケレイト　▲モンゲル
メルキト　タタル

キルギス　オイラト
ナイマン
モンゴル高原
アルタイ山脈
オングト

金
1115〜1234
会寧府（上京）
遼陽（東京）

十三湊
平泉

カラ＝キタイ（西遼）
1132〜1211
ビシュバリク
西ウイグル王国
トルファン
クチャ

西夏
1038〜1227
大同（西京）
中都大興府（燕京）
鎌倉
開城
高麗
918〜1392
京都
大輪田泊
日本
（平安時代〜鎌倉時代）

ホラズム朝
1077〜1231
ジェンド
オトラル
ベラサグン
サマルカンド
ブハラ
天山山脈
タリム盆地
カシュガル
ホータン
沙州（敦煌）
涼州
興慶

開封（汴京）

1126〜27　靖康の変

ウルゲンチ
メルヴ
レイ
ニーシャープル
バルフ
カーブル
ガズナ
ゴール

黄河
京兆府
大散関

臨安（杭州）
明州
景徳鎮

1127〜1279
南宋

成都
漢江
江陵
潭州
泉州
広州

ゴール朝
1148ごろ〜1215
ラホール
デリー

ヒマラヤ山脈
ラサ
チベット

大理
937〜1253
大理

昇竜

大越（李朝）
1009〜1225

イスファハーン
バスラ
ペルシア湾
ホルムズ
マスカット
オマーン

シンド
ウジャイン

セーナ朝
カナウジ
ナディヤ
ガンジス川

パガン朝
1044〜1299
パガン
ペグー

ヒンドゥー諸王朝

チョーラ朝
タンジョール

ベンガル湾

カンボジア（アンコール朝）
アンコール
ヴィジャヤ

アンコールの繁栄

▼⑦指南魚（中国・宋代）　磁針を腹部に入れ，水に浮かべて方角を調べた。中東を経てヨーロッパに伝わり，**羅針盤**に発達した。

セイロン島
セイロン（クーラム＝マライ）

インド洋

ジャーヴァカ（三仏斉）
ジャンビ
パレンバン

モルッカ（香料）諸島

クディリ朝
1222滅亡
クディリ
ジャワ島

13～14世紀ごろの世界 ——ユーラシアに出現した空前の大帝国

東アジア

84〜85

南・東南アジア63・101

西アジア

95

ヨーロッパ

107〜109

時代の概観
この時代は、遊牧民の**モンゴル**がユーラシア大陸の大半を支配したので「モンゴルの時代」ともいわれる。彼らは交易を重視する政策をとり、ユーラシア規模の大交流圏を形成した。一方イスラームでは、西進するモンゴル軍を撃退（げきたい）したマムルーク朝が支配を固め、さらにデリーを中心とした北インドにもイスラーム王朝が成立した。ヨーロッパでは、地中海を独占していたイタリア商人が活発に交易を行い、東方の情報もヨーロッパにもたらされた。

結びつく世界 ユーラシア円環（えんかん）ネットワーク

モンゴル帝国が**駅伝制（えきでんせい）（ジャムチ）**を整備し、**草原の道**と**オアシスの道**の安全が確保されたことによって陸上交通が活発化した。さらにモンゴル帝国は**南宋（なんそう）**を滅ぼして海の道を掌握（しょうあく）し、大運河を整備して陸と海を結ぶ円環の大交易ネットワークを成立させた。

▶①**駅伝制の牌符（はいふ）** 牌符は公用で旅をする者が携帯した通行証。駅伝制では主要道路に10里ごとに站（ジャム＝駅）がおかれた。宿舎と馬が常備され、旅行者に提供された。

▼②**大都と海を結びつけた**
運河　通恵河（つうけいが）
🏛世界遺産

凡例
- ‑‑▶ 第6回十字軍の進路（1248～54）
- ──▶ 第7回十字軍の進路（1270）
- ○ ハンザ同盟のおもな拠点
- ● ヴェネツィアの商館所在都市
- モンゴル帝国の最大領域
- ‑‑▶ マルコ＝ポーロの旅したルート（**1**～**7**は旅の順序）*
- ビザンツ帝国の亡命国家

*17年間フビライ＝ハンに仕えたといわれるが、中国側の記述にはない。

1 1271年、ヴェネツィアを出発。
7 1295年、ヴェネツィアに帰国。1299年に『世界の記述（東方見聞録）』が完成。

1241 ワールシュタット（リーグニッツ）の戦い

ノルウェー王国
スウェーデン王国
デンマーク王国
ドイツ騎士団領
イングランド王国
ロンドン
パリ
リューベク
ポーランド王国
クラクフ
フランス王国
神聖ローマ帝国
ミラノ
ブダ
キエフ
ヴェネツィア
ハンガリー王国
カスティリャ王国
ポルトガル王国
トレド
シェノヴァ
教皇領
ローマ
アラゴン王国
ブルガリア王国
黒海
グラナダ
ナポリ王国
ラテン帝国（十字軍が建てた国家）
コンスタンティノープル
ナスル朝 1232～1492
フェス
チュニス
シチリア島
アナトリア
マリーン朝 1196～1465
ザイヤーン朝 1236～1550
ハフス朝 1228～1574
トリポリ
クレタ島
キプロス王国
アレッポ
アレクサンドリア
アッコ（アッコン）
イェルサレム
バグダード
マリ王国 13C～15C
トンブクトゥ
エジプト
カイロ
マムルーク朝 1250～1517
アスワン
メディナ
ジッダ
メッカ
アデン
モガディシュ

地図にアクセス マルコ＝ポーロが見た世界

ヴェネツィア商人マルコ＝ポーロはモンゴル帝国の中心であった大都（だいと）まで旅をし、**フビライ**に気に入られ17年間特使として仕えたとされる。滞在中や旅をするなかでの経験や見聞（けんぶん）の記録は、**『世界の記述（東方見聞録（とうほうけんぶんろく））』**に残されている。

▼③フビライと面会するマルコ＝ポーロ（19世紀にヨーロッパ人が描いた想像図）

▲④**マルコ＝ポーロ**（1254～1324）
ただし、実在や本の記述の内容について疑う説もある。

- ≡ おもな陸上交通路
- ─ おもな河川交通路

Try マルコ＝ポーロが旅した道をたどり、モンゴル帝国が形成したネットワークの広がりを確認しよう。

年表で見る日本のおもな動き

鎌倉時代	1206	チンギス=ハンがモンゴルを統一
	68	北条時宗が鎌倉幕府の執権になる
	71	フビライ=ハン、モンゴルの国号を元とする
	74	元、南宋攻略に着手、日本に遠征（文永の役）
	75	マルコ=ポーロ、元の都大都に到着
	81	元、再び日本に遠征（弘安の役）——蒙古襲来（元寇）
	1333	鎌倉幕府滅亡
	38	足利尊氏が征夷大将軍になる

当時の日本　蒙古襲来！

元のフビライは日本に朝貢と服属を要求したが、鎌倉幕府がそれを拒否したため、1274年と81年の2回にわたり元軍が九州北部に襲来した（元寇）。元軍は火器と集団戦法で日本軍を苦しめたが、暴風雨などによって敗退した。

▶⑥蒙古襲来絵詞

<宮内庁三の丸尚蔵館蔵>

◀⑦元軍の火器「てつはう」　鉄の殻のなかに火薬をつめ、口火に点火してから投石機で発射した。

<松浦市教育委員会蔵>

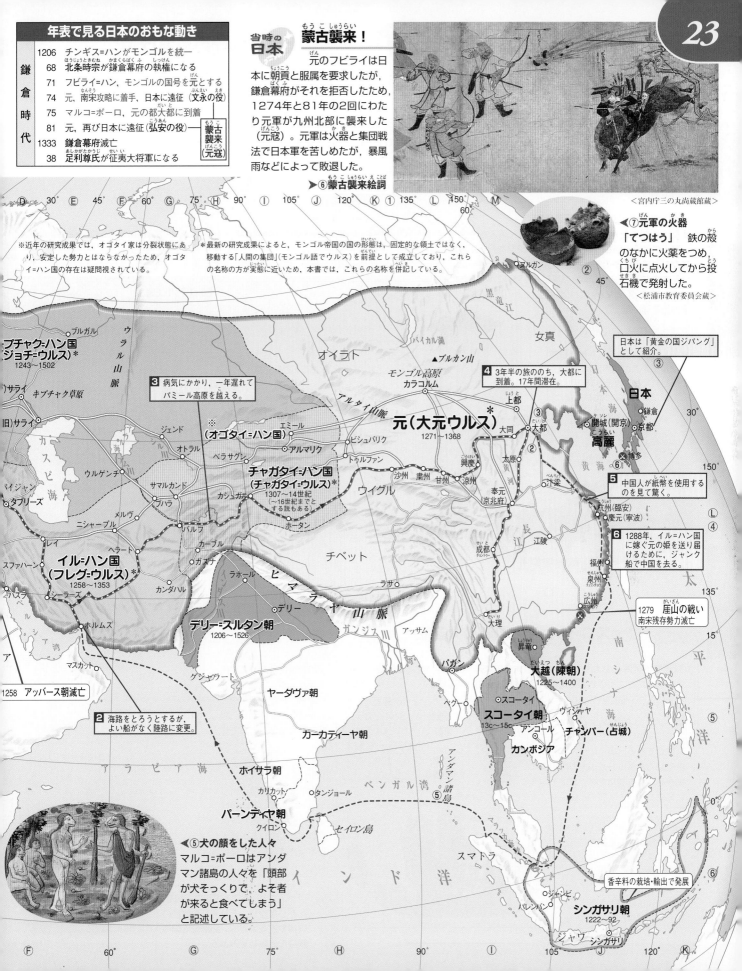

※近年の研究成果では、オゴタイ家は分裂状態にあり、安定した勢力とはならなかったため、オゴタイ=ハン国の存在は疑問視されている。

＊最新の研究成果によると、モンゴル帝国の国の形態は、固定的な領土ではなく、移動する「人間の集団」（モンゴル語でウルス）を前提として成立しており、これらの名称の方が実態に近いため、本書では、これらの名称を併記している。

日本は「黄金の国ジパング」として紹介。

③ 病気にかかり、一年遅れてパミール高原を越える。

④ 3年半の旅ののち、大都に到着。17年間滞在。

⑤ 中国人が紙幣を使用するのを見て驚く。

⑥ 1288年、イル=ハン国に嫁ぐ元の姫を送り届けるために、ジャンク船で中国を去る。

キプチャク=ハン国（ジョチ=ウルス）＊ 1243〜1502

（オゴタイ=ハン国）※

チャガタイ=ハン国（チャガタイ=ウルス）＊ 1307〜14世紀（〜16世紀までとする説もある）

元（大元ウルス）＊ 1271〜1368

イル=ハン国（フレグ=ウルス）＊ 1258〜1353

デリー=スルタン朝 1206〜1526

1258 アッバース朝滅亡

1279 崖山の戦い　南宋残存勢力滅亡

高麗

大越（陳朝）1225〜1400

スコータイ朝 13c〜15c

チャンパー（占城）

カンボジア

ヤーダヴァ朝

カーカティーヤ朝

ホイサラ朝

パーンディヤ朝

シンガサリ朝 1222〜92

香辛料の栽培・輸出で発展

② 海路をとろうとするが、よい船がなく陸路に変更。

◀⑤犬の顔をした人々　マルコ=ポーロはアンダマン諸島の人々を「頭部が犬そっくりで、よそ者が来ると食べてしまう」と記述している。

15世紀ごろの世界 ——大航海時代の幕あけ

時代の概観

この時代は、アジアの物産にあこがれたヨーロッパ人が新たな海外進出を開始し、**大航海時代**が幕をあけた。とくにポルトガルとスペインは、直接取引を行うためのアジア航路を積極的に開拓した。東アジアでは、明が朝貢・冊封関係を回復させるため、鄭和（ていわ）に大遠征を行わせる一方、民間の海上交易を禁止（海禁）し、琉球やマラッカなどが中継貿易で繁栄した。西アジアでは、ビザンツ帝国を滅ぼした**オスマン帝国**がしだいに台頭し始めた。

結びつく世界 ポルトガルの船出

レコンキスタ(国土再征服運動)（こくどさいせいふく）が完了し，イスラーム支配を脱却したポルトガルは，ムスリム商人とイタリア商人の仲介を省いて直接アジアとの交易を行うため，**エンリケ航海王子**のもとでアフリカへの進出を進めた。1488年にはアフリカ南端の喜望峰（きぼうほう）に到達し，98年には**ヴァスコ=ダ=ガマ**がインドのカリカットに達してインド航路を開いた。

▼①15世紀に描かれた世界地図（マルテルスの世界図）このころに描かれた地図から，アフリカ大陸の南端が現れるようになった。

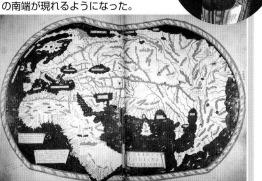

◀②ヴァスコ=ダ=ガマ（1469ごろ〜1524）

凡例

- ■ ヴェネツィア領
- ⤏ 鄭和（ていわ）の航路
- ➡ オイラトの進出
- ● 明の九辺鎮
- ➡ 永楽帝時代の明の外征
- □ ティムール帝国の最大領域(15世紀前半)
- ➡ ウズベクの侵入
- ➡ サファヴィー教団の進軍（1499〜1510）

1492 レコンキスタ(国土再征服運動)完了

1453 ビザンツ帝国滅亡

地図にアクセス ヴァスコ=ダ=ガマと鄭和（ていわ）の大遠征

（→ p.88, 120）

15世紀の初めと終わりに，それぞれ大陸の東端，西端から航海を開始した二人だが，その規模を比較すると大きく異なっている。

アフリカのモザンビークにて
モザンビークの住人は，ポルトガル人が自分たちと同じムスリムであると信じたが，真実を知るとポルトガル人の行動を妨害してきたため，ガマは発砲（はっぽう）した。

インドのカリカットにて(1498年)
ガマは来航目的を聞かれると，「キリスト教と香辛料」と答えた。持参した品物に対し，カリカットの人々に「こんなものは領主に献上（けんじょう）すべきでない」と言われた。

ヴァスコ=ダ=ガマ (1497〜99)		鄭和 (1405〜33)
サン=ガブリエル号	航海期間 旗艦	宝船（ほうせん）
120トン・マスト3本		1170トン・マスト6本
4隻	総隻数	62隻
170人	総乗組員数	27800人

スマトラ島パレンバンにて
明の皇帝に従うように伝えたが，逆に攻撃されてしまう。しかし鄭和の大艦隊は戦いに勝利し，障害を取り払うことができた。

インドのカリカットにて(1405年)
インド洋交易の拠点カリカットに到着した鄭和は，領主に最大限の敬意をはらい，カリカットの商人とさまざまな商品を交換した。

0　　　　　　　61.2m
0　　　32m

- ═ おもな陸上交通路
- ─ おもな河川交通路

Try ヴァスコ=ダ=ガマと鄭和の航路をたどりながら，それぞれの船団の規模や航海の目的，訪問先での体験談を比較してみよう。

地図上の地名（抜粋）

ノルウェー、スウェーデン、ストックホルム、デンマーク、イングランド王国、ロンドン、パリ、神聖ローマ帝国、フランス王国、ウィーン、クラクフ、キエフ、リトアニア＝ポーランド、スイス、ミラノ、ヴェネツィア、ブダ、ハンガリー王国、ポルトガル王国、リスボン、スペイン王国、トレド、ジェノヴァ、ヴェネツィア共和国、教皇領、ローマ、ナポリ、ナポリ王国、バルカン半島、クリム＝ハン、黒海、コンスタンティノープル、グラナダ、ナスル朝、セウタ、マラケシュ、フェス、サイヤーン朝、チュニス、ハフス朝 1228〜1574、トリポリ、クレタ島、キプロス島 1489〜1570、オスマン帝国 1299〜1922、アレッポ、ダマスクス、アレクサンドリア、バグダード、カイロ、マムルーク朝 1250〜1517、ヒジャーズ、メディナ、アスワン、アラビア、ジッダ、メッカ、紅海、マリ王国、トンブクトゥ、ソンガイ王国、エチオピア、アデン、モガディシュ、マリンディ、モンバサ

年表で見る日本のおもな動き

室町時代	1404	足利義満，明との勘合貿易を始める
	28	畿内で正長の徳政一揆（土一揆）が起こる
	29	尚巴志，琉球を統一（琉球王国成立）
	67	応仁の乱が起こる（～77）
戦国時代		戦乱のなかで日本は戦国時代に突入
	○	琉球王国が最盛期を迎える
	85	山城の国一揆（～93）
	88	加賀の一向一揆（～1580）

当時の日本

琉球王国の繁栄

明が海禁を実施し，外交を朝貢・冊封関係のある国にのみ限ったため，冊封を受けていた琉球王国が，明と東南アジア，日本，朝鮮半島を結ぶ東アジアの貿易センターとして隆盛を誇った。

◀③明への進貢船（模型）
〈沖縄県立博物館・美術館蔵〉

世界遺産

▲④琉球王が明の使節を迎えた守礼門

▲⑤鄭和
（1371～1434？）

1480　モスクワ大公国独立

1449 土木の変

モスクワ大公国
モスクワ
カザン
カザン＝ハン国
1438～1552
クリム＝ハン国
プチャク＝ハン国
1243～1502
サライ
アストラハン
ファヴィー教団領
タブリーズ
レイ
イスファハーン
バスラ
ティムール帝国
1370～1507
ヘラート
ニシャープル
メルヴ
ブハラ
サマルカンド
ウルゲンチ
オトラル
カシュガル
ホータン
バラサグン
クチャ
ウイグル
トゥルファン
ハミ
沙州
粛州
ビシュバリク
アルタイ山脈
オイラト
カラコルム
モンゴル高原
モンゴル（北元）
オイラトの最大領域（エセンの時代）15世紀半ば
シビル＝ハン国
15世紀～1598
シベリア
バイカル湖
黒竜江
野人女真
海西女真
建州女真
アイヌ文化圏
ヌルガン
ウズベク
シル川
アム川
ガズナ
カーブル
アフガニスタン
カンダハル
デリー＝スルタン朝
1206～1526
デリー
ヒマラヤ山脈
チベット
ラサ
明の最大領域
（15世紀初）
北京順天府
京兆府
成都
開封
カイフォン
南京
応天府
杭州
ハンチョウ
長江
江陵
長沙
雲南
福州
泉州
チュワンチョウ
広州
コワンチョウ
黄河
黄海
明
1368～1644
朝鮮
1392～1910
漢城（漢陽）
京都
博多
坊津
日本（室町時代）
琉球王国
首里
太平洋
東シナ海
南シナ海
ホルムズ
マスカット
イエメン
グジャラート
バフマニー朝
ヴィジャヤナガル
ゴア
ヴィジャヤナガル王国
1336～1649
カリカット
コーチン
セイロン島
コロンボ
ヴァスコ＝ダ＝ガマの航路
アラビア海
ベンガル湾
エーヤワディー川
ガンジス川
インダス川
インド洋
昇竜
大越（黎朝）
1428～1527
アヴァ
ペグー
アユタヤ朝
1351～1767
アユタヤ
アンコール
チャンパー
ヴィジャヤ
プノンペン
カンボジア
マラッカ王国
1400ごろ～1511
マラッカ
ボルネオ
旧港（パレンバン）
モルッカ
（香料）諸島
マジャパヒト
マジャパヒト朝
1293～1527ごろ
マラッカの繁栄

16世紀ごろの世界 ── 一体化し始める世界

東アジア 88・90

南・東南アジア 63・101

西アジア 96・100

ヨーロッパ 119〜123

アメリカ 120〜122

時代の概観

この時代は、**明、ムガル帝国、オスマン帝国**といったアジアの帝国が繁栄をきわめる一方、ヨーロッパでは、前時代に幕をあけた**大航海時代**が本格化し、ヨーロッパ諸国による**世界の一体化**が始まった。

インド航路の発見によって、ヨーロッパが直接アジアと交易を行うようになると、地中海の東方貿易で栄えていたイタリア諸都市は衰退し、新たに**ポルトガル**と**スペイン**が繁栄期を迎えた。

結びつく世界 「太陽の沈まぬ国」スペイン

大航海時代を経て、スペインは、**アステカ王国**や**インカ帝国**といったラテンアメリカの先住民の文明を征服して、広大な領地を獲得した。さらに、1580年には、インド航路を開拓しアジアに交易の拠点を築いていたポルトガルを併合したことで、スペイン領はアジア各地にも拡大し、最大となった。

▼①スペイン人征服者（コンキスタドール）による先住民文明の征服

地図にアクセス 銀は世界を駆けめぐる

スペインによる新大陸での銀山開発は、年間270万トンもの大量の銀をヨーロッパにもたらした。ヨーロッパ人は、世界各地で交易に銀を使用したので、世界に銀が駆けめぐり、中国をはじめアジアの貿易もさらに発展した。

▲②中国の馬蹄銀 中国では重さによって取り引きされた。

▼③ポトシ銀山で労働をしいられる先住民

▲④現在のポトシ銀山

Try 銀の流れをたどりながら、銀がどの地域におもに集まったかを確認しよう。

太平洋

大

サカテカス銀山（1546発見）
メキシコ
①アカプルコ
1519〜21 アステカ滅亡

フロリダ半島
ハバナ
キューバ
西インド諸島
サンサルヴァドル島
カリブ海
パナマ

キト
リマ クスコ
ラパス
③ポトシ銀山
1532〜33 インカ滅亡
1545年 スペイン人が発見

サンティアゴ
マゼラン海峡

教皇子午線（1493年）
ブラジル
トルデシリャス条約境界線（1494年）

銀の輸出国となった日本

当時の日本

16世紀前半に、朝鮮から新しい技術が伝わり、日本では石見銀山をはじめとする鉱山の開発によって爆発的に銀が増産された。当時、日本の銀は世界の銀産出高の3分の1を占め、倭寇やポルトガル人の交易活動によって輸出され、アメリカ産の銀とともに世界に流通していった。

▶⑤石見銀山が描かれた日本地図
（16世紀　ポルトガル）

▶⑥石見銀山産出の銀（丁銀）
＜島根県教育委員会蔵＞

年表で見る日本のおもな動き

室町時代 戦国時代 安土桃山時代	1543	ポルトガル人が鉄砲を伝える
	49	ザビエルがキリスト教を伝える
	75	織田信長、長篠合戦で武田氏に勝利
	82	本能寺の変
	90	豊臣秀吉、北条氏を滅ぼす　天下統一完成
	92	豊臣秀吉、朝鮮に出兵（文禄の役、〜93）
	97	豊臣秀吉、朝鮮に再度出兵（慶長の役、〜98）
	1600	関ヶ原の戦いで徳川家康が勝利

▲⑦ムガル帝国のルピー銀貨

17世紀ごろの世界 ——「危機」の時代の到来

時代の概観

この時代は、前時代から一転して、ヨーロッパが混乱の時代を迎え、圧倒的な経済力を誇る**オランダ**以外のヨーロッパの諸国は、国家体制の再編を迫られた。**イギリス**は2度の革命を経て議会政治を、**フランス**はルイ14世の時代に**絶対王政**を確立し、大西洋貿易（**奴隷貿易**）や植民地獲得など、海外進出に活路を見いだした。中国では、交易によって力をつけた**清**が明を滅ぼし、第2次ウィーン包囲に失敗した**オスマン帝国**は軍事面での衰退が始まった。

結びつく世界 世界を襲う「17世紀の危機」

16世紀の繁栄を支えたヨーロッパの経済成長は、17世紀にはいると停止し、危機的な状況を迎えた。世界的な貿易活動は停滞し、気候が寒冷化するなど社会不安からヨーロッパ各地で反乱が起こったが、香辛料貿易やバルト海貿易で優位にたつ**オランダ**だけは、繁栄を続けた。一方、危機はアジアにも及び、東アジア諸国は混乱をのりきるため、交易や人の移動への統制を強めた。

▼①17世紀のオランダの冬景色 凍結した川や運河では、スケート遊びが行われたり、氷上市が開かれたりした。
＜ロンドン, ナショナル＝ギャラリー蔵＞

地図にアクセス オランダ繁栄の礎となった東インド会社

オランダ北部の**アムステルダム**には、多くの商工業者が集まった。オランダは、少人数で多くの荷物を運ぶすぐれた造船技術をもっており、1602年にはイギリスに対抗して**連合東インド会社**（オランダ東インド会社）を設立し、アジアにも積極的に進出した。

▼②アムステルダム港に集まる連合東インド会社の船

▲③連合東インド会社（**VOC**＊）向けの有田焼磁器
＊Vereenigde Oostindische Compagnieの略。オランダ語で「連合東インド会社」の意味。

Try 連合東インド会社の航路をたどり、オランダが進出した地域を確認しよう。

年表で見る日本のおもな動き

江戸時代	1603	徳川家康，江戸幕府を開く
	○	朱印船貿易さかん
	13	幕府，日本全国でキリスト教禁止
	15	豊臣氏が滅びる（大坂夏の陣）
	35	徳川家光，日本人の海外渡航・帰国を禁止
	37	島原・天草一揆起こる（〜38）
	39	ポルトガル船の来航禁止
	41	オランダ人を長崎の出島に移す（「鎖国」の完成）

当時の日本

朱印船貿易から鎖国へ

初期の幕府は，朱印状を与えて日本人の海外渡航と交易を奨励した。だが，しだいにキリスト教の拡大やヨーロッパ諸国の抗争の波及を恐れるようになり，島原・天草一揆をきっかけに，貿易の統制へと政策を転換し，オランダ・中国・朝鮮以外の国との交渉を閉ざす「鎖国」に踏み切った。

◀④島原・天草一揆をひきいた天草四郎

▲⑤長崎のようす　＜神戸市立博物館蔵＞

1619〜オランダのアジア貿易の中心拠点

1623 アンボイナ事件

⑥アンボイナ事件 1623年，モルッカ（マルク）諸島で起きたオランダとイギリスの紛争事件。イギリスの商館員が拷問・処刑された。この事件後，イギリスはインド進出に専念した。

凡例：スペイン領／イギリス領／オランダ領／フランス領／ポルトガル領／拠点都市／島／イスラーム勢力拠点都市／奴隷輸出基地／奴隷購入取引地／オランダの奴隷貿易／ポルトガルの奴隷貿易／連合東インド会社の貿易網／オランダのバルト海貿易路／スペインの航路

18世紀ごろの世界 ──本格化するヨーロッパのアジア進出

東アジア
89〜92

南・東南アジア
63・101

西アジア
96・100

ヨーロッパ
128〜129
136〜137

アメリカ
134〜135

時代の概観

この時代は、**イギリスとフランス**の間で植民地の争奪戦が繰り広げられ、最終的にイギリスが勝利した。イギリスは、**大西洋三角貿易**を基盤とする植民地との経済的分業により、工業化の道を歩み出したが、巨額の戦争費用を担わされた

植民地の不満は、**アメリカ独立戦争**を引き起こし、多くの植民地を失ったフランスでは革命が起こった。
東アジアでは清が拡大を続けてユーラシアの大帝国となり、インドや東南アジアではヨーロッパの進出が進んだ。

結びつく世界　奴隷にされたアフリカの黒人

カリブ海やアメリカ大陸の植民地では，砂糖，たばこなどの世界向けの商品作物を大量生産するため大農園（**プランテーション**）が開かれ，その労働力調達のためヨーロッパ諸国は**奴隷貿易**にのりだした。西アフリカで武器と交換した数千万人もの黒人たちを奴隷として植民地へ運び，砂糖やたばこなどの商品と交換した（**大西洋三角貿易**）。

▼①アフリカ人の仲介者により奴隷商人に売られる黒人たち

▼②船につめ込まれた奴隷

白人奴隷商人

アフリカ人仲介者

地図にアクセス　砂糖入り紅茶の広まり

17〜18世紀になると，ヨーロッパにはさまざまなアジアの産物がもたらされた。18世紀以降，イギリスではコーヒーにかわって紅茶を飲む習慣が広がり，さらに上流階級のステイタスシンボルとして，砂糖を紅茶に入れる飲み方が生み出された。
◀③アフタヌーンティーを楽しむイギリスの上流階級の人々

▶④カリブ海のアンティグア島でさとうきびの刈り入れを行う奴隷

Try イギリスの貿易ルートを見て，砂糖と紅茶がどの地域からもたらされていたかを確認しよう。

1755〜63
フレンチ-インディアン戦争
イギリスとフランスは激戦を繰り広げ，イギリスが勝利

毛皮・魚

たばこ・綿花→

ハドソン湾

カナダ
モントリオール
ケベック
セントルイス
ボストン
プリマス
ニューヨーク
フィラデルフィア
13植民地
ニューオーリンズ

砂糖・綿花・染料

イギリスの大西洋三角貿易

ヌエバエスパーニャ副王領
グアダラハラ
グアナファト
メキシコ
アカプルコ
ハバナ
ジャマイカ
サントドミンゴ
④アンティグア島
グアテマラ
カラカス
←奴隷
パナマ

ボゴタ
ヌエバグラナダ副王領
ボリバルの活動
〜1825
リマ
ペルー副王領
ラパス
④サン=マルティンの活動
〜1822
ミナス=ジェライス
ブラジル
リオデジャネイロ
サンパウロ
リオデラプラタ副王領
サンティアゴ
ブエノスアイレス

年表で見る日本のおもな動き

	17世紀末	金銀の産出量が減り，幕府が財政難となる
江戸時代	1715	金銀の流出を抑えるため，長崎貿易を制限
	16	徳川吉宗が享保の改革を始める（～45）
	72	田沼意次の政治が始まる（～86）
	○	幕府，アイヌとの貿易で入手した俵物（海産物）の輸出を推進
	74	前野良沢・杉田玄白ら『解体新書』刊行
	87	松平定信が寛政の改革を始める（～93）

当時の日本　北方の窓口 松前藩 ～アイヌとの交易

北海道の**松前藩**は，江戸幕府から蝦夷地での**アイヌ**との交易をまかされ，しだいにアイヌ交易を独占していった。アイヌの人々との交易により樺太経由で松前にもたらされた蝦夷錦などの大陸の品々は，斬新で異国情緒がただようため，江戸や京都でもてはやされた。

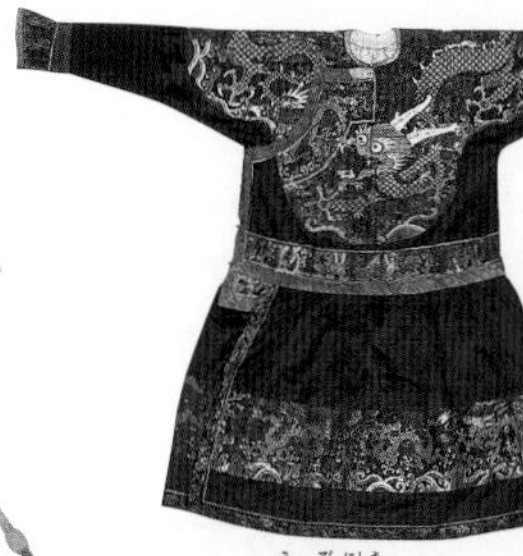

＜市立函館博物館所蔵＞

▲⑤**蝦夷錦**　もとは清の役人の制服で，江南地方でつくられた高級な絹織物。

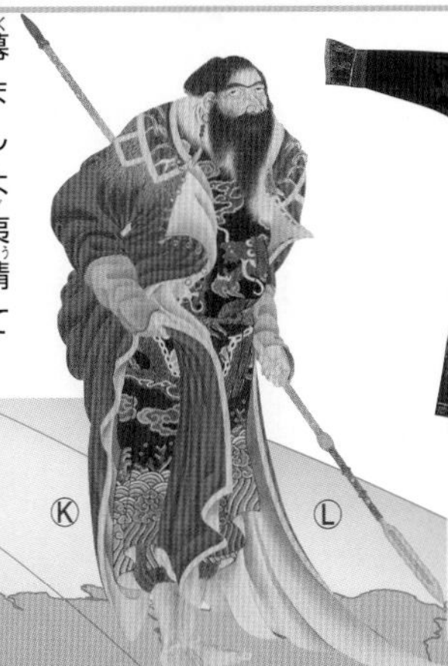

◀⑥**蝦夷錦を着たアイヌの長老**　＜函館市中央図書館蔵＞

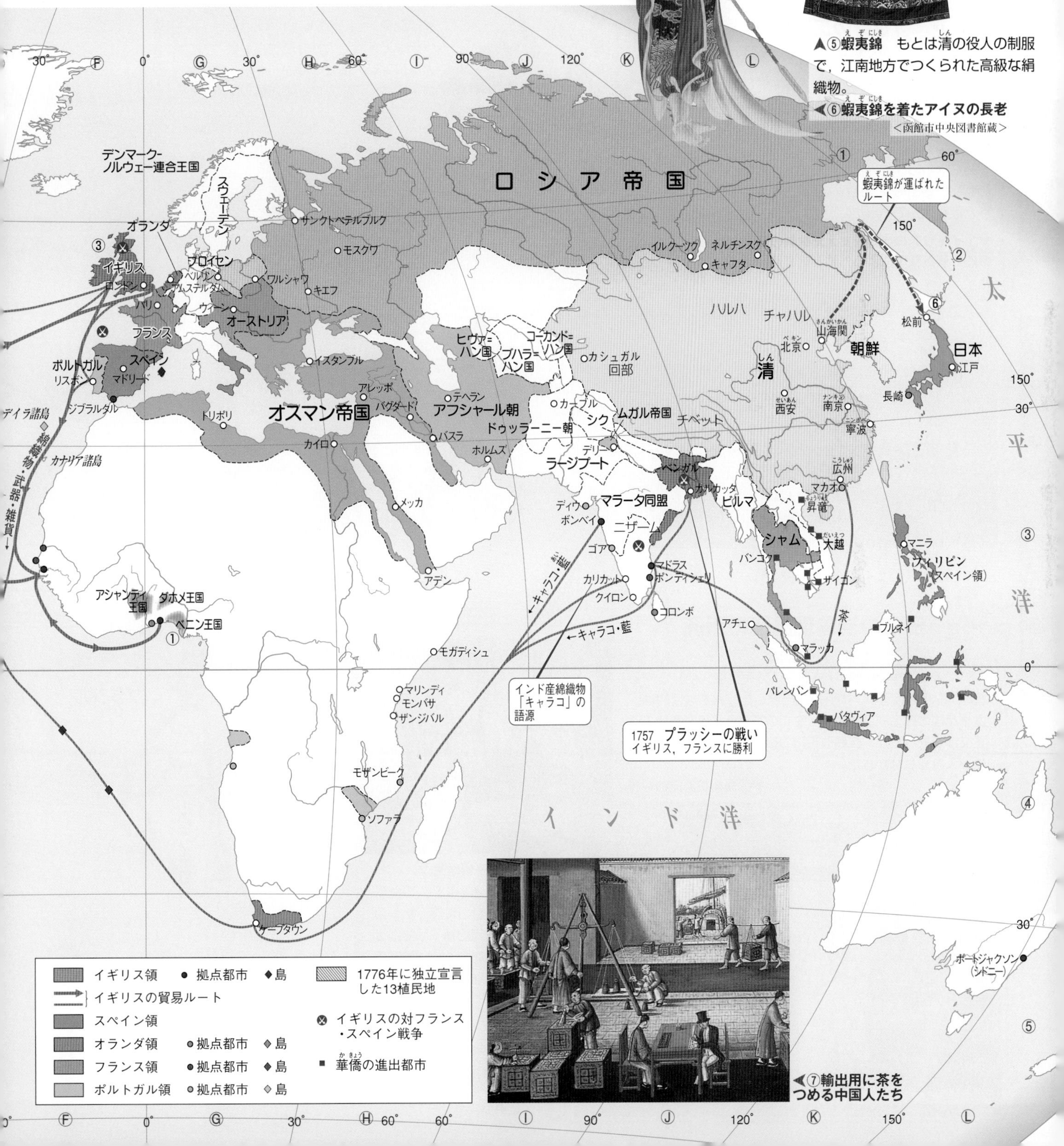

ロシア帝国
デンマーク-ノルウェー連合王国
スウェーデン
オランダ
イギリス
プロイセン
ベルリン
アムステルダム
ロンドン
パリ
フランス
ワルシャワ
キエフ
モスクワ
サンクトペテルブルク
ウィーン
オーストリア
ポルトガル
リスボン
スペイン
マドリード
ジブラルタル
イスタンブル
オスマン帝国
トリポリ
カイロ
アレッポ
バグダード
バスラ
メッカ
アデン
テヘラン
アフシャール朝
ホルムズ
ヒヴァ=ハン国
ブハラ=ハン国
コーカンド=ハン国
カシュガル回部
カーブル
ドゥッラーニー朝
シク
ムガル帝国
チベット
デリー
ラージプート
ベンガル
カルカッタ
マラータ同盟
ディウ
ボンベイ
ニザーム
ゴア
マドラス
ポンディシェリ
カリカット
クイロン
コロンボ
ビルマ
シャム
バンコク
大越
昇竜
サイゴン
アチェ
マラッカ
パレンバン
バタヴィア
マニラ
フィリピン（スペイン領）
ブルネイ
清
北京
山海関
朝鮮
日本
江戸
長崎
松前
西安
南京
寧波
広州
マカオ
ハルハ
チャハル
イルクーツク
ネルチンスク
キャフタ
蝦夷錦が運ばれたルート
マデイラ諸島
カナリア諸島
綿織物・武器・雑貨→
アシャンティ王国
ダホメ王国
ベニン王国
モガディシュ
マリンディ
モンバサ
ザンジバル
モザンビーク
ソファラ
ケープタウン
←キャラコ・藍
茶
インド洋
太平洋
ポートジャクソン（シドニー）
インド産綿織物「キャラコ」の語源
1757 プラッシーの戦い イギリス，フランスに勝利
イギリス領　●拠点都市　◆島
イギリスの貿易ルート
スペイン領
オランダ領　●拠点都市　◆島
フランス領　●拠点都市　◆島
ポルトガル領　●拠点都市　◆島
1776年に独立宣言した13植民地
イギリスの対フランス・スペイン戦争
■ 華僑の進出都市

◀⑦**輸出用に茶をつめる中国人たち**

19世紀ごろの世界 ——世界支配をめざすイギリス

東アジア
162〜167

南・東南アジア
160〜161

西アジア
159

ヨーロッパ
138〜151・158

アメリカ
152〜153

時代の概観
この時代は、圧倒的な工業力を誇る**イギリス**が世界の頂点に君臨した。さらに、**第二次産業革命**を通して、新たに台頭してきた**ドイツ**や**アメリカ**などのほかの欧米諸国が、イギリスへの挑戦を開始して植民地獲得にのりだしたことで、**世界の一体化**が急速に進んだ。

他方、植民地となった地域では、一種類のもののみをつくるモノカルチャーの広がりにより、経済の発展が遅れ、植民地からの脱却をめざす運動も出てきた。

結びつく世界 「世界の工場」イギリス

産業革命をなしとげたイギリスは、ほかのどの国よりも大量に安い製品を輸出できたため、**世界最大の工業国**となり「**世界の工場**」といわれた。イギリスは、アジアをはじめ、世界各地に進出し、自国の製品の輸出地や、食料・原料の供給地へと取り込んでいった。

▼①**イギリスの海運を支えた鉄製の蒸気帆船** 蒸気機関による外輪と帆で走行した。

◀②**シモン＝ボリバル**（1783〜1830）
ラテンアメリカの独立運動指導者。大コロンビア樹立のほか、ペルー解放、ボリビア独立などで活躍した*

アラスカ
（1867アメリカ領に）

イギリス領カナダ

モントリオール

ニューヨーク
ワシントン

西漸運動

②

岩倉使節団

アメリカ合衆国
（1872.3.4）

1783
アメリカ合衆国の独立

1850年までに
州となった地域

環大西洋革命

メキシコ
1821

1804 ハイチ独立

メキシコシティ

キューバ

ジャマイカ

カラカス

ボゴタ

大コロンビア
1819

ギアナ

ラテンアメリカ諸国の独立

ペルー
1821

リマ

ブラジル
1822

ボリビア
1825*

リオデジャネイロ

サンティアゴ
1818

アルゼンチン
1816

ブエノスアイレス

フォークランド諸島

太平洋

③

④

⑤

⑥

*ボリビアの国名は、ボリバルの名にちなんでいる。

地図にアクセス 日本の岩倉使節団の派遣

1871年、岩倉具視をリーダー（特命全権大使）とする約50名の使節団が、横浜港を出発した。おもな目的は、欧米諸国の政治制度や産業・文化の視察と不平等条約の改正交渉であったが、条約改正については、国力の違いから受け入れられなかった。

▼③**岩倉使節団の一行**

永井繁子（9歳）
上田悌子（15歳）
吉益亮子（15歳）
津田梅子（8歳）
山川捨松（12歳）

木戸孝允（39歳）（長州）
山口尚芳（33歳）（肥前）
岩倉具視（47歳）（公家）
伊藤博文（31歳）（長州）
大久保利通（42歳）（薩摩）

▲④**5人の女子留学生**
岩倉使節団とともに5人の女子留学生もアメリカに渡った。最年少であった津田梅子は帰国後、女子教育に力をつくし、現在の津田塾大学となる塾をつくった。

Try 使節団のルートをたどり、使節が欧米のどの国を訪れたのかを確認しよう。

年表で見る日本のおもな動き

江戸時代	1840	中国でアヘン戦争起こる（～42）
	53	ペリーが日本に来航、翌年、日米和親条約を結ぶ
	58	日米修好通商条約を結ぶ
	67	徳川慶喜、大政奉還　王政復古の大号令
明治時代	68	戊辰戦争起こる（～69）　○明治維新
	89	大日本帝国憲法発布
	90	第1回衆議院議員総選挙　国会開設
	94	日清戦争が起こる（～95）

当時の日本

開国を迫られる日本

19世紀にはいると、日本との通商を求めるイギリス・ロシア・アメリカなどの外国船が来航するようになり、欧米の軍事力に押された幕府は、開国に踏み切った。しかし、開国後の混乱の中で幕府は倒れ、新たな政府のもと、日本は近代的な国家づくりに取り組んだ。

（→巻頭Ⅶ～Ⅷ）

◀⑤アメリカ東インド艦隊司令長官ペリー　〈下田開国博物館蔵〉

▲⑥神奈川（横浜）に上陸するペリーの一行　〈横浜開港資料館蔵〉

1789 フランス革命（1872.12.5）
1830 七月革命
1848 二月革命

1853～56 クリミア戦争

1854 日米和親条約

1858滅 ムガル帝国

香港島割譲（1842南京条約）

（1873.9.13帰国）
（江戸時代後期）
江戸（1871.12.23出発）
岩倉使節団

列強とその領土（1850年ごろ）

- イギリス
- イギリスの拠点都市
- イギリス領の島
- フランス
- スペイン
- 旧スペイン植民地
- ポルトガル
- 旧ポルトガル植民地
- オランダ
- ロシア

英の拡大
露の拡大
ペリーの来航経路
岩倉使節団の経路
（数字）はおもな到着日

	16世紀	17世紀	18世紀	

スペイン
アメリカ大陸で銀山採掘
1571 マニラ
1521 メキシコ
1532 ペルー
1588 無敵艦隊を破る
1581 独立宣言
1580 ポルトガル併合

ポルトガル
アジア貿易に参入
1510 ゴア
1511 マラッカ
1557 マカオ
1532 ブラジル

イギリス
1639 マドラス
1661 ボンベイ
1690 カルカッタ
1620 ニューイングランド
1664 ニューヨーク
1623 アンボイナ事件
1652～74 英蘭戦争

オランダ
1619 バタヴィア
1624 ゼーランディア（台湾）
1641 マラッカ
1626 ニューアムステルダム
1672～78 侵略戦争

フランス
1673 シャンデルナゴル
1674 ポンディシェリ
1608 ケベック
1682 ルイジアナ

1688～1815 第2次英仏百年戦争

北米での戦争／欧州での戦争インドでの戦争

1702～13 アン女王戦争
1740～48 オーストリア継承戦争
1755～63 フレンチ・インディアン戦争
ユトレヒト条約
1701～13 スペイン継承戦争
1744～48 ジョージ王戦争
1756～63 七年戦争
1744～48、50～54、58～61 カーナティカ戦争（1～3次）
1757 プラッシーの戦い
アーヘン条約
パリ条約

イギリスの覇権が確立

◀⑦アジアの拠点と「新大陸」獲得争い　イギリスは、七年戦争（→p.128）で得た植民地により、産業革命（→p.144）による工業化を大きく進展させた。一方その戦費による財政難は、イギリスではアメリカ独立戦争（→p.135）に、フランスではフランス革命（→p.136）につながった。

20世紀前半の世界 ——世界をおおう2度の大戦

時代の概観

この時代は、欧米諸国に、台頭してきた日本も加わり、世界の分割競争が行われ、2度の**世界大戦**が起こった。これらの大戦は、国民全体を巻き込む**総力戦**となり、ロシアでは、その重圧により国民の不満が爆発し、世界初の社会主義国家（**ソ連**）が誕生した。一方、これに刺激を受けた植民地では、独立をめざす**民族運動**が各地でさかんとなった。また、二つの大戦に決定的な影響力をもった**アメリカ**は、戦後、その圧倒的な経済力を背景に世界の大国となった。

結びつく世界 「文明化の使命」

欧米諸国では、文化的に劣るとみなしたアジアやアフリカに文明を広める使命があり、経済開発が先住民の生活を向上させるという主張が広く支持されていた。欧米諸国は、この主張をもとに植民地支配を正当化し、植民地獲得を進めていった。下のさし絵では、フランスがアフリカに富（金貨）と教育（本）をもたらしている。

▼① 「文明化の使命」を語る新聞のさし絵

地図にアクセス 力を増すアメリカ

第一次世界大戦前のアメリカは、世界最大の工業国であり債務国であった。しかし、戦後、**世界最大の債権国**へと転じてイギリスにかわる世界経済の中心となり、1929年のニューヨークでの株価の大暴落は、**世界恐慌**を引き起こした。

◀② 大陸横断鉄道（アメリカ）を敷設する中国人移民
移民は安い労働力として、おもに単純作業に従事した。彼らはクーリー（苦力）とよばれた。

アメリカ合衆国（アラスカ）

カナダ
（1867 英連邦自治領）

アメリカ合衆国

1918 14か条の平和原則
1920 国際連盟成立
（アメリカは不参加）

モントリオール
オタワ
ボストン
ニューヨーク
ワシントン

1929.10.24
世界恐慌始まる

サンフランシスコ
ロサンゼルス

メキシコ

メキシコシティ

キューバ（1902）

1914
パナマ運河開通

ジャマイカ
ハイチ
運河地帯（米）
プエルトリコ
カラカス
ベネズエラ
コロンビア
ギアナ
エクアドル
ブラジル
ペルー
リマ
ボリビア
パラグアイ
リオデジャネイロ
サンパウロ
チリ
サンティアゴ
ウルグアイ
アルゼンチン

太　平　洋

ハワイ諸島③（米）

▼③第二次世界大戦前の世界経済ブロック

シベリア出兵
ワシントン会議（1921～22）
貸し付け
投資
投資
投資
カナダ
アメリカ合衆国
キューバ
パナマ
中国への足場固め
投資と介入（アメリカの裏庭）
モンゴル
日本
ハワイ諸島
フィリピン
グアム島
ソヴィエト連邦
モスクワ
イギリス
ドイツ
フランス
イタリア
イラン
インド

凡例：
スターリング（ポンド）=ブロック
ドル=ブロック
円ブロック
フラン=ブロック
マルク=ブロック

▶④自動車の生産

ドイツ 1.0
イギリス 3.4
フランス 3.6
その他 4.6
世界計
488万台
（1925年）
アメリカ合衆国
87.4%

Try 図③の各経済ブロックの範囲を世界全図で確認し、各国の領土との関連性をみてみよう。

年表で見る日本のおもな動き

明治時代	1900	中国で義和団事件が起こる（〜01）
	04	日露戦争が起こる（〜05，1910 韓国併合）
大正時代	14	第一次世界大戦始まる（〜18）
昭和時代	29	世界恐慌が起こる
	31	満州事変が起こる（〜33）
	37	日中戦争に突入する（〜45）中国の抵抗で泥沼化
	39	第二次世界大戦始まる（〜45）1940日独伊三国同盟
	41	太平洋戦争始まる（〜45）

当時の日本

日露戦争での勝利

日露戦争（1904〜05）において，アジアの小国であった日本がロシアに勝利したことは，日本の国際的地位を向上させた。そして，インドや東南アジアなどアジアの独立運動を力づけ，日本へ留学や亡命する人が増えたが，アジアの期待をよそに，日本は，帝国主義国としての動きを強めていった。

▶⑤日露戦争での勝利のあと，国家の威信をかけてつくられた東京駅

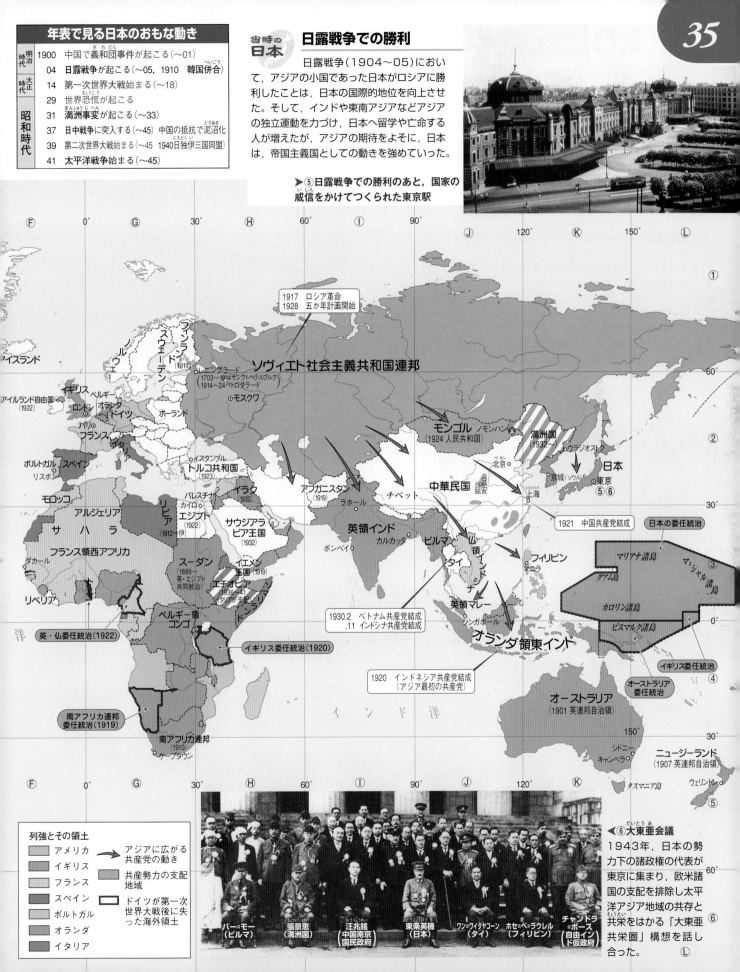

1917 ロシア革命
1928 五か年計画開始

ソヴィエト社会主義共和国連邦

レニングラード
1703〜1914サンクトペテルブルク
1914〜24ペトログラード
●モスクワ

アイスランド
ノルウェー
スウェーデン
フィンランド
（1917）

アイルランド自由国（1922）
イギリス
ロンドン●
ベルギー
オランダ
ドイツ
ポーランド
●パリ
フランス
イタリア

ポルトガル
リスボン●
スペイン

モロッコ
アルジェリア
サハラ
リビア（1912〜伊）
エジプト（1922）

イスタンブル
トルコ共和国（1923）

イラク（1932）
カイロ●
パレスチナ
サウジアラビア王国（1932）

アフガニスタン（1919）
ラホール●

モンゴル
（1924 人民共和国）
ノモンハン
満洲国（1932〜）
ウラジオストク

チベット

中華民国
北京●ペキン
延安●
上海●シャンハイ
1921 中国共産党結成

日本
京城（ソウル）
東京●
⑤⑥

日本の委任統治
マリアナ諸島
グアム島
マーシャル諸島
カロリン諸島
ビスマルク諸島
イギリス委任統治
オーストラリア委任統治

フランス領西アフリカ
ダカール●

リベリア

スーダン（1899〜英・エジプト共同統治）
イエメン王国（1919）
エチオピア（1936〜41イタリアが支配）

英領インド
ボンベイ●
カルカッタ●

ビルマ
仏領インドシナ
タイ
英領マレー
シンガポール●

フィリピン
マニラ●

1930.2 ベトナム共産党結成
.11 インドシナ共産党結成

オランダ領東インド

1920 インドネシア共産党結成（アジア最初の共産党）

ベルギー領コンゴ

英・仏委任統治（1922）

イギリス委任統治（1920）

南アフリカ連邦委任統治（1919）

南アフリカ連邦（1910）
ケープタウン●

インド洋

オーストラリア（1901 英連邦自治領）

シドニー●
キャンベラ●

ニュージーランド（1907 英連邦自治領）
ウェリントン●
タスマニア島

列強とその領土

■ アメリカ	→ アジアに広がる共産党の動き
■ イギリス	
■ フランス	■ 共産勢力の支配地域
■ スペイン	▭ ドイツが第一次世界大戦後に失った海外領土
■ ポルトガル	
■ オランダ	
■ イタリア	

◀⑥大東亜会議
1943年，日本の勢力下の諸政権の代表が東京に集まり，欧米諸国の支配を排除し太平洋アジア地域の共存と共栄をはかる「大東亜共栄圏」構想を話し合った。

バー＝モー（ビルマ）
張景恵（満洲国）
汪兆銘（中国南京国民政府）
東条英機（日本）
ワン＝ワイタヤコーン（タイ）
ホセ＝ペ＝ラウレル（フィリピン）
チャンドラ＝ボース（自由インド仮政府）

20世紀後半の世界 ——東西両陣営の対立

東アジア
187～188
200・202～203

南・東南アジア
187・188・202・203

西アジア
190・195・206・208

ヨーロッパ
186・198～199・204

アメリカ
186～187・191～196

時代の概観 第二次世界大戦の戦後処理から始まるこの時代は、米ソ両大国がそれぞれ**資本主義陣営（西側）**と**社会主義陣営（東側）**とに分かれて対立した**冷戦**の時代である。冷戦下においても、アジアでは**朝鮮戦争**や**ベトナム戦争**のような米ソの代理戦争も勃発した。東西対立は緊張と緩和を繰り返しながら、1991年の**ソ連の解体**により終結した。冷戦後は国を越えた世界の一体化（**グローバル化**）が進展したが、地球規模での環境問題や格差問題などの課題が浮き彫りになった。

結びつく世界 サミットの誕生

1973年の**第4次中東戦争**の際に起きた**石油危機（オイル=ショック）**と、その後の世界不況をきっかけに国際協力の必要性が高まり、**主要先進国首脳会議（サミット）**が開催されるようになった。

▼①第1回サミットのようす
（1975年，フランス ランブイエ）
6か国により世界経済の再建が話し合われた。その後カナダや**EC（EU）**の代表，冷戦終結後はロシアも参加している。

モロ（伊）　ウィルソン（英）　ジスカールデスタン（仏）　三木（日）
フォード（米）　シュミット（西独）

地図にアクセス 世界中に張られた軍事同盟網

冷戦下では，西側陣営は**北大西洋条約機構（NATO）**を，東側陣営では**ワルシャワ条約機構**を結成したほか，さまざまな安全保障を結んでそれぞれの陣営を固めていった。東西両陣営は北極海をはさんで対峙し，たがいに相手を標的にしたミサイル基地を設置した。

Try 世界全図の4つの「危機！」を見てみよう。危機が起こった地域はどのような地域なのか，東西両陣営に着目して考えよう。

▶②大陸間弾道ミサイル

カナダ

アメリカ合衆国

危機！

キューバ革命，キューバ危機
キューバは61年社会主義宣言。62年には，核ミサイル基地の撤去をめぐって，米ソが核戦争のせとぎわまで緊張を高めた。

メキシコ
キューバ
ドミニカ共和国
ハイチ
グアテマラ
ホンジュラス
エルサルバドル
ニカラグア
コスタリカ
パナマ
ベネズエラ
コロンビア
エクアドル
ペルー
ブラジル
ボリビア
パラグアイ
チリ
アルゼンチン
ウルグアイ

太平洋　大西

▼③集団安全保障 （～1991年）

▨	アメリカとその同盟国（1959年）
▥	共産主義国（1959年）

※キューバは1961年に社会主義宣言

⇇	共産主義包囲網とその参加国
	北大西洋条約機構（NATO）
	ワルシャワ条約機構

米州機構（OAS）1948～
アメリカ合衆国
ブラジル
北大西洋条約機構（NATO）1949～
イギリス
太平洋安全保障条約（ANZUS）1951～1985
日米安全保障条約1951
ワルシャワ条約機構1955～1991
日本
ソ連
中国
オーストラリア
インド
東南アジア条約機構（SEATO）1954～1977
中央条約機構（CENTO）1959～1979

米ソのおもな軍事基地（1962年）
▲ ソ連の大陸間弾道弾（ICBM）基地
▲ アメリカの大陸間弾道弾基地

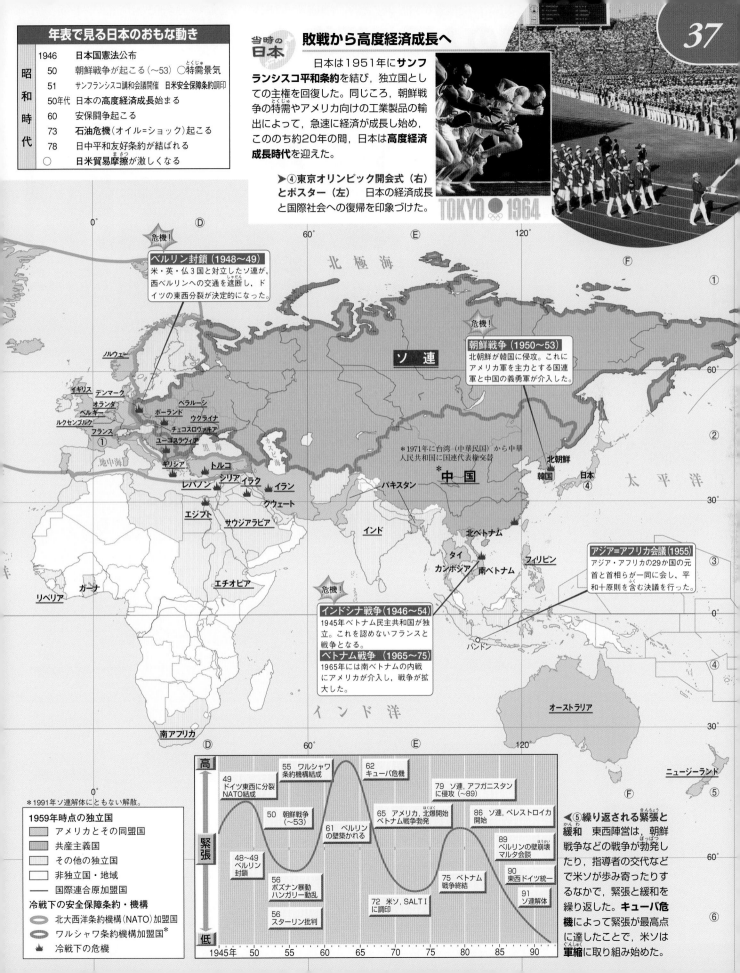

年表で見る日本のおもな動き

昭和時代	1946	日本国憲法公布
	50	朝鮮戦争が起こる（～53）　○特需景気
	51	サンフランシスコ講和会議開催　日米安全保障条約調印
	50年代	日本の高度経済成長始まる
	60	安保闘争起こる
	73	石油危機（オイル＝ショック）起こる
	78	日中平和友好条約が結ばれる
	○	日米貿易摩擦が激しくなる

当時の日本　敗戦から高度経済成長へ

日本は1951年に**サンフランシスコ平和条約**を結び，独立国としての主権を回復した。同じころ，朝鮮戦争の特需やアメリカ向けの工業製品の輸出によって，急速に経済が成長し始め，このあと約20年の間，日本は**高度経済成長時代**を迎えた。

▶④東京オリンピック開会式（右）とポスター（左）　日本の経済成長と国際社会への復帰を印象づけた。

TOKYO 1964

危機！
ベルリン封鎖（1948～49）
米・英・仏3国と対立したソ連が，西ベルリンへの交通を遮断し，ドイツの東西分裂が決定的になった。

北極海

ソ連

危機！
朝鮮戦争（1950～53）
北朝鮮が韓国に侵攻。これにアメリカ軍を主力とする国連軍と中国の義勇軍が介入した。

ノルウェー

イギリス
デンマーク
オランダ
ベルギー
ルクセンブルク
フランス
①
ポーランド
ベラルーシ
ウクライナ
チェコスロヴァキア
ユーゴスラヴィア
黒海
ギリシア　トルコ
レバノン　シリア　イラク　イラン
クウェート
エジプト　サウジアラビア
カスピ海

＊1971年に台湾（中華民国）から中華人民共和国に国連代表権交替

北朝鮮
韓国
日本
④

＊**中国**

パキスタン

インド

北ベトナム

太平洋

タイ
カンボジア　南ベトナム
フィリピン

アジア＝アフリカ会議（1955）
アジア・アフリカの29か国の元首と首相らが一同に会し，平和十原則を含む決議を行った。

ガーナ
リベリア
エチオピア

危機！
インドシナ戦争（1946～54）
1945年ベトナム民主共和国が独立。これを認めないフランスと戦争となる。
ベトナム戦争（1965～75）
1965年には南ベトナムの内戦にアメリカが介入し，戦争が拡大した。

バンドン

インド洋

南アフリカ

オーストラリア

ニュージーランド

＊1991年ソ連解体にともない解散。

1959年時点の独立国

- ▨ アメリカとその同盟国
- ▨ 共産主義国
- ▨ その他の独立国
- □ 非独立国・地域
- ── 国際連合原加盟国

冷戦下の安全保障条約・機構

- ⬭ 北大西洋条約機構（NATO）加盟国
- ⬭ ワルシャワ条約機構加盟国＊
- ♠ 冷戦下の危機

高

緊張

低

49　ドイツ東西に分裂NATO結成
55　ワルシャワ条約機構結成
62　キューバ危機
79　ソ連，アフガニスタンに侵攻（～89）
50　朝鮮戦争（～53）
65　アメリカ，北爆開始ベトナム戦争勃発
86　ソ連，ペレストロイカ開始
48～49ベルリン封鎖
61　ベルリンの壁築かれる
89　ベルリンの壁崩壊マルタ会談
56　ポズナン暴動ハンガリー動乱
75　ベトナム戦争終結
90　東西ドイツ統一
72　米ソ，SALT Iに調印
91　ソ連解体
56　スターリン批判

1945年　50　55　60　65　70　75　80　85　90

◀⑤繰り返される緊張と緩和　東西陣営は，朝鮮戦争などの戦争が勃発したり，指導者の交代などで米ソが歩み寄ったりするなかで，緊張と緩和を繰り返した。**キューバ危機**によって緊張が最高点に達したことで，米ソは**軍縮**に取り組み始めた。

特集 世界の人種・語族

❶ 世界の人種

A 1492年の人種の分布

注）下の分布図は身体的特徴による古典的人種分類だが，科学的な有効性を否定されている。

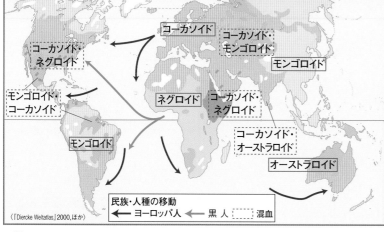

B 世界の四大人種

ネグロイド	コーカソイド	モンゴロイド	オーストラロイド
黒色人種・アフリカ系人種ともいう。おもにサハラ以南のアフリカに分布。	白色人種，ヨーロッパ系人種ともいう。もとはヨーロッパを中心に分布。	黄色人種・アジア系人種ともいう。おもに東アジアに分布。アメリカ先住民も含む。	オーストラリアとその周辺に分布。オーストラリアの先住民アボリジニーなど。

C 現在の人種の分布と移動

コーカソイド
コーカソイド・ネグロイド
コーカソイド・モンゴロイド
モンゴロイド
モンゴロイド・コーカソイド
ネグロイド
コーカソイド・ネグロイド
モンゴロイド
コーカソイド・オーストラロイド
オーストラロイド

民族・人種の移動
◀━━ ヨーロッパ人　◀━━ 黒人　⬚ 混血

〈『Diercke Weltatlas』2000，ほか〉

D 人種・語族・民族の違い

人種	race	身長・頭の形・皮膚の色など生物学上の身体的特徴によって分類した集団
語族	family of languages	同じ語源をもつと想定される言語を使用する集団
民族	nation, ethnic group	集団への帰属意識（われわれ意識）を土台として，言語・宗教・習慣など文化的特徴を共有すると信じている人々の集団

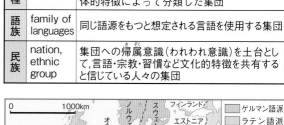

凡例：ゲルマン語派／ラテン語派／スラヴ語派／ギリシア語派／ケルト語派／その他

❷ 世界の語族と言語

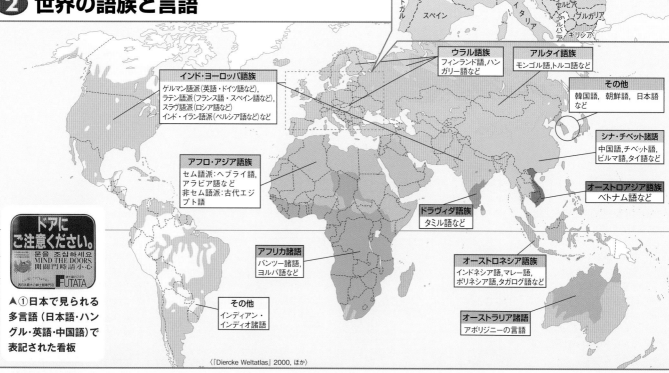

インド・ヨーロッパ語族
ゲルマン語派（英語・ドイツ語など），ラテン語派（フランス語・スペイン語など），スラヴ語派（ロシア語など）インド・イラン語派（ペルシア語など）など

ウラル語族
フィンランド語，ハンガリー語など

アルタイ語族
モンゴル語，トルコ語など

その他
韓国語，朝鮮語，日本語など

シナ・チベット諸語
中国語，チベット語，ビルマ語，タイ語など

オーストロアジア語族
ベトナム語など

アフロ・アジア語族
セム語派：ヘブライ語，アラビア語など
非セム語派：古代エジプト語

ドラヴィダ語族
タミル語など

アフリカ諸語
バンツー諸語，ヨルバ語など

オーストロネシア語族
インドネシア語，マレー語，ポリネシア語，タガログ語など

その他
インディアン・インディオ諸語

オーストラリア諸語
アボリジニーの言語

▲①日本で見られる多言語（日本語・ハングル・英語・中国語）で表記された看板

〈『Diercke Weltatlas』2000，ほか〉

古代オリエント文明 ──諸民族の目まぐるしい興亡

オリエント世界の風土

▶▶①エジプトとナイル川
「エジプトはナイルのたまもの」といわれ、毎年雨季に上流で降った雨水が大量に下流へ流れ込んだ。ナイル川のこの定期的な氾濫により運ばれてきた肥沃な土壌が、農業を支えた。

（100万㎥）
青ナイル川のみ

乾燥期（収穫）／洪水期（農業停止）／流出期（種まき）
1 2 3 4 5 6 7 8 9 10 11 12月

▶②イラン高原　雨が少なく、乾燥しているので、住民の多くが遊牧生活をおくる。

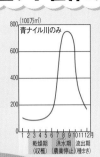

ナイル川

砂漠

トロイア
アナトリア高原
アララト山
黒海　カフカス山脈　カ　ス　ピ　海
地中海
イェルサレム　イェリコ
エジプト
メンフィス
テル=エル=アマルナ
テーベ
第1滝
第2滝
第3滝
紅海
メソポタミア
マリ
ジャルモ
ティグリス　ユーフラテス
スサ
ウルク　ウル
イラン高原
ペルシア湾
アラビア海
アラビア半島

肥沃な三日月地帯
9000年前、人類が最初に農耕を始めた。灌漑農業も行われ、麦1粒から20～80倍の収穫があったといわれる（現在のアメリカ合衆国では23倍）。
＊肥沃な三日月地帯の範囲については諸説あり。

● シュメールのおもな都市
◯ 野生の小麦・大麦の分布

① シュメール人の都市国家

▲③ウルのジッグラト（聖塔）　ジッグラトは都市の中心につくられた階段ピラミッド状の神殿で、国家の守護神がまつられた。ウルのジッグラトは、高さ25mある。（→巻頭折込）

◀④都市国家マリの王　シュメール人の王は最高の神官であり、神の名によって神権政治を行った。王はしばしば祈りをささげる姿で表された。

more 復讐が原則!?『ハンムラビ法典』

前18世紀ごろ、古バビロニアのハンムラビ王がまとめた。全282条のうち、刑法は同害復讐（「目には目を、歯には歯を」）と身分差別をもとにつくられていた。

2.25m

ハンムラビ王　シャマシュ

太陽神シャマシュからハンムラビ王が法典を授かる図

もし　人が
目を　子の（他）人の
つぶしたなら
目を　彼の
つぶす

▲⑤ハンムラビ法典

【ハンムラビ法典】
196, 他人の目をつぶした者は、その目をつぶされる。
199, 他人の奴隷の目をつぶしたり、骨を折ったりした者はその奴隷の値の半分を払えばよい。
205, 奴隷が平民のほおを殴れば、耳を切り取られる。

原田慶吉『楔形文字法の研究』弘文堂より一部要約

◀⑥ハンムラビ法典に刻まれた楔形文字　アケメネス朝ペルシア滅亡のころまでオリエント世界で使用された。
〈飯島紀著『アッカド語』国際語学社〉

② オリエント諸王朝の興亡 （→p.42②, 43）

インド=ヨーロッパ語族の移動
小アジア
クノッソス
クレタ文明
地中海
メンフィス
エジプト（中王国）
テーベ
メソポタミア
バビロン
古バビロニア王国
ウルク　ウル
パレスチナ
ティグリス　ユーフラテス

前18世紀ごろハンムラビ王、メソポタミア統一

0　500km

前20～16世紀

ミケーネ文明
ハットゥシャ（ボアズキョイ）
トロイア
ミケーネ
クノッソス
ヒッタイト王国
カデシュ
フェニキア
ティルス
パレスチナ
メンフィス
エジプト（新王国）
テル=エル=アマルナ（アケトアテン）
テーベ
ミタンニ王国
アッシリア
カッシート朝（バビロニア）
バビロン
「海の民」の侵入

0　500km

前15～13世紀

ポイントチェック

（　）内の正しい方に◯をつけよう！
メソポタミア文明は、シュメール人が（ナイル川・ティグリス川とユーフラテス川）流域に築いた。彼らは神殿を中心に都市国家をつくり、（甲骨・楔形）文字を用いた。平原が広がる地形から諸王朝の興亡が（激しかった・少なかった）が、古バビロニアのハンムラビ王がメソポタミア全土を統一した。

西アジア

古代エジプト文明 ——豊かな農業に支えられた強大な王権

時代の扉

王(ファラオ)は神の子

➤①**ギザの三大ピラミッド**
　ピラミッドは太陽神ラーの子であるファラオ(王)の権力の大きさを示す建造物である。最大のピラミッドはクフ王のもので, 現在の高さ137m, 底辺230m。平均2.5 t の石を約230万個使ったといわれる。10万人の労働者が毎年3か月ずつ働いて 20 年かけて建造したと推定される。

➤②**メンカウラー王**(中央)**と女神たちの像**〈カイロ エジプト考古学博物館蔵〉

メンカウラー王のピラミッド
カフラー王のピラミッド
クフ王のピラミッド
世界遺産

❓ クイズ

Try1 ピラミッド建造に参加した人にとって, 王はどのような存在であったか。
　①庶民の中から選ばれた代表者　②神の子であり, 絶対的な権力をもつ存在

Try2 ピラミッド建造に参加した人は, 1 年のうちの 3 ～ 4 か月をこの労働にあてた。それは 1 年のうちのいつごろだろうか。　ヒント p.39「①エジプトとナイル川」のグラフで, 農業ができない時期はいつだろう。

Try3 ピラミッドはどの時代につくられたのだろう。ヒント 古王国の首都はメンフィス, 中・新王国の首都はおもにテーベだった。下の地図から考えよう。
　① 古王国　② 中王国　③ 新王国

❶ ナイル川とエジプト王国

関東地方との広さ比較
下エジプト
上エジプト
ほぼ平野
青森間
地中海
現在の海岸線
ロゼッタ
ギザ メンフィス
ヒクソス(前18C)
シナイ半島
古王国の領域
テル=エル=アマルナ(アケトアテン)
シャルティーン砂漠
中王国の領域
新王国の領域
王家の谷
テーベ(カルナック/ルクソール)
第1瀑
アスワン
アブシンベル
紅海

▲ ピラミッド
▲ 石切場
〜 滝
0 ── 200km

③**パピルス紙**　パピルス草は, 湿地に生えるカヤツリ草の一種で, その茎は船の材料にも使われた。**パピルス紙**は, 茎を縦に薄切りし, 縦横二層に重ねてたたいて繊維をはり合わせ, 乾燥させてつくる。英語のPAPER(紙)の語源。

パピルス草
ナイフ
石
石の台
木づち
『Au temps des Anciens Egyptiens』

◀④**パピルス草**

❷ エジプト人の来世信仰

　霊魂の不滅・再生を信じたエジプト人は, 肉体をミイラとして保存し, 死後の世界への案内書である「死者の書」とともに葬った。

◀⑥**ツタンカーメン王**(在位前1361ごろ～前1352ごろ)**のマスク**

内棺
マスク
ミイラ
⑦ミイラをおさめる棺の構造

　ミイラづくりは, 遺体から心臓以外の内臓と脳を取り出し, 防腐処理をして壺に入れることから始まる。次に遺体を乾燥剤につけて脱水し, 油や香料を塗り, 包帯で整形。約70日後, 棺に入れ完成。値段により仕上がりに差異がある。王族だけでなく民衆, 犬・猫・鳩などのミイラもつくられた。

more アマルナ時代

　アメンホテプ4世(在位前1379ごろ～前1362ごろ)は, 王権をおびやかす首都テーベの守護神アメン(アモン)の神官勢力と対立し, 彼らを排除するため, 唯一太陽神アテン(アトン)を信仰し, アテンに有益な者を意味するアクエンアテン(**イクナートン**)と改名し, 都をアケトアテンに移した。この時代をアマルナ時代といい, 写実的なアマルナ美術を生み出した。

◀⑤**ネフェルティティの胸像**

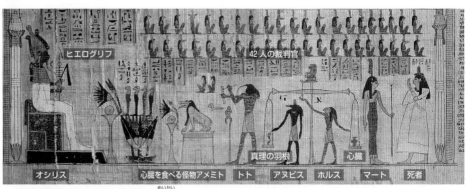

ヒエログリフ
42 人の裁判官
真理の羽根
心臓
オシリス
心臓を食べる怪物アメミト
トト
アヌビス
ホルス
マート
死者

▲⑧**『死者の書』** パピルス紙に書かれた冥界での「最後の審判」の場面。秤の上に死者の心臓と真実の象徴である羽根が乗せられている。審問に対し死者がうそをつくと, 秤は傾き心臓はアメミトに食べられ, 死者は再生・復活できない。

✎ ポイントチェック ( )内の正しい方に○をつけよう!
　エジプトの王(ファラオ)は, 絶大な権力による(民主・神権)政治を行った。また, ピラミッド建設や, (ティグリス川・ナイル川)の治水事業により, 土木技術や天体観測技術が発達し, 独自の太陽暦がつくられた。

特集 文字の歴史

❶ 文字の変遷と現代文字の分布

文字の変遷
- 現在も使われている文字
- 古代文明の文字
- ギリシア系アルファベットの文字
- アラム系の文字
- ブラフミー系の文字
- 漢字から派生した文字
- その他の文字

（地図中の文字）
キリル文字 / ラテン文字 / モンゴル文字 / 突厥文字 / パスパ文字 / 満洲文字 / ウイグル文字 / 女真文字 / ソグド文字 / 西夏文字 / ハングル / ヒッタイト楔形文字 / ギリシア文字 / アラム文字 / デーヴァナーガリー文字 / チベット文字 / 漢字 甲骨文字 秦篆・漢隷 / かな文字 / クレタ文字 線文字B / フェニキア文字 / 楔形文字 / ブラフミー文字 / ヘブライ文字 / コプト文字 / 古代エジプト文字 神聖文字（ヒエログリフ） 神官文字（ヒエラティック） 民衆文字（デモティック） / アラビア文字 / インダス文字 / ビルマ文字 / 字喃（チュノム） / ラオス文字 / タイ文字 / カンボジア文字 / タミル文字 / ジャワ文字

16世紀までマヤ文字 / 16世紀までアステカ文字

（サイドタブ）東アジア / 東南アジア / 西アジア / ヨーロッパ / アメリカ / アフリカ

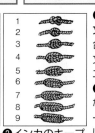

（マヤの数字表）
0		
1	6	
2	7	
3	8	
4	9	
5	10	

（インカのキープ 1〜9）

❶暦学が発達したマヤ文明では，数字を表す場合 (1) 線と点，(2) 絵文字の二通りがあり，二十進法を用いた。

❷インカ帝国には文字はなく，なわの結び目（キープ）によって数を記録した。(→ p.122)

❶マヤの数字　❷インカのキープ

ラテン文字	ギリシア文字	キリル文字
ブォン ジョルノ Buon giorno	カリメラ Καλημερα	ズドラーストヴィチェ Здравствуйте
（イタリア語）	（ギリシア語）	（ロシア語）
アラビア文字	**ハングル**	**デーヴァナーガリー文字**
ムクイラア ムーラサッサ السلام عليكم（右から左へ読む）	アンニョンハ セ ヨ 안녕하세요	ナマステ नमस्ते
（アラビア語）	（朝鮮語・韓国語）	（ヒンディー語）

▲①世界の文字で見る「こんにちは」

現在における文字の使用地域
- ラテン文字
- アラビア文字
- ブラフミー文字（インド系文字）
- キリル文字
- 漢字
- その他

❷ おもな古代文字の解読

古代文字	解読者	解読年	解読のもととなった資料
神聖文字（ヒエログリフ）	シャンポリオン（仏）	1822	ロゼッタストーン
楔形文字	ローリンソン（英）	1847	ベヒストゥーン碑文
線文字B（ミケーネ文字）	ヴェントリス（英）	1952	ギリシア古語を表す音節文字と判明
甲骨文字	劉鶚・羅振玉 王国維（清） 白川 静（日）	1903	殷墟卜辞
ブラーフミー文字	プリンセプ（英）	1840ごろ	アショーカ王碑文解読
線文字A（クレタ文明時代）・インダス文字…………未解読			

・は、こんな人　神聖文字の解読 **シャンポリオン**（1790〜1832）

　フランス人のシャンポリオンは，ギリシア語をはじめとする広い語学知識から，ロゼッタストーンの神聖文字のなかの楕円に囲まれた文字が王の名であり，ギリシア文字のクレオパトラとプトレマイオスという語に対応するのではないかと考えた。さらに，神聖文字は表意文字としてだけでなく，表音文字としても機能すると推定して，ロゼッタストーンの解読に成功した。

more 古代エジプトの文字が刻まれたロゼッタストーン

　1799年ナポレオンのエジプト遠征の際，従軍した学者により発見された。同一文（前196年プトレマイオス5世をたたえる布告）が神聖文字，民衆文字，ギリシア文字の3種類によって刻まれている。1801年フランス軍の敗北により，イギリス軍がカイロから戦利品として持ち帰った。

▼②ロゼッタストーン
〈大英博物館蔵〉
114.5cm

神聖文字　民衆文字　ギリシア文字

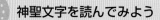
S I L O
P T M

SO I M O L T P

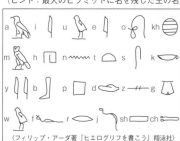
P T O L E M A I O S
ΠΤΟΛΕΜΑΙΟΣ

プチ 神聖文字を読んでみよう

下のアルファベット対照表をもとに読もう

（ヒント：最大のピラミッドに名を残した王の名）

a / i / u / e / o / kh
m / h / n / t / s / k
y / b / p / d / z / g
w / f / r / j / sh / ch

〈フィリップ・アーダ著『ヒエログリフを書こう』翔泳社〉

オリエント諸民族の活躍 ——彼（かれ）らがもたらした現代につながる文化・宗教

西アジア

時代の扉 ユダヤ教成立の背景とは

モーセ

▲①ヘブライ人の前に起きた奇跡（映画『十戒』より）迫害されたヘブライ人がモーセにひきいられて脱出（出エジプト），海が割れて道が開ける奇跡が起こり，エジプト軍の追撃（ついげき）をまぬかれたという記述が旧約聖書にある。

▲②ヘブライ王国

ユダヤ人の歴史		
ヘブライ王国	前15Cごろ	ヘブライ人がパレスチナへ移住 →一部はエジプトへ移住
	前13Cごろ	モーセの出エジプト
	前11C ～10C	ヘブライ王国の繁栄 （ダヴィデ王，ソロモン王）
	前922ごろ	イスラエル王国（北部）とユダ王国（南部）に分裂
	前722	イスラエル王国，アッシリアによって滅亡
ユダヤ教成立　ローマの支配	前586	ユダ王国，新バビロニアによって滅亡 →バビロン捕囚（ほしゅう）
	前538	アケメネス朝によるユダヤ人解放 ○『旧約聖書』の編纂（へんさん）→ユダヤ教の確立
	後6	パレスチナ，ローマの直接支配下に
	30ごろ	イエス刑死
	132	第2次ユダヤ戦争（～135）で都イェルサレムと神殿が破壊される →世界各地へ離散（ディアスポラ）

Try1 写真①で割れた海は，次のうちどれだろうか。
①太平洋　②紅海　③地中海

Try2 ヘブライ人は何から逃げていたのだろう。
①フェニキア軍　②シュメール軍　③エジプト軍

Try3 『十戒』はユダヤ教の聖典『旧約聖書』におさめられ，ユダヤ教の考え方の中心となった。このユダヤ教は一神教だろうか，それとも多神教だろうか。

クイズ

モーセの『十戒（じっかい）』より
①あなたは私のほかに，何ものをも神としてはならない。
②あなたは自分のために，刻んだ像をつくってはならない。
など
『旧約聖書』「出エジプト記20章」

◀③神ヤハウェから『十戒』を受けるモーセ（映画『十戒』より）『十戒』は，のちにユダヤ教の聖典『旧約聖書』におさめられ，ユダヤ教・キリスト教の考え方の中心となった。

❶ 海の商人フェニキア人

原シナイ文字 （前15世紀）	☖ 牡牛	☐ 家	◡ ブーメラン
フェニキア文字 （前11世紀中ごろ）	⨅ アーレフ	⨼ ベート	⦣ ギーメル
ギリシア文字 （前4世紀ごろ）	A アルファ	B ベータ	Γ ガンマ
ラテン文字 （前1世紀ごろ）	A アー	B ベー	C ケー

▲④フェニキア文字からアルファベットへ　活発な商業活動を行ったフェニキア人は，商業上の必要から，最古の表意文字である原シナイ文字を改良して，22の子音からなる表音（文字の組み合わせによって単語を表す）文字を考案した。

プチ 人気商品 レバノン杉（→p.209）

▲⑤レバノンの国旗

古代オリエントでは，神殿・船・ミイラの木棺などに，大量の木材が必要とされた。そのため，レバノン山脈などでとれる，まっすぐでじょうぶ，かつ香りのよい杉は人気が高く，フェニキア人の交易の目玉商品であった。現在のレバノン国旗にも杉のデザインが使われている。

❷ オリエントの国々と文化

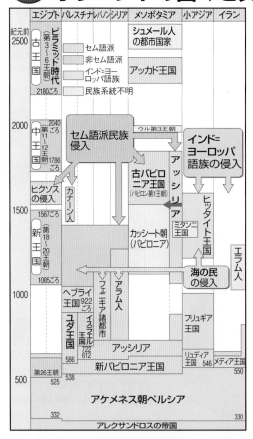

	宗教（→p.58）	文字（→p.41）	文化
エジプト	多神教 （太陽神ラーが主神）	神聖文字 （ヒエログリフ） 神官文字 民衆文字	太陽暦，10進法 霊魂（れいこん）不滅思想 （ミイラ，ピラミッド，死者の書）
メソポタミア	↑ 多	楔形文字	太陰暦，60進法 ジッグラト，ハンムラビ法典
ヒッタイト	神 教	楔形文字 象形文字	鉄器の使用
フェニキア		表音文字 （アルファベット）	造船術・航海術
ヘブライ	一神教 （ユダヤ教）	ヘブライ文字 （アルファベット）	選民思想，律法（りっぽう）主義，メシア思想 『旧約聖書』
ペルシア	二元的宗教 （ゾロアスター教→p.44）	楔形文字を表音文字に	駅伝制 「王の道」

▲⑥オリエントの文化

ポイントチェック

（　）内の正しい方に○をつけよう！

海の商人フェニキア人は（表意文字・表音文字）を考案し，のちのアルファベットのもととなった。一方，ユダヤ教は，（一神教・多神教）であり，その経典は（『旧約聖書』・『新約聖書』）である。

古代オリエントの統一 ——アッシリアとペルシア

時代の扉 **メソポタミアを駆け抜ける戦車の秘密**

※ヒッタイトが征服した先住民のハッティ人がすでに製鉄を行っていたと考えられている。

西アジア

シュメールの戦車 2枚の板をはり合わせた4輪で、ろばにひかせた。

ヒッタイトの戦車 彼らは初めて、鉄の製造を実用化※し、鉄製武器を活用した。戦車には御者1人、弓兵1人が乗り、6輻2輪で2頭の馬にひかせた。

輻（スポーク）

アッシリアの戦車 車輪は、8輻2輪で大きく、スピードもあった。

Try1 メソポタミアは、戦車が走るのに適した地形をしていたが、それは次のどちらだろうか。p.39も参考にしてみよう。①山がち ②比較的平坦

クイズ

Try2 戦車をひく動物、車輪を見比べて、どの馬車がじょうぶで一番速く走れたか考えてみよう。①シュメール ②ヒッタイト ③アッシリア

Try3 生き残りをかけた諸民族にとって、戦車とともに強力な軍事力の維持に欠かせなかったものは何だろうか。①青銅器 ②鉄器 ③石器

▶**①アッシリアによる統一と分裂後の四王国**（前7世紀）
　スキタイ（→p.72）などから騎馬戦術を取り入れたアッシリアは、軍事力で前7世紀に西アジアに広域的な国家をつくった。しかし、武力による支配に対して諸民族が反乱を起こし、支配は短命に終わった。

前7〜6世紀
黒海 カスピ海 ビュザンティオン リュディア サルディス 新バビロニア ニネヴェ アッシュル エクバタナ メディア バクトラ イェルサレム バビロン スサ 地中海 サイス エジプト（第26王朝）紅海 ペルシア湾

バビロン捕囚（前586〜前538）

0 500km ■アッシリアの最大領域（前660ころ）

① アケメネス朝ペルシアによる統一

前6〜5世紀
ギリシアの勢力圏 スキタイ ローマ シラクサ カルタゴ ビュザンティオン アテネ スパルタ ミレトス サルディス ダマスクス イェルサレム ティルス バビロン スサ エクバタナ バサルガダイ ペルセポリス アケメネス朝ペルシア バクトリア ソグディアナ マラカンダ 王の道

フェニキアの勢力圏

■成立期のペルシアの領土 ■キュロス2世の征服地 □カンビュセス2世の征服地 ■ダレイオス1世の征服地

more 長期支配ができたのはなぜ？

　アケメネス朝はアッシリアとは対照的に長期間オリエントを支配した。その秘訣は官僚制にもとづく中央集権的な支配体制にあった。

①服属民族の伝統・習慣を尊重する寛容な民族政策
②支配各地にサトラップ（知事）を設置
③「王の目」「王の耳」（監察官）の派遣
④フェニキア人・アラム人による商業活動を保護

▲**②ダリック金貨** ダレイオス1世の勇姿を刻んだ帝国共通の金貨。

◀**③ペルセポリス** アケメネス朝では、ここで新年の儀式がとり行われた。のちにマケドニアのアレクサンドロスによって破壊された。

▶**④ 王に謁見する外国の使節のレリーフ**

外国の使節　ペルシア王ダレイオス1世

▶**ポイントチェック** （　）内の正しい方に○をつけよう！
　アッシリアは武力による（短・長）期間の支配だったが、アケメネス朝ペルシアは（分権・中央集権）体制で、（きびしい・寛容な）民族政策を行ったため、その支配は約200年続いた。

パルティアとササン朝ペルシア —ローマ世界と対立したイラン系国家

時代の扉 奈良に伝わるイラン文化

例① パルティアン=ショットに注目！

※パルティアン=ショット 弓矢を主体とするパルティアの軽装
騎兵が、距離を保ちながらふり向きざまに矢を射る攻撃法

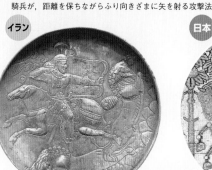

イラン / 日本

▲①ササン朝の獅子狩銀製皿　▲②法隆寺の獅子狩文錦〈法隆寺蔵 国宝〉

例② 面に注目！

イラン ③イラン人 → 日本

④伎楽面〈東京国立博物館蔵 重文〉（法隆寺）

※伎楽面　伎楽のときに用いられる面。高い鼻
など胡人の容貌をもち、現在のイラン人の顔
に似ているといわれる。

例③ 瓶に注目！

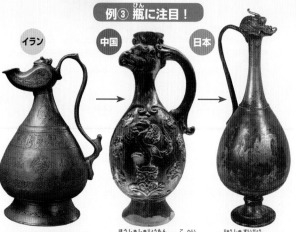

イラン / 中国 / 日本

▲⑤ササン朝の水差し　▲⑥鳳首狩猟文の胡瓶　▲⑦龍首水瓶（法隆寺）〈東京国立博物館蔵 国宝〉

？ クイズ

Try1 例①の二つのパルティアン=ショットの図柄から、イランを支配したパルティアの住民は、どのような人々だったか考えてみよう。
　　①農耕民　②騎馬遊牧民　③海洋民

Try2 ササン朝時代の皿の文様や水差しの形は、どのようなルートで奈良に伝わってきただろうか。　①イラン→インド→日本　②イラン→中国→日本　③イラン→モンゴル→日本

Try3 これらの文物は人の動きに伴って伝わってきた。それは主にどのような動きか。
　　①戦争　②交易　③布教　ヒント p.10〜11もみてみよう。

1 東西交易の要衝イラン

パルティア王国

ローマ帝国 / パルティア王国 / クシャーナ朝

後115〜117年　トラヤヌス帝
による一時占領地域

—— おもな交易路　0　500km

ササン朝ペルシア

ローマ帝国　395年→東ローマ帝国 / ササン朝ペルシア / エフタル

—— おもな交易路
■ 6世紀のササン朝と東ローマ帝国の係争地
— エフタルの最大勢力範囲
0　500km

2 古代イランの変遷

	シリア	メソポタミア	イラン	中央アジア
前3世紀	セレウコス朝シリア			
前2				バクトリア王国
前1	前64 ローマ（共）	前248ごろ パルティア王国 セレウコス朝より独立 （アルサケス朝 中国名：安息） ミトラダテス1世（位前171〜前138）前53 ローマ軍を撃退		大月氏
後1	ロ（大秦国）ー	97ごろ 班超（後漢）が甘英を大秦に派遣		クシャーナ朝
2	マ帝国	115 ローマ軍がクテシフォン占領 226 パルティア王国、滅亡		ガンダーラ美術 2C カニシカ王
3		ササン朝ペルシア 首都：クテシフォン アルダシール1世（位224〜241ごろ）ササン朝を建国、ゾロアスター教を国教に シャープール1世（位241〜272）245ごろ マニ教が成立 260 エデッサの戦い ローマ皇帝ウァレリアヌスを捕虜に		（分裂）
395				5Cごろ エフタル
4/5	東ローマ帝国	ホスロー1世（位531〜579）最盛期を迎える		6C（ササン朝と突厥に挟撃され滅亡）
6	6C ユスティニアヌス帝	642 ニハーヴァンドの戦い イスラーム軍に敗退		突厥 →西突厥
7	632	651 ササン朝ペルシア、滅亡		唐
	正統カリフ時代 （→p.94年表）			

※前27 ローマ（トラヤヌス帝）

more ゾロアスター教

前7世紀ごろ、西アジアに誕生。最高神（善神）**アフラ=マズダ**による「最後の審判」などの教義は、ユダヤ教など一神教に影響を与えた。信徒は火を尊ぶため、拝火教ともよばれた。

▲⑧ササン朝のコイン　シャープール1世や、国教であるゾロアスター教の拝火壇が刻まれている。

✏ ポイントチェック

（　）内の正しい方に○をつけよう！

パルティアとササン朝ペルシアはともに（イラン系・アラブ系）の王朝で、（東西交易・ローマとの戦闘）により繁栄した。両王朝が発展させた古代イラン文化は、高い技術力により、広くアジア一帯へと浸透した。

古代ギリシア① ——海がはぐくんだエーゲ文明

地中海世界の風土

▶②オリーヴの木

アルプス山脈

ドナウ川

黒海

オリーヴ栽培の北限

バルカン半島

ローマ

ビザンティオン

オリュンポス山

アナトリア高原

トロイア文明

イオニア海

コリントス

アテネ

サルデーニャ島

シチリア島

シラクサ

オリュンピア

スパルタ

ミケーネ

ティリンス

ティーラ（サントリーニ）島

ミケーネ文明

クノッソス

クレタ島

クレタ文明

キプロス島

シドン

ティルス

フェニキア

地中海

カルタゴ

アレクサンドリア

エジプト

ナイル川

メンフィス

- フェニキア人の植民活動範囲
- ← フェニキア人の植民方向
- • ギリシア人が建設したおもなポリス

（表）女神アテナ　（裏）女神の使者ふくろうとオリーヴ

▲③アテネの銀貨（前5世紀）

女神からの贈り物オリーヴ
アテネにオリーヴをもたらしたのは女神アテナであるといわれ，オリーヴは聖木とされた。オリーヴ油は，食用・燈火用・薬用・化粧品に用いられた。

▲①美しいエーゲ海

地中海

1 エーゲ文明の興亡

	クレタ文明	ミケーネ文明	トロイア（トロヤ）文明
民族	不明	アカイア人（ギリシア人）	不明
政治	王が巨大な権力をもつオリエント風の政治	小国家が分立	王が巨大な権力をもつオリエント風の政治
美術	彩色土器　花鳥や宮廷生活の壁画　写実的・ダイナミック	抽象・幾何学文様の陶器　壁画（戦士・馬・狩猟）	顔・動物をかたどった壺　ミケーネと同じ傾向
発掘者	エヴァンズ〔英〕	シュリーマン〔独〕	シュリーマン〔独〕
文字	絵文字・線文字A〔未解読〕	線文字B〔ヴェントリス〔英〕が解読〕	

A クレタ文明～王を中心とした宮廷生活

▶④発掘されたクノッソス宮殿　数百の部屋が配された複雑な構造のため「迷宮（ラビュリントス）」とよばれた。ギリシア神話には，牛頭人身の怪物ミノタウロスを閉じ込めるために迷宮がつくられたという説話がある。

▶⑤宮殿内の壁画　宮殿の壁には動植物・魚などを描いた絵が残っている。この絵からは，クレタ文明の海洋的性格がうかがえる。

B ミケーネ文明～戦士たちの活躍

▲⑥ミケーネの獅子門（左）とミケーネの戦士たち（右）　クノッソス宮殿には城壁がなかったのに対し，ミケーネには堅牢な城壁があり，門の上部の獅子はミケーネ王家の紋章といわれる。ミケーネには戦士の絵や浮き彫りも多く，この文明が好戦的な性格をもっていたことがわかる。

C トロイア文明～アカイア人との死闘

▲⑦トロイアの木馬（映画『トロイ』より）
トロイアに攻め込んだギリシア人たちは，巨大な木馬のなかに兵士を隠させ，トロイア側のすきをついて攻撃し，滅ぼした。

…は，こんな人

幼いころからの信念を貫いた
シュリーマン
（1822～1890年）
ホメロスの叙事詩「イリアス」を歴史的事実と信じ，1870年，トルコ北西部にトロイの遺跡を発見した。遺跡から豪華な文化財を略奪したことや，発掘の際，遺跡を破壊したことへの批判もあるが，エーゲ文明研究の基礎を築いた功績は大きい。

古代ギリシア② ──都市国家（ポリス）の成立

時代の扉　永遠のライバル，アテネとスパルタ

神殿の入口　ニケ神殿　パルテノン神殿　世界遺産

ローマ時代の劇場

▲①アクロポリス　要塞化された小高い丘の上に，アテネの守護神で，知恵と戦争の女神アテナをまつったパルテノン神殿がある。

パルテノン神殿　城壁　アクロポリス　アゴラ（広場）

▲②古代アテネ（想像図）

アテネ		スパルタ
イオニア人	種族	ドーリス（ドーリア）人
集住（シュノイキスモス）	ポリスの形成	先住民（アカイア人）を征服
直接民主政	政治	貴族政「リュクルゴスの制」
海軍中心　開放的	外交・軍事	陸軍中心　閉鎖的（鎖国体制）
商工業発達　学問・芸術発達	経済・文化	農業中心（穀物自給）質実剛健
市民数＊の約2/3　個人所有　債務奴隷，戦争捕虜などで農業や手工業，鉱山労働に従事した。	奴隷制	市民数＊の約10倍　国有制　先住民をヘイロータイ（隷属農民）に。しばしば反乱が起こされる。

▲③アテネとスパルタ　　＊その家族も含む。

奴隷8万人　市民＊12万人　在留外人3万人

市民＊1.5万人　劣等市民6万人　隷属農民20万人

▲④アテネ（上）とスパルタ（下）の人口構成

▲⑤走る少女

▶⑥部屋にいる女性

糸つむぎ　機織り機

好まれる女性像（アテネとスパルタ）

アテネ　女の子のための学校はないから，家でお母さんから読み書きや家事をしつけられたわ。
スパルタ　家事はいっさいしていないわ。健康な子どもを産むために小さいころから体を鍛えてきたのよ。

アテネ・スパルタの市民（男性）の一生

アテネ	歳	スパルタ
母親のもとで育てられる	−0歳−	健康な新生児のみ養育（部族の長老が決定）
学校で文字・音楽・体育を学ぶ	−6〜7歳−　12歳−	親もとを離れ，集団生活（男子のみ）　兵士としての訓練本格化
成人として認められる　2年間の兵役（国境警備）につく	−16歳−　−18歳−　20歳−	軍隊に編入（非戦闘員）　兵営常駐の主力軍となる
		結婚（妻とは別居，兵営で生活）
結婚	−30歳−	兵営を離れ，家庭生活を営む　兵営義務，共同食事の義務
兵役義務の免除（公務からの引退）	−60歳−	兵役の解除　長老会員の被選挙権をもつ

Try1 写真⑤と⑥は，どちらがアテネで，どちらがスパルタの女性を表しているだろうか。

Try2 「スパルタ教育」はどのような教科が中心だろうか。
①芸術　②政治学　③体育
ヒント　スパルタの男性の一生をみてみよう。

Try3 このような教育は，成人後の人々が何をするために必要だったのだろうか。
①多くの人を収容する，巨大建築物をつくるため。
②多くの人をおさめるのに，演説が上手でなければならなかったため。
③隷属農民の反乱に備え，戦闘力を高めるため。
ヒント　スパルタの人口構成をみてみよう。

クイズ

① 古代の奴隷制

スパルタ以外のポリスでは，市民は一日中アゴラ（広場）で議論や政治活動に明け暮れ，生産活動は**奴隷**が担っていた。

〜奴隷はどのように誕生するのか
①借金のため（債務奴隷）
②戦争の捕虜（征服奴隷）
③遠隔地から売られてきた（購買奴隷）

▶⑦陶器をつくるための粘土を掘る奴隷
（前6世紀初め）

●アリストテレスの奴隷の見方

道具には，生命のない道具と，生命のある道具がある　……つまり奴隷とは**「道具」**だった !!

◀⑧アリストテレス（前384〜前322）

ポイントチェック　（　）内の正しい方に○をつけよう！

古代ギリシアでは，ポリスとよばれる（都市国家・領域国家）が生まれた。その代表がアテネと（ローマ・スパルタ）である。多くのポリスは，神殿が建つアクロポリス（丘）と，アゴラ（広場）をもっていた。

古代ギリシア③ —— 古代における民主政の誕生

時代の扉 歴史を動かした集団戦法

Try1 重装歩兵は，どのような武器を持って戦争に参加した人だろうか。　①盾と槍　②弓矢　③火縄銃

Try2 重装歩兵が戦うときの隊形を見て考えよう。この戦い方で兵士たちが心がけなければならないのは，次のどちらだろうか。
　①となりの人と足なみをそろえ，敵が攻め込むような隙間はつくらない。
　②個人個人が隊列から飛び出して，敵軍に入って一騎打ちをする。

Try3 重装歩兵になった人たちは，どのような人だろうか。　①ポリスの平民　②職業軍人　③他国からの傭兵

兜　槍

笛を吹き，攻撃の合図をする伝令

盾
すねあて

▲①**戦う重装歩兵**　安価な武具の流通により，平民も自前で武具を購入できた。

▶③**三段櫂船**　こぎ手には武具が必要なかったので，貧しい平民もこぎ手として戦争に参加し，祖国の勝利に貢献した。

　人々はリズムに合わせ笛の伴奏で前進し，戦列の間に隙間を作らず，心をかき乱されず，歌によって穏やかな心で快活に危険に向って導かれていったので，その眺めは荘厳であるとともに恐ろしいものであった。
プルタルコス（紀元後1世紀のギリシアの著述家）
村川堅太郎編，清永昭次訳『プルタルコス英雄伝』「リュクルゴス」筑摩書房

▲②**密集隊形（ファランクス）**　直径90cmほどの盾の右半分と右どなりの人の盾の左半分で自分を防御し，残りの半分で左どなりの人の半身を防御した。この隊形は市民の結束を強めた。

▲④**三段櫂船の断面図**　乗船者200人中180人がこぎ手となる。

アテネ民主政の歩み

スパルタ	アテネ	
貴族政 ↓ （軍事的・鎖国的体制）	貴族政	ポリスの形成始まる ギリシア人の植民活動，活発化 ・商工業の発達　貨幣経済　浸透 　　　　　　　　　　↓武具購入 ＝貴族：国政担当←対立→平民：重装歩兵
	財産政	前621ごろ **ドラコンの法** 　・慣習法を成文化
		前594 **ソロンの改革** 　・借金帳消し 　・債務奴隷禁止 　・財産に応じて市民を4分化
	僭主政	前546ごろ **ペイシストラトスの独裁** 　・中小農民を保護
	民主政	前508 **クレイステネスの改革** 　・陶片追放 　・10部族制
		前500〜前449 **ペルシア戦争** 　マラトンの戦い：重装歩兵が活躍 　サラミスの海戦：軍船のこぎ手が活躍 　デロス同盟：ペルシア再来に備え，ポリス間の団結をはかる　アテネ中心
		前443〜前429 **ペリクレス時代** 　民会が主導する直接民主政
	衆愚政治	前431〜前404 **ペロポネソス戦争** 　アテネ vs スパルタ
		スパルタの覇権
		ポリス間の抗争，傭兵制の流行 前338 **カイロネイアの戦い** 　テーベ・アテネ vs マケドニア（フィリッポス2世）
		前337 **コリントス同盟** 　マケドニアを中心に結成
		マケドニアの覇権

① ペルシア戦争と市民の活躍

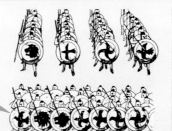

凡例：
■ ペルシアとの交戦国
■ ペルシアとその属国
■ イオニア植民市の反乱地域

ペルシア軍の進路
→ 第1回（前492）
→ 第2回（前490）
→ 第3回（前480〜前479）

おもな戦い
⊗ ギリシアの勝利　⊗ ペルシアの勝利

マケドニア　ペラ　タソス
エーゲ海　レスボス島
テルモピュライ 前480
デルフォイ（デルフィ）　テーベ　エレトリア
プラタイアイ 前479　アテネ　マラトン 前490
コリントス　エピダウロス　デロス島
オリュンピア　ギリシア
スパルタ　ナクソス島
サラミス 前480　ミロス島
ロードス島
アケメネス朝ペルシア　サルディス　ミカレー岬　ミレトス

0　200km

◀⑤**ペルシア戦争**

プチ マラソンの発祥？

　マラトンの戦い直後，あるギリシア兵が戦場からアテネまで走り「喜べ，勝った」と言い残し絶命した，とは後世のつくり話だが，これにちなんでマラソン競技が生まれた。なお，古代のオリュンピア祭（→p.49）にマラソン競技はなかった。

ΘΕΜΙΣΘΟΚΛΕΣ テミストクレス

◀⑦**ペリクレス**（前495？〜前429）

【ペリクレスの演説】（前431）
　われらの政体は…少数者の独占を排し多数者の公平を守ることを旨として，民主政治と呼ばれる。…
トゥーキュディデース著，久保正彰訳『戦史』岩波文庫

▲⑥**陶片追放**　市民は，僭主（独裁者）になるおそれのある人物の名前を刻んで投票した。その結果，最多の票を得た人物は，10年間アテネから追放された。

ポイントチェック（ ）内の正しい方に○をつけよう！
　ポリスでは（貴族と平民・貴族と国王）の対立が続いていたが，（戦争・労働）に参加した平民が参政権を得たことで，古代民主政が完成した。

古代ギリシアの文化 ──人間を中心とした文化

時代の扉

世界遺産

守護神にささげられた神殿

▲②完成直後のパルテノン神殿（想像図）

地中海

▲①パルテノン神殿（ドーリス式）前480年にペルシア軍のアクロポリス焼き打ちにあって崩壊したが，ペリクレスの時代に再建され，前432年に完成した。

クイズ

Try1 パルテノン神殿は，アテネのどの場所に建っているのだろうか。（ヒント p.46を思い出してみよう。）
①アクロポリス ②アゴラ ③プニュックスの丘

Try2 この神殿はアテネの守護神にささげられているが，その守護神は次のどれか？
①ゼウス ②アテナ ③アポロン

Try3 パルテノン神殿の影響を受けた建物が，日本にもある。それはどれだろうか。（ヒント よく似た柱がある。）①法隆寺 ②鶴岡八幡宮 ③清水寺

プチ 直線は一本も使われていない？ 美しさの秘密

①

②

完璧なプロポーションで見る者を引きつけるパルテノン神殿正面の列柱。しかし列柱・軒などすべてを直線で構成すると，人間の目には①のようにゆがんで見えてしまう。そこで②のように傾斜させたり，カーブさせたりして，あくまでも人間の目を通して直線に見えるように修正されている。

❶ 個性豊かなギリシアの神々

ガイア 大地の神 ── ウラノス 天空の神

＊ゼウスの娘という説もある。

クロノス ── レア

アフロディテ（ヴィーナス）美と愛の神

ゼウス（ジュピター）神々の王 ── ヘラ（ジュノー）── ハデス 冥界の王 ── ポセイドン（ネプチューン）海の神

アレス 軍神 ── ヘファイストス 鍛冶の神 ── ヘスティア 炉の神 ── デメテル 収穫の神

アテナ（ミネルヴァ）英知の神 ── アポロン（アポロ）芸術の神 ── アルテミス（ダイアナ）狩りの神 ── ヘルメス（マーキュリー）商業の神

青字女性 黒字男性
（ ）内はラテン名の英語読み ▨▨▨オリュンポス12神

◀③古代ギリシアの神々 古代ギリシア人は，主神ゼウスを含むオリュンポス12神を中心とした多神教を信仰していた。神々は人間と同じような姿や感性をもち，そうした神々の物語がギリシア神話となって人々に語りつがれた。

▶④主神ゼウス

世界遺産

アポロン祭壇

アポロン神殿

円形劇場

◀⑤デルフォイ（デルフィ）のアポロン神殿 聖地デルフォイはアポロン信仰の中心地であり，デルフォイの神託は全ギリシア世界で信じられていた。古代ギリシア人は植民地建設や法典制定，時には戦争の宣戦布告の日時についても，神託を受けて最終決定を下した。

ギリシア神話が由来となった言葉

ヨーロッパ …ゼウスが牡牛に化け，フェニキアの美しい王女エウロペをクレタ島まで連れ去ったことから，エウロペとゼウスのたどりついた地をヨーロッパとよぶようになった。

エコー …おしゃべりな精霊エコーが罰を受け，相手の話した言葉の数語を繰り返すだけしか話せないようになったうえ，失恋のすえ身体がなくなり，こだまだけになってしまったことから。

パニック …牧畜の神パンが家畜の群れをおびえさせたことから。

ポイントチェック

（ ）内の正しい方に○をつけよう！

古代ギリシアの神々は人間同様の感情と個性をもっており，この（人間・神）中心主義がのちのルネサンスに影響を与えた。また哲学・自然科学や（パルテノン神殿・ペルセポリス宮殿）に代表される建築技術は，現代の建築にも大きな影響を与えている。

・合理的解釈による自然哲学
・自然と理想を調和させた建築・彫刻

哲学	イオニア自然哲学	タレス	万物の根源を水とする 日食を予言
		ピュタゴラス	万物の根源を数とする ピュタゴラスの定理
		ヘラクレイトス	万物の根源を火とする 「万物は流転する」
		デモクリトス	万物の根源を「原子」(Atom)とする「原子論」
	ソフィスト	プロタゴラス	真理の主観性を説く「人間は万物の尺度」
	アテネ哲学	ソクラテス	「無知の知」を自覚させ，客観的真理の存在を説く
		プラトン	イデア論 観念哲学を説く『国家論』
		アリストテレス	諸学問を体系化…『万学の祖』『政治学』
文学	悲劇	アイスキュロス	『アガメムノン』
		ソフォクレス	『オイディプス王』
		エウリピデス	『メデイア』
	喜劇	アリストファネス	『女の議会』
	叙事詩	ホメロス(ホーマー)	『イリアス』『オデュッセイア』
		ヘシオドス	『労働と日々』『神統記』
	叙情詩	サッフォー	女流詩人 恋愛詩
	歴史学	ヘロドトス	『歴史』(ペルシア戦争を物語風に記述)
		トゥキュディデス	『歴史』(『戦史』)(ペロポネソス戦争を科学的に記述)
美術	彫刻	フェイディアス	「アテナ女神像」「ゼウス像」ペリクレスの友人

▲⑥古代ギリシアの文化

▲⑦ドーリス（ドーリア）式 太鼓状の大理石が積み上げられた柱，簡素さ，荘重さが特徴。

▲⑧イオニア式 柱頭は渦巻き模様で飾られている。軽快，優美さが特徴。

▲⑨コリント式 柱頭は葉形装飾。複雑な華麗さが特徴。

▲ギリシアの建築様式

オリュンピア祭選手たちの肉体を徹底解剖！

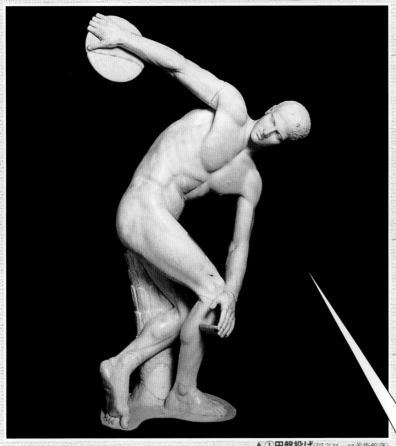

▲①円盤投げ〈国立ローマ美術館蔵〉

Q1 左のポーズの中から，以下の形を見つけてみよう。

Mを横たえたマーク　　半月のような円弧

Q2 「円盤投げ」像では，人の肉体のもつ美しさと見た目のバランスが意識されている。右の図に，体のまっすぐになっている部分を ◯◯ で，曲がっている部分を ◯◯ で示してみよう。

ヒント このポーズは，上半身では両腕が広げられているのに対し，下半身が屈曲している。それに加えて胴体をひねることで，Q1のような構図を作りだしている。体のどこが伸ばされ，どこが曲がっているか，同じポーズをとって確認してみよう。

地中海

私は円盤投げの競技の選手だ。古代ギリシアでは，美しい肉体を彫刻に表すことが多く，人々も自分の体を鍛えて，美しい肉体を手に入れようとしていたのだ。

Q3 さて，われら古代ギリシア人がこのように美しい肉体や彫刻を好んだ理由は次のうちどれだ？
①美しい肉体をもつ者が，卓越した精神をもつと考えられていたため
②美しい肉体をもつ者が，独占的な権力をもつと考えられていたため

ヒント 哲学者プラトン（→p.48）も自身の著作の中で，格闘技をする少年のことを「美にして善」と表現している。

鍛えられた美しい肉体と磨かれた技は，運動競技会で披露された。そのなかでも有名なオリュンピア祭はゼウス（→p.48）信仰の地オリュンピア（→p.45）で開催され，現代のオリンピックの由来となっている。

Q4 オリュンピア祭の，現代のオリンピックとの決定的な違いは次のうちどれ？（残りの2つは，現在のオリンピックとも共通する点。）
①オリュンピア祭は4年に1度の開催だった
②不正をした者はきびしく罰せられた
③競技種目は戦士としての実力を養うものだった
ヒント オリュンピア祭の競技種目も参考にしてみよう

オリュンピア祭のおもな競技

- 競走（短距離・長距離）
- 走り幅とび
- パンクラティオン（格闘技）
- レスリング
- ボクシング
- 円盤投げ
- 槍投げ
- 戦車競走

Q4以外の現代のオリンピックとの違い

- 参加者は自由な身分の男子のみ。
- ゼウスをまつるための宗教的祝祭だった。
- 種目は個人競技のみで，団体競技はなし。
- 勝者に与えられるのはオリーヴの枝でつくられた冠のみ（メダルなし）。
- 賞賛されるのは優勝者のみで，2位以下は敗者として退場。
- 聖火リレーは行われていなかった。

▲②オリュンピアで採火される現代のオリンピックの聖火

 アートの社会背景

美しい肉体を維持することやオリュンピア祭の開催には，古代ギリシア人のどのような気風が表れているだろうか。

▲③壺に描かれたレスリングのようす

①大帝国に成長するなかではぐくまれた，服属民族の伝統や習慣を尊重する寛容な気風
②ポリス間での争いや交流のなかではぐくまれた，個人の能力を競い合うことを好む気風

50 ヘレニズム世界 ——征服者アレクサンドロス登場

時代の扉 アレクサンドロスの東方遠征

▶①**イッソスの戦い** 前333年11月, 地中海東北端に位置するイッソスで, 歴史を左右する会戦が展開された。総勢60万人のペルシア軍を, アレクサンドロスひきいる4万5000人の軍がうち破ったともいわれ, ダレイオス3世を敗走させた。

ダレイオス3世

アレクサンドロス

アレクサンドロス

クイズ

Try1 アレクサンドロスの生まれたマケドニアは, 当時どのような国だっただろうか。
　　①ギリシアのポリス　②王国　③ペルシアの属国
Try2 東方遠征を行ったアレクサンドロスは, 最終的にどのあたりまで行っただろうか。
　　①インダス川　②ガンジス川　③長江
Try3 アレクサンドロスの東方遠征ののち, 各地で栄えた文化をヘレニズム文化というが, これはどのような文化だろうか。
　　①ギリシアの文化と各地のオリエント文化が融合した文化
　　②マケドニアの文化が, 他文化の影響を受けずに鮮明になった文化
ヒント　古代ギリシア人は, 自分たちを英雄ヘレンの子孫を意味する「ヘレネス」とよんでいた。

❶ アレクサンドロスの帝国の拡大と分裂

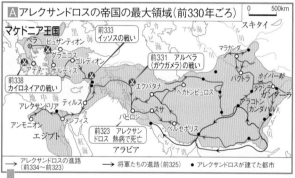

A アレクサンドロスの帝国の最大領域（前330年ごろ）
0　500km

マケドニア王国
スキタイ
前333 イッソスの戦い
ペラ
ビュザンティオン
グラニコス
ゴルディオン
アテネ
サルディス
前338 カイロネイアの戦い
前331 アルベラ（ガウガメラ）の戦い
マラカンダ
バクトラ
カイバー峠
ガンダーラ
エクバタナ
ヘカトンピュロス
ニケフォリオン
アレクサンドリア
ティルス
スサ
バビロン
ペルセポリス
アンモニオン
メンフィス
前323 アレクサンドロス 熱病で死亡
プラコタ
カンダハル
エジプト
アラビア
　
→ アレクサンドロスの進路（前334〜前323）
→ 将軍たちの進路（前325）
● アレクサンドロスが建てた都市

B 帝国の分裂（前300年ごろ）
0　500km

トラキア
カサンドロス朝 マケドニア
ビュザンティオン
リュシマコス朝 マケドニア
カフカス
アルメニア
アテネ
前301 イプソスの戦い
アンティオキア
ヘカトンピュロス
バクトラ
ダマスクス
パルミラ
セレウキア
セレウコス朝 シリア
マウリヤ朝
アレクサンドリア
イェルサレム
バビロン
スサ
プトレマイオス朝 エジプト
ペルセポリス
アラビア
テーベ
アラビア海

C 帝国の分裂（前200年ごろ）
0　500km

アンティゴノス朝 マケドニア
ビュザンティオン
カフカス
ポントゥス
アルメニア
大夏
ペルガモン王国
アテネ
サルディス
前168 ピュドナの戦い
アンティオキア
パルミラ
パルティア王国
バクトラ
ガンダーラ
セレウキア
エクバタナ
ヘカトンピュロス
タクシラ
バクトリア王国
アレクサンドリア
ティルス
バビロン
スサ
セレウコス朝 シリア
ペルセポリス
ゲドロシア
プトレマイオス朝 エジプト
ペトラ
ハルモジア
マウリヤ朝
テーベ
アラビア
アラビア海

more 王の名をもつ町 アレクサンドリア

◀②エジプト王ファラオの姿をしたアレクサンドロス

ムセイオン（王室付属研究所）
0　1000m
ファロスの灯台
大港
ファロス島
イシス神殿
税関
王室専用港
小港
兵器
ポセイドン神殿
戦艦専用港
図書館
劇場
太陽門
体育館
月門
競技場
ネクロポリス
セラピス神殿
城壁
■ 宮殿　■ 市街地　🏛 神殿　（現在は陸地）

▲③アレクサンドリア

　アレクサンドロスは征服地に70以上もの植民市を建設し, 自分の名前をつけた。前331年に建設が始まったナイル河口の**アレクサンドリア**には, 多くのパピルス文書を集めた学芸の中心施設**ムセイオン**やエジプトとギリシアの神を融合させたセラピスの神殿がつくられた。公用語としてコイネー（ギリシアの共通語）が用いられた。

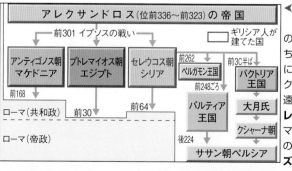

アレクサンドロス（位前336〜前323）の帝国		
← 前301 イプソスの戦い →		□ ギリシア人が建てた国
アンティゴノス朝 マケドニア	プトレマイオス朝 エジプト	セレウコス朝 シリア

前262 → ペルガモン王国
前3C半ば → バクトリア王国
前248ごろ → パルティア王国 → 大月氏 → クシャーナ朝
前168 → ローマ（共和政）
前30 / 前64
ローマ（帝政）
後224 → ササン朝ペルシア

▶④**ヘレニズム国家** アレクサンドロスの死後, 彼の部下たちにより三つの王国に分割された。アレクサンドロスの東方遠征開始から, **プトレマイオス朝**がローマに併合されるまでの約300年を**ヘレニズム時代**という。

❷ ヘレニズム文化の特徴

- ・ギリシア文化とオリエント文化の融合
- ・ポリスのわく組みにとらわれない世界市民主義(コスモポリタニズム)
- ・個人の内面を重視する哲学
- ・高度に発達した自然科学

自然科学	アルキメデス	浮力の原理,てこの原理を発見
	エウクレイデス	平面幾何学を大成
	アリスタルコス	地球の公転と自転を主張(地動説)
	エラトステネス	地球を球形と考え,地球の周囲の長さを計算
哲学	ゼノン	ストア派の祖 理性によって欲望を抑え心の安定を求める(禁欲主義)
	エピクロス	エピクロス派の祖 現実から逃避して心の平静を求める(快楽主義)
歴史	ポリュビオス	ギリシア人の歴史家『ローマ史』
彫刻	「ミロのヴィーナス」,「サモトラケのニケ」「ラオコーン」,「瀕死のガリア人」	

…は,こんな人

「私の図形をこわさないでくれ!」

アルキメデス (前287ごろ〜前212年)

故郷シチリア島の王ヒエロン2世の王冠が純金製であるか否か調べたとき,入浴中に浮力の原理(アルキメデスの原理)を発見した。第2次ポエニ戦争では,投石機などさまざまな兵器でローマ軍を悩ませたが,図形問題を解いているとき,ローマ兵に殺されたという。上の言葉は,彼の最後の言葉と伝えられている。

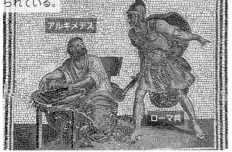

アルキメデス / ローマ兵

ヘレニズム以前

◀⑤ゼウス像 前5世紀中ごろの作品。雷を投げる直前の躍動する肉体が,ダイナミックに表現されている。三叉の槍を投げるポセイドンともいわれている。〈アテネ国立考古学博物館蔵,高さ209cm〉

古典様式
調和と均整のとれた人間の肉体美を表現

ヘレニズム様式
激しい動きや感情をとり入れた人物像

◀⑥サモトラケのニケ 前190年,ロードス島がセレウコス朝に勝利したことを記念して奉納されたといわれる勝利の女神像。舳先に舞いおりる姿を力強く表現している。スポーツ用品メーカー「ナイキ」はニケ(ギリシア語)を英語読みにしたもの。〈ルーヴル美術館蔵,高さ245cm〉

▲⑦ミロのヴィーナス 人間中心の文化を形成したギリシア人は,人格や体型について「あるべき(窮極の)理想像」を追求した。この像の頭頂からへそまでと,へそからかかとまでが,1:1.618の比率である。これがギリシア人が,人体が最も美しいと考えた黄金比率である。〈ルーヴル美術館蔵,高さ204cm〉

◀⑧ラオコーン像 神の怒りに触れたギリシア神話上の父子を題材にし,毒蛇に絞め殺される苦悶の姿を表現している。〈ヴァティカン美術館蔵,高さ184cm〉

❸ ヘレニズム文化の伝播(でんぱ)

アレクサンドロスの帝国の最大領域

ギリシア

仏像誕生

ガンダーラ地方

中国

竜門石窟(リュウモンセックツ)

日本

▼⑨ヘレニズム文化の東伝 顔つきや衣服のひだにギリシア風の特徴のある彫刻様式が,東洋風に変化しながら伝わった。

ギリシア デルフォイ(デルフィ)の御者(前5世紀)	ガンダーラ (→p.61)釈迦立像(シャカ)(2〜3世紀)	中国 (→p.75)竜門石窟菩薩像(リュウモンセックツ)(7世紀)	日本 法隆寺百済(くだら)観音像(7世紀)

ポイントチェック ( )内の正しい方に○をつけよう!

マケドニアの王アレクサンドロスはギリシアの諸ポリスを支配し,東方へと支配を広げ,(ペルシア・マウリヤ朝)を滅亡させた。彼の支配地では,ギリシア文化とオリエント文化が融合した(ヘレニズム・ローマ)文化が生まれた。

西アジア

地中海

古代ローマ ——地中海世界を内海としたローマ人

❶ ローマ共和政〜貴族と平民〜

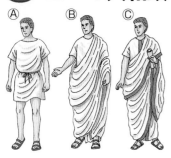

Ⓐ奴隷や未成年の市民
Ⓑ成年の市民
Ⓒ高位公職経験者

アテネと違い，ローマでは平民会が優位となったあとも，服装など政治・社会的身分差別が存在した。

▲①服装でわかる身分

▲②元老院　共和政期に国政の中心として，大きな決定権をもち政治を左右した。議員の身分は終身，定員は300名（のち600名）で貴族の高位公職者しかなれなかったが，しだいに富裕な少数の平民も元老院に進出した。

地中海

ローマ〜共和政から帝政へ

王政	前 753	都市国家ローマ建国（伝説）
	509	**共和政樹立〔エトルリア人の王を追放〕**
共和政	494	聖山事件→護民官・平民会の設置
	450ごろ	十二表法（ローマ最古の成文法）
	367	リキニウス-セクスティウス法 大土地占有制限 執政官に平民代表を加える
	287	ホルテンシウス法，平民会の決議を国法として認める
	272	**イタリア半島征服完了**

▲③狼に育てられた伝説の王，ロムルスとレムス

ポエニ戦争

前264〜前241	第1次（シチリア獲得）
前218〜前201	第2次（ハンニバル活躍）
前149〜前146	第3次（カルタゴ滅亡）

共和政	前 146	マケドニア・ギリシアを属州化
内乱の一世紀	133	グラックス兄弟の改革（〜前121）
	91	同盟市戦争（〜前88）
	88	マリウス（平民派）・スラ（閥族派）の戦い（〜前82）
	73	スパルタクスの反乱（〜前71）
	60	第1回三頭政治（〜前53） （ポンペイウス・クラッスス・カエサル（シーザー））
	43	第2回三頭政治（〜前36） （オクタウィアヌス・アントニウス・レピドゥス）
	31	アクティウムの海戦（クレオパトラとアントニウス敗れる）
	30	エジプト征服　**地中海支配完成**
	27	オクタウィアヌス，元老院からアウグストゥス（尊厳なる者）の称号を得る **元首政（プリンキパトゥス）を開始**
前期帝政（元首政）	後 96 〜180	五賢帝時代　ネルウァ トラヤヌス ハドリアヌス アントニヌス＝ピウス マルクス＝アウレリウス＝アントニヌス
	212	カラカラ帝，ローマ市民権を全自由民に与える
	235 〜284	軍人皇帝時代
後期帝政（専制君主政）	284 〜305	ディオクレティアヌス帝 **四分統治，ドミナトゥス（専制君主政）を行う**
	306 〜337	コンスタンティヌス帝（324以降　正帝） 313　ミラノ勅令（キリスト教を公認） 325　ニケーア公会議（アタナシウス派を正統） 330　コンスタンティノープル（ビザンティウム）に遷都
	375	ゲルマン民族の大移動が始まる
	379 〜395	テオドシウス帝 392　キリスト教を国教とする 395　ローマ帝国が東西に分裂
	476	西ローマ帝国滅亡

（→p.102④）

❷ イタリア半島から地中海の覇者へ

| 前290年までのローマの領土 |
| 前290〜264年の獲得地 |
| おもな街道 |

イタリア半島征服

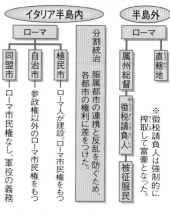

イタリア半島内

ローマ　分割統治　服属都市の連携と反乱を防ぐため，各都市の権利に差をつけた。

- 同盟市——ローマ市民権なし，軍役の義務
- 自治市——参政権以外のローマ市民権をもつ
- 植民市——ローマ人が建設。ローマ市民権をもつ

半島外

ローマ

- 属州総督——徴税請負人——被征服民
- 直轄地

※徴税請負人は強制的に搾取して富豪となった。

▲④ローマのたくみな支配

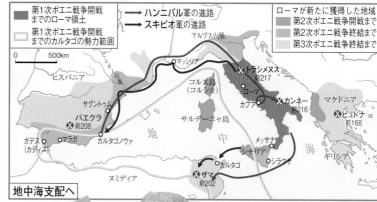

| 第1次ポエニ戦争開戦までのローマ領土 |
| 第2次ポエニ戦争開戦までのカルタゴの勢力範囲 |
| → ハンニバル軍の進路 |
| → スキピオ軍の進路 |
| ローマが新たに獲得した地域 |
| 第2次ポエニ戦争開戦まで |
| 第2次ポエニ戦争終結まで |
| 第3次ポエニ戦争終結まで |

地中海支配へ

…は，こんな人

ローマ人に恐れられた**ハンニバル**
（前246？〜前183）

カルタゴの名将**ハンニバル**は第2次**ポエニ戦争**のとき，スペインから4万の兵士と37頭の象を連れて雪のアルプス山脈を越え，ローマの**重装歩兵**と騎兵を仰天させた。

▶⑤カルタゴ軍のアルプス越え

ローマ帝国の誕生と皇帝たち

「内乱の１世紀」

▲⑥**クレオパトラ**(在位前51〜前30) **プトレマイオス朝**エジプトの最後の女王。聡明さと美貌でエジプトにやってきた**カエサル**や**アントニウス**を魅了し, 王位を維持したとされる。

➤⑦**カエサル**(前100ごろ〜前44) **平民派**として**第１回三頭政治**に参加。**ガリア**やエジプト遠征で名を高めたが, 元老院保守派に暗殺された。

対立
アクティウムの海戦

敗　勝

恋人　養子

帝政の始まり

ローマの平和

➤⑧**都市の繁栄**(レプティス＝マグナ 現リビア) アウグストゥスから五賢帝までの約200年間は政治が安定し, 経済的にも繁栄した。領内の都市では, ローマ風の高度な文明生活が営まれた。

世界遺産

◀⑨**オクタウィアヌス帝**(在位前27〜後14) ローマの地中海支配完成。**アウグストゥス(尊厳なる者)**の名称を贈られ, **元首政**(事実上の皇帝独裁)を開始。
(→巻頭Ⅱ)

帝国の分割

◀⑩**ディオクレティアヌス帝**(在位284〜305) 帝国を東西に分け, 正帝と副帝が治める**四分統治**を開始。自身は東の正帝として専制政治を行い, 帝国の治安を一時回復した。

地中海

③ 帝国の拡大と動揺

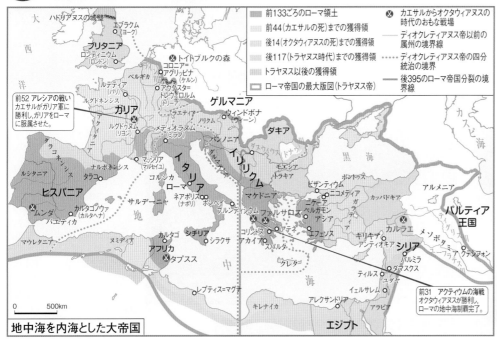

	前133ごろのローマ領土
	前44(カエサルの死)までの獲得領
	後14(オクタウィアヌスの死)までの獲得領
	後117(トラヤヌス時代)までの獲得領
	トラヤヌス以後の獲得領
	ローマ帝国の最大版図(トラヤヌス帝)

⊗ カエサルからオクタウィアヌスの時代のおもな戦場
─── ディオクレティアヌス帝以前の属州の境界線
┈┈┈ ディオクレティアヌス帝の四分統治の境界
─── 後395のローマ帝国分裂の境界線

前52 アレシアの戦い カエサルがガリア軍に勝利し, ガリアをローマに服属させた。

前31 アクティウムの海戦 オクタウィアヌスが勝利し, ローマの地中海制覇完了。

0 500km

地中海を内海とした大帝国

クイズ

Try1 **クレオパトラと恋人はどこで出会ったのだろうか?**

Try2 **初代ローマ皇帝となったのは, クレオパトラの恋人だろうか, 恋人の養子だろうか。**

Try3 **クレオパトラと恋人が出会った場所は, 恋人の死後に何という国になったのだろうか。**
①ローマ帝国
②カエサル共和国
③エジプト王国

世界遺産

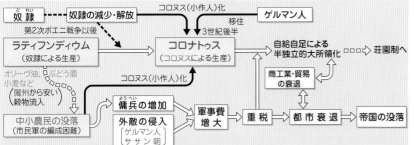

◀⑪**ローマ帝国滅亡の要因**

奴隷	

奴隷の減少・解放
第２次ポエニ戦争以後
ラティフンディウム(奴隷による生産)
オリーヴ油, ぶどう酒, 小麦など
属州から安い穀物流入
中小農民の没落(市民軍の編成困難)

コロヌス(小作人)化
移住 3世紀後半
コロヌス(小作人)化

ゲルマン人
コロナトゥス(コロヌスによる生産)
自給自足による半独立的大所領化 ⇨ 荘園制へ
商工業・貿易の衰退

傭兵の増加
外敵の侵入〔ゲルマン人 ササン朝〕
軍事費増大 → 重税 → 都市衰退 → 帝国の没落

▲⑫**ハドリアヌスの城壁** 五賢帝の１人, ハドリアヌス帝は異民族の侵入を防ぎ, ローマの支配地域の平和を守るために, 城壁を築いた。

ポイントチェック　( )内の正しい方に○をつけよう!

前３世紀にイタリア半島を統一したローマは, ポエニ戦争で(カルタゴ・ペルシア)を破り地中海の覇権をにぎった。前１世紀には(共和政・帝政)を樹立し, 以後約２世紀間, ローマ帝国は繁栄をきわめた。

地中海

時代の扉 グルメなローマ人

▲①**富裕なローマ人の宴会のようす** 長椅子に寝そべって，料理はおもに指を使って食べながら，芸人の踊りを楽しんだ。

富裕なローマ人の宴会メニュー例

前菜	はちみつで割ったワイン　クラゲと卵 松の実・卵などの腸づめ
メイン料理	フラミンゴとなつめやしの煮込み つめものをしてゆでた子豚 なま牡蠣の冷製マヨネーズ風ソース ゆでただちょうのソース添え
デザート	松の実・くるみをつめたなつめやし りんご，ケーキ，揚げ菓子のはちみつがけ

ローマ帝国の水陸交通

おもな海上交通の所要日数

❶	プテオリ～アレクサンドリア	15～20日
❷	オスティア～カエサレア	20日
❸	オスティア～ガデス	9日

▲③ドナウ川を使ってワインを運ぶ船

▼④アッピア街道とマイルストン

おもな陸上交通の所要日数
（政府の伝令の場合）

❶	ローマ～ブルンディシウム	7日
❷	ローマ～ビザンティウム	25日
❸	ローマ～アンティオキア	40日
❹	ローマ～アレクサンドリア	55日

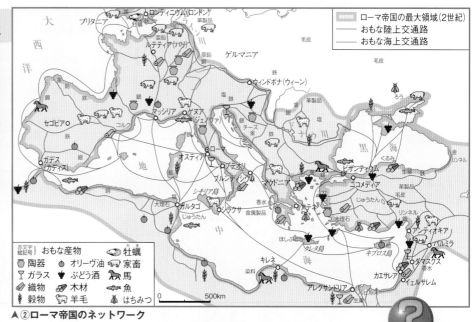

凡例
- ローマ帝国の最大領域（2世紀）
- おもな陸上交通路
- おもな海上交通路

▲②ローマ帝国のネットワーク

おもな産物
- 🏺 陶器
- ♈ ガラス
- 織物
- 穀物
- 🛢 オリーヴ油
- 🍇 ぶどう酒
- 🪵 木材
- 🐑 羊毛
- 🦪 牡蠣
- 🐎 家畜
- 🐴 馬
- 🐟 魚
- 🐝 はちみつ

クイズ

Try1 富裕なローマ人の食卓には，帝国各地の食材が並んだ。例えばメニューにあるなま牡蠣はどこが産地か，地図から探してみよう。

Try2 ローマの皇帝は，庶民に「パン（小麦）とサーカス（見世物）」を無料で配給することで，自らの支配を確実にしようとした。小麦の大産地で，オクタウィアヌスの時代からローマ帝国の領土となったところはどこか。　①シチリア島　②エジプト　③ブリタニア　ヒント p.53の地図も見てみよう。

Try3 ローマ人が作成・整備したもので，各地の物資を首都ローマに集めるのに役だったものは何か。
①水道橋　②街道　③パンテオン

more コンクリートと大理石の街ローマ

剣闘士養成所　水道橋　カラカラ浴場　神殿　コロッセウム　家畜市場　大競馬場　水道橋　テヴェレ川

◀⑤**4世紀のローマ**（復元模型）　ローマの市街地には，巨大な公共建築物が建ち並んでいた。これらは大理石やコンクリートでできており，コンクリートの使用が古代ローマの建築技術の発展を担っていた。

▶⑥**セゴビアの水道橋**（スペイン）　ローマ人は征服地で都市をつくるとき，水道を建設して水源から都市へ水を供給した。イベリア半島で最も重要な都市の一つ，セゴビアの水道橋は，全長728mで，17km離れた水源から水を引いている。

世界遺産

◀⑦**アーチ工法**　アーチ工法では自由な大きさで頑丈な開口部をつくることができる。築くにはわくをあて両側から石を積み，最後に中央の石で固定するので，これをキーストーンとよぶ。

キーストーン

more ローマ人を熱狂させた見世物

▶⑧ 円形闘技場で行われた見世物
初期には模擬海戦が行われたが，おもに剣闘士どうしや動物どうし，あるいは猛獣狩りのように人間と動物との生死を賭けた試合が行われた。

◀⑨ ローマのコロッセウム（円形闘技場）

▼⑩ コロッセウムの内部

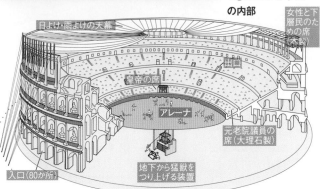

- 日よけ・雨よけの天幕
- 女性と下層民のための席（木製）
- 皇帝の席
- アレーナ
- 元老院議員の席（大理石製）
- 入口（80か所）
- 地下から猛獣をつり上げる装置

剣闘士試合
猛獣狩り

▼⑪ 帝国各地から集められる奴隷・動物

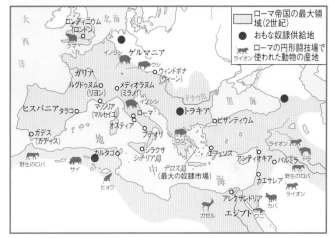

- ローマ帝国の最大領域（2世紀）
- ● おもな奴隷供給地
- 🦁 ローマの円形闘技場で使われた動物の産地

① ローマの文化・宗教

◀⑫ パンテオン　この名は「すべての神々の神殿」の意味で，前25年に建造されたが，焼失し2代目のパンテオン（現存）はハドリアヌスによって再建された。内部空間に直径43mの半球が納まる構造になっている。

- 採光用の天窓
- 階段式ドーム直径43m
- 壁がん，壁面の一部のくぼみに，彫像などをおいた。
- 柱廊玄関

・法律・建築・大土木事業など生活の実用的な面で才能発揮

文学	キケロ	前106～43	雄弁家・政治家・散文家。カエサルの政敵『友情論』『国家論』(ラテン語散文の模範)
	ウェルギリウス	前70～19	詩人。『アエネイス』(ローマ建国叙事詩)
	ホラティウス	前65～8	叙情詩人。『叙情詩集』
	オウィディウス	前43～後17	叙情詩人。『愛の歌』
歴史・地理	ポリュビオス	前201頃～120頃	「政体循環史観」の立場から『歴史』を記述
	カエサル	前100頃～44	『ガリア戦記』(ガリア・ゲルマニア・ブリタニアの社会を知る重要な資料)
	ストラボン	前64頃～後21	『地理誌』(地中海各地の地誌と伝承を記述)
	リウィウス	前59～後17	『ローマ建国史』(ローマ建国から帝政初期)
	プルタルコス	後46頃～120頃	『対比列伝』(『英雄伝』)(ギリシア・ローマの政治家を対比)
	タキトゥス	後55頃～120頃	『ゲルマニア』(ゲルマン人の風俗や地誌を記述)
自然科学	プリニウス	後23頃～79	『博物誌』(百科事典)
	プトレマイオス	2世紀頃	『天文学大全』(地球中心の天動説)
哲学	ルクレティウス	前99頃～55頃	エピクロス派。「事物の性質について」
	セネカ	前4頃～後65	ストア派　ネロ帝の師　『幸福論』
	エピクテトス	後55頃～135頃	ストア派　奴隷出身『語録』
	マルクス＝アウレリウス＝アントニヌス	後121頃～180	ストア派　五賢帝最後の皇帝　『自省録』
法律	前5世紀半 → 市民法 ローマ市民権所有者のみ → 万民法 すべての民族に適用 十二表法(最初の成文法) → ローマ法大全	ヨーロッパ近代法	土木・建築　コロッセウム(円形闘技場)　公共浴場・水道橋・凱旋門　パンテオン(神殿)・道路(軍道)など

—— はギリシア人

more 現代に生きるローマの神々や皇帝

カエサルの改革の一つがエジプトの暦をもとにした「**ユリウス暦**」の導入である。16世紀にわずかに修正されただけで，現在も使われ続けている。月の名称には古代ローマの神々や皇帝に由来するものが多い。

※ ユリウスとは，カエサルのファースト・ネーム。

- 1月 **Janus**（戸口の神ヤヌスの祭りの月）→ January
- 5月 **Maia**（豊穣の女神マイアの月）→ May
- 6月 **Juno**（結婚と出産の女神ユノーの月）→ June
- 7月 **Julius**（ユリウス＝カエサルの生まれ月）→ July
- 8月 **Augustus**（オクタウィアヌスの生まれ月）→ August

✎ ポイントチェック　（　）内の正しい方に○をつけよう！

古代ローマは，土木建築の（実用・精神）面ですぐれた文化を残した。都市にはコロッセウムのような巨大な公共建築物が次々と建てられ，市民は豊かな生活を営んでいたが，その生活はギリシア同様，労働力である（奴隷・商人）が支えていた。

アートに **TRIP**

古代のスーパー銭湯カラカラ浴場は皇帝からの贈り物？

カラカラ浴場　施設ご案内
建設時期：216年
面　　積：13万㎡（東京ドーム約3個分）
収容人数：約1600人
営業時間：午後昼すぎ～夕方ごろ
施　　設：浴室，プール，発汗室，運動場，娯楽室，集会室，図書館など

➤①ローマ市内にある
カラカラ浴場

世界遺産

再現

焚き口
（この付近の地下）

さまざまな風呂の集まった部屋

発汗室（非常に熱い汗をかくためだけの部屋）

温浴室（熱浴室より温度の低い部屋）

エ

ア

イ

ウ

脱衣所（運動後にここで着がえる）

約120m

約225m

➤④カラカラ帝
（在位211～217年）

〈『図説 古代ローマ文化誌』原書房〉より

Q1 下の①～④の部屋を，浴場の中のア～エから選んでみよう。
①高い丸天井の熱浴室
②プール　③運動室　④中央広場

Q2 ここでは，ぼくが浴場を案内しよう。ぼくが古代ローマ人の入浴順序をたどって部屋を紹介するから，下のカッコにあてはまる部屋を，ア～エからそれぞれ選んでみよう！

（　　）…入浴前にここで体を動かして汗を流すんだ。
↓
温浴室…暖かいサウナ室になっていて，ゆっくり体を休めることができるんだ。ここは人々がおしゃべりをするなど，いこいの場になっていたんだよ。
↓
（　　）…ここは温浴室よりも温度が低い部屋。ここも，人々が集って休憩するスペースになっているんだ。
↓
（　　）…湯を張った高温の部屋で，ぼくが持っている垢すり器で，体の垢を落とす場所なんだ。
↓
（　　）…ここでほてった体をさまして，入浴はおしまい。

ぼくら古代ローマ人は，毎日浴場に出かけて体をきれいにし，入浴客との会話を楽しんで，心と体をリフレッシュさせていたんだよ。

▼②垢すり器を使う男性の像

▲③垢すり器

Q3 私がカラカラ浴場の建設を命じたカラカラ帝だ。この浴場には，浴室のほかにも庭園や図書館，さらには商店なども併設させたのだが，さて，私はこの浴場を，誰のために，どのような用途で建てたと思う？
①民衆のための娯楽施設
②皇帝専用の別荘
③ローマの神々に捧げる神殿

服を入れる棚

火ばち　　長いす

▲⑤人々のいこいの場にもなった温浴室（ポンペイ）

アートの社会背景

ローマの歴代の皇帝たちは公共浴場のほかにも運動場や闘技場など，Q3で答えた建物を多く建造した。なぜ皇帝たちは，そのようなことをしなければならなかったのだろうか。
①浴場などの利用料を得ることで，皇帝がぜいたくな暮らしをするため
②民衆からの支持を維持することで，帝位の安定をはかるため

…慈悲深く，祝福された尊厳者であり，ローマの最高位者，救済者であり恩恵者である皇帝マルクス＝アウレリウス＝アントニヌス（カラカラ帝の本名）…

▲⑥カラカラ帝の建てた公共浴場に置かれた碑文の文章（一部）

キリスト教の成立 ——発展と変容

時代の扉 救世主（キリスト），現れる

◀①フラ＝アンジェリコ『受胎告知』（部分） 神の子を懐妊したと伝える天使ガブリエルに，驚くマリア。ローマ皇帝が承認した，イエスを「神の子」とするアタナシウス派の思想。〈フィレンツェ，聖マルコ修道院〉

▶②エル＝グレコ『キリストの復活』 イエスが処刑3日後に，肉体とともに復活したとの話は，イエスを「救世主」とみなす信仰として広まった。〈プラド美術館蔵〉

クイズ

Try 1 イエスはどこの地域で活動したのだろうか。 ①首都ローマ ②パレスチナ地方 ③ギリシア
ヒント イエスが刑死した場所を下の地図から探して考えよう。

Try 2 イエスが弟子たちの間で「救世主（キリスト）」であると考えられるようになったできごとは，次のうちどれか。 ①最後の晩餐 ②イエスの処刑 ③イエスの復活

Try 3 キリスト教とユダヤ教には共通点も多いが，次のうち，ユダヤ教になくキリスト教にだけある考え方はどれだろうか。 ヒント 左下の表やp.42，p.58も参考にしよう。
①神は唯一である（一神教） ②救世主の存在を信じる ③神の愛はすべての人に及ぶ

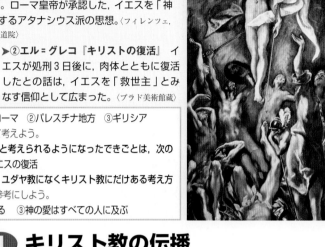

③イエスの生涯

- イエスの誕生
- 洗礼（30歳）
- 布教・奇跡
- ユダヤ教祭司反発
- ユダの裏切り
- 最後の晩餐
- 逮捕・裁判
- ゴルゴタの丘で処刑
- 復活 イエスの神性を裏づける

地中海

ユダヤ教とイエスの布教／原始キリスト教／キリスト教分立と教会組織の確立

B.C6c	
	ユダヤ教成立（終末思想*・救世主思想*・選民思想）
	「旧約聖書」完成 ＊ダヴィデの血を引く王（救世主）が現れて神の国が到来することを待望する思想
紀元	**イエスの改革** すべての人に及ぶ神の絶対愛 ユダヤ教の律法主義を批判
30ごろ	**イエスの処刑・復活** イエスの復活を信じ，彼をキリスト（救世主）とする**キリスト教の成立**
1C半ば	ペテロ・パウロなどによる伝道 「新約聖書」編纂（～2C末）（ユダヤ人以外の民族にも布教）
	ローマ皇帝の**迫害**（～300ごろ）→**キリスト教拡大** 下層民衆の支持
200ごろ～	ローマ帝国衰退
313	ローマ帝国**キリスト教公認**（ミラノ勅令）
325	イエスの神性をめぐる**教義論争** 正統／異端 **アタナシウス派**（三位一体説）／**アリウス派**（イエスの人性を主張）
392	**ローマ帝国の国教**となる 431ネストリウス派—異端 他地域での布教・拡大
1054	主導権争い **カトリック**（ローマ教会）／**正教会**（コンスタンティノープル教会）

① キリスト教の伝播

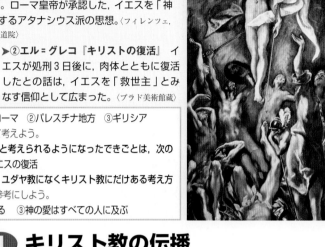

- ● 1～2世紀におけるキリスト教の教団
- **キリスト教化された地域** 3世紀 4世紀 5世紀
- **おもな教会**
  - ✠ 総大司教座 五本山
  - ✠ おもな司教座
  - ● おもな公会議場
  - — 使徒パウロの伝道路（45～61年）

0 500km

大西洋

ロンドン
カンタベリ
リヨン
メディオラヌム（ミラノ）
アクイレイア
ラヴェンナ
ローマ
ネアポリス（ナポリ）
コルドバ
ヒッポレギウス
カルタゴ
シラクサ
マルタ島
地中海
コンスタンティノープル
カルケドン
フィリピ
ニケーア
テッサロニケ
コリントス
エフェソス
タルソス
アンティオキア
アレクサンドリア
パレスチナ
イェルサレム
黒海
ドナウ川
ユーフラテス川

313 ミラノ勅令
3～4世紀，アリウス派キリスト教，ゲルマン人へ
451 カルケドン公会議
325 ニケーア公会議
430ごろ，ネストリウス派キリスト教，ササン朝ペルシアへ
396～430 アウグスティヌス 司教として活躍
431 エフェソス公会議
30ごろ イエス刑死

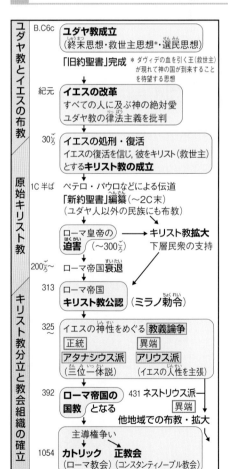

▲④カタコンベ 初期キリスト教徒の地下共同墓所として使用された。

ペテロ ネロ帝 ローマ軍

…は，こんな人 キリスト教を広めた**ペテロ**（？～64ごろ）と**パウロ**（？～65ごろ）

ペテロは，イエスの最初の使徒の1人で本名はシモン。初代ローマ教皇。ネロ帝の迫害を受け，ローマを脱出しようとした際，イエスの幻影に出会い，「**ドミネ クオ バディス**」（主よ，どこへ行き給う）と尋ねると，「**ローマへ行って**（おまえに代わり）**十字架にかかりに行く**」と答えた。大いに恥じたペテロはローマへ戻り殉教した。その際，イエスと同じ十字架にかけられるのは畏れ多いので，逆さの十字架にかけられたという。左の絵はペテロの処刑のようす。同じ扉の左部分には，イエスの死後，使徒になり，東方各地で異邦人（ユダヤ人以外）に伝道し，同じくネロ帝に処刑された**パウロ**の絵もある。

◀⑤聖ピエトロ大聖堂の扉絵（右下部分）

✏ ポイントチェック （　）内の正しい方に○をつけよう！

イエスの改革は，ユダヤ教祭司から反発を受けたが，神の愛を説く弟子たちの布教の結果，キリスト教は（民族宗教・世界宗教）へと変容した。ローマ皇帝はキリスト教を，〔帝国統一の必要から・迫害への反省から〕ローマ帝国の国教とした。

58 特集 世界の宗教

① 宗教の分布

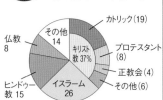

▲①世界の宗教別人口構成 (2014年)
〔アルマナック 2016〕

円グラフ：
- キリスト教 37%
  - カトリック (19)
  - プロテスタント (8)
  - 正教会 (4)
  - その他 (6)
- イスラーム 26
- ヒンドゥー教 15
- 仏教 8
- その他 14

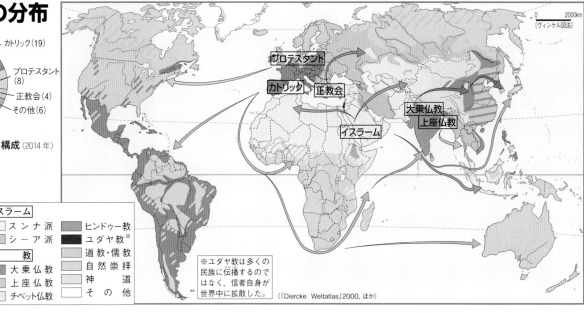

凡例：
キリスト教
- カトリック
- プロテスタント
- 正教会（ギリシア正教）
- その他のキリスト教

イスラーム
- スンナ派
- シーア派

仏教
- 大乗仏教
- 上座仏教
- チベット仏教

- ヒンドゥー教
- ユダヤ教※
- 道教・儒教
- 自然崇拝
- 神道
- その他

※ユダヤ教は多くの民族に伝播するのではなく、信者自身が世界中に拡散した。

〔『Diercke Weltatlas』2000, ほか〕

地図内ラベル：プロテスタント、カトリック、正教会、イスラーム、大乗仏教、上座仏教

0 ― 2000km 〔ヴィンケル図法〕

② おもな宗教の特色

	ユダヤ教 (→p.42, p.57)	キリスト教 (→p.57, p.113)	イスラーム (→p.93)	仏教 (→p.60,p.61)	ヒンドゥー教 (→p.61)	道教 (→p.71,p.75)	ゾロアスター教 (→p.42, p.44)
成立	前6世紀	1世紀	7世紀	前5世紀	紀元前後	5世紀	前7世紀
創始者	モーセ（前13世紀）などの預言者	イエス	ムハンマド	ガウタマ=シッダールタ	特定の開祖なし	寇謙之	ゾロアスター
神の名	唯一神ヤハウェ	唯一神（父なる神, 子なるイエス, 聖霊→三位一体説）	唯一神アッラー	なし（人間の普遍倫理である法）→大乗仏教の展開で多神教化	多神（シヴァ・ヴィシュヌなど）	多神	アフラ=マズダ ↕ アーリマン
経典	『旧約聖書』	『旧約聖書』『新約聖書』	『クルアーン（コーラン）』	律・経・論の三蔵	『ヴェーダ』など		『アヴェスター』
特徴	厳格な律法主義（モーセの十戒）選民思想, 救世主（メシア）思想, 偶像否定。	"イエスは救世主である" 使徒ペテロ・パウロらの伝道。	神への絶対服従。六信五行の実践, 偶像否定。	輪廻からの解脱により, "涅槃"の境地に。ヴァルナを否定。(→p.60)	ヴァルナの肯定, 輪廻からの解脱, インド独自の社会習慣を形成。	太平道, 五斗米道を起源とする中国の宗教。現世利益的。神仙・陰陽五行など日本にも伝わる。	善悪二元論。最後の審判（応報審判）の概念を説く。拝火教・祆教ともよばれる。

③ 宗教による食生活への規制

イスラーム
- 豚肉は食べない
- アルコールは飲まない

ユダヤ教
- 豚や馬など反芻しない動物の肉は食べない
- いか・たこなどうろこのない海の生物は食べない

ヒンドゥー教
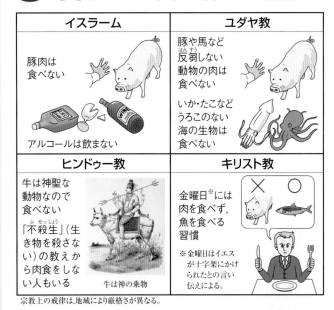
- 牛は神聖な動物なので食べない
- 「不殺生」（生き物を殺さない）の教えから肉食をしない人もいる

牛は神の乗物

キリスト教
- 金曜日※には肉を食べず, 魚を食べる習慣

※金曜日はイエスが十字架にかけられたとの言い伝えによる。

宗教上の戒律は, 地域により厳格さが異なる。

④ 日本人と宗教

日本人には仏教と神道が多いが, さまざまな宗教を生活のなかに取り入れている。宗教感情はあまり強くないが, 宗教が混交し, 共存しているのが日本社会の特徴である。

▶②ヴァレンタインデー　3世紀にローマの兵士を秘密裏に結婚させ, 皇帝から処刑された聖人ヴァレンタインに由来。

生活のなかのおもな行事と宗教

神道	お宮参り, 初詣 結婚式
道教	七五三 桃・端午の節句 お中元 お守り, 風水
キリスト教	結婚式 クリスマス ヴァレンタインデー
仏教	葬式, 法事 盆, 彼岸

▲③桃の節句　ケガレを清める行事に由来。桃は中国では悪魔をうち払う神聖な木とされ, 日本のひな祭りにも欠かせない。

古代インド① ——南アジアの風土とインダス文明

南アジア

南アジア世界の風土

モンスーンの向き
1月（乾季）
7月（雨季）
モンスーンの及ぶ範囲
おもな遺跡

西北方からの玄関口
西アジアとインドの間には、けわしい山脈が続くため、カイバー（カイバル）峠が重要な峠道となり、アーリヤ人などの侵入路となった。

▲①**インダス川流域** ほぼ全域が乾燥地域であるが、豊水期になると上流の**パンジャーブ地方**では洪水がたびたび発生する。

▲②**ガンジス川流域** 肥沃な平原が広がり、稲・ジュート・小麦などが栽培されている。バラモン教や仏教が発展し、ヒンドゥー教徒にとっては聖なる川である。

インドをうるおすモンスーン
インド南西の沿岸地域や、ベンガル湾北部は、モンスーン（季節風）が雨をもたらし、湿潤な気候である。

▲③**デカン高原で綿花をつむ人々** 肥沃な黒色土が分布し、綿花や雑穀が栽培されている。海岸沿いの山脈でモンスーンがさえぎられるため降水量が少ない。

古代インドの変遷

インダス文明	**前2600ごろ〜前1900ごろ**
	モヘンジョ＝ダロ、ハラッパーなどの都市文明 青銅器、彩文土器、印章（インダス文字）
	アーリヤ人が中央アジアより侵入

ヴェーダ時代

前1500ごろ〜前600ごろ
前1500ごろ　アーリヤ人→パンジャーブ地方へ
『**ヴェーダ**』成立（最古は『**リグ＝ヴェーダ**』）
前1000ごろ　ガンジス川流域へ進出（第2次移動）
バラモン教と**ヴァルナ制**の発達

統一の気運（前7〜前4C）
小国の分立抗争（マガダ国・コーサラ国が強大化）
ウパニシャッド哲学（前7〜前4C）、**ジャイナ教**（前6C）
仏教（前5C）の成立

統一国家の時代

マウリヤ朝（前317ごろ〜前180ごろ）　都：**パータリプトラ**
創始：**チャンドラグプタ**
アショーカ王（位前268ごろ〜前232ごろ）全盛期
　全インド統一（南端は除く）、**ダルマ（法）**を統治の根本とする
　石柱碑、磨崖碑、第3回仏典結集、
　セイロン島（スリランカ）への布教

クシャーナ朝（1〜3C）
都：プルシャプラ
カニシカ王
（位128ごろ〜155ごろ）全盛期、
第4回仏典結集
大乗仏教の展開、
仏教美術の発展
　→**ガンダーラ美術**

サータヴァーハナ朝（前1〜後3C）
都：プラティシュターナ
ドラヴィダ系、中部インド
海上貿易で繁栄

ドラヴィダ系王朝の並立（南インド）
チョーラ朝（前3C〜後13C）
チェーラ朝（前3C〜？）
パーンディヤ朝（前3〜後14C）

グプタ朝（318ごろ〜550ごろ）　都：**パータリプトラ**
創始：**チャンドラグプタ1世**
チャンドラグプタ2世（位375ごろ〜414ごろ）全盛期
　東晋時代の僧**法顕**のインド訪問

古典文化の成熟
サンスクリット文学（カーリダーサ『シャクンタラー』、
二大叙事詩『マハーバーラタ』『ラーマーヤナ』完成）
数学（ゼロの概念や十進法）、医学、薬学
グプタ美術（アジャンター石窟寺院）
ヒンドゥー教の発展、『マヌ法典』が定着

ヴァルダナ朝（606〜7C 後半）　都：カナウジ
創始：**ハルシャ＝ヴァルダナ**（位606ごろ〜647ごろ）
北インドの統一、唐の僧**玄奘**のインド訪問（ナーランダー僧院で学ぶ）

❶ インダス文明

大浴場らしき施設（沐浴用？）　高官の住宅　世界遺産

◀④**モヘンジョ＝ダロ（モエンジョ＝ダーロ）の遺跡**
モヘンジョ＝ダロでは下水道や排水溝などの水利施設や穀物倉庫などが設けられ、整然とした計画都市であった。建材には焼きれんがを使用。

more **インダス文明と海の道**

インダス文明では海を越えて**メソポタミア**との交易も行い、アクセサリーなどを輸出していた。印章は交易の際の封印や持ち主の特定などに使用されたとみられる。

◀⑦**モヘンジョ＝ダロ出土の印章** 神聖視していた牛や一角獣などの動物や菩提樹と、未解読のインダス文字が彫られている。

▶⑧**メソポタミアの王墓で発掘された紅玉髄** 紅玉髄はインドの特産品だった。

◀⑤**排水溝のあと**

▶⑥**踊り子像** モヘンジョ＝ダロ出土。身につけた装飾品から、豊かな都市生活がしのばれる。

ポイントチェック （ ）内の正しい方に○をつけよう！
紀元前2500年ごろ、インダス川流域に現れたインダス文明の都市は、下水道や大浴場などの（水利施設・娯楽施設）が整備され、（無秩序に・計画的に）設計されたものであった。

古代インド② ──新しい思想の誕生と統一国家の変遷（へんせん）

時代の扉　仏教の開祖 ガウタマの一生をみてみよう！

※ブッダ…「悟りを開いた者」という意味。

生誕 0歳

シャカ族の王子**ガウタマ＝シッダールタ**誕生。富裕（ふゆう）な少年時代を過ごすが，人生の無常を感じていた。

出家 29歳

生・病・老・死の苦悩を解決しようと出家。

▶①苦行を行うガウタマ
断食（だんじき）・不眠などの過酷な苦行を6年行ったが，苦悩は解決できなかった。

苦行

ブッダが残したことば
「人は生まれによってバラモンになるのではなく，行動によってバラモンになるのである。」
→ヴァルナ制を否定

悟りを開く 35歳

正しい行い，正しい思いなど八つの正しい道を実践すればよいのだ。

ブッダガヤの菩提樹（ぼだいじゅ）の下で瞑想（めいそう）し，悟りに到達。

入滅（にゅうめつ） 80歳

インド各地に布教（えみん）したのち，80歳で永眠。

？クイズ
Try1 バラモン教では，祭式（さいしき）を行えるのはヴァルナ制のどの階層だろうか。
Try2 ブッダは，どの階層の人が救われると説いただろうか。
①バラモンのみ　②バラモンとクシャトリヤのみ
③生まれながらの階層は関係ない

more バラモン教
インドに進出したアーリヤ人が創始。特権階級のバラモンのみが祭式を伝授することができた。四つの階層（ヴァルナ）の身分制度を成立させていった。

▶②ヴァルナ制

		支配階級
バラモン	←司祭	
クシャトリヤ	←王侯（おうこう）武士	
ヴァイシャ	←庶民（一般部族民）	
シュードラ	←征服された民	

アーリヤ人 / 先住民

のちのカースト制の原型。

① ヴェーダ時代

カイバー峠
チベット高原
ボラーン峠
パンジャーブ
ハラッパー
モヘンジョ＝ダロ
マトゥラー
コーサラ
ドーラーヴィーラー
マガダ（ナンダ朝）
インダス川
デカン高原
ガンジス川
ベンガル湾
アラビア海
ヒマラヤ山脈

■前期ヴェーダ文化（前1500～前1000）
□後期ヴェーダ文化（前1000～前600）
→アーリヤ人の侵入
→ドラヴィダ系の移動
■現在のドラヴィダ系の分布

0 500km

※ 上図の海岸線は当時のもの。

② マウリヤ朝とクシャーナ朝・サータヴァーハナ朝

Ａ マウリヤ朝（前3C）
バクトリア王国
マラカンダ
バクトラ
サールナート
パータリプトラ
ヴァラナシ
ブッダガヤ
サーンチー
マウリヤ朝
カリンガ
アラビア海
ガンジス川
チョーラ
パーンディヤ
セイロン島

0 1000km

■アショーカ王時代のマウリヤ朝※
→アレクサンドロスの進路（前4C末）
■アショーカ王の石柱碑
・磨崖碑

王朝名ドラヴィダ系王朝

※ 直接統治のほか従属ないし友好の地域を含む。

Ｂ クシャーナ朝・サータヴァーハナ朝（2C中ごろ）
マラカンダ
バクトラ
ガンダーラ
プルシャプラ
パルティア
クシャーナ朝
マトゥラー
パータリプトラ
サーンチー
マガダ
アジャンター
プラティシュターナ
サータヴァーハナ朝（アーンドラ）
アラビア海
ベンガル湾
チェーラ
チョーラ
パーンディヤ

0 1000km

■カニシカ王時代のクシャーナ朝
■サータヴァーハナ朝の最大領域
・ローマ貨幣の出土地
─主要交易路

王朝名ドラヴィダ系王朝

③ジャイナ教
開祖**ヴァルダマーナ**は，仏教と同じくヴァルナ制を否定。不殺生（せっしょう）を徹底（てってい）し，小さな虫を吸いこんだり，踏み殺したりしないようにしている。

虫を吸わないための白布
虫を踏まないためのほうき

▶④アショーカ王の石柱碑（せきちゅうひ）　マウリヤ朝最盛期を誇ったアショーカ王は，ダルマ（法）にもとづく統治理念を徹底させるために，各地で詔勅（しょうちょく）を磨崖碑（まがいひ）や石柱碑に刻ませた。

ストゥーパ
門
世界遺産

▲⑤**サーンチーのストゥーパ**（仏塔）（ぶっとう）
ブッダの遺骨をおさめるための建造物。仏像登場前の信仰の対象となった。

▼⑥**クシャーナ朝のカニシカ王**　クシャーナ族はイラン系の遊牧民出身。カニシカ王は，ガンダーラ地方に仏像や寺院の造営を積極的に行い，**ガンダーラ美術**をさかんにした。

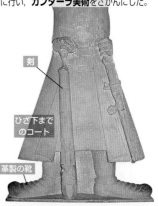

剣
ひざ下までのコート
革製の靴

more 各地へ広がった仏教

ガンダーラ仏　マトゥラー仏

- ウェーブする髪
- 口ひげがある
- 深いひだの服
- 薄い衣服
- らせん状の頭髪

ガンダーラ仏は，**クシャーナ朝**の交易によって流入したギリシア文化の影響を受けてつくられるようになった。マトゥラー仏は，**グプタ様式**とよばれる純インド風の容貌をしている。

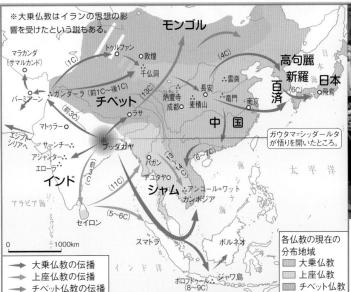

※大乗仏教はイランの思想の影響を受けたという説もある。

ガウタマ=シッダールタが悟りを開いたところ。

各仏教の現在の分布地域
- 大乗仏教
- 上座仏教
- チベット仏教

→ 大乗仏教の伝播
→ 上座仏教の伝播
→ チベット仏教の伝播

▲⑧**タイの托鉢僧**　タイでは国民の80%以上が上座仏教徒である。男性は一度は出家して僧院生活を経験する。

▲⑦**仏教の分裂と伝播**　ブッダの死から100年たつと，大きく**上座仏教**（修行によって個人の解脱をめざす）と**大乗仏教**（信仰をもとにすべての人間の救済をめざす）とに分かれ，アジアなど各地に広がった。

③ グプタ朝とヴァルダナ朝

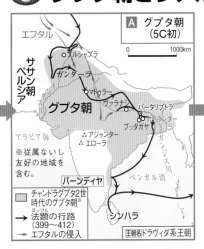

A グプタ朝（5C初）

※従属ないし友好的な地域を含む。

- チャンドラグプタ2世時代のグプタ朝※
- → 法顕の行路（399〜412）
- → エフタルの侵入

王朝名ドラヴィダ系王朝

B ヴァルダナ朝（7C前半）

- ハルシャ王時代のヴァルダナ朝
- → 玄奘の行路

王朝名ドラヴィダ系王朝

世界遺産

▲▶⑨**アジャンター石窟寺院と壁画**　川の断崖に掘られた寺院で，29の石窟からなる。グプタ美術の彫刻や壁画が多く残されている。グプタ美術は唐や日本の絵画にも影響を与えた。（→巻末折込）

④ ヒンドゥー教の確立

バラモン教と民間信仰が融合して生まれたヒンドゥー教は，グプタ朝以降インド宗教の主流となった。

◀⑩**シヴァ神**　ヒンドゥー教徒はシヴァ（破壊とその後の再生の神），ヴィシュヌ（世界維持の神），ブラフマー（創造の神）の三大神を中心に，多くの神を信仰している。

▲⑪**ガンジス川で沐浴する人々**（ヴァラナシ）　ヒンドゥー教では，聖なるガンジス川で沐浴することで身が浄められるとされる。

一方で…仏教の衰退

理由①：ヒンドゥー教の儀礼などが日常生活に密着していった。
理由②：商人からの経済的支援を失った。
理由③：熱烈なヒンドゥー信仰がおこり，排斥された。
理由④：仏教が高度な学問へと発展し，一般庶民の日常生活から離れた難解な思想となった。

ポイントチェック （　）内の正しい方に○をつけよう！

バラモン教の階層性を否定するブッダが創始した（ジャイナ教・仏教）は，しだいに世界各地に広がった。しかし7世紀ごろからバラモン教を土台とする多神教の（ユダヤ教・ヒンドゥー教）が信仰の中心となり，社会に根づいていった。

東南アジア

東南アジアの風土

ドンソン文化（前4～後1世紀）
青銅器・鉄器文化が発達。

タンルウィン川
チャオプラヤ川
メコン川
エーヤワディー川
アンダマン海
インドシナ半島
南シナ海
ルソン島
ドンソン
オケオ
現在の海岸線
ミンダナオ島
太平洋
交易の中心地。
ローマ金貨・漢鏡・
仏像・ヒンドゥー教
神像が出土。
セレベス海
モルッカ（マルク）諸島
マラッカ海峡
マレー半島
カリマンタン（ボルネオ）島
スマトラ島
0°
スラウェシ島
ジャワ海
アンボン島
17世紀末まで
ナツメグの唯一
の産地
インド洋
ジャワ島
バリ島
ティモール島
500km

■ 先史時代の
おもな遺跡
── おもな交易ルート
（1～10世紀）
＜香辛料の産地＞
● こしょう
● クローヴ（丁子）
● 香料・香木
● シナモン
（→ p.121）

モンスーンの向き
← 1月（乾季）
← 7月（雨季）

◀①**香辛料を選別する人々**
（インドネシア）　東南アジア
でとれる香辛料はヨーロッ
パで珍重され，原産地の数
百倍の価格で取り引きされ
ることもあった。この香辛
料への需要の高まりが**大航
海時代**の幕あけの一因にな
った。（→ p.64, 121）

東南アジア諸国家の興亡

＊マレー半島は大陸の一部だが地理的・
文化的に島嶼部の特徴をもつ。

影響西方からの	世紀	島嶼部			大陸部						中国
		ジャワ島	マレー半島＊マラッカ海峡周辺	ミャンマー（ビルマ）	タイ	ラオス	カンボジア	ベトナム南	ベトナム中	ベトナム北	
国家形成期	B.C.1 A.D.1	ヒンドゥー系／大乗仏教系王朝						ドンソン文化			後漢
	2	上座仏教系王朝									
	3	イスラーム系王朝						扶南	チャンパー（林邑）	中国の支配	魏晋南北朝
	4	儒教・仏教系王朝									
	5			ピュー（驃）							隋
技術・物資面でのインド化	6				ドヴァーラヴァティー（モン人）		カンボジア（真臘）				唐
宗教・文化面でのインド化	7		シャイレーンドラ朝								
	8		古マタラム国				陸真臘水真臘		（環王）		
	9		シュリーヴィジャヤ・ジャーヴァカ（三仏斉）								五代十国
農業国家の発展	10	クディリ朝					カンボジア（アンコール朝）				宋
	11								大越国李朝		南宋 金
	12			パガン朝				占城	大越国陳朝		元
大陸部の上座仏教化	13	シンガサリ朝			スコータイ朝						
	14	マジャパヒト朝				ランサン王国					明
島嶼部のイスラーム化	15		マラッカ王国		アユタヤ朝		（後アンコール朝）		黎朝	大越国	
東南アジアの大交易時代	16	マタラム王国	アチェ王国 ポルトガル領オランダ領 ジョホール王国	タウングー朝						広南朝	
植民地化の時代	17	バンテン王国			コンバウン朝	ラタナコーシン朝	ルアンプラバン王国など			黎朝 大越国	清
西欧の進出	18							タイソン（西山）朝			
独立	19	オランダ領	イギリス領					越南国阮朝 フランス領			
	20	（日本）			（侵略）						

① 東南アジアの宗教

▼②**現代の東南アジアの宗教分布**

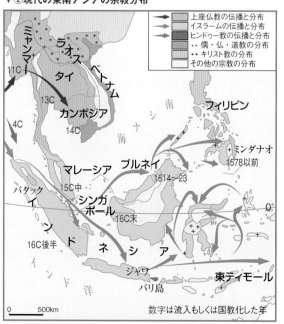

ミャンマー
ラオス
タイ
ベトナム
11C半
13C
4C
カンボジア
14C
フィリピン
南シナ海
ミンダナオ
1578以前
1514～23
マレーシア
ブルネイ
バダック
15C中
シンガポール
16C末
0°
インドネシア
16C後半
ジャワ
バリ島
東ティモール
0 500km
数字は流入もしくは国教化した年

→ 上座仏教の伝播と分布
→ イスラームの伝播と分布
→ ヒンドゥー教の伝播と分布
‥ 儒・仏・道教の分布
＋＋ キリスト教の分布
　 その他の宗教の分布

▶③**インドネシアのム
スリム**　島嶼部は15世
紀の**マラッカ王国**以降
イスラーム化が進ん
だ。インドネシアは現
在，世界で最もムスリ
ムが多い国である。

▶④**バリ島のヒ
ンドゥー教徒**
　ヒンドゥー教
は一時，東南ア
ジア各地に広ま
ったが，現在も
信徒が多数を占
めるのはバリ島
のみである。

▲⑤**タイのマクドナルド**　大
陸部ではパガン朝を起点に**上
座仏教**化した。そのため，タ
イでは現在国民の80%以上が
上座仏教徒であり，ファース
トフード店の像も合掌してい
る。

② 変遷 へんせん

4〜9世紀

唐
南詔国
ピュー（驃）
ドヴァーラヴァティー
カンボジア（真臘）
チャンパー（林邑・環王）
シュリーヴィジャヤ（室利仏逝）
カリマンタン島（ボルネオ）
ジャワ島
シャイレーンドラ朝

最大勢力範囲
チャンパー
シュリーヴィジャヤ

0　500km

→ シャイレーンドラ朝の遠征
---- 義浄の行路（671〜695）（→p.79）

10〜14世紀

宋→元　泉州
パガン朝　大理
大越国陳朝
スコータイ朝
チャンパー（占城）
カンボジア（アンコール朝）
ジャーヴァカ（三仏斉）
パレンバン
シンガサリ朝
シンガサリ
クディリ朝

最大勢力範囲
カンボジア
ジャーヴァカ
シンガサリ朝
クディリ朝

0　500km

---- マルコ＝ポーロの旅路
→ モンゴル軍の進路

15世紀

明　広州
大越国黎朝
アユタヤ朝
カンボジア
チャンパー（占城）
マニラ
マラッカ
ブルネイ
マジャパヒト朝
マジャパヒト
マラッカ王国（ムラカ）

最大勢力範囲
マジャパヒト朝
マラッカ王国

0　500km

— マラッカを中心とする交易ルート

16〜18世紀

明→清
タウングー朝　ペグー
大越国黎朝
マカオ 1557（ポ）
ゼーランディア城 1624（蘭）
アユタヤ朝　アユタヤ
広南朝
フィリピン
マニラ 1571（西）
アチェ王国
マラッカ 1641（蘭）
バタヴィア 1619（蘭）
ベンクーレン（英）
パレンバン
バンテン王国　バンテン
アンボイナ
マタラム王国
マカッサル

0　500km

中継基地
（ポ）ポルトガル
（蘭）オランダ
（西）スペイン

■日本町　■スペイン領　■オランダ領

◀⑥ボロブドゥールの大乗仏教遺跡（インドネシア）　8〜9世紀に仏教を奉じたシャイレーンドラ朝が建立。全体に504体の仏像を配置し，密教の宇宙観を表現している。

大ストゥーパ
円壇
小ストゥーパ
方壇

世界遺産

▲⑦円壇上の仏像　小ストゥーパの中に安置されている。

▼⑧アンコール＝ワット（カンボジア）　12世紀にアンコール朝がヒンドゥー教寺院として建立したが，16世紀に上座仏教寺院に転用された。現在はカンボジアの象徴として国旗にも描かれている。

世界遺産
中央祠堂（高さ65m）

▲⑨現在のカンボジア国旗

世界遺産

▲⑩アユタヤ遺跡（タイ）　**アユタヤ朝**は内陸部にも進出して**スコータイ朝**を滅ぼし，約400年続いた。米などの内陸部の産物を独占的に輸出して大いに発展し，近隣アジアだけでなく西欧諸国とも交流があった。山田長政が活躍したのはこの王朝の時代である。

世界遺産
熱帯植物のモチーフ

▲⑪フィリピンのキリスト教会　16世紀以降，ポルトガルやオランダ，スペインなどの西欧諸国が東南アジアに進出した。スペインが進出したフィリピンでは，北部を中心にキリスト教が広まった。

東南アジア

東アジア / 東南アジア / 西アジア / ヨーロッパ / アフリカ

海の道とは ユーラシア南辺およびアフリカ東部の沿岸都市を結び，文物を東西に運んだ交易路。古代のローマと南インドの季節風貿易に始まり，のちムスリム商人と，やや遅れて中国商人が主役となる。東から運ばれたアジア物産にちなんで「香料の道」，「陶磁の道」ともよばれた。（→p.8,14,20）

太平洋 / 日本海 / 黄海 / 東シナ海 / 南シナ海

黒海 / カスピ海 / アラル海 / 地中海 / 紅海 / アラビア海 / ベンガル湾

十三湊 / 開城 / 博多 / 杭州 / 明州 / 泉州 / 福州 / 広州

コンスタンティノープル
ぶどう酒
オリーブ油
アレクサンドリア
カイロ
レバノン杉 →p.42
バスラ
メッカ
サワーキン
乳香 乳香樹の樹液からできる香
アデン イエメン
象牙
マリンディ
モンバサ
ザンジバル

サマルカンド
銀・水銀
ヤクの毛皮
ナツメヤシ
ホルムス 15世紀には鄭和も訪れている
サファイア
こしょう
犀角 サイの角 中国の腰帯のかざりになった
宝石
マッコウクジラ（竜涎香の原料）
クーラム=マライ（クイロン）
セイロン
宝石
くじゃく

綿織物
ナディヤ
ペグー
アンコール 内陸の都市だが河川で海の道とつながっていた
沈香
象牙 アンコール
オケオ
ジャンク船
ヴィジャヤ
べっこう
スマトラ
パレンバン
こしょう →p.121
グティリ
ジャワ

ダウ船

▲③釘の形に似ているクローヴ（丁子）モルッカ諸島原産の香辛料。
クローヴ →p.121
モルッカ諸島（マルク）
ナツメグ →p.121

べっこう タイマイとよばれる亀の甲羅からつくられる
◀①乳香
▲②べっこうでつくられたくし

—— おもな海の道（11〜12世紀ごろ）

❶ 海の主役となった船

ダウ船

大きな三角帆

おもにムスリム商人が用い，季節風を利用するインド洋貿易で活躍した。（→p.14）

釘を使わない木造船だから，修復が簡単！

ジャンク船

蛇腹式で伸縮する帆

おもに中国商人が使用し，東・南シナ海貿易で活躍した。

内部にしきりがあるので，どこかが浸水しても大丈夫！

❷ 中国の陶磁器の西伝

陶磁の道

宋の時代に中国ですぐれた陶磁器がつくられるようになった。重い品でも遠隔地に運べる**ジャンク船**の登場も手伝って，東・南シナ海，インド洋を通って各地に輸出され，「陶磁の道」を形成していった。

▲④トプカプ宮殿（トルコ）の厨房 陶磁器が使われている。

▲⑤アラビア文字が書かれた明の陶磁器 元や明ではイスラーム世界へ輸出するための陶磁器も生産された。

more 海の道の発達により誕生した港市国家

▼⑥マラッカの港のようす（マレーシア）

密林の多い東南アジアでは陸上交通は発達せず，河川や海が道となったため，港町（港市）が繁栄した。そして外の地域との結びつきが強い港市が中心となって港市国家を形成し，地域の政治・軍事・交易の中心を担っていった。

おもな港市国家
シュリーヴィジャヤ，マラッカ王国，アチェ王国などもおもに東南アジアの沿岸都市に形成。
（→巻頭折込，p.63）

古代中国 —— 二つの大河にはぐくまれた農耕文明の誕生

東アジア世界の風土

▶③あわ

中華の地
黄河中下流域一帯の中原は、古くより高度に中国文化が発達した地域。

▲①高原部　北方のモンゴル高原から西に広がる草原地帯では、遊牧民が活躍し、その南方の乾燥地帯では、オアシスに都市が形成され、それらを結んでさまざまな文物が行きかった。

▼②中国の地方区分

秦嶺＝淮河線
南嶺線

山西・河北・黄河・山東・甘粛・陝西・関中・中原・河南・淮河・四川・湖北・江南・洞庭湖・湖南・長江・雲貴・広東・広西・福建・珠江

東西文化の接触地
渭水盆地は、天然の要害で東西交通路の要衝であり、中国文化がいち早く始まった地域の一つ。

▲④黄河流域　降水量が少なく寒冷。小麦や雑穀のあわ、きび、こうりゃんなどの畑作が行われてきた。近年は南米原産のとうもろこしも生産されている。

中国の南北分割線
淮河は、南の稲作地帯、北の畑作地帯との境界をなし、またこの川を境に交通手段も異なった（南船北馬）。

▼⑤長江流域　降水量が多く温暖。稲作が中心に行われる。また河川や湖沼も多いため、水路網が発達した。

♣ おもな古代遺跡

▶⑥稲

①黄河流域の文明

仰韶文化（ヤンシャオ）　前5000〜前3000年　黄河中流域
- 畑作と家畜の飼育（豚・鶏・犬）。
- 狩猟・漁労生活。
- 環濠をもつ小規模な集落を形成。
- 彩陶（薄手の素焼きの地に模様を描いた彩文土器）を使用。

竜山文化（ロンシャン）　前3000〜前1500年　黄河下流域
- 畑作と家畜の飼育（羊・牛・馬）。
- 城壁をもつ大規模な集落を形成。
- 黒陶（ろくろを使って高温で焼いた薄手の磨研土器）や灰陶（厚手の灰色土器）を使用。

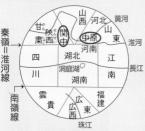

▶⑦彩陶

▶⑧黒陶　▲⑨灰陶

②長江流域の文明

▲⑩良渚遺跡より出土した石製の農具
前3300〜前2200年ごろ、長江下流域を中心に展開した良渚文化は、稲作中心の農耕を基盤とし、さまざまな農具を生み出した。

▶⑪三星堆遺跡より出土した青銅の像
中原での殷周交替期、長江上流の四川では、独特の青銅器文化が発達した。三星堆遺跡からは、青銅製の巨大でつり上がった目をした仮面や立人像、人頭像などが出土した。

more 中国の華夷思想

中国には、古くから自分たちを文化的に優越する存在（中華）とみなし、異なる文化をもつ周辺の人々を夷狄（東夷・西戎・南蛮・北狄）とよんで蔑視する意識があった。一方で夷狄とされた人々も漢字文化や礼を学べば中華に加わることもあり、中華の範囲は時代によって幅があった。

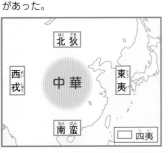
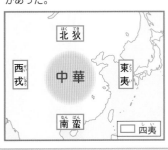

北狄
西戎　中華　東夷
南蛮
□四夷

▲⑫『三国志』魏書東夷伝倭人条　西晋時代にあらわされた中国の正史『三国志』では、倭（日本）は朝鮮半島の諸国とともに東夷伝に収録されており、当時の中国王朝の周辺への認識をうかがうことができる。

▶ ポイントチェック　　（　）内の正しい方に○をつけよう！

黄河と長江という、（南北・東西）の二大河川流域に形成された（農耕・交易）を基盤とする新石器時代の文化は、たがいに影響し合いつつ、中国文明の原型を形づくった。

66 殷・周 ——青銅器と文字に代表される初期王朝

動物の骨に刻まれたなぞの文字！

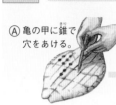

Ⓐ 亀の甲に錐で穴をあける。

Ⓑ 穴の部分を熱したあと，水で冷やし，亀裂を生じさせる。

Ⓒ 亀裂の状態によって吉凶を占う。

Ⓓ 判断の結果を，文字で刻み，朱を入れる。

？クイズ

Try1 写真①の赤い○で示した文字は，何の漢字を意味するだろうか。右の図から探し出そう。

Try2 骨に刻まれた文字で書かれた内容は何だったのだろうか。
①文字の練習跡 ②占いの記録 ③当時の辞書

Try3 この文字が誕生したのは，いつの時代だろうか。王朝の名を答えよう。

甲骨文字と漢字

魚　馬　歯　王　米　酒　車

▲①**甲骨文字** 1899年に殷墟で発見された。漢字は，この文字を原型として誕生した。

---

*近年，発見された二里頭遺跡が夏の王都とされている。

古代中国の変遷

新石器時代	前5000頃	青字：文化関連事項 仰韶(彩陶)文化(～前3000頃，黄河流域
	前3000頃	竜山(黒陶)文化(～前1500頃)
夏*	前1900	伝説上の王朝 黄河の治水
殷	前1600頃	殷王朝の成立 神権政治 殷墟(現 河南省安陽市) ○青銅器の使用 ○甲骨文字(卜辞)
西周	前11C	殷が滅び，周王朝が始まる(西周) 都—鎬京(～前770) ○周の封建制
	前771	犬戎の侵入
東周(春秋・戦国時代)(群雄割拠時代) 春秋時代	前770	洛邑に遷都→東周(～前256) →春秋時代(～前403)
	前651	斉の桓公，覇者となる
		春秋の五覇 斉の桓公 晋の文公 楚の荘王 呉の夫差 越の勾践
	前551頃	孔子が魯国に生まれる(～前479) ○諸子百家 学術思想の発達
戦国時代	前453	晋の分裂 →韓・魏・趙氏が三分し自立
	前403	韓・魏・趙が諸侯となる →戦国時代(～前221)
		戦国の七雄 斉・楚・秦・燕・韓・魏・趙
		○このころ，鉄製農具・牛耕農法始まる
	前221	秦が戦国諸国の統一を実現

---

① 殷・周時代の変化

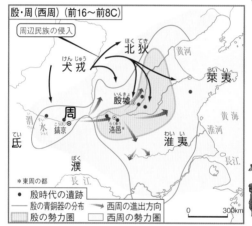

殷・周(西周)(前16～前8C)

周辺民族の侵入　北狄　犬戎　黄河　殷墟　莱夷　渭水　鎬京　洛邑　淮夷　氐　濮　長江　黄海

*東周の都

凡例：
● 殷時代の遺跡
― 殷の青銅器の分布
□ 殷の勢力圏
→ 西周の進出方向
□ 西周の勢力圏

0　300km

▲④**殷の王墓** 殷墟から発見された地下深く掘られた王墓。死後の王の生活に必要な生活用品や馬車・武器，従者が王とともに埋められた。

殉死者　侍女　王の愛犬　出陣用の旗　敵の首　酒　王　敵の首　番犬　殉死者　出陣用のかぶと　太鼓　王の愛犬　衛士

---

more 王の権威の象徴 青銅器

青銅器はいまはこのような色であるが，つくられたときは光輝いていた。当時，青銅は貴重品であり，王をはじめとする支配階級が独占し，おもに祭祀用として使用され，彼らの墓の副葬品ともなった。一般人が使用していた農工具は，まだ石器であった。

▼②**殷の青銅器**〈根津美術館蔵〉

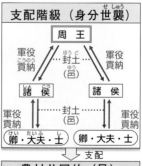

▲③**周の青銅器**

▼⑤**周の封建社会のしくみ**

支配階級（身分世襲）

周王
↓軍役貢納 ↑封土(邑)
諸侯 ― 封土(邑) ― 諸侯
↓軍役貢納 ↑封土(邑)
卿・大夫・士　卿・大夫・士
↓支配
農村共同体（邑）

封建制
共通の先祖をもつ諸侯に封土を与えて支配を認めるかわりに軍役を負担させて国家の秩序を維持

ポイントチェック （　）内の正しい方に○をつけよう！

甲骨文字の発見により（殷・周）王朝の存在が確認された。国王は甲骨の亀裂から神意を読みとり，吉凶を判断し政治を行った。殷を滅ぼした周は（封建制・民主制）により国を治めた。

春秋・戦国 ──諸侯の自立と競争がもたらした大変動期

この時代までなかった便利なものとは？

長さ18cm

長さ
約2cm

▲①蟻鼻銭(楚)　▲②刀銭(斉・燕・趙)

クイズ ?

▼③布銭(韓・魏・趙)
(犂の形を模している)

長さ
約5cm

直径
約4cm

▲④円銭(環銭)
(周・秦・趙・魏)

①～④はすべて青銅製

Try1 写真②と③は、それぞれ何の形をまねてつくられたものだろうか。　①刀と農具　②かぎと着物　③人と動物

Try2 写真①～④は、この時代におきた農業の大変革を背景に登場してきた。これらは、現在でも使われているある"もの"である。それはいったい何だろうか。
①ペーパーウェイト　②お金　③食器

ヒント　右のコラム「農業技術の大発明」も参考にしよう。

more 農業技術の大発明

牛に犂をひかせる**牛耕農法**や**鉄製農具**の発明は、農作業における技術革新につながり、農業生産力が飛躍的に高まった。こうした農業の発展は、生産物の余剰を生み、それを売買するために**商業活動**が活発化した。

▼⑤牛耕農法(牛犂耕)

〈後漢代に表された画像石〉

① 春秋・戦国時代の変化

春秋(前8〜前5C)

林胡　山戎
燕　黄河
赤狄　白狄
犬戎　晋　斉　黄海
西戎　衛　魯
秦　周　宋　陳　淮夷
洛邑　鄭
蔡　呉
長江　楚
蜀　百濮　会稽山　越

春秋時代の
諸侯の領域

春秋五覇※

犬戎 夷狄(→p.65)

※呉・越を除いて
宋・秦をあげる
こともある

戦国(前5〜前3C)

匈奴
九原
燕
晋陽　趙
羌　邯鄲　斉
魏　衛　臨淄
咸陽　大梁　魯
秦　周　宋　薛
雍　函谷関　韓　新鄭　商丘
蜀　楚
巴　会稽
呉
長沙　閩
百越

■ 戦国の七雄
○ 各国の首都
╥ おもな長城

500km

▼⑥春秋・戦国時代の社会

② 諸子百家

*儒教の経典、五経のひとつ。
ほかに『易経』『書経』『詩経』『礼記』がある。

学派	人物	おもな内容	代表的書物
儒家	孔子	[仁]と[礼]とによる国家・社会の秩序をめざした	『論語』『春秋』
	孟子	人の本質を善とした[性善説]、王道政治を説いた	『孟子』
	荀子	人の本質を悪とした[性悪説]、[礼]による教化を説いた	『荀子』
道家	老子	人に害を及ぼさない生き方[無為自然]を主張	『老子』
	荘子	自然と調和し、自由に生きることを理想とした	『荘子』
法家	商鞅	秦で法による厳格な統治[法治主義]を実践	
	韓非	法家の思想を一つに体系化した	『韓非子』
墨家	墨子	無差別・平等の愛[兼愛]、侵略戦争を否定[非攻]	『墨子』
陰陽家	鄒衍	宇宙と社会の関係を陰陽五行説としてまとめた	
兵家	孫子	戦乱期に戦略・戦術および国家経営を論じた	『孫子』
	呉子	孫子と並び称される兵法家	『呉子』
縦横家	蘇秦	秦と対抗する6国が連合する政策(合従策)	『戦国策』
	張儀	6国それぞれが秦と同盟を結ぶ政策(連衡策)	
名家	公孫竜	名称と実体の関係を追求する論理学を説いた	『公孫竜子』
農家	許行	君主も民も平等に農耕すべきとする平等説を主張	

…は、こんな人

仁と礼を重んじた 孔子(前551ごろ〜前479)

春秋後期の魯国に生まれた。魯に伝わる周の儀式の礼や音楽の勉強に励み、その知識を買われて魯国の役人となったが、55歳の時に失脚。その後、長い亡命生活を送り、儒家集団が形成された。彼の言動は弟子によって『論語』にまとめられた。

▶⑦孔子廟(曲阜)

世界遺産

ポイントチェック

（　）内の正しい方に○をつけよう！

春秋・戦国時代は、（鉄・銅）製農具や牛耕の広まりにより生産力が高まり、商業も発達して（青銅貨幣・紙幣）が登場した。諸侯は競って有能な人材を求め、（諸子百家・戦国の七雄）とよばれる多くの思想家や学派が生まれた。

秦 ——中国最初の統一王朝の誕生

時代の扉 世界遺産

地下に眠る本物そっくりの大軍団!

▲①兵馬俑坑 1974年,始皇帝陵の東方約1.5kmで,近くの農民が井戸を掘っているときに,偶然発見した。俑の平均身長は約180cmで,その数は約8000体に及ぶ。

クイズ

Try1 これらの人形を見て,その特徴として適切なほうを選ぼう。
実物大で(ある・ない)　顔立ちがみな(同じ・違う)

Try2 これらの人形たちは,誰がつくらせたものだろうか。

Try3 彼にこうした大事業を行えるほどの絶大な権力があったのは,何をなしとげた人物であったからだろうか。
①戦国諸国を統一した　②秦を建国した

(→巻頭Ⅱ)

① 秦の統一

○ 秦のおもな郡
→ 秦の外征方向

東胡　匈奴　扶余
月氏
万里の長城　遼東
前215 蒙恬の匈奴遠征
羌
太原　臨淄　黄海
雁門　邯鄲　琅邪
咸陽　三川
函谷関　渭水
隴西(ロンシ)　藍田　武関
氐　漢中(ハンチュウ)
酒水　淮河
前209〜前208 陳勝・呉広の乱
蜀郡
巴郡　南郡(郢)　九江　会稽
長沙　会稽山
南越　閩中
南海
桂林(コイリン)
象郡

秦成立のころの領土
秦王 政(始皇帝)即位時の領土(前247)
統一時の領土(前221)
秦の最大領域(前214)

0　500km

▲②秦の統一 戦国諸国を統一した始皇帝は,中央から地方に役人を派遣して直接統治をする郡県制をしいた。

…は、こんな人

中国最初の皇帝となった
始皇帝(位 前221〜前210)

名は政。前247年に秦王となり,たくみな外交政策とぬきんでた経済・軍事力で東方の6国を滅ぼし,前221年に中国で初めての統一国家を築いた。「王」の上の君主として「皇帝」と称した。彼は,死後も生前と同じ生活を送るため,地下宮殿をもつ始皇帝陵を造営し家臣の代わりに陶器の人形を配した。

② 始皇帝の統一政策

貨幣の統一

標準貨幣として,真ん中に方形の孔をあけた半両銭(銅銭)を鋳造。

▶③半両銭
〈直径約3.5cm〉

文字の統一

各国独自の書体を李斯がつくった秦の小篆(篆書)に統一。

小篆　馬　例 馬
秦　楚　燕　斉　韓・魏・趙

度量衡の統一

度(長さ)・量(容積)・衡(重さ)を統一。権ははかりの分銅,量は升。

◀④銅権(分銅)

▲⑤銅量(升)

思想・言論の統制

▶⑥焚書・坑儒
法家の法治主義を徹底させるため,医薬・農業・占いなどの実用書以外の書物を焼き(焚書),政治を批判した一部の学者(儒者)などを生き埋めにした(坑儒)。

焚書　坑儒

more 始皇帝の土木事業と苦しむ人民

匈奴討伐を課題とする**始皇帝**は,戦国諸国が築いた北辺の**長城**を修築して防衛線を建設した(万里の長城→p.88)。だが,毎年数十万の人力がこうした長城の修築や始皇帝陵の造営などの大規模な土木事業に投入されたため,民衆の秦への不満は増大し,前209年,ついに農民反乱が起きた。(陳勝・呉広の乱)

▼⑦秦代の長城

当時の長城は,騎馬が越えられない高さに土をつき固めた簡単なつくりであった。

ポイントチェック　( )内の正しい方に○をつけよう!

前221年に戦国諸国を統一した秦王の政は(皇帝・国王)を名のった。かれは,(郡県制・郡国制)の実施や統一政策を進めて中央集権国家を確立するとともに,絶大な権力で長城の修築や始皇帝陵などの大規模な土木事業を行った。その結果,秦は(永く続いた・すぐに滅びた)。

漢①（前漢）──秦を教訓にした大王朝の誕生

時代の扉 北方からやってきた'匈奴'との死闘！

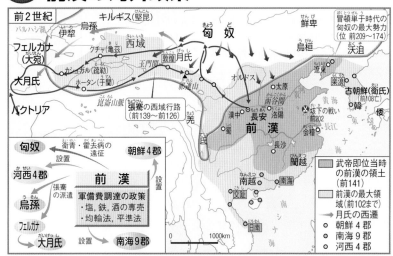

▼②戟

漢の兵が逃げる匈奴兵を，戟という武器で後から落馬させている

匈奴 漢

〈杉原たく哉『中華図像遊覧』大修館書店〉

…は、こんな人
匈奴の王 冒頓単于
（位 前209〜前174）

前3世紀，匈奴は冒頓単于のもとで急速に勢力を拡大し，命令に絶対服従の軍団を整えて，前200年には漢の劉邦を攻めて大勝し，全盛期を築いた。

▶①胡漢交戦図 漢軍と匈奴との戦いを表した図。漢代は匈奴との長期にわたる戦争が行われた。

クイズ

Try1 図①で山にひそむ匈奴兵（右端）が持っている武器は何だろうか。
①弓矢 ②剣 ③鉄砲

Try2 漢が騎馬にすぐれた匈奴兵に対抗するために使用した武器は何だろうか。
①服や体に引っかける棒
②石を投げつける投石機

Try3 漢が匈奴に対して優勢となったのはどの皇帝のときだろうか。
①劉邦 ②武帝 ③王莽

…は、こんな人
漢の全盛期を築いた 武帝
（位 前141〜前87）

第7代皇帝。国内では国制を整備して**中央集権**を進め，漢の全盛期を築いた。充実した国力を背景に積極的に対外政策を行い，**匈奴**を倒して**西域**との交易を活発化させるとともに，ベトナム北部や朝鮮にも漢の支配を広げた。

秦・漢の変遷

	国内の主要事項	対外関係
秦	**始皇帝** 位前221〜210	
	紀元前221 戦国諸国を統一　都:咸陽	215 蒙恬が匈奴を討伐
	郡県制を全国で実施	→長城の修築を開始
	213〜212 焚書・坑儒（丞相李斯の建言）	
	209 陳勝・呉広の乱（〜208）	
	206 秦が滅亡	
	劉邦（高祖） 位前202〜前195	
	202 垓下の戦い（項羽を破る）	200 匈奴の冒頓単于に敗北
	→前漢成立 都:長安	
	○郡国制を実施（封建制と郡県制の併用）	
	154 呉楚七国の乱→諸侯王の反乱を鎮圧	
前漢	**武帝** 位前141〜前87	
	○中央集権制が確立（郡県制に移行）	139 張騫を大月氏に派遣
	136 儒学を官学とする（董仲舒の献策）	129 衛青を匈奴討伐に派遣
	134 郷挙里選を実施	121 霍去病を匈奴討伐に派遣
	○塩・鉄・酒の専売制	→河西4郡設置
	111 五銖銭（銅銭）鋳造	111 南越を滅ぼす
	○均輸法・平準法を実施	→南海9郡設置
	90頃 司馬遷が『史記』（紀伝体）を完成	108 古朝鮮（衛氏）を滅ぼす
		→朝鮮4郡設置
	7 限田法を発布←大土地所有者の反発で実施されず	54 匈奴が東西に分裂
		33 王昭君が東匈奴の呼韓邪単于に嫁ぐ
新	**王莽** 位8〜23	
	後8 前漢滅亡→王莽が新を建国 都:長安（周の社会を理想とした復古主義を強行→農民・豪族が不満）	○匈奴討伐に失敗
	18 赤眉の乱（農民反乱 〜27）	
後漢	**光武帝（劉秀）** 位25〜57	
	25 後漢建国　都:洛陽	57 倭（日本）の奴国王に「漢委奴国王印」を授ける
	166 党錮の禁（166・169）→官僚が宦官に敗北	97 西域都護の班超が甘英を
	184 黄巾の乱→張角が指導した農民反乱	大秦（ローマ帝国）に派遣
	208 赤壁の戦い→天下三分の形勢が決まる	107 倭王帥升，生口（奴隷）を献上
	220 後漢が滅亡→魏が成立	166 大秦王安敦の使者が日南に到着

❶ 漢の統治体制

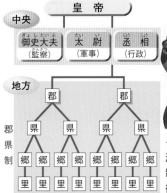

皇帝

中央　御史大夫（監察）　太尉（軍事）　丞相（行政）

地方　郡　郡

郡県制　県　県　県　県

郷　郷　郷　郷　郷　郷　郷　郷

里　里　里　里　里　里　里　里

◀③漢の統治体制 漢は，秦が急激な改革のために滅んだ教訓から，一族を諸侯に封じる封建制と郡県制を併用する**郡国制**をとった。だが，**呉楚七国の乱**後，**郡県制**を強化し中央集権をはかった（左図）。

❷ 前漢の対外政策

前2世紀

キルギス（堅昆）　烏孫　鮮卑　烏桓　沃沮
パルハシ湖　伊犂　西域　匈奴
フェルガナ（大宛）　クチャ（亀茲）　敦煌月氏　オルドス　太原　遼東　襄平
カンジガル（疏勒）　玉門関　楼蘭　漢中　洛陽　古朝鮮（衛氏）（前108亡）　韓　倭
大月氏　ホータン（于闐）　崑崙山脈　張騫の西域行路（前139〜前126）　羌　長安　前漢　垓下の戦い前202　会稽　江
バクトリア　南越　南海　閩越　長沙

匈奴　衛青・霍去病の遠征　朝鮮4郡　設置
河西4郡　張騫の派遣　**前漢**　軍備費調達の政策・塩，鉄，酒の専売・均輸法，平準法
烏孫　フェルガナ　大月氏　設置　南海9郡

凡例：武帝即位当時の前漢の領土（前141）／前漢の最大領域（前102まで）／月氏の西遷→／朝鮮4郡○／南海9郡○／河西4郡○

0　1000km

ポイントチェック

（　）内の正しい方に○をつけよう！

建国当初（匈奴・スキタイ）の圧迫に苦しんだ漢は，（武帝・劉邦）のころには，中央集権が確立し，対外的にも（消極・積極）策をとって勢力を西域まで拡大させた。

東アジア

時代の扉 高い塔をそなえた邸宅に住む人々

…は、こんな人

漢を復興した **光武帝**（位25〜57）

豪族化していた漢王室の劉氏一族の出身。彼は，豪族の支援のもとに新を滅ぼして漢を再興したため，豪族の抑制に熱心でなかった。力をつけた豪族は，やがて政治に対して直接的な影響力をもつようになった。

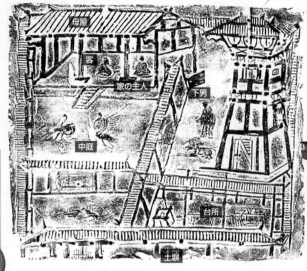

Try1 右の邸宅のようすを見てみよう。その特徴として当てはまるものを，下から3つ選ぼう。
①使用人がいる ②竪穴式の住居である
③塀に囲まれている ④見張り台がある
⑤かやぶきの屋根である

Try2 このような邸宅に住んでいたのは，どのような立場の人々であっただろうか。
①豪族 ②農民 ③皇帝

クイズ

▲①高い楼閣 豊かな富を誇示するとともに，それをねらう盗賊に備えるため，各層には武装した兵士が待機し四方を見張っていた。

❶ 漢代の社会の変化

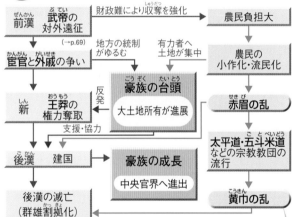

▲②台頭する豪族 豪族は没落した農民を小作人や奴隷として支配下におさめて大土地所有を進め，富をたくわえていった。さらに，私兵を養い，地方の有力者として台頭した。

▲③黄巾の乱 新興宗教である**太平道**を創始した張角は，生活苦に迫られた農民を中心に数十万人の信者を得て，184年，蜂起した。彼らは張角にならって黄色の布を頭につけたので**黄巾の乱**とよばれる。

more 宦官

去勢された男子で，その数は多いときで1万人以上いたといわれる。もともとは後宮の使用人であったが，皇帝やその家族の日常生活の世話も担当したため，側近として政治の実権を握ることも多かった。

▲④清末の宦官

❷ 後漢の対外政策

ポイントチェック （　）内の正しい方に○をつけよう！

前漢滅亡後，（武帝・光武帝）が後漢を建国し，西域の経営にも力をいれた。だが，皇帝の力は弱く，各地に（豪族・貴族）が割拠して国内は混乱し，2世紀に太平道を中心とした（黄巾・紅巾）の乱が起きて，後漢は滅んだ。

漢字はいったい何に書く？

秦代 → 漢代以降

▼②ⓧのつくり方

① 樹皮を水にひたす

② 繊維を煮つめる

③ つく

④ すく

⑤ かわかしてさらす

◀①竹簡　漢代までの記録は，竹や木の札（竹簡・木簡），絹布などに書かれていた。

..は、こんな人

紙を実用化した 蔡倫 （？～2C初）

紙は前漢以前に発明されていたが，後漢の宦官であった蔡倫は，製紙法を改良し，樹皮・麻・ぼろぎれ・漁網などを原料として，軽くてかさばらない紙をつくり出した。

（切手の博物館蔵）
中国人民郵政 4

Try1 写真①に書かれた文字は何か。
　①ローマ字　②漢字　③ひらがな

Try2 漢代になると，写真①にかわってⓧが文字を書く材料として広まったが，これはいったい何だろうか。ヒント　図②のつくり方を見てみよう。

Try3 ⓧの広まりは，どのような変化をもたらしたか。
　①文書を運びやすくなったため，漢字が周辺諸国へ広まった。
　②破れやすいため，漢字が衰退した。

クイズ

❶ 上流階層の裕福な暮らし

▲③金縷玉衣　王侯や貴族の喪服で，足先から頭まで玉片2498枚を金の糸でつないだもの。高度な玉工技術と貴族の生活の豊かさを示している。

◀④楽人の木俑（副葬品）
漢代には貴族など上流階級の生活は豊かになった。宴会では楽人による楽器演奏や舞などが娯楽として行われた。

❷ 漢代の文化～中国古典文化の形成

特色	①古典文化の形成　②儒家思想の成長
儒学	前漢の武帝時代に官学化，董仲舒の献策，五経博士設置
訓詁学	経書の字句の解釈が目的，後漢の馬融・鄭玄らが集大成
仏教伝来	紀元後1世紀中ごろ
宗教　太平道	後漢末，張角が創始した宗教結社 184年黄巾の乱の中心に
五斗米道	後漢末，張陵が創始した宗教。祈禱による病気治療，不老長寿を説き，謝礼に米五斗（日本の約5升）を受け取ったのでこの名がある。太平道とともに道教の一源流
史書　『史記』	司馬遷の著，太古から武帝にいたる歴史を紀伝体であらわす
『漢書』	班固（班超の兄）の著，前漢・新の歴史を紀伝体であらわす。中国正史の模範
科学　製紙法	後漢の宦官蔡倫が改良。竹簡・木簡にかわり徐々に広まる（→p.73）
その他　『説文解字』	後漢の許慎が編集。漢字9353字を解説した中国最古の字書。辞書の祖

甲骨文	一	林	昜
金文（周代）	二	羽	昜
小篆（秦代）	下	衣	陽
隷書（秦代～）	下	交	陽
楷書（～漢代末）	下	友	陽

▲⑤漢字の変遷　中国では，甲骨文字（→p.66）から漢字が発達したが，秦の統一（→p.68）によって全国規模の文書行政が必要になると漢字がそれを支えた。また，紙の製法の発明により漢字は周辺諸国へと広まった。

..は、こんな人

不屈の歴史家 司馬遷 （前145＊？～前86＊＊？）

前漢の歴史家。史官の家に生まれた。前99年，匈奴の捕虜となった李陵を弁護したために，武帝の怒りをかい宮刑（去勢の刑）に処せられた。出獄後，執筆に専念し，『史記』を書き上げた。

◀⑥『史記』
＊前135年という説もある。
＊＊前87年という説もある。

『史記』全130巻の構成
「本紀」12巻…皇帝の年代記（五帝・始皇帝・劉邦など）
「表」10巻…系図・年表
「書」8巻…儀礼・制度・音楽など
「世家」30巻…名家の家系の記録
「列伝」70巻…著名な臣下の伝記（政治家・軍人など）

ポイントチェック

（ ）内の正しい方に○をつけよう！

漢の支配のもとでの〔紙の製法・印刷術〕の発明，漢字の発達，儒学の経典や司馬遷の〔史記・漢書〕など史書の成立は，東アジア世界共通の文化の源流となった。

東アジア / 西アジア

東西交渉の歴史

西　方	西　域（中央アジア）	中　国（東方）
前7世紀 南ロシアに**スキタイ**が遊牧国家を形成	前200 匈奴の冒頓単于，劉邦に大勝し，来貢を受ける	前215 始皇帝，蒙恬を匈奴討伐に派遣する
前6世紀 **アケメネス朝**ペルシア，王の道を整備する	草原の道を介して騎馬遊牧文化が展開	
前334 **アレクサンドロス東方（ペルシア）遠征**（〜323）	前176ごろ 匈奴，月氏を滅ぼし**西域を支配** 張騫が絹の道（シルク=ロード）のオアシスの道を踏破	前139 武帝，張騫を大月氏に派遣する 前121ごろ 前漢，匈奴を追い河西四郡設置
	中国の絹がパルティア（安息）を通じてローマにもたらされる	前104 李広利の大宛（フェルガナ）遠征
97 **班超**の部下甘英，**大秦（ローマ）**に派遣される（実際はパルティア（安息），シリア（条支）に）	91 班超，**西域都護**となる 西域50余国服属	1世紀 **仏教**，中国に伝わる 73 班超，西域に派遣される
2〜3世紀 シリアの隊商都市パルミラ繁栄（ゼノビア女王 位267〜272）	○ガンダーラ美術が発達する 310 西域クチャ（亀茲）僧の**仏図澄（ブドチンガ）**渡来	洛陽で仏教を広める
	366 敦煌莫高窟の造営が始まる	460 雲崗石窟の造営が始まる
ソグド人，サマルカンドを中心に交易で活躍		494 竜門石窟の造営が始まる
	629 **玄奘**のインド旅行（〜645）『**大唐西域記**』仏典の翻訳	694ごろ 中国に**マニ（摩尼）教**伝わる ○三夷教の流行→**摩尼教，祆教（ゾロアスター教），景教（ネストリウス派キリスト教）**
後に**バグダード**に製紙工場がつくられる	751 タラス河畔の戦いにより**製紙法**が西方に伝わる	781 大秦景教流行中国碑の建設
	9世紀 トルコ系ウイグル人，オアシス国家支配（トルキスタンの成立）	
1096 **十字軍**の開始		
1271 **マルコ=ポーロ**の東方旅行（〜95）→『**世界の記述**』	13世紀初 **チンギス=ハン（カン）の西征**	1275 元の大都に到着

紀元前 ↑ / 紀元後 ↓

草原の道とオアシスの道は，西方に運ばれる中国産の生糸や絹が代表的な商品であったことから「**絹の道（シルク=ロード）**」とよばれる。

サルケル / 黒海 / コンスタンティノープル / オリーヴ / 地中海 / アレッポ / パルミラ / アレクサンドリア / バグダード / レバノン杉 建築材・土木用材・船の材料 / メディナ / 紅海 / アラビア半島 / メッカ / 乳香 乳香樹 樹液からできる

遊牧民とオアシス民の共生関係

遊牧民		**オアシス民**
・羊・ヤギ・牛・馬・ラクダなどを飼育 ・衣・食・住を原則として家畜に依存 →毛織物と皮製の乗馬服，フェルト製のテント（ユルト，ゲル，パオなど） ・騎馬隊→強力な軍事組織	毛皮・肉・乳製品 隊商の警備（交易の保護）→ ←穀物・生活用品	・灌漑施設をもち，定住農耕（カナート，カレーズなどの地下水路） →小麦・うり・ぶどう・なつめやし・豆 ・商業の拠点 →市場（バザール）や隊商宿（キャラバンサライ）をもつ

① 騎馬遊牧民の誕生

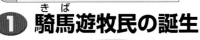

鞍 背につけ，人が乗りやすくする

轡 馬の口にくわえさせ，馬を制御する

more 馬具の発明と騎馬遊牧民

牧草地を移動して羊などの家畜を放牧する遊牧民は，鞍や轡，手綱などの馬具の発明により騎馬の技術を身につけると，**騎馬遊牧民**となった。彼らは，その機動力を生かして軍事力を高め，中央ユーラシアに強力な遊牧国家をつくった。遊牧国家は**スキタイ**と**匈奴**によって確立された。

手綱 轡にとりつけ，馬をあやつる

鐙 騎乗時に足を乗せ，体の安定を保つ

▲①**スキタイの黄金製のくし** ロシア南部のステップを馬に乗って駆けめぐったスキタイ人の戦士が，5頭の獅子の上にかたどられている。スキタイ人は，黒海北岸に強大な遊牧国家をつくり，周辺の勢力に脅威を与えた。

◀②**遊牧民の暮らし** 遊牧民は，春から秋にかけてほぼ一定のルートを遊牧し，冬営地で冬ごもりして家畜の繁殖に備える。

◀③**製紙法の伝播**　製紙法（→ p.71）は，751年のタラス河畔の戦いで，捕虜となった唐の紙すき職人がサマルカンドへ送られ，中国からイスラーム世界へ伝わったといわれている。

——— おもな陸の交通路（8世紀ごろ）

② オアシス都市と交易

▶⑤**カシュガルのバザール**　オアシス都市では，定期的にバザール（市）が開かれ，オアシスの農耕民と遊牧民や隊商（キャラバン）が交流して必要な物資や情報を交換した。

▲④**オアシス都市**（トゥルファン）　砂漠に点在する水場に発展したオアシスは，農耕が営まれる場であり，東西交易の中継地としても重要な役割を果たしていた。なかでもソグド人の商業活動は活発であった。（→巻頭折込，p.12）

◀⑥**隊商**（キャラバン）　ラクダは乾燥に強くて人に従順なため，乾燥地域での長距離の物資の運搬に最適であった。そのため，ユーラシアの乾燥地域では，商人たちはラクダに荷を積み，隊列を組んで移動しながら交易を行った。（→ p.94）

魏晋南北朝 ——中国の大分裂時代

時代の扉 神と称えられる三国志の英雄

▲①関帝廟（神戸）　赤い顔と長いひげ、赤兎馬＊がトレードマークの関羽は赤壁の戦いで軍功を立てたが、のち魏と呉のはさみ撃ちによって無念の死をとげた。関羽の魂を鎮めるため、各地に廟が建立された。軍神・財神としてまつられ、現在でも広く信仰を集めている。※『三国志演義』で関羽などが乗った愛馬の名。一日に千里を走るといわれた。

【赤壁の戦い（208）】
208年、劉備と孫権は、中国統一をめざす曹操を、長江の赤壁で破り、ここにその後の魏・呉・蜀の三国による天下三分の形勢が決定的となった。

▶②三国志に登場する英雄たち　『三国志演義』では、曹操・孫権・劉備をはじめ、「天下三分の計」を説く蜀の軍師 諸葛亮や、勇将 関羽や張飛らの活躍ぶりが描かれている。

クイズ

Try1　写真①にまつられている図②のⒶは誰だろうか。

Try2　この人物が君主として仕えていたのは誰だろうか。
①曹操　②孫権　③劉備

Try3　これらの人物たちが活躍した中国の時代は、何時代だろうか。
①三国時代　②五胡十六国時代　③南北朝時代

曹操　劉備　孫権　張飛　諸葛亮

© 長野剛（初出／歴史トレーディングカードゲーム『三国志 赤壁大戦』パッケージイラスト　開発：コーエー／販売：やのまん）

❶ 魏晋南北朝の変遷

Ａ 三国時代（3世紀前半）

⊙ 三国の国都
✕ おもな戦場

Ｂ 五胡十六国時代（4〜5世紀前半）

五胡の建てた国
鮮卑国 → 羌
匈奴 → 氐
羯　□ 漢族の国家

Ｃ 南北朝時代（5世紀後半）

太武帝時代の北魏
500年ごろまでの北魏の征服地

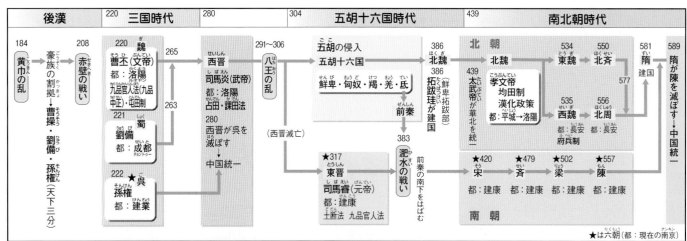

② 南北朝の生活と文化

A 北朝〜質実剛健な仏教文化

▼③鮮卑の漢化　鮮卑が建てた北魏では，5世紀後半，均田制や洛陽遷都を行い，鮮卑語を禁止して服装・姓名を中国風に改めた。〈イラスト提供　朝日新聞社〉

	鮮卑風 ▶	中国風
袖（そで）		
帯		
靴（くつ）		

◀▲④雲崗（ウンカン）の石窟寺院と石仏　仏像には肩を露出するなどガンダーラ様式やグプタ様式がみられ（→ p.61），西方の影響が強い（→ p.51）。

石窟寺院

世界遺産

◀▲⑤竜門（りゅうもん）の石窟寺院と石仏　仏像はなで肩で首も長く，貴族的な服装をし，西方の影響が消えて中国風となっている。造営は唐代に最もさかんになった。

▼⑥魏晋南北朝の文化

		北　朝	南　朝
特徴		遊牧民文化の混入	漢族の文化・貴族文化
芸術・学問		『傷寒論』（じょうかんろん）（西晋）…医学書	詩…陶淵明（とうえんめい）（陶潜）（東晋）『帰去来辞』・謝霊運（しゃれいうん）（宋）
		『三国志』（さんごくし）（西晋）…歴史書	詩文…昭明太子（しょうめいたいし）（梁）『文選』（もんぜん）を編纂（四六駢儷体（しろくべんれいたい））
		『水経注』（すいけいちゅう）（北魏）…地理書	書…王羲之（おうぎし）（東晋）「蘭亭序」（らんていじょ）
		『斉民要術』（せいみんようじゅつ）（北魏）…農業技術書	絵画…顧愷之（こがいし）（東晋）「女史箴図」（じょししんず）
宗教	仏教	特色：国家仏教	特色：貴族仏教
		渡来僧　仏図澄（ブドチンガ）…仏寺を建立 鳩摩羅什（クマラジーヴァ）…仏典漢訳	渡印僧　法顕（ほっけん）（東晋）…『仏国記』陸路で渡印，海路で帰国
		石窟寺院　敦煌莫高窟（とんこうばっこうくつ）（→ p.10）・雲崗（うんこう）（平城（へいじょう））・竜門（りゅうもん）（洛陽（らくよう））	
	道教	寇謙之（こうけんし）（北魏）…道教教団確立（→ p.58）	清談の流行…竹林の七賢
		→北魏の太武帝（たいぶてい）が保護	神仙思想・老荘思想

B 南朝〜優雅な貴族文化

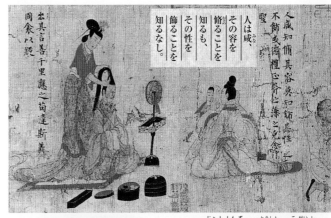

▲⑦「女史箴図」（じょししんず）　東晋の顧愷之（こがいし）が，西晋の張華がつくった宮廷女官心得マニュアル『女史の箴』を絵にしたものといわれる。ごく細の筆線で東晋時代の女性像を表している。

◀⑧王羲之の書「蘭亭序」（らんていじょ）　東晋の書家で楷書・行書・草書の三書体を初めて芸術的に完成させ，「書聖」（しょせい）といわれた。

▲⑨竹林の七賢（ちくりんのしちけん）　竹林の七賢とよばれる阮籍（げんせき）・嵇康（けいこう）ら7人は，豪族たちの権力争いから離れ，山中や竹林で酒を飲み，音楽を愛し，議論を楽しんだといわれている。

〈伝狩野元信　東京国立博物館蔵〉

…は、こんな人

田園詩人　陶淵明（とうえんめい）（陶潜（とうせん））
（365〜427）

　家は貧しく，生活のため地方官となったこともあったが，41歳で官職を辞し，俗事をきらって農村で隠遁生活を過ごした。彼の詩は，人間の本質的な自由をうたう老荘文学であり，自然生活を描いた『帰去来辞』や『飲酒』などが有名である。

ポイントチェック　　　（　）内の正しい方に○をつけよう！

　後漢の滅亡後，魏・呉・蜀の（三国・南北朝）時代が始まり，中国は長い分裂時代を迎えた。（華北・江南）では北方遊牧民（五胡）の王朝が割拠し，（華北・江南）では短命な漢族の王朝が続いたが，それぞれにおいて新たな制度・文化が生み出された。

東アジア

日出づる処の天子の使者, 隋に来たる！

隋

蛮夷の書，
もって，無礼なる者あり。復た，聞するなかれ。
(蛮夷の国書に無礼なものがあれば，今後は報告するなよ。)

…は，こんな人

隋を滅亡へ導いた 煬帝
(位 604 ～ 618)

隋の第2代皇帝。大運河建設や対外遠征を積極的に行ったが，3度の高句麗遠征の失敗は人民の大きな負担となり，各地に農民反乱を招いて，その混乱のなか，部下に殺された。

西突厥 583～657
東突厥 583～744
使節派遣
高句麗 ～668
敦煌 張掖 武威
吐谷渾
タングート(党項)
大興城(長安)
黄河
洛陽
平壌 新羅
百済
江都(揚州)
余杭(杭州)
隋
南蛮
番禺夷
交趾
南海
瀧求
林邑

文帝(在位581～604)が統一した地域
煬帝(在位604～618)が征服した地域
→ 煬帝の高句麗遠征路
運河→⑥

600～614 遣隋使のルート

▲①隋の中国統一と対外関係

*厩戸王

日出づる処の天子、書を日没する処の天子に致す。
①送る
②おかわりありませんか

▲②遣隋使の派遣 聖徳太子*は隋へ使節を派遣し，進んだ政治制度や文化を取り入れ，隋との対等な国交をめざした。

クイズ

Try1 倭の国書にある「日没する処の天子」は，どこの国のだれのことだろうか。

Try2 倭の国書を見た隋の煬帝が抱いた感情は，次のうちどちらだろうか。
①無礼だと怒りをおぼえた
②労をねぎらい，感謝した

Try3 煬帝は最終的に不問に付したが，それは倭がどの国と結びつくのを恐れたからだろうか。
ヒント 煬帝の対外遠征から考えよう。

隋・唐の変遷

青字：対外関係事項

文帝(楊堅) 位581～604
隋
581 隋を建国 都：大興城(長安)
589 陳を滅ぼして中国統一
○ 均田制・租庸調制・府兵制・科挙制を実施

煬帝(楊広) 位604～618
○ 大運河完成
607 倭, 小野妹子らを隋に派遣(遣隋使)
612 3度の高句麗遠征失敗(～614)

高祖(李淵) 位618～626
618 唐を建国 都：長安

太宗(李世民) 位626～649
唐
○ 律令国家体制を確立，均田制・租庸調制・府兵制を整備
○「貞観の治」
629 玄奘のインド旅行(～645)(→p.12)
630 倭, 遣唐使を派遣(～894)

高宗 位649～683 妻：則天武后
○ 唐の最大領土を現出
○ 羈縻政策・都護府・冊封関係を整備

690 則天武后即位, 国号を周とする
710 中宗の皇后の韋后が中宗を毒殺 「武韋の禍」

玄宗 位712～756 妻：楊貴妃(→p.78)
713 「開元の治」(～741)
722 募兵制実施→749 府兵制廃止
751 タラス河畔の戦い
755 安史の乱(～763)←ウイグルの力を借りて鎮圧

○ 節度使の強大化(藩鎮の台頭)

徳宗 位779～805
780 両税法を実施…宰相の楊炎建議

875 黄巣の乱(～884)→農民反乱

907 朱全忠が唐を滅ぼす→五代十国が始まる

---

① 大運河の建設と高句麗遠征

▶③運河を巡行する煬帝 煬帝は，江南から，高句麗遠征の前線基地や都へ物資を輸送するため，南北をつなぐ全長約1500 kmに及ぶ大運河を建設した。数百万の農民が過酷な建設作業に従事させられ，国内の不満を高める一因となった。

舟曳きの歌
わが兄征けり、遼東・高句麗へ
飢えて死にけり青山に
今のわたしは龍舟挽いて
またも困しむ隋防道
《海山記》(小宮進訳)

龍舟

◀④人民の苦悩
▶⑤今も残る大運河
▼⑥大運河の建設

高句麗遠征の前線基地
涿郡(北京) 運河
広通渠 584年
永済渠 608年
通済渠 605年
大興城(長安) 洛陽
汴州
山陽瀆(587)
江都(揚州)
淮河
江南河(610)
余杭(杭州)
世界遺産
500km

ポイントチェック
( )内の正しい方に○をつけよう！

北朝からおこった隋は，中国を約400年ぶりに統一したが，2代目煬帝による(大運河・長城)建設や(高句麗・匈奴)遠征は，人民を苦しめ，隋は(40・15)年足らずで滅んだ。

隋・唐② ──隋のあとをついだ世界帝国 唐の誕生

時代の扉 唐の宮廷を訪れる外国の使節

▼①唐の長安を訪れる外国の使節の一行

サンゴ
Ⓐ　Ⓑ　Ⓒ
使者

…は、こんな人

唐の礎を築いた
太宗(李世民)(位626〜649)

唐の第2代皇帝。積極的に対外遠征を行い、東突厥や西域諸国を属属させた。また、**律令格式**を定めるなど唐の支配制度を整備し、「**貞観の治**」とよばれる政治的安定期をもたらした。

クイズ

Try1 図①で外国の使節の一行が持っているⒶ〜Ⓒは、以下のどれだろうか。
　①象牙　②香木
　③孔雀の羽

Try2 使節はあちこちからやって来たが、上の絵の人々は、持ち物から考えて南方と北方のどちらからやって来たのだろうか。　ヒント　世界全図 p.14〜15も参考にしよう。

Try3 これらの品物は、何のためのものだろうか。　①唐の皇帝への貢ぎ物　②使者が使用する日常品　ヒント　当時、唐はどのような外交をしていただろう。

① 律令にもとづく統治体制

```
　　　　　　皇帝
　　　　　　　│　　　　　　州県制　　　地方
中央　　　　三省
　　┌────┼────┐
中書省　門下省　尚書省　御史台（官吏の監察）
(詔勅の立案)(詔勅の審議)(詔勅の実施)
　　　　　　　│
　　　　　　六部
```

律令格式
律…刑罰規定
令…行政法規
格…補足改正規則
式…律令の施行細則

( )は内容

六部					
吏部	戸部	礼部	兵部	刑部	工部
(人事)	(財政)	(文教)	(軍事)	(司法)	(土木)

道─州─県

◀②均田制
(唐の1畝=約5.5a、日本の1段=約11.9a)

国	男女の年齢関係	穀物栽培地		桑樹果樹栽培地	
北魏	丁男(15〜69歳)	露田	40畝	桑田	20畝
	丁妻(15〜69歳)		20畝		──
*隋	丁男(18〜59歳)	露田	80畝	永業田	20畝
	丁妻(18〜59歳)		40畝		──
唐	丁男(21〜59歳)	口分田	80畝	永業田	20畝
	中男(16〜20歳)		80畝		20畝
日本	男子(6歳〜終身)	口分田	2段		
	女子(6歳〜終身)		男子の⅔		

*隋の煬帝の時に、妻への給田はなくなった。

…は、こんな人

ほんとうに悪女!?
則天武后(位690〜705)

高宗の皇后。690年、政権を奪って国号を**周**とした。科挙出身の官僚を登用して新興勢力の政治参加への道を開き、則天文字を制定するなど大胆な改革を行った。

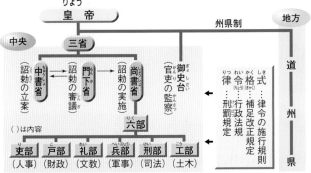

② 唐を中心とする東アジアの国際秩序

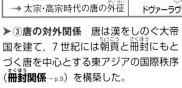

```
0    1000km
アラル海　　バルハシ湖　　　　　　　　　東突厥 583〜630
　　　　　　　　　　　　　　　　　　　　　　682〜744
　　　　　　北庭　安北1　　　　　　　　　755 安史の乱
西突厥　　　　　　　　安西3　　ウイグル　キタイ
ソグディアナ　タラス　　安西4　　　　　　単于　　安東2
タシケント　クチャ　沙州　安北2
サマルカンド　カシュガル　敦煌　甘州　　　　　　安東1
　　　　　　ホータン　タングート(党項)
アッバース朝　　カシミール　　　吐蕃　　長安　洛陽　新羅
　　　　　　　　　　　　　　　　　　　成都　唐　白村江
　　　　　　　　　　　ラサ　　　　　　　　　杭州　日本
ヴァルダナ朝　　　　　　　　　　　　　桂州　　泉州
　　　　　南詔　　　　　　　　　　　　安南　広州　流求
ピュー(驃)　　　　　　　　　　　交州
　　　　　　　　　　　　　　　　　　　630〜838
　　　　　ドヴァーラヴァティー　チャンパー(林邑)　遣唐使のルート(→p.15)
```

■ 高祖(在位618〜626)が統一したころの唐
□ 唐の最大領域(683)
■ 六都護府の位置
→ 太宗・高宗時代の唐の外征

▶③唐の対外関係　唐は漢をしのぐ大帝国を建て、7世紀には朝貢と冊封にもとづく唐を中心とする東アジアの国際秩序(**冊封関係**→p.9)を構築した。

● **冊封国**…唐に使者を派遣して、朝貢。官爵を授けられ、唐と君臣関係を結ぶ
● **朝貢国**…唐に使者を派遣して、朝貢による交易のみを行う
● **姻戚関係**をもった国

```
ウイグル　突厥　渤海　新羅(シルラ)
吐蕃　　唐の皇帝　　日本
　　　　中華思想
　　　　国際的文化
南詔　カンボジア(真臘)　シュリーヴィジャヤ　チャンパー
```

ポイントチェック ( )内の正しい方に○をつけよう!

唐は、(秦・隋)の制度を受けつぎ、(冊封・律令)にもとづく支配体制を確立し、7世紀には(冊封・律令)関係を軸とする東アジアの国際秩序を完成させた。

隋・唐③ ——繁栄する唐としのびよる滅亡の影

東アジア

時代の扉

繁栄を謳歌する唐の都 長安

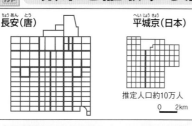

▲①長安城と日本の平城京

長安(唐)　平城京(日本)

推定人口約10万人

0　2km

† 景教寺院(ネストリウス派キリスト教)
卍 仏教寺院
祆 祆教寺院(ゾロアスター教)
◎ 道教寺院

▼②**長安城** 南北8.7km, 東西9.7km, 周囲を高さ約5mの城壁が囲む。城壁内には約100万の人々が住み, 東西交易の中心として国際的な都市となった。

▶③**大雁塔** 652年, **玄奘**が天竺(インド)から持ち帰った仏典を保管するために建てられた。創建当初は5層。帰国後, 玄奘は, ここで経典の翻訳を続けた。(→p.12)

世界遺産　高さ64m

城壁の高さ約5m
開遠門　大秦寺　城壁の高さ10m以上　大明宮
小雁塔　興慶宮
西市　諸宮庁　太極殿
朱雀門
明徳門　東市　北
青龍寺
大雁塔　興慶宮
芙蓉園

▶⑤**大秦景教流行中国碑** 781年, 大秦寺に建立され, **ネストリウス派キリスト教(景教)**が流行していたことを記す記念碑。(→p.57)

◀④**唐代のソグド人俑** 開遠門は, 西域へ向かう交通路に直接通じていたので, 西市では交易に従事していたイラン系のソグド商人らが, 異国の物産を中心に商業を活発に行い, 西市周辺には多くのソグド人が定住した。(→p.12)

Try1 長安城の面積は, 日本の奈良の平城京の何倍あるだろうか。
①約2倍　②約4倍　③約8倍　ヒント 平城京:約20km²

Try2 唐代に中国に伝わり, 長安で流行した外来宗教を2つ選ぼう。
①ユダヤ教　②ゾロアスター教　③仏教　④キリスト教
⑤ヒンドゥー教　ヒント p.79⑦「唐代の文化」も参考に

Try3 これらの宗教の流行は, どの地域出身の人々が来ていたことを示しているだろうか。　①西アジア　②インド　③日本

?クイズ

① 律令体制の崩壊と唐の滅亡

```
国内 ── 律令体制 ── 国外

支配の原則:
均田制    租庸調制    府兵制        羈縻政策(間接統治)
                                    周辺の独立化
大土地所有の進行  税制の原則変更  徴兵制の崩壊   節度使(710〜)
            農民没落
原則の変化:
荘園制    両税法(780)  募兵制(722)   安史の乱(755〜763)
    黄巣の乱(875〜884)  節度使の強大化(藩鎮)
            唐の滅亡(907)
```

▲⑥唐末の社会変動　▼⑦唐の税制の変化

税制	租庸調制	両税法
対象	個人に本籍地で課す	戸別に現住地で課す
課税時期	秋1回	夏と秋の2回
課税方法	・個人にひとしく現物で税を課す	・各戸の資産と所有する土地の広さに応じて税を課す
課税内容	租:あわ2石(約120L) 庸:年間20日の労役 調:絹布または麻布 雑徭:地方官庁への労役	戸税:資産額に応じて貨幣で徴収 地税:耕地面積に応じて穀物で徴収

…は、こんな人

傾国の美女 楊貴妃 (719〜756)

「**開元の治**」とよばれる繁栄の時代をもたらした**玄宗**は, 楊貴妃との出会いにより, 晩年は政治にあきて楊貴妃との生活におぼれた。楊貴妃の一族と節度使の**安禄山**との政権争いから, ついに**安史の乱**を招き, 乱の原因を楊貴妃にありとする兵士たちの要求に屈した玄宗は, 泣く泣く殺害を命じた。

世界遺産

▲⑧玄宗が楊貴妃と過ごした華清池

玄宗　楊貴妃

▲⑨楊貴妃と玄宗

✎ポイントチェック

(　)内の正しい方に○をつけよう!

8世紀, 唐は最盛期を迎え, 都の(長安・洛陽)は人口100万の国際都市となった。しかし, (安史・黄巣)の乱を境に律令にもとづく国家体制はくずれ, 唐は衰退した。

隋・唐代の生活と文化 ──国際色豊かで開放的な時代

東アジア

時代の扉 流行を追い求めた女性たち

大流行した胡俗

隋唐時代は外国との交流がさかんで、とくに、胡服・胡食・馬球(騎馬競技)といった西方のイラン系の風俗(胡俗)が流行した。

◀①馬球を楽しむ貴族　胡服を着て馬に乗り、スティックで球をゴールに入れることを競った。

▶②着かざった唐の宮廷女官たち

(永泰公主墓壁画)

Try1 図②のⒶとⒷは、唐代の女性の間で流行した2大ファッションである。それぞれのファッションの特徴を下から3つずつ選ぼう。

①たけの長いロングスカート　②革製のベルトと帽子　③つま先の高いサンダル
④胸元が大きく開いた上着　⑤袖が狭く、丸首襟や折り返し襟の上着　⑥革製の靴

Try2 ⒶとⒷのうち、胡服とよばれた外来の服装は、どちらだろうか。
　　ヒント　図①の競技者やp.78④「唐代のソグド人俑」の服装と見比べてみよう!

Try3 彼女たちの服装は当時のどんな気風を伝えているだろうか。
　　①閉鎖的で質素　②国際的で優雅

1 力強さと優雅さが融合した国際的文化

A 詩文～唐詩で活躍した詩仙と詩聖

◀③李白(701～762)
詩仙。つねに自由と情熱を求めて放浪し、大自然や酒を自由奔放にうたい、「絶句」に秀作を残した。

◀④杜甫(712～770)
詩聖。「律詩」を完成させたとされる。「春望」は安史の乱後の捕虜生活をうたったもの。

「少年行」
五陵の年少 金市の東
銀鞍 白馬 春風を度る
落花踏み尽して 何処にか遊ぶ
笑って入る 胡姫の酒肆の中に

「春望」
国破れて山河在り
城春にして草木深し
時に感じては 花にも涙を濺ぎ
別れを恨みては 鳥にも心を驚かす
烽火三月に連なり
家書万金に抵る…

B 書道～力強い書風

▲⑤顔真卿の書　盛唐の書家として知られ、従来の上品な書風に対し、力強い書風を確立した。安史の乱では義勇軍をひきいて奮闘し、すぐれた軍人でもあった。

C 工芸～唐三彩

▼⑥唐三彩　三色の釉薬のかかった陶器で、多くは貴人の墓に埋められる副葬品であった。西域から来たラクダや胡人など、異国情緒豊かな題材が好まれた。

▼⑦唐代の文化

特色		● 貴族的文化…北朝の力強い文化と南朝の優雅な文化が融合 ● 国際的文化…西方の異文化の流入
文芸	詩文	● 唐詩がさかん…李白(詩仙)・杜甫(詩聖)・王維・白居易『長恨歌』 ● 古文(漢代の文体)の復興…韓愈・柳宗元(四六駢儷体を批判)
	書画	欧陽詢・褚遂良・顔真卿(楷書に秀でる)
	画	閻立本…人物画　呉道玄…山水画
宗教	仏教	● 宮廷・貴族の保護で隆盛 ● 天台宗・浄土宗・禅宗など宗派が成立 ● 渡印僧…玄奘 陸路『大唐西域記』　義浄 海路『南海寄帰内法伝』
	外来宗教	外来宗教が流入 …三夷教 祆教…ゾロアスター教(631年 長安に祆教寺院建立) 摩尼教…マニ教(則天武后時代に伝来し、ウイグル人が信仰) 景教…ネストリウス派キリスト教(781年 大秦景教流行中国碑建立) 回教*…イスラーム(広州・泉州などの海港都市に居住するアラブ人が信仰) *回教というよび方は後世のもの
	道教	歴代皇帝の保護により発展
思想	儒学	諸解釈(訓詁学)を整理しようとする動き　孔穎達『五経正義』
その他		【工芸】唐三彩…緑・褐色・白などの彩色をした陶器

…は、こんな人　立身出世を果たした日本の留学生

阿倍仲麻呂(698～770)

717年、留学生として遣唐使(→p.15)に加わり唐に渡った。苦学の末、科挙に合格して玄宗の側近となり、玄宗は彼に朝衡という名を授けた。人望も厚く、李白などの詩人ともまじわりをもった。753年、帰国しようとしたが果たせず、唐で一生を終えた。

ポイントチェック　( )内の正しい方に○をつけよう!

隋唐時代は、西方の(イラン・インド)系文化が流行し、六朝文化とも融合しつつ(国際的・伝統的)で(貴族・庶民)趣味的な文化が花開いた。また、(唐詩・叙事詩)はこの時代を代表する文芸となった。

時代の扉　エリートをめざせ！熾烈な受験戦争

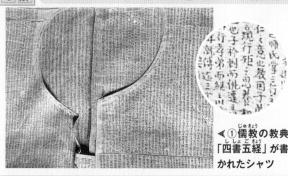

◀①儒教の教典「四書五経」が書かれたシャツ

Ⓐ

受験生

進士（官僚）

↑合格

殿試

皇帝による面接

↑合格

省試

都（礼部）での中央試験

↑合格

州試（解試）

各州での地方試験（3年に1度）

試験科目

・四書五経の暗記（62万字）（→p.67, 83）
・作詩，作文など

Try1 写真①は受験生の持ち物であるが，何のためのものだろうか。
①合格祈願のお守り　②カンニング用の下着

Try2 受験生は何をめざして科挙試験を受けたのだろうか。
①官僚になる　②大学に入る　③軍隊に入る

Try3 図③で受験生を面接している人物Ⓐは誰だろうか。①将軍　②皇帝　③宰相

？クイズ

▲②科挙のしくみ　受験生はすずりや墨，筆などの文房具のほか，ふとんや食料品，土鍋などももち込み，二泊三日で試験にのぞんだ。

▲③科挙の最終試験（殿試）のようす

五代・宋と北方民族の変遷

	国内	北方民族	
五代十国	907　節度使の朱全忠が唐を滅ぼし，後梁を建国	916　キタイ（契丹）人の耶律阿保機が皇帝位を宣言（キタイ帝国）	遼（キタイ帝国）
	五代十国（～979）が始まる→武断政治　後梁→後唐→後晋→後漢→後周	926　キタイ人が渤海を滅ぼす	
		936　後晋がキタイ人に燕雲十六州を割譲（後晋建国の援助への代償）	
	趙匡胤（太祖）位960～976　君主独裁制を強化　文治主義・殿試を実施　960　後周の武将趙匡胤が宋（北宋）を建国　都：開封（汴州より改称）	947　キタイ，国号を遼に改称	
北宋	太宗　位976～997　979　北漢を滅ぼす→中国を再統一		
	1004　澶淵の盟　北宋（真宗）を兄，遼（聖宗）を弟とする	1038　李元昊（タングート人）が西夏を建国	西夏
	1044　慶暦の和約　北宋（仁宗）を君，西夏（景帝・李元昊）を臣とする		
	神宗　位1067～85　1069　王安石，新法開始　76　王安石が宰相を辞任→新法党と旧法党が対立	1115　阿骨打（女真人の完顔部出身）が金を建国	金
	徽宗　位1100～25　新法採用	25　金が遼を滅ぼす	
	1126　靖康の変（～27）　金が皇帝欽宗・上皇徽宗を連れ去る		
	1127　北宋滅亡		
南宋	高宗　位1127～62　1127　南宋を建国　都：臨安（杭州）→主戦論（岳飛）・和平論（秦檜）の対立	1132　耶律大石，カラ＝キタイ（西遼）を建国	
	1142　紹興の和約　淮河（淮水）を国境とし，金を君，南宋を臣とする		
		1214　金，汴京（開封）に遷都	
	1276　元軍が臨安を占領，南宋滅亡	27　モンゴル，西夏を滅ぼす	
	79　崖山の戦い，南宋の残存勢力滅亡	34　モンゴル，金を滅ぼす	モンゴル

① 宋の建国と文官による統治体制

▶④五代十国の興亡

907年，唐が節度使の朱全忠によって滅びたのち，華北では5王朝が交代し，華中・華南では10余りの国が分立・興亡した。

五代十国

遼（キタイ帝国）　燕雲十六州　高麗　日本　タングート（党項）　北漢　晋陽　洛陽　923～936後唐の首都　汴州（開封）　後蜀　荊南　後周　揚州　五代の興亡中心地　後梁 907～923　後晋 936～946　後漢 947～950　後周 951～960　前蜀　成都　江陵　金陵　杭州　呉越　潭州　楚　南唐　福州　閩　大理　南漢　広州　大越

☐五代十国の範囲　国名十国のうち950年以前に滅んだ国

…は，こんな人

皇帝に権力を集中させた　趙匡胤（太祖）（位960～976）

後周の武将であった趙匡胤は，960年に宋を建国した。彼は，武人の勝手なふるまいを防ぐため，文官（科挙官僚）を重視し，文治主義の統治体制を確立して皇帝の権力を強くした。

▼⑤宋の統治体制

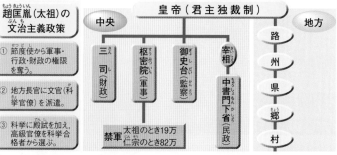

趙匡胤（太祖）の文治主義政策

① 節度使から軍事・行政・財政の権限を奪う。

② 地方長官に文官（科挙官僚）を派遣。

③ 科挙に殿試を加え，高級官僚を科挙合格者から選ぶ。

皇帝（君主独裁制）

中央　三司（財政）　枢密院（軍事）　御史台（監察）　宰相　中書門下省　禁軍　太祖のとき19万　仁宗のとき82万　民政

地方　路　州　県　郷　村

✏ ポイントチェック　　（　）内の正しい方に○をつけよう！

（五代十国・五胡十六国）の分裂時代を終わらせた宋は，（科挙・徴兵）制度をととのえて武人優位の風潮を改め，皇帝を頂点とする文官による統治を確立した。

宋② ──北方民族の台頭と苦悩する宋

時代の扉　エリート達が必死に磨いた才能とは？

▲①士大夫　科挙に合格した官僚を士大夫という。

（香炉／士大夫／紙／すずり）

➤②太湖石

…は、こんな人

国防を忘れた風流天子

徽宗（位1100〜25）

詩文や書画にすぐれ，珍奇な岩石を愛でるなど風流を好んだ皇帝であったが，遼や金など北方の諸民族に脅かされ，国内は混乱した。1126年，金は開封を攻撃し，徽宗は金の捕虜となり，北宋は滅亡した（**靖康の変**）。（→巻頭Ⅲ）

Try1 図①の士大夫は，何をしているところだろうか。
①書をたしなんでいる　②食事をしている

Try2 当時，彼らに求められた才能は何だったのだろうか。
①文人にふさわしい教養　②武人にふさわしい戦闘力

Try3 Try2の才能を重視する政策の弊害とは何だろうか？
①軍事力が低下する　②新しい法をつくれない

（クイズ）

1 宋をおびやかす北方の諸民族の自立 （→ p.19）

A 遼の台頭と北宋

（モンゴル／遼の興起地／遼（キタイ帝国）916〜1125／上京臨潢府／生女真／熟女真／ナイマン／カラホト（黒水城）／西夏1038〜1227／中京大定府／東京遼陽府／西京大同府／南京析津府／沙州／粛州／興慶／太原／北京大名府／高麗コリア／ウイグル／澶州／黄河／西京河南府／南京応天府／日本／チベット／東京開封府（開封）／成都／揚州／杭州／明州／宋（北宋）960〜1127／福州／泉州／1004 澶淵の盟／パガン朝／大理／大越／広州／流求／太平洋／南シナ海）

凡例：○遼の五京　／／／燕雲十六州　●宋の四京

1000km

文治主義

新法党（改革派）　対立　旧法党（保守派）

改革反対
↓
王安石
宰相を辞任

改革失敗

▲④王安石　　▲⑤司馬光

文治主義

国内	対外
官僚が増大	地方軍事力が弱体化
給与の増大・多額の恩賞などで支出が増大	遼・西夏の侵入
	軍事費や遼・西夏への歳幣などで支出が増大

↓
国家財政が窮乏
↓
王安石の新法（富国強兵策）

▲③文治主義の矛盾

王安石の新法改革	富国策	均輸法*	大商人の中間搾取を廃し，価格の安定と物資の円滑な流通をはかる。
		青苗法*	貧農救済策（資金や種子を低利で貸し付け）。
		市易法*	小商人保護（低利で資金を貸し付け）。
		募役法*	農民の役務負担を軽減し，農民の没落を防止。
	強兵策	保甲法	兵農一致策（農閑期に軍事訓練）。
		保馬法	軍馬確保（希望者に軍馬の飼育と使役を許す）。

赤字* 司馬光らから強く反発を受けた政策

B 金の台頭と南宋

（モンゴル／タタル／金の興起地／ナイマン／オングト／耶律大石（遼）の西遷／会寧府（上京）／カラ＝キタイ（西遼）／沙州（敦煌）／カラホト（黒水城）／大同（西京）／大定（北京）／中都大興府（燕京）／西夏／興慶／金1115〜1234／汴京（開封）／高麗／黄河／成都／大散関／1142 紹興の和約 国境（淮河〜大散関）／チベット／臨安（杭州）／明州／温州／南宋1127〜1276／日本／靖康の変1126〜27／大理／泉州／広州／パガン朝／大越／太平洋／崖山／1000km）

→南宋岳飛の北伐路

…は、こんな人

徹底抗戦か？それとも和平か？

秦檜（1090〜1155）と
岳飛（1103〜41）

秦檜は，金の内情に通じ，金と屈辱的な講和を結んだ。これに反対した主戦派の岳飛は，弾圧されて獄死したが，岳飛はその後，救国の英雄としてまつられた。逆に，秦檜は，死後に売国奴とされ，今でも岳飛の墓前にはひざまずく秦檜夫妻の像が置かれている。

（岳飛／秦檜／秦檜の妻）

ポイントチェック　（　）内の正しい方に○をつけよう！

科挙に合格した（文人・武人）を重用し，（文人・武人）をいやしむ風潮は軍事力の低下を招き，宋は遼や金など新興の（北方・南方）諸国から圧迫を受け続けた。

宋代の生活と文化 ──活発化する経済活動と庶民が担う文化

時代の扉 活気に満ちた宋の都 開封（カイフォン）！

❶ 商工業の発達と豊かになる庶民生活

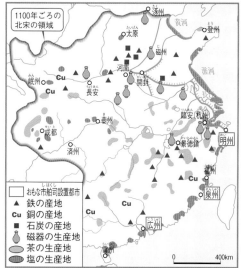

▲②宋代の産業

1100年ごろの北宋の領域

- □ おもな市舶司設置都市
- ▲ 鉄の産地
- Cu 銅の産地
- ■ 石炭の産地
- 磁器の生産地
- 茶の生産地
- 塩の生産地

0　　　400km

陶磁器の生産

宋代には釉薬技術が進化し，多くの窯が生まれて名品が生産され，海外へも輸出された。江西省の**景徳鎮**（チントーチェン）は，分業制によって**白磁**や**青白磁**が大量生産され，一般にも普及して窯業の一大中心となった。

▲⑤青白磁
〈東京国立博物館蔵〉

▲⑥茶を売る商人

喫茶の流行

喫茶の風習は唐代におこり，宋代になると大衆化して毎日の生活に欠かせない必需品となった。また，重要な輸出品にもなり，周辺諸国に伝わった。

貨幣と紙幣

商業の発達に伴い，貨幣経済も発達し，銅銭が大量に流通したほか，高額取り引きのため，手形から発生した北宋の**交子**・南宋の**会子**という紙幣も登場した。

◀③銅銭（淳化元宝）
銅銭は，中央の孔にひもを通し，100〜1000枚単位で用いられた。（→p.21）
〈直径約2.5cm〉

▼④北宋の交子
〈16cm×9cm〉

more 江南の開発〜蘇湖（江浙）熟すれば天下足る！

宋代は，農業技術の飛躍的な進展により，稲作が困難であった長江下流の低湿地でも干拓により新田が開発され，小作農に土地を貸して小作料を取る**佃戸制荘園**が発達した。江蘇・浙江地域は「蘇湖（江浙）熟すれば天下足る」といわれる一大穀倉地帯となった。

▶⑦宋代の農村風景

| 唐代 | ・坊という区画が壁でしきられる。
・商売は，場所と時間をきびしく制限。
・夜は城門が閉ざされ，外出禁止。 | → | 宋代 | ・坊制がくずれ，街が開放的に。
・路上や橋の上でも商売が可能に。
・飲食店は，深夜も早朝も営業。 |

◀①唐代と宋代の都市比較 (→ p.78)

《伝 張択端画「清明上河図」》

城門　ひげそり店

クイズ

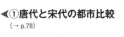

Try1 左の開封の絵図に描かれているものの中から，次のものを探そう。

①一流料亭「正店」　②桶製造業者

③薬屋

Try2 通りにいる人々や動物の中から，次のものを探そう。

①ラクダ　②行商人　③士大夫

Try3 当時の開封はどのような性格の都市であったのだろうか。
①官庁が集まる政治都市
②商売がさかんな商業都市

② 教養あふれる知識人が生み出す文化

院体画と文人画
あざやかな色彩と写実性を表す**院体画**は宮廷画家を中心に栄えた。一方，**士大夫**階級(→ p.81)では，自己の精神的境地を水墨を用いて自由に表現する**文人画**が栄えた。

▲⑧桃鳩図（院体画）北宋の皇帝徽宗の作品（→p.81）

▲⑨観音猿鶴図（文人画）牧谿の作品

文章と詞
唐末以来の古文復興の動きが受けつがれ，唐宋八大家とよばれる文章家が現れ，後世の模範となった。その一人**蘇軾**は，曲に合わせた歌詞で情緒を扱う**詞**にも才能を発揮した。

▶⑩蘇軾（蘇東坡）(1036～1101)

宋学（朱子学）
儒学では，政治的に北方に押された状況にあって「**宋学**」とよぶ新しい思想が発達。**朱熹**は，華夷の区別，**大義名分**，君臣の遵守を求めた**朱子学**を体系化した。

▶⑪朱熹（朱子）(1130～1200)

▼⑫宋代の文化

特色	伝統的・復古的傾向。士大夫と庶民中心	
儒学	宋学	北宋…周敦頤・程顥・程頤（新しい宇宙観を探る） 南宋…朱熹（朱子）〔理気二元論　四書重視　性即理〕 （朱子学）*儒教の経典，『大学』『中庸』『論語』『孟子』の総称。 「大義名分論」「華夷の区別」…中華思想強調 →元・明・清の官学に，朝鮮と日本へ伝播 陸九淵（陸象山）…「心即理」の唯心論→明の陽明学へ
宗教	仏教…禅宗（士大夫階級）と浄土宗（庶民層）が盛行 道教…全真教の成立（金・華北）←王重陽が儒・仏・道教を融合	
歴史学	司馬光『資治通鑑』…戦国時代から五代末までの編年体の通史 欧陽脩『新唐書』…唐一代を記した紀伝体の正史 朱熹（朱子）『資治通鑑綱目』	
文学	詞（宋代に流行した歌唱文学） 古文復興…唐宋八大家（唐代…韓愈，柳宗元） （宋代…欧陽脩，蘇洵，蘇軾，蘇轍，王安石，曾鞏） 口語，俗語を用いた雑劇→元代に元曲として完成	
絵画	院体画（北画）…徽宗，馬遠（宮廷中心，写実的） 文人画（南画）…李公麟，米芾，牧谿（知識人中心，主観的）	
科学技術	火薬*・羅針盤*の実用化(→p.21)　木版印刷術*の普及 陶磁器（白磁・青磁・黒釉）　*宋の三大発明	

ポイントチェック （　）内の正しい方に○をつけよう！

宋代は，（官僚・商人）である士大夫や，都市を中心に発達した経済で力をつけた（貴族・庶民）が，新たな文化の担い手となって登場した。また，農業技術の進歩とともに，（華北・江南）が新たな経済の中心となった。

モンゴル帝国① ——拡大するモンゴルと空前の大帝国の誕生

時代の扉 疾風怒濤のモンゴル軍！

▲①モンゴル騎兵どうしの戦闘場面

…は，こんな人

ユーラシアを駆け抜けた蒼き狼
チンギス=ハン（カン）（位 1206～27）

幼名**テムジン**。1206 年，**クリルタイ**（有力首長の会議）で君主に選ばれ，チンギス=ハン（カン）と名のった。強力な騎馬軍団をひきいて，ユーラシアの草原地帯を統一し，モンゴル帝国の始祖となった。

（→巻頭折込）

▼②モンゴル軍の強さの秘密

軽装備の騎兵	軽い鎧を着用し，機動性にすぐれる
モンゴル馬	小がらで貧弱だが，持久力がある
馬の活用（食料や武器として）	皮→渡河時の浮き袋，鎧 肉→食料 血→水のかわり 骨→矢じり
強力なモンゴル弓	接近戦を避け，騎射にすぐれた小型の弓
千戸制（チンギス=ハンが創設）	約1000人の兵士で1隊として，功臣にひきいさせた

クイズ

Try1 図①で，モンゴル軍が乗っている動物は何だろうか。

Try2 図①で彼らが使用している武器を下から3つ選び出そう。
①弓　②戦車　③剣　④盾　⑤鉄砲

Try3 モンゴル軍は，西方に向かってどこまで遠征しただろうか。
①ヨーロッパ　②アフリカ　③インド

ヒント　下の地図を見て答えよう。

モンゴル帝国の変遷

（西アジア）	（南ロシア）	（中央アジア）	（北・東アジア）

チンギス=ハン（カン）（位 1206～27）
- 1206 **クリルタイ**でチンギス=ハンの称号を得る　モンゴル帝国成立
- 18 **ナイマン**（トルコ系）を征服
- 20 **ホラズム朝**（トルコ系）を征服（～31）
- 27 **西夏**を征服

オゴタイ（オゴデイ）（位 1229～41）
- 1234 **金**を征服
- 35 都を**カラコルム**（和林）に定める
- 41 **ワールシュタット**（リーグニッツ）の戦い

- 1243 **キプチャク=ハン国**（ジョチ=ウルス）が成立

グユク（位 1246～48）
- 1246 **プラノ=カルピニ**がカラコルムに到着

モンケ（位 1251～59）
- 1254 **ルブルク**がカラコルムに到着
- 58 **フラグ**（フレグ）が**アッバース朝**を征服　**イル=ハン国**（フレグ=ウルス）が成立

フビライ（クビライ）（位 1260～94）
- 1264 **中都**（現・北京，72 **大都**に改称）に遷都
- 66 **ハイドゥ**（カイドゥ）の乱
- 71 国号を**元**に改称（大元ウルス）
- 74 **蒙古襲来**（元寇，元の日本遠征　文永の役）（→p.23）
- 75 **マルコ=ポーロ**が**大都**に到着（→p.22～23）
- 76 元軍，臨安を占領，**南宋降伏**
- 79 **崖山の戦い**→南宋残存勢力滅亡
- 81 **蒙古襲来**（弘安の役）

- 1294 **モンテ=コルヴィノ**が大都で**カトリック**を布教
- 1307 **チャガタイ=ハン国**（チャガタイ=ウルス）が成立
- 1313ごろ 元，仁宗が**科挙**復活
- 30ごろ チャガタイ=ハン国が東西に分裂
- 45 **イブン=バットゥータ**が**泉州・大都**に到着
- 51 **紅巾の乱**（白蓮教徒の乱）（～66）
- 68 元が滅亡，**朱元璋**が**明建国**（→p.88）

キプチャク=ハン国 1243～1502	元 1271～1368	イル=ハン国 1258～1353
	チャガタイ=ハン国 1307～14 世紀	

① 拡大するモンゴルと大帝国の誕生 （→ p.63, p.87 ❷）

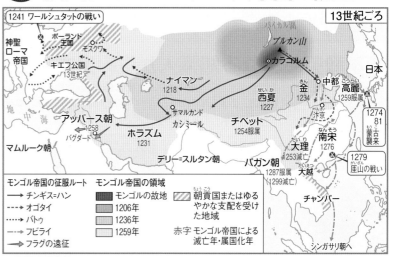

1241 ワールシュタットの戦い　13世紀ごろ

神聖ローマ帝国　ポーランド王国　モスクワ　キエフ公国 13世紀　ナイマン 1218　バイカル湖　ブルカン山　カラコルム　中都　高麗 1259服属　金 1234　日本　1274 81 蒙古襲来　西夏 1227　アッバース朝 ←1258　バグダード　サマルカンド　カシミール　チベット 1254服属　大理 1253滅亡　中京　南宋 1276　1279 崖山の戦い　ホラズム 1231　デリー=スルタン朝　パガン朝 1287服属 1299滅亡　大越　チャンパー　マムルーク朝　中海　シンガサリ朝へ

モンゴル帝国の征服ルート
→ チンギス=ハン
--→ オゴタイ
⋯→ バトゥ
-·-→ フビライ
⇒ フラグの遠征

モンゴル帝国の領域
■ モンゴルの故地
1206年
1236年
1259年
▨ 朝貢国またはゆるやかな支配を受けた地域

赤字 モンゴル帝国による滅亡年・属国化年

▲③オゴタイ　チンギス=ハンの第3子。金を滅ぼし，兄の子であるバトゥに西征を命じるなど，征服事業を受けついだ。モンゴル皇帝の称号ハーン（カーン）を創始。

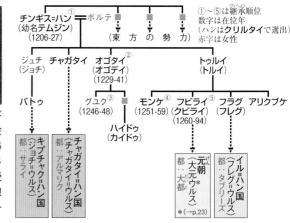

チンギス=ハン（幼名テムジン）（1206-27）＝ボルテ　（東　方　の　勢　力）

①～⑤は継承順位　数字は在位年（ハンは**クリルタイ**で選出）　赤字は女性

- ジュチ（ジョチ）
- チャガタイ
- オゴタイ（オゴデイ）②（1229-41）
- トゥルイ（トルイ）

- バトゥ
- グユク③（1246-48）
- ハイドゥ（カイドゥ）
- モンケ④（1251-59）
- フビライ（クビライ）⑤（1260-94）
- フラグ（フレグ）
- アリクブケ

都…サライ **キプチャク=ハン国**（ジョチ=ウルス）
都…アルマリク **チャガタイ=ハン国**（チャガタイ=ウルス）
都…大都 **元朝**（大元ウルス）（→p.23）
都…タブリーズ **イル=ハン国**（フレグ=ウルス）

✏️ ポイントチェック
（　）内の正しい方に○をつけよう！

13 世紀初め，（キタイ・モンゴル）は，チンギス=ハンの征服戦争により，わずか半世紀余りで（ユーラシア・ヨーロッパ）大陸の東西にまたがる大帝国を築いた。

モンゴル帝国② ── 最盛期を迎えたモンゴル帝国と東西交流

時代の扉　陸と海を結びつける都「大都」

（CGによる復元図）

積水潭（都の内部につくられた港）

緑地

宮城

太液池（聖なる空間とされた湖）

通州

通恵河

市場

…は、こんな人

元朝の開祖
フビライ（クビライ）（位 1260 ～ 94）

第5代皇帝。兄**モンケ**の死後、帝位争いに勝利し、都を**大都**（現在の北京）に移して、国号も中国風に**元**と改めた。1279年には南宋を完全に征服し、海上進出を果たした。（→ p.22 ～ 23）

▶①元の社会構造

フビライは、出自にかかわらず、さまざまな集団・個人の実力を重視して人材登用を行った。

モンゴル支配層（100万人前後）
モンゴル出身者、実力のある色目人・漢人・南人
↓
実力・能力本位による人材登用

| 色目人（中央アジア・西アジア出身者）（100万人前後） | 漢人（旧金朝治下の出身者）（約1,000万人） | 南人（旧南宋治下の出身者）（約6,000万人） |

Try1 左下の地図で、大都はどの王朝の都かを確かめよう。
Try2 左の復元図から大都が海上交通と連結していたことを示すものを2つ探そう。ヒント 世界全図p.22～23も参照しよう。
Try3 大都は、どのような都市として機能したのだろうか。
　①東西の物流の拠点　②軍事的な重要拠点
　ヒント 都のいたるところに設けられた▲の存在に着目しよう。

クイズ

① 「モンゴルの平和」と元の支配

（→ p.22～23）
*近年の研究成果により、オゴタイ＝ハン国の存在は疑問視されている。

14世紀ごろ
神聖ローマ帝国
キプチャク＝ハン国 1243～1502
（オゴタイ＝ハン国）1225ごろ～52
カラコルム（和林）
元 1271～1368
上都
大都
高麗
日本
（旧）サライ
（新）サライ
コンスタンティノープル
タブリーズ
アルマリク
イル＝ハン国 1258～1353
チャガタイ＝ハン国 1307～14世紀（～16世紀とする説もある）
ラサ
カイロ
マムルーク朝
デリー＝スルタン朝
大越
チャンパー
杭州
泉州
南シナ海
アラビア海
ベンガル湾
スマトラ島

＝＝＝ ジャムチルート（→p.22）

（1245～47）	プラノ＝カルピニ	ローマ教皇の使節
（1253～55）	ウィリアム＝ルブルク	仏王ルイ9世の使節
（1271～95）	マルコ＝ポーロ	ヴェネツィア生まれの商人
（1289～1308）	モンテ＝コルヴィノ	ローマ教皇の使節

0　　　1000km

▲②元代の交鈔（紙幣）
モンゴルでは銀とともに紙幣が広く流通し、偽造者は死刑とされた。

偽造スル者ハ死ニ処ス

自然災害	ほぼ連年にわたる黄河の大洪水（1342年以降） ・華北の荒廃 ・水害と飢え、無償の治水工事への徴発による農民の困窮
国内の政治混乱	インフレの発生 ・各宗教への寄進、支配層の浪費による財政悪化、交鈔の乱発 ・帝位争いと、たび重なる宮廷内のクーデタの発生
紅巾の乱（1351～66）	白蓮教などの宗教結社を中心とした大農民反乱

↓
元の弱体化

▲③元の衰退

② 東西の交流がもたらした元代の文化

特色	多文化・多言語主義。庶民文化が発達 公用文字…モンゴル文字・パスパ（パクパ）文字
宗教	チベット仏教・イスラーム・キリスト教（カトリック）など、多様な宗教が共存
文学	元曲…唱・音楽・踊り・せりふの歌劇 『西廂記』（王実甫）、『漢宮秋』（馬致遠）、『琵琶記』（高明） 口語体小説…『水滸伝』『西遊記』『三国志演義』の原型が成立
書画	趙孟頫（趙子昂）…元に仕えた書家、画家 南画の確立…元末四大画家（黄公望、倪瓚、呉鎮、王蒙） ミニアチュール（細密画） 　…中国画がイスラーム世界に伝わり、発展
科学工芸	イスラームの影響 ・郭守敬がイスラーム暦をもとに『授時暦』を作成（1年＝365.2425日）→日本の貞享暦（江戸時代）に影響 ・染付の顔料であるコバルトがイスラーム世界から流入

▲④チベット仏教寺院
チベット仏教の高僧パスパ（パクパ）はフビライの国師となり、元ではチベット仏教が普及して、各地に寺院が建てられた。

▶⑤観星台 イスラーム世界の測量術と天文学を学んだ郭守敬が、フビライの命で建設した天文台。太陽の南中時の影の長さから太陽の運行を観測した。

▲⑥元曲の流行 歌や踊りを愛好したモンゴル人や色目人の影響を受け、元曲（雑劇）が流行した。

ポイントチェック　　（　）内の正しい方に○をつけよう！

13世紀半ば以降、モンゴル帝国は分裂した。中国全土は（オゴタイ・フビライ）の元によって支配され、南宋を滅ぼしたことによる元の（海上・陸上）進出は東西交流を活発化させた。

東アジア

中国	朝鮮半島の変遷 青字：文化に関する事項	日本
戦国		弥生
古朝鮮	前190ごろ 衛満, 古朝鮮の王となる(衛氏朝鮮)	
	前108 漢の武帝, 朝鮮4郡(楽浪郡, 真番郡, 臨屯郡, 玄菟郡)設置	
秦・漢 原三国	前37ごろ 高句麗建国	
	後204ごろ 遼東の公孫氏, 楽浪郡の南部に帯方郡設置	
	3世紀ごろ 朝鮮半島中部に三韓(馬韓・辰韓・弁韓)分立(→p.9)	
魏晋南北朝 三国〈高句麗・百済・新羅〉	313 高句麗, 楽浪郡を滅ぼす	古墳
	346ごろ 馬韓の伯済国, 百済へと発展(〜660)	
	356ごろ 辰韓の斯盧国, 新羅へと発展(〜935)	
	384 百済に仏教伝来	
	391 高句麗, 広開土王(好太王)即位(〜412)	
	○新羅, 骨品制確立(6C)	
	538 百済, 仏教を日本に伝える(一説には552)	飛鳥
隋	562 新羅, 加耶を滅ぼす	
	614 高句麗, 隋軍の侵入を撃退	
唐	660 新羅・唐の連合軍, 百済を滅ぼす	
	663 白村江の戦い(日本の百済援軍が新羅・唐軍に破れる)(→p.13)	
	668 新羅・唐の連合軍, 高句麗を滅ぼす	
統新羅	676 新羅, 朝鮮半島統一を完成	
	698 大祚栄, 震国(のちに渤海国と改称)建国(〜926)	奈良
五代	918 王建, 高麗を建国(〜1392), 都は開城	
	936 高麗, 後三国(新羅・後百済)の統一達成	平安
	958 科挙制度の実施	
宋 高麗	○大蔵経刊行(11C), 金属活字の発明(13C), 高麗青磁	
	1196 崔氏, 政権掌握(武人政権)	
	1231 モンゴルの侵略始まる	鎌倉
	59 高麗, モンゴルに服属	
	70 三別抄の抗争開始(〜1273)	
元	74 元, 高麗を従えて日本侵攻(文永の役)(→p.23)	
	81 元, 再度高麗を従えて日本侵攻(弘安の役)	
	1392 李成桂, 朝鮮を建国(〜1910), 都：漢陽(95年に漢城と改称, 現在ソウル)	室町
	1403 銅活字(金属活字)鋳造	
明 朝	46 世宗, 朝鮮の国字(訓民正音, のちにハングル)公布	
	1575 両班内での党争始まる	戦国
	92 壬辰倭乱(〜1593)(文禄の役)	安土桃山
	97 丁酉倭乱(〜1598)(慶長の役)	
	李舜臣の活躍(亀甲船)	
	1627 後金(のちの清)軍の侵入	江戸
	37 清へ服属	
鮮	1860 崔済愚, 東学を創始	
	○全国各地で農民反乱起こる	
清	75 江華島事件(→p.164)	
	76 日朝修好条規(江華条約), 強要された開国	
	84 甲申政変	
	94 甲午農民戦争(東学信徒・農民の蜂起)	明治
	甲午改革(近代的な制度改革)	
大韓帝国	97 国号を大韓帝国と改称	
	1905 第2次日韓協約(日本による外交権剥奪)	
	09 安重根, 伊藤博文を暗殺(→p.165)	
	10 大韓帝国, 日本に併合される(〜1945)	

❶ 三国時代・統一新羅時代

A 4世紀ごろ

丸都(国内城) 広開土王(好太王)碑

高句麗(前37ごろ〜668)

平壌

ピョンヤン

慰礼城

泗沘(扶余) 熊津(公州)

新羅(356ごろ〜935)

金城(慶州) キョンジュ

百済(346ごろ〜660)

加耶諸国(加羅, 伽耶, 任那) みまな

広開土王の進出方向

B 8世紀ごろ

渤海 698〜926 南京南海府

8世紀の渤海使のルート

唐 新羅

平壌

北原小京

中原小京

7世紀の遣唐使のルート(北路) 西原小京

金城(慶州) 仏国寺 石窟庵

南原小京

金官小京

‥‥ 州界 ● 新羅の五小京

大宰府 日本

高句麗 コグリョ

6.4m

▲①広開土王(好太王)碑 広開土王(位391〜412)は, 百済とそれを援護する加耶や倭を攻撃して, 半島の大半を支配下においたという。碑は, 王の征服事業をたたえるため, 414年に建立。

新羅 シラ

世界遺産

▲②雁鴨池 半島統一後, 新羅の都慶州は急速に繁栄した。王宮附属のこの庭園は, 当時の王族や貴族の支配階級の栄華を今に伝える。

▶③石窟庵の本尊仏 統一新羅時代には, 仏教の隆盛により寺院建立や仏像製作がさかんに行われた。

百済 ペクチェ

▲④金製の王冠 百済は6世紀に入っていちおうの安定期を迎え, 南宋や倭とも活発に外交を展開した。当時の王墓の豪華な副葬品は, 国力の充実を物語る。

more 三国の抗争と渡来人

7世紀は朝鮮半島の三国が激しく抗争した。抗争をのがれて朝鮮半島から日本へ移り住んだ人々(渡来人)は, 土器や鉄器の製造, 機織り, 漢字や歴史書編纂, 仏像制作など, 多くの大陸の知識と技術を日本へもたらした。

▼⑤半跏思惟像(弥勒菩薩像)の比較
〈三国時代, ソウル国立中央博物館蔵〉 〈日本, 京都 広隆寺蔵〉

❷ 高麗時代（こうらい コリョ）

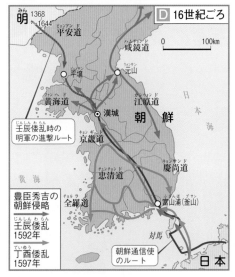

C 13世紀ごろ

元 1271～1368

0 100km

安北都護府
平壌（西京）ピョンヤン
安辺都護府
安西都護府
開城（開京）コソン
高麗（コリョ）
楊州（南京）
江華島 カンファド
三別抄がモンゴル軍に抵抗
モンゴル侵略により臨時の王都に
安東都護府
海印寺 ハイインサ
安南都護府
慶州（東京）キョンジュ
合浦（馬山）
〈寧波より〉
済州島 チェジュド
対馬
博多
日本

◎ 首都
● 3京
■ 五大都護府
→ モンゴル軍の侵入路

印刷術と大蔵経

世界遺産

▲⑥ 海印寺（かいいんじ）の高麗版大蔵経の版木　モンゴル軍を仏教の力で撃退するための大蔵経の刊行は、印刷術の発達をうながし、現在、海印寺に約8万枚の版木が保管されている。

高麗青磁

◀⑦ 高麗青磁（せいじ）　中国以外で初めて製作された磁器で、初期は中国の影響を受けて生産されたが、12世紀には独自の技術を確立し、美の極致といわれる高麗青磁が完成した。

プチ 薬として珍重された高麗人参

朝鮮半島北部の山中のみに自生し、古くから万病の薬として知られ珍重された。上等品は銀に匹敵するとされ、対外交易において銀貨の代用とされることもあった。朝鮮では、採取量が増えるにつれて自生する人参が枯渇（こかつ）するのを恐（おそ）れ、14世紀末より人工栽培が本格化した。

❸ 朝鮮王朝時代

D 16世紀ごろ

明 1368～1644

0 100km

平安道（ピョンアンド）
咸鏡道（ハムギョンド）
元山（ウォンサン）
黄海道（ファンヘド）
江原道（カンウォンド）
漢城 ハンソン
京畿道（キョンギド）
朝鮮（チョソン）
壬辰倭乱時の明軍の進撃ルート
忠清道（チュンチョンド）
慶尚道（キョンサンド）
全羅道（チョルラド）
富山浦（釜山）プサン
対馬
日本
黄海
日本海

豊臣秀吉の朝鮮侵略
壬辰倭乱（じんしんわらん）1592年
丁酉倭乱（ていゆうわらん）1597年
朝鮮通信使のルート

風水地理にもとづく都（かんじょう）漢城

朝鮮を建国した李成桂（リ　セイケイ／イ　ソンゲ）（位1392～98）は、即位後、地形と方位のようすで吉凶を判断する風水地理の理論にかなう漢城（現在のソウル）へと都を移し、民心の一新をはかった。

▼⑩ 景福宮（けいふくきゅう）（王宮）での国王即位式のようす（再現）

勤政殿（きんせいでん）
国王
東班（文官）
西班（武官）

支配階級 両班（ヤンバン）

両班

両班（ヤンバン）とは、高麗・朝鮮王朝時代の支配階級の呼称。朝廷での儀式時の文官の並（なら）ぶ東班、武官の並ぶ西班の二班を意味する。彼らは、科挙を通して官僚となった。

は、こんな人　救国の英雄 李舜臣（り　しゅんしん／イ　スンシン）（1545～98）

豊臣秀吉の2度にわたる朝鮮への侵攻（壬辰（じんしん）・丁酉（ていゆう）倭乱（わらん））に対し、朝鮮の武将李舜臣は、鉄板で甲板（かんぱん）をおおった亀甲船を主力とする水軍をひきいて、日本の水軍を撃（う）ち、上陸した日本軍の補給路を絶（た）って、朝鮮を勝利に導いた。

▼⑪ 亀甲船（きっこうせん）

朝鮮使節 ～日本との国交回復

朝鮮侵攻の後、徳川幕府と朝鮮との国交が回復され、将軍の代がわりごとに、朝鮮から外交使節が、計12回、日本へ派遣された。400～500名の大使節団の中には、朝鮮王朝を代表するすぐれた学者・文化人もおり、日本の文化人との交流がはかられた。

▶⑫ 朝鮮通信使の行列
「朝鮮国信使絵巻」
長崎県立対馬歴史民俗資料館所蔵

訓民正音（くんみんせいおん）（ハングル）

漢字による朝鮮語表記の限界をなくすため、第4代国王世宗（セジョン）がつくらせた朝鮮の国字。1446年に公布されたが、庶民（しょみん）への普及（ふきゅう）にとどまり、公文書での使用は19世紀末からである。

▼⑧ 世宗（せいそう　セジョン）（1万ウォン札）

▼⑨ 訓民正音のしくみ

母音		子音		用例
ト [a]	ㅑ [ya]	ㄱ [k] [g]	ㅇ [ŋ]	キム　チ
ㅓ [ɔ]	ㅕ [yɔ]	ㄴ [n]	ㅈ [tʃ] [dʒ]	김 치
ㅗ [o]	ㅛ [yo]	ㄷ [t]	ㅊ [tʃʰ]	k i
ㅜ [u]	ㅠ [yu]	ㄹ [r] [l]	ㅋ [kʰ]	m
ㅡ [ɯ]	ㅣ [i]	ㅁ [m]	ㅌ [tʰ]	tʃʰ i
		ㅂ [p] [b]	ㅍ [pʰ]	子 母 子 母
		ㅅ [s]	ㅎ [h]	子 子

上記の母音のほか11の二重母音がある

明 ──復活した漢族王朝の繁栄と限界

時代の扉　山の稜線に続く"万里の長城"

長城の総延長 約8,850km

約100m（見晴らしのよいところでは200～300m）
2m

北方民族側　中国側

望楼

10～13m

銃眼

傾斜が急なところでは階段状になる

4～5m

鋸歯状

れんがでできている

5m

切り石

小石・丸石・石灰・黄土など

約1m

7～8m　2～5m

6～7m

（八達嶺付近、明代のもの）

▲①明代に修築された万里の長城とその構造

クイズ

Try1 図①を見て、この長城が何でつくられているかを確認しよう。

Try2 永楽帝は、北方民族に対し、どんな姿勢でのぞんでいただろうか。　①積極的　②消極的

Try3 永楽帝の死後、明は長城の修築を何度も繰り返し行ったが、それはなぜだろうか。

❶ 明の建国

…は、こんな人

2つの肖像画をもつ皇帝

洪武帝（位 1368～98）

貧しい農民であったが、**紅巾の乱**に参加して頭角を現し、各地の群雄を撃ち破って明を建国した。彼は、皇帝の権力を強化するため、粛清を繰り返した。あばた面の肖像（下）は、彼の疑い深い性格をうかがわせる。

▼②明の統治体制

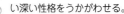

```
                          皇帝
中央                                              地方
内閣        六部（行政）  都察院  五軍都督府      布政使司  按察使司  都指揮使司
（内閣大学士） 吏部         （文武官  （軍事）       （行政）   （監察）   （軍事）
            戸部          の監察）                                    衛
            兵部                              府                     千戸所
            刑部                              州                （兵農一致の兵制）
            礼部                              県      衛所制        百戸所
            工部                              郷
                                            里　　　里甲制
                                            甲
```

※農民は衛所制の軍籍にはいるか（軍戸）、税や徭役を負担する民戸に組み込まれた。

❷ 明の対外政策と北虜南倭

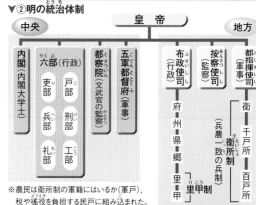

← 永楽帝のモンゴル遠征
～～～ 万里の長城
0　500km

バイカル湖　黒竜江

オイラト　モンゴル（韃靼）

バルハシ湖　ウイグル

1449 土木の変

東チャガタイ＝ハン国

朝鮮　日本

ネパール　チベット

明の最大領域（15世紀初）

北京　開封　南京　寧波

ムガル帝国　明

福州　台湾　琉球（→p.25）

厦門

オイラトの勢力範囲（15世紀半ば）
倭寇の本拠地
倭寇の侵略した沿岸

昇竜　大越　ハノイ（1557葡）　鄭和の南海遠征

首里 りゅうきゅう

▲③永楽帝 **鄭和**に南海遠征を行わせ（→ p.25）、モンゴルに自ら遠征するなど積極的な対外政策を展開した。しかし、帝の死後、明は財政難から対外消極策に転じ、北方からの異民族の侵入に苦しめられた（北虜）。

明の変遷

茶字：対外関係事項

発展期		**洪武帝（朱元璋・太祖）** 位 1368～98
	1368	明を建国　都：南京（応天府） 中央集権的君主独裁制の確立 ○明律・明令の制定、一世一元の制 ○魚鱗図冊、賦役黄冊の作成（→p.90） ○海禁を実施→貿易・海外渡航を禁止
	1399	靖難の役（～1402）　建文帝廃止
全盛期		**永楽帝（朱棣・成祖）** 位 1402～24
		積極的な対外政策、宦官の重用
	1405	鄭和の南海遠征（～33）（→p.24・25）
	06	ベトナム出兵 →陳朝滅亡後のベトナムを支配（1407～27）
	10	モンゴル遠征（5回、～24）
	1421	北京に遷都 →紫禁城を造営 ○万里の長城の修築開始
衰退期	1449	土木の変→オイラトのエセンが正統帝（英宗）を捕虜に
北虜南倭	1550	タタルのアルタン＝ハーンが北京を包囲
	55	倭寇（後期倭寇）が南京に迫る
	67	海禁を緩和
復興期		**万暦帝（神宗）** 位 1572～1620
	1581	一条鞭法、中国全土で実施（→p.90） ○張居正が財政再建を推進 ○東林派と非東林派の対立が激化
	1616	ヌルハチ、後金を建国
	19	後金軍が明を撃破
衰退期	1631	李自成の乱（～45）→農民反乱
	44	李自成が北京を占領→明が滅亡

海禁

▶④倭寇　洪武帝は、国内の経済回復と治安維持のため、民間の海上交易を禁止し、対外関係を朝貢・冊封関係に限定する**海禁策**をとった。中国・日本・朝鮮の私貿易商人は、武装してこれに抵抗し、中国・朝鮮沿岸を襲った（南倭）。

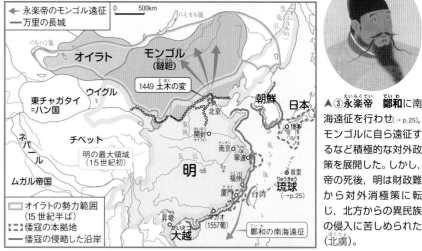

明の官軍　倭寇

ポイントチェック

（　）内の正しい方に○をつけよう！

明を建国した洪武帝は皇帝権の強化をめざし、第3代永楽帝は、対外（積極・消極）策をとった。だが、16世紀には財政難におちいり、外圧（北虜南倭・南船北馬）と国内の混乱により衰退した。

清 ——多民族を束ねるユーラシアの帝国

時代の扉　髪を留めるものは, 頭を留めず！

▲①町を巡回する清代の理髪師　辮髪は満洲人の風習で, 清は北京入城後, **辮髪令**を出し, 従わなかった者はきびしく処罰された。

満洲人
全人口の10％未満

威圧策
・八旗による軍制
・辮髪の強制
・文字の獄, 禁書 （思想の統制）

懐柔策
・科挙の実施
・満漢併用制 （官僚に満洲人と漢人を同数採用）
・漢文化の保護

↓

漢人（民衆）

▲②清の漢人統治

クイズ

Try1 辮髪とはどのような髪型だったのだろうか？
　①後頭部の髪だけ長く残して編み, ほかの部分を剃る
　②頭髪のすべてを長くのばして, 後頭部で束ねる

Try2 清の支配下では, 辮髪の風習のない漢人も辮髪をしていたが, それはなぜだろうか？
　①強制されていたから　②流行の髪型だったから

① 清の建国

▶③明を攻めるヌルハチ軍
明との交易で台頭した満洲（女真）人のヌルハチは, 1616年, **後金**を建国して明に対抗し, 次の**ホンタイジ**は国号を清と改めた。1644年, **李自成**によって明が滅びると, 清は長城を越えて北京に入城した。

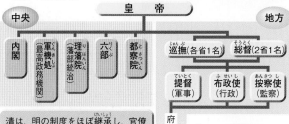

▼④清の統治体制

```
                     皇　帝
   中央                                  地方
  ┌─────┬────┬────┬───┬────┐   ┌──────┬──────┐
  内閣  軍機処  理藩院  六部  都察院   巡撫      総督
       (最高政   (藩部             (各省1名)  (2省1名)
        務機関)   統治)           ┌────┬────┬────┐
                                  提督   布政使  按察使
                                 (軍事)  (行政)  (監察)
                                      府
                                      州   保
                                      ｜   甲
                                      県   制
```

清は, 明の制度をほぼ継承し, 官僚の登用には科挙を行い, 満漢併用制をとった。他方, 満洲特有の制度も維持し, 理藩院を設置して明にはなかった広大な領域（藩部）を間接的に統治した。

清の変遷

発展期

ヌルハチ（太祖） 位1616〜26
八旗制を開始　都：遼陽→瀋陽
1616 満洲（女真）人を統一 → 後金を建国
　19 サルフの戦い→明を撃破

ホンタイジ（太宗） 位1626〜43
1635 内モンゴルのチャハル征服
　36 国号を清に改称
　37 朝鮮（李氏）が服属
　38 理藩院を設置　○蒙古八旗・漢軍八旗を配置

順治帝（世祖） 位1643〜61
都：北京　辮髪を漢人に強制
1644 李自成が北京を占領→明が滅亡
　　　李自成軍を破り北京入城

最盛期

康熙帝（聖祖） 位1661〜1722
1673 三藩の乱（呉三桂ら, 〜81）
　83 鄭氏台湾（1661〜83）を征服
　89 ネルチンスク条約→ロシアとの国境条約（→p.129）
1704 典礼問題, イエズス会以外の布教禁止
　17 地丁銀を実施（→p.90）

雍正帝（世宗） 位1722〜35
1724 キリスト教の伝道を全面禁止
　27 キャフタ条約→ロシアとの国境条約（→p.129）
　32 軍機処を設置→軍事・行政上の最高機関

乾隆帝（高宗） 位1735〜95
1757 外国貿易を広州1港に限る→公行が貿易独占
　58 ジュンガルを征服→清の領土が最大になる

衰退期

1796 白蓮教徒の乱（〜1804）→農民反乱

② 清の対外征服と支配

　0　500km

清の最大領域（18世紀後半）… - - -
清の領域 / 藩部 / 初期の清領
清の進出・遠征（数字は最終服属年）

三藩の乱など反乱勢力の支配
1683年まで鄭氏が清に抵抗

ロシア　ネルチンスク　（黒竜江以北）　1689 アイグン　キャフタ　後金　ジュンガル 1758　イリ　ハルハ 1688　チャハル　トゥルファン　山海関　朝鮮　回部（ウイグル）1759　北京　日本　チベット 1720　西安　成都　南京　上海　清　琉球　ネパール　ラサ　雲南　昇竜（大越）福州　広州　マカオ（葡）　ビルマ　アマーラプラ　大越

▲⑤**康熙帝**　三藩の乱を平定し, 台湾の鄭氏を征伐して, 実質的に清の中国統一を完成させた。

▲⑥**雍正帝**　八旗制を改革し, **軍機処**（明の内閣に代わる最高機関）を創設して皇帝の権力を強化した。

◀⑦**乾隆帝**　**ジュンガル**や回部を平定して最大版図を実現したが, 度重なる外征は財政を悪化させた。

◀⑧八旗兵　ヌルハチは, 満洲固有の社会組織をもとに満洲人を**八旗**（黄白紅藍の4旗と同色の縁取り旗4旗）に編成し, 強大な軍団を創設した。八旗は行政組織でもあり, 清の支配の一翼を担った。

ポイントチェック

（　）内の正しい方に○をつけよう！

異民族の清は, 中国の統治策として, 辮髪の強制などの（威圧・懐柔）策と科挙の実施などの（威圧・懐柔）策を併用して社会の安定をはかり,（康熙帝・乾隆帝）のとき最大版図となった。

▲①蘇州の繁栄（盛世滋生図）　大小の運河が集まる蘇州は，宋代から長江の下流に広がる全国一の穀倉地帯を背景に発展した。穀物生産の中心が長江の中流地域へ移った明代以降も，物流の拠点として，商業が発達し，高い経済力を誇った。

Try1 Ⓐは何という船だろう。　ヒント p.64 の写真から探そう。
① ダウ船　②ジャンク船　③蒸気船

Try2 Ⓑの店では，どこの省から運ばれてきた雑貨を売っているだろうか。当てはまる省を二つ選ぼう。
①陝西　②山西　③福建　④貴州　⑤雲南
ヒント 左の看板は右から左に読む。最初の四文字に注目！

Try3 蘇州は○○の中心地として繁栄した。○○に入るものを選ぼう。
①海防　②物流　③漁業
クイズ

① 産業の発展と流入する大量の銀

凡例：大運河・陶磁器・塩・茶・絹織物・綿織物

▲②会館　商業が発達した都市では，業種や郷里を同じくする人々が共同出資し，情報交換・相互扶助・教育などのために，**会館**や**公所**とよばれる施設が設立された。

湖広熟すれば天下足る　長江下流域では，綿花・麻・桑などの商品作物の栽培が広がり，長江中流域の湖広付近が稲作の中心地に。

▼③税制改革

	一条鞭法（明代後期〜清初）	地丁銀（清代中期以降）
背景	日本銀，メキシコ銀の流入で，貨幣経済が活性化。（→p.26〜27）	郷紳（地方の官僚経験者）・地主を通して，農村支配が確立。
内容	地税や丁（成年男子）に課せられるあらゆる税を一本化して銀で納めさせることで，税制の簡素化をはかった。	丁税（人頭税）を地銀（農地に課す税）に組み込んで土地所有者から徴収。
実施	16世紀に江南地方で実施。万暦帝のころ，全国へ広まる。	1717年，広東で康熙帝の時代に実施され，雍正帝の時代に税法として確立。
結果	日常生活で銅銭を使っている農村の経済に，混乱を引き起こした。	中国の届け出人口は飛躍的に増大。歳入額は安定した。

▶④『天工開物』　明代，経済の大発展は実学の発達をうながし，農業や工業に関する技術書が編纂された。さし絵は，同書に掲載されている花の模様を織り出すための織機。

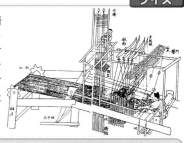

more 清代に中国の人口が激増!?
　明代は，**魚鱗図冊**（土地台帳）と**賦役黄冊**（戸籍帳）を作成し，土地と人民を把握していた。清代に**地丁銀**が施行されると人口は急増する。これは，大規模な土地の開発と食料の増産，税をのがれる戸籍隠しがなくなり，人口の正確な把握が可能となったことなどによる。

▼⑤魚鱗図冊（復刻）

〈人民出版社『中国人口史』1998年〉

▲⑥中国歴代の登録人口

❷ 漢人文化の復興とヨーロッパ文化の影響

東アジア

特色		明			清	
特色		●漢人王朝が成立し、伝統的・復古的傾向 ●庶民文化や実学が発達			●漢人懐柔策の一環として大規模な編纂事業を実施 ●庶民文化が発達　●西洋の学問が流入	
学問	儒学	王陽明 （王守仁）	朱子学が知識の積み重ねを重視するのに対し、認識と実践を重視　心即理、知行合一、致良知 →陽明学の大成	考証学	◆明末清初の儒学経典の文献学的研究 黄宗羲…『明夷待訪録』（清代の政治論の書） 顧炎武…『日知録』（中国史の随筆体の学術研究書） 銭大昕…『二十二史考異』（中国歴代の正史の考証研究書）	
学問	実学	李時珍…『本草綱目』（薬学の集大成） 徐光啓…『農政全書』（農業の総合知識） 宋応星…『天工開物』（産業技術を図解したもの）		公羊学	●清末、実践的な経世実用を主張 康有為…孔子の名をかりて旧学批判、変法を宣伝	
編纂事業		『四書大全』（四書の注釈書） 『五経大全』（五経についての注釈書）　永楽帝期 『永楽大典』（古今の図書を収集整理）			康熙帝期…『康熙字典』（最も完全な字書、4万2000余字） 雍正帝期…『古今図書集成』（全1万巻に及ぶ百科事典） 乾隆帝期…『四庫全書』（古今の図書を集めた一大叢書）	
文学		『西遊記』（玄奘のインド旅行を題材とした空想小説） 『金瓶梅』（明末の腐敗した社会を赤裸々に描写） 『水滸伝』（北宋の末に官軍に反抗した108人の豪傑物語） 『三国志演義』（『三国志』にもとづく英雄歴史物語） 『牡丹亭還魂記』（戯曲で、明代伝奇の代表作）			『紅楼夢』（満洲人の上流社会をたくみに描写） 『儒林外史』（科挙による知識階級の腐敗を痛烈に批判） 『聊斎志異』（短編の怪異小説集） 『長生殿伝奇』（白居易の「長恨歌」を題材とした戯曲）	
芸術		董其昌…南宗画の画法と理論を大成 仇英…北宗画系で宮廷様式の濃厚な色彩 景徳鎮が官窯として発展…染付（青花）・赤絵			カスティリオーネ…西洋画法を紹介（→ p.92） 円明園…バロック式の離宮 ヨーロッパ諸国への磁器の輸出が増大	

大編纂事業

◀⑦『永楽大典』永楽帝の命によって編纂された全2万2877巻の中国最大の類書（文献集）。義和団事件などで多くが失われた。

▲⑧『四庫全書』乾隆帝の命により、古今の書籍を経（儒学）・史（歴史）・子（諸学者の説）・集（文集）に分けて編纂した一大叢書。学術振興と言論統制をはかったもの。

ヨーロッパとの接触

▲⑨『坤輿万国全図』マテオ=リッチが1602年に中国でつくった世界地図。その内容は、すべてにおいて中国がすぐれているとする中国的世界観に衝撃を与えた。〈宮城県図書館所蔵〉

…は、こんな人

西洋文化に精通した　徐光啓
（1562 ～ 1633）

明末の政治家で科学者であった徐光啓は、早くよりマテオ=リッチ（イタリア人、利瑪竇）などイエズス会の宣教師と接触してキリスト教を信奉し、中国への西洋科学の導入に力を注いだ。マテオ=リッチは、儒教の服を着、中国語で西洋科学を伝えた。

▲⑩マテオ=リッチと徐光啓

◀⑪円明園　乾隆帝期、北京の郊外に建てられた中国最初のバロック式洋館をもつ離宮。イタリア人でイエズス会宣教師であったカスティリオーネ（郎世寧）が設計にあたった。（→ p.163）

完成期を迎えた陶磁器

宋代の陶磁器は無地のものが多かったが、明・清代になると、白磁にコバルト顔料で模様を描いた染付や、白磁に酸化鉄で描いた赤絵とよばれるはなやかなものが多くなった。なかでも、景徳鎮の陶磁器はヨーロッパで珍重され、輸出が増大した。

▶⑫五彩龍文瓶（赤絵）〈東京国立博物館蔵、高さ 45.2cm〉

◀⑬青花束蓮文大皿（染付）〈東京国立博物館蔵、直径 44.3cm〉

プチ　中国の女性美　纏足

幼児期より女性の足の四指を裏側に曲げてしばり、人為的に小足にする慣習。宋代のころに始まり、漢人の上流社会に普及・定着した。清代には満洲人にも広がり、禁止令が出されたが効果はなく、20世紀初めまで続いた。踵から爪先まで約 10cm が理想で、女性の行動制限を助長した。

➤⑭纏足の少女

ポイントチェック　　　　（　）内の正しい方に○をつけよう！

明・清代は、商品作物の栽培が広まり、織物などの手工業が発達した。外国との交易は国内に大量の（銀・金）をもたらし、都市を中心に商業が活性化した。また、宣教師を通じて（西洋・イスラーム）文化も伝えられた。

アートにTRIP

はなやかな清朝の皇帝たちと東西文化交流！

Q1 私は乾隆帝だ。ここでは私が案内していこう。さて、私は p.89 では清朝の皇帝の姿で肖像画を描いてもらったが、この絵では完全武装の身じたくで、閲兵するようすを描いてもらっておる。この絵はどんな人物が描いたかわかるかな？

① 清朝に代々仕えるお抱え絵師
② 遠近法や油絵の技法を用いることができるヨーロッパ人
③ 乾隆帝自身

ヒント 手前の草花と遠くの草木は同じように描かれているかな？

Q2 意外かもしれないが、右の絵は私の父の雍正帝（→ p.89）を描いている。父は仮装姿の絵が多く残されているのだ。

この衣装はヨーロッパのものだが、服だけではなく、同じ時代にヨーロッパで流行していたものを身につけている。それを探してみよう。

ヒント p.126 のルイ 14 世も身につけている。それに清朝で決められていた髪型ではないようなのだが…。

▶① 雍正帝

◀② カスティリオーネ「乾隆帝大閲像軸」〈故宮博物院蔵〉

Q3 下のヨーロッパ人は、中国の文化を称賛しているようである。この人物は誰だろう？　どうして中国の文化を論じているのだろう？

儒教は実に称賛に価する。儒教には迷信もないし、愚劣な伝説もない。また道理や自然を侮辱する教理もない。…四千年来、中国の識者は、最も単純な信仰を最善のものと考えてきた。

① ヨーロッパの国家について考えるために、中国の文化を参考にしたヴォルテール
② 国家の支配は中国の専制君主国家にみられるような「恐怖」が重要だとしたモンテスキュー

ヒント 『哲学書簡』を書いた人物（→ p.131）

▲③ 北京の天文台　17 世紀に康熙帝がイエズス会の宣教師フェルビーストに製作させた観測器が現存している。天文学は、皇帝が管理する暦にも影響するため、非常に重要な学問とされた。清朝はこのようにして、イエズス会士たちから西欧の技術を取り入れていった。

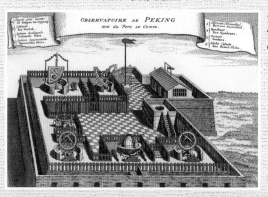

◀④ 清の時代の天文台のようす

Q4 左の絵皿には辮髪の中国人が描かれている。どこでつくられた絵皿だろうか？

① 中国の陶磁器名産地　景徳鎮
② ドイツのマイセン
③ 日本の有田

ヒント 中国や日本の陶磁器はヨーロッパで大変な人気となった。そのため、それをヨーロッパでもつくろうという動きがさかんになった。

 アートの社会背景 1　明や清の時代にヨーロッパ人がやってきて、東西の文化が交流した背景には、どのような世界的な動きがあったのだろうか。（→ p.120）

① 大航海時代以降、イエズス会士が世界各地で布教活動を行った。
② 中国の航海技術が発達し、観光客が増えた。
③ ゲルマン人の大移動が起こった。

時代の扉

一生に一度は行きたい　メッカ巡礼

礼拝する時間
1日5回行う
・夜明け
・正午
・午後
・日没
・夜半
（1回5〜10分）

❶ ❷ ❸ ❹ ❺ ❻ ❼ ❽ ❾ ❿

▲①ムスリムの礼拝の順序（❸〜❼を2〜4回くり返す）

カーバ神殿

▲②カーバ神殿の東のすみにはめ込まれた聖なる黒石

QIBLA キブラ

Try1 写真③のモスクの内部やまわりを埋めつくしているのはどのような人々だろう。

Try2 人々はモスクで何をしているだろうか。
　①会議　②礼拝　③ダンス

Try3 カーバ神殿の何に向けて祈りをささげているのだろうか。
　①神の絵　②神の像　③聖なる黒石

？クイズ

▲③聖地メッカの聖モスクにあるカーバ神殿（サウジアラビア）　ムスリムは神殿のまわりを反時計回りに7回まわる。

◀④ホテルにはられた，メッカの方向（キブラ）をさし示す矢印

1 イスラームの成立

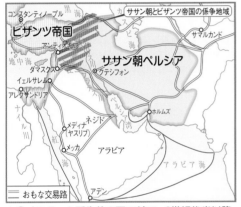

▲⑤イスラーム誕生前の西アジア　6世紀後半以降，**ビザンツ帝国**と**サッサン朝ペルシア**の抗争が続き，交易路の安全がそこなわれた。他方，**メッカ**はアラビア半島の主要な商業都市へと成長した。

…は，こんな人

メッカの商人だった預言者ムハンマド（570ごろ〜632）

▼⑥昇天するムハンマド

ムハンマドは，大商人による富の独占が進むメッカ社会に心をいため，洞窟でもの思いにふけるようになった。40歳のとき，唯一神アッラーの啓示を受け，預言者であることを自覚して，布教活動を開始した。

偶像崇拝を禁止しているため顔が描かれず，白い布におおわれている（体も描くべきではない，ともいわれる）。

◀⑦装飾された『クルアーン（コーラン）』　ムハンマドに下されたアッラーの言葉を，アラビア語で忠実に書き写した聖典。日常生活のあり方も記されている。

2 イスラームの信仰

六信　ムスリムが信じる六つの事がら
① 神（アッラー）　② 天使　③ 啓典（『クルアーン』）
④ 預言者（ムハンマド）　⑤ 来世　⑥ 予定

五行　ムスリムが守るべき五つの信仰行為
① 信仰告白：礼拝時およびおりにふれ唱える
② 礼拝：1日5回定刻にメッカに向かい行う
③ 喜捨：社会的弱者の救済のため，財産に余裕のある者はほどこしをする
④ 断食：断食月（ラマダーン月）は，日の出から日没まで飲食を慎む
⑤ 巡礼：一生に一度は，メッカのカーバ神殿に経済的・体力的に可能な者は巡礼する

規範　その他，守ること
・酒を飲まない
・豚肉を食べない
・賭けごとをしない

※イスラームは「人間は弱いもの」という前提にたっているため，むりなく実践できるようにされている。
（例）妊婦，子ども，旅人，病人，老人の断食免除

▲⑧六信五行と生活規範

▲⑨イスラームの伝播とムスリムの分布

凡例：
ムスリムが社会の主導権をにぎっている国
ムスリムの存在が大きな意味をもつ地域
ムスリムの移住労働者たちが影響力をもつ地域

ラマダーン

8月-9月　RAMADHAN　12Aug.-9Sept.
SAT SUN MON TUE WED THU FRI

上段：イスラーム暦　下段：西暦

▲⑩イスラーム暦（ヒジュラ暦）　ムハンマドがメディナに移った日（ヒジュラ）の622年を元年とした太陰暦。休日は金曜日である。

more　ムスリムの女性たち

女性は外出する際，はだの露出を避けるが，地域によって衣服の露出の度合いや色などはさまざまである。また結婚においても，イスラームでは男性は4人まで妻をもてることになっているが，実際には一夫多妻を禁止している国もある。

ポイントチェック（　）内の正しい方に〇をつけよう！

7世紀に（モーセ・ムハンマド）が開祖となり，イスラームが成立した。ムスリムは（六信五行・陰陽五行）などにしたがって生活をしている。

イスラーム世界の形成② ——拡大するイスラーム世界と王朝の成立

西アジア

イスラーム世界 拡大の立役者たち

①『クルアーン』の言葉が書かれた旗を掲げ，馬に乗っているムスリムたち

732 トゥール-ポワティエ間の戦い
711 西ゴート王国滅亡
756～1031 後ウマイヤ朝
751 タラス河畔の戦い
699
647
638
642 ニハーヴァンドの戦い
635
661～750
622 ヒジュラ(聖遷)

フランク王国
ビザンツ帝国
ウマイヤ朝
アラビア半島

- ムハンマドの死(632)までの領土
- 656年(第3カリフ)までの征服領土
- ウマイヤ朝の征服領土(661～715)　アッバース朝の最大領域(760ごろ)
- → イスラームの進出(数字は進出年代)

1000km

クイズ

Try1 図①の人々が持っている物を2つ選ぼう。
　①旗　②盾　③弓　④楽器

Try2 図①の人々は，次のうちどれだろう。　①商人　②巡礼者　③兵士
　ヒント　ページ下⑥の旅人との乗り物の違いに注目しよう。

Try3 彼らによる征服活動の結果，急速に領域が拡大した。その要因の一つに「異教徒への対応」があったが，どのようなものだったか。　①イスラームへの改宗を要求し，さからうと処刑した。　②税を納めれば，信仰の保持や自治を認めた。

① イスラーム国家の成立と発展

イスラーム世界の幕あけと発展

ムハンマド時代	570ごろ	ムハンマド，メッカに生まれる
	610ごろ	ムハンマド，神の啓示を受け，預言者に
	622	ムハンマド，メディナに移る(ヒジュラ=聖遷)(イスラーム暦元年)
	630	ムハンマド，メッカを占領　アラビア半島統一
正統カリフ時代	632	ムハンマド病没　正統カリフ時代始まる(～661) 都：メディナ
		○イラク，シリア，エジプト征服
	642	ニハーヴァンドの戦い
		→651 サ サ ン朝ペルシア滅亡
ウマイヤ朝		ムアーウィヤ (位 661～680)
	661	ウマイヤ朝創設，都：ダマスクス
		カリフを宣言(スンナ派とシーア派の分裂)
	732	トゥール-ポワティエ間の戦い(フランク軍に北進を阻止される)
アッバース朝		アブー=アルアッバース (位 750～754)
	750	ウマイヤ朝を滅ぼし，アッバース朝創設(～1258)
	751	タラス河畔の戦い(唐を破る)
		→中国の製紙法伝わる
	756	後ウマイヤ朝成立
	762～66	2代目カリフ マンスール(位 754～775)によるバグダード建設
		ハールーン=アッラシード (位 786～809)
		○イスラーム文化最盛期 このころから辺境の地方王朝が独立

教団国家建設　大征服運動の展開とイスラーム世界の拡大　帝国の成立と分裂

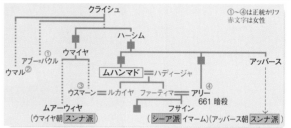

◀②正統カリフの系図
ムハンマドの死後，信者たちにより選ばれたカリフ(ウンマ[共同体]の最高指導者)を正統カリフといい，4代目のアリーまでをさす。

①～④は正統カリフ　赤文字は女性

クライシュ
ハーシム
①アブー=バクル
ウマイヤ
ウマル②
ムハンマド＝ハディージャ
③ウスマーン＝ルカイヤ　ファーティマ＝アリー④ 661 暗殺
アッバース
ムアーウィヤ(ウマイヤ朝 スンナ派)
フサイン(シーア派 イマーム)(アッバース朝 スンナ派)

スンナ派		シーア派
・ムハンマドの言行を尊重 ・世界全域に分布	割合 9：1	・アリーとその子孫の血統を尊重 ・イラン，イラク，レバノン，イエメンに分布

◀③スンナ派とシーア派の違い

▶④イスラーム国家の税制　アッバース朝以降は全員に土地税(ハラージュ)がかけられるようになり，ムスリムの平等を原則とするイスラーム帝国が実現した。また異教徒に対しては，さらに人頭税(ジズヤ)を課すことで信仰の保持を保障した。

	ウマイヤ朝	アッバース朝
アラブ人ムスリム	免税	ハラージュ
非アラブ人でムスリムに改宗した人	・ジズヤ(人頭税) ・ハラージュ(土地税)	
異教徒		・ジズヤ ・ハラージュ

more イスラーム=ネットワークの拡大

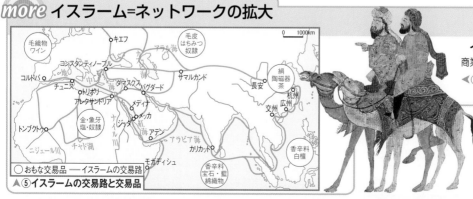

毛織物・ワイン
キエフ
毛皮・はちみつ・奴隷
コルドバ
コンスタンティノープル
チュニス
トリポリ
ダマスクス
アレクサンドリア
バグダード
メディナ
メッカ
サマルカンド
絹・陶磁器・茶
長安
杭州
広州
交州
ジッダ
アデン
トンブクトゥ
金・象牙・塩・奴隷
ニジェール川
チャド湖
カリカット
モガディシオ
香辛料・白檀
香辛料・宝石・藍・綿織物

○おもな交易品　── イスラームの交易路

▲⑤イスラームの交易路と交易品

0 1000km

イスラーム世界の拡大により，巡礼者の往来の道と商業の道が結びつき広大なネットワークが形成された。

◀⑥ムスリムの旅人　商人や巡礼の旅人は，乾燥に強いラクダを利用した。

ポイントチェック( )内の正しい方に○をつけよう！

ビザンツ帝国とササン朝の弱体化に加え，ムスリムが異教徒に対し(納税のかわりに信仰の保持を認めた・改宗を強制した)ことが，急速な領土拡大をもたらした。

時代の扉　奴隷たちの運命は！？

Try1 図①の奴隷の人は、次のうちどれだろうか。
①漁民　②農耕民　③騎馬遊牧民
ヒント　商人との服装や身なりの違いに注目！

Try2 マムルークはしだいに軍の中心になったが、なぜだろうか。あてはまるものをすべて選ぼう。
①奴隷であるため忠誠を誓うから。
②乗馬と弓術にすぐれ、戦争で強いから。
③歩兵なので戦場に大量投入できるから。

クイズ

Try3 マムルークは、13世紀のイスラーム世界において、どのような存在になっただろうか。　①君主となり王朝を開いた。　②国を乱す原因となった。
ヒント　地図や興亡年表を見てみよう！

▲①奴隷売買のようす
売られた奴隷は家内労働に従事したり、奴隷軍人（マムルーク）になったりした。

▲②マムルーク　教育や軍事訓練を受ける機会が与えられ、忠誠心が強かった。出世した者も多かった。(→p.16④)

シーア派の台頭と並び立つ３人のカリフ

□アラブ系　■イラン、アフガン系
後ウマイヤ朝／ビザンツ帝国／アッバース朝／サーマーン朝／カラ＝ハン朝／ファーティマ朝／ブワイフ朝／ガーナ王国／カネム王国／エチオピア

赤字：シーア派　■：カリフを立てた国　**A 10世紀**

ベルベル人の活躍とトルコ系遊牧民の西進

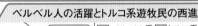

第1回十字軍　□ベルベル系　■トルコ系
赤字：シーア派　■：カリフを立てた国
ムラービト朝／マラケシュ／ビザンツ帝国／セルジューク朝／バグダード／カラ＝ハン朝／ガズナ朝／ファーティマ朝／西アフリカのイスラーム化／ガーナ王国／カネム王国／エチオピア　**B 11世紀**

十字軍との攻防

第3回十字軍　ムワッヒド朝／マラケシュ／ビザンツ帝国／セルジューク朝／カラ＝キタイ（西遼）／ホラズム朝／バグダード／ゴール朝／アイユーブ朝／カイロ／アッバース朝／カネム王国／11世紀末イスラーム化／エチオピア
■：カリフを立てた国　**C 12世紀**

モンゴル勢力の西進とイスラーム化

第4回十字軍　□モンゴル系
ナスル朝／グラナダ／ビザンツ帝国／チャガタイ＝ハン国／タブリーズ／バグダード／イル＝ハン国／デリー＝スルタン朝／カイロ／マムルーク朝／1258アッバース朝滅亡カリフ制消滅／マリ王国／カネム王国／エチオピア　**D 13世紀**

① イスラーム世界の変遷（10〜13世紀）

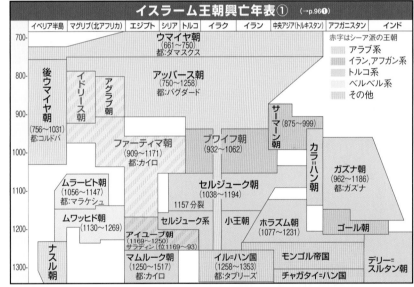

イスラーム王朝興亡年表① (→p.96①)

	イベリア半島	マグリブ(北アフリカ)	エジプト	シリア	トルコ	イラク	イラン	中央アジア(トルキスタン)	アフガニスタン	インド
700				ウマイヤ朝(661〜750) 都:ダマスクス						
800	後ウマイヤ朝(756〜1031) 都:コルドバ	イドリース朝／アグラブ朝		アッバース朝(750〜1258) 都:バグダード						
900								サーマーン朝(875〜999)		
1000			ファーティマ朝(909〜1171) 都:カイロ			ブワイフ朝(932〜1062)		カラ＝ハン朝	ガズナ朝(962〜1186) 都:ガズナ	
1100	ムラービト朝(1056〜1147) 都:マラケシュ			セルジューク朝(1038〜1194) 1157分裂					
1200	ムワッヒド朝(1130〜1269)		アイユーブ朝(1169〜1250) サラディン(位1169〜93)	セルジューク系	小王朝	ホラズム朝(1077〜1231)		ゴール朝	
1300	ナスル朝		マムルーク朝(1250〜1517) 都:カイロ		イル＝ハン国(1258〜1353) 都:タブリーズ		モンゴル帝国／チャガタイ＝ハン国		デリー＝スルタン朝

赤字はシーア派の王朝
□アラブ系　■イラン、アフガン系　■トルコ系　■ベルベル系　■その他

more　ヨーロッパに残るイスラーム建築　アルハンブラ宮殿

ウマイヤ朝はイベリア半島まで勢力をのばした最初のイスラーム王朝であったが、この半島最後のイスラーム王朝となった**ナスル朝**時代に建設されたのがアルハンブラ宮殿。イスラーム建築の特徴である**アラベスク**がほどこされている。

アラベスク
イスラームでは偶像崇拝につながりやすい人物や動物などのモチーフの使用が避けられ、繊細な幾何学文様が発達した。

ポイントチェック
（　）内の正しい方に○をつけよう！
10世紀になると三つの王朝がそれぞれ（カリフ・ウンマ）を立てるなど、イスラーム帝国は分裂の時代にはいった。11世紀以降はマムルークとよばれる（ムスリム商人・奴隷軍人）やモンゴル勢力などが台頭し、アラブ系以外のイスラーム王朝も成立した。

西アジア

アフリカ

イスラーム世界の変容② ——モンゴル帝国崩壊後のイスラーム世界

西アジア

遊牧民の伝統を受けつぐ騎馬軍団！

▶①城を攻めるティムール軍

Try1 図の①, ②の武器はそれぞれ何だろうか。

Try2 ティムール軍の装備は, どの軍隊といちばん近いだろう。
①アテネ軍 ②モンゴル軍 ③ヌルハチ軍 ヒント アテネ軍はp.47, モンゴル軍はp.84, ヌルハチ軍はp.89をふり返ってみよう。

Try3 ティムールは, ある国の復活をめざしたが, それは何という国か。

クイズ

…は, こんな人

"私はチンギス=ハンの子孫である"

ティムール（位1370～1405）

トルコ化したモンゴル族出身で, 若いころは盗賊として活動した。西チャガタイ＝ハン国の軍人であったが, モンゴル帝国の始祖チンギス＝ハンを理想の君主と仰ぎ, ぬきんでた統率力と騎馬軍隊を駆使して, 自ら大帝国を築いた。明への遠征途中で病死し, モンゴル帝国復活の夢は果せなかった。

中央アジア～イランをおさめたティムール帝国

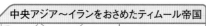

→ ティムールの進出

A 14～15世紀

サファヴィー教団が建てたサファヴィー朝

—— サファヴィー朝の最西端
—— オスマン帝国の最東端

1517 マムルーク朝滅亡

B 16世紀

---

① イスラーム世界の変遷（14～19世紀）

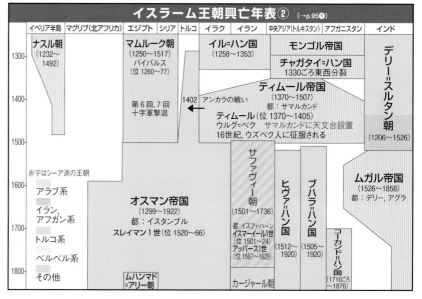

イスラーム王朝興亡年表②（→p.95①）

	イベリア半島	マグリブ(北アフリカ)	エジプト	シリア	トルコ	イラク	イラン	中央アジア(トルキスタン)	アフガニスタン	インド
1300	ナスル朝(1232～1492)		マムルーク朝(1250～1517) バイバルス(位1260～77)			イル＝ハン国(1258～1353)		モンゴル帝国		デリー＝スルタン朝(1206～1526)
1400								チャガタイ＝ハン国 1330ごろ東西分裂		
			第6回,7回十字軍撃退		1402 アンカラの戦い		ティムール帝国(1370～1507) 都：サマルカンド			
1500						ティムール(位1370～1405) ウルグ＝ベク サマルカンドに天文台設置 16世紀, ウズベク人に征服される				
1600	赤字はシーア派の王朝						サファヴィー朝(1501～1736)			ムガル帝国(1526～1858) 都：デリー, アグラ
1700	アラブ系 イラン, アフガン系 トルコ系 ベルベル系 その他		オスマン帝国(1299～1922) 都：イスタンブル スレイマン1世(位1520～66)				都：イスファハーン イスマーイール1世(位1501～24) アッバース1世(位1587～1629)	ヒヴァ=ハン国(1512～1920)	ブハラ=ハン国(1505～1920)	コーカンド=ハン国(1710ごろ～1876)
1800			ムハンマド=アリー朝				カージャール朝			

---

② シーア派国家 サファヴィー朝

▼②「世界の半分」とたたえられた都イスファハーン サファヴィー朝の**アッバース1世**が首都を移した**イスファハーン**には, 壮麗な建築物が建てられ, 交易路の中継地として繁栄した。

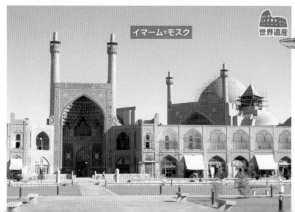

イマーム＝モスク
世界遺産

▲③アッバース1世
サファヴィー朝第5代の王。オスマン帝国から一時イラクを奪回し, ホルムズ島からポルトガルを撤退させるなど全盛を誇った。

プチ **なぜイランには少数派のシーア派が多い？**

・現在のイランにあたるサファヴィー朝が, シーア派を国教としたため。
・血統を重んじるイランでは, メディア王国からササン朝までの帝王が一つの血統でつながると考えられ, さらに第4代カリフの**アリー**の子がササン朝の王女を妻としたとの伝承が広まり, 血統重視の思想とシーア派の教義が結びついたから。

世界遺産

▶④シーア派ムスリムが訪れるイマーム＝レザー廟

ポイントチェック （ ）内の正しい方に○をつけよう！

モンゴル帝国の再興をめざしたティムールは,（鉄砲隊・騎馬隊）をひきいて大帝国を築いた。シーア派国家であるサファヴィー朝では, アッバース1世の時代に首都（サマルカンド・イスファハーン）が文化・商業の中心地として繁栄した。

特集 アフリカの歴史

	B.C.1000		0	A.D.500		1000		1500		1900
エジプト			プトレマイオス朝	ローマ帝国	ビザンツ帝国	ファーティマ朝		マムルーク朝	オスマン帝国	
ナイル川中・上流域	クシュ王国	メロエ王国		エチオピア			アイユーブ朝			
北西アフリカ			ムラービト朝→			←ムワッヒド朝				
ニジェール川流域				ガーナ王国		マリ王国	ソンガイ王国			仏領
コンゴ川流域							コンゴ王国			
ザンベジ川流域							モノモタパ王国			

▲①ラクダに岩塩(がんえん)を乗せて運ぶキャラバン（隊商）

① アフリカの歴史

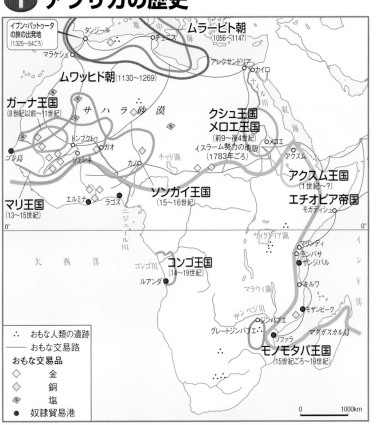

イブン=バットゥータの旅の出発地（1325〜54ごろ）

ムラービト朝（1056〜1147）
ムワッヒド朝（1130〜1269）
ガーナ王国（8世紀以前〜11世紀）
クシュ王国 メロエ王国（前9〜後4世紀）イスラーム勢力の南限（1783年ごろ）
アクスム王国（1世紀〜?）
エチオピア帝国
ソンガイ王国（15〜16世紀）
マリ王国（13〜15世紀）
コンゴ王国（14〜19世紀）
モノモタパ王国（15世紀ごろ〜19世紀）

∴ おもな人類の遺跡
── おもな交易路
おもな交易品
◇ 金
◇ 銅
⬦ 塩
● 奴隷貿易港

0　1000km

ナイル川流域

クシュ王国　メロエ王国（前9〜後4世紀）
・最古の黒人王国。
・一時エジプトを支配するが，アッシリアに敗北し，都をメロエに移す（メロエ王国）。
・製鉄技術，商業が発達し，メロエ文字や**ピラミッド**がつくられる。

アクスム王国（1世紀〜?）
・インド洋・紅海・地中海の交易の主導権をにぎって繁栄。ローマ帝国とも交易。（→ p.54）
・キリスト教コプト派（キリストの神性を強調）が広まった。

東海岸〜ザンベジ川流域

東海岸の諸都市 ※
・ムスリム商人の到来によりイスラームを受容。
・インド洋交易でマリンディ・モンバサ・ザンジバル・キルワなどの港市が発展。
・鉄器・衣類と交換に，金・象牙・黒人奴隷を輸出。
・現地の文化とイスラーム文化が融合し，スワヒリ文化が誕生。

モノモタパ王国（15世紀ごろ〜19世紀）
・金・象牙輸出によるインド洋交易で発展。
・ムスリム商人やポルトガルとの交易で繁栄。
・イスラームは沿岸部の一部を除き，広まらなかった。

※ 　　　 はイスラームが広がった国・地域

ニジェール川流域

ガーナ王国（8世紀以前〜11世紀）
・サハラの岩塩とギニアの金(きん)による塩金交易で繁栄。
・**ムラービト朝**に征服され，西アフリカのイスラーム化が本格化するきっかけとなった。

マリ王国（13〜15世紀）
・金の生産・交易を支配し繁栄。
・都の**トンブクトゥ**に，旅行家イブン＝バットゥータも来訪。
・国王マンサ＝ムーサがメッカ巡礼を行った際，途中でばくだいな金を消費(しょうひ)したため，**カイロ**の金相場が暴落した，という。

ソンガイ王国（15〜16世紀）
・マリ王国の支配から独立。
・黒人初の大学を創設するなど繁栄。

▲②ジェンネのモスク（マリ）　ジェンネはトンブクトゥと**ニジェール川**を結ぶ中継都市として栄えた。

▶③熱心なムスリムだった国王マンサ＝ムーサ

more 「石の家」とよばれた グレートジンバブエ遺跡

　グレートジンバブエ遺跡はイスラームや宋との交易品が出土していることから，14〜15世紀にインド洋交易で発達した都市の遺跡とみられる。花崗岩(かこうがん)を積み上げて築かれた美しい円形の神殿のほか，**アクロポリス**や「谷の遺跡」（王妃や親族の住居か）などが築かれている。

世界遺産

アフリカ

イスラーム文化 ──周辺文化をのみこみ, さらに発展させた文化

時代の扉 世界に影響を与えた高度な研究

アストロラーベ (→ p.20)

「ある学問」の研究施設において

◀①研究のようす インドの専門書をアラビア語に翻訳して研究が進められた。のちに, 元の時代の「授時暦(じゅじれき)」にも影響を与えたとされる。

クイズ?

Try1 図のⒶ~Ⓓはそれぞれ何だろう。下から選ぼう。
① 砂時計　② 地球儀
③ コンパス　④ 定規

Try2 彼らがこの施設で研究している学問を, 二つ答えよう。
① 医学　② 数学　③ 天文学

Try3 この学問が発達したことで, どのような効果があっただろうか。
①難しい手術が可能になった。
②交易や巡礼のための航海路が発達した。
③『クルアーン』の研究が進んだ。
ヒント p.20 もみてみよう。

イスラーム文化

外来の学問	哲学	ギリシア哲学 (アリストテレス) 研究: ガザーリー, イブン=ルシュド (アヴェロエス) アリストテレス哲学の注釈
	数学	ギリシアの幾何学・インドの代数学を吸収・発展 →アラビア数字・ゼロの記号を完成 フワーリズミー…代数学の研究
	天文学	占星術から発達 ムスリム商人の活躍で航海術・暦学も発達 バグダード・ダマスクス・サマルカンドに天文台設置
	地理学	イドリーシー…世界地図を作成 (→p.20) イブン=バットゥータ『三大陸周遊記』
	医学	イブン=シーナー (アヴィケンナ) 『医学典範』ギリシア・アラビア医学の集大成
	化学	錬金術から発達 蒸留・濾過の方法を発明
アラビア固有の学問	法学 神学	『クルアーン (コーラン)』の注釈, ムハンマドの言行 (スンナ) に関する伝承 (ハディース) を基礎として, 両者合体して発達 ガザーリー…スーフィズムを理論化
	歴史学	ラシード=ウッディーン『集史』(イル=ハン国の政治顧問) イブン=ハルドゥーン『世界史序説』
その他	文学	『千夜一夜物語 (アラビアン=ナイト)』 (→p.14) オマル=ハイヤーム『ルバイヤート』
	建築美術	モスク建築 (ドームとミナレット) アラベスク (幾何学文様) 細密画 (ミニアチュール) 中国絵画の影響も受ける

① 外来の学問

数学

ローマ字	I 1	V 5	X 10	L 50	C 100	D(IƆ) 500	M(CIƆ) 1000	V̄(IƆƆ) 5000	X̄(CCIƆƆ) 10000
インド文字	𝟏	𝟐	𝟑	𝟒	𝟓	𝟔	𝟕	𝟖	𝟗	𝟎
アラビア文字	١	٢	٣	٤	٥	٦	٧	٨	٩	٠
算用数字	1	2	3	4	5	6	7	8	9	0

◀②数字の表記 インドからゼロの概念を含むインド文字や計算法が伝えられ, 数学や幾何学が発展した。

医学

▶③帝王切開の手術 ギリシアの医学を発展させ, 難しい外科手術が行われた。のちにラテン語に翻訳され, ヨーロッパに影響を与えた。

プチ 日本語になったアラビア語

アラビア語には, 西欧を経由して日本に伝わった言葉が多い。化学用語が多いことから, イスラームの化学水準の高さもわかる。

日本語		アラビア語	
アルカリ	← alkali (オランダ語) ←	القلو	(アル・キルウ 〔海草の灰〕)
アルコール	← alcohol (オランダ語) ←	الكحل	(アル・コホル)
ソーダ	← soda (オランダ語) ←	صودا	(スダーウ)
マッサージ	← massage (英語) ←	مس	(マッサ 〔触れる〕)
コーヒー	← koffie (オランダ語) ←	قهوة	(カフワ)
シャーベット	← sherbet (英語) ←	شربة	(シャルバット 〔飲み物〕)
ミイラ	← mummy (英語) ←	مومياء	(ムウミヤーゥ)

② アラビア固有の学問

『クルアーン』
ウラマー

法学

◀④マドラサ (学問施設) で講義を行うウラマー 書物の読解によりイスラーム諸学を学んだ学者 (ウラマー) は, 教師, 裁判官などになったり, 各地のマドラサを遍歴して教えを広めたりした。

神学

▶⑤修行に励むスーフィー 修行を通じて内面的に神に近づこうとすることをイスラーム神秘主義 (スーフィズム) といい, 修行者スーフィーは聖者として崇拝されることもあった。

⇩

アラビア語が読めない人々や地域へのイスラーム浸透に大きな役割を果たした。

スーフィーたち

ポイントチェック
( ) 内の正しい方に○をつけよう!

広大なイスラーム世界が成立した結果, (ギリシア・イベリア半島) やインドなどから伝承した数学, 医学, 天文学や (哲学・儒学) などの文献がアラビア語に翻訳され, 研究・発展させたイスラーム文化が開花した。

西アジア

モスクの内部に隠されたメッセージを追え！

アートにTRIP

▲①東京ジャーミイ（東京都渋谷区）

▲②聖ソフィア大聖堂から見つかったモザイク壁画　イスタンブルにある聖ソフィア大聖堂（→p.104）は，最初はキリスト教会として建てられたが，15世紀からはモスクとして使用されていた。モスクとして改装した際に，キリストを描いた壁画は漆喰で塗られ，見えないように隠されてしまった。

Q1 左の写真は，日本にある東京ジャーミイというモスクの内部で，ムスリムがあることを行う場所として建てられた。ここは何をする場所なのだろうか。
①体操を行う場所
②舞踏会を開く場所
③祈りをささげる場所
ヒント　ムスリムは1日5回，このことを行うことが定められている。

Q2 ①の写真とp.104の写真②のキリスト教の教会を見比べると，教会の中にはあって，モスクの中にはないものがある。それは次のうちどれだろうか。
①飾り枠のついた窓
②人物を描いた絵画

▲▶③ブルーモスクの外観（右）と内装（上）

Q3 モスクでは，Q2で答えたものを描かないかわりに，ほかのもので建物の内部を装飾した。写真①の中央のシャンデリアや，写真③の天井の拡大図は何をもとにした装飾になっているのだろうか。
①ローマ数字　②アラビア文字　③動物などの線画
ヒント　p.41とp.98に答えが隠されているので，探してみよう。

イスラームでは，モスクや写本を装飾するため，Q3で答えたものを美しく表現する技術が発達しました。神から下された啓示は最も美しく表現しなければいけないという使命から，私たちはその腕を磨きました。

アートの社会背景1　なぜ，モスクでは，Q2で答えたものが描かれなかったのだろうか。
①神の姿を描いてはならないため　②人物を描くのが苦手であったため
ヒント　なぜ写真②のモザイク壁画は漆喰で隠されたのだろうか。右の文章も参考にしてみよう。

クルアーンの和訳（一部）
…わし（アッラー）に感謝すると同時に自分の父母にも感謝せよ。ついにはわしのもとに帰って来る身であることを（忘れずに）。だがもしも父母が，わけもわからぬもの（偶像）をわしとならべてお前に拝ませようとするならば，決して言うこと聞いてはならぬ。…
（井筒俊彦訳『コーラン』岩波書店，第31章ルクマーン　13,14節一部）

▲④イスラームの書道家

アートの社会背景2　これらの装飾は，単にQ3で答えたものを装飾化したものではなく，ムスリムにとってある大切なものを表した装飾となっている。それは一体何か，次のうちから選んでみよう。
①『新約聖書』の一節　②『千夜一夜物語』の一文　③『クルアーン』の句
ヒント　書道家の言葉を参考にしてみよう。

オスマン帝国 ── 600年以上続いた大帝国

時代の扉 西欧の脅威となった歩兵軍団の正体は？

▶③イェニチェリの軍楽隊 ブラスバンドの元祖といわれる。彼らの音楽が聞こえてくるだけで、敵軍は戦わずして降伏したという。

②非ムスリムへの対応

非ムスリムの共同体（ミッレト）

├ 身体が丈夫で才知にすぐれるキリスト教徒の少年を徴集

└ 税を納めれば信仰・習慣の保持認める

身体が丈夫で才知にすぐれるキリスト教徒の少年を徴集 → 教育・訓練 イスラームに改宗 → イェニチェリ（軍人）や官僚など

クイズ

Try1 図①に見られるイェニチェリの武器を2つ選ぼう。
①火縄銃（火砲）　②戦車　③剣　④弓矢

Try2 イェニチェリとなった少年たちは次のうちどれだろうか。
①徴集されてイスラームに改宗したキリスト教徒
②奴隷として売られてきた遊牧民　③中央アジア出身のモンゴル族

Try3 この少年たちはイェニチェリのほかにどのような道が開かれていただろうか。
①イスラーム法学者（ウラマー）　②官僚（高級役人）　③十字軍の騎士

▲①イェニチェリ（常備歩兵軍団）

オスマン帝国興亡年表

発展	1299　オスマン1世（位 1299〜1326），アナトリアにオスマン帝国建国
	1361　アドリアノープル（エディルネ）占領（諸説あり）
	バヤジット1世〔雷帝〕（位 1389〜1402）
	1396　ニコポリスの戦いでハンガリー王ジギスムントを破る
混乱	1402　**アンカラの戦い** ティムールに敗れ捕えられる　帝国混乱（〜1413）
	1413　メフメト1世（位 1413〜21）によりオスマン帝国再統一
	メフメト2世〔征服王〕（位 1444〜46・51〜81）
	1453　**コンスタンティノープル**を征服し，遷都（現在の**イスタンブル**）→ビザンツ帝国滅亡
	75　クリム=ハン国を服属　○トプカプ宮殿造営
復興と全盛	**セリム1世**〔冷酷者〕（位 1512〜20）
	1514　チャルディラーンの戦いで**サファヴィー朝**を破る（鉄砲隊の活躍）
	17　マムルーク朝を破る（エジプト・シリア征服）全アラブを属領化し，サファヴィー朝と対立→スルタン=カリフ制の成立（諸説あり）
	スレイマン1世〔立法者〕（位 1520〜66）
	1526　モハーチの戦い，ハンガリーを破る
	29　**第1次ウィーン包囲** 神聖ローマ皇帝カール5世と対立
	36　仏王フランソワ1世に**キャピチュレーション**（領事裁判権や租税の免除などの特権）を与えた（1569年，セリム2世がフランスに与えたという説もある）
	38　**プレヴェザの海戦**→東地中海の制海権をにぎる
	1571　**レパントの海戦**→スペイン・ヴェネツィア連合艦隊に敗れる
	1623　イェニチェリ，反乱を起こす
	83　第2次ウィーン包囲→失敗
	99　**カルロヴィッツ条約**（オーストリアにハンガリーを割譲）
衰退	1703　アフメト3世即位（位 1703〜30）
	1811　エジプト（ムハンマド=アリー），オスマン帝国から事実上独立
	21　**ギリシア独立戦争**（〜29）→**東方問題**
	39　**恩恵改革（タンジマート）**（〜76）
	1922　スルタン制の廃止→オスマン帝国滅亡

❶ 帝国の拡大と繁栄

山を越えるオスマン艦隊

メフメト2世

◀④コンスタンティノープルの陥落
メフメト2世は艦隊を山越えさせ陸・海から町を包囲した。ハンガリー人から取り入れた巨砲を使用する作戦によって勝利をおさめ，**ビザンツ帝国**を滅ぼした。この地を首都とし，発展の礎とした。

コンスタンティノープルの攻略

14〜17世紀

1529　第1次ウィーン包囲
1683　第2次ウィーン包囲

1453　コンスタンティノープル征服，現在のイスタンブル

■ 1362年の領土
■ 1451年の領土
■ メフメト2世が獲得（1451〜81）
□ セリム1世が獲得（1512〜20）
□ スレイマン1世が獲得（1520〜66）
□ 1566〜1683年に獲得

1538　プレヴェザの海戦 西欧連合艦隊に勝利
1571　レパントの海戦 スペインに敗北
1517　マムルーク朝征服

0 500km
── 1683年の国境
数字　獲得した年
✕　おもな戦い

▶⑤スレイマン1世
ハンガリーを征服し，**第1次ウィーン包囲**を行ってヨーロッパに大きな脅威を与えた。国内では税制や官僚制などの国家体制を整え，帝国の最盛期を築いた。

✎ ポイントチェック

（　）内の正しい方に○をつけよう！
オスマン帝国は常備歩兵軍団の（マムルーク・イェニチェリ）など強力な軍事力を背景に領土を拡大した。また他の宗教との共存を認め，最盛期を誇った（スレイマン1世・バヤジット1世）による国家体制の整備も帝国の繁栄につながった。

ムガル帝国 ——ティムールの子孫が建てた国

時代の扉 皇帝が抱きしめている相手は？

◀①第4代ムガル皇帝ジャハーン＝ギールの夢のなか（17世紀）やさしく抱きしめるようすから，両国の親密さがみてとれる。

ムガル絵画
肖像画や花鳥を描いた写実的な宮廷絵画

クイズ

Try1 ムガル皇帝が抱きしめている相手は次のうち誰だろうか。　①サファヴィー朝のアッバース1世　②ティムール帝国のティムール　③明の洪武帝
ヒント　乗っている地図の場所に注目し，p.28〜29の地図で確認してみよう。

Try2 ムガル帝国はどの宗教の国家だろうか。
①仏教　②イスラーム　③ヒンドゥー教
ヒント **Try1** の人の国と同じ宗教（宗派は異なる）

1 南アジアの変遷とムガル帝国

Ａ 11〜12世紀

- ガズナ朝の領域
- ゴール朝の領域

Ｂ 13〜15世紀

ヴァスコ＝ダ＝ガマの航路（→p.24）
鄭和の航路（→p.25）
- 奴隷王朝（1206〜1290）
- トゥグルク朝（1320〜1413）の最大領域
- ヴィジャヤナガル王国（1336〜1649）

Ｃ ムガル帝国（16〜18世紀）

サファヴィー朝
ラージプート諸王国
マラータ同盟
- アクバル没年時の領域（1605）
- アウラングゼーブ帝の最大領域（1707）
- マラータ同盟支配下の最大領域
- ヒンドゥー教の国
- 青字 反ムガル帝国の国

（蘭）オランダ領
（英）イギリス領
（ポ）ポルトガル領

ボンベイ 1661（英）
ゴア 1510（ポ）
マドラス 1639（英）
カルカッタ 1690（英）
カリカット 1792（英）
コロンボ 1517（ポ） 1658（蘭）

2 インド＝イスラーム文化

◀②王妃ムムターズ＝マハル（左）と第5代皇帝シャー＝ジャハーン（右）

ドーム
ミナレット（尖塔）
イーワーン（ホール）
世界遺産

▶③タージ＝マハル廟
第5代皇帝シャー＝ジャハーンが，愛する后のために建てた，完璧な左右対称の霊廟。ミナレット，ドーム，イーワーンの形にイラン建築の影響がみられる。（→p.96）

インドのイスラーム化

11世紀	アフガニスタンの**ガズナ朝**が北インドに侵入
12世紀	アフガニスタンの**ゴール朝**が北インドに侵入

デリー＝スルタン朝（1206〜1526）
都：デリー

1206	**奴隷王朝**（トルコ系）（〜90） アイバク（ゴール朝将軍）が建国	1221	モンゴル軍，アフガニスタン方面に侵入
90	**ハルジー朝**（トルコ系）（〜1320）	1336	南インドにヴィジャヤナガル王国建国（〜1649ごろ）
1320	**トゥグルク朝**（トルコ系）（〜1413）	1398	ティムール軍，インド侵入
1414	**サイイド朝**（トルコ系）（〜51）		
51	**ロディー朝**（アフガン系）（〜1526）		

ヨーロッパ諸国のインド進出
青字 文化関連事項

1498	**ヴァスコ＝ダ＝ガマ**，カリカットに到着（インド航路開拓）
○	ナーナク，シク教を創始（16世紀初）
1526	**パーニーパットの戦い**→ムガル帝国建国
○	**バーブル**（初代，位 1526〜30）

アクバル（3代，位 1556〜1605）
○	アグラに遷都，ジズヤ（人頭税）廃止
1600	イギリス，東インド会社設立
○	ジャハーン＝ギール（4代，位 1605〜27）

シャー＝ジャハーン（5代，位 1628〜58）
○	デリーへ再遷都
○	タージ＝マハル完成 息子のアウラングゼーブに幽閉される

アウラングゼーブ（6代，位 1658〜1707）
○	帝国最大の領土を獲得
○	厳格なムスリムで，シーア派とヒンドゥー教徒を弾圧
1664	フランス，東インド会社再建
79	ジズヤ復活 →異教徒の反発

1674	シヴァージー，マラータ王国建国
1710	シク教徒の反乱
1750年代	マラータ同盟成立

1757	プラッシーの戦い
	18世紀後半，イギリスの支配が拡大
1857	インド大反乱（シパーヒーの反乱）（〜59）
58	イギリス東インド会社解散 ムガル帝国滅亡（→p.160）

▲④象に乗るアクバル

クルアーン

▶⑤アウラングゼーブ

ターバン
ひげ
剣

▶⑥シク教徒　ヒンドゥー教とイスラームの教えを融合した宗教で，偶像崇拝を禁止し，カースト制を批判している。

〈インド＝イスラーム文化〉

宗教	シク教
建築	タージ＝マハル廟
言語	ウルドゥー語（アラビア文字を用い，ペルシア語と北インドの地方語を融合）
絵画	ムガル絵画 ラージプート絵画 細密画（ミニアチュール）の影響を受ける

▼ ポイントチェック（　）内の正しい方に○をつけよう！

イスラーム化が進んだインドにおいて，ムガル帝国の（アクバル・アウラングゼーブ）はジズヤを廃止し，異教徒との融和をはかった。また（シク教・ジャイナ教）など，ヒンドゥー教とイスラームが融合した文化が開花した。

南アジア

ゲルマン人の大移動 ──南へ西へ，移動開始！

ヨーロッパ

ヨーロッパ世界の風土

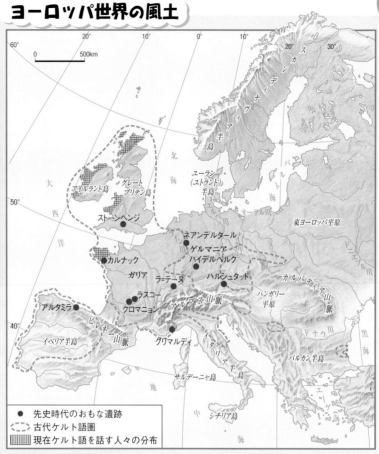

先史時代のおもな遺跡
古代ケルト語圏
現在ケルト語を話す人々の分布

サンタクロース　獣姿の従者（オーディン）

プチ　現代に生きる ゲルマンの神々

▲②サンタクロースのモデルは？
　古代ゲルマンの神オーディンは人々に穀物をめぐむ豊穣の神で，12月の冬至祭に獣の姿で表された。しかしキリスト教にとって異教の神はつごうが悪いため，彼の役割がキリスト教の聖人ニコラウス（サンタクロース）にとってかわられ，菓子などが人々にくばられるようになった。ドイツ語圏では，現在でもサンタクロースに獣の姿の人物がつき従っている。

火曜日　tuesday 軍神テュール（Tyl）の日	◀③英語の曜日の名称に残るゲルマンの神々
水曜日　wednesday 主神オーディン（Odin）の日	
木曜日　thursday 雷神トール（Thor）の日	
金曜日　friday オーディンの妻フリッグ（Frig）の日	

▲①森と妖精　ヨーロッパの人々にとって，村のまわりに広がる森は，命をはぐくむと同時に，畏怖の対象であった。キリスト教伝播以前のケルト人やゲルマン人の神話には，森やそこに住むと考えられた妖精が数多く登場する。

1 ゲルマン人とローマ帝国

地域	400年	500	600	700	800	900
グレートブリテン島		449 アングロ＝サクソン七王国				829
イベリア半島	西ローマ帝国 418	西ゴート王国	711 ウマイヤ朝	後ウマイヤ朝		
ゲルマニア		481 フランク王国	751 ドイツ			
ガリア		443 ブルグント 534 メロヴィング朝		カロリング朝 フランス		
イタリア半島		493 東ゴート 555 568 ランゴバルド	774 イタリア			
東地中海	ビザンツ（東ローマ）帝国			イスラーム諸王朝		
北アフリカ	429 ヴァンダル	534				

▲④ゲルマン諸国の興亡

▶⑤ゲルマン人の移動

東ゴート　各民族の原住地
東ゴート　各民族の最終定住地
→　各民族の移動
⊗　ローマ帝国と周辺民族との戦い

フン人の侵入（375）

ケルト人　ジュート　アングル　サクソン　フランク　ブルグント　ヴァンダル　バルト諸族　スラヴ諸族　東ゴート

アングロ＝サクソン七王国（ヘプターキー）
フランク王国
ヴォルムス　パリ　⊗カタラウヌム 451
ブルグント王国　ランゴバルド
西ゴート
トロサ　ラヴェンナ
ランゴバルド王国
トレド　西ローマ帝国　ローマ　東ゴート王国
西ゴート王国
378 アドリアノープル
コンスタンティノープル
ビザンツ（東ローマ）帝国
ローマ帝国東西分裂の境界（395年）
カルタヘナ　カルタゴ
ヴァンダル王国
アテネ　アンティオキア
イェルサレム　アレクサンドリア
0　200km

◀⑥家族で移動するゲルマン人
　3世紀以降，ゲルマン人はローマ帝国内に少しずつ侵入を開始し，下級官吏・傭兵・コロヌスとなった。

ポイントチェック
（　）内の正しい方に○をつけよう！
（フン人・フェニキア人）に圧迫された西ゴート人が375年に移動を開始すると，これをきっかけにほかのゲルマン人も移動を開始した。（西ローマ帝国・東ローマ帝国）はゲルマン人の傭兵隊長に滅ぼされたが，（西ローマ帝国・東ローマ帝国）はその後1000年以上続いた。

フランク王国 ——ゲルマンの王とキリスト教会のホットな関係

時代の扉 カール大帝の戴冠（たいかん）で復活した国は？

Try1 カール大帝は何に即位したのだろうか。
　①教皇　②王　③皇帝

Try2 カールが信仰している宗教は何だろうか。
　①ユダヤ教　②キリスト教　③ゲルマンの神々

Try3 カール大帝の戴冠という教皇によりしくまれた
　セレモニーは、一度滅亡したはずのある国の復
　活を意味している。その国とはどれだろうか。
　①都市国家アテネ　②西ローマ帝国
　③東ゴート王国

？クイズ ➤②西ローマ帝国の権威を受けつぐ冠　西ローマ帝国
の冠を受けつぐ習慣は**カール大帝**から始まり、**東フラ
ンク王国**（神聖ローマ帝国）へと引きつがれた。これは神
聖ローマ皇帝**オットー1世**の冠と伝えられている。

➤①**カール大帝の戴冠**　800年クリスマス当日、カー
ル大帝はローマの聖ピエトロ大聖堂にはいり、祈りをさ
さげた。カールが立ち上がろうとした瞬間、ローマ教皇
レオ3世は黄金の冠を国王の頭にのせた。「神によって
冠を授けられ、この世に平和をもたらす、至高なる偉大
な皇帝カールに、命と勝利を。」

教皇レオ3世　　カール大帝

フランク王国の発展と分裂

フランク王国の形成	**クローヴィス**（位 481〜511）
	481　フランク諸部族を統一（**メロヴィング朝成立**）
	496　**カトリック**（アタナシウス派）に改宗
	宮宰カール=マルテル（688/689〜741）
	732　トゥール-ポワティエ間の戦いでイスラーム 　　　勢力の進出を阻止
フランク王国の発展	**ピピン（小）（ピピン3世）**（位 751〜768 カール=マルテルの子）
	751　メロヴィング朝の国王を廃し、**カロリング朝**を開く
	756　ラヴェンナ地方などを**教皇領**として寄進 　　　（**ピピンの寄進**）
	カール大帝（シャルルマーニュ）（位 768〜814 ピピンの子）
	774　ランゴバルド王国を倒す　青字：文化関 　　　　　　　　　　　　　　　　連事項
	8世紀末　アヴァール人を撃退 　　　○**カロリング=ルネサンス**が発展
	800　教皇レオ3世より**ローマ皇帝**の帝冠を与えられる 　　　（**カールの戴冠→西ローマ帝国の復興**）

843 ヴェルダン条約

```
西フランク王国        ロタール王国            東フランク王国
（シャルル2世）      （中部フランク王国）    （ルートヴィヒ2世）
                     （ロタール1世）
```

870 メルセン条約

```
西フランク王国        イタリア王国          東フランク王国
（シャルル2世）      （ロドヴィコ2世）      （ルートヴィヒ2世）
```

```
987 カロリング朝     875 カロリング朝       911 カロリング朝
　　断絶            　　断絶              　　断絶
```

フランス カペー朝 987〜1328 フランス大公 ユーグ=カペー	イタリア諸邦	**ドイツ** ザクセン大公 ハインリヒ1世

オットー1世（大帝　位 936〜973）
955　マジャール人を撃退
962　教皇ヨハネス12世より
　　ローマ皇帝の帝冠を受ける
神聖ローマ帝国（962〜1806）

1 カロリング時代のフランク王国

A 8〜9世紀前半

| カール大帝即位当時
(768)のフランク領 |
| カール大帝時代の
獲得領 |
| カール大帝の勢力圏 |

スコットランド　北　海
アングロ=サクソン七王国
ウェールズ
ロンドン
ブルターニュ
メルセン　ザクセン
アーヘン　ボヘミア　アヴァール王国
パリ　ヴェルダン
フランク王国
ブルグント
732 トゥール-ポ
ワティエ間の戦い
ピピンの寄進
756年
ランゴバルド
ミラノ　ヴェネツィア
ラヴェンナ
カールの戴冠
800年
コンスタンティノープル
トレド
サルデーニャ
後ウマイヤ朝
コルドバ
イドリース朝　アッバース朝
シチリア
中　海　地
ビザンツ帝国

0　　200km

B ヴェルダン条約（843年）

— ヴェルダン条約の
境界線（843年）
— 現在の国境

北海
**東フランク
王国**
ブルターニュ　ヴェルダン　ヴォルムス
ロ　パリ　ロ
ー
リ　ヴェネツィア
ン
ゲ
ン
**西フランク
王国**　**ロタール
王国**
ラヴェンナ

0　200km
ローマ

C メルセン条約（870年）

— メルセン条約の
境界線（870年）
— 現在の国境

北海
ザクセン
メルセン
アーヘン
ロ
ブルターニュ　タ　**東フランク
　　パリ　リ　王国**
　　　　　ン　（ドイツ）
　　　　　ゲ
西フランク　ン
王国
（フランス）　**イタリア
王国**　ヴェネツィア
ラヴェンナ

0　200km
ローマ

➤③**クローヴィスの洗礼**　クローヴィスは3000人
の部下とともに、ローマ人の信仰するアタナシウス
派（カトリック）に改宗した。

聖油を運ぶ鳥
カトリック教会の
王妃クロティルド
クローヴィス　聖レミギウス

ポイントチェック（　）内の正しい方に○をつけよう！

800年、聖ピエトロ大聖堂で（レオ3世・カー
ル大帝）が戴冠したことによって（西ローマ帝
国・東ゴート王国）が復活し、古代ギリシア・
ローマの文化にゲルマン民族の文化、キリスト
教文化が融合した、一つの文化圏が生まれた。

時代の扉 ユスティニアヌスの野望

▲①ユスティニアヌス帝（1世）とビザンツ帝国の高官たち

近衛兵　将軍　ユスティニアヌス帝　ラヴェンナ大主教

キリスト

▲②聖ヴィターレ教会のモザイク（ラヴェンナ）

？クイズ

Try1 このモザイク壁画がある町ラヴェンナを左下❶の地図で探し，属している国名を答えよう。

Try2 当時，紫色は皇帝だけに許された色だった。図①のモザイク壁画のなかから皇帝を探してみよう。

Try3 このモザイクでユスティニアヌスが自分をキリストや大主教の近くに描かせたねらいは何だろうか。

ヒント　下の❷で，帝国での皇帝の役割を確認しよう。

ヨーロッパ

---

❶ ユスティニアヌス帝時代のビザンツ帝国

大西洋　アーヘン　スラヴ人

フランク王国　ランゴバルド人　東ゴート王国征服

スエヴィ王国　パリ　トゥールーズ　黒海　ササン朝ペルシア

西ゴート王国　ラヴェンナ　コンスタンティノープル　ニケーア

トレド　ローマ　ビザンツ帝国（東ローマ帝国）

コルドバ　地中海　エフェソス　アンティオキア　ダマスクス

カルタゴ　イェルサレム

ヴァンダル王国征服　アレクサンドリア

- ユスティニアヌス即位時のビザンツ帝国
- ユスティニアヌス時代の最大領域

400km

---

❷ ビザンツ帝国と西ヨーロッパ

	ビザンツ帝国	西ヨーロッパ
政治	・皇帝が神の代理人として政治と宗教の両方で最高権力者（皇帝教皇主義） ・軍管区（テマ）制，官僚制	・聖（教皇）と俗（皇帝・国王）による二元的構造 ・封建制（封土による主従関係）
経済	・自由農民による屯田兵制 ・国家統制により商工業が発達，貨幣経済	・農奴が生産の中心，自給自足経済 ・のちに貨幣経済が浸透
文化・建築	・ギリシア・ローマ文化と東方文化の融合 ・ビザンツ様式（モザイク壁画）	・ローマ文化とゲルマン文化が混在 ・ロマネスク様式・ゴシック様式
意義	・古典文化を保持，ルネサンスに影響 ・東方勢力に対する防壁	・独自のキリスト教文化発展，ヨーロッパ文明の母体を形成
宗教	・ギリシア正教 ・最高指導者はコンスタンティノープル総主教	・ローマ＝カトリック ・最高指導者はローマ教皇

ビザンツ帝国の動き

	ビザンツ（東ローマ）帝国	東ヨーロッパ	西アジア
初期（ローマ文化の残存）	395　**ローマ帝国，東西に分裂** **ユスティニアヌス帝（1世）（位527〜565）** 534　**『ローマ法大全』完成** 534　**ヴァンダル王国征服** 537　**聖ソフィア大聖堂再建** 555　**東ゴート王国征服→イタリア征服**	ギリシア文字　Α Γ Δ Ε キリル文字　Α Γ Δ Є ロシア文字　А Γ Д Е ギリシア文字をもとにつくられたスラヴの文字	ササン朝ペルシア
中期（帝国の改造）	**ヘラクレイオス1世（位610〜641）** ○軍管区（テマ）制，屯田兵制を採用 ○ギリシア語を公用語に（コイネー化） **レオン3世（位717〜741）** 726　**聖像禁止令→聖像崇拝論争** **バシレイオス1世（位867〜886）** **バシレイオス2世（位976〜1025）** 1054　**キリスト教会の東西分裂** 　　　→**ギリシア正教**成立	681　**ブルガリア王国**建国 862ごろ　**ノヴゴロド国**建国 9C後半ごろ　**キエフ公国**建国 989　キエフ公国のウラジーミル1世 ギリシア正教に改宗	正統カリフ時代 ウマイヤ朝 アッバース朝 セルジューク朝
末期（衰退）	**アレクシオス1世（位1081〜1118）** 1095　ローマ教皇に救援要請（→1096十字軍へ） ○プロノイア制導入 1204　**第4回十字軍**，コンスタンティノープル占領 　　　→**ラテン帝国**（1204〜61）→亡命（ニケーア帝国） 61　ビザンツ帝国再興 1453　オスマン帝国により**ビザンツ帝国滅亡** 青字：文化関連事項	1018　ビザンツ，ブルガリア征服 1236〜42　モンゴルのロシア・東ヨーロッパ遠征 1386　リトアニア＝ポーランド王国成立 1480　モスクワ大公国，モンゴルから自立	セルジューク朝 オスマン帝国

---

❸ ビザンツ文化とギリシア正教

オスマン帝国による征服後に建てられたミナレット（尖塔）　直径32mの大ドーム

▲③**聖ソフィア大聖堂**（イスタンブル）　巨大なドームをもつ，典型的なビザンツ様式の聖堂。（→p.99）

◀④**イコン**（聖像）　イエス・聖母・聖人などを板に描いた絵で，ギリシア正教では礼拝に用いられる。

ポイントチェック （ ）内の正しい方に○をつけよう！

ユスティニアヌス帝はビザンツ帝国の最盛期を築き，部下のトリボニアヌスらに命じて（**ローマ法大全**・神学大全）を編纂させ，首都コンスタンティノープルに（**聖ソフィア大聖堂**・聖ピエトロ大聖堂）を再建した。

ヴァイキング（ノルマン人）の進出 ──海のパイオニア

時代の扉　ヴァイキング船の秘密をあばけ！

Try1 この船は何人くらいまで乗せて航海することができただろうか。　**クイズ**
①5人　②20人　③80人

Try2 ❶の地図を見ると、ノルマン人の活動範囲は内陸にも及んでいる。彼らはなぜそこまで行くことができたのだろうか。
①船が小型で小まわりがきくため
②船底が浅く、内陸の河川をさかのぼることができるため

Try3 この人数でノルマン人がヨーロッパ各地に進出した目的は何か。（答えは2つ）
①商業活動　②キリスト教布教　③略奪

▼①ヴァイキング（ノルマン人）の船
ヴァイキングとは「入り江（ヴィク）の民」の意味であるとの説があるように、彼らは深い入り江に囲まれたスカンディナヴィア半島を拠点に、船で各地に進出した。この船では水深1m余りであれば航行できたので、内陸の河川もさかのぼることができた。

Try1のヒント　船の全長23.24m

マスト
マスト
オール
オール
【船断面図】

▲②スカンディナヴィア半島を出航したノルマン人（想像図）

ヨーロッパ

❶ 第2次民族移動（9〜11世紀）

グリーンランド　アイスランド
北アメリカ大陸
大西洋
ヨーロッパ
0　1000km

▲③北アメリカ大陸にも進出したノルマン人

▲④スカンディナヴィア半島で発見されたイスラーム諸国の貨幣　ノルマン人は遠隔地との商業活動もさかんに行った。

0　500km

凡例：
ノルマン人の侵入地
ノルマン人が建てた国
ノルマン人の経路
マジャール人の経路
イスラームの経路
青字 は各国の成立時期

アイスランド
ノルウェー海
スカンディナヴィア半島
フェロー諸島
シェトランド諸島
大西洋
北海
イングランド
ユーラン（ユトランド）半島
ノルマン人原住地
ノヴゴロド
ノヴゴロド国　862年ごろ
ヘースティングズ
ノルマンディー公国　911年
パリ
西フランク王国
東フランク王国
キエフ　キエフ公国　9世紀後半
イタリア王国
マジャール人
ローマ
後ウマイヤ朝
地中海
シチリア王国　1130年
コンスタンティノープル
ビザンツ帝国
黒海
カスピ海

プチ　墓から発見された宝物

ノルマン人の王など有力者の墓には、船が副葬品とともに埋葬された。それは船が生前と同様に、死後も役にたつと考えられたため、あるいは、死者がゲルマンの神オーディン（→p.102）のもとに行くときの乗り物であったため、と考えられている。装身具などの副葬品から、彼らの当時の生活のようすもわかってきている。

▲⑤金銀製のネックレス（上）とブローチ（下）

❷ ノルマン人のイングランド征服

船づくり

TRAN SIVE ETVENIT　馬　航海

T:CABALLI　DENAVIBVS ET　MINA VERY　上陸　進軍

▲⑥バイユー＝タペストリー　ヘースティングズの戦い（1066年）など、ノルマンディー公ウィリアムによるノルマン＝コンクエスト（イングランド征服）のようすが長さ70m、幅50cmの刺繍画にあざやかに描かれている。

プチ　英語のなかのフランス語

ノルマン人による征服後、イングランドでは、フランス語が上流階級の言語となった。そのため、英語に大量のフランス語が取り入れられることになった。

フランス語を語源とする英単語
【政治・軍事】
government（政府）　army（軍隊）
parliament（議会）　peace（平和）
【生活】music（音楽）　art（芸術）
fashion（流行）　dress（ドレス）
dinner（晩さん）　beef（牛肉）

ポイントチェック　（　）内の正しい方に○をつけよう！

（ノルマン・ケルト）人はヴァイキングともよばれ、8世紀末から活動を始め、各地に移動し、定住・建国した。なかでもノルマンディー公ウィリアムは（イングランド・イベリア半島）を征服し1066年にノルマン朝を開いた。

ヨーロッパの封建社会 ──祈る人・戦う人・働く人

ヨーロッパ

荘園での12か月

3月 **7月** **11月**

魚 かに しし さそり 射手
牡羊 牡羊

◀▲◀◀①『ベリー公のいとも豪華なる時禱書』(15世紀) 中世の貴族が用いた祈禱書で，上の半円形部分はカレンダーにあたる。

12月	クリスマス，冬至の祝日 冬ごもりのため豚を屠殺
1月	クリスマスから宴会が続く
2月	謝肉祭の祭りを最後に肉食を断って，耐乏生活にはいる
3月	春耕地の種まき，ぶどうの剪定
4月	家畜の放牧開始
5月	春の祭り，5月祭
6月	干し草刈り，羊毛の刈り取り
7月	秋耕地の収穫，羊毛の刈り取り
8月	春耕地の収穫
9月	ぶどうなどの果実の収穫
10月	ワインづくり
11月	秋耕地の種まき　12月の屠殺に向けて豚を放牧し，太らせる

▲②農作業カレンダー

クイズ

Try1 3月の絵に描かれている背後の建物は何だろうか。
　①教会　②農民の家　③領主の館
Try2 7月の絵で，収穫している作物は何だろうか。上の「農作業カレンダー」や，⑤のイラストも参考にしよう。　①小麦　②ぶどう　③じゃがいも
Try3 11月の絵は何をしているのだろうか。
　①食べるため豚を太らせている　②ペットの豚にえさを与えている

❶ 封建社会の構造

所領（荘園）

	皇帝・国王		教皇	
封建制	諸侯	修道院	大司教 司教	教会階層制
	騎士		司祭	

封建制

所領（荘園）

荘園制
保護・生活支配
貢賦・納・役
領民（農奴）

▲③**封建制と荘園制**　国王・諸侯・騎士以外にも，司教などの聖職者や大修道院なども**荘園**を所有しており，農奴にとっては**領主**であった。

❷ 荘園の構造

荒れ地
春耕地　休耕地　休耕地
領主の館
司祭館
穀物倉庫　鍛治場　教会　秋耕地
牧草地　池　水車
農民住居
共同放牧地

三圃制	1年目	2年目	3年目
耕地A	秋耕地	春耕地	休耕地
耕地B	休耕地	秋耕地	春耕地
耕地C	春耕地	休耕地	秋耕地

▲⑤**三圃制**　中世には農地を三つに分け，3年に1度は土地を休ませて放牧も行い，地力の回復をはかる**三圃制**が行われた。耕地には麦類のほかに，当時人々の重要なたんぱく源であった豆類も栽培された。

春まき作物
えん麦・大麦・カラス麦
えん麦

秋まき作物
小麦・ライ麦
ライ麦

▲④**荘園**(模式図)　農村には領主の館と教会が中心におかれた。耕地には領主直営地と領主が農民に貸す農民保有地があった。

❸ 騎士の登場

主君　臣下
帯刀式（刀を腰につるす）

◀⑥**騎士の叙任**　臣下となるものは手を合わせて主君に忠誠を誓う。こうして契約を結んだ臣下は，騎士として主君のために軍役に服し，一方主君はその見返りに土地を与えて，臣下がその土地の領主となることを認めた。

世界遺産

◀⑦**馬上の騎士と中世の城**(フランス，カルカソンヌ)　騎士は平時は防衛に適した堅固な城に居住し，戦時には甲冑をつけて馬に乗り，主君のために戦った。

ポイントチェック（　）内の正しい方に○をつけよう！
　農奴は，荘園で（三圃制・封建制）農業を取り入れて生産高をのばし，自然と共存しながら自給自足の生活を営んだ。騎士は（三圃制・封建制）による主従関係をつくり，農奴にとっては領主であった。

ローマ=カトリック教会 ——教皇は太陽，皇帝は月

時代の扉 "祈れ，働け"——修道院での1日

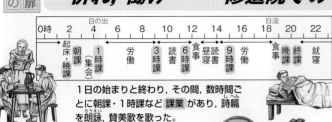

0時	2	日の出 4	6	8	10	12	14	16	日没 18	20	22
	起床・暁課	朝課 1時課（集会）	労働	3時課	読書 6時課	食事	昼寝書 9時課	労働	食事 晩課 終課	就寝	

1日の始まりと終わり，その間，数時間ごとに朝課・1時課など課業があり，詩篇を朗詠，賛美歌を歌った。

食事中も交代で詩篇を朗詠
昼の服のまま就寝

クイズ

Try1 修道院での起床，就寝は何時だろうか。
Try2 1日のうち，食事・睡眠以外の時間は何をしているだろうか。
Try3 修道院での労働では，どのようなことをしているだろうか。右の絵を参考にして考えよう（答えは2つ）。
　①慈善活動　②営利活動　③戦いの訓練　④菜園での農作業

▲①修道院（想像図）

（図中ラベル：聖堂，馬小屋，院長の館，巡礼・旅行者，門，訪問者用宿舎，食物のほどこし，回廊，食堂，修道僧の宿舎，厨房，病舎の礼拝堂，病舎，菜園）

❶ ローマ=カトリック教会の発展

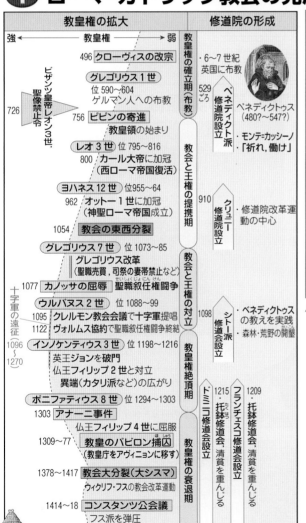

教皇権の拡大	修道院の形成
強 ←── 教皇権 ──→ 弱	

- 496 クローヴィスの改宗
- グレゴリウス1世　位590〜604　ゲルマン人への布教
- ビザンツ皇帝レオン3世　聖像禁止令　726
- 756 ピピンの寄進　教皇領の始まり
- レオ3世　位795〜816
- 800 カール大帝に加冠（西ローマ帝国復活）
- ヨハネス12世　位955〜64
- 962 オットー1世に加冠（神聖ローマ帝国成立）
- 1054 教会の東西分裂
- グレゴリウス7世　位1073〜85
- グレゴリウス改革（聖職売買，司祭の妻帯禁止など）
- 1077 カノッサの屈辱　聖職叙任権闘争
- ウルバヌス2世　位1088〜99
- 1095 クレルモン教会会議で十字軍提唱
- 1122 ヴォルムス協約で聖職叙任権闘争終結
- インノケンティウス3世　位1198〜1216
- 英王ジョンを破門
- 仏王フィリップ2世と対立
- 異端（カタリ派など）の広がり
- ボニファティウス8世　位1294〜1303
- 1303 アナーニ事件
- 仏王フィリップ4世に屈服
- 1309〜77 教皇のバビロン捕囚（教皇庁をアヴィニョンに移す）
- 1378〜1417 教会大分裂（大シスマ）ウィクリフ・フスの教会改革運動
- 1414〜18 コンスタンツ公会議　フス派を弾圧

十字軍の遠征 1096〜1270

右欄：
- 教皇権の確立期（布教）
- 6〜7世紀 英国に布教
- ベネディクトゥス（480?〜547?）529ごろ
- ・修道院設立（ベネディクト派）モンテ=カッシーノ「祈れ，働け」
- 教会と王権の提携期
- 910 クリュニー修道院設立 ・修道院改革運動の中心
- 教会と王権の対立
- 1098 シトー派修道会設立 ・ベネディクトゥスの教えを実践 ・森林・荒野の開墾
- 教皇権絶頂期
- 1215 ドミニコ修道会設立 托鉢修道会，清貧を重んじる
- 1209 フランチェスコ修道会設立 托鉢修道会，清貧を重んじる
- 教皇権の衰退期

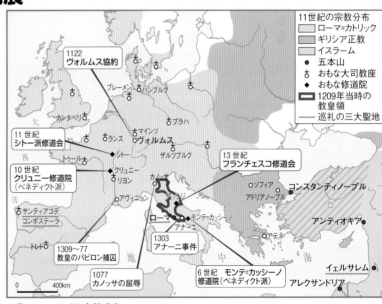

右上：11世紀の宗教分布
- ローマ=カトリック
- ギリシア正教
- イスラーム
- ● 五本山
- ⊕ おもな大司教座
- ◆ おもな修道院
- □ 1209年当時の教皇領
- —— 巡礼の三大聖地

地図中ラベル：
- 1122 ヴォルムス協約
- ブレーメン，ハンブルク，カンタベリ，プラハ，ランス，マインツ，ヴォルムス
- 11世紀 シトー派修道会
- シトー，ザルツブルク
- 13世紀 フランチェスコ修道会
- 10世紀 クリュニー修道院（ベネディクト派）
- トゥール，クリュニー，リヨン，カノッサ
- ソフィア，アドリアノープル，コンスタンティノープル
- アヴィニョン，サンティアゴ=デ=コンポステーラ
- ローマ，モンテ=カッシーノ，アナーニ，アテネ，アンティオキア
- トレド
- 1303 アナーニ事件
- 1309〜77 教皇のバビロン捕囚
- 1077 カノッサの屈辱
- 6世紀 モンテ=カッシーノ修道院（ベネディクト派）
- イェルサレム，アレクサンドリア
- 0 400km

▲③ヨーロッパの宗教分布

❷ カノッサの屈辱〜教皇 vs 皇帝

◀④カノッサの屈辱

（図中ラベル：トスカーナ女伯マティルデ（カノッサ城主），クリュニー修道院長，ハインリヒ4世）

　世俗の君主として，西ヨーロッパで最大の権威をもつ神聖ローマ皇帝**ハインリヒ4世**は，教皇**グレゴリウス7世**により破門されると，破門を解いてもらうため，カノッサ城主に教皇へのとりなしを頼み，滞在中の教皇に許しを請うた。この事件は教皇の強大な力を世に知らしめた。

▲⑤グレゴリウス7世

ポイントチェック　　　（　）内の正しい方に○をつけよう！

　キリスト教世界に腐敗・堕落が広がると，（クリュニー修道院・ローマ教皇）が中心となって改革を行った。この改革精神を引きついだ教皇（レオ3世・グレゴリウス7世）は叙任権をめぐって皇帝ハインリヒ4世と対立し，彼を屈服させた。この事件を（カノッサ・ヴォルムス）の屈辱という。

◀②インノケンティウス3世　彼は史上最年少の37歳で教皇になった。「教皇権は太陽で，皇帝権は月である」と言い，皇帝は太陽である教皇の光を受けて輝く月にすぎないとして，教皇権の優位をうたい，教皇権絶頂期を築いた。

十字軍 ──膨張する西ヨーロッパ世界

時代の扉 「聖地」をめざせ！

▼①ウルバヌス2世（位1088～99）

【教皇ウルバヌス2世の演説】
　東方で，わたしたちと同じようにキリストを信ずる人々が苦しんでいる。彼らはわたしたちに救いを求めている。何故であるか。それは異教徒が聖地を占領し，キリスト教徒を迫害しているからである。…神はその解放をみずからの業として遂行なさる。この神のみ業に加わる者は神に嘉せられ，罪を赦され，つぐないを免ぜられる。…神のための正義の戦いにつけ。このよびかけに応じた者には，現世と来世を問わずすばらしい報酬が約束されている…橋口倫介著『十字軍』岩波書店

クイズ

Try1 教皇がいう「聖地」とは，次のどの都市のことだろうか。
　①ローマ　②コンスタンティノープル　③イェルサレム

Try2 聖地を占領した「異教徒」とは次のどれか。
　①キリスト教徒　②仏教徒　③ムスリム
ヒント こんな服装の人たち！

Try3 十字軍に参加すれば，どんなメリットがあると教皇は言っているのだろうか。

① 十字軍の遠征

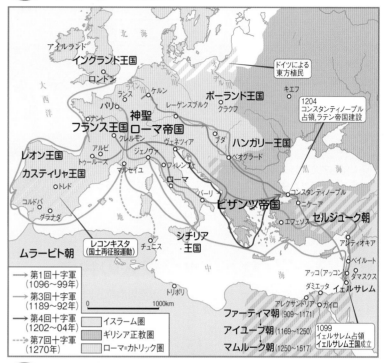

ドイツによる東方植民
1204 コンスタンティノープル占領，ラテン帝国建設

→ 第1回十字軍（1096～99年）
→ 第3回十字軍（1189～92年）
→ 第4回十字軍（1202～04年）
‥‥ 第7回十字軍（1270年）

□ イスラーム圏
□ ギリシア正教圏
□ ローマ＝カトリック圏

ファーティマ朝（909～1171）
アイユーブ朝（1169～1250）
マムルーク朝（1250～1517）

1099 イェルサレム占領 イェルサレム王国成立

レコンキスタ（国土再征服運動）

十字軍の展開と結果

中世封建社会の安定

・農業生産力の向上・人口増加・土地不足・宗教的情熱の高揚

■十字軍の背景
・ビザンツ皇帝の救援依頼（セルジューク朝による聖地イェルサレム占領　アナトリア侵攻）
・ローマ教皇権の強大化（ウルバヌス2世　十字軍提唱）
・封建領主の領土拡大の動き
・東方貿易圏拡大のねらい

西ヨーロッパ世界の膨張運動

・十字軍・レコンキスタ（国土再征服運動）・ドイツ東方植民

■十字軍の動き

第1回十字軍 1096～99
　十字軍，イェルサレムを占領し，**イェルサレム王国**などを建設

第3回十字軍 1189～92
　1187年，エジプトの**サラディン**がイェルサレムを奪回。十字軍側は皇帝フリードリヒ1世，仏王フィリップ2世，英王リチャード1世が参加するもイェルサレムを回復できず，講和

第4回十字軍 1202～04
　教皇インノケンティウス3世が提唱。ヴェネツィアひきいる十字軍が**コンスタンティノープル**を占領し**ラテン帝国**建設（61 ビザンツ勢力，コンスタンティノープルを回復し帝国復活）

第7回十字軍 1270
　仏王ルイ9世，エジプトのマムルーク朝を直接攻撃しようとするが失敗，病没
　1291 十字軍最後の拠点アッコ（アッコン）が陥落

■十字軍の影響

教皇権の失墜 → 王権の伸張
諸侯・騎士の没落 → 荘園制の解体
遠隔地商業，貨幣経済の普及，イタリア諸都市の繁栄

→ 中世封建社会の動揺

② 十字軍　その実態は？

▶②十字軍に処刑されるムスリム
アッコ（アッコン）をめぐる攻防戦となった第3回十字軍で，**サラディン**に包囲され，あせったリチャード1世はムスリム捕虜を多数処刑した。

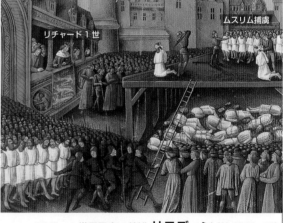

リチャード1世　　ムスリム捕虜

…は，こんな人

イスラーム世界最高の英雄 **サラディン**（位1169～93）
　クルド人（→p.206）で，イスラーム勢力を結集しイェルサレムを奪回した英雄。彼は，十字軍の蛮行とは対照的に，ムハンマドの教えを守り，キリスト教徒に復讐せず生命の安全を保証した。

◀③ヴェネツィアを見下ろす青銅の馬　ヴェネツィアは第4回十字軍でコンスタンティノープルを占領した際，この馬を持ち去り，故郷の聖マルコ聖堂（→p.112）にかざった。

ポイントチェック
（　）内の正しい方に○をつけよう！
　（ユダヤ教徒・ムスリム）が占領した聖地イェルサレムを取り戻すためにおこされた十字軍は，その目的には失敗したが，地中海での商業が活発化し，（ヴェネツィア・ローマ）が交易で利益を上げた。

時代の扉 平野に突如現れる壁

▶①**中世都市チッタデッラ** イタリア北部のパドヴァ近くに位置する、13世紀初めにつくられた都市。

Try 1 町の中央にある高い建物 Ⓐ は、住民の生活にとって重要な場であったが、それは何だろうか。
　①教会　②学校　③鉄道駅

Try 2 この町をとり囲む高い壁は、何のためにあるのだろうか。（答えは二つ）
　①外敵の侵入を防ぐため
　②町の住民が外へ逃亡しないようにするため
　③町の領域を周辺とはっきり区別させるため

Try 3 「都市の空気は自由にする」と言われたが、都市へ来た人々は、何からの「自由」を得たのだろうか。
　①領主の支配からの自由
　②ムスリムの支配からの自由
　③ギルド組織からの自由

ヒント p.106 の❶の学習を思い出そう。

クイズ

ヨーロッパ

❶ 広がる交易圏

▼②**中世ヨーロッパの商業**（12〜14世紀）

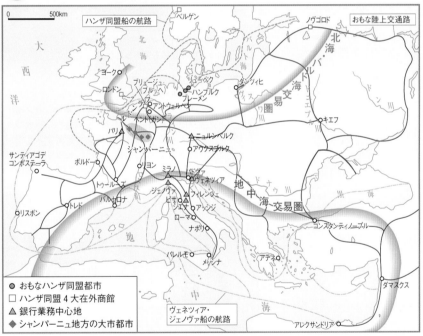

凡例：
◎ おもなハンザ同盟都市
□ ハンザ同盟4大在外商館
△ 銀行業務中心地
◆ シャンパーニュ地方の大市都市

ハンザ同盟船の航路
おもな陸上交通路
ヴェネツィア・ジェノヴァ船の航路

プチ 動物が裁判にかけられる？

　農地の開墾や都市の発達によって、人間は自然を征服・領有できると考えられるようになり、12世紀ごろから、人間の基準で動物を裁く裁判が行われた。この動物裁判は18世紀ごろまで行われた。

被告となった動物たち
豚…人の子どもを殺した罪で火あぶりの刑に。
毛虫…ぶどうの木を荒らした罪で破門となる。
もぐら…畑を荒らした罪に問われたが、弁護により畑を安全に通行できる権利を得る。
〈池上俊一『動物裁判』〉

Ａ 北海・バルト海交易圏（ハンザ同盟都市中心）

▶③**ハンザ同盟の盟主リューベクのホルステン門** ハンザ商人の重要な取引品は、魚の加工に必要な塩であった。門の右側に見える建物は、塩の保管倉庫である。

世界遺産

Ｂ 地中海交易圏（イタリアの海港都市中心）

▼④**「アドリア海の女王」ヴェネツィア** 町の中心を貫く大運河、そこから枝分かれする水路は、そのまま船の航路となって海への出入りを容易にした。大運河の両側には貴族の館が建ち並んだ。

聖マルコ大聖堂
大運河（カナル・グランデ）
世界遺産

more 都市のかなめ ギルド

　商業勢力の強いドイツやフランドル、イタリアでは、領主権力の支配から脱した**自治都市**が成立した。都市内部では、商人や手工業者が**商人ギルド**や**同職ギルド**を組織して、相互の利益を守るとともに、市政もとり行った。

▶⑤**都市の構造**（フランドルの例）

市民（市政に参加）
商人ギルド（遠隔地商業を行う大商人）
各種同職ギルド
親方　親方
職人　職人
徒弟　徒弟

ポイントチェック
（　）内の正しい方に○をつけよう！

　商業が活発化した西ヨーロッパでは（植民都市・自治都市）が成立した。これらの都市では（ギルド・ハンザ）とよばれる組合のもとに市政が運営され、他の都市と結びながら一大勢力に成長した。

封建社会の解体 ——領主支配への抵抗

時代の扉 死神がいざなう「死の舞踏」

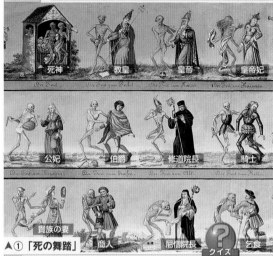

▲① 「死の舞踏」

【しのびよる黒死病】
恐ろしい悪疾（ペスト）が流行しました。…黒色または鉛色の斑点が腕とか股とか身体のその他の部分とかにたくさん現れてきまして…この斑点ができると，その人にとってそれが同じく死の徴候でありました。…如何なる医者の技術をも薬の効果をも相手にしないかのように見えました。…此の病人の，またはこの病気で死んだ人の所持品にさわると，人間でなくて動物でも感染し，たちまち死んでしまうのでございました。

ボッカッチョ著，野上素一訳『デカメロン』岩波書店

Try1 ペストは当時何とよばれたか，右の史料から考えよう。
①黄熱病 ②狂犬病 ③黒死病

Try2 ペストはどこから来たのだろう？
①東方から ②西方から ヒント 下の地図を見てみよう。

Try3 この絵は何を表現しているのだろうか？
①どんな身分の人間でも死ぬ。②高貴な人間だけ生き残れる。

❶ くずれゆく封建社会
（→ p.108年表「十字軍の影響」）

```
十字軍                           貨幣経済の発達
  │                                    │
教皇権の衰退   都市の      騎士の       荘園制の変化
・アナーニ事件  成長       没落・       ・賦役・貢納廃止
 (1303)       │         廷臣化        地代の金納化
「教皇のバビロン 富商の                 ・独立自営農民
 捕囚」        出現                     の出現
 (1309～77)    │                      ペスト(黒死病)の流行
・教会大分裂    │                        │
 (大シスマ)     ↓                        ↓
 (1378～1417) 王権の伸張              荘園制の解体
  │                                    │
教会改革運動   中央集権国家            農民反乱
・ウィクリフ(英) の成立                 ジャックリーの乱(1358)
・フス(ボヘミア)                       ワット＝タイラーの乱(1381)
```

➤② 演説するジョン＝ボール イギリスで農奴制廃止を要求するワット＝タイラーの乱が起こった。この乱を支持した聖職者ジョン＝ボールは，身分制社会を批判した。

農民　ジョン＝ボール

「アダムが耕し，イブが紡いだとき，いったい誰が領主であったか。」

❷ 中世末期のヨーロッパ（14～15世紀）

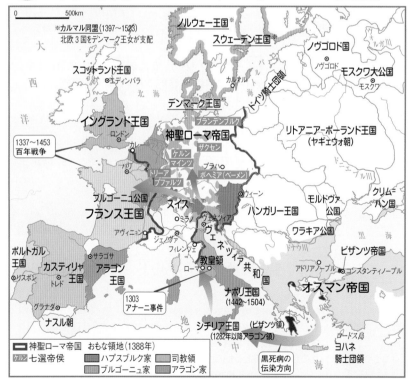

0　500km

※カルマル同盟(1397～1523) 北欧3国をデンマーク王女が支配

ノルウェー王国※
スウェーデン王国※
ノヴゴロド国
モスクワ大公国
スコットランド王国　エディンバラ
カルマル
デンマーク王国※
トイツ騎士団領
ブランデンブルク
ザクセン
イングランド王国　ロンドン
神聖ローマ帝国
ケルン
マインツ
トリーア
プファルツ
プラハ
ボヘミア（ベーメン）
リトアニア－ポーランド王国（ヤギェウォ朝）
ウィーン
モルドヴァ公国
クリム＝ハン国
1337～1453 百年戦争
ブルゴーニュ公国
スイス
ミラノ
ジェノヴァ
フィレンツェ
ヴェネツィア
ハンガリー王国
ワラキア公国
フランス王国
アヴィニョン
ローマ
教皇領
ヴェネツィア共和国
ビザンツ帝国
アドリアノープル　コンスタンティノープル
ポルトガル王国　リスボン
サラゴサ
カスティリャ王国　トレド
アラゴン王国
1303 アナーニ事件
ナポリ王国(1442～1504)
シチリア王国（ビザンツ領）(1282以降アラゴン領)
ロードス島
ヨハネ騎士団領
グラナダ
ナスル朝
黒死病の伝染方向

■ 神聖ローマ帝国　おもな領地(1388年)
ケルン 七選帝侯　ハプスブルク家　司教領　ブルゴーニュ家　アラゴン家

❸ 教皇権の衰え

▼③ アヴィニョンの教皇庁跡 仏王フィリップ4世は1303年，聖職者への課税問題で対立した教皇ボニファティウス8世を襲った（アナーニ事件）。教皇は屈辱から憤死し，その後70年以上の間，教皇庁もフランスのアヴィニョンにおかれた。

世界遺産

◀④フィリップ4世　◀⑤ボニファティウス8世

…は，こんな人　教会刷新運動ウィクリフとフス

◀⑥ウィクリフ(1320ごろ～84) イギリスの神学者。信仰のよりどころを聖書にのみ求め，教皇権力を否定。ワット＝タイラーの乱に影響を与えた。

➤⑦フス(1370ごろ～1415) ウィクリフの影響を受け，教皇中心の教会制度を批判し，教会の改革を唱えた。コンスタンツ公会議で異端とされ火刑に処された。

ポイントチェック
（　）内の正しい方に○をつけよう！

14世紀，（黒死病・結核）によって人口の3分の1を失った西ヨーロッパでは，深刻な労働力不足のなか，地位を向上させた（独立自営農民・農奴）とよばれる農民も現れた。また，農奴身分からの解放を訴える（ワット＝タイラーの乱・ばら戦争）などの農民一揆も起こった。

ヨーロッパ

時代の扉

窮地からの大逆転, 勝ったのは……?

フランス軍

われわれは騎士である。80kgにもなる甲冑で身を固め，剣や槍で戦うのだ。そして前線にいるのが歩兵で，弓を台に取りつけ引き金で射る弩（クロスボウ）がわが軍の主力なのだ。

イギリス軍

俺たちは農奴から解放された農民だ。150～200mも飛ぶ長弓（ロングボウ）がおもな武器なんだ。1分間で10本も撃てるんだぜ。軽装備だから，戦場を縦横無尽に動きまわれるのさ。

▲①クレシーの戦い 百年戦争前期1346年の戦い。

フランス領（1429年）	→ エドワード3世の進路（1346）
イングランド領（1429年）	→ エドワード黒太子の進路（1356）
百年戦争終了時のイングランド領	→ ジャンヌ=ダルクの進路（1429～30）
	⊗フランス側の勝利 ⊗イングランド側の勝利

◀②百年戦争（1337～1453）

…は，こんな人 救国の少女 ジャンヌ=ダルク（1412～31）
フランスの農民の娘に生まれ，神のお告げにうながされてフランス軍に参加し，その劣勢を挽回した。のちイギリス軍の捕虜となり，異端として火刑に処せられた。

Try1 クレシーの戦いで，左側に陣をとっているのはどちらの国か。
①フランス軍 ②イギリス軍 ヒント 武器に注目しよう

Try2 最終的に百年戦争に勝ったのはどちらだろうか？

Try3 長引く戦争により，フランスで最も大きな被害を受けたのは誰だろうか。（答えは二つ）
①農民 ②国王 ③騎士

クイズ

❶ 西ヨーロッパ諸国の形成

イベリア半島			イギリス	フランス	ドイツ
レオン王国	後ウマイヤ朝				オットー1世（位936～973） 962 ローマ教皇より戴冠 神聖ローマ帝国成立 ザクセン朝・ザーリ朝
				987 ユーグ=カペー，カペー朝を創設	
	ムラービト朝	ノルマン朝	1066 ノルマン=コンクェスト（ヘースティングズの戦いなど）によりノルマン朝を創設		聖職叙任権闘争起こる 1077 カノッサの屈辱
カスティリャ王国 アラゴン王国 ポルトガル王国	ムワッヒド朝	プランタジネット朝	十字軍 遠 征 開 始（1096～）	フィリップ2世（位1180～1223） 1189 第3回十字軍に参加 ○フランス国内のイギリス領を奪回	1122 ヴォルムス協約 ○東方植民の推進 アーベン朝 シュタウフェン朝
			ジョン王（位1199～1216） ○フィリップ2世に敗れ，大陸の領土を失う 1215 大憲章（マグナ=カルタ）制定 1265 ヘンリ3世，シモン=ド=モンフォールの議会を承認	ルイ9世（位1226～70） ○南仏に王権拡大 1248・70 第6・7回十字軍に参加	
			エドワード1世（位1272～1307） 1295 エドワード1世，模範議会召集 1327 エドワード3世即位→フランス王位の継承権を主張（→p.222）	フィリップ4世（位1285～1314） 1302 三部会を召集 03 アナーニ事件 09「教皇のバビロン捕囚」（～77） 1328 ヴァロワ朝始まる	1254（1256）大空位時代（～73） 1280年代 ハンザ同盟強大化 諸王朝の変遷
		ランカスター朝 ヨーク朝 テューダー朝	百 年 戦 争（1337～1453）		
			ペ ス ト（黒 死 病）の 流 行（1347～51）		
			1378 ウィクリフの教会批判 81 ワット=タイラーの乱 1453 百年戦争に敗北 1455 ばら戦争（～85） 85 ヘンリ7世，テューダー朝創設	1358 ジャックリーの乱 1422 シャルル7世即位 29 ジャンヌ=ダルク登場 53 百年戦争に勝利 ○諸侯・騎士の没落 ○国王の中央集権化進展 ヴァロワ朝	1356 カール4世，金印勅書を発布 ○領邦の形成 ○フスの教会批判 1438 ハプスブルク家の帝位の世襲化 99 スイス，事実上の独立 ハプスブルク朝
1479 スペイン王国成立					

❷ 統一と分裂

▶③イベリア半島のレコンキスタ（国土再服運動） カスティリャ，アラゴンが中心となってイスラーム勢力から国土を取り戻し，1492年イスラーム勢力最後の拠点グラナダを陥落させ，国土を統一した。

──	イスラーム勢力とキリスト教国の境界線

▲④ドイツの七選帝侯 神聖ローマ皇帝から皇帝選出の権限を与えられた選帝侯が，自立した支配権（**領邦**）をつくったため，帝国としての統一は難しくなった。

ポイントチェック （ ）内の正しい方に○をつけよう！
フランスでは百年戦争で多くの（騎士・聖職者）が没落し，王の権力が急速に強まった。この結果，フランスでは（中央集権化・分権化）が進んだ。

時代の扉 中世の教会を訪ねてみよう!

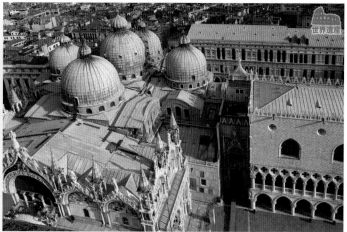

ビザンツ様式

円屋根・モザイク

➤①聖マルコ大聖堂 （ヴェネツィア）内部は天地創造やキリストの生涯を描いたビザンツ風のモザイクでおおわれている。東方貿易を通じて，ビザンツ帝国の影響を受けたことを示している。

様式	時代おもな地域	代表例
ビザンツ様式	4～15世紀 東欧中心	聖(ハギア)ソフィア聖堂(コンスタンティノープル) 聖ヴィターレ聖堂(伊 ラヴェンナ) 聖マルコ聖堂(伊 ヴェネツィア)
ロマネスク様式	11～12世紀 南欧中心	ピサ大聖堂(伊) ヴォルムス大聖堂(独) クリュニー修道院(仏)
ゴシック様式	13～15世紀 西・北欧中心	ノートルダム大聖堂(仏 パリ) ランス大聖堂(仏) ミラノ大聖堂(伊) ケルン大聖堂(独) サント＝シャペル(パリ)

▲②中世ヨーロッパの建築様式

半円形アーチ

ピサの斜塔

ロマネスク様式 半円形アーチ・太い柱

➤③ロマネスク聖堂の内部（左，聖フィリベール教会）城塞のような堅固で厚い壁，太い柱が特徴。

➤④ピサ大聖堂（右，ピサ）半円形アーチの多用など，ロマネスク建築の特色を備える。斜塔はガリレオ=ガリレイが物体落下の実験をしたことで知られる。

ゴシック様式

尖塔・ステンドグラス

➤⑤ゴシック聖堂の内部（左，サント＝シャペル）12世紀ごろから天井を高く持ち上げる技術が進み，壁は薄く，柱は細くなり，窓が大きくあけられた。窓から**ステンドグラス**を通してさし込む光は，そこにいる者に「神の国」をイメージさせた。

➤⑥ケルン大聖堂（右）

❓クイズ

Try1 聖堂建築には，多くの資金と年月を要した。ケルン大聖堂は1248～1880年（工事中断を含む）にかけて建設されたが，何年かかっているか。

Try2 ゴシック様式の建築物の外観・内部は，ヨーロッパのある自然をイメージしているといわれる。それは何だろうか。
　①広い草原　②美しい海　③深い森

Try3 これらの聖堂は，飛行機に乗って上からながめると，同じ形をしているのがわかる。これはキリスト教に関係があるのだが，いったい何の形だろうか。　ヒント　例えば④のピサ大聖堂をよく見てみよう。

ヨーロッパ

❶ 中世の大学

▲⑦大学での授業風景（14世紀）　当時の**大学**は、現在のように「キャンパス」につくられるのではなく、教師の名声を聞いて生徒が教えを受けに集まるという自然発生的なもので、学生は教師の自宅に住み込んで学ぶこともあった。

▶⑧中世の大学　アルプス以北では神学が、イタリアでは法学・医学がとくに発達した。

学生主導	・学生の相互扶助 ・ボローニャ大学など
教師主導	・司教座教会附属学校などから発展 ・パリ大学など

12世紀ごろ → 中世の大学
・教師・学生の組合（ギルド）として自治権をもつ
・教会や領主の干渉を受ける

【自由7科目】算術・天文学・幾何・音楽・文法・修辞・弁証 ⇒ 【専門学部】神学・法学・医学・哲学

❷ 今につながるキリスト教行事

▼⑨キリスト教の年中行事

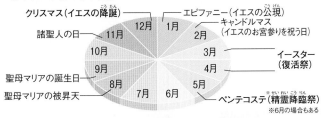

クリスマス（イエスの降誕）／エピファニー（イエスの公現）／キャンドルマス（イエスのお宮参りを祝う日）／諸聖人の日／聖母マリアの誕生日／聖母マリアの被昇天／イースター（復活祭）／ペンテコステ（精霊降臨祭）※6月の場合もある

12月・1月・2月・3月・4月・5月・6月・7月・8月・9月・10月・11月

▶⑩復活祭（ドイツ）　イエス＝キリストの復活を祝う祭りで、クリスマスと並び盛大に行われる。復活祭を意味するイースター（英語）、オースターン（ドイツ語）などの言葉が、キリスト教以前のゲルマン神話における春の神を語源としているように、復活祭は新しい命が生まれる春の祭りでもある。新しい生命の象徴として卵が登場する。

卵

洗礼	水による入信の儀礼
堅信	信仰の自覚
聖体	キリストの肉体と血を象徴するパンとぶどう酒を口にする
叙階	聖職につくための儀式
ゆるしの秘蹟	罪の悔い改め
婚姻	結婚
病者の塗油	油を塗って病人をいやしたことに由来。とくに臨終のとき「終油」として行われる。

▲⑪人生の節目に行われるキリスト教の重要な儀式

▲⑫洗礼のようす

❸ 中世ヨーロッパの文化

・中世文化の中心は神学で、哲学は「神学の婢」とされた。
・ラテン語ができる聖職者が担い手。

神学者			要点
	アウグスティヌス（354〜430） 北アフリカのヌミディア		中世のスコラ哲学に影響。中世神学の父。『神の国』『告白録』
神学	アルクイン（英）（735ごろ〜804）		カール大帝に招かれる。カロリング＝ルネサンスの中心人物。
	スコラ哲学	アンセルムス（英）（1033〜1109）	信仰は理性に優先する（実在論）。
		アベラール（仏）（1079〜1142）	理性が信仰に優先する（唯名論）恋人エロイーズとの『愛の書簡集』で有名。
		トマス＝アクィナス（1225ごろ〜74）（伊）	『神学大全』でスコラ哲学を大成。理性と信仰の調和を説き、実在論と唯名論との論争を収拾。
		ロジャー＝ベーコン（英）（1214ごろ〜94）	観察・実験による経験を重視→近代科学へ。
		ウィリアム＝オブ＝オッカム（1280ごろ〜1349ごろ）（英）	信仰と理性、神学と哲学を区別。
文学	騎士道物語 武勇と忠誠など騎士道精神をテーマとした文学。吟遊詩人が各地の宮廷を遍歴してうたった。		『ローランの歌』（仏）…カール大帝のスペイン遠征を背景に騎士ローランとムスリムの戦いを描いた物語。 『アーサー王物語』（英）…アングロ＝サクソンの侵入からブリタニアを守ったケルトの伝説的英雄アーサー王の物語。
	民族的叙事詩 各国の日常語で書かれた伝説・神話。		『ニーベルンゲンの歌』（独）…ゲルマン伝説の英雄ジークフリートの戦いと愛の物語。 『エッダ』（北欧）…ゲルマンの神々や戦士を主人公とした神話。

ポイントチェック　（　）内の正しい方に○をつけよう！

中世ヨーロッパの文化はキリスト教を基盤として成立し、（ラテン語・英語）ができる聖職者が担い手となった。学問の中心は神学で、（スコラ哲学・ウパニシャッド哲学）が発達した。

113

ヨーロッパ

ヨーロッパ

時代の扉 ルネサンス絵画がめざしたものは？

▲①古代の三美神 （ポンペイ出土の壁画，紀元1世紀）

◀②中世の三美神 （14世紀）

キューピッド

風の神ゼフュロス

ヴィーナス

メルクリウス（ヘルメス）

ヴィーナスの侍女「三美神」

春の女神

花の女神

▲③ボッティチェッリ「春」〈フィレンツェ　ウフィツィ美術館蔵　205cm×315cm〉

＊の女神の解釈は諸説ある。

Try1 ①と②の絵を比べてみて，人間の体の動き，躍動感があるのはどちらだろうか。

Try2 キリスト教全盛期の中世に描かれた②の絵にあてはまるのは，どちらの特徴だろうか。
①遠近法を駆使し，表情が豊かで，写実的に描いている。
②はだの露出をひかえ，表情が乏しく，平面的に描き神聖を強調している。

Try3 ルネサンス時代に新しく登場した③の絵の技法は，①，②のどちらに近いだろうか。

❶ イタリア諸都市で開花したルネサンス

more ルネサンスを支えたスポンサー メディチ家

メディチ家は14世紀末にフィレンツェで銀行業をおこして巨額の富をたくわえ，15世紀にはフィレンツェの実権をにぎった。学芸を愛好し，芸術家たちのパトロンとなってフィレンツェをルネサンスの中心都市にした。ロレンツォは，「春」と「ヴィーナスの誕生」を又いとこの結婚祝いとしてボッティチェッリに描かせた。

▲④ロレンツォ＝デ＝メディチ

▲⑥ルネサンス諸都市

●ルネサンス芸術の中心地

◀⑤ボッティチェッリ「ヴィーナスの誕生」〈フィレンツェ　ウフィツィ美術館蔵　173cm×279cm〉

▼⑦フィレンツェの街なみ

世界遺産

鐘楼（高さ85m）

聖マリア＝デル＝フィオーレ大聖堂 丸屋根（高さ112m）

メディチ家礼拝堂

ヴェッキオ宮

ヴェッキオ橋

ウフィツィ美術館

アルノ川

❷ ルネサンスをいろどるキリスト教と「万能人（ばんのうじん）」

ヴァティカン市国の範囲 （世界遺産）
システィナ礼拝堂　ヴァティカン宮殿

▲⑧**聖ピエトロ大聖堂**　キリスト教世界最大の聖堂。現在のヴァティカン市国の面積は0.44km²。

▶⑨**ミケランジェロ「ピエタ」**　等身大の，キリストの遺体（いだ）を抱く聖母マリア像。この像は聖ピエトロ大聖堂に飾られており，このほかにもルネサンス期には教会をかざる芸術品が数多く制作された。〈聖ピエトロ大聖堂蔵〉

レオナルド＝ダ＝ヴィンチ（1452〜1519）

▶⑩**レオナルド＝ダ＝ヴィンチ「モナ＝リザ」**　イタリア＝ルネサンスの最高傑作（けっさく）の一つ。レオナルドは絵画だけでなく，解剖学や機械工学にもすぐれ，大砲や飛行機の研究も行う「万能人（ばんのうじん）」であった。〈パリ　ルーヴル美術館蔵，77cm×53cm〉

ヨーロッパ

▼⑪**レオナルド＝ダ＝ヴィンチ「最後の晩餐（ばんさん）」**　遠近法を用い，イエスが弟子たちに「汝（なんじ）らの1人，われを売らん」と言った瞬間を，劇的に描いている。〈ミラノ　聖マリア＝デッレ＝グラツィエ教会蔵，420cm×910cm〉

ヨハネ　イエス
ユダ

❸ 科学技術の進歩

ガリレイ

▲⑫**ガリレイの望遠鏡（右）と宗教裁判にかけられるガリレイ（上）**　望遠鏡を作製し，ポーランド人コペルニクスが唱えていた地動説を立証した。しかし天動説を正統教義とするローマ教会から異端視され，学説を捨てることを誓わされた。

more　ルネサンスの三大改良

プレス印刷する
文字版　インクをつける

▲⑬**活版印刷術**　金属活字の使用，ぶどう圧搾機（あっさくき）を応用したプレス印刷機などにより，短期間に大量の印刷ができるようになった。

▲⑭**羅針盤（らしんばん）**　中国で知られていた，磁針の南北を示す性質と方位カードが組み合わされて作製された。

▲⑮**火砲**　宋で発明された火薬がイスラーム諸国経由で伝播（でんぱ）。

ポイントチェック　（　）内の正しい方に○をつけよう！

東方貿易や毛織物工業によって繁栄したイタリア諸都市では，（フィレンツェ・ジェノヴァ）を中心にルネサンスがおこった。これは古代文明を手本とした，人間をありのままにとらえる人文主義にもとづく新しい芸術運動であった。レオナルド＝ダ＝ヴィンチらは（万能人・超人）とよばれ，ルネサンスの理想の人間像とされた。

アートにTRIP

美の競演！
巨匠たちのめざした理想とは！？

ヨーロッパ

○○○好きのミケランジェロ

Q1 私は，左の絵の制作にあたり，従来の「最後の審判」とはまったく異なる描き方をした。下の絵では中央でいすに座っているのがキリストだが，左の絵ではキリストはどこにいるか？

▲②中世に描かれた「最後の審判」

Q2 ほかにも私は，左の図のように，女性を描くときも男性をモデルにし，重量感のある女性を描き出した。左の女性は絵の中ではどこにいるか？

Q3 ページ上部のタイトル「○○○好きのミケランジェロ」の○○○には，私が人物を描くときにこだわったものの単語がはいる。何かわかるだろうか？
①筋肉美 ②直線美
ヒント 写真⑤「ダヴィデ像」も参考にしよう。

（本文画像中のラベル）
天国の鍵を持つペテロ
天国へ向かう善人たち
ミケランジェロ トランペットと名簿を持つ天使たち
地獄へ引きずりおろされる人々
墓からよみがえる人々
渡し守カロン
地獄の番人 ミノス

▲①ミケランジェロ「最後の審判」〈14.4m×13.3m〉

▼③システィナ礼拝堂

2.8m
5.7m
13.3m
14.4m

Q4 ミケランジェロは，構図においても中世の絵画とはまったく異なる描き方をした。「最後の審判」では，右側に地獄へ引きずりおろされる人々が，左側に天国へ向かう善人が描かれている。ミケランジェロが描き出した構図とはどのようなものだろうか。
①躍動感のある構図
②左右均一で静的な構図

アートの社会背景①

ミケランジェロが，絵画の描き方にこれらのこだわりや構図をほどこしたのは，何を表すためだったのだろうか。
①人間らしさをもつ神の姿
②平面的で人間離れした神の姿
ヒント 「天地創造」アダムの誕生に描かれた神も参考にしよう。

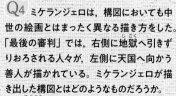

（画像中のラベル）アダム／神

◀④ミケランジェロ「天地創造」アダムの誕生

▶⑤ミケランジェロ「ダヴィデ像」
〈アカデミア美術館蔵，高さ5.4m（台座を含む）〉

△△△好きのラファエロ

Q5 私も，ミケランジェロと同じように，絵画にさまざまなくふうをほどこしました。右の絵では，聖母の母性を表すために，聖母と幼いイエスの視線にあるしかけをしたのですが，それは何でしょうか。

> **ヒント** 聖母とイエスの視線を指でたどってみよう。

Q6 構図のくふうはほかにもあります。右の絵は，聖母子の姿に安定感を与えるため，レオナルド＝ダ＝ヴィンチの絵画（図⑦）の三角形の構図をもとにして描きました。右の絵から三角形を探して指でたどってみてください。

▲⑦レオナルド＝ダ＝ヴィンチ「聖母子と聖アンナ」〈ルーヴル美術館蔵〉

Q7 そして何より，私がくふうしたことは聖母の描き方です。私は聖母を描くとき，約30人の女性をモデルにし，最終的に私の理想の女性像を表現しました。さて，私が聖母を描くときに意識したことは何でしょう？
①女性的な丸み　②男性的な重量感

Q8 というわけで，ページ上部のタイトル「△△△好きのラファエロ」の△△△には，何がはいるでしょうか。私が聖母を描くときにこだわったものがはいりますよ。
①筋肉美　②曲線美

▲⑥ラファエロ「聖母子と幼き洗礼者聖ヨハネ」〈ルーヴル美術館蔵，122㎝×80㎝〉

イエス　ヨハネ

ヨーロッパ

▼⑧ラファエロ「アテネの学堂」〈ヴァティカン美術館蔵，577㎝×814㎝〉

芸術の神アポロン　英知の神アテナ
ソクラテス（哲）　アルキメデス（数）
エウクレイデス（数）
ラファエロ
ピュタゴラス（数・哲）

Q9 「アテネの学堂」は，教皇ユリウス2世が書斎兼私的図書館にかざるために，ラファエロに依頼した。教皇は，知識の源泉としてある時代の哲学者を描かせたが，誰をモデルとするかは，ラファエロにまかされていた。さて，次の哲学者たちは絵の中のどこにいるだろうか。（かっこ内はモデルとなった人物）

① 哲学者プラトン（レオナルド＝ダ＝ヴィンチ）

③ 哲学者ヘラクレイトス（ミケランジェロ）

② 哲学者アリストテレス（ミケランジェロ）

④ 女性数学者（ラファエロの恋人といわれている）

> **アートの社会背景 2** ルネサンス期の人々が，理想としたものは何だったのだろうか。
> ①古代ギリシアなどの古典古代
> ②キリスト教の世界観を中心とした中世
>
> **ヒント** 「アテネの学堂」に描かれた哲学者たちは，どの時代の人々だろうか。

ルネサンス② ──ヨーロッパ諸国で花開く学芸運動

ヨーロッパ

ネーデルランドのルネサンスの主役は誰？

Try1 この絵の中から次の人を探してみよう。
　①ダンスを踊る男女　②キスをする男女　③酒のはいった壺を持つ男

Try2 この絵に描かれているものは何だろうか。
　①美しく理想化された神々の姿　②人々の活気に満ちた姿

Try3 この絵を描いたブリューゲルの活躍した場所は，どのような土地だっただろうか。
　①毛織物業で栄えた商業・工業都市　②教皇庁のある宗教都市
　ヒント　下の表と地図で確認してみよう。

クイズ？

▶①ブリューゲル　ネーデルランドで活躍した画家。風俗画や農民の日常の姿を多く描いていたため，「農民画家」の異名をもつ。また，寓意に満ちた作品も多く残している。

▶②ブリューゲル「農民の踊り」〈ウィーン美術史美術館蔵，114cm×164cm〉

❶ ヨーロッパ各地のルネサンス

	特　徴	1300年	1400年	1500年　1517〜宗教改革	1600年
イタリア	東方貿易や毛織物工業などで巨富を得たメディチ家などの富豪や教皇に保護されて発展。	65歳 ダンテ 21『神曲』(トスカナ語→今のイタリア語のもと)／66歳 ジョット 37「東方三博士の礼拝」／04歳 ペトラルカ 74『叙情詩集』／13歳 ボッカッチョ(ボッカチオ)75『デカメロン』／77歳 ブルネレスキ 46「聖マリア=デル=フィオーレ大聖堂大円蓋」／ルネサンス彫刻 86歳 ドナテッロ 66		44歳 ブラマンテ 14「聖ピエトロ大聖堂」／44歳 ボッティチェリ 10「春」「ヴィーナスの誕生」／52歳 レオナルド=ダ=ヴィンチ 19「モナ=リザ」「最後の晩餐」／75歳 ミケランジェロ 64「ピエタ」「最後の審判」「ダヴィデ」／83歳 ラファエロ 20「アテネの学堂」「聖母子と幼き洗礼者聖ヨハネ」／69歳 マキァヴェリ 27『君主論』／90歳 ティツィアーノ 76 ヴェネツィア派画家	
	文学・思想／美術／科学技術				
ネーデルランド	毛織物工業による繁栄に支えられ，イタリアと同時期に発展。	▶エラスムス トマス=モアの親友。『愚神礼讃』でカトリックを風刺。	70歳 ファン= 26(兄)／90歳 アイク兄弟 41(弟)	69歳 エラスムス 36『愚神礼讃』／28歳 ブリューゲル 69「農民の踊り」	
ドイツ	商業，鉱山業のさかんな南ドイツが中心。神と人間のかかわりを探求し，宗教改革と密接に関連。			55歳 ロイヒリン 22 旧約聖書研究／71歳 デューラー 28「四人の使徒」「アダムとイヴ」／97歳 ホルバイン 43 宮廷画家　肖像画「エラスムス像」	
イギリス	宮廷の保護と中産階級の支持で発展。エリザベス1世時代に全盛。		40歳 チョーサー 00『カンタベリ物語』	78歳 トマス=モア 35『ユートピア』／64歳 シェークスピア 16『ハムレット』『ヴェニスの商人』	
フランス	国王フランソワ1世の宮廷中心。			94歳 ラブレー 53『ガルガンチュアとパンタグリュエルの物語』／33歳 モンテーニュ 92『随想録』	
スペイン	絶対王政の国王の保護のもとで発展。			※ルネサンス盛期とバロックとの合間に位置するマニエリスムの画家　41歳 エル=グレコ 14「聖母昇天」／47歳 セルバンテス 16『ドン=キホーテ』	
科学技術	神学的宇宙観を合理的な見方で打破。		94/99 グーテンベルク 68 印刷術改良	73歳 コペルニクス※※ 43 地動説　※※ポーランド人	64歳 ガリレオ=ガリレイ 42 地動説を補強／71歳 ケプラー 30 惑星運行の三法則

▲コペルニクス
『天球の回転について』を発表し，地動説を学問的に確立した。

▲シェークスピア
『ハムレット』を含む四大悲劇が有名。

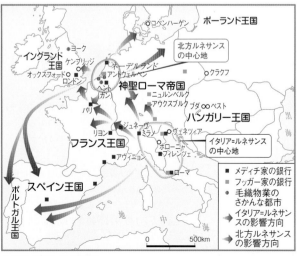

▲③ルネサンスの展開

北方ルネサンスの中心地

ポーランド王国／コペンハーゲン／イングランド王国／ヨーク／ケンブリッジ／オックスフォード／ロンドン／ネーデルランド／アントウェルペン／ヘント(ガン)／ニュルンベルク／クラクフ／神聖ローマ帝国／アウクスブルク／ブダ∞ペスト／ハンガリー王国／パリ／ジュネーヴ／ミラノ／ヴェネツィア／リヨン／フランス王国／ジェノヴァ／ボローニャ／フィレンツェ／イタリア=ルネサンスの中心地／アヴィニョン／ローマ／スペイン王国／ポルトガル王国／地中海／黒海

■ メディチ家の銀行
■ フッガー家の銀行
■ 毛織物業のさかんな都市
➡ イタリア=ルネサンスの影響方向
➡ 北方ルネサンスの影響方向

0　500km

◀④ファン=アイク(弟)
「アルノルフィーニ夫妻の肖像」フランドル出身の画家が，イタリア商人の依頼で描いた肖像画。中央の凸面鏡に，夫妻のうしろ姿と訪問客が映し出され，絵に遠近感を与えている。

ポイントチェック
　（　）内の正しい方に○をつけよう！
　北方ルネサンスは，毛織物業で栄えた（イタリア・ネーデルランド）を中心に展開され，宗教画のほかにも（世俗画・風景画）が多く描かれた。

宗教改革 ——ローマ教会の束縛からの解放

時代の扉 贖宥状（しょくゆうじょう）って何だろうか

…あなたの寄付に免じて，私はあなたがしたいろいろな悪いことやいたずらを許します。…

教皇レオ10世

贖宥状を手渡す

贖宥状にサインする聖職者

贖宥状箱にお金をいれる女性

Try1 ローマ教皇がうやうやしく手渡している贖宥状（免罪符しょくゆうじょう・めんざいふ），このお札を買うことによって，どのような御利益があると宣伝されたのだろうか。
①今までおかした罪への罰が軽減される　②商売繁盛（はんじょう）　③不老長寿

Try2 贖宥状は，ローマ教皇があるものを修築するための資金をかせごうとして販売したものだった。それは何か。
①ピサの斜塔　②岩のドーム　③聖ピエトロ大聖堂
ヒント　ローマ=カトリック教会の総本山となっている建物。

Try3 贖宥状販売に反対したルターの教えは，またたくまにヨーロッパ全土に広がった。これに貢献（こうけん）したものは何か。
①羅針盤　②火薬　③活版印刷術　ヒント　p.115を見てみよう。

…は、こんな人

宗教改革の火つけ人 **ルター**（1483〜1546）

修道士になり，のちヴィッテンベルク大学の聖書学の教授となった。彼が贖宥状の発行に抗議する文章，「95か条の論題」を教会の扉にはりつけた* ことをきっかけに，宗教改革が広がった。

※ 一説には はりつけたとされるが，歴史的事実としては不明。

ヨーロッパ

❶ カトリック（旧教）とプロテスタント（新教）

▼②カトリックとプロテスタント諸派の比較

	カトリック（改革時）	ルター派	カルヴァン派	イギリス国教会
主張	教皇至上主義　聖書と聖伝を重視　秘蹟による恩寵の付与	聖書主義　信仰至上主義（信仰によってのみ義とされる）　教皇中心の位階制排除	聖書主義　予定説（救いは神により，あらかじめ定められている）　洗礼・聖餐以外の秘蹟否認	カトリック儀式と新教の教義との折衷　教皇制とローマ式ミサの否定
組織	国境を越えた普遍的教会（ローマ教皇／大司教／司教／司祭／一般信徒／修道院）	領邦教会（領邦君主・市議会／牧師・一般信徒）	長老制と会議制による教会	国家教会（イギリス国王／大主教／主教／一般信徒）
国家社会観	政教一致　すべては教会の下僕	政教分離　君主権，世俗の秩序・構成を認める	政教一致　共和主義的神権政治	政教一致　イギリス国王を首長とし，教会は国家の監督を受ける
職業観	営利行為の蔑視（べっし）→ユダヤ人に金貸し業をさせる	世俗の職業肯定（ただし利子禁止）	勤勉・倹約・禁欲による蓄財を肯定	とくになし
おもなできごと	▶レオ10世（位1513〜21）1534 イエズス会結成（パリ）1545 トリエント公会議〜63（カトリック内部の粛正）	1517 ルター「95か条の論題」発表　1521 ヴォルムス帝国議会でルター追放　1555 アウクスブルクの宗教和議でルター派容認	▶カルヴァン（1509〜64）1541〜64　↓ジュネーヴで改革　各地へ伝播（でんぱ）ユグノー戦争（せんそう）ピューリタン革命	▶ヘンリ8世（位1509〜47）1534 ヘンリ8世，国王至上法（首長法）公布　1559 エリザベス1世，統一法公布

地図 ①宗教改革後の宗教分布

0 500km

オスロ　ストックホルム
スコットランド王国　デンマーク・ノルウェー連合王国　スウェーデン王国
プレスビテリアン　エディンバラ　北海
アイルランド　コペンハーゲン
イングランド王国　アムステルダム　乞食（ゴイセン）
ピューリタン　ヴィッテンベルク　ポーランド王国
ロンドン　アントウェルペン　ザクセン　ワルシャワ
ヴォルムス　シュマルカルデン　プラハ
パリ　神聖ローマ帝国　ウィーン
フランス王国　コンスタンツ　アウクスブルク　ハンガリー王国
ユグノー　チューリヒ　トリエント（トレント）
ジュネーヴ　ヴェネツィア
ナント　フィレンツェ
マドリード　神聖ローマ帝国の範囲
リスボン　スペイン王国　ローマ　教皇領　オスマン帝国
ポルトガル王国　大西洋　ナポリ王国　地中海

凡例：
□ ローマ=カトリック　□ イギリス国教会　□ イスラーム
□ ルター派　□ カルヴァン派・ツヴィングリ派　□ ギリシア正教会
● → ルター派　● → カルヴァン派　ユグノー カルヴァン派の別称

▲①宗教改革後の宗教分布

❷ 宗教改革の波紋（はもん）〜対抗宗教改革

…は、こんな人

カトリックの改革に努めた **ロヨラ**（1491〜1556）と（→巻頭Ⅴ〜Ⅵ）**ザビエル**（1506 ごろ〜52）

カトリック教会も改革を行い，ルター派などのプロテスタントに対抗した。ロヨラが始めたイエズス会は改革の中心になり，異端（いたん）の弾圧，世界各国への伝道を行った。

◀③**イグナティウス=ロヨラ** 軍人だったが，のちに神学を学んだ。イエズス会を創設。

◀④**フランシスコ=ザビエル** パリでロヨラに出会い，イエズス会の創設に参画（さんかく）。インドで布教，のち，マラッカで日本人と出会い鹿児島に来日，布教。〈神戸市立博物館蔵〉

プチ 魔女（まじょ）狩り

宗教改革期にはカトリック・プロテスタントを問わず，事件や社会的混乱を魔女のしわざとみなした。密告された人々は，火あぶりなどの方法で処刑された。

✏ ポイントチェック
（　）内の正しい方に○をつけよう！

宗教改革の結果，これまでの（神聖ローマ皇帝・教皇や教会）の権威に疑問をもったルターやカルヴァンによって新しい教えが広められた。これらの宗派を（イエズス会・プロテスタント）とよぶ。

左端の縦タブ：
東アジア / 東南アジア / 西アジア / ヨーロッパ / アメリカ / アフリカ

コロンブスたちは，島に十字架を立てて領有を宣言した。

▲①先住民と出会ったコロンブス一行 「**地球球体説**」にもとづき西まわり航路によってアジアへの探検をめざした。3隻の船に120人の部下をひきいてスペインを出発，2か月余りの困難な航海ののち，カリブ海のサンサルバドル島に到着した。

▲②コロンブス（1451ごろ〜1506）**ジェノヴァ**に生まれ，若いころから地中海の貿易船に乗って航海術を学んだ。その後スペイン女王イサベルの支援を受けて新航路の開拓にのりだした。

③**コロンブスの乗ったサンタマリア号**（復元）全長25.7m，幅7.6m，40人乗り

コロンブスがたどりついたのは？ クイズ

Try1 コロンブスが愛読したという『世界の記述（東方見聞録）』を残した旅行家は誰だろうか。　①マルコ=ポーロ　②イブン=バットゥータ
ヒント　p.22〜23の世界全図も見てみよう。

Try2 『世界の記述』に出てくる東洋の物産で，コロンブスが強くひかれ，本に何か所も書き込みを加えたものがある。それは次のどれだろうか。
①絹　②陶磁器　③香辛料　ヒント　この時代に最も需要が高かった品物は？

Try3 コロンブスは自分が到着した場所を，実際とは異なる場所と思っていた。どの場所と誤解していたか。
①オーストラリア　②南アメリカ　③インド
ヒント　この誤解に由来する地名がある。❶の**B**をたどってみよう。

…は、こんな人　新航路の開拓者たち

大西洋 / 喜望峰

▶④**ヴァスコ=ダ=ガマ**（1469ごろ〜1524）ポルトガル人。喜望峰をまわり，ムスリムの水先案内人を雇ってインド洋を横断，インドに到着した。

▶⑤**喜望峰**

▲⑥**マゼラン（マガリャンイス）**（1480ごろ〜1521）ポルトガルの下級貴族の出身。1519年，スペイン王の援助を得て5隻の船隊で出発，現在のマゼラン海峡を通って太平洋にはいり，21年にマリアナ諸島に到着した。その後フィリピンのマクタン島を攻略しようとして戦死，残った部下が22年9月に帰国して世界周航が達成された。

❶ 大航海時代の世界

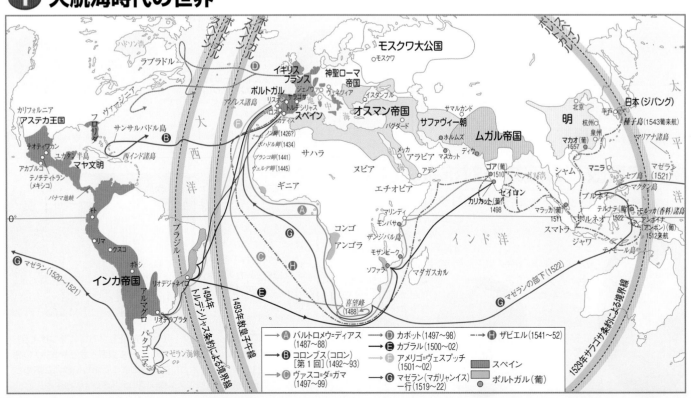

→ Ⓐ	バルトロメウ=ディアス（1487〜88）	→ Ⓓ	カボット（1497〜98）	⇢ Ⓗ	ザビエル（1541〜52）
→ Ⓑ	コロンブス（コロン）[第1回]（1492〜93）	→ Ⓔ	カブラル（1500〜02）		スペイン
→ Ⓒ	ヴァスコ=ダ=ガマ（1497〜99）	→ Ⓕ	アメリゴ=ヴェスプッチ（1501〜02）		ポルトガル（葡）
		→ Ⓖ	マゼラン（マガリャンイス）一行（1519〜22）		

❷ 新しい航路の発見

新しい航路の開拓

背景		
経済	香辛料の需要増大，不安定な東方貿易（オスマン帝国の東地中海進出）	
政治	中央集権国家の形成と国王の援助（領土・黄金への欲求）	
文化	東方への関心（マルコ＝ポーロ著『世界の記述（東方見聞録）』）	
宗教	カトリックの拡大（プレスター＝ジョン〔プレスター＝ジョン〕の伝説*）	
科学	地球球体説（トスカネリ主張）・羅針盤・航海術・造船技術の発達	

*東方にキリスト教国を建てたというジョアンの伝説を信じたことも進出の原動力となった。

	ポルトガル	スペイン
	アジアへの進出	アメリカ大陸への進出
15世紀	1143 **ポルトガル王国**	
		アラゴン王太子フェルナンドとカスティリャ王女イサベルが結婚
	1445 **エンリケ航海王子**の派遣船，ヴェルデ岬に到達	1479 **スペイン王国成立**
	1488 **バルトロメウ＝ディアス喜望峰到達**	1492 **レコンキスタ（国土再征服運動）**終結
		1492 **コロンブス（コロン）（伊），サンサルバドル島に到着**
	1493 教皇アレクサンデル6世，境界線設定（**教皇子午線**）	
	1494 **トルデシリャス条約**（スペインに有利な教皇子午線をジョアン2世の抗議で変更）	
	1498 **ヴァスコ＝ダ＝ガマ インド航路開拓**，カリカットに到着	1497〜98 カボット（伊）北米探検（英王ヘンリ7世の援助）
	1500 **カブラル**，ブラジル到着	
	1501〜1502 **アメリゴ＝ヴェスプッチ（伊），南米探検 →「新大陸」**と確認（アメリカ）	
16世紀	1510 **ゴア占領**	1513 バルボア，パナマ地峡横断，太平洋に到達
	1511 **マラッカ占領**	
	1512 **モルッカ（香料）諸島**にいたる	1519〜21 **コルテス，アステカ王国（メキシコ）征服**
	1517 **中国（明）との貿易開始**	1519〜22 **マゼラン（マガリャンイス）一行，世界周航**
	1518 **セイロン占領**	1520 マゼラン，太平洋と命名
	1529 **サラゴサ条約**（ポルトガル，スペインのアジアでの領土分界線設定）	
	1543 **種子島に漂着**	1532〜33 **ピサロ，インカ帝国征服**
	1549 イエズス会士**フランシスコ＝ザビエル**が鹿児島上陸（→p.119）	1545 **ポトシ銀山（ボリビア）発見**
	1557 マカオの居住権を獲得（1887年，正式取得）	1571 マニラ建設
	1550〜1639 平戸に商館設置（対日貿易）	

影響	
	価格革命：**大量の銀**（メキシコ・ペルー産）の流入により物価上昇
	商業革命：ヨーロッパとアメリカ大陸・アジア間貿易の劇的発展

❶大航海時代以前

香辛料・絹・陶磁器・染料・宝石 → ヨーロッパ ← アジア
地中海 イスラーム世界
銀 →

ヨーロッパのおもな貿易都市　ヴェネツィア・ジェノヴァ

❷大航海時代以降

ヨーロッパ ← 銀・砂糖 / 銀 → アジア
新大陸　香辛料・絹・綿・陶磁器　武器
象牙　奴隷　アフリカ

ヨーロッパのおもな貿易都市　アントウェルペン・リスボン・セビリア

生活革命：アメリカ大陸・アジアの物産が流入（じゃがいも・綿など）

プチ

苦しかった当時の航海

マゼラン一行（マガリャンイス）	出航時（1519年8月）		帰国時（1522年9月）	
	5隻	270〜280名	1隻	18名

航海中，天候が悪化すると料理の火はおこせず，乾パンや塩づけ肉，飲料水も1日1リットルに制限された。病死した船員の多くは，ビタミンCの欠乏による壊血病にかかっていた。

プチ

世界の人気商品〜香辛料

香辛料は当時最も高価な商品であった。ヨーロッパでは肉料理が多かったので，そのくさみを抜いたり保存したりするために重宝し，また，薬としても使われた。とくに珍重された**こしょう**は，当時同じ重量の銀と交換されたともいわれる。

▲⑦こしょう　[主産地] インド マラバル地方

▲⑧シナモン　[主産地] インド，東南アジア

▲⑨ナツメグ　[主産地] モルッカ諸島

▲⑩クローヴ（丁子）　[主産地] インドネシア，モルッカ諸島

❸ 「コロンブスの交換」〜文明の交流と破壊

アメリカ大陸からヨーロッパへ伝播	ヨーロッパからアメリカ大陸へ伝播
とうもろこし，じゃがいも，トマト，とうがらし，タバコ，カカオ，かぼちゃ，梅毒	キリスト教 疫病（天然痘，インフルエンザ，はしかなど） 馬・牛などの大型家畜，鉄・車輪

プチ

辛くないキムチ……?!

アメリカ大陸原産の作物の普及は，ヨーロッパ・アジアの人々の料理や嗜好品を大きく変えた。例えば，現在イタリア料理に欠かせないトマトソースは，アンデス地方からのトマトの伝来によって生まれた。また韓国のキムチに唐辛子が使われ，現在のように辛味が強くなるのは，それが伝わった17世紀以降であり，16世紀前半を舞台にしたドラマ『チャングムの誓い』にはそれ以前の水キムチが登場する。

▲⑪ 16世紀の水キムチ（復元）

▲⑫ 現在のキムチ

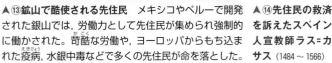

▲⑬鉱山で酷使される先住民　メキシコやペルーで開発された銀山では，労働力として先住民が集められ強制的に働かされた。奇酷な労働や，ヨーロッパからもち込まれた疫病，水銀中毒などで多くの先住民が命を落とした。

インディアスの発見以来このかた，同地で行われた征服と戦争はことごとく，つねに不正で暴虐的で，極悪非道なものである。

▲⑭先住民の救済を訴えたスペイン人宣教師ラス＝カサス（1484〜1566）

ポイントチェック

次の人物と彼に関連する業績を線で結ぼう。

①バルトロメウ＝ディアス　・　・a インド航路開拓

②ヴァスコ＝ダ＝ガマ　・　・b サンサルバドル島到達

③コロンブス　・　・c 初の世界一周

④マゼラン（マガリャンイス）一行　・　・d 喜望峰到達

メキシコ・アンデス地方の風土

凡例
- ● おもな遺跡
- → コルテスの進路
- → ピサロの進路

地図中丸数字は下の写真に対応

（地図中の地名）
ミシシッピ川／メキシコ高原／テオティワカン／②エルタヒン／チチェンイッツァ③／テノチティトラン／マヤ文明／ティカル／アステカ王国／カリブ海／オリノコ川／大／西／洋／アマゾン川／インカ帝国／チャンチャン／チャビン／マチュ=ピチュ⑥／クスコ⑦／ナスカ⑧／太／平／洋／マゼラン海峡

アメリカ古代文明の特色
- ・とうもろこし栽培が中心の農業　・高度な石造技術
- ・金銀が豊富で青銅器を使用（鉄器はなし）
- ・車輪の使用なし　・馬や牛などの大型動物はいない

アメリカ古代文明の展開

地域／年	メキシコ地方			アンデス地方		
	メキシコ中央高原	メキシコ湾岸	ユカタン半島	ペルー北海岸	ペルー中央高地	ペルー南海岸
1000		**オルメカ文明** ●とうもろこしを主とする焼畑農耕 ●都市文明 ●ジャガー神信仰 ●文字・暦の起源 前300年ごろ滅亡		**チャビン文化** ●アンデス文明の源流 ●ジャガー神信仰 ●灌漑農耕の村落社会		
500						
B.C. A.D.	**テオティワカン文明** ●宗教・商業都市の発達		**マヤ文明**（新石器文明）●絵文字使用（→p.41）・装飾的彫刻 ●天文・暦法の発達（1年=365.2420日）（現代の測定値 365.2422日）●二十進法	**モチェ文化** ●彩文土器 ●日干れんがの太陽と月のピラミッド		**ナスカ文化** ●彩文土器 ●地上絵
500						
1000	**トルテカ文明** ●好戦的 ●人身供犠の風習			**シカン文化** **チムー王国**	**ワリの拡大** ●農業技術を輸出	
1500	**アステカ王国**（青銅器文明）都：テノチティトラン ●青銅器 ●都市文明 ●太陽暦		（衰退）	**インカ帝国**（青銅器文明）都：クスコ ●道路・都市建設 ●灌漑用水路 ●青銅器 ●キープ使用		
	1521　コルテスにより、滅亡			1533　ピサロにより、滅亡		

▼①**アンデス地方の段々畑**　インカ帝国時代，高度な灌漑技術によってつくられた畑で，現在も利用されている。

A メキシコ地方の文明 ～「365」へのこだわり

▶②**エルタヒンのピラミッド**（6～7世紀）壁面のくぼみと入り口の総数が365となり，1年の暦を表すとの説がある。

▼③**チチェンイッツァの神殿**（9～13世紀）東西南北から頂上にのびる各91段の階段に，祭壇までの1段を加えると365段となる。

神殿／天文台／世界遺産

"365段"の階段
横から見た図
神殿の祭壇に1段／1側面に91段
上から見た図
91段×4面＋1段＝365段

…は、こんな人
征服者 **コルテス**（1485～1547）と **ピサロ**（1478ごろ～1541）

　鉄器や馬を知らなかった先住民は少数のスペイン人に征服された。コルテスは約500人の兵士をひきいてアステカ王国を，ピサロは200人たらずの兵士をひきいて2万人のインカ軍を破り，皇帝アタワルパを処刑し，1533年にインカ帝国を滅ぼした。

▲④コルテス

▲⑤ピサロ

B アンデス地方の文明

山の裏手に月の神殿／主神殿／住居／太陽の神殿

▲⑥**マチュ=ピチュ**　標高2500mにあり，スペイン人の発見をまぬかれたため，神殿・水路などが残っている。

世界遺産

▲⑦**クスコの石積み**　インカの人々はすぐれた石造建築技術をもっていた。わずかな隙間もない石積みは，ほかに例をみない技術の高さを示している。

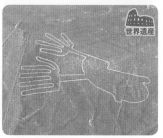
世界遺産

▲⑧**ナスカの地上絵**　砂漠上に6世紀の巨大な線画が残されており，その全貌は空からでないとわからない。暦・祭祀と関連があると推測される。

アメリカ

主権国家体制の成立 ——国ごとにまとまる権力

時代の扉 スペインの繁栄と没落をみた男

▶①フェリペ2世（位 1556～98）

▼② 15世紀末～16世紀のスペイン

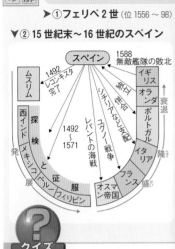

クイズ

Try1 フェリペ2世の時代にスペインが獲得した領土で，現在も彼の名に由来する国名をもつ国はどこだろうか。

①西インド　②ブラジル　③フィリピン

Try2 彼が地球の東西に広大な領土をもつ「太陽の沈まぬ国」を築くきっかけとなったできごとは何だろうか。

①オランダを相続　②ポルトガルを併合　③イギリスに勝利

Try3 16世紀終わりごろに，スペインは衰退し始めるが，そのきっかけとなったできごとは何だろうか。

①イタリア戦争に参入　②レパントの海戦　③アルマダの海戦

ヒント　右の年表もみてみよう。

❶ スペイン帝国の盛衰とオランダ

	スペイン	オランダ
		国際商業・毛織物工業の発達

スペイン

イサベル（カスティリャ王国）　フェルナンド5世（アラゴン王国）　結婚

年	スペイン	
1479	スペイン王国成立（アラゴン・カスティリャ合併）	
92	レコンキスタ完了（→p.111）　コロンブス（コロン），アメリカ到達	
94	トルデシリャス条約	
	ハプスブルク朝（1516～1700）	
	カルロス1世（位 1516～56）（神聖ローマ皇帝カール5世 位 1519～56）	
1521	イタリア戦争に参入（～59）　コルテスがメキシコ征服	
33	ピサロがインカ帝国征服	
	フェリペ2世（位 1556～98）	
71	レパントの海戦でオスマン帝国を破る　マニラを建設	
80	ポルトガル併合（～1640）「太陽の沈まぬ国」	
88	アルマダの海戦　無敵艦隊がイギリスに敗北	
89	ユグノー戦争に介入	

スペイン帝国の台頭／スペイン帝国の繁栄と没落

オランダ　ハプスブルク家領／スペインの支配／独立と発展

毛織物商　組合の見本調査官

アントウェルペン（アントワープ），世界経済の中心に

年	オランダ
1567	スペイン，新教徒（プロテスタント）の弾圧を強化
68	独立戦争始まる
79	北部7州，ユトレヒト同盟結成
81	ネーデルラント連邦共和国となる
84	独立運動指導者オラニエ公ウィレム暗殺
1602	東インド会社設立（→p.28）
09	スペインと休戦条約

	南部10州（ベルギー）	北部7州（オランダ）
民族	ラテン系	ゲルマン系
言語	フランス語系	ドイツ語系
宗教	おもにカトリック	カルヴァン派広まる
産業	農牧業・毛織物工業	海運・商業
独立	1830年（オランダより）	1581年独立を宣言　1648年独立承認

▲③南北ネーデルラントの比較

ユトレヒト同盟加盟の7州／スペイン領

1648年に各国が独立を承認したネーデルランドの境界線

▶④オランダの独立

❷ 主権国家と「勢力均衡」

スペイン王フェリペ2世の領土／オーストリア＝ハプスブルク家の領土／神聖ローマ帝国の境界／おもな商業都市

皇帝権の失墜（神聖ローマ帝国の衰退）
原因：イタリア戦争　三十年戦争など　ヨーロッパに君臨する大勢力の消滅

教皇権の失墜
原因：宗教改革の発生　イギリス国教会設立など　聖職叙任権・教会領の処遇は，各王国の権利として分散

↓

各王国の対外的な主権が確立
→各王国が拮抗して並存（勢力均衡）

↓

主権国家体制の成立
→各王国が相互に主権を認めあう国際秩序

▲⑤「主権国家」の登場　「主権」とは，国家が内外の勢力（国内では貴族や都市，対外的にはローマ教皇や神聖ローマ皇帝）から干渉されずに政治を行う権限のこと。16～18世紀には国王が「主権」をにぎることが多く，その政治は**絶対王政**とよばれる。

ポイントチェック

（　）内の正しい方に○をつけよう！

国王の支配権を強化し，スペイン帝国最盛期を築いたフェリペ2世は，極端な（カトリック・プロテスタント）政策をとったため，（ポルトガル・オランダ）の独立を招き，スペイン没落の原因をつくった。

ヨーロッパ

イギリス─絶対王政から議会政治へ

絶対王政の確立	15C末　囲い込み運動（第1次）始まる

ヘンリ8世 位1509〜47
1534　国王至上法（首長法）発布
　　　（イギリス国教会の成立）（→p.119）

メアリ1世 位1553〜58
1554　スペイン王子**フェリペ2世**と結婚→民衆反発
　55　カトリックを復活

エリザベス1世 位1558〜1603
1559　統一法公布（イギリス国教会の確立）
　77　ドレークの世界周航（〜80）
　87　スコットランド元女王メアリ=ステュアートを処刑
　88　**アルマダ**（スペインの無敵艦隊）を撃破
1600　東インド会社設立

ジェームズ1世 位1603〜25
1603　ステュアート朝成立（スコットランドとの同君連合）
　　　○王権神授説を唱える

チャールズ1世 位1625〜49
1628　「権利の請願」を議会が起草
　29　議会の解散（〜40）
　42　ピューリタン革命（〜49）
　49　国王処刑

共和政（1649〜60）
1649　共和政宣言　アイルランド征服
　51　航海法成立
　52　イギリス-オランダ（英蘭）戦争（第1次，〜54）
　53　クロムウェル，護国卿に就任

チャールズ2世 位1660〜85
1660　王政復古
　70　カトリック化をはかる
　73　審査法成立
　79　人身保護法
　　　○このころ**トーリ党**と**ホイッグ党**対立

ジェームズ2世 位1685〜88
1688　名誉革命（〜89）→国王亡命

ウィリアム3世 位1689〜1702｝共同統治
メアリ2世 位1689〜94
1689　「権利の宣言」提出，「権利の章典」発布
　　　○立憲君主政の確立

アン 位1702〜14
1707　グレートブリテン王国成立

ジョージ1世 位1714〜27
1714　ハノーヴァー朝が成立
　21　ウォルポール内閣成立→責任内閣制（議院内閣制）
　　　○「王は君臨すれども統治せず」の原則

左欄縦：絶対王政の確立／絶対王政の全盛／国王と議会の対立／議会政治の確立

❶ イギリス絶対王政

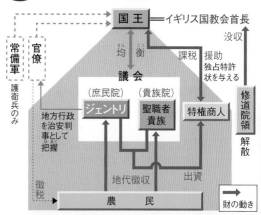

国王──イギリス国教会首長
常備軍／官僚
議会（庶民院・貴族院）
ジェントリ／聖職者貴族／特権商人
農民
財の動き

時代の扉 「エリザベス神話」へのイメージ戦略

▶①『虹の肖像』　エリザベス1世の最晩年に描かれたこの肖像画には，彼女が人々に与えたいイメージが込められている。

クイズ

Try1 彼女は，「国家と結婚した」として，国益のため独身を貫いた。そのことをアピールする部分を絵から探そう。

Try2 彼女は自身を平和の具現者に見立ててイメージを高めた。この絵から，平和の象徴と思われるものを示そう。

Try3 彼女の治世下にあった争いとは何だろう？
　①カトリックとプロテスタントの対立
　②フランスとの百年戦争

花嫁がするヘアスタイル／「太陽なくして虹はありえない」／虹／へび（賢明）／目と耳が描かれたドレス

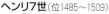

ヘンリ7世（位1485〜1509）
キャサリン=オブ=アラゴン（スペイン出身）1533年 国王と離婚
アン=ブーリン　1536年 国王により処刑
「私は国家と結婚した」国益のため，多くの求婚を拒み，独身を通した。
ヘンリ8世（位1509〜47）イギリス国教会創設
暗殺計画
フェリペ2世（スペイン王）カトリック勢力（→p.123）
メアリ1世（位1553〜58）カトリック復活
敵視
メアリ=ステュアートスコットランド女王（位1542〜67）カトリック勢力
エリザベス1世（位1558〜1603）イギリス国教会確立
ジェームズ6世（スコットランド王）**ジェームズ1世**（イングランド王 位1603〜25）同一人物
求婚 → エリザベスの拒否　アルマダの海戦で対決

は，こんな人

イギリスの海外進出に貢献した男 ドレーク（1545？〜96）

海賊を兼ねた商人ドレークは，スペイン船を襲っては多くの富を奪っていたため，スペインから引き渡しを求められていた。彼の活動をイギリスの対外進出の契機として援助していたエリザベス1世は，彼を騎士に叙任して，スペイン王に挑戦した。

◀②エリザベス1世から騎士に叙任されるドレーク（左）とプリマス港に建つ彼の像（右）

エリザベス1世／ドレーク

❷ 国王と議会の闘争

Ⓐ ピューリタン革命

チャールズ1世　首切役人

▲③**チャールズ1世の処刑**　神から授かった王権に国民は服従すべしと唱えて議会と対立したチャールズ1世は，1649年，「自由とは，国民が政府に参加すれば得られるものではない。臣民と主権者はおのずから異なる」と，絶対君主としての信念を示す言葉を残して処刑された。

プチ

イギリス国旗の成立

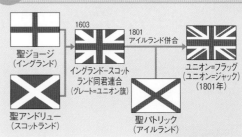

聖ジョージ（イングランド）／聖アンドリュー（スコットランド）／1603 イングランド=スコットランド同君連合（グレート=ユニオン旗）／1801 アイルランド併合 ユニオン=フラッグ（ユニオン=ジャック）（1801年）／聖パトリック（アイルランド）

スコットランド・イングランド両王となったジェームズ1世は，両国の統一旗を考案した。のちにこれにアイルランドが加わり，現在のイギリス国旗（ユニオン=フラッグ）ができあがった。

▶④**サッカーの応援で使われるイングランド旗**

ヨーロッパ

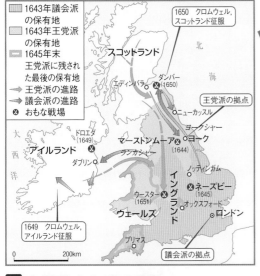

1650 クロムウェル，スコットランド征服／1643年議会派の保有地／1643年王党派の保有地／1645年末王党派に残された最後の保有地／→王党派の進路／→議会派の進路／⊗おもな戦場

スコットランド／エディンバラ／ダンバー（1650）／ニューカッスル／王党派の拠点／ヨークシャー／ドロエダ（1649）／マーストンムーア（1644）／ヨーク／アイルランド／ランカシャー／ダブリン／ウースター（1651）／ネーズビー（1645）／ノッティンガム／イングランド／オックスフォード／ロンドン／ウェールズ／1649 クロムウェル，アイルランド征服／プリマス／0 200km／議会派の拠点

…は，こんな人

きびしい独裁を行った クロムウェル（1599〜1658）

クロムウェルは，内乱が始まるとピューリタン（清教徒）の農民を鉄騎隊に組織して王党派を破った。さらに議会では他派を抑えて，**チャールズ1世を処刑，共和政**をうちたてた。1653年に護国卿になると，劇場の閉鎖，クリスマスの禁止など厳格なピューリタン精神にたった独裁政治を行い，国民の不満を高めた。

▲⑤**「王」のようなクロムウェル**　独裁政治を行う彼を実質的な「王」であると風刺した絵。

▶⑥ピューリタン革命時の国内の対立

		主　張	おもな支持層
王　党　派		絶対王政・国教会支持	貴族・保守的ジェントリ
議会派	長老派	立憲王政・長老制教会	スコットランド人・ロンドン商人
	独立派	王権制限・産業の自由・信仰の自由	ジェントリ
	平等派（水平派）	共和政・普通選挙・信仰の自由	下級士官・兵士

Ⓑ 名誉革命と議会政治

▲⑦**名誉革命後に即位したメアリ2世とウィリアム3世**（共同統治）　議会の提出した「**権利の宣言**」を受け取った。

【権利の章典】 高木八尺・末延三次・宮沢俊義編『人権宣言集』岩波書店
1. 国王は，王権により，国会の承認なしに法律〔の効力〕を停止し，または法律の執行を停止し得る権限があると称しているが，そのようなことは違法である。
2. 〔国王は〕王権により，法律を無視し，または法律の執行をしない権限があると称し，最近このような権限を簒奪し行使したが，そのようなことは違法である。（一部抜粋）

プチ

現代のイギリス議会政治に息づく当時のなごり

イギリスの下院の議場は1547年にウェストミンスター宮殿におかれた。昔，興奮した議員が剣を交えたことがあったため，緑のカーペットには赤い剣線が引かれ，発言者はこれを越えてはならないことになっている。現在の下院議会会議場でも，その形式やすわり方が引きつがれている。

▲⑧**現代のイギリス下院**

政権を担当している政党／与党席／剣線（ソードライン）／議長席／野党席　◀⑨**下院議会会議場の見取り図**

▲ ポイントチェック　（　）内の正しい方に○をつけよう！

王位継承問題や宗教改革で動揺したイギリスでは，エリザベス1世が議会との協調に努め，（カトリック・イギリス国教会）を確立した。17世紀前半に王位についた（テューダー・ステュアート）朝のチャールズ1世は，王権神授説を振りかざして議会と対立して処刑された。その後，イギリスは再び王政になったが，名誉革命を経て議会を中心とする政治へと変わっていった。

フランスの主権国家形成 ──「朕は国家なり」

彼を中心に世界はまわる!?

▼①ヴェルサイユ宮殿

ヴェルサイユ宮殿

アポロン

▲②アポロンの泉水　**ルイ14世**は, ギリシア神話の太陽の神アポロンに扮してバレエを踊ったり(右), **ヴェルサイユ宮殿**にアポロンにまつわる彫像をおいたりして, 自らを**「太陽王」**として人々に印象づけた。戦車に乗るアポロンの泉水は, 国王のいる宮殿と太陽が昇る方向を向くように設置されている。

◀③ルイ14世

クイズ

Try1 ルイ14世のニックネームは何か?
①獅子心王　②太陽王
③赤ひげ王

Try2 ルイ14世が言った言葉はどれか。
①君主は国家第一の下僕
②朕は国家なり
③教皇は太陽, 皇帝は月
ヒント　彼の言葉以外は, インノケンティウス3世(→p.107), フリードリヒ2世(→p.128)。

Try3 ルイ14世は広大な宮殿で, 左のような規則正しい日課で毎日を過ごしたのはなぜだろうか。
①家臣に王の生活を見せるため
②王の健康のため
③毎日遊ぶ時間を確保するため

フランス絶対王政の展開

中世〜絶対王政の過渡期	1521	**フランソワ1世**, 神聖ローマ皇帝**カール5世**と対立, イタリア戦争(〜59)に参入
	62	**ユグノー戦争**始まる(〜98)
	72	**サン゠バルテルミの虐殺**(カトリック派がユグノーを虐殺)
	アンリ4世　位1589〜1610	
確立期	1589	**ブルボン朝**始まる
	98	**ナントの王令**(ユグノーに信仰の自由を認める)
	1604	東インド会社設立
	08	ケベック市建設(**カナダ植民**の拠点)
	ルイ13世　位1610〜43	
	1614	**三部会召集**→15 三部会解散 *以後は1789年まで召集されず
	24	宰相**リシュリュー**(任〜42)
	35	**三十年戦争**に新教側にたって介入
	ルイ14世〈太陽王〉　位1643〜1715	
全盛期	1642	宰相**マザラン**(任〜61)
	48	**フロンドの乱**(〜53) *貴族・高等法院による反乱
	61	親政開始　**ヴェルサイユ宮殿**造営開始
	65	財務総監**コルベール**(任〜83) *重商主義政策
	66	フランス科学アカデミー創設
	67	南ネーデルランド継承戦争(〜68)
	72	オランダ侵略戦争(〜78)
	82	**ルイジアナ植民地**建設
	85	**ナントの王令廃止** →ユグノーの亡命でフランス経済に大打撃
	88	プファルツ(ファルツ)継承戦争(〜97)
	1701	**スペイン継承戦争**(〜13)
	ルイ15世　位1715〜74	
衰退期	1740	**オーストリア継承戦争**(〜48)
	55	**フレンチ=インディアン戦争**(〜63)(→p.30)
	56	**七年戦争**(〜63)
	62	ルソー『社会契約論』
	63	パリ条約(カナダ・ミシシッピ以東の仏領放棄)

▲リシュリュー

▲マザラン

▲コルベール

ルイ14世の1日

24:00〜 就寝の儀式　着がえを行う間, 王族・家臣が王にあいさつ。

1:00 就寝(季節によって多少時間がずれる。)

ビリヤード・カード遊び・コンサート・ダンスなど。 22:00

夕食

19:00 夜会(火・木・土)

睡眠

18時

散歩・狩り・夕刻の国務会議

9:30〜 午前の国務会議

7:30 起床　起床の儀式

7:30〜8:30

服を着て, 短い祈りのあと, 軽い朝食。王族・家臣があいさつにくる。

12:30〜 昼のミサ・昼食　王がひとりで食事をし, 大勢の貴族が見物する。

24時 / 6時 / 12時 / 18時

❶ ルイ14世の政治・外交

国王　権力集中
常備軍　官僚
ヨーロッパ最大の陸軍
侵略戦争
徴税

議会(三部会) 1615〜1788年は召集されなかった

(第一身分)(第二身分)(第三身分)
聖職者　**貴族**　**市民**

王に廷臣・官僚・軍人として仕える

商工業者・法律家などの代表

特権身分

地代徴収

農　民(第三身分)

➡ 財の動き

▲④フランス絶対王政のしくみ

⑤ルイ14世の侵略戦争

① 南ネーデルランド継承戦争(1667〜68)
イギリス
フランス ✕ スペイン オランダ
スウェーデン
アーヘン条約(1668)

② オランダ侵略戦争(1672〜78)
イギリス 1674年講和 イギリス
フランス ✕ オランダ スペイン
スウェーデン ドイツ皇帝・諸侯
ナイメーヘンの和約(1678)

③ プファルツ(ファルツ)継承戦争(1688〜97)
アウクスブルク同盟
イギリス オランダ
フランス ✕ ドイツ皇帝・諸侯
スペイン スウェーデン
ライスワイク条約(1697)

④ スペイン継承戦争(1701〜13)
スペイン イギリス
「ブルボン」家フランス ✕ (ハプスブルク家)オーストリア プロイセン
オランダ
ユトレヒト条約(1713)

▲⑤ルイ14世の侵略戦争

ポイントチェック

( )内の正しい方に○をつけよう!

太陽王とよばれた(ルイ13世・ルイ14世)はフランス絶対王政の最盛期を築き, さかんに他国への侵略戦争を行った。彼は晩年(ミラノ・ナント)の王令を廃止してユグノーの商工業者の大量亡命を招き, フランスの経済停滞を招いた。

三十年戦争 ──ドイツ中央部を荒廃させた戦争

三十年戦争の実態は？

時代の扉

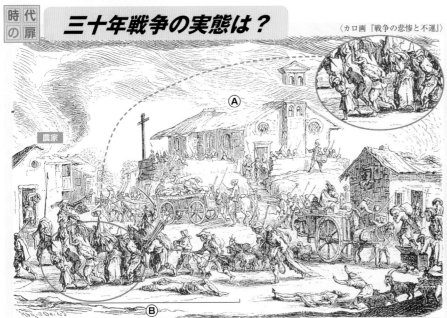

〈カロ画『戦争の悲惨と不運』〉

農家

Ⓐ

Ⓑ

◀①兵士の略奪　金で雇われた兵士（傭兵）たちは，雇い主からの物資補給がとどこおると，村々で略奪を重ねた。軍隊の到着は，敵・味方を問わず村人たちに恐怖をもって迎えられ，長期の戦闘により，ドイツ国内は荒れ果てた。

？クイズ

Try1　左の絵には三十年戦争中の農村が描かれている。手前で燃えているのは農家であるが，奥で兵士が略奪している建物（Ⓐ）は何か。
①敵の要塞　②領主の館　③教会

Try2　中央でくさりにつながれている人々（Ⓑ）は誰だろうか。①敵の捕虜　②領主　③農民
ヒント　服装やついてきている家畜に注目しよう。

Try3　この戦争によりドイツの人口は，農村で35～40％，都市で25～30％が失われたという説※がある。この場合，戦争前に1600万いた人口は，どのくらいまで減少しただろうか。

※ ヘニング『中世・近代ドイツ社会経済史』による

① 1500万　② 1000万　③ 500万

---

① 三十年戦争後のヨーロッパ

三十年戦争の経緯

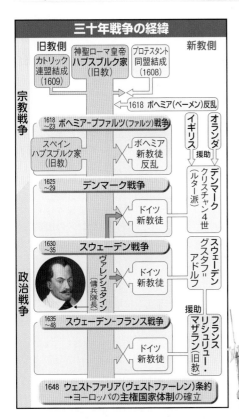

旧教側		新教側

宗教戦争

カトリック連盟結成（1609）

神聖ローマ皇帝ハプスブルク家（旧教）

プロテスタント同盟結成（1608）

←1618 ボヘミア（ベーメン）反乱

1618～23 ボヘミア－プファルツ（ファルツ）戦争

スペインハプスブルク家（旧教）

ボヘミア新教徒反乱

イギリス
オランダ
援助

1625～29 デンマーク戦争

デンマーククリスチャン4世（ルター派）

ドイツ新教徒

政治戦争

1630～35 スウェーデン戦争

ヴァレンシュタイン（傭兵隊長）

スウェーデングスタフ＝アドルフ

ドイツ新教徒

フランスリシュリュー・マザラン（旧教）
援助

1635～48 スウェーデン－フランス戦争

ドイツ新教徒

1648 ウェストファリア（ヴェストファーレン）条約
→ヨーロッパの主権国家体制の確立

ウェストファリア（ヴェストファーレン）条約
①カルヴァン派を初めて公認
②ドイツ諸侯（領邦君主）のほぼ完全な主権を承認
　→ドイツの分立状態が決定的
③スイスとオランダ*の独立を正式に承認
④フランスはアルザスのハプスブルク家領など獲得
⑤スウェーデン・ブランデンブルクは領土獲得
　*ネーデルラント連邦共和国が正式名称

▲②ウェストファリア条約　ヨーロッパの平和を国際会議で保障した，初めての条約である。

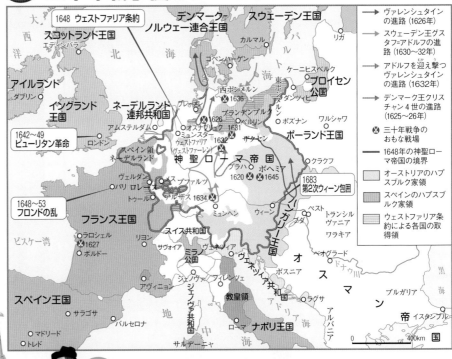

1648 ウェストファリア条約

デンマーク王国
ノルウェー連合王国
スウェーデン王国

スコットランド王国
エディンバラ

アイルランド
ダブリン

イングランド王国

アムステルダム
ネーデルラント連邦共和国

ロンドン

1642～49 ピューリタン革命

1648～53 フロンドの乱

フランス王国

ラロシェル
✕1627
ボルドー

スペイン王国
マドリード
トレド
サラゴサ
バルセロナ

プロイセン公国
ポーランド王国

神聖ローマ帝国
1620 ✕ ✕1645

1683 第2次ウィーン包囲

ハンガリー王国

ミュンヘン
ウィーン

スイス共和国

教皇領
ローマ
ナポリ王国

オスマン帝国
イスタンブル

→ ヴァレンシュタインの進路（1626年）
→ スウェーデン王グスタフ＝アドルフの進路（1630～32年）
→ アドルフを迎え撃つヴァレンシュタインの進路（1632年）
→ デンマーク王クリスチャン4世の進路（1625～26年）
✕ 三十年戦争のおもな戦場
── 1648年の神聖ローマ帝国の境界
▨ オーストリアのハプスブルク家領
▨ スペインのハプスブルク家領
▨ ウェストファリア条約による各国の取得領

0　400km

傭兵のふるさと　スイス

プチ

農耕地が少ないスイスでは，諸外国にスイス人を傭兵として提供するかわりに，穀物の輸入を保障され，また国の中立も確保されるというしくみが成立していた。ルイ14世の侵略戦争をはじめ，この時代にヨーロッパの戦争にスイス人傭兵が従事し，スペイン継承戦争ではスイス人傭兵同士が戦ったとまでいわれている。

◀③ヴァティカン市国のスイス衛兵　制服はミケランジェロのデザインと伝えられる。

ポイントチェック

（　）内の正しい方に○をつけよう！
　三十年戦争は1648年の（ウェストファリア・アウクスブルク）条約で終結した。そしてこの条約で（神聖ローマ帝国・オスマン帝国）の政治的分裂が決定的となった。

ヨーロッパ

ヨーロッパ

時代の扉 「国母」と慕われたマリア=テレジア

▲①マリア=テレジアの家族

フランツ1世　ヨーゼフ2世　マリア=テレジア　マリ=アントワネット

プチ 3人の貴婦人たちの同盟

マリア=テレジアはロシアのエリザヴェータ女帝，フランスのルイ15世の愛人ポンパドゥール夫人（→ p.132）と結び，**プロイセン**の孤立化をはかった。**フリードリヒ2世**はこれを「3枚のペチコートの共謀」と悪態をついた。

オーストリア・プロイセンの形成

年代	オーストリア	年代	プロイセン
		1134	ブランデンブルク辺境伯領成立
			13C　ドイツ騎士団領成立
1438	ハプスブルク家，神聖ローマ皇帝位を以降世襲	1356	
1519	カール5世即位（～56）		
29	オスマン帝国，ウィーン包囲		1525　プロイセン公国成立
1618	三十年戦争始まる（～48）	1618	ブランデンブルク－プロイセン同君連合成立（ホーエンツォレルン家）
99	カルロヴィッツ条約でハンガリー全土を支配		
1713	カール6世，「国事詔書」で女系相続を承認	1701	プロイセン王国成立
		13	フリードリヒ=ヴィルヘルム1世即位（～40）軍備増強と産業育成により絶対王政の基礎を確立
40	マリア=テレジア即位（～80）啓蒙主義的諸改革（農民の負担軽減／教育の充実など）	40	フリードリヒ2世即位（～86）啓蒙専制君主（「君主は国家第一の下僕」）
		1740	オーストリア継承戦争（～48）
		48	プロイセンがシュレジエンを獲得
		1756	七年戦争（～63）
		63	プロイセンのシュレジエン領有を確定
65	ヨーゼフ2世即位（～90）啓蒙専制君主 マリア=テレジアと共同統治	1772	第1回ポーランド分割（普墺露）
		93	第2回ポーランド分割（普露）
		95	第3回ポーランド分割（普墺露）

① オーストリア vs プロイセン

①オーストリア継承戦争(1740～48)	②七年戦争(1756～63)
（対フランス）	（対フランス）
イギリス－オーストリア ╳╳ バイエルン選帝侯／ザクセン選帝侯－プロイセン／フランス／スペイン	ロシア／フランス 外交革命／スウェーデン－オーストリア ╳╳ イギリス－プロイセン
アーヘン和約(1748)	フベルトゥスブルク和約(1763)

◀②フリードリヒ2世とサンスーシ宮殿　フリードリヒ2世は，ベルリン郊外ポツダムにロココ様式（→ p.130）の宮殿を建て，フランスの代表的な啓蒙思想家ヴォルテール（→ p.131）らを招き，交流を深めた。サンスーシとは「憂いなし」の意味である。

▼③18世紀の中央ヨーロッパ

デンマーク－ノルウェー連合王国 1380～1841
スウェーデン王国
サンクトペテルブルク（1712から首都）
ストックホルム
北方戦争によりスウェーデン→露
モスクワ
ロシア帝国
グレートブリテン王国
プロイセン王国
分割前のポーランド
北海
バルト海
コペンハーゲン
オランダ
アムステルダム
ユトレヒト
ロンドン
ベルリン
普
ワルシャワ
墺①
露①
露②
露③
神聖ローマ帝国
ヴェストファーレン
ラベルトゥスブルク
シュレジエン
アーヘン ザクセン
パリ
墺②
墺①
フランス
オーストリア
バイエルン
ウィーン
スイス
ハンガリー（オスマン帝国→墺1699）
オスマン帝国
カルロヴィッツ
黒海
アドリア海
教皇領
ローマ

普＝プロイセン
墺＝オーストリア
露＝ロシア
━━ 神聖ローマ帝国の範囲

ポーランド分割	ロシア(露)	プロイセン(普)	オーストリア(墺)
①第1回(1772)			
②第2回(1793)			
③第3回(1795)			

0　500km

▶④ポーランド分割の風刺画　3か国の王によって分割され，「国王たちの菓子」とたとえられた。

◀⑤コシューシコ（1746～1817）ポーランド分割反対闘争を指導するが，ロシアにとらえられる。

ポーランド スタニスワフ2世　オーストリア ヨーゼフ2世
ロシア エカチェリーナ2世　プロイセン フリードリヒ2世

✏ポイントチェック　（　）内の正しい方に○をつけよう！

（オーストリア継承戦争・スペイン継承戦争）などで戦いを交えたオーストリアのマリア=テレジア，プロイセンのフリードリヒ2世は，ともに（啓蒙思想・自由主義思想）の影響を受けて，産業の振興や教育の普及に努めた。

ロシアの西欧化 —西ヨーロッパへのあこがれ

（→巻頭Ⅲ）

時代の扉 ピョートル1世がめざした国とは？

▲①自らオランダの進んだ造船技術を学ぶピョートル

▶②ピョートル1世 (1672～1725)

羊の毛を刈るためのはさみ

▲③あごひげを切るピョートル

クイズ

Try1 ピョートル1世は，ロシアの国民にあることを強制し，従わない場合には税をかけた。それはどのようなことか，絵を参考に考えよう。
　①豪華な服装をやめる
　②あごひげをそる
　③長髪を短くする

Try2 そのようにした理由は何か。
　①国民に質素な生活をさせる
　②国民に西欧の風習をさせる

Try3 ピョートル1世は何のためにオランダの造船工場に行ったのだろうか。
　①敵国として軍事力をスパイするため
　②船に乗るのが好きなので
　③ロシアに西欧の技術を導入するため

ロシア絶対王政の展開

絶対王政の模索

イヴァン3世 位 1462～1505
1480 キプチャク＝ハン国の支配からモスクワ大公国を自立させる
　○ビザンツ帝国の紋章を継承し，初めてツァーリの称号を用いる

イヴァン4世 位 1533～84
1547 ツァーリを正式の称号として採用
　52 カザン＝ハン国を併合
　82 コサックの首長イェルマークがシビル＝ハン国を占領
1598 リューリク朝の断絶により，ボリス＝ゴドゥノフが政権獲得

▲ イヴァン4世

動乱時代

ミハイル＝ロマノフ 位 1613～45
1613 全国会議でツァーリに選出される（ロマノフ朝の成立）

1670 ステンカ＝ラージンの反乱（～71）

絶対王政の確立期

ピョートル1世（大帝） 位 1682～1725
1689 ネルチンスク条約締結（清・康熙帝）
　97 西欧使節団の派遣（先進的技術の導入）
1700 北方戦争（～21）　カール12世（スウェーデン）と戦う
　03 新都（サンクトペテルブルク）の建設開始
　21 ニスタット条約締結

エカチェリーナ1世 位 1725～27
1727 キャフタ条約締結（清・雍正帝）

エリザヴェータ 位 1741～61

エカチェリーナ2世 位 1762～96
　○啓蒙専制君主として名を博す
1772 第1回ポーランド分割
　73 プガチョフの乱（～75）
　80 武装中立同盟を提唱（英に対抗）エカチェリーナ2世
　83 クリム＝ハン国を併合→黒海へ進出
　92 ラクスマンを根室に派遣
　93 第2回ポーランド分割
　95 第3回ポーランド分割

① ロシアの拡大

▶④オコジョ　当時ロシアの最も重要な輸出品だった毛皮の確保は，ロシアのシベリア進出の大きな要因であった。

1712～1918年ロシアの首都

□ 1598年のモスクワ大公国の領土	■ 1725～1796年の獲得地（エカチェリーナ1世からエカチェリーナ2世の時代）
□ 1598～1689年の獲得地	■ 1796～1914年の獲得地
□ 1689～1725年の獲得地（ピョートル1世の時代）	― ステンカ＝ラージンの反乱の範囲
	― プガチョフの乱の範囲

● おもな条約締結地
― ネルチンスク条約（1689年）
--- キャフタ条約（1727年）
--- アイグン条約（1858年）
--- ロシア帝国の境界（1914年）

プチ ロシア300年の歴史の舞台　サンクトペテルブルク*

世界遺産
旧参謀本部
エルミタージュ
ネヴァ川

北方戦争でスウェーデンから奪ったバルト海沿岸に建設。1712～1918年まで首都となった。

遷都の際正式決定，ピョートル1世と同名の聖人より
1712 サンクトペテルブルク
↓ 第一次世界大戦開始時ロシア風に
1914 ペトログラード
↓ レーニンの名前より
1924 レニングラード
↓ ソ連の崩壊により
1991 サンクトペテルブルク

▲⑤都市名の移り変わり

*「ペテルブルク」とだけ呼ばれることもある。

ポイントチェック

（　）内の正しい方に○をつけよう！

　ピョートル1世はロシアの改革をはかり，（西ヨーロッパ・アジア）の進んだ技術を積極的に取り入れようとした。また北方戦争でスウェーデンから領土を奪い，そこに（モスクワ・サンクトペテルブルク）を築いて首都とし，「西欧への窓」とした。

17・18 世紀のヨーロッパの文化 ──はなやかな宮廷文化と新しい思想

ヨーロッパ

ヴェルサイユ宮殿へようこそ！

Try1 ヴェルサイユ宮殿を増改築したのは，誰だろうか。
ヒント p.126 をふり返ってみよう。
①フリードリヒ2世
②ルイ14世
③ピョートル1世

Try2 ヴェルサイユ宮殿のなかで最も大きい部屋「鏡の間」は当時，何に使われただろうか。
①王の寝室
②舞踏会
③来賓の寝室

Try3 この部屋の名前の由来となっている鏡は，なぜこのように大量に使われたのだろうか。
①部屋を広く見せるため
②来客が自分の姿を見るため
③高価な鏡を買えることを誇示したいため
ヒント ヴェルサイユ宮殿はバロック様式の建物。

▲①鏡の間　長さ73m，幅10.5m，高さ12.3mの広大な部屋で，シャンデリアは54個，ろうそくは3000本あった。名前の由来である鏡は578枚あり，当時きわめて高価であった。

1 絵画・建築

バロック様式

「ゆがんだ真珠」の意味をもち，富や権力を誇示するための，華麗で豪華な様式をいう。

©NIPPON ANIMATION CO.,LTD.

▶②ルーベンス「キリストの降架」　アントウェルペン大聖堂の依頼で描いた作品。小説『フランダースの犬』（左図）で，主人公ネロが一目見たいと熱望していたのがこの絵である。
〈アントウェルペン大聖堂（ベルギー），420cm×310cm〉

▲③レンブラント「夜警」　オランダの火縄銃手組合の集団肖像画。「光の画家」として人気だったレンブラントに依頼されたこの絵には，集団肖像画としては高額な報酬が支払われた。当時のオランダ市民の高い経済力を物語っている。〈アムステルダム国立美術館蔵，363cm×437cm〉

ロココ様式

つる草や貝がらを模したロカイユ模様が「ロココ」の語源といわれる。ルイ15世のころから革命前にかけて18世紀フランスを中心に展開された繊細優美な様式をいう。

▶④フラゴナール「ぶらんこ」　ぶらんこに乗る女性と戯れる男。ほのかな官能がただよう恋人たちを繊細な筆致と輝く色彩で描いたこの絵画はロココ趣味の極致といえる。
〈ウォーレス＝コレクション蔵，83cm×65cm〉

▲⑤アマリエンブルク荘の「鏡の間」　バイエルン選帝侯が妻アマリエのためにミュンヘン郊外に建てた。同じ「鏡の間」でも，優雅で幻想的な装飾と色彩にあふれている。

131

❷「理性」の時代を導いた啓蒙思想

ヴォルテール
ルソー
ダランベール
ケネー
ディドロ
テュルゴー
モンテスキュー
ジョフラン夫人

▲⑥ジョフラン夫人のサロン　パリの富裕な上流市民ジョフラン夫人のサロンには，当時の著名な思想家たちが集まった。18世紀はサロン全盛時代で，マスコミがなかった時代の情報交換の場として，文化の普及・向上に大きな役割を果たした。サロンの想像図。

ヨーロッパ

ロック（1632〜1704，英）

『統治二論』
(1690年)君主と人民の契約という**社会契約説**の立場で，君主が権力を乱用したとき，人民には革命権があるとした。

モンテスキュー（1689〜1755，仏）

『法の精神』
(1748年)で，立法・行政・司法の三権の分立を通して専制政治を防ぐよう主張した。

ニュートン（1642〜1727，英）

万有引力の法則の発見により，力学的自然観を完成させた。このほか，光のスペクトル，微分・積分法も発見した。

ルソー（1712〜78，仏）

『社会契約論』
(1762年)で，ロックより前進した人民主権論を展開し，**フランス革命**に大きな影響を及ぼした。

プチ　庶民の大学　コーヒーハウス

▼⑦イギリスのコーヒーハウス（18世紀初頭）

イギリスでは喫茶店がコーヒー1杯分の値段から「1ペニーの大学」とよばれ，人々の知識や情報交換の場として機能し，ここから新聞や政党が誕生した。イギリスでは男性だけの社交の場であったが，フランスでは女性も歓迎された。

❸ 17・18世紀のヨーロッパ文化

		1600年	1700年	1800年
		ルネサンス ▶	バロック美術 ▶ ロココ美術 ▶ 古典主義 ▶	ロマン主義へ
文学	・サロンの流行。 ・アカデミー=フランセーズ設立。 ・市民文学の成立(英)。		06 コルネイユ(仏) 84｜『ル=シッド』フランス古典悲劇の誕生 22 モリエール(仏)73｜『タルチュフ』『人間嫌い』古典喜劇の確立 フランス古典主義文学｜39 ラシーヌ(仏)99｜『アンドロマク』古典悲劇の大成 08 ミルトン(英) 74｜『失楽園』｜ピューリタン文学 28 バンヤン(英)88｜『天路歴程』 風刺文学｜60¾ デフォー(英)31｜『ロビンソン=クルーソー』 67 スウィフト(英) 45｜『ガリヴァー旅行記』	三大古典作劇家フランス
音楽	・王族・貴族の保護のもとで活動。 ・市民階級にも広まり，定期演奏会も開始された。	バッハ バロック	85J.S.バッハ(独)50｜『マタイ受難曲』"音楽の父" 85 ヘンデル(独) 59｜『水上の音楽』『王宮の花火の音楽』 32 ハイドン(墺) 09｜"交響曲の父" 『魔笛』『フィガロの結婚』｜56モーツァルト91(墺)"神童" 古典派	
美術	・17世紀，国王の権力を背景に豪華なバロック美術が発達。 ・18世紀になると，享楽的な貴族社会でロココ趣味がもてはやされた。		41 エル=グレコ14(西)「オルガス伯の埋葬」 99 ベラスケス(西)60 17 ムリリョ(西) 82 77ルーベンス40(フランドル地方) 99ファンダイク41(フランドル地方) 06 レンブラント(蘭)69 バロック フランドル派に影響される｜99 シャルダン(仏) 79 84 ワトー21 (仏)フランスロココ美術 32 フラゴナール(仏) 06	モーツァルト ロココ
哲学	・大陸合理論 ・ドイツ観念論		46 ライプニッツ(独) 16｜『単子論』『予定調和説』 32スピノザ(蘭)77 汎神論 96 デカルト(仏)50｜『方法序説』｜『純粋理性批判』 24 カント(独) 04	
政治・経済	・啓蒙思想 伝統を排除，理性を重視し民衆を無知から解放。 ・重商主義 国家財政の基礎を貿易とする。 ・重農主義 農業生産に国家の基礎をおく。		61 F.ベーコン26 (英) 32 ロック(英) 04｜『統治二論(市民政府二論)』社会契約説，名誉革命を擁護 83 グロティウス(蘭)45｜『戦争と平和の法』絶対王政を批判，自然法の父 88 ホッブズ(英) 79｜『リヴァイアサン』社会契約説，絶対王政を擁護 89 モンテスキュー(仏)55｜『法の精神』 94 ヴォルテール(仏) 78｜『哲学書簡』 12 ルソー (仏) 78｜『社会契約論』 94 ケネー(仏) 74｜『経済表』 71 トマス=マン(英)41 重商主義論 23 アダム=スミス(英) 90｜『諸国民の富(国富論)』	
自然科学	・理性と観察を重視する科学の基礎が確立。		万有引力の法則を発見 『プリンキピア』｜42 ニュートン(英) 27 07 リンネ(スウェーデン) 78｜植物分類学を確立 43 ラヴォワジェ(仏)94 質量保存の法則	

✐ ポイントチェック　　　（　）内の正しい方に○をつけよう！

17〜18世紀には，芸術の分野では，（バロック・ロマネスク）様式が宮廷生活や対抗宗教改革期の教会に取り入れられた。また，人間の合理的進歩を求める（啓蒙思想・重商主義）が活発となり，のちのフランス革命に影響を及ぼした。

贅沢こそ至高！ロココの必須アイテム7選！

ヨーロッパ

▲①ラ＝トゥール「ポンパドゥール夫人」（ルーヴル美術館蔵，175㎝×128㎝）

アイテムその① ロココ淑女は繊細優美

このページでは，わたくしポンパドゥール夫人がロココ淑女の必須アイテムを紹介いたします。

ロココ淑女はきれいで可愛いものが大好き。身の回りにある物は可愛いものにしたい！右のようなピンク色のセーヴル焼きは，「ポンパドゥール・ピンク」と名づけるくらいお気に入りです。ロココ様式の装飾は，つる草や貝がらをモチーフにした，繊細で優美な家具や装飾が多いんですって。

Q1 左の絵の中から，つる草の装飾を探してみよう。

▲②セーヴル焼きの花びん

アイテムその② 『法の精神』で知的レディをアピール

ロココ淑女は教養も深くないといけません。芸術の保護はもちろん，流行の啓蒙思想にだって理解を示していたんですの。ときにはサロンを開いて議論をかわし，ヴォルテール（→p.131）とも交流があったんですから。

Q2 左の絵の中から，次の知的アイテムを探してみよう。
① 『百科全書』
② 『法の精神』
③ 地球儀
④ 楽譜
⑤ ギター

百科全書

法の精神

アイテムその③ カワイイはつくれる！描き分けで可愛さをさらにアピール

ロココ淑女の肖像画は一枚じゃたりません。可愛く描いてほしいときは，それが得意な画家に肖像画を描かせるんです。お抱え画家が何人もいるのはロココ淑女の常識！

Q3 ①の肖像画と③の肖像画の違いについて，A，Bそれぞれにあてはまる言葉を次のうちから選んでみよう。
①の肖像画は（ A ）イメージを，③の肖像画は（ B ）イメージを出している。
① 可憐で明るい
② 知的で凛とした

ヒント 夫人の表情や，背景，描かれた小物に注目！

▲③ブーシェ「ポンパドゥール夫人」（ウォレスコレクション蔵，91㎝×68㎝）

アイテムその④ ロココ淑女は敏腕外交家!? 交換した贈り物コレクション

ロココ淑女は可愛いだけが能じゃありません。身につけた教養と国王の愛妾という立場で，政治にだって物申したんですのよ。オーストリアのマリア＝テレジアと同盟を組んで（→p.128），友好のしるしに贈り物を交換しあいましたの。④は私がマリア＝テレジアに贈った燭台，⑤は，あちらから高価な肖像画を贈っていただいたお礼に私が書いた手紙ですの。

▶④マリア＝テレジアに贈った燭台

▼⑤マリア＝テレジアに送った手紙

アートの社会背景1 ロココ文化の担い手は，おもに誰だったのだろうか。次の中から選んでみよう。
① 商人 ② 王や貴族
③ 教会 ④ 農民
ヒント 贈り物を交換しあった2人は，どのような身分だった？

アイテム その⑤ 高貴な血筋はお姫様の証

ここからは，わたくしマリ＝アントワネットが紹介いたしますわ。

生まれも育ちも高貴でこそロココ淑女！ 私だって正真正銘ハプスブルク家の出身。オーストリアからフランス王室に嫁いできたの。だから肖像画に描かれた顔を見ると，ハプスブルク家の顔の特徴がわかるの。

Q4 下の絵は17世紀のスペイン王室で描かれたバロック絵画だが，この中にマリ＝アントワネットの顔と同じ特徴をもつ人がいる。その人を探してみよう。

ヒント 高貴な立場の人で，額が広くて面長の顔を探してみよう。

▼⑦ベラスケス「ラス＝メニーナス（女官たち）」〈プラド美術館蔵, 316cm×276cm〉

アイテム その⑥ ロココ淑女はこだわりヘアー

ロココ淑女は流行の最先端をいかないと！ 普通の人の髪型をまねするなんて面白くない！ 軍艦をのせた髪型は，売れっ子スタイリストに特別にセットしてもらった大のお気に入り。でも，右上の肖像画だって豪華さでは負けてません。

◀⑧軍艦をのせた髪型

Q5 右上の肖像画の頭には，何が飾られているだろうか。
①王冠 ②ダチョウの羽 ③オリーブの冠

アイテム その⑦ ドレスはもちろんデザイナー特注

ドレスだって，他人と同じものは嫌！ 一流デザイナーに特注するのがロココ淑女のステイタス。肖像画にも，ちゃんとドレスのよさがわかるように描いてもらわないと！

Q6 この時代の，宮廷画家が身につけなければいけなかった技術は次のうちのどれだろうか。
①ドレスのひだを美しく描く
②風景を美しく描く
③肉体の美しさを描く

▲⑥ルブラン「バラを持つマリ＝アントワネット」〈ヴェルサイユ宮殿蔵, 113cm×87cm〉

ロココ淑女たちの問題発言録

ポンパドゥール夫人「**わが亡きあとに洪水よ来たれ**」（宮廷内での浪費をとがめられた際に，夫人が発したとされる言葉。フランスのことわざで「後は野となれ山となれ」の意味をもつ）

マリ＝アントワネット「**パンがなければケーキを食べればいいじゃない**」（実際はマリ＝アントワネットの発言ではなかったが，彼女の浪費癖と軽薄さが国民からの不人気と相まってマリ＝アントワネットの発言とされてしまった。）

▲⑨マリ＝アントワネットのドレスのデザイン画

 アートの社会背景 2 2人がロココ様式に傾倒し，お気に入りのアイテムを多くつくらせることができたのには，ある資金源があったためだった。その資金源とは次のうちどれか。
①民衆から徴収した税や国庫
②商業で利益をあげてたくわえた富

ヒント 上記の発言録では，なぜ2人は浪費をとがめられたのだろうか。p.126の④も参考にしてみよう。

ヨーロッパ

時代の扉

1ドル紙幣にみえるアメリカ独立

▼①1ドル紙幣（裏）

▼②1ドル紙幣（表）

M DCC LXX VI
1 7 7 6 （→ p.98 ②）

クイズ

Try1 表面に書かれている人物はアメリカの初代大統領であるが，誰だろうか。　①ブッシュ　②ワシントン　③リンカン

Try2 裏面に書かれている①～④の数をそれぞれ数えよう。
　①矢　②オリーヴの葉　③星
　④縦しま（ストライプ）…白も黒もあわせて何本？

Try3 裏面にアメリカが独立した年が隠されている。探してみよう。

星

オリーヴの葉

縦しま（ストライプ）

矢

ちなみにほかの紙幣には誰が……？

1ドル紙幣：ジョージ＝ワシントン	（初代大統領）	
2ドル紙幣：トマス＝ジェファソン	（3代大統領）	
5ドル紙幣：エイブラハム＝リンカン	（16代大統領）	
10ドル紙幣：アレクサンダー＝ハミルトン	（政治家）	
20ドル紙幣：アンドリュー＝ジャクソン	（7代大統領）	
50ドル紙幣：ユリシーズ＝S＝グラント	（18代大統領）	
100ドル紙幣：ベンジャミン＝フランクリン	（物理学者・政治家）	

❶ アメリカ独立革命の展開

北米イギリス植民地		イギリス・その他	
1607	ヴァージニア植民地建設	1604	仏，カナダ植民開始
20	メイフラワー号でピューリタンのピルグリム＝ファーザーズがプリマス上陸		
64	イギリスがオランダ領のニューアムステルダムを奪い，ニューヨークと改称	42	ピューリタン革命（～49）
		82	仏，ミシシッピ川流域をルイジアナと命名
		88	名誉革命（～89）
1732	ジョージア植民地建設 →13植民地の成立		
1755～63	フレンチ‐インディアン戦争	1756～63	七年戦争
63	パリ条約　英，ミシシッピ川以東のルイジアナ獲得		
65	ヴァージニア決議 「代表なくして課税なし」◀—	65	印紙法
73	ボストン茶会事件	73	茶法　← 67　タウンゼンド諸法
74	第1回大陸会議	74	ボストン港を閉鎖
1775～83	独立戦争の展開		
	1775　レキシントン・コンコードの戦い 　　　第2回大陸会議（大陸軍司令官にワシントンを任命）		
	76　トマス＝ペイン『コモン＝センス』発刊 　　　7月4日「独立宣言」採択		
	77　サラトガの戦いで植民地側勝利		
	78　フランス参戦　79　スペイン参戦　80　オランダ参戦		
	80　武装中立同盟結成		
	81　ヨークタウンの戦いで英，決定的敗北		
	83　パリ条約（英，アメリカ独立を承認）		
1787	憲法制定会議 （連邦派と反連邦派の対立） アメリカ合衆国憲法制定 （88年9州以上批准※で発効）	ミシシッピ川以東のルイジアナをアメリカに割譲	（→ p.136「フランス革命」年表）
89	ワシントン初代大統領就任	89	フランス革命勃発

※批准：正しい法として認めること

群衆によってつるされる印紙販売代理人

◀③植民地の人々の怒り　イギリスは**七年戦争**の戦費を植民地にも負担させようと，植民地での公文書や印刷物に印紙法を課したが，人々の反対にあい撤回された。

▼④ボストン茶会事件　イギリスは印紙法撤廃後，「**茶法**」を課した。茶を飲めば税をはらったことになると考えた植民地人は，ボストン港に入港した東インド会社の船から茶箱を海に投げ入れた。

先住民に扮装して茶箱を投げ込む人々

拍手喝采する見物人

❷ 18世紀中ごろまでの北アメリカ

凡例:
- ユトレヒト条約(1713年)でのイギリスの獲得地
- イギリスの支配地域
- スペインの支配地域
- フランスの支配地域
- ⊗ 先住民との衝突
- パリ条約(1763年)でのイギリスの獲得地

カナダ／ケベック(1608年)／アカディア(ノヴァスコシア)／ニューイングランド／メイフラワー号／ボストン／プリマス(1620年)(英)／フィラデルフィア(1682年)／ニューアムステルダム(1664年以降ニューヨーク)／ヴァージニア／ジェームズタウン(1607年)／先住民居住区／カロライナ／大西洋／ルイジアナ／ジョージア／ニューオーリンズ(1718年)／フロリダ／メキシコ湾／0　500km

▶⑤ジェームズタウン(復元)　1607年5月に入植した約100人の男たちは，ジェームズタウンを築いたが，半年後には飢えとマラリアで半分以下に減少した。生き延びることができたのは，先住民の助けがあったからだといわれている。(写真は当時の建物を復元したもの)

入植者の家／柵／大砲

◀⑥スミスの命を助けるポカホンタス　入植者にとって最大の敵は病気と飢えであった。ジェームズタウンをつくったジョン=スミスが，先住民の娘ポカホンタスに助けられたというエピソードがあるが，実際には諸説ある。

ポカホンタス／スミス

❸ アメリカ独立戦争

【アメリカ独立宣言(1776年7月4日)】
　われわれは，次の真理を自明なものと認める。すべての人は平等に創られていること。彼らは，その創造者によって，一定の譲るべからざる権利を与えられていること。それらの中には，生命，自由および幸福の追求が数えられること。そうして，これらの権利を確保するために，人びとのあいだに政府が設けられ，その正当な権力は，被治者の同意にもとづくこと。どんな形態の政府でも，この目的に有害なものとなれば，それを変更または廃止して新らしい政府を設け，その基盤となる原理，その組織する権力の形態が，彼らの安全と幸福とをもたらすに最もふさわしいと思われるようにすることは，人民の権利であること ※。※ 革命権(抵抗権)
下中彌三郎編『西洋史料集成』平凡社

▶⑦独立宣言の採択　ジェファソンが起草。フランクリンが校閲。外国の支援獲得と，国内の国王派制圧のために公表された。

フランクリン／ジョン=アダムズ(第2代大統領)／ジェファソン(第3代大統領)

イギリス領カナダ／(1842年までイギリスとの係争地)／ケベック／モントリオール／メーン／マサチューセッツ州所属,1820年独立／1777 サラトガの戦い／サラトガ／レキシントン／ボストン／1775 レキシントン-コンコードの戦い／ニューヨーク／フィラデルフィア／大陸会議,独立宣言,憲法制定／デトロイト／アパラチア山脈／セントルイス／ヴィンセンス／ヨークタウン／リッチモンド／1781 ヨークタウンの戦い／ギルフォード／カムデン／チャールストン／スペイン領ルイジアナ(1763年〜1800年)／ミシシッピ／(1795年確定)／スペイン領フロリダ／サヴァナ／ニューオーリンズ／大西洋

13植民地
❶マサチューセッツ
❷ニューハンプシャー
❸ニューヨーク
❹コネティカット
❺ロードアイランド
❻ペンシルヴェニア
❼ニュージャージー
❽メリーランド
❾デラウェア
❿ヴァージニア
⓫ノースカロライナ
⓬サウスカロライナ
⓭ジョージア

▶⑧ワシントン　(1732〜99)　最高司令官で，初代大統領となる。

- 1776年に独立宣言した13植民地
- イギリスからの割譲地
- 1783年パリ条約で確定した国境
- → イギリス軍の進路
- → 植民地軍の進路

more 「数」に隠されたアメリカ史

▲⑨独立時の国旗(1777年)　▲⑩現在の国旗(1960年〜)

　独立当時にワシントンの依頼で製作されたとされる国旗では，星とストライプの数は独立時の州数の13。星は天を，赤は母国イギリスを，白のストライプはイギリスからの独立を表す。のちストライプの数は独立当時の13のままで，星の数はそのときの構成州の数に一致させると決まり，現在は50の星がある。

ポイントチェック (　)内の正しい方に○をつけよう!
　アメリカ独立革命は(イギリス・フランス)の植民地支配に反対した東部の13植民地の人々が起こした。この結果，「自由」「平等」の思想が実現し，10年後には大西洋を越えて(フランス革命・ロシア革命)へつながった。

フランス革命 ——特権階級をうち破れ！

時代の扉

誰が税金をはらうのか

▲①旧体制（アンシャン=レジーム）期のフランス

おもな支持層

国王 … 〔王党派〕

免税特権，年金受取，高級官職を独占

第一身分（約12万人・0.5%）… 聖職者

第二身分（約38万人・1.5%）… 貴族／自由主義貴族

参政権なし・重税負担

第三身分（約2450万人・98%）… 平民

富農（大地主・大借地農） … ブルジョワジー・富裕市民（特権商人・金融業者），中産市民（商工業者）〔フィヤン派〕〔ジロンド派〕〔山岳派〕

貧農（小作農・農奴） … サン=キュロット…下層市民（小商店主・小手工業者・無産市民または労働者）

Try1 1の絵で「石」は「税金」を表している。Ⓐ，Ⓑ，Ⓒはそれぞれ聖職者・貴族・平民の誰を表しているだろうか。 ヒント この絵は図①の体制を表している。

Try2 押しつぶされていたⒸが，2では起き上がろうとしている。そのきっかけとなったできごとはなにか。 ヒント うしろの建物に注目してみよう。 ①バスティーユ襲撃 ②ヴェルサイユ行進 ③ルイ16世の処刑

Try3 1と3を比べて，「石」をめぐるⒶⒷⒸの立場はどのように変わっただろうか。 ①平等 ②平民に重い ③貴族に重い

クイズ

1 フランス革命の勃発

フランス革命の歩み

ブ ル ボ ン 朝	1756. 5	七年戦争（〜63）	
	63. 2	パリ条約	(→p.134「アメリカの独立」年表)
		ルイ16世のもとでの財政改革	**三 部 会** 第一身分（聖職者）291人 第二身分（貴 族）285人 第三身分（平 民）578人 （身分別議決法）
	1774〜89	テュルゴー，ネッケルらによる財政改革 … 失敗	
		特権身分への課税を提唱	
	88	天候不順による全国的な凶作	
	89. 5	三部会の召集	
	6	国民議会成立（第三身分の議員中心）	**国民議会** 89.7 憲法制定国民議会と改称
		球戯場（テニスコート）の誓い	
	7	バスティーユ牢獄襲撃→ 〔フランス革命勃発〕	◀三色旗
	8	封建的特権の廃止宣言	バスティーユ牢獄襲撃の翌日，市民兵の徽章として用いた。1830年国旗に。フランス革命の精神たる自由・平等・友愛のシンボルでもある。
		『人権宣言』採択（基本的人権などを保障）	
	10	ヴェルサイユ行進（〜10.6，国王一家をパリへ）	
	11	教会財産の没収→国有化	
	1791. 6	ヴァレンヌ逃亡事件（〜6.21）→国王一家亡命失敗	
	8	ピルニッツ宣言（墺・普が革命干渉を提議）	
	9	1791年憲法制定	
	10	立法議会成立（有産市民による選挙で議員選出）	**立法議会** フィヤン派（右派） 264人 中間派 345人 ジロンド派中心の左派 136人
	1792. 3	ジロンド派内閣成立（〜6月）	
	4	対オーストリア宣戦布告→ 〔革命戦争開始〕	
	8	テュイルリー宮殿襲撃（8月10日事件）	
	9	ヴァルミーの戦い→フランス軍勝利	
第 一 共 和 政	9	国民公会開会（男子普通選挙により議員選出）	**ジロンド派** 137〜178人 **山岳派*** 258〜302人 （1793年春）
		王政廃止宣言，共和政宣言（第一共和政）	
	1793. 1	ルイ16世処刑	
	2	第1回対仏大同盟（英首相ピットの提唱）結成	
		徴兵制実施	**国民公会**
	3	ヴァンデーの農民反乱	
		革命裁判所設置	
	4	公安委員会設置	
	5	最高価格法（9月，対象を拡大）	
	6	山岳派が権力掌握→ 〔恐怖政治の開始〕	**山岳派の独裁** （恐怖政治）
		1793年憲法制定（未施行）	
		〔封建的特権の無償廃止〕	
	10	革命暦の採用	
	94. 4	ダントン派（山岳派右派）を粛清	*議場の高い場所にいたので，このようによばれた。
	7	テルミドールの反動（ロベスピエール派逮捕）	
	1795. 8	1795年憲法（共和国第3年憲法）制定	**総裁政府** 5人の総裁 五百人会 元老院
	10	国民公会解散→**総裁政府**成立	
	96. 5	バブーフの陰謀発覚	
	99.11	ブリュメール18日のクーデタ→ 〔革命終結〕	

プチ

第三身分の心をとらえた「啓蒙思想」とは？

『ベルサイユのばら』は1972〜73年に漫画雑誌に連載された。貴族の令嬢オスカルを主人公に，フランス革命前の社会が描かれている。このなかで1789年7月13日，バスティーユ襲撃の前日，啓蒙思想に共鳴し，フランス衛兵隊をひきいて民衆側にたったオスカルは，部下にこう呼びかけている。

・どんな人間でも心の自由をもっている。
・人間は神の下に自由・平等であるべきだ。
　この思想が革命の原動力となっていく。

© 池田理代子プロダクション／集英社

革命の舞台 パリ

8月10日事件の後，国王一家が幽閉された。

革命広場（現コンコルド広場） ジャコバンクラブ タンプル塔 テュイルリー宮殿 パレ=ロワイヤル ルーヴル宮殿（現ルーヴル美術館） セーヌ川 廃兵院（アンヴァリッド） コンシエルジュリー シテ島 バスティーユ牢獄（現バスティーユ広場） ノートルダム大聖堂 ←ヴェルサイユ（20km）

▼②コンシエルジュリー 王宮の付属建物であったが，革命時代に牢獄となった。

世界遺産

➤③革命広場（現コンコルド広場） ギロチンによる処刑場があった。

世界遺産

ヨーロッパ

② フランス革命の展開

第1段階

バイイ
シエイエス
ミラボー
ロベスピエール

▲④球戯場（テニスコート）の誓い　三部会から離脱した**第三身分**と，これに同調する第一・第二身分の人々は，**国民議会**を結成し，憲法制定まで解散しないことを誓った。シエイエスは，パンフレット『第三身分とは何か』で，「第三身分とはすべてである」と主張した。

第2段階

▶⑤バスティーユ襲撃

バスティーユ牢獄

1789年7月14日朝，パリ民衆は廃兵院で武器を奪い，その後，火薬・弾薬を求めてバスティーユに向かった。ここは当時，政治犯の牢獄であり，王政を批判する人々にとっては圧政の象徴でもあった。

第3段階

▼⑥『人権宣言』の採択

フリジア帽（「自由」のシンボル）
天秤（「平等」のシンボル）

▲⑦ヴェルサイユ行進　食料の高騰に苦しむパリ市民は，女性を先頭にヴェルサイユに向かい，翌日，国王一家をパリに連行した。

第4段階

▶⑧ルイ16世の処刑

1793年1月21日，革命広場でギロチンにかけられた。「余を死にいたらしめた者を許す」が最後の言葉といわれる。

▶⑨ルイ16世（在位1774〜92）趣味は錠前づくりだった。

上着を脱いだルイ16世
ギロチン（断頭台）
カトリック神父

③ 革命の主要人物

フイヤン派　　山岳派※

▲⑩ラ=ファイエット（1757〜1834）自由主義貴族。アメリカ独立革命に参加。立憲君主政を志向し，フイヤン派を組織。

▲⑪ダントン（1759〜94）弁護士出身。山岳派右派で，王政廃止後，法務大臣になる。のちにロベスピエールと対立。

▲⑫ロベスピエール（1758〜94）弁護士出身。国民公会では山岳派をひきいて主導権をにぎり，恐怖政治を行った。

※山岳派…ジャコバン派の一派であるが，ジロンド派やフイヤン派が離脱・脱退した後，主導権をにぎったため，山岳派をジャコバン派とよぶこともある。

…は，こんな人

"赤字夫人" マリ=アントワネット（1755〜93）（→ p.133）

マリア=テレジア（→ p.128）の娘で，ルイ16世の后。1791年，革命の進展を恐れ，国王とともに国外逃亡を企てるが失敗。のち，彼女の母国オーストリアが革命への干渉を宣言したので，反革命運動の中心とみなされ，93年に処刑された。4人の子どものうち，次男は反革命派によって「ルイ17世」とよばれた。

▲⑬マリ=アントワネットと子どもたち

④ 革命と人々のくらし

● あるパリ市民が見たフランス革命 ●

【1793年6月2日】（山岳派が権力を掌握した日）
…人々は一晩中武装していた。たくさんの人が逮捕された。…何か恐るべきことが起こるとすれば，ただ待っているよりは前もって知らされたほうがましだ。やがて神の恵みにより，われわれが平和に，心を一つに合わせて暮せる日がくることを願ってやまない。

【1793年8月8日】
ひどくまずいパンでさえ入手が難しくなった。順番をとるためにパン屋の店先で徹夜をする。こんな光景はいまだかつてパリで見たことがない。しかも，7月11日からこれが続いているのである。

セレスタン・ギタール著，レイモン・オベール編，河盛好蔵監訳『フランス革命下の一市民の日記』中央公論新社

フリジア帽

▲⑭「自由」のシンボル，フリジア帽のまわりで踊る民衆

ポイントチェック　　（　）内の正しい方に○をつけよう！
フランス革命が起こると身分の特権が廃止され，自由・平等・国民主権などを盛り込んだ（人権宣言・権利の章典）が発表された。その後革命は急進化し，下層市民や農民に支持された（立法議会・国民公会）は共和政を宣言した。

ヨーロッパ

ナポレオン時代 ──「解放者」か「侵略者」か

時代の扉

フランス民衆が求めた皇帝

母マリア

ナポレオン

教皇ピウス7世

弟ルイ

兄ジョゼフ

妻ジョゼフィーヌ

▲①「ナポレオンの戴冠式（たいかんしき）」
〈ダヴィド画，ルーヴル美術館蔵，621cm×979cm〉

クイズ

Try 1　ナポレオンは何をしているのだろうか。

Try 2　ナポレオンの服装は，誰をイメージしたものだろうか。
　　　①古代エジプトの王　②ローマ教皇　③古代ローマ皇帝

Try 3　ナポレオンの兄ジョゼフと弟ルイは，どのような地位につ
　　　いているだろうか。系図から探し出してみよう。

Try 2　ヒント
p.53 に登場した，
あの人！

① ナポレオンの業績

		ナポレオン時代
総裁政府／第一共和政／統領政府	1769. 8	ナポレオン，コルス（コルシカ）島で誕生
	84.10	ナポレオン，パリ士官学校に入学
	93.12	トゥーロン要塞（ようさい）を攻略して注目される（→p.139）
	94. 9	ナポレオン，ロベスピエール派として2週間獄中に
	95.10	総裁政府成立
	96. 3	イタリア遠征（～97）（オーストリア軍を破り国民的英雄に）
	98. 5	エジプト遠征（～99）（英・インドの連絡を断つ）
	.12	第2回対仏大同盟結成
	99.11	ブリュメール18日のクーデタ（ナポレオン時代へ）
	.12	統領政府成立（第一統領に就任）
	1800. 2	フランス銀行創設（フラン発行）
	. 5	第2次イタリア遠征
	01. 7	教皇と宗教協約（コンコルダート）
	02. 3	アミアンの和約（対英～03）
	. 8	終身統領に就任
	04. 3	フランス民法典制定（→07 ナポレオン法典）
第一帝政／ブルボン朝	. 5	皇帝即位（第一帝政始まる）
	05. 8	第3回対仏大同盟結成
	.10	トラファルガーの海戦（ネルソンのイギリス艦隊に敗北）
	.12	アウステルリッツの戦い（オーストリア・ロシアに勝利）
	06. 7	ライン同盟成立→神聖ローマ帝国消滅（同年8月）
	.11	大陸封鎖令（ベルリン勅令）（イギリスへの経済封鎖）
	07. 7	ティルジット条約（対プロイセン・ロシア）
		ヨーロッパ各国にナショナリズム高まる
	.10	シュタイン・ハルデンベルクの指揮によるプロイセン改革
	08. 5	スペイン反乱→半島戦争始まる（～14）
	12. 6	ロシア遠征（～12月）（食糧調達ができず冬の厳寒も加わり敗退）
	13.10	ライプツィヒの戦い（諸国民戦争）（連合軍に敗北）
	14. 4	ナポレオン退位，ナポレオン，エルバ島に流刑（5月）
	. 5	ブルボン王政復古（ルイ18世）
	. 9	ウィーン会議（～15.6）
	15. 2	ナポレオン，エルバ島を脱出，百日天下（～6月）
	. 6	ワーテルローの戦い（英指揮官ウェリントン） ナポレオン退位
	.10	ナポレオン，セントヘレナ島に流刑
	21. 5	ナポレオン死去

支配体制の形成期／全盛期／没落期

▲②ボナパルト家の人々　ボナパルト家は，コルス（コルシカ）島の下級貴族出身であり，ナポレオンの両親はコルシカ独立運動の闘士であった。ナポレオンは最初の妻ジョゼフィーヌとの間に子がなかったので，あとつぎを望んでオーストリアの皇女マリ＝ルイーズと再婚した。

シャルル＝ボナパルト＝＝＝マリア＝レティティア＝ラモリーノ

　＝は結婚

ジェローム／ヴェストファーレン王

ミュラ／ナポリ王／カロリーヌ

ボルゲーゼ公／ポーリーヌ／ルイ＝ナポレオン／オルタンス（ジョゼフィーヌの先夫との娘）／ナポレオン3世

ルイ／オランダ王

エリザ／リュシアン

ジョゼフ／スペイン王／ナポリ王

ナポレオン1世／マリ＝ルイーズ／ジョゼフィーヌ／ナポレオン2世／ローマ王

ビオンビーノ公妃／カニーノ公妃

▲③二番目の妻
マリ＝ルイーズ
（1791 ～ 1847）

◀④最初の妻
ジョゼフィーヌ
（1763 ～ 1814）

ナポレオン名言録 （プチ）

・不可能とは小心者の幻影であり，卑怯者（ひきょうもの）の逃避所である。
（ナポレオンが日常よく口にしたことば「余の辞書に不可能はない」の訳で知られる）

・私の真の栄誉は40度の戦勝ではなく，永久に生きる私の民法典である。
（ナポレオン法典について）

・兵士諸君，ピラミッドの頂（いただき）から4000年の歴史が諸君を見つめている。
（エジプト遠征の際に）

▼⑤ナポレオン法典　ナポレオンは革命の理念を法的に確定した。とくにブルジョワや農民が期待する所有権の不可侵を確定したことは，人々の支持を集める大きな要因となった。

【ナポレオン法典】（抜粋）
〔所有権の絶対〕545条
何びとも，公益上の理由にもとづき，かつ正当な事前の補償を受けるのでなければ，その所有権の譲渡を強制されることはない。

CODE CIVIL
DES
FRANÇAIS

鷲（皇帝のシンボル）

天秤を持つ正義の女神

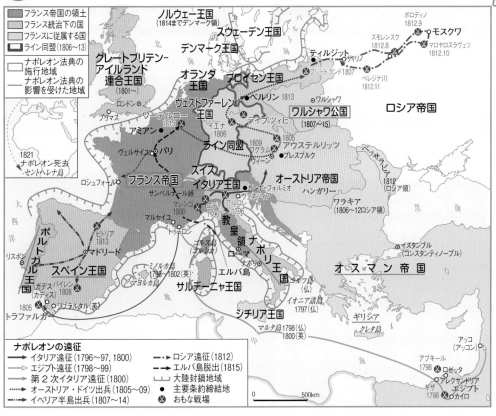

ナポレオンの遠征

凡例：
- フランス帝国の領土
- フランス統治下の国
- フランスに従属する国
- ライン同盟（1806~13）
- ナポレオン法典の施行地域
- ナポレオン法典の影響を受けた地域

遠征：
- → イタリア遠征（1796~97, 1800）
- → エジプト遠征（1798~99）
- → 第2次イタリア遠征（1800）
- … オーストリア・ドイツ出兵（1805~09）
- → イベリア半島出兵（1807~14）
- → ロシア遠征（1812）
- -- エルバ島脱出（1815）
- ⊔ 大陸封鎖地域
- ● 主要条約締結地
- ⊗ おもな戦場

0 ─── 500km

more 軍人時代のナポレオン

　下級貴族出身で，当時は不人気な職種であった砲術士官に任官した青年ナポレオンは，革命戦争で活躍して一躍脚光を浴びた。1793年，反革命派と外国軍が守るトゥーロン要塞を，周辺の地形をうまく利用した陣取りと正確な砲撃で攻略して注目されたナポレオンは，27歳の異例の若さで将軍となり，一点に戦力を集中して敵を圧倒する戦法で勝利を重ねた。1796~97年，外国に対してフランスが反攻に転じたイタリア遠征では，司令官として遠征を成功に導き，国民的英雄となった。

イギリス艦隊／ナポレオン

▲⑥**トゥーロン攻略**　ナポレオンは，要塞を援護するイギリス艦隊を右手の陣地から砲撃して撃退し，攻略を成功させた。

---

more 絵画に，音楽に託されたナポレオン

▼⑦「1808年5月3日　マドリード市民の処刑」〈ゴヤ画，プラド美術館蔵，266cm×345cm〉　ナポレオンの腹心ミュラは，民衆蜂起参加者を銃殺刑にした。スペイン王室の主席宮廷画家であったゴヤは，「ヨーロッパの暴君に対するわれらが誉れある反乱の最も輝かしくも英雄的な行動の場面を絵筆で永遠化したい」としてこの絵を描いた。

◀⑧**ゴヤ**
（1746~1828）

▶⑨**ベートーヴェン**
（1770~1827）

イエスになぞらえ，手に穴があいている

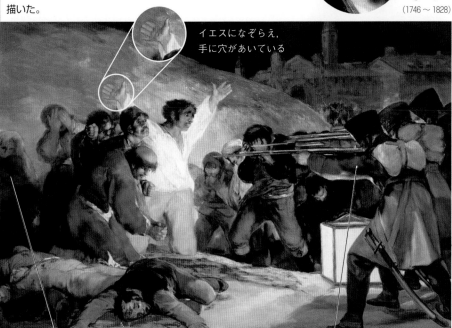

聖母子になぞらえられた女と子ども。

血の流れるようすを示すために指で直接塗られた絵の具。

顔を見せないナポレオン軍

▲⑩『**シンフォニア・エロイカ**（英雄交響曲）』
ベートーヴェンは，ナポレオンをフランス革命の理想を実現する人物としてたたえ，作曲した『英雄交響曲』に「ボナパルトに捧ぐ」との献辞をつけた。しかし，ナポレオンが皇帝になったとの報を聞き，「ボナパルトに捧ぐ」の文字をペンでかき消したうえに「ある英雄の思い出のために」と書き加えたとされる。

ポイントチェック　（　）内の正しい方に○をつけよう！
　ナポレオンは，フランス革命の（支持者・反対者）として登場し，自らを旧体制に対する（「解放者」・「代理人」）としてヨーロッパを支配しようとした。しかし自分の身内を王につけるなど，その実態は「ナポレオン帝国」であった。

追跡！歴史の真相 **ナポレオンの栄光と没落！　その秘密とは？**

ヨーロッパ

1 大人気ナポレオン!!　クーデタ成功の秘密は？

あの事件の真相は？　**ナポレオン，権力をうばう**　1799年，若き将軍ナポレオン＝ボナパルトは軍事クーデタを起こし，議会を停止して総裁政府から権力をうばった（ブリュメール18日のクーデタ）。なぜそのようなことができたのだろう？

この人にインタビュー

権力をうばわれた総裁政府の総裁の一人

シエイエス（→ p.137）
（1748〜1836）

もともとクーデタ自体は，フランス革命後の混乱が長く続いたことから，議会を停止するために私が提案したのです。野心家のナポレオンと組むことにはためらいもありましたが，彼の人気は無視できませんでした。結果は，議会ばかりか総裁政府自体も倒されてしまいましたが…。　〈研究書より作成〉

●**クーデタ直前のナポレオン人気**　〜パリの新聞から

「歓喜と共和主義への熱い想いが，いたるところでほとばしっていた。共和国万歳，ボナパルト万歳と，誰もが一心に叫んでいた。」　『レピュブリケン』1799年10月21日

▲ナポレオンは，フランス革命に干渉する外国軍と戦う将軍として一般国民にも人気があり，とりわけイタリア遠征を成功させてからは，国民的英雄と見なされていた（→ p.139）。彼自身も，軍隊で新聞を発行するなどして，自分の活躍を積極的に広めていた。

▲①シエイエス〈ダヴィド画〉

ナポレオン

▲②軍事クーデタでナポレオンが議会に乗り込んだ場面（→ p.137）

2 皇帝への道をかけあがるナポレオン!!　決め手はイメージ戦略と政策？

あの事件の真相は？　**ナポレオン，皇帝になる**　権力をにぎり統領政府を組織したナポレオンは，1804年，国民投票で皇帝となった。彼はなぜ人気を保てたのだろう？

この人にインタビュー

ナポレオンの英雄イメージを絵画でひろめた画家

ダヴィド（→ p.138, 154）
（1748〜1825）

ナポレオンは，肖像画も自分のイメージアップに利用しました。彼は，肖像画は偉人らしさを表現するものだという考えの持ち主だったので，私は，第2次イタリア遠征（→ p.138）に向かうナポレオンを，図③の絵のようにハンニバル（→ p.52）やカール大帝（→ p.103）に続く“アルプス越えの英雄”として描きました。　〈研究書より作成〉

▼④ダヴィド〈自画像〉

案内人

ラバ

▲⑤「アルプスを越えるボナパルト」〈ドラロッシュ画〉

ボナパルト
BONAPARTE
ハンニバル
カール大帝

▲③「サンベルナール峠を越えるナポレオン」〈ダヴィド画，1800年，マルメゾン美術館蔵〉

Q1 図③の絵は，ナポレオンを英雄らしく誇張して描いている。より史実に近いといわれる図⑤と比べて，違う点を2つ見つけてみよう。

時計

ろうそく

法典

●皇帝即位までのナポレオンの
おもな政策！（→p.138〜139）

とくに安定を求めていた
農民やブルジョワが歓迎！

1801年 **宗教協約**（コンコルダート）
　　　 ローマ法王と和解，革命後のカトリック教会との対立による社会の混乱を解消
1802年 **アミアンの和約** イギリスと講和，10年ぶりに平和を回復
1804年 **フランス民法典**を公布（07 **ナポレオン法典**と改称）近代的民法の原型
　　　 ➡ 1804年，国民投票で皇帝に!!

◀⑥「書斎のナポ
レオン」皇帝時
代のナポレオン
を描いたもの。
〈ダヴィド画. 1812年〉

左の絵で私は，ナポレオンのふだんの姿，
つまり仕事をする姿をイメージして描き
ました。この絵の彼は，徹夜で法典を執
筆して書斎に立っています。〈本人の手紙より〉

Q2 図⑥の絵は，
ナポレオンが徹夜
をするほど仕事熱
心だったことを強
調している。図⑥
の絵で，ナポレ
オンが徹夜明けの姿
として描かれてい
ることがわかる手
がかりを，2つ見
つけて丸で囲んで
みよう。

コラム ナポレオンの懐手の理由は？

ナポレオンが肖像画で片
手をふところに入れている
のは，痛む胃を押さえるた
めだったといわれてきた。
しかし現在では，ダヴィド
たち当時の画家が見ばえの
良いポーズとして発案した
ものではないかといわれて
いる。図⑧の肖像画もみて
確認してみよう。

▶⑦「第一統領ナポレオン」
〈アングル画〉

3 ナポレオンが没落!! その理由は？

あの事件の
真相は？

ナポレオン，支持を失う ふたたび対外戦争が始まると，ナポレオ
ンは，1806年，イギリスに経済封鎖を行う命令を出した（大陸封鎖令）。
これがナポレオンが支持を失う遠因となった。なぜだろう？

この人に
インタビュー

ナポレオン支持から
批判に転じた作家

シャトーブリアン
（1768〜1848）

大陸封鎖でヨーロッパ経済が混乱し，諸国で
フランスへの抵抗が強まりました。ナポレオ
ンはそれを制圧するため，国民に負担をしい
て兵の動員を強化し，反対の声は抑え込も
うとしましたが，ロシア遠征に失敗しました。
最後には，みな，彼の行う徴兵制に，警察制度に，彼の専制政治に，もう
うんざりでした。　　　　　　　　　　〈当時の著作をもとに構成〉

▲⑧シャトーブリアン

退却に向けて軍旗
を焼くフランス軍

▲⑨ロシア遠征 大陸封鎖令を破ったロ
シアに侵攻したが，厳寒もあり敗走した。

▼⑩栄光の時代（対外関係の安定とナポレオン法典の広がり）

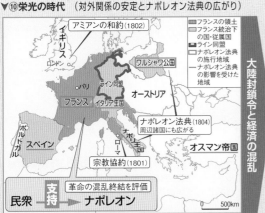

イギリス
ロンドン
アミアンの和約（1802）
ワルシャワ公国
フランスの領土
フランス統治下
の国・従属国
ライン同盟
ナポレオン法典
の施行地域
ナポレオン法典
の影響を受けた
地域
パリ
ライン同盟
オーストリア
フランス
イタリア王国
ナポリ王国
ポルトガル
スペイン
ローマ
宗教協約（1801）
ナポレオン法典（1804）
周辺諸国にも広がる
オスマン帝国
0　　500km

大陸封鎖令と経済の混乱

民衆 ──**支持**→ ナポレオン
革命の混乱終結を評価

▼⑪ナポレオンの没落（諸国の抵抗と対外戦争の敗北）

イギリス
ロンドン
大陸封鎖令（1806）
（ベルリン勅令）
モスクワ
大陸封鎖
令を破る
（1810）
ロシア遠征
失敗（1812）
ライプツィヒ
ロシア
スペイン
反乱（1808）
パリ
フランス
ライプツィヒの戦い
（諸国民戦争）（1813）
ナポレオン敗北，皇帝退位
マドリード
スペイン
ローマ
オスマン帝国
0　　500km
フランスの領土
（ウィーン体制期）
ナポレオンの敗北で
フランスが失った領土

民衆 ──**不支持**→ ナポレオン
徴兵の強化に反発

真相
確認

（ ）内の正し
いほうに○をつ
けよう！

Try1 国民に人気のあったナ
ポレオンは，（軍事クー
デタ・選挙）で権力をに
ぎった。彼は，新聞や肖
像画もイメージアップに
活用した。

Try2 ナポレオンは，イギリ
スを経済封鎖するために
（大陸封鎖令・ナントの
王令）を出したが，諸国
の抵抗が強まり，徴兵強
化への反発から国内の支
持も失った。

ウィーン体制 ——革命を封じ込めろ！

時代の扉

「会議は踊る」ってどういうこと？

メッテルニヒ（オーストリア）

カースルレー（英）　タレーラン（仏）

ハルデンベルク（プロイセン）

▲①**ウィーン会議**　1814年，ナポレオン戦争後の国際秩序再建のため，オーストリアの外相メッテルニヒを中心に，各国代表が集まった。会議は，各国の利害が対立し，「会議は踊る，されど進まず」と皮肉られたが，ナポレオンのエルバ島脱出の知らせで，妥協が成立した。

ヨーロッパ

▼②ウィーン会議の風刺画　　ロシア皇帝

オーストリア皇帝

プロイセン王

タレーラン（仏）　カースルレー（英）

クイズ

Try1 左の絵を見て考えよう。この会議では何を話し合っているのだろうか。

Try2 上の絵で踊っているオーストリア皇帝，ロシア皇帝，プロイセン王は，かつてナポレオンに対してどのような立場にあっただろうか。
　①友好　②中立　③敵対
　ヒント　p.139の地図を見てみよう。

Try3 この会議の結果，領土を得た国を二つあげよう。
　①フランス　②オーストリア　③プロイセン

ウィーン体制の成立から崩壊へ

ウィーン会議（1814～15）
〈メッテルニヒ主宰〉
●正統主義　●勢力均衡
→ウィーン議定書
神聖同盟（1815）
四国同盟（1815）
（のち五国同盟）

フランス革命
ナポレオン戦争

ウィーン体制側の動き　（⇨）

自由主義とナショナリズムの動き
⇦ 成功　⇦ 不成功

		ウィーン体制側の動き		自由主義とナショナリズムの動き	
支配的	19	カールスバート決議	⇨15	ドイツのブルシェンシャフト運動開始	
	21	オーストリア軍の革命鎮圧	⇨20	イタリアのカルボナリの立憲革命（～21）	
	23	フランス軍の革命鎮圧	⇨20	スペイン立憲革命（～23）	
			10代	ラテンアメリカ諸国の独立運動	
20代		ラテンアメリカ諸国独立達成	22	イギリス，五国同盟脱退	
			23	モンロー宣言（教書）	
破綻	25	ニコライ1世の鎮圧	⇨25	ロシアのデカブリストの乱	
	29	ギリシア，独立達成	⇦21	ギリシア独立戦争（～29）	
	30	フランス七月王政成立	⇦30	フランスの七月革命	
		ベルギー，独立達成	⇦30	ベルギーの独立運動	
	31	ロシア軍の鎮圧	⇦30	ポーランド11月蜂起	
	31	オーストリア軍の弾圧	⇨31	イタリアのカルボナリの革命	
			⇦31	青年イタリア結成	
	32	イギリス，選挙権拡大	⇦32	イギリスの第1回選挙法改正	
崩壊	48	フランス第二共和政成立	⇦48	フランスの二月革命	
	48	四月普通選挙			
	48	ウィーン体制崩壊（メッテルニヒ失脚）	⇦48	ウィーン三月革命	
			⇦48	ベルリン三月革命	
	49	ロシア軍の鎮圧	⇨⇦48	ハンガリー・ボヘミア（ベーメン）の民族運動勃発	
	49	オーストリア軍の勝利	⇦48	サルデーニャの対墺宣戦	
	49	プロイセン王拒否	⇦48	フランクフルト国民議会	

---

❶ ウィーン体制下のヨーロッパ

※ 1815年，ロシア皇帝を国王として成立。32年ロシアに併合

0　　500km

ノルウェー王国
（1815～1905 スウェーデンと同君連合）

サンクトペテルブルク

1825 デカブリストの乱

スウェーデン王国

デンマーク王国

ロシア帝国

グレートブリテン-アイルランド連合王国

オランダ立憲王国

リューベク　ハンブルク
ブレーメン
ハノーヴァー　ベルリン

ワルシャワ

ポーランド立憲王国

ロンドン　アムステルダム

プロイセン王国

ブリュッセル

カールスバート　プラハ

クラクフ

ベッサラビア

フランクフルト

ボヘミア王国

パリ

バイエルン王国

ウィーン
ブダ　ペスト

オーストリア帝国

ハンガリー王国

ワラキア

永世中立国となる

スイス

ピエモンテ
トリノ

ロンバルディア

フランス王国

サルデーニャ王国

教皇領

ローマ

ナポリ

セルビア

アドリアノープル（エディルネ）

オ

ス

マ

ン

帝

国

イスタンブル

ポルトガル王国

スペイン王国

マドリード

1820～23 スペイン立憲革命

両シチリア王国

サルデーニャ

シチリア

1820～21 カルボナリの立憲革命

キオス（ヒオス）島→p.152

アテネ

ギリシア

ナヴァリノ 1827

1829 独立達成

ガデス（カディス）　ジブラルタル（英）

アルジェリア 1830（仏）

マルタ 1800（英）

ウィーン会議による各国の併合地・支配地

☒ プロイセン　☒ ロシア　☒ オーストリア
☒ オランダ　☒ デンマーク
━ ドイツ連邦の境界（1815年）　●ドイツの4自由市

ポイントチェック

（　）内の正しい方に○をつけよう！

ナポレオン没落後に開かれたウィーン会議では，革命前の君主の支配権を（認める・認めない）正統主義にもとづいて国境が修正され，（自由主義・重商主義）やナショナリズムの運動は抑圧された。

時代の扉 絵筆で，ピアノで表された「革命」

▶① 「民衆を導く自由の女神（めがみ）」（ドラクロワ画）七月革命（ほうき）での民衆蜂起を描いたもの。

自由の女神

ヨーロッパ

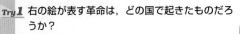

ピアノの詩人 ショパン（1810〜49）

ポーランドの作曲家ショパンは，七月革命の影響で起こった祖国の独立運動が，ロシア軍に鎮圧された悲報を旅行中に聞き，深い悲しみと強い怒りをおぼえエチュード（練習曲）「革命」を作曲した。（この肖像画はドラクロワが描いたもの。）

…は，こんな人

Try1 右の絵が表す革命は，どの国で起きたものだろうか？

Try2 女神が持つ旗の三つの色は何を表しているのだろうか。　ヒント　p.136を見てみよう。

Try3 七月革命が起こった1830年，ショパンの祖国ポーランドでは何が起こったのだろうか。
　　①産業革命　②プロイセンへの反乱　③ロシアへの反乱
ヒント　ウィーン会議でポーランドを併合した国に着目しよう。

クイズ

❶ 革命の震源地 パリ

	七月革命（1830年）	二月革命（1848年）
原因	国王シャルル10世の反動政治（貴族・聖職者を優遇）への不満	参政権の制限に対する中下層市民・労働者の不満
革命の担い手	自由主義的大資本家	ルイ=ブラン（社会主義者）中小資本家・労働者
革命後の政体	立憲君主政（七月王政）国王：ルイ=フィリップ（オルレアン家）議会：銀行家などの大資本家が中心	共和政（第二共和政）大統領：ルイ=ナポレオン（ナポレオンの甥）議会：穏健なブルジョワ共和派（社会主義者は排除（はいじょ））

A 七月革命の影響

1830〜31 ポーランド11月蜂起
1830 ベルギーの独立
ロシア帝国
イギリス ロンドン
ハノーファー
ブリュッセル
ザクセン
ワルシャワ
1830 ドイツ騒乱
1832 第1回選挙法改正
バイエルン
パリ
フランス
オーストリア帝国
黒海
1830 七月革命
マルセイユ
スペイン王国
1831「青年イタリア」結成
両シチリア王国
1831 カルボナリの革命
オスマン帝国

※1830〜32年の革命発生地
革命関係国・地域

B 二月革命の影響

フランクフルト国民議会
ベルリン三月革命
ロシア帝国
ボヘミア（ベーメン）民族運動
イギリス ロンドン
プロイセン
ベルリン
ウィーン三月革命
フランクフルト
プラハ
1837〜50年代 チャーティスト運動
ウィーン
ハンガリー民族運動
ブダペスト
二月革命
パリ
フランス
ミラノ
ヴェネツィア
サルデーニャ
オーストリア帝国
黒海
フィレンツェ
ローマ
スペイン王国
イタリア民族運動
両シチリア王国
オスマン帝国

※1848年の革命発生地
革命関係国・地域

❷ ラテンアメリカ諸国の独立

メキシコ 1821
ホンジュラス 1821
大西洋
キューバ 1902
ドミニカ 1844
グアテマラ 1821
ハイチ 1804
エルサルバドル 1821
ガイアナ 1966
コスタリカ 1821
スリナム 1975
ニカラグア 1821
パナマ 1903
ベネズエラ 1821（1830）
仏領ギアナ
カラカス
ボゴタ 1819
コロンビア
エクアドル 1822（1830）
キト
ブラジル（1822〜89帝国）（1889共和国）
シモン=ボリバル（→p.32）の進路
ペルー 1821
リマ
ボリビア 1825
ラパス
パラグアイ 1811
リオデジャネイロ
サンパウロ
チリ 1818
アスンシオン
ウルグアイ 1828
サンティアゴ
モンテビデオ
ブエノスアイレス
アルゼンチン 1816
※国境線は現在のもの

独立前に支配した国
■スペイン　■イギリス
■ポルトガル　■オランダ
■フランス
──大コロンビア共和国（1819〜30）
──ペルー・ボリビア国家連合（1836〜39）
──中央アメリカ連邦（1823〜38）
赤数字 独立年次

太平洋

0　　　2000km

▲② トゥサン=ルーヴェルテュール（1743〜1803）
ハイチ独立に活躍した黒人指導者。のちに，ナポレオン軍にとらえられ，獄死した。

more ブラジルの音楽 〜サンバ〜

"リオのカーニバル"で有名なサンバはブラジルを代表する音楽で，19世紀末にリオデジャネイロ郊外の工業地帯に流入した黒人労働者の踊りやキリスト教のカーニバルの風習から発展したという。また伝統音楽ショーロでは，ポルトガル由来の楽器とアフリカのリズムが用いられる。このようにブラジルの音楽にはヨーロッパとアフリカの要素の融合がみられる。

リオのカーニバル

ポイントチェック

（　）内の正しい方に○をつけよう！

フランスの七月革命と（二月革命・産業革命）はヨーロッパ各地の自由主義・ナショナリズムを刺激し，ウィーン体制を崩壊させた。とくにオーストリアでは（メッテルニヒ・タレーラン）が失脚するなど動揺が大きかった。

産業革命 ──技術革新が人々の生活を変えた!?

(→ p.218 ～ 221)

時代の扉 私もほしい！木綿の服

Try1 毛織物や絹織物の服が主流であった当時，なぜ木綿の服に人気が集まったのだろうか。（答えは2つ）
① 洗濯がしやすい
② 暖かく，寒い気候に適している
③ 軽くて身動きが自由にできる

ヒント p.124 のエリザベス1世の服と比べてみよう。

Try2 イギリスは綿織物をどこから入手したのだろうか。
① アフリカ　② 北アメリカ　③ インド

Try3 イギリスでは綿織物の需要が高まり，増産しなければならなくなった。そのときどのような方法がとられただろうか。
① インドで織布工を増やす　② 機械を使って織る　③ イギリスでも織布工を働かせる

▶①パリのモード雑誌に登場した木綿の服（19世紀）フランスでもイギリスにならい，木綿の服が紹介されている。

▲②インドの織布工

▲③イギリスとアジア間の綿布の流れ

ヨーロッパ

イギリス産業革命のしくみ

産業革命を生み出した背景

工業原料	・国内の石炭・鉄鉱石 ・カリブ海・アメリカ南部の綿花
資本	・毛織物工業や貿易，金融業による資本の原始的蓄積 ・奴隷貿易による収益
労働力	・農業革命や第2次囲い込みによる工業労働力の創出 ・アイルランドからの移民
海外市場	・商船隊と強大な海軍，植民地拡大
中産階級の台頭	・ギルド制の撤廃，市民革命

工業化の進展

繊維工業にみられる技術革命

織布	紡績（糸の生産）
1733 ジョン＝ケイの飛び杼	1764 ハーグリーヴズのジェニー紡績機
	68 アークライトの水力紡績機
	79 クロンプトンのミュール紡績機
85 カートライトの力織機	

↓影響↑

動力革命

| 1712 ニューコメンの炭坑排水用蒸気機関
1765～69 ワットの蒸気機関改良 | 1709 ダービーのコークス製鉄法
→石炭の燃料化
→鉄の大量生産 |

↓影響

交通革命
1804 トレヴィシック，蒸気機関車発明
07 フルトン（米）の蒸気船，運河開設
25 スティーヴンソンが蒸気機関車を実用化
30 マンチェスター～リヴァプール間に鉄道開通

↓影響

工場制機械工業の成立
○大量生産の時代へ

産業資本家の台頭
○自由主義運動の進展

階級の分化
○資本家と労働者の二大階級が成立

社会問題・労働問題の発生 → 社会主義運動・労働運動
○工業都市の発展とスラムの形成
○女性労働者・年少労働者の出現→1833 工場法
○劣悪（長時間・低賃金）な労働条件と貧富の差の拡大

資本主義社会の確立

① 繊維工業の技術革新

① 織布の速度UP！

1733 ジョン＝ケイ，飛び杼を発明

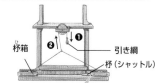

杼箱　　引き綱　　杼（シャットル）

❶～❸の順で動く　杼の部分拡大図

布を織る速度が従来の2倍に。そのため原料である糸が不足。

② 糸の生産力UP！

1768 アークライト，水力紡績機を発明

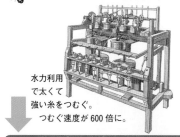

水力利用で太くて強い糸をつむぐ。つむぐ速度が600倍に。

③ 織布の生産力UP！

1785 カートライト，力織機を発明

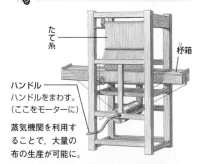

たて糸　　杼箱

ハンドル
ハンドルをまわす。（ここをモーターに）

蒸気機関を利用することで，大量の布の生産が可能に。

more 新しい動力 蒸気機関の登場

沸騰させると→体積が1700倍の水蒸気に←冷めると

▲④ワット（1736～1819）ワットは，ニューコメンの蒸気機関を改良し，ボイラーとシリンダーと動力発生部からなる今日の基本型を完成させた。

この力を回転運動にすることで人類は，**動力＝モーター**を獲得。

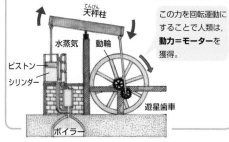

天秤柱　水蒸気　動輪
ピストン
シリンダー
遊星歯車
ボイラー

more 食料生産力もUP 農業革命

この時期，農業においても変革があった。第2次囲い込みにより農地が増え，さらに休耕地が消滅したため，生産力は飛躍的に伸びた。飼料の乏しい冬季にも，余剰生産物のカブなどを家畜の飼料として与えることで家畜の越冬が容易になった。その結果，食肉生産量は増大，牛1頭の体重は170kgから360kgに増えたといわれる。

◀⑤品評会に出された肥えた牛 この絵は誇張して描かれている。

カブ

関と交通革命

補充注文カード
店名
注文部数
冊
明解世界史図説エスカリエ 十五訂版
帝国書院
9784807166572
ISBN978-4-8071-6657-2
C7022 ¥806E
55218
定価887円（税込）

…は、こんな人 息子とともに研究 **スティーヴンソン**（1781〜1848）

トレヴィシックの蒸気機関車に刺激されて研究開始。1825年のロコモーション号運転成功後も息子とともに改良に励み，1829年にロケット号を走行させた。これは平均時速22.5km，最高時速46.7kmを記録し，当時運行していた馬車鉄道よりもはるかにすぐれたものとして蒸気機関車を人々に認めさせる結果となった。

▼⑦**世界初の実用蒸気船** 当時イギリス政府は蒸気機関の輸出を禁止していた。解体部品を購入し，組み立てて建造した**フルトン**（米）のクラーモント号は平均4ノットで航行した。

蒸気機関 外輪

ヨーロッパ

③ 産…

▲⑧産業革命のころのイギリス

国	時期	鉄道開通	特徴
イギリス	18世紀半ば	1825年	産業革命始まりの国「世界の工場」とよばれる
フランス	19世紀初頭	1830年代	1830年七月革命以降本格化
ドイツ	19世紀前半	1830年代	1834年関税同盟以後進展，重化学工業中心
アメリカ	19世紀半ば	1830年代	南北戦争後に本格化19世紀末に英・独を追い越す
日本	19世紀後半	1872年	おもに国家主導で行われ，日清・日露戦争に発展
ロシア（ソヴィエト）	19世紀後半	1837年	1861年農奴解放令がきっかけ

▲⑨各国の産業革命の特徴

…の発生

A 低賃金・長時間労働

子どもを働かせれば竪穴が小さくてすむ

▲⑩**炭坑で働く子ども** 1840年代に行われた炭坑で働く女子・児童の労働実態調査では，すでに4歳の子どもが働いていること，日光からしめ出された坑内で11時間以上労働していることなど，劣悪な労働条件が報告されている。

B 変貌する町・環境

▲⑫**ロンドンの路地裏** 高い家賃をはらえない労働者は日あたりの悪いバラックに住み，一軒に数家族が同居，トイレは共同，ふろはないのが普通だった。コレラや結核なども多発し，住民の死亡率は高かった。

→ **コストDOWN**

ラダイト（機械うちこわし）運動

▲⑪**機械をうちこわす人々**（ラダイト運動） 18世紀後半，機械化によって失業した熟練工たちが，機械や工場に敵意をもち，破壊活動をした。飛び梭の発明者ケイや水力紡績機のアークライトも襲撃の被害にあっている。

ロンドン テムズ川 ジフテリア コレラ リンパ腺結核

▲⑬テムズ川の汚染を風刺した絵

ポイントチェック（ ）内の正しい方に○をつけよう！
イギリスでは綿織物の需要にこたえるため，生産の（機械化・グローバル化）が進み，産業革命が始まった。同時に工場を経営する（領主・資本家）と労働者という新しい階級も生まれた。

イギリス自由主義と大英帝国 ——七つの海に君臨

ヨーロッパ

世界各地に冠された女王の名

Try 1 ❶〜❹の写真の地名 ? には，共通の名前がいる。何という名前がいるだろうか。
①マリア=テレジア　②ヴィクトリア　③エカチェリーナ

ヒント ③の像の下には何と書いてあるだろうか。また，❶の湖の名前を巻頭折込「世界史の舞台①」で確認しよう。

Try 2 上で答えた名称は，ある国の女王の名前だが，彼女はどこの国の王だろうか。
①フランス　②ドイツ　③イギリス

Try 3 これらの写真の国や地域は 19 世紀にイギリスとどのような関係にあっただろうか。

❹ ? 港（ホンコン）

▲ ❶〜❹の名前の由来となった女王

□ イギリス領（20C前半）

❶ ? 湖（タンザニア）

❷ ? 駅（インド）

❸ ? 広場（オーストラリア）

❶ 自由主義の進展

イギリス帝国の確立

	対外進出関連事項	自由貿易関連事項	労働運動関連事項

ジョージ4世 ウィリアム4世 ヴィクトリア時代（一八三七〜一九〇一）	
1828	審査法廃止（非国教徒の公職就任認める）
29	カトリック教徒解放法
32	第1回選挙法改正（産業資本家ら，選挙権獲得）
33	工場法成立（労働者の保護）
	奴隷制廃止
38ごろ	チャーティスト運動
	（人民憲章を掲げた労働者の政治運動）（〜50年代）
40	アヘン戦争（〜42）
46	穀物法廃止 ┐
49	航海法廃止 ┘ → 貿易自由化
57	インド大反乱（シパーヒーの反乱　〜59）
58	東インド会社解散
	第3次ダービー内閣（1866〜68）　保守党
67	第2回選挙法改正（都市の労働者ら，選挙権獲得）
	第1次グラッドストン内閣（1868〜74）　自由党
70	初等教育法
71	労働組合法（労働組合を合法化）
	第2次ディズレーリ内閣（1874〜80）　保守党
75	スエズ運河会社株を買収
77	インド帝国成立（ヴィクトリア女王がインド皇帝を兼ねる）
	第2次グラッドストン内閣（1880〜85）　自由党
84	第3回選挙法改正（農業労働者・鉱山労働者に拡大）

政党	保守党	自由党
支持層	地主・貴族	産業資本家・労働者
政策	・伝統的制度維持 ・アイルランド自治に反対 ・保護関税	・自由主義的改革 ・アイルランド自治に賛成 ・自由貿易
	ディズレーリ（1804〜81）	グラッドストン（1809〜98）
指導者		

❷ 大英帝国の構造

自治領	イギリス本国	強制的な自由貿易

大英帝国

自治領	植民地	直轄地
1867 カナダ連邦	1783 バハマ	1814 モーリシャス
1901 オーストラリア	1801 アイルランド	1877 インド帝国
1907 ニュージーランド	1878 キプロス島	1880 アフガニスタン
1907 ニューファンドランド	1882 エジプト	1886 ビルマ
1910 南アフリカ連邦	1895 ローデシア	1895 マレー連邦
1922 アイルランド	1899 スーダン　ほか	

ラテンアメリカ
中国
ペルシア
トルコ
日本

▲ ❷大英帝国の構造

プチ

"ヨーロッパの祖母" ヴィクトリア（在位 1837 〜 1901）

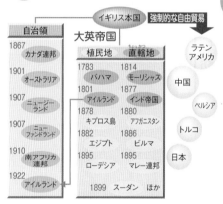

孫（ロシア皇帝妃）
孫（独皇帝）ヴィルヘルム2世
ヴィクトリア女王
長女（独皇帝の母）

ヴィクトリア女王の 9 人の子どもはヨーロッパ各国の王族と結婚し，英王室との結びつきを強めた。この写真は女王と子孫の記念写真（1894 年）。

more アイルランド問題 ——"イギリスに刺さったとげ"

アイルランドの歴史

1603〜	アルスター地方へのプロテスタント入植
1649	クロムウェルの征服
	→土地の 3 分の 2 はイングランド地主の所有
1801	イギリスに併合される
29	カトリック教徒解放法
45	大飢饉（じゃがいも飢饉）（〜49）
48	青年アイルランド党蜂起
1870〜1903	アイルランド土地法
14	アイルランド自治法
16	シン=フェイン党の反乱（イースター蜂起）
22	アイルランド自由国（自治領，北部はイギリスの統治）
49	アイルランド共和国成立→英連邦を離脱
1969〜	IRA（アイルランド共和国軍）のテロ
94	活動頻発
98	北アイルランド和平合意

アイルランドではクロムウェル（→ p.125）の征服以後，**イギリス系プロテスタント**が地主，**アイルランド系カトリック**は小作人という関係が定着し，対立が深刻化した。また，産業革命が始まると，工場労働者としてイギリスに移住するアイルランド人も増えた。1801 年にイギリスはアイルランドを併合し，同化・融合による社会的な安定を期待したが，対立はおさまらなかった。

◀❸じゃがいも飢饉　アイルランドを襲った飢饉により，小作料がはらえずに立ちのかされる農民。この飢饉でアイルランドは人口の多くを失った。

❸ 世界中の人とものが往来する大英帝国

Ⓐ 「世界の銀行」シティ

➤④世界金融の中心となったロンドンのシティ　ロンドン旧市街の約1.6km四方を占めるシティは，19世紀半ばから第一次世界大戦まで金融・貿易・保険・情報の中心として世界の経済や政治に大きな影響力をもった。

イングランド銀行 / 王立取引所

▲⑤ロンドンで開かれた第1回万国博覧会 (1851年)　ガラスと鉄でつくられた水晶宮（クリスタルパレス）に象徴されるロンドン万博は，ヴィクトリア朝時代のイギリスの繁栄と新たな産業社会の到来を示すものであった。

ヨーロッパ

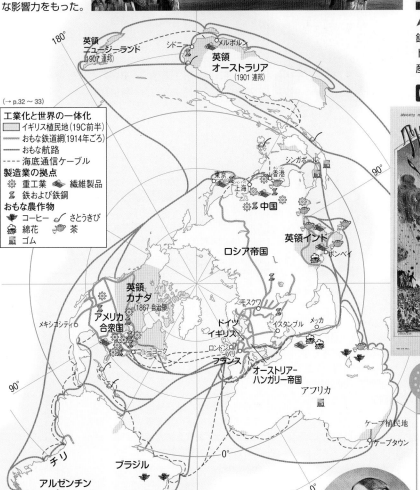

(→ p.32～33)

工業化と世界の一体化
- ▨ イギリス植民地(19C前半)
- ── おもな鉄道網(1914年ごろ)
- ── おもな航路
- ---- 海底通信ケーブル

製造業の拠点
- 重工業　繊維製品
- 鉄および鉄鋼

おもな農作物
- コーヒー　さとうきび
- 綿花　茶
- ゴム

英領ニュージーランド (1907 連邦) / シドニー / メルボルン / 英領オーストラリア (1901 連邦) / シンガポール / 東京 / 上海 / 香港 / 中国 / 英領インド / ボンベイ / ロシア帝国 / 英領カナダ 1867 自治領 / モスクワ / ドイツ イギリス / ロンドン / パリ / フランス / イスタンブル / メッカ / オーストリア=ハンガリー帝国 / アフリカ / アメリカ合衆国 / メキシコシティ / ニューヨーク / ケープ植民地 / ケープタウン / チリ / ブラジル / アルゼンチン / リオデジャネイロ

Ⓒ "旅行"の始まり─トマス=クック

◄⑦トマス=クック社の広告　トマス=クックは安価な乗合馬車や夜行列車を利用したツアーを企画し，旅行を民衆にとっての娯楽の一つとして定着させた。

▲⑧現在のクック社の旅行代理店(イギリス) ＊2019年に倒産

プチ　ヴィクトリア朝期を活写した小説
『シャーロック=ホームズの冒険』

19世紀のイギリスでは，識字率の向上，低価格な雑誌の登場などにより，庶民も気軽に小説が読めるようになった。シャーロック=ホームズを主人公とする短編も雑誌連載で大人気を博した探偵小説である。庶民の悲喜こもごもを題材にしたものも多いが，インド帰りの軍人やロンドンで暗躍するスパイなど登場人物は国際色豊かで，世界の中心・大英帝国の世相が活写されている。

▲⑨作者ドイル (1859～1930)

▲⑩雑誌に掲載されたホームズのさし絵

Ⓑ "ニュースの商人"ロイター

◄⑥ロイター通信社 (1920年代)　世界初のフランスの通信社アバス社での経験をもとに，ドイツ人のロイターが1851年にロンドンで創設した。海底通信ケーブルを利用して世界中に情報網を敷いた。

✎ ポイントチェック　（　）内の正しい方に○をつけよう！

イギリスは，その絶対的な（工業力・農業力）を生かし，世界各地を（保護貿易・自由貿易）によって経済的支配下においた。また政治改革では労働者の権利保護を進めるなど，ヴィクトリア女王の統治下，イギリスは繁栄をきわめた。

19世紀後半のフランス ——目まぐるしく変わる政体

時代の扉 強いリーダーをめざしたナポレオン3世

ヨーロッパ

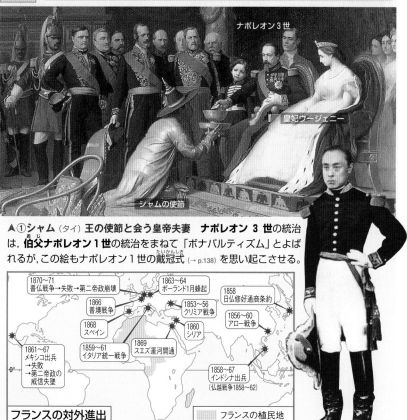

ナポレオン3世

皇妃ウージェニー

シャムの使節

▲①シャム（タイ）王の使節と会う皇帝夫妻　ナポレオン3世の統治は、伯父ナポレオン1世の統治をまねて「ボナパルティズム」とよばれるが、この絵もナポレオン1世の戴冠式（→p.138）を思い起こさせる。

1870～71　普仏戦争→失敗→第二帝政崩壊
1866　普墺戦争
1868　スペイン
1861～67　メキシコ出兵→失敗→第二帝政の威信失墜
1859～61　イタリア統一戦争
1869　スエズ運河開通
1863～64　ポーランド1月蜂起
1853～56　クリミア戦争
1858　日仏修好通商条約
1856～60　アロー戦争
1860　シリア
1858～67　インドシナ出兵（仏越戦争1858～62）

フランスの対外進出　　□□□ フランスの植民地

Try1
ナポレオン（→p.138）が登場した第一帝政から、彼の甥ナポレオン3世が帝位に就く第二帝政までのフランスのできごと①～④を、時代順に並べかえてみよう。
①二月革命　②七月革命　③第二共和政　④ブルボン復古王政
第一帝政→（　　）→（　　）→（　　）→（　　）→第二帝政　クイズ

Try2
上の写真はナポレオン3世から贈られた軍服を着た日本人であるが、誰だろうか。
①大黒屋光太夫　②ジョン万次郎　③徳川慶喜　ヒント　江戸幕府の最後の将軍

Try3
日本を含め、ナポレオン3世の対外膨張政策は、フランスの宿敵で、当時世界各地に影響力をもっていた国への対抗という意味もあった。その国はどこだろうか。
①ドイツ　②イギリス　③アメリカ

② 左右にゆれるフランス政局

史上初の労働者による自治政府

▲②パリ＝コミューン　普仏戦争敗戦でナポレオン3世が退位すると、労働者を中心とするパリの民衆が政権をとった。これに対し、臨時政府はドイツの支援を受けて攻撃し、パリ＝コミューンは2か月で崩壊した。

軍部・右派の台頭

官位を剥奪されるドレフュス

▲③ドレフュス事件　ユダヤ人将校ドレフュスは、共和政打倒と反ユダヤ主義を唱える軍部・右派にスパイ容疑をかけられ官位を剥奪された。

① フランス政体の移り変わり

政体		主要事項
	ブルボン王朝（絶対王政）	1789　フランス革命
1792	第一共和政	1793　ルイ16世処刑
1804	第一帝政	皇帝：ナポレオン1世　位1804～14, 15
		1814～15　ウィーン会議
14	ブルボン復古王政	国王：ルイ18世　位1814～24
		国王：シャルル10世　位1824～30
30		1830　アルジェリア出兵　七月革命
	七月王政	国王：ルイ＝フィリップ　位1830～48（オルレアン家）
48		1848　二月革命
	第二共和政	大統領：ルイ＝ナポレオン
52		1851　クーデタ
		1852　国民投票→帝政宣言
	第二帝政	皇帝：ナポレオン3世　位1852～70
70		1870～71　普仏戦争　パリ＝コミューン
	第三共和政	1875　第三共和政憲法制定
		1889　パリ万国博覧会
		1894～99ごろ　ドレフュス事件
		1914～18　第一次世界大戦
		1939～45　第二次世界大戦
1940		1940　フランス降伏
44	（ヴィシー政府）	国家主席：ペタン
46	臨時政府成立（共和政）	主席：ド＝ゴール
	第四共和政	1946　第四共和政憲法制定
		1946～54　インドシナ戦争
58		1954～62　アルジェリア戦争
	第五共和政	初代大統領：ド＝ゴール

プチ 生まれ変わったパリ　世界遺産

現在みられる近代都市パリは、1853年にナポレオン3世の命で始まる大改造でつくられた。大改造では、①スラムを除去して採光をよくすること、②鉄道駅や幅広い大通りを整備し、交通機能をよくすること、③有事の際軍隊や大砲を出動させ、治安を維持しやすくすること、を目的に進められた。

シャンゼリゼ

▲④凱旋門から放射線状にのびる12本の大通り

▲⑤エッフェル塔　1889年のパリ万博のときに建設。

ポイントチェック　（　）内の正しい方に○をつけよう！
伯父ナポレオン1世の威光を利用して権力をにぎったナポレオン3世は、（ドイツ・ロシア・イギリス）の植民地支配に対抗するため、世界各地に進出した。

ロシアの改革 ──皇帝が行った改革は成功？失敗？

時代の扉 あるシベリア流刑囚の供述

1825年皇帝に対して蜂起し（デカブリストの乱），逮捕されたロシアの青年将校が，取り調べで動機を次のように語った。

> Ⓐ1812年とそれにつづく1813，14年の戦役によって，わが国民の魂はふるいおこされ，われわれは，ヨーロッパを，その法を，その行政秩序を，その国民保護を親しく知ることとなった。そして，わが国の，Ⓑそれとは対照的な国家生活，わが国民のとるにたらない権利，それにあえていうならば，Ⓒわが国家統治の重圧，そうしたものが，多くの人びとの頭脳と心に強烈にあらわになった。

鈴木健夫ほか著『近代ヨーロッパの情熱と苦悩〈世界の歴史22〉』中央公論新社

Try（クイズ）

Try1 下線Ⓐでロシアが戦った戦争は，次のどれだろうか。
①北方戦争 ②ナポレオン戦争 ③クリミア戦争

Try2 下線Ⓑで告発された，ヨーロッパのほかの国々と比較したロシア国民の生活とは？下図を参考に，正しいほうに○をつけよう。
国民には（農奴・労働者）が多く，封建制も（廃止・存続）していた

Try3 下線Ⓒの，当時のロシアの統治体制は，次のどれだろうか。
①共和政 ②立憲君主政（憲法あり） ③専制君主政（憲法なし）

➤①デカブリストの乱 ヨーロッパの自由主義に触発された若い将校が，1825年ニコライ1世の即位に際して首都で蜂起し，憲法制定や農奴解放を要求したが，鎮圧された。

ピョートル像／軍隊

▼②賭けトランプ 農奴には移住・結婚・転職の自由はなく，貴族である領主にとっては土地と結びついた財産の一部であった。そのため農奴が賭け金ともなりうることが風刺されている。

領主／農奴

ヨーロッパ

19世紀のロシアの歩み

皇帝	対外関係（南下・東方への進出）	国内の動き
アレクサンドル1世（位一八〇一〜二五）	1812 ナポレオン戦争（ロシア遠征） 1814〜15 ウィーン会議（反動勢力の中心）	
ニコライ1世（位一八二五〜五五）	1821〜29 ギリシア独立戦争に介入（黒海沿岸の領土獲得） 1831〜33 第1次エジプト─トルコ戦争（ロシア軍艦のボスポラス・ダーダネルス両海峡通過を承認） 1839〜40 第2次エジプト─トルコ戦争（両海峡の中立化 ロシアの南下阻止） 1853〜56 クリミア戦争（黒海の中立化）	1825 デカブリストの乱（青年将校・自由主義貴族が蜂起 → 弾圧） 1830〜31 ポーランドの反乱（ポーランド11月蜂起） 1840〜50年代 インテリゲンツィア（知識人）の活動
アレクサンドル2世（位一八五五〜八一）	55 日露（通好）和親条約締結 58 アイグン条約｜60 北京条約〔東方へ進出 （→p.129❶）〕 1868 中央アジア併合 75 樺太・千島交換条約 1877〜78 露土（ロシア─トルコ）戦争 サンステファノ条約（バルカンのロシア勢力強大化） 78 ベルリン会議 → ベルリン条約（ロシアの南下政策，挫折）	61 農奴解放令 1863〜64 ポーランドの反乱（ポーランド1月蜂起）
アレクサンドル3世（位一八八一〜九四）	81 イリ条約 バルカン問題（ロシアのパン＝スラヴ主義と独・墺のパン＝ゲルマン主義との対立） 91 シベリア鉄道着工（1905開通）（極東へ進出）	81 アレクサンドル2世暗殺 ナロードニキ運動，「ヴ＝ナロード（人民の中へ）」をスローガン → 挫折
ニコライ2世（位一八九四〜一九一七）	1904〜05 日露戦争	

アレクサンドル2世

① 南へ！〜不凍港を求めて

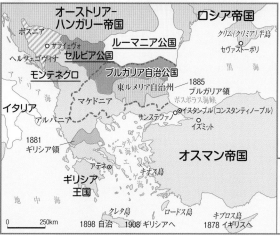

オーストリア─ハンガリー帝国 / ロシア帝国 / ボスニア / サライェヴォ / クリム（クリミア）半島 / ルーマニア公国 / セヴァストーポリ / ヘルツェゴヴィナ / セルビア公国 / 黒海 / モンテネグロ / ブルガリア自治公国 / 東ルメリア自治州 / 1885 ブルガリア領 / ボスポラス海峡 / イタリア / マケドニア / イスタンブル（コンスタンティノープル） / サンステファノ / イズミット / アルバニア / 1881 ギリシア領 / オスマン帝国 / アテネ / キオス島 / ギリシア王国 / 地中海 / クレタ島 / ロードス島 / キプロス島 / 0 250km / 1898 自治 1908 ギリシアへ / 1878 イギリスへ

▲③クリミア戦争で兵士の看護をしたナイチンゲール（1820〜1910）

◀④ロシア南下の命運をかけた二つの条約

サンステファノ条約による取り決め
---- ブルガリアの国境
ベルリン条約による確定
国名 独立が認められた国
■ ブルガリアの領土
▨ オーストリア─ハンガリー帝国の管理

② 改革と反動

◀⑤農奴解放令を読むアレクサンドル2世 クリミア戦争敗戦によりロシアの後進性を実感した皇帝は，農奴解放を柱とする改革を行ったが不徹底に終った。

➤⑥逮捕される革命家 1870年代以後，知識人の間に農民を啓蒙し，農民の力で皇帝の専制政治を倒そうとする動きがあったが，農民の理解を得られず，皇帝に弾圧された。

ポイントチェック

（ ）内の正しい方に○をつけよう！

ヨーロッパのなかで近代化におくれをとっていたロシアでも，ようやく皇帝主導で（農奴解放・議会開設）を柱とする改革が行われた。また，（不凍港・鉱産資源）を求めてさかんに周辺地域に進出をはかった。

イタリア・ドイツの統一 ——ヨーロッパに新たに加わる二つの大国

❶ イタリアの統一

…は、こんな人

統一イタリアをつくった男たち「イタリア独立の三傑」

ここにイタリア国王がおられるのだ！

サルデーニャ王
ヴィットーリオ＝エマヌエーレ2世

①ガリバルディ
(1807～82) 義勇軍をひきいて、南イタリアとシチリアをブルボン王朝から解放。

◀②マッツィーニ(1805～72)「青年イタリア」(→p.142)を組織。共和政による統一をめざし、サルデーニャ王国への協力を拒んだ。

◀③カヴール(1810～61) サルデーニャ王国宰相。フランス・オーストリアとの外交を通じ、統一に貢献。

ヨーロッパ

プチ 現代につながる強い地域性

▼⑤州によって異なる教科書
("Heimat und Welt" westermann)

ドイツでは州が強い権限をもち、教育制度も州にまかされている。

▲④イタリアのサッカーチーム インテルミラノのサポーター

イタリアやドイツでは都市や地域ごとにサッカーチームをもち、対抗意識が強い。ときに対戦するサポーター同士の乱闘にいたるほどの熱狂ぶりは、統一前の地域への強い帰属意識に根ざしているという。

ノルトライン
ヴェストファーレン州

バーデン
ヴュルテンベルク州

統一への歩み

イタリア		ドイツ	
		1806	神聖ローマ帝国消滅
オーストリアの北イタリア支配イタリア分裂	ウィーン会議 1814～15 (→p.142)	07	プロイセン改革(～22、シュタイン・ハルデンベルクによる、農奴解放など)
1820 カルボナリの革命(～21)		15	ドイツ連邦成立(オーストリアを盟主とする)ブルシェンシャフト(学生同盟)の運動(～19) *自由と統一を要求
31 イタリア騒乱(カルボナリ蜂起) 31 マッツィーニ、「青年イタリア」結成	七月革命 1830	30	ドイツ騒乱
		34	ドイツ関税同盟発足 *経済的統一
48 サルデーニャ王カルロ＝アルベルト、対墺戦争→敗北(49) 48 ローマ共和国建設(マッツィーニらによる三頭政治)→フランス介入で崩壊	二月革命 1848 (→p.143)	48	三月革命(ウィーン・ベルリン)
		48	フランクフルト国民議会 大ドイツ主義 小ドイツ主義]対立 →小ドイツ主義によるドイツ憲法案作成 →プロイセン王拒否 (→ 49解散)
49 サルデーニャ王ヴィットーリオ＝エマヌエーレ2世即位		48	ボヘミア(ベーメン)民族運動
52 サルデーニャ首相にカヴール就任(～61)	クリミア戦争 1853～56	50	プロイセン欽定憲法施行(フリードリヒ＝ヴィルヘルム4世)
55 カヴール、英仏を支援出兵			
58 プロンビエール密約(対フランス) 59 イタリア統一戦争 オーストリアに勝利→ロンバルディアを併合 60 ガリバルディ、千人隊(赤シャツ隊)を組織、両シチリア王国を征服、サルデーニャに献上 中部イタリアを併合 61 イタリア王国成立(国王ヴィットーリオ＝エマヌエーレ2世)		61	プロイセン王にヴィルヘルム1世即位(～88)
		62	ビスマルク、首相就任→「鉄血演説」
		64	デンマーク戦争(シュレスヴィヒ・ホルシュタイン領土問題)
66 プロイセンと同盟ヴェネツィアを併合	普墺戦争 1866	67	北ドイツ連邦の成立 オーストリア＝ハンガリー(二重)帝国成立(～1918)
70 プロイセンと同盟教皇領を併合→統一完成(トリエステ・南ティロルなど「未回収のイタリア」問題残る)	普仏戦争 1870～71	70	エムス電報事件
		71	ドイツ帝国成立(第二帝国)

共和主義的統一運動

サルデーニャの立憲主義中心の統一運動

自由主義的統一運動

プロイセンによる「上からの」統一運動

▼⑥イタリア王国旗
ナポレオンがイタリア遠征時にフランス国旗をもとに三色旗をつくり、それにサルデーニャ王家の紋章が加えられた。紋章をとると、現在のイタリア国旗になる。

◀⑦イタリアの統一

未回収のイタリア

1860 フランスに割譲

■ 1815年のサルデーニャ王国
□ 1859年サルデーニャ王国に併合
□ 1860年サルデーニャ王国に併合
□ 1866年イタリア王国に併合
□ 1870年イタリア王国に併合
→ ガリバルディの進路
→ ヴィットーリオ＝エマヌエーレ2世の進路
X おもな戦場
イタリア王国の首都:トリノ→フィレンツェ→ローマ

プチ ヴェルディ(VERDI)って誰だ？

ヴェルディ作曲の歌劇『ナブッコ』の合唱曲〈行け、思いよ、黄金の翼にのって〉は当時オーストリア治下の人々の自由を求める心情をかきたてた。彼の名 Verdi のつづりはサルデーニャ王 Vittorio Emanuele Re d'Italia の略号と同じで、リソルジメント(統一)が進むなか、ミラノのスカラ座にこだまする"ヴェルディ万歳"は、イタリア統一の心の叫びとなった。

ヴェルディ万歳

▶⑧ジュゼッペ＝ヴェルディ (1813～1901)

時代の扉 城の主が出した手紙は？

バイエルン王国
ミュンヘンを中心とした王国。最後にこの国をプロイセンが統一し，ドイツ帝国が発足した。

▼⑩バイエルン王国紋章

▲⑪ルートヴィヒ2世（1845～1886）当時のバイエルン国王。

【ルートヴィヒ2世から
プロイセン王への手紙】
南ドイツの（北ドイツ）連邦加盟は，陛下の議長権をドイツ全諸国に及ぶものといたします。…私はドイツ諸侯に対し，陛下が連邦議長権の行使に併せて，**ドイツ皇帝の称号**を持たれるよう進言するよう提案したのであります。
ジャン・デ・カール著 三保元訳『狂王ルートヴィヒ』中央公論新社

▲⑫ヴィルヘルム1世（1797～1888）当時のプロイセン国王。

Try1 この城は19世紀につくられた城で，現在ドイツで有数の観光名所である。この城は当時どこの国にあったか。（❷の地図を見てみよう）
①イタリア王国　②バイエルン王国　③オーストリア帝国

？クイズ

Try2 **Try1** の国の王ルートヴィヒ2世がこの城を建設するとき，プロイセンの宰相ビスマルクがひそかに資金の援助を約束したといわれる。ビスマルクのねらいは何か。
①外国の侵入に備えて城で警備を強化してほしい
②プロイセンが進めるドイツ統一の計画に協力してほしい
ヒント　下のビスマルクの業績も参考にしよう。

Try3 ルートヴィヒ2世は，1870年11月にプロイセン王にあてて，上のような手紙を書いた。このなかで，彼は誰がドイツ皇帝の称号をもつべきと考えているか。
①自分自身　②ドイツ諸侯　③プロイセン王

▲⑨ノイシュヴァンシュタイン城

❷ ドイツの統一

凡例
── ドイツ連邦の境界（1815年）
▨ 1815年のプロイセン
▢ 1866年までにプロイセンが獲得した領土
▦ 北ドイツ連邦（1867～71年）
▨ 1871年にフランスから獲得した領土
── ドイツ帝国の境界（1871年）

1864 デンマーク戦争の係争地

1866 普墺戦争でプロイセン勝利

1870 エムス電報事件→普仏戦争のきっかけに

1870 ナポレオン3世降伏

オーストリア（1867～ オーストリア＝ハンガリー帝国）

▼⑬ドイツ皇帝の戴冠式　普仏戦争中の1871年1月，フランスのヴェルサイユ宮殿「鏡の間」で，プロイセン国王**ヴィルヘルム1世**がドイツ皇帝に即位した。

…は、こんな人　ドイツ統一の立役者 ビスマルク（1815～98）

1848年	保守派として政界入り
62	プロイセン首相に就任
	議会を無視して軍備拡張
66	普墺戦争に勝利，議会と和解
67	北ドイツ連邦発足
	プロイセン国王が連邦主席
70	普仏戦争開戦。南ドイツを懐柔
71	ドイツ帝国発足

1848年の大きな誤りは言論と多数決で事を決しようとしたこと（フランクフルト国民議会，→p.143）**である。現今の大問題は，ただ鉄（軍備拡張）と血（戦争）によって解決される。**〈鉄血演説〉

▶⑭ビスマルク時代のヨーロッパ

友好関係 再保障条約 1887～90
英 ···· 独 —— 露
イギリスの外交政策「光栄ある孤立」
三帝同盟 1873～87
三国同盟 1882～1915
仏 孤立
伊 墺
独墺同盟 1879～1918

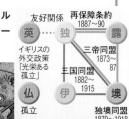

ヴィルヘルム1世　ビスマルク

大陸のようすをうかがうイギリス
ドイツへの復讐に燃えるフランス
オーストリアを圧迫するドイツ

▼ポイントチェック　（　）内の正しい方に○をつけよう！
（サルデーニャ王国・ローマ教皇領）中心にイタリア統一が，（プロイセン王国・バイエルン王国）中心にドイツ統一が達成された。

アメリカ合衆国の発展 ——内戦をのりこえた合衆国の一体化

時代の扉 西部開拓を描いた2枚の絵

▶①「涙の旅路」「先住民強制移住法」により，先住民はミシシッピ川以西へ移動させられた。移動の途中で先住民の多くの命が失われた。

▼②「アメリカの進歩」（1872年）

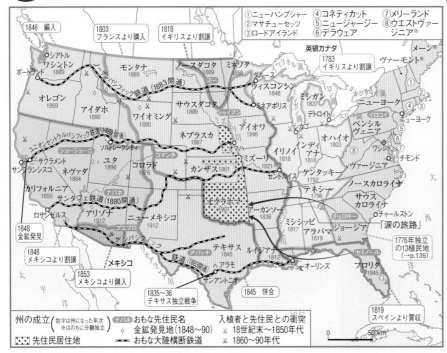

進歩の女神
文明の手引書
バッファロー
都市
鉄道
幌馬車
駅馬車
先住民

クイズ

Try 1 ②の「アメリカの進歩」と題された絵で，「進歩の女神」を境に，画面の右側が明るく，左側が暗く描かれているのはなぜだろうか。
ヒント　右側と左側に描かれているものを比べてみよう。

Try 2 この絵で，当時のアメリカ人が「進歩」の象徴と考えたものは何だろうか。
①鉄道　②先住民　③幌馬車

Try 3 ①の絵と②の絵で，先住民の立場から描かれたのはどちらだろうか。

独立後のアメリカ合衆国

一般事項（丸数字は大統領の代を示す）	黒人・先住民関連事項
1793 フランス革命に中立宣言	ジェファソン
ジェファソン③ 任 1801〜09	1807 奴隷貿易を禁止（翌年発効）
1803 ルイジアナを仏より購入	
1812 米英戦争（〜14）北部の工業化進む	1820 ミズーリ協定　ミズーリ州は奴隷州に。以後北緯36°30′以北に奴隷州認めず
23 モンロー宣言（教書）	
ジャクソン⑦ 任 1829〜37	30 先住民強制移住法
○ジャクソニアン＝デモクラシー	
45 テキサスを併合	38 チェロキー，「涙の旅路」を行く（〜39）
46 アメリカ-メキシコ戦争（〜48）→ カリフォルニア獲得	ジャクソン
48 カリフォルニアで金鉱発見 → ゴールドラッシュ	
53 ペリー提督，日本へ	52 『アンクル＝トムの小屋』発表
54 共和党（奴隷制拡大に反対）成立	54 カンザス-ネブラスカ法　将来，両地区の自由州・奴隷州の選択は住民に一任
リンカン⑯ 任 1861〜65	
61 南部11州，合衆国から離脱 → アメリカ連合国結成 → 南北戦争	リンカン
62 ホームステッド法（自営農地法）（5年間公有地を開墾した者に160エーカーを無償支給）	
63 ゲティスバーグの戦い	63 奴隷解放宣言
65 南北戦争終結　リンカン暗殺	65 奴隷制度の廃止（憲法修正13条）
67 アラスカをロシアから購入	65 クー＝クラックス＝クラン（KKK）結成（→p.176）（白人の優越をめざす秘密結社）
69 大陸横断鉄道開通	
○アメリカの工業生産が世界一に	67 南部「再建法」成立
90 フロンティアの消滅宣言	70 黒人の選挙権（憲法修正15条）
98 帝国主義政策を具体化　米西戦争→ハワイ併合	

（縦書き見出し）イギリスに依存／工業化の開始／西部への発展／南北の対立／資本主義の発展／帝国主義

アメリカ

① アメリカの成り立ち

①ニューハンプシャー　④コネティカット　⑦メリーランド
②マサチューセッツ　⑤ニュージャージー　⑧ウエストヴァージニア※
③ロードアイランド　⑥デラウェア

1846 編入
1803 フランスより購入
1818 イギリスより割譲
1783 イギリスより割譲
英領カナダ
メーン※
ヴァーモント※
シアトル
ワシントン 1889
ポートランド
モンタナ 1889
ノースダコタ 1889
ミネソタ 1858
ダルース
ウィスコンシン 1848
ノーザンパシフィック鉄道（1883開通）
ミシガン 1837
デトロイト
ミネアポリス
ニューヨーク
オレゴン 1859
サウスダコタ 1889
アイダホ 1890
ワイオミング 1890
ネブラスカ 1867
アイオワ 1846
シャイアン
ユニオンセントラルパシフィック鉄道（1869開通）
オハイオ 1803
ペンシルヴェニア
ニューヨーク④②
ソルトレークシティ
ユタ 1896
ネヴァダ 1864
コロラド 1876
ナバホ
カンザス 1861
ミズーリ 1821
セントルイス
イリノイ 1818
インディアナ 1816
ケンタッキー 1792
ヴァージニア⑧
ワシントン
リッチモンド
サクラメント
サンフランシスコ
カリフォルニア 1850
サンタフェ鉄道（1880開通）
ニューメキシコ 1912
テネシー 1796
ノースカロライナ
サウスカロライナ
ロサンゼルス
アリゾナ 1912
コマンチ
アパッチ
オクラホマ 1907
アーカンソー 1836
ミシシッピ 1817
アラバマ 1819
ジョージア
チェロキー
「涙の旅路」
チャールストン
1848 金鉱発見
サザンパシフィック鉄道
鉄道（1880開通）
テキサス
アラモ
サンアントニオ
ルイジアナ 1812
ニューオーリンズ
1848 メキシコより割譲
メキシコ
リオグランデ川
1835〜36 テキサス独立戦争
1845 併合
ミシシッピ川
フロリダ 1845
セミノール
1776年独立の13植民地（→p.135）
1853 メキシコより購入
1819 スペインより買収
大西洋
太平洋

州の成立（数字は州になった年次／※はのちに分離独立）　ナバホ おもな先住民名　入植者と先住民との衝突
金鉱発見地（1848〜90）　× 18世紀末〜1850年代
先住民居住地　おもな大陸横断鉄道　× 1860〜90年代
0　500km

プチ 『大草原の小さな家』

ウィスコンシン州の丸太小屋で生まれたローラ＝インガルスは，自伝的小説で，19世紀後半の西部開拓時代の日常をリアルに描いた。「大草原」のきびしい自然のもと，フロンティア＝スピリットあふれる開拓民は「小さな家」で自律的な生活をおくり，「大草原」を世界屈指の穀倉地帯にかえた。彼女は先住民にも温かい視線を向けている。

▶③ローラ＝インガルス＝ワイルダー（1867〜1957）

④西部開拓者の丸太小屋

② 国内を二分した南北戦争

北部

▲⑤ニューヨーク（1855年）　工業化・都市化が進んでいる。

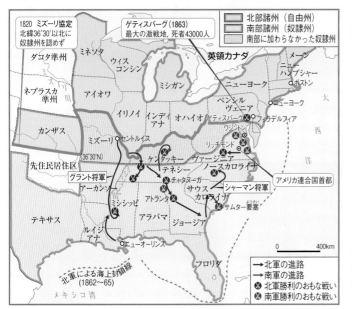

▲⑦南北戦争

（地図内）
- 1820　ミズーリ協定　北緯36°30′以北に奴隷州を認めず
- 北部諸州（自由州）
- 南部諸州（奴隷州）
- 南部に加わらなかった奴隷州
- ゲティスバーグ（1863）最大の激戦地、死者43000人
- ダコタ準州
- ミネソタ
- ウィスコンシン
- ネブラスカ準州
- アイオワ
- ミシガン
- 英領カナダ
- メーン
- ニューハンプシャー
- ニューヨーク
- ボストン
- 先住民居住区
- イリノイ
- インディアナ
- オハイオ
- ペンシルヴェニア
- ニューヨーク
- フィラデルフィア
- カンザス
- ミズーリ　セントルイス
- ワシントン
- リッチモンド
- ケンタッキー
- ヴァージニア
- ノースカロライナ
- アメリカ連合国首都
- グラント将軍
- テネシー
- チャタヌーガ
- アーカンソー
- サウスカロライナ
- シャーマン将軍
- ミシシッピ
- アトランタ
- ジョージア
- サムター要塞
- テキサス
- アラバマ
- ルイジアナ
- ニューオーリンズ
- フロリダ
- 北軍による海上封鎖線（1862～65）
- メキシコ湾
- 0　400km
- →北軍の進路
- →南軍の進路
- ×北軍勝利のおもな戦い
- ×南軍勝利のおもな戦い

南部

▲⑥ミシシッピの綿花畑（19世紀）

北部（東部）		南部
商工業	経済構造	大農園中心の農業
工業製品	生産物	綿花
産業資本家	中心勢力	農園経営者・大地主
保護貿易主義	貿易政策	自由貿易主義
中央集権主義	国家体制	州権主義
拡大に反対	奴隷制度	肯定
共和党	支持政党	民主党

▲⑧南部と北部の違い（左）と人口（右）

（円グラフ）奴隷360万人　南部29%（900万人）　人口　北部※71%（2200万人）
※南部に加わらなかった奴隷州を含む。（1861年）

Government of the people, by the people, for the people, shall not perish from the earth.
（人民の、人民による、人民のための政治を、この地上から消滅させないように…）

◀⑨ゲティスバーグで演説するリンカン　リンカンは南北戦争の1863年、激戦地ゲティスバーグでの追悼集会で、この演説を行った。わずか3分ぐらいの短い演説であったが、民主主義の本質を示す名言となっている。

③ 戦後アメリカの発展

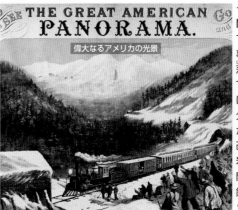

THE GREAT AMERICAN PANORAMA.
偉大なるアメリカの光景

◀⑬大陸横断鉄道の開通　当時、欧米各国で鉄道建設は重要な事業であり、人口が希薄で分散したアメリカでは国内市場を結びつけるために鉄道は不可欠であった。明治政府が欧米の視察と条約改正のために派遣した岩倉使節団（→p.32）も、開通したばかりのこの鉄道を利用した。（クーリー〈苦力〉→p.34）

…は、こんな人

南北戦争の発端をつくった
ストウ（1811～96）

彼女は1852年、黒人奴隷の惨状を『アンクル゠トムの小屋』で描いた。反響は大きく、発売後1年で32万部（当時アメリカの人口は推定2320万）以上が売れ、「聖書につぐベストセラー」といわれた。南北戦争中リンカンは「この戦争を引き起こしたご婦人があなたですね」と話しかけたという。

▼⑩奴隷制を告発するパンフレット

▲⑪南軍の旗　　▲⑫2020年までのミシシッピ州の州旗
近年までミシシッピ州やジョージア州の州旗には南軍の旗のデザインがはいっていた。

アメリカ兵士のおもな戦争別戦死者（単位：万人）

独立戦争	1.2
南北戦争	62.0*
第一次世界大戦	11.2
第二次世界大戦	32.2
朝鮮戦争	5.4
ベトナム戦争	5.8

*北軍36万人　南軍26万人

ポイントチェック　　（　）内の正しい方に○をつけよう！

アメリカでは商工業中心の（北部・南部）と、奴隷労働による農業生産中心の（北部・南部）に分かれ、内戦となった。南部の降伏により奴隷制は廃止され、また（大陸横断鉄道・パナマ運河）の開通により国内の一体化が進んだ。

（右欄外）アメリカ

19世紀の欧米の生活と文化 ──主役は王侯貴族から市民へ

時代の扉　キャンバスにぶつけられた憤怒　クイズ

◀①ドラクロワ「キオス島の虐殺」
ギリシア独立戦争中に起こった，オスマン軍による虐殺事件を描いた作品。ギリシア独立戦争は当時の文化人たちの創作意欲をかき立て，詩人バイロンもこの戦争に義勇軍として参加した。〈ルーヴル美術館蔵，419cm×354cm，部分〉

【バイロン『ドン・ジュアン』より「ギリシアの島々」】
山々はマラトンにのぞみ
マラトンは海にのぞむ
わたしはひとり 想いめぐらせ
ギリシアの自由を 夢にみる

Try1　この絵に描かれている題材は一体何だろうか。
①王侯貴族の肖像　②同時代の出来事
③ギリシアやローマの神話

Try2　ドラクロワはこの絵にあるメッセージを込めたが，そのメッセージとは何だろうか。
①美しいギリシアの景色へのあこがれ
②オスマン軍の虐殺への抗議

Try3　この絵画のほかにも，ドラクロワは，実際に起こった事件に対するメッセージを込めて，絵画を制作している。彼の有名な作品を本書の別ページから探してみよう。

ヒント　p.143「ウィーン体制の破綻」を確認してみよう。

ヨーロッパ

❶ 絵画～神話から日常へ

古典主義
ギリシア・ローマの神話画や歴史画を模範として理想的な美を描き，線描の正確さが特徴の絵画
背景 ポンペイ遺跡の発掘　フランス革命

▲②ダヴィド「ソクラテスの死」死刑判決を受けて毒杯をあおぐソクラテス（→p.48）を描いている。
〈メトロポリタン美術館蔵〉

ロマン主義
個人や民族の感情・個性を重んじ，文学やオリエント世界，同時代の事件を色彩豊かに描く絵画
背景 自由主義運動・国民主義運動

▲③ドラクロワ「サルダナパールの死」バイロン（→p.155）の劇曲にもとづき，敵軍の侵入に際し，平然と死をまつアッシリア王を描く。〈ルーヴル美術館蔵，395cm×495cm〉

写実主義・自然主義
理想化・空想化した美ではなく，身のまわりの素材を題材に美を見いだし，目に見えるがままに描く絵画
背景 市民の台頭　写真の発明

▲④ミレー「晩鐘」夕刻の畑で鐘に合わせて祈りをした思い出をもとに制作。農民の平凡な暮らしに「造形の美」を探求した。〈オルセー美術館蔵，55.5cm×66cm〉

印象派
科学の発展に触発されて，光を分析し，その一瞬の主観的印象を描く絵画
背景 科学技術の発達による絵の具の改良（チューブ入り絵の具の登場など）

明／暗
▲⑤モネ「印象・日の出」朝日に変化する風景。左の拡大写真を見ると時間によってかわっていく光の表現がわかる。この絵の題名からモネたちの作品を印象派とよぶようになった。〈マルモッタン美術館蔵，48cm×63cm〉

プチ　印象派を見る三つのポイント
① 光の3原色（赤・緑・青）を使った光の表現
② 戸外で制作
③ 身近なもの・風景を題材
※ スーラの絵を一部拡大

▲⑥スーラ「グランドジャット島の日曜日の午後」
スーラは，光の表現を追求した濁りのない単色の点を集中させる「点描」という画風を確立した。
〈シカゴ＝アート＝インスティテュートHP蔵，205cm×305cm〉

ジャポニスムの影響
明治維新前後，日本から大量の浮世絵・屏風・染め物などが欧米に流出し，大いにもてはやされた（「ジャポニスム」）。マネやゴッホたちは浮世絵師の遠近法にとらわれない表現や大胆な構図・色使いに感銘を受け，自分の画風に取り入れたという。

⑦ゴッホ「タンギー爺さん」〈パリ，ロダン美術館蔵〉

② 文学と思想

…は，こんな人

日本人作家にも影響を与えた

トルストイ（1828～1910）

ロシアの富裕な地主貴族の出身。代表作『戦争と平和』（1865～69年）では，ナポレオン戦争下のロシア社会を，貴族から農民まで500人以上の人物を登場させて克明に描く一方，歴史はナポレオンのような一英雄によってではなく，民衆によってつくられる，との歴史観も強くうち出した。

➤⑧映画「戦争と平和」（1956年）

小説に登場する貴族の多くは，トルストイの家族をモデルにしている。

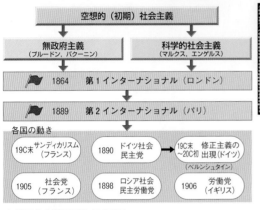

空想的（初期）社会主義
↓
- 無政府主義（プルードン，バクーニン）
- 科学的社会主義（マルクス，エンゲルス）

↓

1864　第1インターナショナル（ロンドン）

↓

1889　第2インターナショナル（パリ）

↓

各国の動き
- 19C末　サンディカリズム（フランス）
- 1890　ドイツ社会民主党 → 19C末～20C初　修正主義の出現（ドイツ）（ベルンシュタイン）
- 1905　社会党（フランス）
- 1898　ロシア社会民主労働党
- 1906　労働党（イギリス）

▲⑩社会主義思想とその流れ

▲⑨カール＝マルクス　資本主義社会の矛盾を分析し，社会主義（生産手段を共有することで貧富の差をなくそうとする考え）の実現を訴えた。

more 現在も愛される「児童文学」の誕生

19世紀は「児童文学」が次々と発刊された時代だった。グリム兄弟による童話の編纂のほか，イギリスでは『不思議の国のアリス』（ルイス＝キャロル作）が出版された。新たに財を築いた中流階級が子どもへの教育を重視し始めたため，「児童文学」の市場は急速に発展した。

88

"The Queen of Hearts she made some tarts
All on a summer day:
The Knave of Hearts he stole those tarts,
And took them quite away!"

"Now for the evidence," said the King, "and then the sentence."

"No!" said the Queen, "first the sentence, and then the evidence!"

"Nonsense!" cried Alice, so loudly that everybody jumped, "the idea of having the sentence first!"

"Hold your tongue!" said the Queen.

"I won't!" said Alice, "you're nothing but a pack of cards! Who cares for you?"

At this the whole pack rose up into the air, and came flying down upon her: she gave a little scream of fright, and tried to beat them off, and found herself lying on the bank, with her head in the lap of her sister who was

▲⑪19世紀に出版された『不思議の国のアリス』

▲⑫グリム童話『白雪姫』の版画

ポイントチェック

（　）内の正しい方に○をつけよう！

19世紀前半の絵画・文学には，個人や民族の感情・個性を重んじる（啓蒙・ロマン）主義がみられる。一方，世紀後半には自然科学の影響を受けて，本来の姿をありのままに表現しようとする（写実・古典）主義が現れた。

③ 19世紀の欧米文化

▲グリム兄弟

▲バイロン

▲ドストエフスキー

▲ドラクロワ

◀ニーチェ

文学	ゲーテ	独	1749-1832	『若きウェルテルの悩み』『ファウスト』	古典主義
	シラー	独	1759-1805	『群盗』『ワレンシュタイン』	
	グリム兄弟	独	兄 1785-1863 弟 1786-1859	『グリム童話』	ロマン主義
	ハイネ	独	1797-1856	『歌の本』	
	ユーゴー	仏	1802-1885	『レ＝ミゼラブル』	
	アンデルセン	デンマーク	1805-1875	『即興詩人』童話	
	バイロン	英	1788-1824	『チャイルド＝ハロルドの遍歴』	
	プーシキン	露	1799-1837	『大尉の娘』『スペードの女王』	
	スタンダール	仏	1783-1842	『赤と黒』	写実主義・自然主義
	バルザック	仏	1799-1850	『人間喜劇』	
	フロベール	仏	1821-1880	『ボヴァリー夫人』	
	ディケンズ	英	1812-1870	『二都物語』『オリヴァー＝トゥイスト』	
	ゴーゴリ	露	1809-1852	『検察官』『鼻』	
	ドストエフスキー	露	1821-1881	『罪と罰』『カラマーゾフの兄弟』	
	ゾラ	仏	1840-1902	『ナナ』『居酒屋』	
	モーパッサン	仏	1850-1893	『女の一生』	
	イプセン	ノルウェー	1828-1906	『人形の家』	
	トゥルゲーネフ	露	1818-1883	『父と子』『猟人日記』	
	トルストイ	露	1828-1910	『戦争と平和』『アンナ＝カレーニナ』	
	ボードレール	仏	1821-1867	『悪の華』	象徴主義・耽美主義
絵画・彫刻	ダヴィド	仏	1748-1825	「ナポレオンの戴冠式」	古典主義
	ドラクロワ	仏	1798-1863	「キオス島の虐殺」「民衆を導く自由の女神」	ロマン主義
	ミレー	仏	1814-1875	「晩鐘」「落ち穂拾い」「種まく人」	写実主義・自然主義
	クールベ	仏	1819-1877	「石割り」「オルナンの埋葬」	
	モネ	仏	1840-1926	「睡蓮」「印象・日の出」	印象派
	ルノワール	仏	1841-1919	「ムーラン＝ド＝ラ＝ギャレット」	
	セザンヌ	仏	1839-1906	「水浴」「サント＝ヴィクトワール山」	後期印象派
	ゴーギャン	仏	1848-1903	「タヒチの女たち」	
	ゴッホ	蘭	1853-1890	「糸杉」「ひまわり」「タンギー爺さん」	
	マネ	仏	1832-1883	「草上の昼食」	その他
	ロダン	仏	1840-1917	「考える人」	近代彫刻
音楽	ベートーヴェン	独	1770-1827	「運命」「田園」「第九（合唱）」	古典派
	シューベルト	墺	1797-1828	「冬の旅」「未完成」	ロマン主義
	ショパン	ポーランド	1810-1849	「軍隊ポロネーズ」「英雄ポロネーズ」「革命」	
	ワグナー	独	1813-1883	「ニーベルングの指輪」	
	ドビュッシー	仏	1862-1918	「海」「月の光」	印象派・象徴派
	チャイコフスキー	露	1840-1893	「白鳥の湖」「悲愴」	国民楽派
哲学	フィヒテ	独	1762-1814	『ドイツ国民に告ぐ』	ドイツ観念論
	ヘーゲル	独	1770-1831	**ドイツ観念論**大成『歴史哲学』	
	コント	仏	1798-1857	**実証主義哲学**・社会学の創始	
	ベンサム	英	1748-1832	「最大多数の最大幸福」**功利主義**	
	ニーチェ	独	1844-1900	『ツァラトゥストラはかく語りき』超人哲学	
経済思想	リスト	独	1789-1846	保護関税政策を主張	歴史学派経済学
	リカード	英	1772-1823	『経済学及び課税の原理』労働価値説の大成	古典派経済学
	マルサス	英	1766-1834	『人口論』	
	J＝S＝ミル	英	1806-1873	『経済学原理』	
社会主義思想	ロバート＝オーウェン	英	1771-1858	工場法の制定に尽力	空想的社会主義
	サン＝シモン	仏	1760-1825	『産業者の政治的教理』	
	フーリエ	仏	1772-1837	生産協同組合建設提唱	
	ルイ＝ブラン	仏	1811-1882	**国立作業場**設立を主張	
	プルードン	仏	1809-1865	私有財産制の廃止を主張	無政府主義
	マルクス	独	1818-1883	**『資本論』**弁証法的唯物論，**唯物史観**	科学的社会主義
	エンゲルス	独	1820-1895	**『共産党宣言』**（マルクスと共著）唯物史観	
歴史学	ランケ	独	1795-1886	『世界史概論』**近代歴史学**を確立	
法学	サヴィニー	独	1779-1861	『中世ローマ法史』歴史法学の祖	

アートにTRIP 画家は見た!? 19世紀のパリっ子ライフに潜入!

〈フィリップスコレクション, 129.9 cm × 172.7 cm〉

Q1 上の絵の中から、次のものを探してみよう。
①ペットの子犬 ②ワインの少し残ったグラス
③盛られた果物 ④セーヌ川に浮かぶヨット

Q2 この絵画に登場する人々は、実はこの絵の作者のルノワールの友人たちがモデルとなっている。この絵から、以下の4人を探してみよう。
①頬に手を添えられ照れる女優
②手すりに寄りかかるひげ面のレストラン・オーナー
③黄色いカーディガンを着た新聞記者
④麦わら帽をかぶっていすに座る画家

Q3 この絵のタイトルは次のうちどれだろうか。Q1で探し出したものやQ2で描かれている人々のようすから考えてみよう。
①「最後の審判」
②「民衆を導く自由の女神」
③「船遊びをする人たちの昼食」

アートの社会背景 1 19世紀後半の絵画によく描かれるようになったモデルは、どのような立場の人々だったのだろうか。
①一般市民
②王や貴族
③教皇や聖職者

◀①ルノワール

▲②制作活動をするルノワール

Q5 私がQ4のような描き方をしたのは、ある場所で絵を描くことが可能になったためでした。さて、それはどこでしょう?
①暗所 ②アトリエ内 ③屋外
ヒント このころにチューブ入り絵の具が発明され、さまざまな場所に絵の具を持ち運べるようになった。

私がこの絵を描いたルノワールです。ここで私が印象派絵画の斬新さを紹介しましょう。実は、印象派の絵画は科学の発展と深く結びついているんですよ。

Q4 まず、この絵は印象派特有の手法で風景が描かれています。さて、その手法とは次のうちどれでしょう?
①光の表現を際立たせる
②細部の輪郭まで正確に描く
③構図を左右対称に描く
ヒント Q1で見つけたワイングラスに注目!

Q6 また、印象派の絵画の描き方には、明暗対比や自由な構図などで、当時発明されたあるものの影響を大きく受けています。さて、そのあるものとはいったい何でしょう?
①活版印刷技術
②新聞 ③写真
ヒント 第1回印象派展の会場となった建物は、ナダールという人物のスタジオ。彼は印象派の画家たちと親交があり、ルノワールの肖像も撮影している。

▲③第1回印象派展の会場

ヨーロッパ

Q7 印象派の画家たちは，人々だけではなく，風景も好んで描いていた。右の絵には当時の変わりゆくパリの姿が描かれている。右の絵から次のものを探してみよう。
　①機関車
　②鉄道から降りる人々
　③街灯(がいとう)
　④駅舎(えきしゃ)

Q8 この絵からはパリに起こった，従来(じゅうらい)とは異なる，ある生活面での変化をみることができる。その変化とは一体何か。
　①馬車の発明
　②海底ケーブルの開通
　③鉄道網の整備

ヒント この変化は，人々の移動を容易にさせた。左ページの絵画にも，この変化にかかわるものが左上に描かれている。何が描かれているか探してみよう。

▲ ④モネ「サン=ラザール駅」〈シカゴ=アート=インスティテュートHP蔵，59.6cm×80.2cm〉

Q9 また，左の絵はスーラという印象派の画家の作品だが，彼もパリの変化のようすを描いている。さて，この絵に描かれているものは何か。
ヒント p.148をふり返ってみよう。

アートの社会背景 2 これらの絵に描かれている，この時代のパリに起きた大きな社会変革とは次のうちどれだろうか。
　①農業化の進展
　②工業化の進展
　③パリの植民地化

▲ ⑥ボン=マルシェのようす Q11を行うための世界初の施設。内部は万国博覧会さながらのウィンドウ=ディスプレイがあり，市民の新しい社交場ともなった。

Q11 ⑥や⑦の絵画には，Q10以外にも，この時代に新たな休日の過ごし方が誕生したことが現れている。それは次のうちどれだろうか。
　①デパートでのショッピング
　②宮殿での舞踏会(ぶとうかい)
　③サロンでの政治談義

▼ ⑦ドガ「夫人帽子店にて」

Q10 上記によってパリには自然や緑地が少なくなり，人々は休日に自然を求めて郊外へと出かけた。さて，人々が郊外で行っていたことは，次のうちどれか。
　①ピクニックに出かける
　②農業体験を行う
　③都市開発のための視察をする

ヒント 左ページの絵画もパリ郊外での人々のようすを描いている。この絵画や⑤に描かれた人々は何をしているのだろうか。

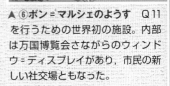

▲⑤マネ「草上の昼食」
〈オルセー美術館蔵，208cm×264.5cm〉

アートの社会背景 3 19世紀にこのようなライフスタイルが成立したことには，どのような背景があったのだろうか。
　①華麗で豪華な装飾をほどこして，貴族や王が権力を誇示しようとした
　②工業化の進展により市民が豊かになり，生活を楽しむ余裕が出てきた

　ヒント これらの絵画には，人々のどのようなようすが描かれているだろうか。

❶ 科学と発明の世紀

センセーション① **人間はかつて猿だった？!**

ダーウィンが，1859年に『**種の起源**』を発表すると，人間が猿から進化したという説が聖書の教えに反するとして，宗教界から猛烈な反発を受けた。

◀①ダーウィンを猿に見たてた風刺画「ダーウィン，お前もチンパンジーの子孫か」

センセーション② **人間が牛になる？!**

▲②ジェンナーによる予防接種

イギリス人**ジェンナー**は，牛痘（牛の皮膚病）と天然痘のウイルスの類似に注目し，1796年，人に牛痘ウイルスを接種することで，天然痘の予防に成功した。しかし，牛痘をうつと牛になるとの妄想が人々を襲い，普及には時間を要した。予防接種の「抗体」を意味するワクチンは，牛痘を意味する「ワクチニア」，さらにラテン語の牛「ワッカ」が語源である。

ファラデー	英	1791-1867	（物理）電磁気学の基礎づけ	
モールス	米	1791-1872	（電気）通信機の発明	
ダーウィン	英	1809-1882	（生物）進化論『種の起源』	
マイヤー	独	1814-1878	（物理）エネルギー保存の法則発見	
ヘルムホルツ	独	1821-1894		
メンデル	墺	1822-1884	（生物）遺伝の法則発表	
パストゥール	仏	1822-1895	（医学）細菌学の祖，狂犬病予防法開発	
ノーベル	スウェーデン	1833-1896	（化学）ダイナマイト発明	
ダイムラー	独	1834-1900	自動車発明	
コッホ	独	1843-1910	（医学）結核菌・コレラ菌など発見	
レントゲン	独	1845-1923	（物理）X線発見	
ベル	米	1847-1922	（電気）電話機発明	
エジソン	米	1847-1931	（電気）電灯・映写機・蓄音機など発明	
キュリー夫妻	仏ポーランド	夫1859-1906 妻1867-1934	（物理）ラジウム発見	
マルコーニ	伊	1874-1937	（電気）無線電信発明	

（左欄：科学技術）

▲パストゥール
▲ノーベル
▲マリ＝キュリー

…は，こんな人 自分の名をつけるのを拒んだ
レントゲン（1845～1923）

ドイツの物理学者。1895年に透過力の高い放射線を発見し，「**X線**」と名づけて発表，1901年に第1回ノーベル物理学賞を受賞した。現在では「X線」をレントゲン線ともよぶが，ひかえめな性格のレントゲン自身は，自然の物理現象に個人の名前をつけるべきではないとして，「X線」とよぶことを主張した。

❷ 重工業の発展と独占企業

▲③**クルップ社の工場**（1909年） クルップ社の大砲を普仏戦争（→p.151）でビスマルクが採用し一躍有名になった。1900年には4万5000人が働いており，労働者には厳格な労働管理がなされたが，従業員住宅など福祉政策も行われた。

企 業 名	国	設立年	活 動 内 容
シーメンス社	ドイツ	1847	電気工業をドイツの基幹産業にした
ロイター社（→p.147）	イギリス	1851	通信業でイギリス経済を側面から支える
クルップ社	ドイツ	1811	鉄鋼メーカー，ドイツの兵器工場
カーネギー社	アメリカ	1865	1900年に世界鉄鋼生産量の4分の1を占めた
スタンダード石油会社	アメリカ	1870	ロックフェラーが設立，トラスト形成
ルノー社	フランス	1898	自動車生産，高い技術と販売戦略で急成長
フォード社	アメリカ	1903	自動車の大量生産

▲④世界の大企業

more 馬車から自動車へ

❶馬車

❷自動車（内燃機関）

❸自動車（ガソリンエンジン）

自動車は発明当初，馬車職人によってつくられ，馬車（❶）の外観を受けつぎ，馬のかわりに内燃機関をすえた型（❷）が考案された。1885年にダイムラーとベンツがガソリンエンジン（❸）を開発，現在の自動車の前身となる。

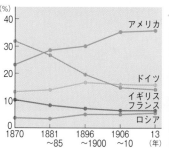

（グラフ）
アメリカ
ドイツ
イギリス
フランス
ロシア

▲⑤世界の工業生産に占めるおもな国の割合
（横軸）1870　1881 ～85　1896 ～1900　1906 ～10　13（年）

ポイントチェック

（ ）内の正しい方に○をつけよう！

自然科学の分野で起こったさまざまな発見は第2次産業革命を引き起こし，19世紀後半には電気と（石炭・**石油**）を動力とする産業が誕生した。これらには巨大な資本が必要であり，企業の大型化と市場の（**独占**・開放）が進んだ。

ヨーロッパ / アメリカ

近代の西アジア——衰退するオスマン帝国

時代の扉 帝国をゆるがすエジプトの野望！

エジプト海軍

ムハンマド=アリー

イギリス総領事キャンベル

▲①ヨーロッパ列強の代表と会談するムハンマド=アリー（1839年）

…は、こんな人

エジプトの自立をめざした
ムハンマド=アリー（1769〜1849）

1798年のナポレオンのエジプト遠征の際、オスマン帝国からオスマン軍部隊の一員として派遣され、遠征後の混乱のなか、エジプトの実権をにぎった。彼は、西洋の軍隊に対抗できないマムルークを排除して西洋式の新軍や海軍を整備し、近代的な工場を建設するなど富国強兵を進め、オスマン帝国からの自立をめざした。

Try1 図①で、エジプトの君主ムハンマド=アリーは、列強との会談にどんな姿勢でのぞんでいるだろうか。
　①堂々として、対等　②おどおどとして、弱腰

Try2 この会談のようすから、列強にとって、エジプトがどんな存在になったことがわかるだろうか。
　①外交を行うに値する新勢力　②植民地化しやすい弱小勢力

Try3 エジプトは、1800年初頭まではある国の領土の一部であった。それはどこの国だろうか？　①オスマン帝国　②ムガル帝国　③ティムール帝国

クイズ

ヨーロッパの進出と西アジアの改革運動

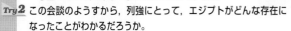

列強の進出		オスマン帝国		エジプト		アラビア半島		イラン
1798 ナポレオンのエジプト占領（〜99）	改革運動の進展	1789 セリム3世の近代化政策（〜1807）	イギリス・フランスの侵攻	1805 **ムハンマド=アリーの改革**	イスラーム復興運動の高揚	1744 **ワッハーブ王国成立**（サウード家がワッハーブ派とともに建国）	ロシア・イギリスの進出	1796 カージャール朝の創設
1821 ギリシア独立戦争（〜29）		1826 イェニチェリの解散		11 オスマン帝国から事実上の独立				1828 **トルコマンチャーイ条約**
39 第2次エジプト−トルコ戦争（〜40）		39 **タンジマート（恩恵改革）開始**（〜76）ギュルハネ勅令発布		1831〜33, 1839〜40 **エジプト−トルコ戦争**		1818 ムハンマド=アリー軍の攻撃→ワッハーブ王国滅亡		（ロシア治外法権獲得／アルメニアの割譲）
ロシアの南下（→p.149）				1859 **仏、スエズ運河建設**		23 ワッハーブ王国の再建		48 バーブ教徒の乱（〜52）
53 クリミア戦争（〜56）		**上からの近代化**		〜69				
		ミドハト憲法発布アブデュル=ハミト2世（〜09）		75 英、スエズ運河株買収				90 英、タバコ専売権獲得
77 露土戦争（〜78）				76 エジプト財政破綻				**タバコ=ボイコット運動**
78 ベルリン条約		78 **専制政治**		81 **オラービー（ウラービー）革命**				
				英・仏の干渉に抵抗		89 ワッハーブ王国滅亡（→p.178）		1905 **イラン立憲革命**（〜11）
○列強によるトルコ内政干渉激化		1908 ミドハト憲法復活**青年トルコ革命**		82 **英の占領下へ**				06・07 憲法発布

レセップスの乗ったヨット

▲②**スエズ運河**　地中海と紅海を結びつける全長162kmの運河で、フランス人技師の**レセップス**により1869年に完成した。戦略的に重要拠点であったため、たえず列強の影響を受ける場所となった。

❶ オスマン帝国の縮小と近代化改革

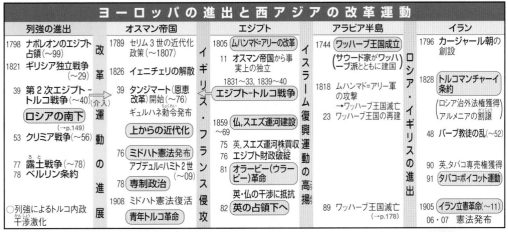

1683（→p.127）第2次ウィーン包囲失敗

カルロヴィッツ条約
・ハンガリーの大半がオーストリアに

ウィーン　ロシア
オーストリア　ハンガリー　ベッサラビア
カルロヴィッツ
ボスニア・ヘルツェゴヴィナ　ルーマニア 1878
セルビア 1878　キュチュク=カイナルジャ
モンテネグロ 1878　ボスポラス海峡
アルバニア 1912　ブルガリア 1908　アドリアノープル　イスタンブル
イタリア　アンカラ　黒海　カスピ海
ギリシア 1830　サンステファノ　アルメニア　アゼルバイジャン
クレタ島　クルディスタン
アルジェリア　チュニジア 1883（仏）保護領　キプロス島 1878（英）占領　シリア　バグダード
トリポリタニア 1912 イタリア領　パレスチナ　イェルサレム
キレナイカ 1912 イタリア領　エジプト 1811 事実上の独立 1882（英）軍事占領　カイロ

ブハラ=ハン国
カージャール朝
アフガニスタン
バルーチスタン

1878　ベルリン条約
・セルビア、ルーマニア、モンテネグロの独立
・ボスニア・ヘルツェゴヴィナの行政権をオーストリアが獲得

1869 スエズ運河開通
クウェート 1899（英）保護領
ワッハーブ王国（サウード朝）1744〜1818 1823〜1889
メッカ
アラビア海　紅海　ナイル川

0　1000km

── 1683年のオスマン帝国の境界　● おもな条約締結地
オスマン帝国が失った領土
　□ 1699年（カルロヴィッツ条約）まで　□ 1914年まで
　□ 1774年（キュチュク=カイナルジャ条約）まで　□ 1920年まで
　□ 1829年（アドリアノープル条約）まで　□ 現在のトルコ

▶③ミドハト憲法を起草したミドハト=パシャ

▲④「**ギュルハネ勅令**」の発布　1839年、この勅令の発布により、オスマン帝国では**タンジマート（恩恵改革）**という本格的改革が始まり、1876年には、アジア最初の憲法である**ミドハト憲法**が発布された。

ポイントチェック（　）内の正しい方に○をつけよう！

18世紀にはいり、軍事面での衰退とエジプトなど地方勢力の（台頭・衰退）に悩み始めたオスマン帝国では、タンジマートなど（近代化・封建化）を急ぐ改革が行われた。

南アジア

ウワサが反乱をよび起こした?!

イギリス東インド会社の傭兵 シパーヒー ➡ **大反乱勃発**

Ⓐ 薬包をかみ切る　Ⓑ 弾丸をつめる　Ⓒ 完了

薬包

エンフィールド
ライフル

① 薬包
(やくほう)

紙ケース
火薬
弾丸
油脂

薬包に
**牛と豚の油脂が
使われている**
とのうわさ……

クイズ

イギリス軍による鎮圧
▼②インド大反乱

イギリス軍

シパーヒー

▲③ラクシュミー=バーイ　中部インドの藩王国の王妃であったが，王の没後，あとつぎの男児がいなかったため，領地をイギリスに併合された。**インド大反乱**が起こると，すぐさま武装して反乱軍の先頭にたち，最後は激戦のなかで倒れた。

Try1 シパーヒーたちは図①の薬包の使用に対して，強い怒りをおぼえたが，それはなぜだろうか。
　①宗教上のタブーがあったから
　②弾丸を詰める手順がめんどうであったから
　　ヒント　シパーヒーはヒンドゥー教徒とムスリムを中心に構成されていた。(→p.58)

Try2 シパーヒーの怒りを，インド大反乱（図②）へと拡大させたものは，何だったのだろうか。
　①イギリスの支配に対する人々の不満
　②ムガル帝国の支配に対する人々の不満

イギリスのインド支配の進展

1600	イギリス東インド会社設立
	拠点
	マドラス，ボンベイ，カルカッタ (1639)　(1661)　(1690)
1757	**プラッシーの戦い** 七年戦争の一環
	イギリス　　　　ベンガル太守 （東インド会社）VS（フランスがうしろだて） 　勝　　　　　　　敗
	→ イギリスの優位確立
67	マイソール戦争(～69, 80～84, 90～92, 99)
	→ 南インドの植民地化
75	マラータ戦争(～82, 1803～05, 17～18)
	→ 中部インド(デカン高原)の植民地化
1813	東インド会社の貿易独占権廃止
33	東インド会社の商業活動停止
45	シク戦争(～46, 48～49)
	→ 北西インドの植民地化 (パンジャーブ併合)
57	**インド大反乱**(～59) 〈シパーヒー(セポイ)の反乱〉
58	東インド会社解散
	イギリス本国による直接統治
	→ムガル帝国の滅亡
77	インド帝国成立
	皇帝：イギリスのヴィクトリア女王

イギリスの進出　植民地化の開始と抵抗　植民地化の完了

イギリス東インド会社による経営の展開

❶ 植民地化の開始

18世紀後半

ムガル帝国の最大版図

アフガニスタン
シク
ムガル帝国
チベット
ラージプターナ
デリー
ベンガル
マラータ同盟
オリッサ
カルカッタ(英)
シャンデルナゴル(仏)
ディウ(葡)
ボンベイ(英)
ニザーム
ゴア(葡)
マイソール戦争
マイソール王国
ヤナム(仏)
1757 プラッシーの戦い
マドラス(英)
ポンディシェリ(仏)
オランダ領
セイロン島

イギリス獲得地
ヒンドゥー系勢力
イスラーム系勢力
● 各国の領土

(英)イギリス領
(仏)フランス領
(葡)ポルトガル領

❷ イギリス領インドの完成

19世紀中期

アフガニスタン
(1880～1919
～イギリス領)
カシミール
シク戦争
シク教国
パンジャーブ
チベット
ネパール
ブータン
デリー
ラージプターナ
ベンガル州
シンド
アッサム
ビルマ
1886 併合
カルカッタ
ダマン(葡)
ディウ(葡)
シャンデルナゴル(仏)
ボンベイ
1857～59 インド大反乱
ゴア(葡)
マイソール
藩王国
(1881～)
ヤナム(仏)
ベンガル湾
マドラス
ポンディシェリ(仏)
セイロン島
コロンボ
1815 全島領有
タイ

イギリスの支配領域
■ 1753～1805年
■ 1815～1858年
イギリス保護下の藩王国
■ ヒンドゥー・シク系
■ イスラーム系
■ その他
― イギリス領(1886)

反乱地域

▶⑤**インド帝国の成立**　イギリス首相**ディズレーリ**は，インド支配を円滑にするため，1877年，**ヴィクトリア女王**をインド皇帝とし，ムガル皇帝の権威を受けつがせた。

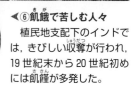

インド皇帝の冠

ディズレーリ
皇帝の冠を受け取るヴィクトリア女王

▲④**人質となるマイソール王国の王子たち**　南インドのマイソール王国は，4度にわたりイギリスと戦ったが敗れ，イギリスの支配下におかれた。第3回目の戦争では，王子も人質としてとられた。

◀⑥**飢餓で苦しむ人々**　植民地支配下のインドでは，きびしい収奪が行われ，19世紀末から20世紀初めには飢饉が多発した。

農民

✐ ポイント・チェック

（　）内の正しい方に○をつけよう！

南アジアでは，18～19世紀に（イギリス・フランス）によって植民地化が進められ，インド大反乱の鎮圧後には，（エリザベス・ヴィクトリア）女王を皇帝とするインド帝国が成立した。

時代の扉 水田をつぶして砂糖をつくれ！

Try1 グラフ②や下の地図を見て，植民地支配下の東南アジアの輸出品を二つ選ぼう。
①農作物　②機械　③鉱産資源　④薬品

Try2 オランダ領東インドでは，19世紀半ばから米不足となり，人々は飢餓に苦しんだが，それはなぜだろうか。
①工場建設のため，水田を埋め立てたから
②水田がさとうきび畑に変えられたから

Try3 それは，植民地に対してオランダが実施したどのような制度によるものだろうか。

さとうきび畑　水田

◀①ジャワ島のさとうきび栽培　ジャワ島では，1840年までに半数以上の州でさとうきびの栽培が行われるようになり，灌漑を必要とするため，水田で栽培された。写真は，現在のジャワ島のさとうきび畑のようす。さとうきび畑と水田が隣接している。

◀②オランダ領東インドの輸出品（1904〜11年平均）

砂糖31%　タバコ11　コプラ9　石油8　コーヒー3　その他38　オランダ領東インド

1 進展する植民地化

19世紀後半〜20世紀前半

▲③ベトナムに進出するフランス軍　フランスは，ベトナムの宗主権を主張する清との戦争（清仏戦争1884〜85）で清に宗主権を放棄させ，1887年フランス領インドシナ連邦を成立させた。

more 唯一独立を維持したタイ

英仏の植民地抗争の緩衝地帯にあったタイでは，チュラロンコーンが，教育の西欧化，鉄道・電信・郵便の整備など，近代化政策を進め，東南アジアで唯一の独立を維持した。有名なミュージカル映画「王様と私」の王様は，彼の父ラーマ4世がモデルとなっている。

▼④チュラロンコーンと学生たち

チュラロンコーン（ラーマ5世）

2 民族運動の芽生え

◀⑤ホセ=リサール（1861〜96）　フィリピンの名家に生まれ，スペインに留学して医師となったが，スペイン統治を批判し，のちに革命の首謀者として銃殺された。

▶⑥カルティニ（1879〜1904）　ジャワの貴族の娘で，オランダ語による近代教育を受けて，女性の自覚と地位の向上による社会の改革と民族の解放を訴えた。

東南アジアの植民地化

シャム（タイ）	蘭→インドネシア		英→マレー半島，ビルマ		仏→ベトナム，ラオス，カンボジア	
アユタヤ朝（1351〜1767）上座部仏教さかん	1619	ジャワにバタヴィア建設				
	23	アンボイナ事件（→p.29）→以後，イギリスはインド進出に専念			1771	タイソン（西山）の反乱で混乱（〜1802）
ラタナコーシン朝（1782〜）（チャクリ朝，バンコク朝）都：バンコク	1799	オランダ東インド会社解散（本国の直接統治）	1819	ラッフルズ（1781〜1826），シンガポール建設	1802	阮福暎（位1802〜20）仏宣教師ピニョーの援助で越南国建設　都：フエ
			24	第1次イギリス-ビルマ戦争（〜26）		
ラーマ4世（位1851〜68）・不平等条約（ボーリング条約）→英・仏の均衡により独立維持	1824	イギリス-オランダ協定（英，マラッカ海峡以北に進出）				
	25	ジャワ戦争（〜30）	26	海峡植民地成立（ペナン，マラッカ，シンガポール）	58	仏越戦争（〜62）（ナポレオン3世，ベトナムへ派兵）
	30	政府栽培制度（強制栽培制度）を実施※（コーヒー，さとうきび，藍など）※1870年ごろまでにほぼ廃止	52	第2次イギリス-ビルマ戦争	63	カンボジアを保護国化
					83	全ベトナムを保護国化
	73	アチェ戦争（〜1912）→ゲリラ戦続く	85	第3次イギリス-ビルマ戦争	84	清仏戦争（〜85）
チュラロンコーン（ラーマ5世）（位1868〜1910）・近代化の推進・独立維持			86	ビルマ，インド帝国に併合	85	天津条約（清，宗主権を放棄）
	○カルティニ，ジャワ島で女性解放運動				87	フランス領インドシナ連邦成立
	1910年代 オランダ領東インド完成		96	イギリス領マレー連合州成立→1909年までにイギリス領マレーが成立	93	ラオス保護国化

ポイントチェック （　）内の正しい方に○をつけよう！

東南アジアでは，20世紀初頭までに（タイ・ベトナム）を除く全域が植民地化され，さとうきびなどの輸出品生産のために強制的な（栽培・退去）や開発が行われ，社会構造は激変した。

▼②中国の兵船（ジャンク船）を攻撃するイギリス軍

時代の扉

貿易赤字を逆転するイギリスの秘策とは？

アヘンにむしばまれる清

▶①アヘン窟
イギリスが貿易品として清にもち込んだアヘンは，多くの中毒者を生み，各地にはアヘン窟が生まれ，清の社会をむしばんだ。

（イギリス側の想像画）

ジャンク船を攻撃するイギリスの小型ボート

アヘン戦争

清のジャンク船

イギリスの鉄甲艦ネメシス号

ボートで脱出する清の水兵

...は、こんな人

アヘンの撲滅に立ち上がった
林則徐 (1785〜1850)

アヘン厳禁を主張して大臣に任命された清の官僚林則徐は，イギリス商人が所有するアヘンを没収して廃棄したが，彼の強硬措置はイギリスとの戦闘を招いた。

Try1 清にもち込まれたアヘンとは，どんなものだろうか。
　①麻薬　②食べ物　③酒　ヒント 下のプチコラム「アヘンとは？」も見てみよう。

Try2 アヘンを清にもち込むことで，イギリスが国内からの流出を防ごうとしたものは，何だろうか。　ヒント 下の図⑤とグラフ⑦を参考にしよう。

Try3 アヘン戦争とアロー戦争の結果イギリスと清が結んだ条約は，両国のどちらに不平等な条約だろうか。ヒント 右の表④の条約を見てみよう。

クイズ

1 アヘン戦争

中国の半植民地化の経過

	中国国内の動き	清をめぐる列強の動き
乾隆帝 1795	1757 西ヨーロッパ諸国との貿易を広州1港に限る	○貿易拡大の動き 1793 マカートニー(英)の交渉
1820	96 白蓮教徒の乱(〜1804)	1816 アマースト(英)の交渉
道光帝	1839 林則徐，アヘン没収 インフレと重税 →各地で民衆暴動が発生	40 アヘン戦争(〜42)
		42 南京条約(英：清)(→p.163)
	43 洪秀全，上帝会を組織	43 虎門寨追加条約(英：清) 南京条約を補足
		44 望厦条約(米)黄埔条約(仏：清) 南京条約・虎門寨追加条約とほぼ同じ内容
1850	太平天国の乱(1851〜64)	
咸豊帝	51 洪秀全，広西省の金田村で挙兵 太平天国建国宣言 「滅満興漢」を主張	
	53 南京占領・首都と定め，天京と改称 「天朝田畝制度」発表 (土地均分・男女平等)	56 アロー号事件 アロー戦争(英・仏 VS 清)(〜60)
	郷勇(義勇軍)による鎮圧	58 アイグン条約(露：清) アムール川(黒竜江)以北をロシア領 (→p.129①)
	53 曽国藩，湘軍を組織	
1861	62 李鴻章，淮軍を組織	58 天津条約(英米仏露：清)
	↑協力	60 北京条約(英仏：清)天津条約の批准・追加
	[61 ウォード，常勝軍を組織 63以後，ゴードンが指揮]	北京条約(露：清)(→p.163)
同治帝	洋務運動(1860年代〜90年代前半) ・西洋の軍事技術の導入 ・中体西用にもとづく近代化	
	同治中興(一時的に国内安定)	
	64 洪秀全の死，天京陥落	
1875	仇教運動(反キリスト教の排外運動)が各地で頻発	81 イリ条約(露：清) 清はイリ地方の多くの領土を回復するが，利権は失う
		84 清仏戦争(〜85)
		85 天津条約(仏：清) 清がベトナムの宗主権を失う
光緒帝	94 孫文,ハワイで興中会結成	94 日清戦争(〜95)
	95 変法運動始まる(→p.164,167)	95 下関条約(日：清) 清が朝鮮の宗主権を失う
	98 戊戌の変法 →戊戌の政変(百日維新)	98 列強租借地が急増→列強の中国分割
	1900 義和団事件(〜01)(→p.165,167) 「扶清滅洋」をスローガンに	1901 北京議定書(辛丑条約)(→p.164)

片貿易 (18世紀)

茶・絹

イギリス → → 清

← 銀 ←

イギリスは銀を大量に失う
そこで…

三角貿易 (19世紀)

茶・絹

イギリス ← 清

銀

綿織物 インド アヘン

イギリスに大量の銀が流入

▲⑤清とイギリスの貿易の変化

▼⑥アヘン戦争の経過

内モンゴル　盛京　朝鮮

北京　天津　直隷　山西　山東
1840.6〜41.1 沿岸中心の戦争
甘粛　陝西　河南
西安　開封
1842 南京条約(江寧)
湖北　安徽

清

四川　湖南　江西　浙江
1841.8〜42.8 英軍，運河をおさえ，北への食料を断つ

貴州　湖南　福建　寧波
雲南　広西　広東　厦門
マカオ　広州　香港

アヘン戦争時のイギリス軍の進路
(1840.6〜1841.1)
(1841.1〜6)
(1841.8〜1842.8)

● 南京条約による開港場

0　　　500km

南シナ海　海南島

⑦中国のアヘン輸入と銀の流出

〈『世界史資料』東京法令出版〉

(万スペインドル)　(千箱)

中国からの銀流出額(万スペインドル)

中国のアヘン輸入量(千箱)

1817 18 19 20 21 22 23 24 25 26 27 28 29 30 31 32 33 (年)

▲⑦中国のアヘン輸入と銀の流出　清は，茶輸出により大量の銀を得ていたが，イギリスがインド産アヘンを代価として輸出し始めると，清では密輸が増大し，それに支払われる銀の流出が始まった。

プチ　アヘンとは？

アヘンは，モルヒネなど，医薬品としてすぐれた効能を発揮する反面，乱用すると心身ともにむしばまれ廃人となる。イギリスは，インド植民地でアヘンを製造し，清に売っていた。

▶⑧アヘンの原料となるケシの実

アロー戦争

▶③破壊された円明園

アヘン戦争後も、イギリスが期待したほど貿易量が増えず、イギリスはフランスとアロー戦争（第2次アヘン戦争）を引き起こした。北京に進撃した英仏軍は円明園を襲い、略奪と放火を行った。

不平等条約の締結

▼④南京・天津・北京条約

条約	南京条約(1842)	天津条約(1858)　北京条約(1860)
原因	アヘン戦争	アロー戦争（第2次アヘン戦争）
対象国	英(外相パーマストン)	英,米,仏,露(天津条約)　英,仏,露(北京条約)
開港地	広州,上海,厦門,福州,寧波	淡水,漢口,九江,南京など10港(天津条約)＋天津(北京条約)
その他の条項	・香港島を英に割譲 ・公行(特許商人の組合)の廃止と自由貿易の実施 ・多額の賠償金を英に支払う 虎門寨追加条約(1843)※南京条約に追加 ・領事裁判権(治外法権)の承認 ・関税自主権の放棄 ・最恵国待遇の承認	**天津条約** ・外国公使の北京駐在 ・キリスト教布教の自由 ・多額の賠償金を英・仏に支払う ・アヘン貿易の公認 **北京条約** ※天津条約に追加・変更 ・英に九竜半島南部を割譲・賠償金を増額 ・ウスリー川以東の沿海州をロシアに割譲

more 香港　〜輝く東洋の真珠

163

香港は、対岸の九竜半島との海峡の水深も深く、中継貿易港・戦略拠点として絶好の地であった。イギリス領香港は、香港島（南京条約による）、九竜半島南部（北京条約による）、新界と島嶼部（1898年租借・期限99年）からなり、1997年に中国に返還された。

▼⑬現在の香港中心部

東アジア

② 太平天国

天王洪秀全畫像

▲⑨洪秀全 キリスト教にふれ、自分がイエスの弟と信じて上帝会を組織した彼は、1851年に漢族王朝の復興や土地の均分などを掲げて挙兵し、自ら天王と名のって太平天国を建てた。

▼⑩太平天国とアロー戦争の経過

1860 北京条約
1858 天津条約
1860 英仏軍により破壊される

アロー戦争時の英仏軍の進路
太平天国軍のおもな進路
■南京条約による開港地
●天津条約・北京条約による開港地
太平天国前期占領地
太平天国後期占領地

▼⑪清軍と戦う太平天国軍(長髪賊)

▶⑫太平天国の玉璽
(皇帝の印鑑)
19.5cm　20cm

③ 洋務運動

◀⑭清のアメリカ使節 アヘン戦争とアロー戦争に敗北し諸条約を結ばされた清は、外国を理解し、条約の細部について交渉するため、使節を送り、外交の近代化をはかった。

…は、こんな人

洋務運動の立役者 **李鴻章**(1823〜1901)
(→ p.167)

李鴻章は、淮軍(淮勇)を組織して太平天国を討伐し、功績をあげた。彼は、天津を拠点に、中体西用の名のもと洋務運動を推進し、西洋技術による兵器・造船・紡績工場などの建設、鉱山開発などを行った。そして、アジア随一を誇った北洋艦隊の建設を担った。

▼⑮北洋艦隊の戦艦「定遠」

ポイント・チェック　　　( )内の正しい方に○をつけよう！

アヘンをめぐるイギリスとの戦争に（敗北・勝利）した清は、（不平等・平等）条約を結ばされ、欧米諸国の侵略にさらされ始めた。軍事力強化の必要性を痛感した清は、最初の改革として西洋の進んだ（技術・思想）の導入をはかる洋務運動を展開した。

近代の東アジア② ── 半植民地化への抵抗と改革

時代の扉　弱肉強食の場となる東アジア

①東アジアの魚つり
(1887年にビゴーが描いた風刺画)

日本軍

清軍

▶②黄海海戦　日本の連合艦隊は，1894年9月17日，黄海で日本の約2倍の規模を誇っていた清の北洋艦隊を撃破し，優位に立った。
〈明治神宮外苑聖徳記念絵画館蔵〉

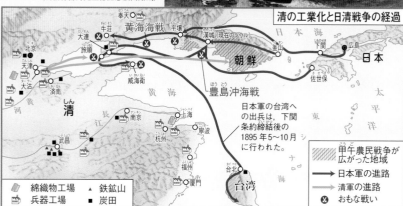

清の工業化と日清戦争の経過

奉天
牛荘　黄海海戦　平壌
大連　　漢城(現在のソウル)
北京　旅順　　金山　下関
天津　　　　朝鮮　　広島
大沽　威海衛　　　　日本
済南　　　豊島沖海戦　佐世保

日本軍の台湾への出兵は，下関条約締結後の1895年5～10月に行われた。

南京
武昌
杭州
寧波

清

上海

台北　台湾

甲午農民戦争が広がった地域
→ 日本軍の進路
→ 清軍の進路
✕ おもな戦い

綿織物工場　▲ 鉄鉱山
兵器工場　■ 炭田

クイズ

Try1 図①は当時の東アジア情勢を風刺したものだが，日本と清がつろうとしている魚は，どこの国のことだろうか。**ヒント**　Try1と2は実際の国の位置がヒント。
①ベトナム　②朝鮮　③タイ

Try2 橋の上からみつめている国はどこだろうか？
①アメリカ　②ロシア　③イギリス

Try3 日清戦争で勝利したのは，清と日本，どちらだろうか。

近代中国の改革運動の変遷 (→p.179)

洋務運動(1860年代～90年代前半)
スローガン「中体西用」
↓挫折　清仏戦争(1884～85)・日清戦争(1894～95)での敗北

変法運動(1895～98)
スローガン「変法自強」
↓
戊戌の変法(1898.6)
↓挫折

義和団事件(1900～01)
スローガン「扶清滅洋」
↓鎮圧

北京議定書(1901.9)
北京駐兵権など
↓
列強への従属強まる
↓
本格的改革(1901～08)
・西洋式陸軍の創設
・科挙の廃止(1905)
・「憲法大綱」の公布(1908)
・国会開設公約
↓
幹線鉄道国有化
↓反発
四川暴動(1911)
↓
辛亥革命(1911～12)
・武昌蜂起から全国へ拡大
・孫文を臨時大総統に選出
・中華民国の建国宣言(1912.1)
↓取引
袁世凱(清朝最強の北洋新軍をひきいる)
・宣統帝を退位させ，臨時大総統に就任
↓
袁世凱の反動政治
・独裁化
・帝政化(1915)
↓
袁世凱の死(1916.6)
↓
軍閥の割拠

反清運動・革命運動

保守派　西太后を中心とする
↓
戊戌の政変(1898.9)
8か国共同出兵(1900)

民族資本家の台頭
(紡績業，海運業など)

革命運動
・新式学校の設立
・大量の留学生の派遣
↓
主権国家の樹立をめざす知識人層が形成される
・興中会(1894，孫文)

中国同盟会
・孫文を中心に，東京で1905年に組織
・三民主義(民族，民権，民生)

③袁世凱

清朝滅亡(1912.2)

弾圧↓反発
国民党(1912.8)(南京)
第二革命(1913)
第三革命(1915)
↓阻止成功

(北京)

失敗

孫文，日本に亡命し中華革命党結成(1914)

① 知識人による維新改革の失敗

弾圧 ➡

戊戌の政変 (1898.9)

戊戌の変法 (1898.6)
光緒帝が公羊学派の康有為らの進言により実施
・立憲君主制と議会制の樹立をめざす(日本の明治維新がモデル)
・科挙の改革
・新官庁の創設
・近代的学校の創設 ➡ ④康有為

… は，こんな人

清朝の最後をにぎった女性 **西太后** (1835～1908)
(→ p.166)

咸豊帝の妃で同治帝の母。1861年，咸豊帝の死後，政治の実権をにぎった。75年，妹の子を光緒帝として実権を維持し，さらに権勢をふるった。変法運動の動きを弾圧したが，義和団事件で列強に敗北後，内政改革に努め，憲法制定を決断した。

more　近代の朝鮮半島と日本

1894 甲午農民戦争

開国 ➡ **1882 壬午軍乱** ➡ **1884 甲申政変**

1875　76
江華島事件
(日本との不平等条約)
日朝修好条規

大院君 (1820～98)
攘夷・保守派
↓クーデタ(清軍の介入で失敗)

閔妃(明成皇后) (1851～95)
開国・改革派

金玉均 (1851～94)
開化・親日派
↓クーデタ(清軍の介入で失敗)

保守・親清派
→親日から親清へ

1885 天津条約
日清両国撤兵
今後の出兵事前通告
→ロシアと結び排日へ

日本軍の支援

⑫全琫準の逮捕　全琫準は西洋文化に反対する新興宗教(**東学**)の信徒を中心に，日本と欧米諸国を追い払い，朝鮮の政治改革を求める農民反乱を起こした。

② 引き割かれる東洋の大帝国

◀⑤中国というケーキを分け合う列強
（19世紀末のフランスの風刺画）

▶⑥列強の中国進出＊
＊鉄道は1930年代までの開通分。

国名	租借地	租借年	勢力圏
ドイツ	膠州湾	1898	山東半島
ロシア	旅順・大連	1898	万里の長城以北
イギリス	九竜半島（新界）・威海衛	1898	長江流域
フランス	広州湾	1899	広東・広西・雲南
日本	遼東半島南部（関東州）	1905	福建・南満洲
アメリカ	ジョン＝ヘイ＝門戸開放通牒		

義和団事件

▼⑧8か国共同出兵　1899年、宗教的な武術団体を母体とした民衆運動の義和団が「扶清滅洋」を唱えて外国勢力の排斥運動を始めると、翌年、清も列強に宣戦布告を行った。だが、共同出兵した列強8か国の連合軍に敗北した。

英　米　露　英領インド　独　仏　オーストリア　伊　日

1900～01 義和団の反乱地域
→ 日露戦争時の日本軍の進路
✕ 主戦場
中国での列強の勢力範囲
イギリス　ロシア　フランス　日本　ドイツ
● 租借地
赤字 各国租借地名

1905.5 日本海海戦
バルチック艦隊の進路（ロシア軍）

▲⑦列強が獲得した租借地

日露戦争 （→ p.35）

▶⑨日本海海戦　東郷平八郎が指揮した日本の連合艦隊は、日本海海戦でロシアのバルチック艦隊をほぼ全滅させた。日本の勝利は、日本の国際的地位を向上させる結果となり、戦後、日本は帝国主義化を加速させた。

〈（財）三笠保存会蔵〉

東郷平八郎

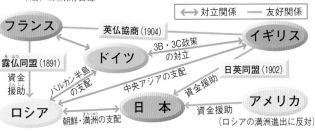

⟷ 対立関係　── 友好関係

フランス
イギリス
英仏協商（1904）
ドイツ
3B・3C政策の対立
露仏同盟（1891）
バルカン半島の支配
日英同盟（1902）
資金援助
中央アジアの支配
資金援助
ロシア
日　本
アメリカ
朝鮮・満洲の支配
資金援助
（ロシアの満洲進出に反対）

③ 辛亥革命～清の滅亡

□ 革命発生の省
□ 革命側の省
□ 清側の省
● 革命前の蜂起地区
袁世凱 おもな軍閥

1912.2 清朝滅亡　袁世凱臨時大総統
1911.9 四川暴動
1911.10 武昌蜂起
1912.1 孫文臨時大総統

▲⑩中国革命の父 孫文　1894年にハワイで「興中会」を結成した後、革命運動に従事し、1905年、東京で「中国同盟会」を組織して三民主義を唱えた。辛亥革命により1912年に樹立された中華民国の臨時大総統となった。

▼⑪三民主義

三民主義	民族	異民族支配の打倒（民族の独立）
	民権	共和政国家の樹立（民権の伸長）
	民生	地主的土地所有の排除（民生の安定）

本格的な日本の朝鮮進出

1894	日清戦争（～95）
1895	下関条約→清は朝鮮の独立を承認
1897	朝鮮、国号を大韓帝国と改称
1904	日露戦争（～05）
1904	第1次日韓協約　→日本が指定する顧問を採用
1905	ポーツマス条約　→露、日本の韓国保護権を承認
1905	第2次日韓協約　→外交権を奪う＝保護国化　統監府設置（初代統監 伊藤博文）
1907	ハーグ密使事件（万国平和会議に日本を提訴）　第3次日韓協約　→韓国軍隊解散・高宗退位

反日義兵闘争が拡大

1909 伊藤博文暗殺

200
대한민국／KOREA

▲⑬安重根　朝鮮の独立運動家の安重根は、1909年、初代韓国統監の伊藤博文をハルビン駅で射殺し、翌年死刑となったが、韓国では、現在も義士としてたたえられている。

1910 韓国併合条約

朝鮮総督府

▲⑭朝鮮総督府　日本は伊藤博文の暗殺を機に、反日義兵闘争を弾圧した。1910年、韓国併合を強行し、1926年に王宮の正面に朝鮮総督府を建設して朝鮮の植民地統治を開始した。

ポイントチェック

（　）内の正しい方に○をつけよう！

　日清戦争での（敗北・勝利）により、列強による半植民地化が進んだ清では、近代化をめざすさまざまな改革が行われたが成果はなく、ついに、清は（辛亥・独立）革命により滅亡した。

追跡！歴史の真相 西太后の決断！ 激動の清朝末期の裏側に迫る

東アジア

1 清朝末期の中国に君臨した女性，西太后！ 彼女はどんな人物？

▲①西太后（→ p.164）

> **あの事件の真相は？**
> **西太后，清朝の権力をにぎる！** 咸豊帝の后の一人であった西太后は，咸豊帝の死後，皇帝にかわって清朝の実権をにぎった。女性が最高権力者になるのは，清では史上初のことだった。なぜそれが可能になったのだろう？

この人にインタビュー

西太后の息子
同治帝
（位1861～74）

父 咸豊帝が亡くなったとき，私はわずか5歳でした。そのため，母の西太后が，咸豊帝の皇后だった東太后とともに，摂政として政治を行ったのです。私のあとをついだ光緒帝も幼かったため，東太后・西太后の政治が続きました。やがて東太后が亡くなると母が一人で政治を決定するようになり，それが定着したのです。

〈研究書より作成〉

◀②清の皇帝の玉座* 西太后らは，玉座にすわる皇帝のうしろに垂らした御簾のかげで官僚の報告を聞いた。そのため，その政治を垂簾聴政という。

＊実際には，西太后は別の建物で政治を行うことが多かった。

▲③同治帝

●西太后と周囲の人物との関係
青数字は皇帝即位の順番

① 道光帝

咸豊帝の弟 ─ 西太后の妹 ─ 西太后（咸豊帝の后の一人） ═ ②咸豊帝 ─ 東太后（咸豊帝の皇后）

④光緒帝

重用

②咸豊帝・東太后 義理の母子

③同治帝

登用

康有為（→ p.164）

李鴻章（→ p.163, 167）

③同治帝

コラム おしゃれ好きだった西太后

▲④西太后の着た服

▲⑤西太后がはいたくつ

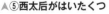

▲⑥西太后のつけ爪

西太后はおしゃれ好きな女性だった。服装を着かざったほか，ハイヒールのようなくつをはき，つけ爪でよそおっていた。また，美顔ローラーのような器具を使って美容にも励んでいたという。

Q1 次のものを，上の図①の肖像画のなかから見つけて丸で囲んでみよう。
①ハイヒールのようなくつ（図⑤） ②つけ爪（図⑥）

コラム 西太后は東太后を暗殺した？

西太后は，しばしば悪女といわれてきた。その理由の一つに，権力を独占して東太后を暗殺したとうわさされたことがある。このうわさは本当だったのか，みてみよう。

◀⑦東太后

●東太后の死のまぎわのカルテ

朝，重いてんかんのような発作を起こして倒れ，昼には歯を食いしばったまま意識不明になった。午後5時から7時の間に心拍停止寸前となり，8時前後に死亡した。

〈加藤徹著『西太后』中央公論新社〉

▲当時は西太后が病気で休みがちのころで，政治の負担が東太后にかかっていた。現代の学者は，脳梗塞か脳溢血ではないかと考えている。

2 清朝末期の大変動！　西太后の決断とその背景は？

あの事件の真相は？

西太后，軍艦建造費を削減！　西太后は，軍備の近代化など富国強兵をめざす官僚の動き（洋務運動）を支持した。一方で，清国海軍の中心である北洋艦隊の軍艦建造費を削り，離宮の頤和園などの整備費にあてた。西太后はなぜそのようなことをしたのだろう？

この人にインタビュー

洋務運動を推進し，北洋艦隊をひきいた清国の実力者

李鴻章 (1823〜1901)（→ p.163）

西太后が，私たち洋務派官僚を積極的に登用してくれたおかげで，私も出世できました。ただ，もしこのとき私の北洋艦隊の軍艦建造費が削られなかったら，清国は，のちの日清戦争で大敗しなかったはずです…。
〈本人の言葉をもとに構成〉

▶⑧李鴻章

▶⑨頤和園　北京郊外にある清朝の離宮。アロー戦争で荒廃し，西太后が復興・整備した。（→ p.163）
世界遺産

だが，西太后にも理由があった!?　　研究者の推測！

①国内的に…李鴻章の力が強くなりすぎると，勢力バランスがくずれる。
②対外的に…軍備増強により，日本との対立を戦争で解決しようという考えが勢いをもつと，戦争以外の選択肢がなくなる。
③経済的に…最新鋭の軍艦をそろえるには外国から購入するしか手段がないため，代金として大量の銀が流出してしまう。

あの事件の真相は？

西太后，光緒帝を幽閉！　自分で政治を行うようになった光緒帝は，日清戦争後，軍備や技術だけでなく政治体制でも近代化をめざす改革に着手した（戊戌の変法）。だが 1898 年，西太后は，突然，光緒帝をとらえて幽閉した（戊戌の政変）。いったい何があったのだろう？

この人にインタビュー

改革を進めようとして幽閉された皇帝

光緒帝 (位1875〜1908)（→ p.164）

私が幽閉されたのは，そのことに危機感をもった変法派が立てた，「ある計画」が発覚したからでした…。

西太后は，最初，戊戌の変法を認めていましたが，急激な改革を警戒して反対派の意見を聞くようになりました。
〈研究書より作成〉

▶⑩光緒帝

西太后を決断させた，光緒帝らの「ある計画」とは？　　コレ！

1898 年 6 月	光緒帝，改革を開始（戊戌の変法）
9 月 20 日	光緒帝と変法派による西太后幽閉と側近暗殺の計画が発覚
9 月 21 日	西太后，光緒帝を幽閉し，変法派の弾圧を開始（戊戌の政変）

あの事件の真相は？

西太后，義和団を支持して列強と戦う！　列強による中国の半植民地化が進むなか，反西洋をかかげる民衆運動の義和団が蜂起してキリスト教徒や外国人を襲撃した。列強はその鎮圧を清に求めたが，清の対応は不徹底で，1900 年には義和団とともに列強との戦争に突入した（義和団事件）。なぜ西太后はこの道を選んだのだろう？

扶清滅洋！
〔清朝を扶けて西洋を滅ぼそう！〕

▲⑪義和団の団員

この人にインタビュー

義和団事件で清国とわたりあった

清国駐在アメリカ公使

西太后は，義和団をきびしく弾圧して清朝と義和団が敵対してしまうと，義和団が清への民衆反乱に発展すると考え，きびしく取りしまることはしませんでした。その態度にいらだった列強は，圧力のために清の砲台を攻撃し，追い込まれた清は列強との戦争に突入したのです。
〈本人の言葉をもとに構成〉

▼⑫当時のアメリカ公使コンガー (1843〜1907)

真相確認

（　）内の正しいほうに○をつけよう！

Try1　西太后は，咸豊帝の死後，同治帝と（道光帝・光緒帝）の 2 人の皇帝の時代に，皇帝にかわって政治を行った。

Try2　政策面では（コンガー・李鴻章）などの洋務派官僚を重く用い，富国強兵をめざした。海軍の（北洋艦隊・無敵艦隊）の整備費は削減し，離宮の復興に流用したが，その判断も，当時の政治状況では，それなりに合理的な理由があったとする声もある。

Try3　人がらは，美顔ローラーを愛用するなど，おしゃれと美容に気をつかう女性らしい一面をもつ一方で，（安史の乱・戊戌の政変）では光緒帝を幽閉するなど，時として冷徹な判断を下すこともあった。

Try4　1900 年には「扶清滅洋」をとなえる（義和団・太平天国）を公認して列強と戦った。これは，清の義和団への態度にいらだった列強が，清を攻撃したからだった。

ヨーロッパ
アメリカ
アフリカ

時代の扉 「私は遊星をも併呑(へいどん)したい」

私は, われわれは世界第一等の人種であり, われわれの住む世界が拡がれば拡がるほど人類にとって幸福だと主張する。…もし神がこの世にいますならば, 神は私がアフリカの地図をできるだけ多く英領の印として紅くいろどることを欲したまうだろう。

レオ・ヒューバーマン著　小林良正, 雪山慶正訳『資本主義経済の歩み』岩波書店

▲①イギリスのケープ植民地相セシル=ローズ(1853〜1902)　▲②セシル=ローズが友人に書いた手紙

？クイズ

Try1 上の人物がまたいでいるのは, どこの地域か。
①南アメリカ　②アフリカ　③オーストラリア

Try2 彼が左右の足をおいた地点はそれぞれ, イギリスが政策上重要な拠点とした都市である。右の地図から探そう。

Try3 彼はアフリカ進出の理由を文明化のためとしているが, 実は貴重な資源を得るためでもあった。それは何か。
①石炭　②石油　③ダイヤモンド

アラスカ
(1867 ロシアより購入)

イギリス領カナダ
(1867 自治領,カナダ連邦)

ニューファンドラン

ポートランド　(1883)　ダルース
サクラメント　(1869)
(1880)　シカゴ　セントルイス　ワシントン
サンフランシスコ　オマハ　ニューヨーク
ロサンゼルス　(1883)　ポーツマス

中国へ

アメリカ合衆国

1890 フロンティア消滅 （ ）内は鉄道開通年

ニューオーリンズ

キューバ
(1902 アメリカ保護国)

ハワイ諸島
(1898 米)

フィリピンへ

太

プエルトリコ
(1898 米)

1898
米西戦争

メキシコ

カリブ海

ベネズエラ

ギアナ

パナマ

コロンビア

フェニックス諸島
(1889 英)

平

1914 開通
パナマ運河

ペルー

ブラジル

西サモア
(1899 独)

東サモア
(1899 米)

トゥアモトゥ諸島
(1858 仏)

洋

ボリビア

トンガ諸島
(1899 英)

ムルロア環礁(仏)

チ
リ

アルゼンチン

▲③帝国主義諸国による世界分割 (20世紀はじめ〜1914年)

❶ 帝国主義と独占資本 (→ p.34)

国名	帝国主義の特徴・政策
イギリス	・「世界の工場」から「世界の銀行」へ(海外投資の増大) ・自由主義の伝統強く, 独占資本の形成は遅れる 3C政策(アフリカ縦断政策＋カルカッタ)
フランス	・金融資本が成長 アフリカ横断政策(モロッコからジブチ・マダガスカルへ)
ドイツ	・ビスマルクの保護関税政策により,鉄鋼・電気・化学工業などで独占資本を形成 3B政策, パン=ゲルマン主義(バルカン半島)
ロシア	・ツァーリズムの保護下で成立 ・フランス資本の導入(露仏同盟の一因) シベリア鉄道建設, パン=スラヴ主義(バルカン半島)
アメリカ	・保護関税政策と広大な国内市場により独占資本を形成 カリブ海政策
日本	・政府主導型の資本主義化 朝鮮・中国への進出→韓国併合

モルガン
(金融・鉄鋼業)

ロックフェラー
(石油業)

大統領
セオドア=
ローズヴェルト

カーネギー
(鉄鋼業)

◀④巨大企業の政府介入を風刺した絵　企業独占を批判した大統領**セオドア=ローズヴェルト**に対し, カーネギーら巨大企業の経営者が誘惑しているのを風刺した絵。

❷ ヨーロッパによるアフリカ分割

◀⑤かつてのダイヤモンド採掘場 (南アフリカ)　オランダ系住民が南アフリカに建てたオレンジ自由国・トランスヴァール共和国で, 1870年にダイヤモンドが発見されると, イギリスは**セシル=ローズ**の先導で戦争を起こし(**南アフリカ戦争**), 両国家を併合した。セシル=ローズが設立したダイヤモンド鉱山会社は, デビアス統合鉱山会社として現在も世界のダイヤモンド市場をにぎっている。

◀⑥ヴィクトリア女王のダイヤモンド付王冠

プチ あるキリスト教宣教師が見たコンゴの"赤いゴム"

…白人の兵士たちは即座に数名の原住民を銃で射殺した。それから原住民たちをなぐりつけ, 「もっとゴムを持ってこい, さもないと皆殺しにするぞ」と威嚇するのだった。

マーク・トゥエイン著　佐藤喬訳『レオポルド王の独白』理論社

▲⑦コンゴでのゴム製造

産業革命の進展により, ゴムの需要が高まると, 植民地でのゴム採取は本国に巨大な富をもたらした。ベルギー領コンゴでは, ベルギー人が現地の人々を酷使して栽培させたため"血塗られた赤いゴム"とよばれた。

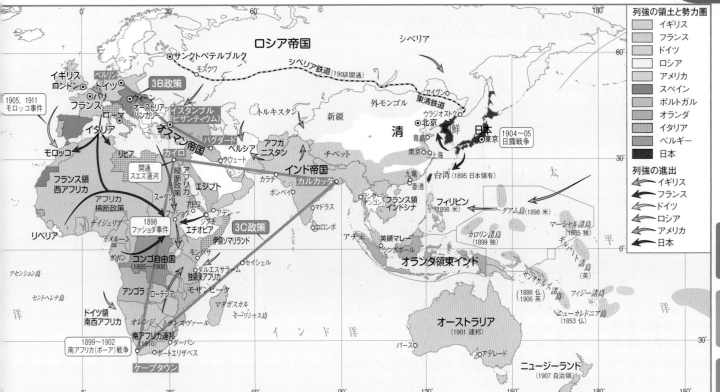

列強の領土と勢力圏
- イギリス
- フランス
- ドイツ
- ロシア
- アメリカ
- スペイン
- ポルトガル
- オランダ
- イタリア
- ベルギー
- 日本

列強の進出
- イギリス
- フランス
- ドイツ
- ロシア
- アメリカ
- 日本

ロシア帝国　シベリア

サンクトペテルブルク　モスクワ

シベリア鉄道(1904開通)

アイグン　東清鉄道　ウラジオストク

3B政策

イギリス　ロンドン
ドイツ　ベルリン
パリ　ウィーン　オーストリア・ハンガリー
フランス　ローマ　イスタンブル(ビザンティウム)
イタリア　オスマン帝国　バグダード

1905, 1911 モロッコ事件

モロッコ　リビア　カイロ　開通スエズ運河

ペルシア　アフガニスタン　チベット

ベルシア　クウェート　カラチ

フランス領西アフリカ　縦断政策　エジプト　ボンベイ　カルカッタ　インド帝国

アフリカ横断政策　スーダン　アジャダ　マドラス　ラングーン(ヤンゴン)

リベリア　ナイジェリア　1898ファショダ事件　アデン　コロンボ　フランス領インドシナ

カメルーン　エチオピア　3C政策　ジブチ　アチェ

ガボン　伊領ソマリランド　モンバサ　英領マレー　シンガポール

コンゴ自由国(1885〜1908)　独領東アフリカ　ダルエスサラーム　セイシェル　オランダ領東インド

アンゴラ　ローデシア　モザンビーク

ドイツ領南西アフリカ　マダガスカル　モーリシャス島

オレンジ　トランスヴァール　オーストラリア(1901連邦)

1899〜1902南アフリカ(ボーア)戦争　南アフリカ連邦(1910)　ダーバン　パース　アデレード

ケープタウン　ポートエリザベス　ニュージーランド(1907自治領)

清　北京　青島　南京　上海　九竜　香港　台湾(1895日本領有)

朝鮮　日本　東京　1904〜05日露戦争

外モンゴル　新疆

フィリピン(1898米)　グアム島(1898米)　マーシャル諸島(1885独)　カロリン諸島(1899独)　1886仏 1906英　フィジー諸島　ニューカレドニア島(1853仏)　サンタクルズ諸島

ヨーロッパ　アメリカ　オセアニア

---

❸ アメリカの世界政策

ローズヴェルト

▲⑧パナマ運河
(1915年) パナマ共和国から工事権と租借権を得たアメリカが1904年に着工した。左の絵では、このことを風刺している。

…は、こんな人
ハワイ王国最後の女王
リリウオカラニ(位1891〜93)

彼女の即位2年後、さとうきび農園の経営で経済力をつけたアメリカ人入植者がクーデタを起こし王政を廃止、彼女を幽閉した。その後20数年の軟禁生活のなかで、彼女は音楽の才能を生かし、『アロハオエ』などの名曲を残した。

---

❹ 海を渡る労働力 (→ p.33)

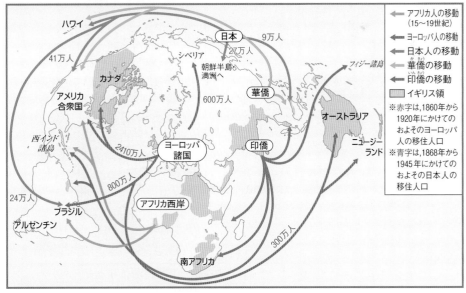

- アフリカ人の移動(15〜19世紀)
- ヨーロッパ人の移動
- 日本人の移動
- 華僑の移動
- 印僑の移動
- イギリス領

※赤字は、1860年から1920年にかけてのおよそのヨーロッパ人の移住人口
※青字は、1868年から1945年にかけてのおよその日本人の移住人口

ハワイ　日本　9万人　シベリア

41万人　カナダ　朝鮮半島・満洲へ 27万人　華僑　フィジー諸島

アメリカ合衆国　600万人

西インド諸島　ヨーロッパ諸国　印僑　オーストラリア　ニュージーランド

2410万人　800万人　アフリカ西岸

24万人　ブラジル

アルゼンチン　アフリカ西岸

300万人　南アフリカ

◀⑨フィジーでさとうきびの収穫を行うインド移民　奴隷貿易で非難を浴びたイギリスでは、19世紀前半に奴隷制を廃止した。そのため、新たな労働力はアジアなどからの移民で補われ、現在でもそのなごりがある。

ポイントチェック
（　）内の正しい方に○をつけよう！

1870年代半ば以降、欧米先進工業国は（帝国主義・自由主義）政策をとり、世界各地で植民地獲得に力を注いだ。そのなかでイギリスの（3B・3C）政策、ドイツの（3B・3C）政策、フランスのアフリカ横断政策などが激しく対立した。

第一次世界大戦 ——ヨーロッパの火種が世界規模の戦乱へ

時代の扉

世界を巻き込む二発の銃声！

（→p.214）

ヨーロッパ

▲①バルカン半島へ進出する列強　1908年，オスマン帝国の支配体制がゆらぐと，**オーストリア**はボスニア-ヘルツェゴヴィナを併合し，スラヴ系住民の多いこの地域の併合をねらっていた**セルビア**の反感を生んだ。

◀②サライェヴォ事件　1914年6月28日，オーストリアの帝位継承者夫妻が，ボスニアのサライェヴォでセルビア人の青年により暗殺された。この事件は，ヨーロッパ諸国をゆるがし，植民地も巻き込む世界大戦へと発展した。

クイズ

Try1 図②の事件で帝位継承者が暗殺されたオーストリアが，図①で領土に組み入れようとしている地域はどこか，下の地図で確認しよう。

Try2 その地域はどのような人々が多く住んでいただろうか。
　①ゲルマン系　②ラテン系
　③スラヴ系
ヒント　下の地図も見てみよう。

Try3 この事件の後，オーストリアはどのような行動に出ただろうか。
　①セルビアと戦争を始めた
　②セルビアと和解した

❶「ヨーロッパの火薬庫」バルカン半島

1914年　0　300km

〈ゲルマン系〉	〈スラヴ系〉	ムスリム人	ポーランド人
ドイツ人	セルビア人	マケドニア人	〈その他〉
〈ラテン系〉	クロアティア人	ウクライナ人	アルバニア人
イタリア人	ブルガリア人	チェコ人	ギリシア人
ルーマニア人	スロヴェニア人	スロヴァキア人	マジャール人

◀③バルカン半島の複雑な民族分布

バルカン問題

▶④「バルカン問題」　民族に起因する対立とオスマン帝国の分割をねらう列強の利害対立がからんで，バルカン半島の緊張は一気に高まり，「ヨーロッパの火薬庫」とよばれた。

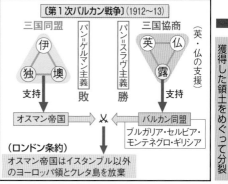

〔第1次バルカン戦争〕(1912〜13)

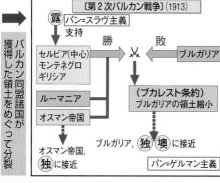

〔第2次バルカン戦争〕(1913)

第一次世界大戦の経過

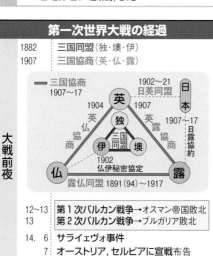

1882	三国同盟（独・墺・伊）
1907	三国協商（英・仏・露）

大戦前夜	12〜13	第1次バルカン戦争→オスマン帝国敗北
	13	第2次バルカン戦争→ブルガリア敗北
ドイツの進攻	14. 6	サライェヴォ事件
	7	オーストリア，セルビアに宣戦布告
		→ 第一次世界大戦の始まり
	8	ドイツ，ロシア・フランスに宣戦
	8	ドイツ，中立国ベルギーに侵入
	8	イギリス，ドイツに宣戦
	8	日本，ドイツに宣戦（日英同盟にもとづく）
	8	タンネンベルクの戦い（東部戦線）（ドイツのヒンデンブルクの指揮）
	9	マルヌの戦い（西部戦線）→ドイツの進撃とまる
連合国側の反撃	15. 1	日本，二十一か条の要求（対中国）
	5	ドイツ潜水艦，ルシタニア号（英）を撃沈
	5	イタリア，オーストリアに宣戦
	16. 2	ヴェルダン要塞攻防戦（〜12）
	6	ソンムの戦い（〜11）
	12	英，ロイド＝ジョージ挙国一致内閣
ドイツ後退へ	17. 2	ドイツ，無制限潜水艦作戦開始
	3	ロシア，二月革命
	4	アメリカ合衆国，ドイツに宣戦
	11	ロシア，十月革命（→戦線離脱）（→p.172）
	18. 1	ウィルソン，「14か条の平和原則」発表（→p.175）
	3	ブレストリトフスク条約（→p.172）（ソヴィエト政権の単独講和）
	11	キール軍港の水兵反乱→ドイツ革命（→p.175）オーストリア降伏
	11	ドイツ，休戦協定に調印（→ヴェルサイユ体制へ）

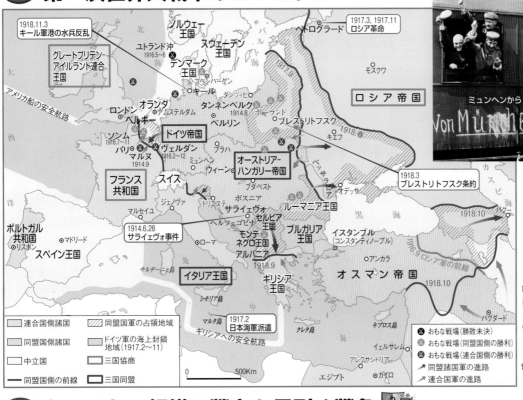

1918.11.3
キール軍港の水兵反乱

1917.3, 1917.11
ロシア革命

グレートブリテン・
アイルランド連合
王国

ノルウェー
王国

スウェーデン
王国

デンマーク
王国

ユトランド沖
1916.5〜6

北 海

ペトログラード

モスクワ

ロシア帝国

オランダ
ベルギー

ドイツ帝国

ベルリン

タンネンベルク

ブレストリトフスク

1918.春

キエフ

アメリカ船の安全航路

ロンドン

ソンム
1916.7〜11
パリ
マルヌ
1914.9

ヴェルダン
1916.2〜12

ミュンヘン

プラハ

オーストリア＝
ハンガリー帝国

ウィーン

ブダペスト

1918.3
ブレストリトフスク条約

フランス
共和国

スイス

ジェノヴァ

トリエステ

ボスニア

ルーマニア王国

1918.10

黒 海

1914.6.28
サライェヴォ事件

ヘルツェゴビナ

セルビア
王国

サライェヴォ

モンテ
ネグロ王国

ブルガリア
王国

イスタンブル
(コンスタンティノープル)

1916.9 ロシア軍の前線

ポルトガル
共和国

マドリード

リスボン

スペイン王国

ローマ

アルバニア

1918.9

イタリア王国

ギリシア
王国

アンカラ

オスマン帝国

1918.10

バグダード

サルデーニャ島

シチリア島

地 中 海

マルタ島

1917.2
日本海軍派遣
ギリシアへの安全航路

クレタ島

キプロス島

イェルサレム

アレクサンドリア

エジプト

カイロ

0   500Km

▢ 連合国側諸国	▨ 同盟国軍の占領地域	⊗ おもな戦場(勝敗未決)
▢ 同盟国側諸国	▨ ドイツ軍の海上封鎖地域(1917.2〜11)	⊗ おもな戦場(同盟国側の勝利)
▢ 中立国	▢ 三国協商	⊗ おもな戦場(連合国側の勝利)
― 同盟国側の前線	▢ 三国同盟	↗ 同盟諸国軍の進路
		↗ 連合国軍の進路

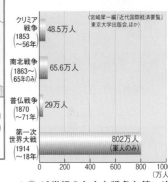

▲⑤フランスへ出征するドイツ軍兵士　当時の人々は第一次世界大戦が長期化すると予想せず，ドイツ軍兵士もフランスを簡単に降伏させられると考えていた。

〈宮崎犀一編『近代国際経済要覧』
東京大学出版会，ほか〉

戦争	死者数
クリミア戦争(1853〜56年)	48.5万人
南北戦争(1863〜65年のみ)	65.6万人
普仏戦争(1870〜71年)	29万人
第一次世界大戦(1914〜18年)	802万人(軍人のみ)

0 200 400 600 800 1000
(万人)

▲⑥ 19世紀のおもな戦争と第一次世界大戦の死者数

❸ かつてない規模の戦力と長引く戦争 (→ p.214)

新兵器の登場

◀⑦戦車　長期戦打破のため，1916年イギリス軍が初めて使用した。強力なエンジンをもちキャタピラーで走る戦車は，塹壕ものりこえることができた。

◀⑧毒ガス　1915年，塹壕戦の手づまりを打破するためドイツ軍が初めて使用した。このため兵士はガスマスクを支給された。

▶⑨飛行機　当初は偵察目的が主体で，やがて乗員が手で目標めがけて爆弾を投下するようになった。

女性の戦争協力

▲⑪軍需工場で働く女性たち（イギリス）　参戦国の多くでは，**総力戦体制**がとられ，戦闘員ではない一般国民にも戦争の影響は及んだ。出征した男性にかわって青少年と女性が，軍需工場などに動員された。

塹壕戦

▲⑫塹壕で戦うドイツの兵士　塹壕は機関銃や大砲から身を守るために掘られた穴で，敵の要塞付近や最前線まで接近できた。だが，塹壕戦は戦況を膠着状態におとしいれ，戦争は長期化した。

▲⑩潜水艦　ドイツは潜水艦（Uボート）を使って対戦国の軍艦や商船を多数沈めた。この**無制限な潜水艦作戦**が**アメリカの参戦**を招いた。

不足する兵員

◀⑬動員されるインド兵　総力戦は植民地の住民にも負担をしいた。イギリスは，戦争協力への代償として自治を約束し，多くのインド兵を動員した。

ポイントチェック

（　）内の正しい方に○をつけよう！

バルカン半島の紛争は，（サライェヴォ・ドレフュス）事件をきっかけとして，全ヨーロッパを巻き込み，第一次世界大戦へと発展した。この大戦では新兵器が開発され，戦争は（長期・短期）化し，総力戦となった。

ロシア革命 ──世界初の社会主義国家の誕生

(→ p.214)

時代の扉

すべての権力をソヴィエトへ！

レーニン
国王
聖職者
資本家

Тов. Ленин ОЧИЩАЕТ землю от нечисти.

> レーニンは土地のよごれを掃（は）き清めてくれる。

▲①ソヴィエト社会主義共和国連邦の国旗

▶②前進する人民の栄光をたえる像（1937年のパリ万国博覧会のソ連パビリオンにかざられた）

◀③レーニンを描いた風刺（ふうし）画

四月テーゼ（抜粋）
・臨時政府の行っている戦争は帝国主義戦争である。
・労働者代表ソヴィエトは，唯一（ゆいいつ）の可能な革命政府の形態である。…「すべての政治権力をソヴィエトへ」を宣伝する必要がある。
・国内のすべての土地を国有化し，農民ソヴィエトにゆだねること。

ソヴィエト：「会議」の意味。1905年革命でストライキを指導する労働者議会として発足。

…は，こんな人
帰ってきた レーニン（1870 ～ 1924）

ナロードニキ運動（→ p.149）で処刑された兄の影響で自身も革命運動に身を投じ，亡命を繰り返していたが，1917年4月，**二月革命**の知らせを聞いて帰国した。翌日，「**四月テーゼ**」を発表して革命の方針を提起し，民衆の支持を受けて革命の指導者となっていった。

ロシア革命の歩み

革命の進行

1900	恐慌（きょうこう）・労働運動激化
04	日露戦争（～05）
05. 1	血の日曜日事件
	→ 第1次ロシア革命（～07）
.10	ニコライ2世，十月宣言
	→ ドゥーマ（国会）開設を約束
06	ストルイピンの弾圧政策（～11）
	→ ミール（農村共同体）解体
14	第一次世界大戦（～18）参戦
	総力戦による国内疲弊（ひへい）
17. 3	二月革命（三月革命）
	ニコライ2世退位
	ロマノフ王朝滅亡
.11	十月革命（十一月革命）
	レーニン，革命を指導→武装蜂起（ほうき）
	→ 臨時政府打倒，人民委員会議成立
	ソヴィエト政権樹立
	（全ロシア＝ソヴィエト会議で宣言）
	「土地に関する布告」（地主の土地所有を廃止）
	「平和に関する布告」（無併合・無賠償・民族自決）
18. 3	ブレストリトフスク条約
	（ドイツ・オーストリアと単独講和）
.4	対ソ干渉戦争（～22）
	戦時共産主義（～21）
19. 3	コミンテルン（第3インターナショナル）結成
	（諸国の社会主義運動を指導）
21	ネップ（NEP・新経済政策）採用（～27）
22.12	ソヴィエト社会主義共和国連邦成立
24. 1	レーニン死去
28	第1次五か年計画 始まる（～32）
29	スターリン，トロツキーを国外追放
33	第2次五か年計画 始まる（～37）
34	スターリンの独裁 → 大粛清（しゅくせい）始まる

（左側縦）戦時共産主義からネップへ　五か年計画

政党系統図

ナロードニキ

1898 ロシア社会民主労働党

1901 社会革命党【エスエル】

1905 立憲民主党【カデット】

メンシェヴィキ（プレハーノフら）右派（少数派）
ボリシェヴィキ（レーニンら）多数派
右派

臨時政府　ブルジョワ中心　リヴォフ首相（立憲民主党）

ソヴィエト　1917.4 レーニン，「四月テーゼ」発表

1917.8 ケレンスキー（社会革命党）内閣成立

二重権力

ソヴィエト政府
1918.1 ボリシェヴィキ，武力で憲法制定議会を閉鎖 → 独裁権確立
.3 ロシア共産党と改称
.7 社会革命党左派追放

トロツキー　　スターリン

クイズ

Try 1 図①の国旗の鎌（かま）とハンマーを組み合わせたマークは，どんな階層の人々を示すものだろうか。　①貴族と資本家　②労働者と農民

Try 2 図③でレーニンが実現しようとしていることは何だろうか。
①土地の国有化　②土地の私有化　ヒント「四月テーゼ」に着目しよう。

Try 3 レーニンが建設をめざした国家は，どんな思想にもとづくものだろうか。
①資本主義　②社会主義　③自由主義
ヒント p.155の「19世紀の文化」の学習も思い出そう。

① 社会主義革命の勃発

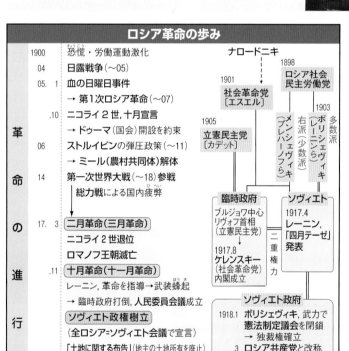

▲④血の日曜日事件（サンクトペテルブルク）　1905年1月22日，日露戦争の戦況の悪化により，民衆がニコライ2世に議会の開設と戦争中止などを求め宮殿前に押しかけた。近衛（このえ）兵に発砲（はっぽう）され多数の死傷者をだし，革命の発端となった。

プチ　悲劇のロシア皇帝一家

アレクサンドラ皇后
アナスタシア
ニコライ2世
アレクセイ

ニコライ2世（1868 ～ 1918）の皇太子の血友病をなおしたとされる祈祷師（きとうし）ラスプーチンは，皇后に取り入って政治の実権を得て，政治を混乱させた。そして時代の流れを理解しなかった皇帝と皇后は，皇太子や4人の娘とともに，革命の翌年，全員射殺された。

◀⑤ニコライ2世とその家族（左）
ラスプーチン（1864？～1916）（上，円内）

（左端縦）ヨーロッパ

② ロシア革命における革命勢力と反革命勢力の争い

*北樺太は1925年まで日本軍占領

地図中の注記：
- ポーランド−ソヴィエト戦争（1920〜21）
- 首都移転（1918）
- ムルマンスク 1920.3
- ニコライフスク
- 樺太（サハリン）*
- エストニア／ラトヴィア／リトアニア／ポーランド
- アルハンゲリスク 1920.2
- 尼港事件 1920.3
- ハバロフスク 1922.2
- ソヴィエト社会主義共和国連邦
- チェコスロヴァキア
- ペトログラード 1919.7
- ニコライ2世一家射殺（→p.35）
- ロシア
- 白ロシア
- モスクワ
- カザニ
- エカチェリンブルク
- シベリア
- クラスノヤルスク
- チタ
- ウラジヴォストーク 1922.2
- キエフ 1920.6
- ウクライナ
- サマラ
- ウファ 1919.6
- オムスク
- シベリア鉄道 1920.1
- イルクーツク 1920.2
- シベリア出兵（1918〜22）
- 日本
- ルーマニア
- ロストフ 1920.1
- 黒海
- カフカース
- バトゥミ 1921.3
- カスピ海
- バクー 1920.4
- ブハラ
- タシケント 1919.11
- モンゴル
- 中華民国
- トルコ
- 地中海
- ペルシア（カージャール朝）
- アフガニスタン
- 中央アジア諸民族の蜂起（1916〜）

凡例：
- 0 1000km
- → 革命軍（赤軍）の進路
- 1919.6 赤軍の支配開始年月
- ⇒ 反革命軍（白軍）の進路
- 外国干渉軍の進路
- ソ連邦国境（1922）
- 日本軍の占領地域（1918〜22）
- ソ連邦内でトルコ系ムスリムの多い地域
- 革命勢力の支配地域（1918）
- 反革命勢力の支配地域（1920）

▲⑥ シベリアに出兵した日本軍　1918年，ロシア革命の影響が自国に及ぶのを恐れた日本・アメリカ・イギリス・フランスは，共同でシベリアに兵を送り，反革命軍を支援した。

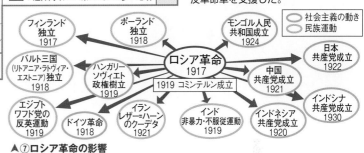

○ 社会主義の動き
○ 民族運動

ロシア革命 1917 からの影響：
- フィンランド独立 1917
- ポーランド独立 1918
- モンゴル人民共和国成立 1924
- 日本共産党成立 1922
- バルト三国（リトアニア・ラトヴィア・エストニア）独立 1918
- ハンガリーソヴィエト政権樹立 1919
- 1919 コミンテルン成立
- 中国共産党成立 1921
- インドシナ共産党成立 1930
- エジプトワフド党の反英運動 1919
- ドイツ革命 1918
- イランレザー=ハーンのクーデタ 1921
- インド非暴力・不服従運動 1919
- インドネシア共産党成立 1920

▲⑦ ロシア革命の影響

ヨーロッパ

more レーニン死後の後継者争い

主流派

世界革命論	対立	一国社会主義論
社会主義の実現には世界各地（とくにヨーロッパ）での革命が必要。		ソ連は広大なので，ソ連一国でも社会主義の実現は可能。
トロツキー（1879〜1940）理論派としてすぐれ，赤軍を創設して活躍。		スターリン（1879〜1953）組織力にたけていたが，理論は不得手。

レーニンの死後，スターリンら主流派とレーニンの後継者ともくされていたトロツキーらが鋭く対立した。その結果，トロツキーが敗れて1929年に国外に追放された。スターリンは，粛清によって抵抗する政敵を次々と排除し，1930年代から彼の死の1953年まで独裁体制を続けた。

▲⑧ スターリン時代の強制収容所　多くの人々が反革命者として不法に処刑されたり強制収容所へ送られたりした。

◀⑨ 消されたトロツキー　トロツキーは，亡命先のメキシコでスターリンの指令により暗殺された。レーニンの後継者のようにトロツキーが写っていた写真からもその存在を消された。

トロツキー

③ 国内における経済政策

内　容	青字：指導者
戦時共産主義（1918〜21）　レーニン	●戦争遂行＝共産主義完成のための合理化 穀物の徴発・配給制度 企業の国有化 労働の義務化 生産力の衰退・中央集権化
ネップ（新経済政策）（1921〜27）　レーニン	●農民との妥協・戦後経済の復興 農民の現物税制の導入 余剰農作物の販売認可 中小企業家の経済活動自由化 小農経営・中小企業の活発化 生産力の回復　財政の安定
第1次五か年計画（1928〜32）　スターリン	●全労働力の国家管理化 農業集団化（コルホーズ，ソフホーズ）と機械化 重工業の生産強化 工業国家への大発展 ソヴィエト全体主義へ社会の変換
第2次五か年計画（1933〜37）　スターリン	●搾取階級の一掃・国民生活の向上 量的拡大よりも質的改善めざす 農業の集団化の完成 大国として国際的地位向上

▲⑩ 経済政策の変化

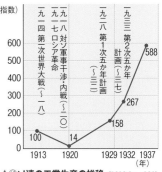

コルホーズは個人経営小農民を助ける

▲⑪ コルホーズの宣伝　農業については，集団化が強行され，土地・農具・家畜を共有する集団農場（コルホーズ）と，土地・農具が国有の大規模国営農場（ソフホーズ）が創設された。

ソ連の工業生産の推移グラフ：
- （指数）
- 一九一四 第一次世界大戦（〜一八）
- 一九一八 対ソ軍事干渉・内戦 ロシア革命（〜二二）
- 一九二八 第1次五か年計画（〜三二）
- 一九三三 第2次五か年計画（〜三七）
- 1913：100
- 1920：14
- 1929：158
- 1932：267
- 1937：588

▲⑫ ソ連の工業生産の推移（1913年＝100）

ポイントチェック

（　）内の正しい方に○をつけよう！

ロシアでは，革命により世界初の（社会・資本）主義政権が誕生し，計画経済を導入して（労働者・資本家）階級の利益を最優先する共産党主導の政治体制がつくられた。だが，他方で党権力者の（スターリン・トロツキー）の独裁を招いた。

ヴェルサイユ体制 ──戦勝国のつごうで描かれた新国際秩序

ヨーロッパ

時代の扉 半年で400万倍に高騰したパンの値段！

◀①1920年代のドイツの家庭の料理風景

▼②ドイツのパンの値段の変化

1 kg のパンの値段 (単位マルク)	
1914年 12月	0.32
1918年 12月	0.53
1919年 6月　ヴェルサイユ条約締結	
1922年 12月	163.15
1923年 1月仏・ベルギーのルール占領	
4月	474
6月	1 428
8月	69 000
10月	1 743 000 000
12月	399 000 000 000

▶③50億マルクの切手 (1923年)

クイズ

Try1 写真①で，女性がたきつけに使おうとしているものは何だろうか。　①木炭　②新聞紙　③紙幣

Try2 この女性は，なぜそれを使おうとしているのだろうか。
①急激なインフレで，価値のない紙きれ同然となったから。
②物価が安定して金持ちが増え，あり余っていたから。
ヒント　図②や当時の社会状況から考えよう。

more ドイツに何もかも払わせろ！

第一次世界大戦後の**パリ講和会議**には，ドイツなど敗戦国は出席できず，フランス・イギリスなど戦勝国の利害が優先される一方的な戦後処理が行われた。とくに，フランスは**普仏戦争**(→ p.151)での屈辱をはらすため，賠償金について強硬な主張をし，ドイツは巨額の賠償金を背負うこととなった。

1919.6　ヴェルサイユ条約 (対ドイツ)
・国際連盟の設置
・多額の賠償金 (→p.175年表)
・アルザス・ロレーヌをフランスに割譲
・ポーランド回廊をポーランドに割譲
・ダンツィヒを自由市として国際管理下へ
・ザール地方は15年間の国際管理下へ
・ラインラント(ライン川両岸)の非武装化
・陸海軍の軍備縮小，空軍の禁止
・海外領土のすべての権利・要求を放棄　など

▼④ヴェルサイユ条約の調印 (ヴェルサイユ宮殿, 鏡の間)

ロイド=ジョージ(英)
クレマンソー(仏)
ウィルソン(米)
ドイツ代表

❶ ヴェルサイユ体制下のヨーロッパ

0　500km

ノルウェー王国　オスロ
スウェーデン王国　ストックホルム
フィンランド共和国 1917　ヘルシンキ
エストニア 1918
ラトヴィア 1918
リトアニア 1918
バルト3国
モスクワ
アイルランド自由国　ダブリン
1922 自由国成立
37 エーレ(エール)共和国に改称
アルスター　グレートブリテン-北アイルランド連合王国
デンマーク王国　コペンハーゲン
国際管理地域　ダンツィヒ
東プロイセン
西プロイセン
ブレストリトフスク
ソヴィエト連邦
ロンドン
オランダ(王)　ハーグ
ベルリン
ワルシャワ
ポーランド共和国 1918
キエフ
ベルギー(王)
ルクセンブルク
ドイツ共和国　ヴァイマル
プラハ
リヴォフ
ヴェルサイユ　パリ
フランス共和国
国際管理地域
チェコスロヴァキア共和国 1918
バーゼル
ローザンヌ　スイス
ジュネーヴ　ロカルノ
ストレーザ
ウィーン　ブダペスト
オーストリア共和国 1918
ハンガリー王国 1918
リエステ
フィウメ
ベッサラビア
ルーマニア王国
オデッサ
ブカレスト
1929 ユーゴスラヴィア王国に改称
ラパッロ
コルス島(コルシカ)
セルビア人・クロアティア人・スロヴェニア人王国 1918
ソフィア　ブルガリア王国
スタンブル
アンカラ
ポルトガル共和国
アンドラ
スペイン王国
1931 共和政に移行
マドリード
リズボン
ローマ
アルバニア　ティラナ
ギリシア王国
アテネ
イズミル
オスマン帝国
①1923.10 トルコ共和国成立
未回収のイタリア
1919 サンジェルマン条約で南ティロル・トリエステ・イストリアがイタリア領に
サルデーニャ島
イタリア王国
シチリア島
クレタ島
キプロス島
タンジール

1914年のドイツ・オーストリア-ハンガリーの国境線
第一次世界大戦後成立したヨーロッパ諸国 (赤数字は成立年)
セーヴル条約以降のトルコ領 (1920.8)
ローザンヌ条約以降のトルコ領 (1923.7)
❶ロレーヌ　❹ラインラント
❷アルザス　❺ザール
❸ルール　❻ポーランド回廊
第一次世界大戦後の主要条約締結地・会議開催地
10km
セーヌ川
サンジェルマン ①
ヌイイ ②
トリアノン ③
ヴェルサイユ ④ セーヴル
パリ
パリ近郊の条約締結地
エジプト王国

ドイツ以外の敗戦国との条約

1919.9	**サンジェルマン条約(対オーストリア)①** ・オーストリア-ハンガリー帝国の解体　など
1919.11	**ヌイイ条約(対ブルガリア)②** ・トラキアをギリシアに割譲　など
1920.6	**トリアノン条約(対ハンガリー)③** ・オーストリアからの分離と完全な独立　など
1920.8	**セーヴル条約(対オスマン帝国)④** ・ダーダネルス海峡・マルマラ海の非武装化と国際化　など

①～④は，左下地図の条約締結地と対応

▼⑤第一次世界大戦後のドイツ

北海　シュレスヴィヒ　バルト海
デンマーク　ポーランド回廊
リトアニア
メーメル
東プロイセン
ダンツィヒ
西プロイセン
オランダ
ベルリン
ワルシャワ
ポーランド
ルール
ライン
ドイツ共和国
ヴァイマル
上シュレジェン
ベルギー
ラインラント
ザール
プラハ
チェコスロヴァキア
アルザス
ロレーヌ
フランス
スイス
オーストリア
0　200km

ライン川右岸50kmまでと左岸を非武装化

■ 大戦後のドイツ国境
▨ 大戦後ドイツが失った地
▦ 住民投票によりドイツにとどまった地
▤ 国際管理地
▥ 連合国占領地
▧ 軍備禁止区域

ヴェルサイユ条約によるドイツの損失

13%　　9%　　100%

▲本国の領土面積　　▲本国の人口　　▲植民地

② 国際連盟の誕生

ウィルソンの「14か条の平和原則」
・秘密外交の廃止　・海洋の自由
・関税障壁の撤廃
　　・軍備縮小
　　・民族自決の原則にもとづく植民地問題の公正な解決
　　・国際平和機構の設立
　　　　など

▲⑥ウィルソン　アメリカ28代大統領。1918年にロシア革命に対抗する立場から，国際連盟の設立を含む「14か条の平和原則」を発表した。

▼⑦国際連盟の組織

本部ジュネーヴ
年1回開催

総会 ── 連盟事務局　ジュネーヴ（スイス）

常設国際司法裁判所　ハーグ（オランダ）

常任理事国
英，仏，伊，日
（のち独，ソも）
非常任理事国
4か国（のち9か国）

理事会

国際労働機関（ILO）　ジュネーヴ（スイス）

ほか専門機関

▼⑧国際連盟への加盟

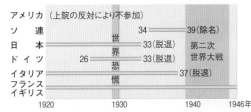

アメリカ	（上院の反対により不参加）
ソ連	34 世 39（除名）
日本	33（脱退） 第二次
ドイツ	26 界 33（脱退） 世界大戦
イタリア	恐 37（脱退）
フランス	慌
イギリス	

1920　1930　1940　1946年

　大戦中の女性の活躍により，戦後，これまで男性がほとんどだった職種に女性が進出し，女性の参政権も認められるようになった。ココ=シャネルは，働く女性に合う動きやすく機能的なデザインの服を発表し，女性のファッションに革新をもたらした。シャネルブランドは現在も多くの女性を魅了している。

1920年代の写真
前あきの上着
胸元を強調しないシンプルなライン
ひざたけ（丈）スカート
消えたレース

1893	ニュージーランド
1906	フィンランド
18	イギリス（30歳以上）
19	ドイツ，オーストリア
20	アメリカ
34	トルコ
44	フランス
45	イタリア，日本

▲⑨ココ=シャネル（1883〜1971）
◀⑩女性参政権の獲得年代

ヨーロッパ

③ 1920年代のヨーロッパ

国際協力の動き	イギリス	フランス	ドイツ	賠償問題
1919 ヴェルサイユ条約（英・仏中心） ヨーロッパにおける帝国主義的勢力の再編成→〔ヴェルサイユ体制〕	1918 第4回選挙法改正 男子普通選挙権（21歳以上） 女子制限選挙権（30歳以上）		1918 ドイツ革命 （ヴィルヘルム2世退位）	1921 ロンドン会議 賠償総額1320億金マルクに決定（当時のドイツ歳入の25倍）
20 国際連盟成立（独・ソは招かれず）	22 アイルランド自由国成立	1922 ポワンカレ右派内閣	19 スパルタクス団の蜂起 エーベルト，大統領就任 ヴァイマル憲法制定	支払延期 を要求
21 ワシントン会議（〜22.2） アジアにおける帝国主義的勢力の再編成→〔ワシントン体制〕	24 マクドナルド労働党内閣（第1次）成立	23 ルール占領（〜25）	20 国民社会主義ドイツ労働者党（ナチ党）成立	24 ドーズ案採択　インフレ進行 支払期限の延長と外資導入による打開策
四か国条約（太平洋問題） 米・英・仏・日　太平洋上の各国の領土を尊重			22 ラパロ条約（独，ソヴィエト政権を承認）	
22 九か国条約（中国問題） 中国の主権・独立の尊重と中国の領土保全		24 左派連合政府 エリオ内閣（〜25） ソ連を承認	23 ルール占領に抵抗 →急激なインフレ シュトレーゼマン内閣，レンテンマルク発行 ナチ党のミュンヘン一揆	賠償支払 独←外資援助 英・仏→米 戦債支払
ワシントン海軍軍備制限条約 （主力艦保有制限 米5・英5・日3・仏1.67・伊1.67）		25 ロカルノ条約調印		29 ヤング案調印 賠償額358億金マルクに
25 ロカルノ条約 欧州集団安全保障条約 ラインラント非武装	26 ゼネスト，イギリス帝国会議			31 フーヴァー=モラトリアム 支払いを1年猶予
28 不戦条約 紛争解決手段としての戦争を放棄する（ケロッグ〔米〕・ブリアン〔仏〕提唱）	28 第5回選挙法改正 （男女普通選挙権，21歳以上） 29 第2次マクドナルド内閣（〜31）	28 不戦条約 （ケロッグ-ブリアン協定）調印	26 国際連盟加盟	32 ローザンヌ会議 賠償額30億金マルクに
30 ロンドン海軍軍縮会議 （補助艦保有制限 米10・英10・日7）	31 ウェストミンスター憲章 （イギリス連邦の具体的わく組を定める）			33 ナチ政権，賠償金支払いを一方的にうち切り

▲マクドナルド

▶ケロッグ

▲ブリアン

▲シュトレーゼマン

イギリス

▲⑪ゼネストの発生　戦勝国のイギリスでも大戦は経済に打撃を与え，国内には失業者があふれ労働党が台頭した。1926年には労働者の大規模なストライキ（ゼネスト）も発生した。

フランス

▲⑫ルール占領　賠償金支払延期を要求するドイツにしびれを切らしたフランスは，1923年ドイツ最大の工業地帯ルールを占領。ドイツはサボタージュ（生産停止）で対抗したが，ドイツ経済には大打撃となった。

ドイツ

▶⑬ヴァイマル憲法の制定　戦後のドイツは，世界で最も民主的なヴァイマル憲法にもとづく政治運営をめざした。しかし，大戦による経済的没落は深刻で，政治的にも不安定であった。

ポイントチェック　（　）内の正しい方に○をつけよう！

第一次世界大戦後，新国際秩序として，ヴェルサイユ体制が（ヨーロッパ・アジア）に形成され，また，平和維持機構として，国際（連盟・連合）も設立された。だが，大戦は戦勝国・敗戦国ともに打撃となり，西ヨーロッパ諸国は経済不振にあえいだ。

アメリカ合衆国の繁栄 ——黄金の1920年代と大衆社会の到来

時代の扉

ガレージに2台の……を！ （→p.214）

1900年代 **1920年代**

▲① 20世紀初頭のアメリカ，ニューヨークのラッシュのようすの変化

> ある日，誰かが "フォードを買って得した分を貯金しよう" というスローガンをもってきたとき，私は "貯金しよう" という言葉を消して "何かを買おう" と書き入れた。…社会では流れというものが重要で，滞っていてはだめだ！
> メアリーベスノートン他著 上杉忍他訳『アメリカの歴史第4巻』三省堂

…は，こんな人

自動車王 ヘンリー＝フォード （1863～1947）

フォードは，ベルトコンベヤーによる流れ作業で自動車を組み立てる生産ラインを考案し，大衆が買える価格の自動車の大量生産を可能にした。フォード社のT型フォードは爆発的に売れた。

クイズ

Try1 1900年代のラッシュの中心は馬車であったが，1920年代には，何に変わっているだろうか。

Try2 ラッシュ風景が変化した背景には，フォードによる，ある生産方式の開発があったが，それは何だろうか。
①流れ作業　②オーダーメード

Try3 彼がうながそうとしている価値観は何だろうか。
①大量生産・大量消費　②貯蓄と節約

戦間期のアメリカの歩み

丸数字は大統領の代を示す
共：共和党　民：民主党
青字：文化関連事項　赤字：対外政策関連事項

<table>
<tr><td rowspan="21">革新と帝国主義の時代</td><td colspan="2">セオドア＝ローズヴェルト㉖（共，任 1901～09）</td></tr>
<tr><td>1903</td><td>パナマから運河地帯の永久租借権を獲得</td></tr>
<tr><td colspan="2">タフト㉗（共，任 1909～13）</td></tr>
<tr><td>11</td><td>最高裁，スタンダード石油会社に分割命令</td></tr>
<tr><td colspan="2">ウィルソン㉘（民，任 1913～21）</td></tr>
<tr><td></td><td>○流れ作業によるT型フォード車大量生産開始</td></tr>
<tr><td>14</td><td>第一次世界大戦に中立を宣言</td></tr>
<tr><td>15</td><td>クー＝クラックス＝クラン（KKK）復活</td></tr>
<tr><td>16</td><td>アメリカは債務国から債権国に転換</td></tr>
<tr><td>17</td><td>アメリカ，ドイツに宣戦（～18）</td></tr>
<tr><td>18</td><td>「14か条の平和原則」発表 （→p.175）</td></tr>
<tr><td></td><td>○農業不況始まる</td></tr>
<tr><td>19</td><td>禁酒法成立（33廃止）</td></tr>
<tr><td>20</td><td>女性参政権</td></tr>
<tr><td></td><td>イタリア系移民のサッコ・ヴァンゼッティ逮捕（27死刑）</td></tr>
<tr><td></td><td>"孤立主義"外交（国際連盟不参加）</td></tr>
<tr><td></td><td>○ラジオ放送開始</td></tr>
<tr><td colspan="2">ハーディング㉙（共，任 1921～23）「平和への復帰」</td></tr>
<tr><td>21</td><td>ワシントン会議（～22）（→p.175）</td></tr>
<tr><td colspan="2">クーリッジ㉚（共，任 1923～29）</td></tr>
<tr><td>24</td><td>ドーズ案発表 →p.175</td></tr>
</table>

（革新と帝国主義の時代／永遠の繁栄時代／恐慌）

移民法実施→ヨーロッパ移民は制限，アジア移民は事実上禁止
○ボブヘアーの流行
27　リンドバーグ，大西洋無着陸横断飛行に成功
ジュネーヴ海軍軍縮会議
○株式ブーム（～29）
28　不戦条約（ケロッグ-ブリアン協定）（→p.175）
フーヴァー㉛（共，任 1929～33）
29　○シカゴのギャング抗争最高潮
ヤング案発表 →p.175
ウォール街で株価大暴落→世界恐慌（→p.180）
31　フーヴァー＝モラトリアム （→p.175）
フランクリン＝ローズヴェルト㉜（民，任 1933～45）
33　ニューディール（AAA・TVA・NIRAなど）開始（→p.180）

---

❶ 保守化する国内の社会状況

排外主義の台頭

▲②クー＝クラックス＝クラン（KKK）の集会　ワスプ（WASP*）が白人の優越を守るために組織した秘密結社。1915年，反黒人・反移民・反社会主義を掲げて復活し，1920年代に急成長した。（→ p.152）　*WASP（White Anglo-Saxon Protestant）

more サッコ・ヴァンゼッティ事件

1920年，強盗殺人事件の容疑者としてイタリア系移民のサッコとヴァンゼッティが逮捕された。無実を主張したが，裁判では急進主義者であることが強調されて1927年に死刑となった。77年，州知事が冤罪と認め，公式に謝罪した。

犯罪組織の拡大

▲③下水道に捨てられる酒　1919年に成立した禁酒法では，酒類の製造・販売・運搬が禁止された。禁酒の推進には，ワスプ*の保守的で宗教的な思想が深くかかわっていた。

…は，こんな人

ギャングの帝王 アル＝カポネ （1899～1947）

1920年代のアメリカで，やみの経済を支配したのがギャングである。その代表であるシカゴのアル＝カポネは，酒の密造・密売で巨額の利益をあげ，自動車とマシンガンを駆使して敵を倒し，なわ張りを拡大した。

アメリカ繁栄の象徴　ニューヨーク

ニューヨークは，大戦後，ロンドンにかわって国際金融の中心となった。マンハッタンに次々と建てられた高層ビル群は摩天楼とよばれ，アメリカの繁栄を象徴していた。しかし，他方，移民たちのスラム街も存在した。

▲④タイムズスクエア（1930年ごろ）　ミュージカル劇場や広告が建ち並ぶショービジネスの中心地として発展した。

◀⑤エンパイアステートビル　1920年代に建設が決まり，1931年に完成した。102階建てで，当時，世界一の高さを誇った。　▲⑥1920年代のニューヨーク

② あこがれの 'American way of life（アメリカ的生活様式）'

大量生産・大量消費

▲⑦街にあふれる広告　大量生産・大量消費社会を迎えたアメリカでは，企業が大衆を相手にさまざまな商品宣伝を行った。左はコカ=コーラ，右はレコードプレーヤーのポスター。

more 世界最大の債権国　アメリカ

戦前，世界有数の債務国であったアメリカは，戦後は一転，世界最大の債権国として西ヨーロッパにかわって世界経済の中心となり，1920年代に空前の繁栄期を迎えた。

ショービジネス・娯楽の登場

▼⑧映画「モダンタイムス」1920年代，大衆娯楽として映画が発達し，映画撮影所がつくられたハリウッドは世界の映画産業の代名詞となった。写真は，当時活躍した喜劇俳優チャップリン。

▼⑨ジャズの流行　黒人音楽から発展して即興演奏を特色とするジャズが，自由な都会生活を求める若者を中心にダンス音楽として流行し，アメリカの代表的音楽となった。

ルイ=アームストロング

国民的ヒーローの登場

▶⑩リンドバーグ　アメリカでは航空機の開発がさかんに行われ，1927年には，リンドバーグが，ニューヨーク〜パリ間の無着陸大西洋横断飛行に成功した。
◀⑪ベーブルース　野球などのプロ大衆スポーツが国民の人気をよんだ。ニューヨークヤンキースに所属するベーブルースは，大リーグ屈指の強打者として国民的英雄となった。

ポイントチェック
（　）内の正しい方に○をつけよう！
第一次世界大戦後，世界の中心は西ヨーロッパから（アメリカ・ソ連）へ移行し，大量生産・大量消費社会が形成され，映画など（大衆・資本家）が享受できる新文化が誕生した。

戦間期の西・南アジア ──民族運動の高まり

時代の扉　アジアを動かしたある原則

オスマン帝国　ムスタファ=ケマル

ガンディー　イギリス領インド

▲①近代化を進めるケマル　1923年，**ムスタファ=ケマル**は，多民族国家であったオスマン帝国にかわる**トルコ共和国**を建国。新トルコ文字の制定など，トルコ民族主義を育成した。

▲②塩の行進　1930年，ガンディーはインド人の製塩を禁じたイギリスの法に抗議し，海岸までの360km（アーメダバード～ダンディ海岸）を行進して塩をつくった。

クイズ

Try1　写真①で，ケマルがやろうとしていることは何だろうか。
①文字の改革　②憲法の制定　③企業の設立

Try2　写真②で，ガンディーが拾っている塩は，誰がつくったものだろうか。
①自分たち（インド人）　②イギリスの植民地政府

Try3　写真①と写真②は，「ウィルソンの14か条」（→p.175）の以下のどの原則にもとづくものだろうか。　①秘密外交の廃止　②軍備縮小　③民族自決

▼③第一次世界大戦後の西・南アジア

凡例：セーヴル条約（1920）時のトルコ国境／ローザンヌ条約（1923）時のトルコ国境／イギリス植民地／フランス植民地

more　サウジアラビア王国の成立

1902年，リヤドを征服したイブン=サウードは18・19世紀に2度にわたり成立・滅亡した**ワッハーブ王国**（サウード朝）を再興してアラビア半島の大半を支配下においた。1932年，初代国王としてイスラームに立脚する**サウジアラビア王国**の建国を宣言した。

▲④イブン=サウード（1880?～1953）

▲⑤サウジアラビアの国旗　「アッラーのほかに神なし，ムハンマドはその使徒なり」と記されている。

❶ 西アジアの民族運動と独立運動

トルコ

1839～76	タンジマート（→p.159）
	ミドハト憲法制定（1876）立憲君主政をめざす
1877～78	露土戦争　敗戦→凍結
78	ベルリン条約　領土縮小
1908	青年トルコ革命→ミドハト憲法復活
14	第一次世界大戦　ドイツ側→1918降伏
1919～22	ギリシア-トルコ戦争
20	アンカラ政府樹立　1920 セーヴル条約
22	スルタン制廃止　1923 ローザンヌ条約
	オスマン帝国滅亡
1925～30年代	イスラーム法の廃止，文字改革（アラビア文字→ローマ字），トルコ民族主義育成，婦人解放

日露戦争での日本の勝利

（左側縦書き）オスマン帝国　1923 トルコ共和国

…は，こんな人　アラビアのローレンス（1888～1935）

オスマン領内のアラブの離反をはかったイギリス政府によりハーシム家に派遣され，ファイサルと提携してアラブの反乱を成功させたが，政府の矛盾外交に失望し，職を辞した。

ローレンス（アラビアのローレンス）
ファイサル太守（のちのイラク国王）

▼⑥イギリスの矛盾する多重外交

サイクス-ピコ協定（1916）
対：フランス・ロシア
○3国によるオスマン帝国領の分割
○パレスチナの国際管理

秘密外交
イギリス

フサイン-マクマホン協定（1915）
対：アラブ人
○パレスチナのアラブ人居住地の独立支持を約束

バルフォア宣言（1917）
対：ユダヤ人
○パレスチナでのユダヤ人の民族的郷土建設を約束

矛盾

パレスチナ紛争の原因　（→p.190）

✎ポイントチェック

（　）内の正しい方に○をつけよう！

大戦後のアジアでは，西洋化とともに民族自決に刺激され，中東ではオスマン帝国が解体してトルコ（共和国・王国）が建国され，インドでは，ガンディーらが（反・親）英運動を展開した。

❷ インド独立への歩み

	イギリス	インド
1885	インド国民会議成立	はじめ親英→反英化
1905	ベンガル分割令布告（ヒンドゥー・ムスリムの分離策）	1906 国民会議派カルカッタ大会
06	全インド=ムスリム連盟（国民会議派の分断をはかる）	**4綱領**　英貨排斥（イギリス製品不買）　スワデーシ（国産品愛用）　スワラージ（自治）　民族教育
11	ベンガル分割令撤回	

1914～18　第一次世界大戦

	戦争協力を条件に自治権付与を約束	＝対英協力
19	ローラット法*（弾圧強化）	反英感情高まる
	インド統治法	19 ガンディー（国民会議派）らの非暴力・不服従（サティヤーグラハ**）運動

**本来は不殺生と禁欲にもとづいて真理を追求するという意味。

		23 ヒンドゥー教徒の国民会議派とムスリム派の対立激化
	▶⑦ジンナー　全インド=ムスリム連盟の指導者（→p.188）	29 国民会議派ラホール大会　完全独立（プールナ=スワラージ）要求
	30 ガンディーら6万人投獄　英印円卓会議（～32，計3回開催）	30 第2次非暴力・不服従運動（～34）ガンディーの"塩の行進"

1935　新インド統治法
〈新しい点〉
◇連邦制の樹立　◇各州の責任自治制の確立

1939～45　第二次世界大戦　（→p.188）

47	インド・パキスタン分離独立　インド連邦成立

*令状なしでの逮捕，裁判抜きでの投獄を認めるもの。

戦間期の東アジア ──中国における革命の進展と民族運動

時代の扉 ## 天安門前に集まる若者たち

天安門

▲①五・四運動
(1919年5月4日)

クイズ

Try1 図①で，この運動の中心になっていたのは，どのような人々だろうか。　①学生　②兵士　③農民
　ヒント　人々が掲げている横断幕に注目しよう。

Try2 図①の横断幕のスローガン「廃除二十一條(条)」は，何の廃除を要求しているのだろうか。

Try3 この運動の中心になった人々は，以下のどの運動の影響を受けていたのだろうか。
①洋務運動　②白話運動　③ブルシェンシャフト運動

◀②『新青年』　1915年に創刊された雑誌『新青年』を通し，**胡適**や**魯迅**らは，中国の旧来の道徳や体制の変革を主張し，文語をやめ口語で思想や文学を語る**白話運動（文学革命）**を起こして，北京大学の学生に強い影響を与えた。

一方，朝鮮半島でも…

▼③**魯迅**
(1881～1936)

▶④**三・一独立運動**
(1919年3月1日)　ソウル市のタプコル公園で独立宣言が発表され，朝鮮の民衆が「独立万歳」を叫ぶデモを行った。反日独立運動は全国の都市や農村に波及した。

ソウルで「独立万歳」を叫び行進する市民

① 国共合作と北伐・長征

地図凡例
- → 満洲事変における日本軍の侵攻(1931)
- → 長征ルート(1934～36年)
- → 国民党の北伐
- 共産党の革命根拠地
- 国民党支配下地域

1928.6 北伐完了
1919 五・四運動
「満洲国」
1919 三一独立運動
1936.10 長征終了
張作霖
1936.1 遵義会議
1935.1 遵義会議
1927.4 上海クーデタ
1931～34 中華ソヴィエト共和国臨時政府
1934.10 長征開始
1926.7 北伐開始
蔣介石
0 500km

◀⑤**蔣介石**
日本の士官養成学校出身で，**孫文**亡き後，国民軍を掌握し，軍閥を打倒する**北伐**を指導した。

アメリカ・イギリス	浙江財閥

中国国民党
・三民主義を掲げる(→p.165)
・ブルジョワ革命による民主政治の確立をめざす

国共合作　反帝国主義・反軍閥　　国共対立　内戦

中国共産党
・マルクス=レーニン主義を掲げる
・労働者層・農民層の解放と無階級社会の確立をめざす

ソ連(コミンテルン)	労働者・農民

革命の進展 (→p.164)

袁世凱の独裁政治 → 袁世凱の死(1916.6)

新文化運動
文学革命(白話運動)(1917)

日本の二十一カ条の要求(1915.1)

五・四運動(1919.5)→ヴェルサイユ条約調印拒否

中国共産党(1921.7)
陳独秀らが指導

中国国民党(1919.10)
孫文を中心に再編
「連ソ・容共・扶助工農」

軍閥割拠
張作霖(奉天軍閥)など

第1次国共合作(1924.1～27.4)

五・三〇事件(1925.5) → 広州国民政府樹立(1925.7)

遷都

武漢政府(1927.1)

北伐開始(1926.7)
蔣介石，実権掌握

浙江財閥

国共分離宣言 ← 上海クーデタ(1927.4) 支持

南京国民政府樹立(1927.4)

毛沢東，井崗山にソヴィエト政権樹立(1927.10)

中華ソヴィエト共和国樹立(1931.11，瑞金) 攻撃

長征(大西遷)出発(1934.10～36.10)

八・一宣言(1935.8)

延安に解放区建設

第2次国共合作(1937.9～45.11)
抗日民族統一戦線

日本の動向
山東出兵(1927～28)
張作霖爆殺(1928.6)
柳条湖事件(1931.9)
満洲事変(1931.9)
国際連盟脱退を通告(1933.3)
西安事件(1936.12)
張学良，蔣介石を監禁
盧溝橋事件(1937.7)(→p.181)
日中戦争(1937～45)

北伐完了(1928.6)
全中国の統一

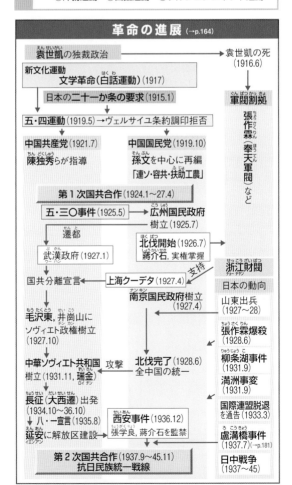

大雪山を越える共産党軍(紅軍)

▲⑦**長征**　第1次国共合作を破棄した蔣介石は共産党への攻撃を強化したため，1934年，毛沢東らは**瑞金**を脱出し，1万2500kmを移動して2年後に**延安**に拠点を構えた。

◀⑥**毛沢東**　**長征**途中の遵義会議(1935年)の後，共産党の指導的立場にたった。

ポイントチェック ( )内の正しい方に○をつけよう！
民族自決の原則の影響は東アジアにも及び，五・四運動や三・一運動など(日本・ドイツ)への抗議運動が起こった。中国では，対立していた国民党と共産党が(国共合作・北伐と長征)を行い，協力して日本の侵略と戦った。

世界恐慌とファシズム ——「もてる国」と「もたざる国」の明暗

ヨーロッパ

時代の扉

街にひびく「ハイルヒトラー（ヒトラー万歳）」 (→p.215)

「われらの最後の望み」

Unsere letzte Hoffnung

HITLER

ヒトラー

▲①ナチ党の1932年の選挙用ポスター

◀②フォルクスワーゲン（国民車）の操業（1938年）　ナチ政権は、「すべての国民が車を」とする自動車産業の育成やアウトバーン（高速道路網）の建設など、失業者対策を行った。

ファシズム国家の動き

	ドイツ	イタリア
不安定な政局　ファシズム国家の出現　対外侵略	1920 国民社会主義ドイツ労働者党（ナチ党）成立	
	21 ヒトラー, ナチ党首となる	1921 ファシスト党結成
	23 ミュンヘン一揆（→失敗）	22 ムッソリーニのローマ進軍
	26 ドイツ, 国際連盟に加盟	ファシスト党内閣成立
		28 ファシスト党独裁確立
	1929 世界恐慌始まる	
	32 ナチ党, 第一党となる	
	33 ヒトラー内閣成立	
	全権委任法（ナチ党, 独裁権確立）	
	国際連盟脱退を通告	
	34 ヒトラー, 総統に就任	
	35 ザール編入　再軍備宣言	35 エチオピア戦争
	36 ラインラント進駐（ヴェルサイユ条約・ロカルノ条約破棄）	36 エチオピア併合
	36 スペイン内戦に干渉（～39）	
	36 ベルリン-ローマ枢軸成立	
	37 日独伊防共協定	
	38 オーストリア併合（→p.182）	37 国際連盟脱退
	ミュンヘン会談→ズデーテン地方併合	39 アルバニア併合

クイズ

Try1 写真①の選挙用ポスターでは, 最後の望みを誰に託せといっているだろうか。その人物の名を答えよう。

Try2 このポスターは, どのような人々に投票を訴えているのだろうか。　①外国人　②失業者　③富裕者
ヒント　ナチ党が国民に向けて行った政策（写真②）にも注目。

Try3 この時の選挙戦は, どのような結果になっただろうか？
①ナチ党が第一党になった　②ナチ党が敗北した

❶ 世界恐慌とその波及 (→p.215)

銀行の前に押し寄せる人々

▶③暗黒の木曜日　1929年10月24日, ニューヨーク・ウォール街の証券取引所で株価が大暴落し, 「暗黒の木曜日」とよばれた。これをきっかけとして, 深刻な恐慌がアメリカを襲った。

▼④TVAによってつくられたテネシー川のノリスダム

▲⑤フランクリン=ローズヴェルト　1933年にアメリカ大統領になり, 国家統制によって経済を安定化させるニューディールで大恐慌をのりこえようとした。
▶⑥アメリカのニューディール

```
アメリカ                          ヨーロッパ諸国
好景気による投機ブーム → 株式の暴落    経済復興
工業製品の過剰生産 → 工場倒産        農産物生産
                  失業者増大        の復活
農産物の過剰生産 → 価格下落離農      農産物価格暴落
                              失業者増大
        援助うち切り
        世界恐慌 (→p.34)
```

```
もたざる国        対立        もてる国
日 →満洲・中国へ   第二次世界大戦へ  米 →ニューディール
独 →東欧諸国へ            英 →スターリング=ブロック
伊 →エチオピアへ           仏 →フラン=ブロック
----軍事力で侵略----       ----ブロック経済体制----
（ファシズム（全体主義）体制）  ソ →五か年計画
                    ----社会主義経済----
```

救済	復興	改革	対ラテンアメリカ	対ヨーロッパ
1933年 全国産業復興法（NIRA）（全産業を政府の監督下におく）	1933年 テネシー川流域開発公社（TVA）（テネシー川流域の総合開発、失業者対策）	1933年	善隣外交（高圧的→友好的）	ソ連承認
1933年 農業調整法（AAA）（生産の制限、価格の調整）		1935年 ワグナー法（労働者の団結権・団体交渉権を保障）		
1933年 金本位制廃止				

〈国際連盟『統計月報』〉

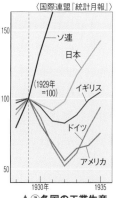

ソ連　日本　（1929年=100）　イギリス　ドイツ　アメリカ

▲⑦各国の工業生産

〈東洋書林『新編世界歴史統計』〉

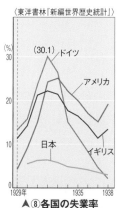

（30.1）ドイツ　アメリカ　日本　イギリス

▲⑧各国の失業率

② イタリア・ドイツのファシズムの台頭と対外侵略

イタリア～ファシスト党

スペイン内戦

- ✔ 国際義勇軍の支援（国際旅団）
- ✔ 独・伊の支援
- フランコ軍の勢力範囲
  - ■ 1936年7月
  - □ 1939年3月

スペイン内乱への不干渉　ナチ党政権への宥和政策

1939.3　フランコ派反乱軍完勝

1936.7 フランコ軍反乱起こす

ドイツの侵略

- ■ 第一次世界大戦後の領域（1919～37）
- ■ 1938年併合
- ■ 1939年併合
- ■ 1939年保護国（スロヴァキア地方）
- ■ 1940年併合
- ■ 1941年併合

▲⑨ローマ進軍　ムッソリーニ（1883～1945）は，**ファシスト党**を結成後，1922年，2万5000人の武装行動隊を首都ローマに動員し，政権を獲得した。

◀⑩ベルリン=ローマ枢軸の形成

ドイツ～ナチ党

▲⑪**オーストリア併合**　1938年3月，ナチス=ドイツは，民族自決を大義名分に，ドイツ人の多く居住する**オーストリアを併合**した。写真は，ヒトラーを迎え入れるオーストリアの人々。

◀⑫映画「**サウンド=オブ=ミュージック**」　ナチス占領下のオーストリアで，歌と家族愛で人々を励まし，1938年にアメリカへ亡命した反ナチス派のトラップ一家の実話をもとにした作品。

祖国の唄「エーデルワイス」を歌う一家

more スペイン内戦

スペインでは，1936年に**フランコ将軍**の指揮で軍部が反ファシズムの**人民戦線政府**に対して反乱を起こし，ドイツとイタリアが援助を行った。ソ連や国際義勇軍は政府を支援したが，結局，39年反乱軍が勝利しフランコ独裁体制が誕生した。

▲⑬フランコ将軍（1892～1975）

③ 日本の中国進出～日中戦争

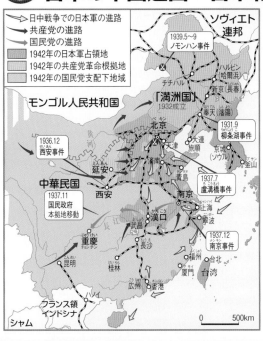

- ⇒ 日中戦争での日本軍の進路
- → 共産党の進路
- → 国民党の進路
- ■ 1942年の日本軍占領地
- ■ 1942年の共産党革命根拠地
- ■ 1942年の国民党支配下地域

1939.5～9　ノモンハン事件

1936.12　西安事件

1931.9　柳条湖事件

1937.7　盧溝橋事件

1937.11　国民政府本拠地移動

1937.12　南京事件

日本

中国

◀⑮「満洲国皇帝」溥儀　**辛亥革命**によって退位した清朝最後の皇帝（**宣統帝**）。1932年に「**満洲国**」が成立すると，日本の関東軍によってかつぎ出されて，34年に皇帝となった。

◀⑭盧溝橋事件（左）と抗日を訴える壁画（右）　義和団事件（→p.165，167）以降，北京に駐屯していた日本軍が，1937年，郊外の盧溝橋付近で中国軍と小ぜり合いを起こしたのをきっかけに，日中は全面戦争にはいった。中国民衆は日本の破壊と略奪に抵抗し，憎悪は激しくなっていった。

ポイントチェック

（　）内の正しい方に○をつけよう！

アメリカで起きた恐慌は，世界各国で（富裕者・失業者）を増大させた。イギリスなどのもてる国は（自国・他国）の経済再建を優先するブロック経済化を推進して国際協調の動きをはばみ，ドイツなどのもたざる国では（ファシズム・社会主義）が台頭した。

第二次世界大戦 ——世界に未曾有の惨禍をもたらした2度目の大戦

時代の扉 飽くことのないドイツの野望

1938年9月

チェコスロヴァキア

(ソ)スターリン

なんと,私の席はないのか！

Ⓐ

(英)チェンバレン

(仏)ダラディエ

(伊)ムッソリーニ

▲①ミュンヘン会談の風刺画　この会談で,英・仏は,ドイツの侵略的な領土要求（ズデーテン地方併合）に対し,ヨーロッパの平和維持とドイツを反ソ・反共の防波堤とするため,その要求を認めた（宥和政策）。

ドイツ

会談での約束を破り,1939.3チェコスロヴァキアを解体。さらに,ポーランドにも領土要求

→英・仏がソ連と同盟交渉

東西両面の対立は避けたい

英・仏は信用できない

1939年8月

クイズ

Try1 図①のⒶは,どこの国の誰だろうか。
①スペインのフランコ
②ドイツのヒトラー
③アメリカのローズヴェルト
ヒント　腕章に着目しよう。（→p.181）

Try2 ソ連のスターリンは,この会談に招かれたのだろうか。

Try3 この会議は,結果的にヨーロッパの情勢にどう作用しただろうか。
①さらなるドイツの侵略を招いた
②英仏のおもわくどおり平和が続いた

▲②独ソ不可侵条約の風刺画　ドイツとソ連の提携は,世界に衝撃を与えた。

① ヨーロッパ戦線

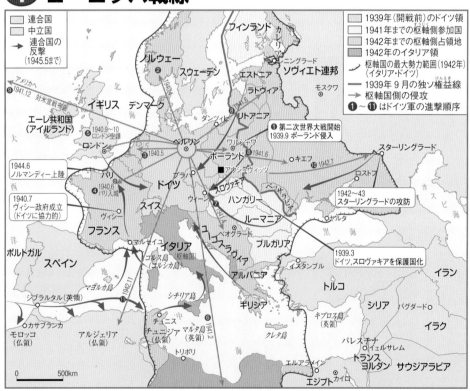

凡例：
- 連合国
- 中立国
- → 連合国の反撃（1945.5まで）

- 1939年（開戦前）のドイツ領
- 1941年までの枢軸側参加国
- 1942年までの枢軸側占領地
- 1942年のイタリア領
- 枢軸国の最大勢力範囲（1942年）（イタリア・ドイツ）
- 1939年9月の独ソ権益線
- 枢軸国側の侵攻
- ❶～⓫はドイツ軍の進撃順序

1941.12 対米宣戦布告

❶第二次世界大戦開始 1939.9 ポーランド侵入

1944.6 ノルマンディー上陸

1940.7 ヴィシー政府成立（ドイツに協力的）

1942～43 スターリングラードの攻防

1939.3 ドイツ,スロヴァキアを保護国化

▼④パリに入城するドイツ軍

ド=ゴール（→p.189）,ロンドンに自由フランス政府樹立　伊,英・仏に宣戦

ヨーロッパ戦線の経過

年	月	事項
1939	.3	チェコスロヴァキア解体（→p.181）
	.8	独ソ不可侵条約
	.9	独,ポーランドに侵攻
		→第二次世界大戦始まる
		独・ソ連,ポーランドを分割・併合
	.11	ソ連－フィンランド戦争（～40.3）
40	.4	独,デンマーク・ノルウェーに侵攻
	.5	独,オランダ・ベルギーに侵攻
	.6	独,パリ占領
	.7	仏,ヴィシー（ペタン）政府成立
	.8	ソ連,バルト3国を併合
	.9	日独伊三国同盟
41	.3	米,武器貸与法可決
		独軍,バルカン制圧（1941年春）
	.6	独ソ戦争開始
	.8	連合国,大西洋憲章発表（→p.184）
42	.1	独,ユダヤ人絶滅を決定（→p.184）
	.11	連合軍,北アフリカ上陸
43	.1	カサブランカ会談（米・英）（→p.184）
	.2	スターリングラードの戦いで独軍降伏
	.7	連合軍,シチリア島に上陸
	.9	伊,無条件降伏
	.11	カイロ会談（米・英・中）（→p.184）
		テヘラン会談（米・英・ソ）（→p.184）
44	.6	連合軍,ノルマンディーに上陸
	.8	連合軍,パリ解放
45	.2	ヤルタ会談（米・英・ソ）（→p.184）
	.5	ベルリン陥落　独,無条件降伏
	.7	ポツダム会談（米・英・ソ）（～.8）（→p.184）

◀③ノルマンディー上陸　1944年6月6日,ドイツ本土への侵攻のため,米英連合軍の17.6万人の兵士と約5300隻の艦艇がノルマンディー沖に集結し,史上最大の上陸作戦が行われた。連合軍が勝利し,大戦の大きな転機となった。

② 第二次世界大戦の国際関係

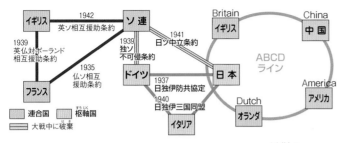

- 連合国
- 枢軸国
- ▨ 大戦中に破棄

図の関係:
- イギリス — 1942 英ソ相互援助条約 — ソ連
- イギリス — 1939 英仏対ポーランド相互援助条約 — フランス
- フランス — 1935 仏ソ相互援助条約 — ソ連
- ソ連 — 1939 独ソ不可侵条約 — ドイツ
- ソ連 — 1941 日ソ中立条約 — 日本
- ドイツ — 1937 日独伊防共協定 — 日本
- ドイツ — 1940 日独伊三国同盟 — イタリア
- ABCDライン: Britain イギリス, China 中国, America アメリカ, Dutch オランダ, 日本

◀⑤日独伊三国同盟の成立 1940年，ドイツとイタリア，日本の3国は，第三国からの攻撃に対し，相互援助を約束する軍事同盟を結んだ。この同盟により，戦争は世界規模へと拡大した。

more 1945年8月，原子爆弾の投下

戦争の早期終結を望むアメリカは，8月6日に**広島**に**原子爆弾**を投下した。一瞬のうちに広島の中心部は壊滅し，14万人もの人が犠牲になった。さらに9日には**長崎**にも原子爆弾が投下され，15日，日本は無条件降伏した。

▲⑦広島に投下された原子爆弾（ウラニウム型，模型）
- 長さ 3m
- 直径 0.7m
- 重さ 約4t

▼⑧原子爆弾投下後の広島

アジア・太平洋戦線の経過

年	月	出来事
1939	.5	ノモンハン事件（満洲国境で日ソ両軍が衝突）
	.7	米，日米通商航海条約破棄通告
40	.3	汪兆銘，南京政府樹立
	.7	日本，「大東亜共栄圏」構想を発表（→p.35）
	.8	中国八路軍が大攻勢
	.9	日本，北部仏領インドシナ進駐
		日独伊三国同盟
41	.4	日ソ中立条約
	.7	米・英が日本資産を凍結
		→日本への連合国の貿易制限
		＝ABCDライン形成
		日本，南部仏領インドシナに進駐
	.12	日本，マレー半島上陸，真珠湾（パールハーバー）攻撃（太平洋戦争〜45）

▲⑥真珠湾攻撃で炎上するアメリカの艦船 1941年12月8日，日本はハワイの真珠湾を奇襲攻撃し，太平洋戦争が始まった。

年	月	出来事
42	.6	ミッドウェー海戦→日本軍大敗
	.8	米，ガダルカナル島に上陸
43	.12	日本，学徒出陣始まる
44	.6	米，サイパン島に上陸（.7 サイパン島陥落）
		○日本本土空襲激化
	.10	米，レイテ島に上陸
45	.3	硫黄島の日本軍全滅
	.4	米軍，沖縄本島に上陸
	.8	広島・長崎に原爆投下　ソ連，対日参戦
		日本，ポツダム宣言（米・英・中・ソ）受諾
		→無条件降伏
	.9	日本，降伏文書調印

---

③ アジア・太平洋戦線

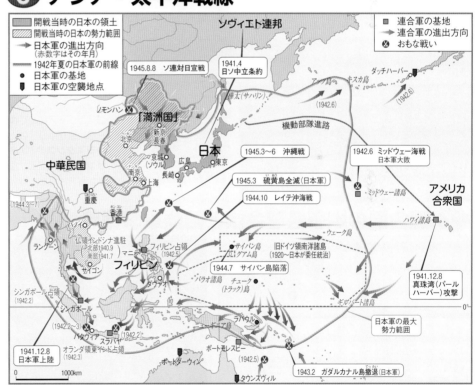

凡例:
- 開戦当時の日本の領土
- 開戦当時の日本の勢力範囲
- → 日本軍の進出方向（赤数字はその年月）
- 1942年夏の日本軍の前線
- ● 日本軍の基地
- 日本軍の空襲地点
- ■ 連合軍の基地
- → 連合軍の進出方向
- ⊗ おもな戦い

地図内の記述:
- ソヴィエト連邦
- 1945.8.8 ソ連対日宣戦
- 1941.4 日ソ中立条約
- ダッチハーバー（1942.6）
- アッツ島・キスカ島（1942.6）
- ノモンハン
- 「満洲国」
- 新京（長春）
- 京城（ソウル）
- 日本・東京
- 広島・長崎
- 1945.3〜6 沖縄戦
- 1942.6 ミッドウェー海戦 日本軍大敗
- ミッドウェー諸島
- 1945.3 硫黄島全滅（日本軍）
- 1944.10 レイテ沖海戦
- アメリカ合衆国
- ハワイ諸島
- 中華民国
- 北京
- 南京・上海
- 重慶
- 香港（1944.3〜7）
- ハノイ
- ラングーン
- 仏領インドシナ進駐（北部1940.9 南部1941.7）
- サイゴン
- マニラ
- フィリピン占領（1942.5）
- フィリピン
- ダバオ
- 1944.7 サイパン島陥落
- サイパン島・グアム島
- 旧ドイツ領南洋諸島（1920〜日本が委任統治）
- パラオ諸島
- チューク（トラック）島
- ウェーク島
- ギルバート諸島
- 1941.12.8 真珠湾（パールハーバー）攻撃
- シンガポール占領（1942.2）
- シンガポール（1942.2〜3）
- バタヴィア（1942.3）
- スラバヤ（1942.2）
- 1941.12.8 日本軍上陸 オランダ領東インド占領（1942.3）
- ラバウル
- ニューギニア
- ポートモレスビー（1942.5）
- 日本軍の最大勢力範囲
- 1943.2 ガダルカナル島撤退（日本軍）
- ポートダーウィン
- タウンズヴィル
- 0 1000km

◀⑨ビルマの油田を攻撃する日本軍 日本は石油・石炭などの主要資源にとぼしく，戦争を続けるためには，アジアの資源を確保することが不可欠であった。

ポイントチェック （　）内の正しい方に○をつけよう！

ヨーロッパでは，ミュンヘン会談が（**ドイツ**・イギリス）の侵略をうながし，日本による中国侵略が結びつくことで，世界の大国が二つに分かれて戦う（**第一次**・第二次）世界大戦が勃発した。この大戦では，世界初の（**原子**・水素）爆弾が使用されるなど，民間人を巻き込む史上最大の惨禍をもたらした。

❶ 大戦の被害と犠牲

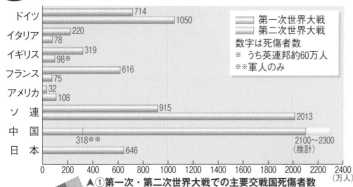

▲① 第一次・第二次世界大戦での主要交戦国死傷者数

凡例：
- 第一次世界大戦
- 第二次世界大戦

数字は死傷者数
※ うち英連邦約60万人
※※ 軍人のみ

（万人）

- ドイツ 714 / 1050
- イタリア 220 / 78
- イギリス 319 / 98※
- フランス 616 / 75
- アメリカ 32 / 108
- ソ連 915 / 2013
- 中国 318※※ / 2100〜2300（推計）
- 日本 646

は、こんな人　日記が世界的ベストセラー アンネ＝フランク（1929〜45）

ナチス＝ドイツは、人種主義政策による**ユダヤ人**の大量殺戮を行った。ユダヤ系ドイツ人のアンネは、厳しい迫害をのがれ、屋根裏部屋で家族と隠れて暮らしていたが、1944年、強制収容所へ連行され、翌年15歳で病死した。有名な『アンネの日記』は隠れて暮らしている時のもの。

▲②『アンネの日記』

世界遺産

◀③ **アウシュヴィッツ第二強制収容所**（ビルケナウ収容所、ポーランド）
ユダヤ人は強制収容所で強制労働をさせられ、毒ガスなどで虐殺された。

more 日本の大陸進出と支配下の人々

戦争が長引くと、国内の人手不足を補うため、朝鮮半島から朝鮮人を徴用・動員して苛酷な労働に従事させた。

また、日本軍の占領地では、軍政の下で日本語教育や神社参拝の強制など、現地の歴史や文化を無視した政策が行われた。

▲④ **松代大本営地下壕**
戦争末期に開始された工事には、日本人の勤労奉仕隊のほか、多くの朝鮮人労働者が動員され、地下壕の掘削などの労働に従事した。

◀⑤ **シンガポールの小学生のラジオ体操**

▶⑥ **レジスタンス**（イタリア）ファシズム諸国の占領支配に対し、フランス・イタリア・ユーゴスラヴィアなどでは、一般民衆が中心となり、**レジスタンス**や**パルチザン**とよばれる武力闘争が展開された。

❷ 連合国の戦争処理会談と国際軍事裁判

赤字は日本に直接関係する会談

地図：
- ❶ ニューファンドランド沖
- ❷ カサブランカ
- ❸ カイロ
- ❹ テヘラン
- ❺ ヤルタ
- ❻ ポツダム
- ニュルンベルク
- 大西洋

―米・英・ソ・中の各国首脳― 米：ローズヴェルト（ポツダム会談のみトルーマン） 英：チャーチル（ポツダム会談では途中からアトリー） ソ：スターリン 中：蔣介石

❶ 1941.8（米・英）**大西洋上会談**	枢軸国との対決、対ソ連援助を明確化、**大西洋憲章**を発表。
❷ 1943.1（米・英）**カサブランカ会談**	対伊作戦（シチリア島上陸）を協議、枢軸国、とくに独の無条件降伏方式を発表。
❸ 1943.11（米・英・中）**カイロ会談**	**カイロ宣言**（満洲・台湾の中国への返還、朝鮮の独立まで戦いぬく）を発表。
❹ 1943.11〜12（米・英・ソ）**テヘラン会談**	ドイツ総攻撃作戦（ノルマンディー上陸作戦）決定。
❺ 1945.2（米・英・ソ）**ヤルタ会談**	**ヤルタ協定**（国際連合、対独戦争処理、ソ連の対日参戦を決定）。
❻ 1945.7〜8（米・英・ソ）**ポツダム会談**	**ポツダム協定**（ドイツの占領方針決定）**ポツダム宣言**（日本に無条件降伏を勧告）

◀⑦ **ニュルンベルク裁判** 1945年11月から、連合国による史上初めての国際軍事裁判が開かれ、ドイツの戦争指導者の罪が裁かれた。この裁判では、12人が死刑となった。

（人物名）ゲーリング／ヘス／リッベントロップ

▶⑧ **ヤルタ会談** 1945年2月、米・英・ソの3国首脳が、戦後体制のわく組みに関する**ヤルタ協定**を結んだ。しかし、東欧の扱いや日本・ドイツの戦後処理などで、多くの冷戦の芽をはらんでいた。

チャーチル／ローズヴェルト／スターリン

戦後史
の扉
戦後世界の概観
大戦の反省から，平和維持をめざし**国際連合**が設立された。しかし，世界の主導者となったアメリカとソ連の対立が明らかとなった。

185

国際連合の設立

▲①第1回国連総会 (1946年, イギリス)

1945年	9	14	22		51か国
1960年	23	26	26	22	99
2015年	39	54	51※	35 14	193

アジア　アフリカ　ヨーロッパ　南北アメリカ　オセアニア

※ヨーロッパの加盟国には，独立国家共同体(CIS)の構成国を含む。

▲②国連加盟国の推移

▲③国連のしくみ　—— 直接報告の関係　---- 非従属の関係

戦後の世界の流れ

米	資本主義陣営		社会主義陣営	ソ	アジア・アフリカ諸国
		1945.10 国際連合成立 冷戦の始まり			
	1946.3 「鉄のカーテン」演説				1946.12 インドシナ戦争(~54.7)
ト ル ー マ ン	47.3 トルーマン=ドクトリン発表		1947.9 コミンフォルム結成(~56.4)	ス タ ー リ ン	47.8 インド・パキスタン分離独立
	.6 マーシャル=プラン		48.2 チェコスロヴァキアに共産党政権樹立		48.5 第1次中東(パレスチナ)戦争
	48.3 西ヨーロッパ連合条約	48.6~49.5 ベルリン封鎖	49.1 コメコン(COMECON)結成		.8 大韓民国成立
	.12 世界人権宣言		.9 ソ連, 核実験		.9 朝鮮民主主義人民共和国成立
	49.4 北大西洋条約機構(NATO)成立		.10 ドイツ民主共和国(東ドイツ)成立		49.12 インドネシア独立
	.5 ドイツ連邦共和国(西ドイツ)成立	50.6~53.7 朝鮮戦争	中華人民共和国成立 50.2 中ソ友好同盟相互援助条約(~80.4)		
	51.9 サンフランシスコ講和条約 日米安全保障条約		53.3 スターリン死去		53.6 エジプト共和国宣言
ア イ ゼ ン ハ ウ ア ー	54.9 東南アジア条約機構(SEATO)成立	54.4 ジュネーヴ会議	55.5 ワルシャワ条約機構	フ ル シ チ ョ フ	54.6 周・ネルー会談(平和五原則)
	55.5 西ドイツ, NATO加盟	55.7 ジュネーヴ4巨頭会談	56.2 フルシチョフのスターリン批判		55.4 第1回アジア=アフリカ(AA)会議(バンドン)
	.11 中東条約機構(バグダード条約機構)(METO) (59.8 CENTOに改称)		.6 ポーランド, ポズナニ暴動		56.7 エジプト, スエズ運河国有化宣言
	58.1 ヨーロッパ経済共同体(EEC)成立	59.9 米ソ首脳会談	.10 ハンガリー, 反ソ暴動		.10 第2次中東(スエズ)戦争
ケ ネ デ ィ		62.10 キューバ危機	59.1 キューバ革命		60 「アフリカの年」
		63.8	61.8 「ベルリンの壁」建設		61.9 第1回非同盟諸国首脳会議(ベオグラード)
ジ ョ ン ソ ン	66.7 フランス, NATO軍事機構脱退	部分的核実験禁止条約 65.2~75.4 ベトナム戦争	63 中ソ論争公然化		63.5 アフリカ統一機構(OAU)結成
	67.7 ヨーロッパ共同体(EC)発足	68.6	66.5 中国, 文化大革命始まる	ブ レ ジ ネ フ	64.3 国連貿易開発会議(UNCTAD)発足
ニ ク ソ ン	71.8 米, ドル防衛策(金・ドル交換停止)→ドル=ショック	核拡散防止条約 72.2	68.1 チェコ「プラハの春」		67.6 第3次中東戦争(六日戦争)
	73.1 拡大EC発足	米中共同声明 72.5	71.10 中華人民共和国が国連の中国代表権獲得		.8 東南アジア諸国連合(ASEAN)結成
フォード	.10 石油危機(オイル=ショック)		79.12 ソ連, アフガニスタンに侵攻		73.10 第4次中東戦争
カーター	75.11 第1回主要先進国首脳会議(サミット)	米ソ, SALTⅠ調印	80.9 ポーランドで「連帯」結成		76.7 ベトナム社会主義共和国成立
レーガン		87.12 INF全廃条約調印	86 ソ連でペレストロイカ(改革)開始(ゴルバチョフ書記長)		79.2 中越戦争(~79.3)
		冷戦の終結	89.6 中国で天安門事件(第2次)	ゴ ル バ チ ョ フ	80.9 イラン-イラク戦争(~88.8)
ブ ッ シ ュ (父)	91.1 湾岸戦争	90.10 東西ドイツ統一	89.12 ルーマニア革命(チャウシェスク処刑)		90.8 イラク, クウェートに侵攻
	92.2 EC12か国, マーストリヒト条約調印	91.7 米ソ, STARTⅠ調印	91.6 コメコン解散決定		91.1 湾岸戦争
ク リ ン ト ン	93.11 ヨーロッパ連合(EU)発足	93.1 米ロ, STARTⅡ調印	.7 ワルシャワ条約機構解体		.6 南ア, アパルトヘイト撤廃
			.12 ソヴィエト連邦解体	エ リ ツ ィ ン	.9 南北朝鮮, 国連加盟
ブ ッ シ ュ (子)	95.1 世界貿易機関(WTO)発足 (GATT, 発展的解消)				.10 カンボジア和平協定調印
					93.9 パレスチナ暫定自治協定調印
					98.5 インドとパキスタンが核実験
					99.4 ASEAN, 10か国に
オ バ マ	2001.9 同時多発テロ		2001.12 中国, WTO加盟	メ ド ヴ ェ ー ジ ェ フ	2003.3 イラク戦争
	13.7 EU, 28か国に		11.1 「アラブの春」(~12)	プ ー チ ン	11.1 「アラブの春」(~12)
ト ラ ン プ バイデン	20.1 イギリス, EU離脱(EU, 27か国に)		12.8 ロシア, WTO加盟		15.12 ASEAN経済共同体発足

戦後の国際関係

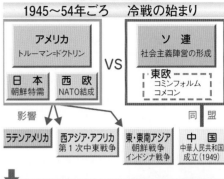

1945~54年ごろ　冷戦の始まり

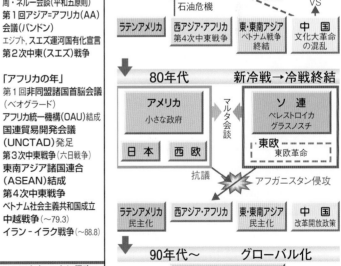

低開発地域(アフリカ・カリブ海の一部など)

45～54年ごろ　186～191
55～60年代末　186～195・200～201
70年代　187・194・195・200・201
80年代　198～201・206・207
90年代～　198～201・205～208

時代の扉

命をつなぐ「空のかけ橋」作戦！

当初はフェンス、後に壁で遮断され、西ベルリンは完全な孤立状態となった。

◀**①ベルリンの分割**
戦後ドイツは，ソ連と米・英・仏によって国土を東西に分割された。さらに首都ベルリンも東西に分けられ，**4か国**による管理下におかれた。

▶**②ベルリン空輸** 米英が独自の経済政策を行ったことに反発したソ連は，1948年に西ベルリンへ通じるすべての道路を封鎖したため，西ベルリンは陸の孤島となっていた。

1945〜48年　73万人

東西ドイツの成立
1949年5〜10月

1949〜
61年8月　269万人

▲**③東から西への亡命者数**
西ドイツはアメリカの支援を受け，経済発展をとげていた。

10
（→p.216）
東ベルリン　ブランデンブルク門
ベルリンの壁
西ベルリン

▲**④東西分断の象徴「ベルリンの壁」の建設**（1961年）

クイズ

Try1 図①から，東西ベルリンを管理している4つの国名をあげよう。

Try2 写真②の西ベルリン市民は，なぜ飛行機を見ているのだろうか。
①世界初の飛行実験を見物している
②自分たちへの食料，燃料などの空輸を待っている
③空襲を警戒している

Try3 経済発展をとげる西ベルリンに，多くの東ドイツ国民が流出した。それを防ぐために，1961年に東ドイツ政府が建設した建築物はどれだろう。
①鉄のカーテン　②ベルリンの壁　③嘆きの壁

① 東西陣営の形成

9
（→p.216）

いまやバルト海のシュチェチンからアドリア海のトリエステまで，一つの鉄のカーテンが大陸を横切っておろされている。

◀**⑤イギリス前首相チャーチルの「鉄のカーテン」演説**（1946年）ソ連の東欧への拡大路線を非難した。

武装した少数者または外部の圧力による征服の企てに抵抗している自由な諸国民を支援することが，合衆国の政策でなければならない。

▶**⑥アメリカ大統領トルーマンの宣言**
1947年に，ソ連などの共産主義「封じ込め政策」（**トルーマン=ドクトリン**）を提起した。

▼**⑦第二次世界大戦後のヨーロッパ**
＊1991年ソ連解体にともない解散

NATO結成時（1949）の加盟国（ほかにアメリカ・カナダ）
その後のNATO加盟国（〜1991年）
ワルシャワ条約機構加盟国＊
鉄のカーテン（1946年）

1955年西ドイツNATOに加盟
1966年NATO軍事機構を脱退
米・英・仏・ソによる分割管理→1955年独立

連合国による占領地域
イギリス
アメリカ
フランス
ソ連

❷ アジアにおける米ソ対立の影響 (→ p.37)

A 中国の内戦と中華人民共和国の成立

毛沢東

➤⑧**中華人民共和国の成立**(1949年) 再び起きた国共内戦に勝利した**共産党**によって，中華人民共和国が建国された。翌年，ソ連との間で**中ソ友好同盟相互援助条約**を締結し，日米と対決する構図となった。一方，内戦に敗れた**国民党**は**台湾**にのがれた。

「大躍進」政策
高度経済成長をめざした毛沢東は，1958年から「**大躍進**」政策を開始し，鉄鋼の増産や，**人民公社**を設立して農業の集団化を進めた。

↓ しかし…

急激な改革により経済は混乱し，さらに自然災害が重なって2000万人もの餓死者を出すなど，政策は失敗に終わった。

土法炉

◄⑨**鉄鋼生産のための土法炉** 「15年後にはイギリスを追い越す」ことを目標に掲げ，多くの土法炉（原始的な溶鉱炉）がつくられた。労働者として農民も工業部門に転用された。

B 朝鮮戦争（1950〜53年）
＊国連安全保障理事会の決議によって編制されたアメリカを中心とする多国籍軍。国連憲章の規約に従って組織された軍ではない。

ⓐ－1950年9月－
→ 1950年6月北朝鮮軍の侵攻
→ 1950年9月北朝鮮軍の最前線
中国
平壌
北緯38度線
仁川 ソウル
釜山
1950年9月15日 国連軍の攻撃
1950年7月米軍・国連軍が日本から上陸
0 100km

1950年6月北朝鮮軍が突然韓国へ侵攻する
↓
戦争へ

ⓑ－1950年11月－
→ 1950年9〜11月国連軍の進路
→ 1950年11月国連軍の最前線
中国
平壌
仁川 ソウル
釜山
0 100km

米を中心とした国連軍＊の参戦で形勢逆転

中国義勇軍の参加で国連軍敗走

ⓒ－1951年－
→ 中国義勇軍の進路
→ 国連軍の進路
━ 1951年11月27日停戦ライン
▨ おもな戦闘地帯
中国
朝鮮民主主義人民共和国
1951年11月27日 停戦ライン（現在まで続く）
平壌
板門店
仁川 ソウル
光州 釜山
大韓民国
1953.10 米韓相互防衛条約
0 100km

51年休戦会談 53年休戦協定

◄⑩**朝鮮戦争の経過** 米ソの対立に巻き込まれるかたちで始まった。1953年に北緯**38度線**付近を境に休戦にいたったが，多くの犠牲者を出した。

▼⑪今も緊張が続く**板門店**

北朝鮮側
韓国側

C インドシナ戦争（1946〜54年）

1954.3〜5 ディエンビエンフーの戦い
ディエンビエンフー
ラオス
ハノイ ハイフォン
トンキン湾
1945.9 ホー＝チ＝ミンが独立を宣言
ヴィエンチャン
タイ
ツーラン（ダナン）
フランス領インドシナ
カンボジア
プノンペン
サイゴン
北緯17度線
0 300km

北部
ベトナム民主共和国
・ホー＝チ＝ミン指導
・首都 ハノイ
・1945年独立

↓

南部
ベトナム国
・バオ＝ダイ政権
・首都 サイゴン
・1949年成立

フランス

□ 1954年までのフランス領
▨ 1946〜50年のベトナム人民軍の占領地
▨ 1951〜54年のベトナム人民軍の占領地

1954年 ジュネーヴ協定

D ベトナム戦争（1965〜75年）

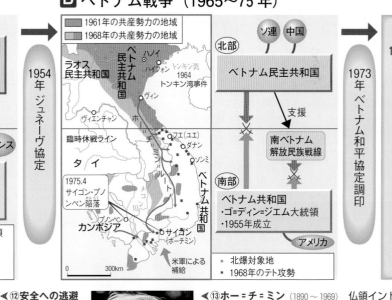

▨ 1961年の共産勢力の地域
▨ 1968年の共産勢力の地域
北部
ベトナム民主共和国
ラオス民主共和国
ハノイ
ハイフォン トンキン湾
1964 トンキン湾事件
ヴィン
ヴィエンチャン
臨時休戦ライン
ホー＝チ＝ミン＝ルート
フエ（ユエ）
ダナン
ソンミ
タイ
プノンペン
カンボジア
サイゴン（ホーチミン）
南部
ベトナム共和国
1975.4 サイゴン・プノンペン陥落
＊ 北爆対象地
・ 1968年のテト攻勢
米軍による補給
0 300km

ソ連 中国
↓
北部
ベトナム民主共和国
↓ 支援
南ベトナム解放民族戦線
↓
南部
ベトナム共和国
・ゴ＝ディン＝ジエム大統領
・1955年成立
アメリカ

1973年 ベトナム和平協定調印

1976年 南北統一→ベトナム社会主義共和国

◄⑫**安全への逃避**(1965年) ベトナム戦争において，米軍の攻撃からのがれて川を渡る母子。日本人従軍カメラマン沢田教一氏が撮影し，全世界に戦争の悲惨さを伝え，ピューリッツァー賞を受賞した。

◄⑬**ホー＝チ＝ミン**(1890〜1969) 仏領インドシナにおいて独立運動を展開し，ベトナム民主共和国の建国を宣言，共和国初代国家主席となった。

▶ポイントチェック （ ）内の正しい方に○をつけよう!
第二次世界大戦後，ドイツの分割に象徴されるアメリカとソ連の対立構造を（冷戦・太平洋戦争）という。朝鮮半島では北緯（17度・38度）線を境に南北に分断されるなど，アジアでは米ソの対立から生じる戦争が勃発した。

45〜54年ごろ
55〜60年代末
70年代

多極化する世界 ——達成される独立と第三勢力の形成

時代の扉 インドとパキスタンの決別

最後のインド総督
マウントバッテン
（ヴィクトリア女王の曾孫）

ネルー

ジンナー

INDIA

▲①分離独立の表明　インドでは，ヒンドゥー教が多数派を占め，**ネルー**らがひきいる**国民会議派**と，ムスリムが中心で，**ジンナー**ひきいる**全インド=ムスリム連盟**との対立が明らかとなったため，1947年に分離して独立した。

▶②南アジアの宗教分布

〈TIME Almanac 2010, ほか〉

キリスト教 3　その他 1

イスラーム
96%

パキスタン

仏教 1　その他
キリスト教 7　　8

イスラーム
12

ヒンドゥー教
72%

インド

大集団を形成する教徒
□ ヒンドゥー教
▨ イスラーム
□ 仏　教

？ クイズ

Try1 インドとパキスタンは，次のうちのどの国から独立を果たしたのだろう。
①アメリカ　②フランス　③イギリス
ヒント　写真中央のマウントバッテンはどこの国の人だろうか。また，p.178の学習も思い出そう。

Try2 インドとパキスタンにおいて，多数派を占める宗教をそれぞれあげよう。

Try3 インドとパキスタンは分離して独立したが，それぞれの国の中心となった勢力を下から一つずつ選ぼう。
①全インド=ムスリム同盟　②国民会議派　③インド共産党

❶ 第三勢力の形成

▶③第二次世界大戦後のアジア諸国の独立

◀④ネルー・周恩来会談（1954年）この会談において**平和五原則**が発表された。

周恩来（中国）

ネルー（インド）

平和五原則

① 領土・主権の尊重
② 相互不可侵
③ 内政不干渉
④ 平等互恵
⑤ 平和共存

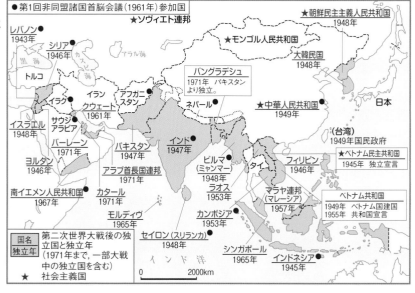

●第1回非同盟諸国首脳会議（1961年）参加国
★ソヴィエト連邦
★朝鮮民主主義人民共和国 1948年
★モンゴル人民共和国
大韓民国 1948年
レバノン 1943年
シリア 1946年
トルコ
バングラデシュ 1971年 パキスタンより独立。
★中華人民共和国 1949年
日本
イラン
アフガニスタン
クウェート 1961年
ネパール
（台湾）1949年国民政府
イラク
イスラエル 1948年
サウジアラビア
バーレーン 1971年
パキスタン 1947年
インド 1947年
ビルマ（ミャンマー）1948年
★ベトナム民主共和国 1945年 独立宣言
ヨルダン 1946年
アラブ首長国連邦 1971年
ラオス 1953年
タイ
フィリピン 1946年
南イエメン人民共和国 1967年
カタール 1971年
マラヤ連邦（マレーシア）1957年
ベトナム共和国 1949年 ベトナム国建国 1955年 共和国宣言
モルディヴ 1965年
カンボジア 1953年
国名 独立年　第二次世界大戦後の独立国と独立年（1971年まで，一部大戦中の独立国を含む）
★ 社会主義国
セイロン（スリランカ）1948年
シンガポール 1965年
インドネシア 1945年
インド洋
0　　2000km

▲⑤第1回アジア=アフリカ会議（バンドン会議）1955年に行われた史上初のアジア，アフリカの新興国首脳会議。ネルーや周恩来らが中心となり，平和五原則を発展させた**平和十原則**を採択した。

エンクルマ（ガーナ）

スカルノ（インドネシア）
ナセル（エジプト）
ネルー（インド）

◀⑥第1回非同盟諸国首脳会議　1961年に**ティトー**，ネルー，ナセルら25か国の首脳がユーゴスラヴィアのベオグラードに集まり開催。東西冷戦の中で，米ソいずれにもくみしない**第三勢力**の立場を主張した。

② アフリカの独立の光と影

▼⑦**アフリカの独立** ヨーロッパ諸国の植民地だったアフリカ諸国は，戦後次々と独立を果たし，一挙に17か国が独立した1960年は**「アフリカの年」**とよばれた。民族分布を無視して国境線が引かれたため，現在も民族紛争が絶えない。

▶⑧**ガーナの独立と初代大統領エンクルマ** 1957年にサハラ以南のアフリカで初の独立を宣言，エンクルマが首相となった。60年に共和政になると大統領に就任した。

とらえられたルムンバ首相

▲⑨**コンゴ動乱** 1960年の独立直後に内乱が勃発し，反対派によってルムンバ首相は殺害された。さらに旧宗主国ベルギーとアメリカが，鉱物資源の豊富なカタンガ州の独立を画策したため，大動乱となった。

第1回非同盟諸国首脳会議（1961年）参加国

アルジェリア戦争（1954〜62）

凡例：
- 第二次世界大戦前の独立国
- 1945〜59年に独立した国
- 1960年「アフリカの年」に独立した国
- 1961年以降に独立した国
- 赤字は旧宗主国

（1910独立当時は南アフリカ連邦（自治領））
＊スーダンより分離・独立

more はだの色で区別した「アパルトヘイト」

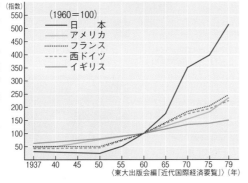

白人用　黒人用

▲⑩**区別された座席** レストランやバスの座席，公衆トイレまで区別された。

南アフリカ連邦（1961年より共和国）では1948年より**「アパルトヘイト（人種隔離政策）」**が本格化し，少数派である白人による非白人の支配が強化された。91年に関連法が撤廃され，94年には黒人の**マンデラ**が大統領に就任した。

▶⑪**マンデラ大統領**

③ 日本と西ヨーロッパの復興 (→ p.36〜37)

▶⑫**おもな資本主義国の鉱工業生産指数** 西ヨーロッパ諸国は，アメリカからの援助や国内産業の促進などによって，1960年代ごろから順調に経済を成長させた。また日本も工業製品の輸出などにより，めざましい復興をとげた。

（1960＝100）
- 日本
- アメリカ
- フランス
- 西ドイツ
- イギリス

（東大出版会編『近代国際経済要覧』）（年）

西ヨーロッパ

米ソに対抗できる経済力をつけるため，1958年に市場の統合をめざすヨーロッパ経済共同体（EEC）が発足した。67年には政治的統合も視野にいれた**ヨーロッパ共同体（EC）**へと発展した。(→ p.204)

▲⑭**EEC発足に合意するヨーロッパ諸国**（1957年）

日本 ▼⑬**戦車の修理工場** 朝鮮戦争の勃発によって，アメリカ軍が日本に大量の軍需品を発注したことが，経済成長を押し上げた。

フランスの栄光をめざした
ド＝ゴール
（1890〜1970）

第二次世界大戦中は，ドイツの占領に対する**レジスタンス**を指導した。1959年に大統領に就任すると，**アルジェリアの独立**承認やイギリスのEC加盟反対など，独自の外交を展開。**NATO**軍事機構から脱退してアメリカとも距離をおいた。68年に反対運動が起き，退陣に追い込まれた。

ポイントチェック

（　）内の正しい方に○をつけよう！

アジア・アフリカの旧植民地諸国が独立し，米ソ両陣営にもくみしない（第三勢力・アパルトヘイト）が形成された。さらに1967年に（EC・NATO）を結成した西ヨーロッパや日本が経済成長をとげたことで，世界は多極化の時代に入った。

西アジア
ヨーロッパ
アメリカ

❶ アラブ民族主義の台頭

ナセル

◀①スエズ運河の国有化を宣言したエジプトのナセル
　ナセルはアラブ民族主義を掲げ，**アスワン=ハイダム**建設の資金調達のため，イギリスが権益を主張する**スエズ運河の国有化**を宣言した。

▼②スエズ運河の国有化まで

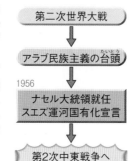

第二次世界大戦
↓
アラブ民族主義の台頭
↓ 1956
ナセル大統領就任 スエズ運河国有化宣言
↓
第2次中東戦争へ

❷ パレスチナ問題と中東戦争 (→ p.178)

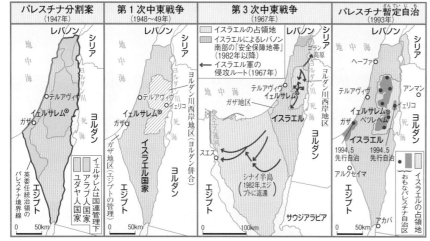

パレスチナ分割案 (1947年)	第1次中東戦争 (1948〜49年)	第3次中東戦争 (1967年)	パレスチナ暫定自治 (1993年)

▲③パレスチナ問題と中東戦争　1947年に国連で決議されたパレスチナ分割案をアラブ側が拒否したことで，ユダヤ人がイスラエルの建国を宣言すると，戦争が勃発した（第1次中東戦争）。

ユダヤ人
・宗教はユダヤ教
・ユダヤ人の国家建設を目標とし（シオニズム運動），「イスラエル」を建国

パレスチナ人（アラブ側）
・宗教はイスラーム
・「イスラエルの建国」に対し不満

▼④パレスチナ暫定自治協定の調印（1993年）　**イスラエル**と**PLO（パレスチナ解放機構）**との間で，パレスチナ人にガザ地区などでの暫定自治を認める協定が結ばれたが，反対派によって95年，ラビン首相が暗殺されるなど，和平への道はけわしいままである。

パレスチナ問題の変遷

	ユダヤ側	アラブ側
1917	バルフォア宣言	
47	受諾 国連総会，パレスチナ分割案可決	拒否
48	イスラエル国建国宣言	
	勝利 第1次中東戦争（〜49）（パレスチナ戦争）（米・英の支援）	
		パレスチナ難民激増 エジプト，スエズ運河国有化宣言
56	失敗 第2次中東戦争（スエズ戦争）（米・ソ連の反発）	
64		パレスチナ解放機構（PLO）結成
67	圧勝 -- 第3次中東戦争（六日戦争）-- 惨敗	
68		OAPEC（アラブ石油輸出国機構）結成
73	第4次中東戦争（十月戦争）	
		OAPEC，石油戦略発動 →石油危機（オイルショック）
78	キャンプ=デーヴィッド合意	
79	（単独和平）エジプト-イスラエル平和条約	
81		エジプト大統領サダト暗殺
82	イスラエル，エジプトにシナイ半島返還	
	イスラエル，レバノン侵攻	PLO，ベイルート退去
88		11.15 PLO，パレスチナ国家独立宣言採択（アルジェ）
91	中東和平会議	
93	パレスチナ暫定自治協定に調印	
2008	イスラエル，ガザ空爆	
12		パレスチナ，国連オブザーバー国家に昇格
14	イスラエル，ガザ空爆	

アメリカ大統領クリントン
イスラエル首相ラビン
PLO議長アラファト

イスラーム復興運動

A 西欧の衝撃と運動の芽生え (18世紀) (→ p.159)

1683　オスマン帝国，第2次ウィーン包囲失敗
↓
18世紀　西欧の脅威に直面したことで，初期イスラームの教えへの回帰をめざす「**ワッハーブ運動**」が起こった
↓
19世紀　**アフガーニー**らが，時代にそくした近代的なイスラーム国家の建設をめざし，団結を訴えた

▲⑤アフガーニー (1838ころ〜97)

B 「民族」を基準とした近代国家建設の波 (20世紀前半) (→ p.178)

1922　スルタン制廃止…オスマン帝国消滅
1924　カリフ制廃止
↓
イスラームという「宗教」での政治的統合の断念
↓
「民族」での結びつきを重視する近代国家へ ←反発→

▲⑥ムスリム同胞団　国家を越えたイスラームの連帯を訴える組織。

C 「近代化」をめざす政府への不信と反発 (1967年 第3次中東戦争での大敗以降)

ホメイニ

◀⑦イラン=イスラーム革命　1979年，近代化による社会的格差の不満から革命が勃発。**ホメイニ**指導のもとイスラームの教えにもとづく国づくりが行われた。翌年，革命の波及を恐れたイラクが攻め込み，**イラン-イラク戦争**が勃発した。(→ p.206)

D 信仰のよりどころとしてのイスラーム復興運動 (グローバル化の波が押し寄せてきた1990年代〜) (→ p.178)

◀⑧スカーフを着用するトルコ女性　政教分離を原則とするトルコでも，近年，日常生活において，伝統と最先端の流行を取り入れたイスラームの衣装を身にまとう女性が見られるようになった。

冷戦と核 ── 恐怖の均衡

時代の扉 大怪獣ゴジラ誕生のきっかけとは？ クイズ

▲①映画『ゴジラ』 1954年11月に公開された日本映画。深海で眠っていた巨大恐竜が襲来し,放射能火炎で街中を焼きつくした。当時の観客はゴジラの脅威と核戦争の恐怖を重ね合わせていた。©1954 TOHO CO., LTD.

Try1 左下の年表を見て,Ａ,Ｂ,Ｃのできごとが起こった年を（　　　）内に書きこもう。

Ａ **第五福竜丸事件**
（ビキニ環礁水爆実験）
（　　　）年にアメリカが太平洋のビキニ環礁で行った水爆実験で,日本の漁船第五福竜丸が被ばくし,「死の灰」を浴びた乗組員が死亡した。

Ｂ **スプートニク=ショック**
（世界初の人工衛星）
（　　　）年にソ連が人工衛星スプートニク1号・2号のうち上げを成功させ,アメリカに大きな衝撃を与えた。米ソによるミサイル開発競争が激化するのとともに,宇宙開発も進んだ。（→ p.193）

Ｃ **キューバ危機**（→ p.192）
（　　　）年,ソ連がキューバに極秘にミサイル基地を建設していることを察知したアメリカは,ただちに海上封鎖を行った。核戦争勃発の危機に世界中が震撼した。

Try2 日本映画『ゴジラ』の制作に大きな影響を及ぼした事件は上のＡ,Ｂ,Ｃのどれだろうか。

▲②ビキニ環礁での水爆実験

▲③スプートニク2号に乗せられたライカ犬

アメリカの偵察機
キューバへ向かうソ連の輸送船
▲④ソ連船を偵察するアメリカ軍機

① 加速する軍備拡張競争

▶⑤**核兵器保有数の変化** 米ソの対立は軍備拡張競争へと発展し,両国は核兵器や大陸間弾道ミサイル（ICBM）を大量に製造した。しかし同時に,**キューバ危機**によって人類滅亡の危機を経験したことで**軍備縮小**の道も模索し始めた。

1987年 中距離核戦力（INF）全廃条約
1968年 核拡散防止条約（NPT）
1991年 START I
（62）キューバ危機
（89）マルタ会談（冷戦終結）
1996年 CTBT
アメリカ
ソ連（ロシア）
1946 1950 1960 1970 1980 1990 2000（年）

核開発と軍備管理の歴史

年	できごと	終末時計
1945.	8.6広島に原爆投下　8.9長崎に原爆投下（→p.183）	（地球の破滅までの残り時間）
49.9	ソ連,最初の原爆実験	
52.10	イギリス,最初の原爆実験	
53.8	ソ連,水爆保有宣言	
54.3	アメリカ,水爆実験（ビキニ環礁）→第五福竜丸事件	0:03 CAUTION 1949
55.8	日本,第1回原水爆禁止世界大会開催（広島）	
57.7	国際原子力機関（IAEA）発足 ○ソ連,大陸間弾道弾（ICBM）開発	
57.	ソ連,スプートニク1号（10月）,2号（11月）うち上げ	
60.2	フランス,最初の原爆実験	0:02 CAUTION 1953
62.10	**キューバ危機**（→p.192）	
63.8	部分的核実験禁止条約（PTBT）調印	
64.10	中国,最初の原爆実験	
68.7	核拡散防止条約（NPT）調印	
.8	**フランス,水爆実験**	0:10 CAUTION 1969
72.5	米ソ,第1次戦略兵器制限交渉（SALTI）調印	
74.5	インド,最初の核実験	
79.6	米ソ,SALTII調印（→p.195）	
83.3	米,戦略防衛構想（SDI）発表	0:03 CAUTION 1984
87.12	米ソ,中距離核戦力（INF）全廃条約調印	
89.12	米ソ首脳,マルタ会談で冷戦終結を確認（→p.199）	
91.7	第1次戦略兵器削減条約（STARTI）調印	
93.1	STARTII調印（ブッシュ（父）・エリツィン両大統領）	0:17 CAUTION 1991
95.9	フランス,ムルロア環礁で核実験	
96.9	包括的核実験禁止条約（CTBT）採択	
98.5	インド・パキスタンが核実験	
2002.6	米,弾道弾迎撃ミサイル（ABM）制限条約を脱退	
06.	北朝鮮,核実験実施を発表	100秒 CAUTION 2020
10.4	米ロ,新核軍縮条約（新START）調印	

more 不安定な軍縮への道

冷戦時は,米ソの関係悪化が軍縮交渉の決裂へと直結した。冷戦終結後は,98年に核実験を行ったインドやパキスタンなど,民族や国家間の対立を背景に,軍縮に消極的な勢力が新たに現れた。軍縮への道はいまだけわしい。

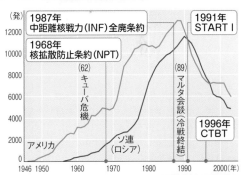

▲⑥核兵器の廃絶を訴える人々（インド）

✎ ポイントチェック

（　　）内の正しい方に○をつけよう！

米ソの対立は軍備の拡張競争へとつながり,両国は大量の（人工衛星・核兵器）を製造した。（キューバ危機・スプートニク=ショック）による人類滅亡の危機を経験したのちは軍縮交渉も行われるようになったが,交渉は対立の影響を受けた。

追跡！歴史の真相 世界が震えた13日間！ キューバ危機の真相！

ヨーロッパ　アメリカ

1 キューバにミサイルを配備せよ！　ソ連指導者の極秘指令！ 1962年10月16日 発覚

あの事件の真相は？

キューバへのミサイル配備が発覚！ 1962年10月16日, アメリカ政府は, ソ連がキューバにミサイル基地を建設していることを探知し, 衝撃を受けた。この日から約2週間, 米ソ両国はミサイルをめぐって鋭く対立し, 世界は全面核戦争の危機を迎えた（キューバ危機）。ソ連はなぜキューバにミサイルを配備したのだろう？ また, アメリカ側はなぜそのことにショックを受けたのだろう？

この人にインタビュー

ミサイル配備を指令したソビエト連邦最高指導者

フルシチョフ（1894～1971）

われわれの目的は, キューバの防衛を援助することです。…アメリカは, キューバがアメリカから145kmしか離れていないことに衝撃を受けているというが, アメリカのロケット兵器は, ソ連の隣国であるトルコにも配備されているのです。
〈10月26日付フルシチョフからのケネディへの手紙より〉

▼①キューバで発見されたミサイル基地　アメリカの偵察機が撮影。

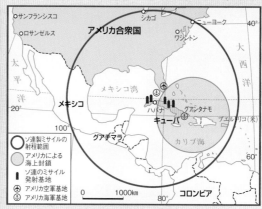

＊キューバは, 1959年の革命後, アメリカと対立していた。（→ p.194）

○ソ連製ミサイルの射程範囲
○アメリカによる海上封鎖
┃ソ連のミサイル発射基地
✈アメリカ空軍基地
⚓アメリカ海軍基地

▲②フルシチョフ（→ p.193, 194）

◀③キューバとアメリカの位置関係　キューバには, ミサイルとともに核弾頭も運び込まれていた。

2 アメリカはどう対応する？　ケネディの決断！ 1962年10月20日

武力攻撃派
ミサイルはもうキューバに運び込まれてしまったのだから, キューバを攻撃して, ミサイルを破壊しなければならない！

VS

海上封鎖派
攻撃をすれば, 報復が行われ, 核戦争に突入する危険がある。これ以上の兵器がキューバに持ち込まれないように海上交通を遮断しながら, 相手の出方を探り, 交渉を進めよう！

▲④対応を協議するアメリカの国家安全保障会議（国家安全保障会議執行委員会）　武力攻撃と海上封鎖とで意見が対立した。

この人にインタビュー

アメリカの若きリーダー
第35代大統領

ケネディ（1917～63）（→ p.193, 196）

キューバへの侵攻は, キューバにあるミサイルが発射されないことに賭けることになる。…私は海上封鎖に賛成する。
〈当時のケネディの発言より構成〉

▲⑤ケネディ

3 危機をどう回避するのか？　最後の決断の瞬間！ 1962年10月28日

フルシチョフからケネディへのメッセージ 1962年10月28日
私は, あなたが攻撃用であるという兵器（核ミサイルのこと）が, 実に恐るべきものであるという事実について, あなたやアメリカ国民が抱いている懸念を理解します。…ソ連国民と同様に, 平和を欲しているに違いないアメリカ国民を安心させるために, ソ連政府は, あなたが攻撃用とよぶ兵器を解体してソ連に送り返すよう, 新しい命令を発しました。
〈ロバート＝ケネディ著『13日間』中央公論新社, 一部改訳〉

▲米ソの緊張が続くなか, 28日, ソ連がミサイルを撤去すれば, キューバ不侵攻の確約とトルコのアメリカミサイル撤去を検討するというケネディの伝言と, ケネディが緊急演説でキューバ攻撃を発表するもようとの憶測による情報があいついでフルシチョフに届いた。彼は撤去を即断し, ただちにこのメッセージをラジオ放送で発表した。

コラム ホットライン

キューバ危機当時, 米ソ首脳が電話で直接話し合うことはできず, コミュニケーション不足が事態をいっそう深刻にした。フルシチョフがケネディへのメッセージをラジオで発表したのも, 直接に連絡を取る手段がなかったためだった。こうした反省から, 専用の直通電話回線が設けられ, この回線は, 冷戦を緩和する期待を込めて「暖かい回線」＝ホットラインとよばれた。

真相確認 （　）内の正しいほうに○をつけよう！

Try1 キューバへのミサイル配備で, （ワシントン・ロサンゼルス）がソ連のミサイルの射程範囲に入った。

Try2 米ソの首脳は, きびしく対立しながらも, 核戦争突入を避ける道を探った。ケネディは（キューバ攻撃・海上封鎖）を選択し, フルシチョフは（アメリカ攻撃・ミサイル撤去）を決断した。

アートにTRIP
冷戦のもう一つの舞台！武器はロケット？それとも…

1961 ★ 1981

РАСШИРЯЯ НАШУ
ДЕЯТЕЛЬНОСТЬ ПО ИЗУЧЕНИЮ
КОСМОСА, МЫ НЕ ТОЛЬКО
ЗАКЛАДЫВАЕМ ОСНОВЫ ДЛЯ
БУДУЩИХ ГИГАНТСКИХ
ЗАВОЕВАНИЙ ЧЕЛОВЕЧЕСТВА,
ПЛОДАМИ КОТОРЫХ
ВОСПОЛЬЗУЮТСЯ ГРЯДУЩИЕ
ПОКОЛЕНИЯ, НО И ИЗВЛЕКАЕМ
НЕПОСРЕДСТВЕННУЮ
ПРАКТИЧЕСКУЮ ПОЛЬЗУ СЕГОДНЯ
ДЛЯ НАСЕЛЕНИЯ ЗЕМЛИ,
ДЛЯ НАШИХ НАРОДОВ,
ДЛЯ ДЕЛА НАШЕГО
КОММУНИСТИЧЕСКОГО
СТРОИТЕЛЬСТВА.

Л. И. БРЕЖНЕВ

XX-ЛЕТИЕ ПЕРВОГО
ПОЛЕТА ЧЕЛОВЕКА В КОСМОС
12 АПРЕЛЯ-ДЕНЬ КОСМОНАВТИКИ
МЕЖДУНАРОДНОЕ
СОТРУДНИЧЕСТВО В КОСМОСЕ
ПРОДОЛЖЕНИЕ ПОДВИГА
Ю. А. ГАГАРИНА
ИНТЕРКОСМОС
32K ПОЧТА СССР
1981

▲①あるできごとの20周年を記念した商品（実寸5.5cm×5.2cm）

Q1 図①の切手は，どの国の，何を題材にしたものだろうか。
ヒント　1961という数字やp.243の年表，図②のガガーリン少佐の言葉を参考にしよう。

Q2 この国が対抗意識を燃やした，下のフルシチョフの言葉の（　A　）にあてはまる国は次のうちどれか。（文中の「あなた方」は（A）の国の人々を示している。）
①中国　②インド　③西ドイツ
④アメリカ　⑤ソ連

暗黒の空を背景に，地球は美しい青色のかさをかぶっていた。（この言葉が「地球は青かった」と転訳された）

▲②帰還したガガーリン少佐（1961年）

われわれは（　A　）と肩を並べ，さらに進んでいきます……われわれはロケットの技術で，あなた方を完全に追い抜いたのです。そして科学技術の面でもね。（1957年，世界初の人工衛星スプートニクのうち上げを成功させたのち1959年に（　A　）を訪問した際の発言）

▶③フルシチョフ　ソ連第一書記

◀⑤左から，アームストロング船長，コリンズ中佐，オルドリン大佐（1969年）

Q4 左の吹き出しの言葉は，図④のできごとをなしとげたアームストロングが言ったとされている，空欄（　A　）（　B　）にそれぞれあてはまるフレーズはなんだろうか。
①大きな躍進　②小さな一歩
ヒント　実際のアームストロングのことばは，"That's one small step for man, one giant leap for mankind."

これは一人の人間にとっては（　A　）だが，人類にとっては（　B　）だ。

▼⑥ケネディ

Q5 図④の報道写真におさめられているのは，人類が今までなしとげられなかったことを達成した歴史的瞬間だが，そのできごととは，いったい何か，p.211の年表の中から選んでみよう。

今や，米国が宇宙開発において明確に指導的役割を果たす時なのだ…60年代が終わる前に，月に人を着陸させ，安全に地球に帰還させるという目的達成のために，米国は専心すべきであると私は信じる（1961年5月の演説での発言）。

▲④あるミッションを遂行中のオルドリン大佐（1969年）

Q3 上の写真の中から，次のものを探してみよう。
①くっきりと残った足あと
②衣服に取りつけられたスイッチ

アートの社会背景 1
上のように，これら2つの国が，競い合ってきた技術の成功をさまざまな媒体で多くの人に伝えたことには，どのような背景があったのだろう。
①宇宙からの侵略に備えて団結を呼びかけるため
②冷戦下の世界において，自国が相手より優位であることを示すため
ヒント　冷戦下では，科学技術の優劣が，そのまま外交上の優位も左右することがあった。

東アジア
西アジア
ヨーロッパ
アメリカ

時代の扉 アメリカが近づいた相手とは!?

◀①ニクソン米大統領(中央)の訪問(1972年2月) アメリカ大統領として初めてこの国を訪れ, 首相の周恩来と国交正常化に向けた協議が行われた。

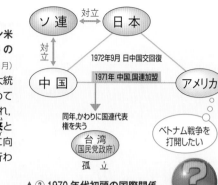

▲②1970年代初頭の国際関係

- ソ連 ⇔ 対立 ⇔ 日本
- ソ連 ⇔ 対立 ⇔ 中国
- 1972年9月 日中国交回復
- 1971年 中国,国連加盟
- 同年,かわりに国連代表権を失う
- 台湾(国民党政府) 孤立
- アメリカ
- ベトナム戦争を打開したい

クイズ

Try1 ニクソン米大統領が訪れている国はどこだろう。

Try2 ニクソン訪問時の, この国とソ連との関係について, 正しいのはどちらだろう。
　①対立していた　②国交を回復させていた

Try3 ニクソン訪問時に, アメリカが行っていた戦争はどれだろう。
　①朝鮮戦争　②インドシナ戦争　③ベトナム戦争
ヒント　アメリカ国内で大規模な反戦運動が起きていた。

❶ 「雪どけ」とその波紋

ソ連の平和共存路線

ブルガーニン(ソ連)　フォール(仏)
アイゼンハウアー(米)　イーデン(英)

▲③ジュネーヴ4巨頭会談(1955年) 米・英・仏とソ連の4か国の首脳が初めて直接話し合いをもったことで, 第二次世界大戦後の東西の緊張状態(冷戦)が, 一時緩和した。

スターリン批判

スターリン死後, 指導者となったフルシチョフは, 1956年, スターリンの行き過ぎた個人崇拝や大量粛清を批判した。

スターリンは「人民の敵」という概念をつくりました。

◀④フルシチョフ

東欧…ソ連からの自立

破壊されたスターリン像

▲⑤ハンガリー反ソ暴動(1956年) 「スターリン批判」への反響は予想以上に大きく, 東欧の各地で自由を求める反政府運動が起きた。ハンガリーで起きた暴動では, ソ連軍が介入し, 反ソ勢力を一掃した。

中国…中ソ対立

▲⑥珍宝(ダマンスキー)島の領有をめぐる中ソの対立 アメリカに対し強硬策をとる中国は, アメリカとの平和共存路線をうち出したソ連と対立した。1960〜70年代にかけて, 中国とソ連は, 国境付近でたびたび衝突を繰り返した。

しかし…

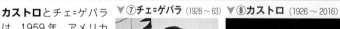

- アメリカ：キューバ革命で誕生した新政権と対立
- キューバ：ソ連に援助を要請(社会主義路線へ)
- ソ連：キューバにミサイル基地を建設
- 62.キューバ危機 (→ p.191, 192)

more キューバ革命

▼⑦チェ=ゲバラ(1928〜63)

▼⑧カストロ(1926〜2016)

カストロとチェ=ゲバラらは, 1959年, アメリカの支持を受けたバティスタの独裁政権を, 武装闘争で倒し, 革命を達成した。アメリカ系企業の国有化など, 革命後の政策をめぐりアメリカとの対立を深めた新政権は, 61年に社会主義国家の建設を宣言した。

② ゆらぐ東西両陣営

泥沼化するベトナム戦争

▼⑨ベトナム戦争　アメリカは、1965年、北ベトナムへの爆撃を開始し（北爆）、本格的にベトナムへの介入にのりだした。

13📷（→p.217）

社会主義体制への批判の高まり

▲⑩ベトナム反戦運動　1960年代末から70年代、アメリカ国内では、泥沼化するベトナム戦争に対し、若者たちが大規模な反対運動を起こした。徴兵カードを焼いて鎮圧部隊の兵士の銃口に花をさす青年はフラワーチルドレンとよばれた。

▲⑪短かった「プラハの春」（1968年）　チェコスロヴァキアの共産党第一書記ドプチェクが自由化路線をうち出すと、「プラハの春」とよばれる民主化運動へ発展したが、ワルシャワ条約機構軍によって運動は弾圧された。

55〜60年代末

70年代

③ 世界をゆるがす二つのショック

A ドル=ショック（ニクソン=ショック）

背景には…

・ベトナム戦費の増大
・国際収支の悪化

1944年 ブレトン=ウッズ体制
米ドルを基軸通貨とし、金と交換することができることを保障する制度。固定相場制

⬇

1971年 ニクソン声明
米ドルと金の交換停止を発表。→ 米ドルの価値が急落

⬇

1973年 変動相場制へ

▲⑫米ドルと金の交換停止を発表するニクソン米大統領　1971年、アメリカのニクソン大統領が発表した米ドルと金の交換停止は、米ドルの信頼で成り立っていた世界の金融体制を大きくゆるがした。

B 石油危機（オイル=ショック）（→p.36）

▶⑬OAPECの会議（左）と石油価格の変動（右）　1968年にアラブ諸国が結成したOAPEC（アラブ石油輸出国機構）が、73年の第4次中東戦争で石油戦略を発動したことで、石油危機が起こった。その後、資源ナショナリズムの高まりとともに石油戦略は産油国の武器となった。

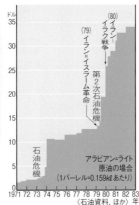

ドル
35
30
25
20
15
10
5

（79）イラン=イスラーム革命
第2次石油危機
（80）イラン・イラク戦争
石油危機
第1次石油危機
アラビアン=ライト原油の場合
（1バーレル=0.159kℓあたり）
1971 72 73 74 75 76 77 78 79 80 81 82 83 年
〈石油資料、ほか〉

⬇ 危機と混乱に対応するために

	石油危機	アフガニスタン侵攻（79）	日本の好景気	冷戦終結	グローバル化
主要先進国首脳会議※（サミット）の開催・年1回、参加国の主要都市で開催（→p.36）	第1回（1975）ランブイエ（フランス）世界経済の再建を討議	第6回（1980）ヴェネツィア（イタリア）政治問題も議題になる	第12回（1986）東京（日本）7か国蔵相・中央銀行総裁会議（G7）創設	第17回（1991）ロンドン（イギリス）ゴルバチョフ大統領を招待	第22回（1996）リヨン（フランス）経済のグローバル化への対応検討

※ 冷戦終結後、主要国首脳会議と改称。

▲⑭おもなサミット開催時の世界情勢と議題の変遷

④ デタントから新冷戦へ

デタント（緊張緩和）

1960年代、アメリカとソ連は、ともに深刻な経済不振に直面した。その結果、冷戦は小康状態となり、60年代末から70年代にかけて両国の関係改善が進んだ。

カーター（アメリカ）　ブレジネフ（ソ連）

◀⑮第2回戦略兵器制限交渉（SALTⅡ）の合意（1979年）　アメリカとソ連は、72年と79年にミサイル数を制限する戦略兵器制限交渉（SALTⅠ、Ⅱ）に合意した。

1979年　ソ連によるアフガニスタン侵攻

⬇

新冷戦

▶⑯サッチャー英首相（右）とレーガン米大統領（左）　1979年のソ連のアフガニスタン侵攻により、米ソ関係は一気に悪化した。レーガンは「強いアメリカ」をとなえてソ連への強硬策をとり、サッチャーもそれを支持した。

ポイントチェック　（　）内の正しい方に○をつけよう！

東側陣営ではソ連の（スターリン・レーニン）批判がきっかけとなった暴動が起こり、西側陣営ではアメリカが（キューバ・中国）との関係を改善するなど、両陣営の体制が大きく変わり始めた。

歴代大統領
（ ）は在職年

トルーマン（民）
（1945〜53）

アイゼンハウアー（共）
（53〜61）

ケネディ（民）
（61〜63）

ジョンソン（民）
（63〜69）

ニクソン（共）
（69〜74）

フォード（共）
（74〜77）

カーター（民）
（77〜81）

レーガン（共）
（81〜89）

ブッシュ（父）（共）
（89〜93）

クリントン（民）
（93〜2001）

ブッシュ（子）（共）
（01〜09）

オバマ（民）
（09〜17）

トランプ（共）
（17〜21）

バイデン（民）
（21〜　）

アメリカ

① ゆらぐ大国の足もと
（泥沼化するベトナム戦争→p.195）

公民権運動

▼①ワシントン大行進

私には夢がある（I have a dream）。いつの日か奴隷の子孫と奴隷所有者の子孫が兄弟として同じテーブルにつく夢が。
（→p.217）

…は、こんな人

凶弾に倒れた大統領

ケネディ（任1961〜63）（→p.192〜193）

アメリカの地位の低下や国内の貧困問題・人種差別問題を意識し、「ニューフロンティア政策」を掲げて内政と外交の両面で再建に取り組んだ。また、キューバ危機（→p.191・192）を回避し、米ソの平和共存の道を広げたが、63年に遊説中のダラスで暗殺された。

New York World-Telegram

PRESIDENT SHOT DEAD

Cut Down By Sniper In Dallas
EXTRA

Stunned City Find News 'Unbelievable'

▲②ケネディ暗殺を伝える新聞

◀③キング牧師　黒人への差別が根強く残っていたアメリカでは、差別の撤廃と白人と同等の権利を求める「公民権運動」が展開された。1963年のワシントン大行進では、運動の指導者キング牧師が約20万人の群衆を前に演説を行った。

戦後のアメリカ合衆国の動き

丸数字は大統領の代を示す　■民主党　■共和党　青字：対外関連

大統領		
トルーマン（33）	1947	トルーマン＝ドクトリン（「封じ込め政策」）　マーシャル＝プラン
	49	北大西洋条約機構（NATO）成立
	50	朝鮮戦争（〜53）
アイゼンハウアー（34）	55	ジュネーヴ4巨頭会談
	59	キューバ革命（→p.194）　フルシチョフ訪米
	○	黒人差別撤廃運動（公民権運動）の高まり
	61	対キューバ国交断絶
ケネディ（35）	61	ニューフロンティア政策
	62	キューバ危機（→p.192）
	63	奴隷解放100周年記念「ワシントン大行進」
		部分的核実験禁止条約（PTBT）　大統領暗殺
ジョンソン（36）	64	公民権法成立
	65	ベトナム戦争（〜75）　「偉大な社会」計画
	○	ベトナム反戦運動
	68	キング牧師暗殺　核拡散防止条約（NPT）
ニクソン（37）	71	ドル防衛策を発表（ドル＝ショック）（→p.195）
	72	ニクソン訪中　第1次戦略兵器制限交渉
	73	ベトナム和平協定　○デタント（緊張緩和）
	74	ウォーターゲート事件→大統領辞任
フォード（38）	75	第1回先進国首脳会議（サミット）（→p.195⑭）
カーター（39）	79	米中国交正常化
		エジプト - イスラエル平和条約（→p.190②）
レーガン（40）	81	「レーガノミクス」（所得税減税「小さな政府」「軍拡」）
	○	「強いアメリカ」を提唱　新冷戦（→p.195⑯）
	83	グレナダ侵攻
	85	プラザ合意
	87	中距離核戦力（INF）全廃条約に米ソ調印
	○	財政・貿易の赤字拡大「双子の赤字」
ブッシュ（父）（41）	89	マルタ会談（冷戦終結宣言）
	91	湾岸戦争　第1次戦略兵器削減条約（→p.191）
クリントン（42）	94	北米自由貿易協定（NAFTA）発効
ブッシュ（子）（43）	2001	ニューヨークなどで同時多発テロ（9・11事件）
		アフガニスタン進攻
	03	イラク戦争開始→フセイン政権崩壊
	08	金融危機が起こる（9・15）
オバマ（44）	09	オバマ大統領ノーベル平和賞受賞
トランプ（45）	17	移民制限政策　メキシコ国境に壁建設
バイデン（46）	21	アフガニスタン撤退

資本主義陣営をひきいるアメリカ／アメリカ社会の動揺と再編／冷戦終結／グローバル化

② 「強いアメリカ」の復活へ

小さな政府への転換

レーガンは、強いアメリカの復活を主張し、軍備を増強する一方で、内政では小さな政府を掲げて大幅減税や緊縮財政、福祉の削減を行い、景気回復に努めた。しかし、財政と貿易の両面で赤字は拡大し（双子の赤字）、不況から脱せず失業者は増大した。

REAGANOMICS IS STRANGLING WORKERS

LOCAL 969

「レーガノミクス」は労働者をしめ殺している

▲④デモをする労働者たち（1982年）

軍事超大国アメリカ

▶⑤おもな国の国防費（2016年）

アメリカ 6044（億ドル）
中国 1450
イギリス 525
日本 473
フランス 472
ロシア 466

（世界国勢図会2017/18）

冷戦終結後も、アメリカは突出した国防費を保ち、単独で行動できる超大国となった。各地の紛争・内戦へ介入し、2003年にはイラクの大量破壊兵器所持を口実に、イラク戦争（→p.206）を開始したが、国内外の批判にさらされた。

▼⑥イラクへ出兵するアメリカ軍（2003年）

フセインの故郷に入る米海兵隊の戦車

フセインを描いた壁画

特集 戦後のソヴィエト連邦・ロシア

歴代指導者

（　）は在職年

ソ連共産党書記長※
（1966年以前は第一書記）

スターリン
（1922
〜53）

フルシチョフ
（53〜
64）

ブレジネフ
（64〜
82）

アンドロポフ
（82〜
84）

チェルネンコ
（84〜
85）

ゴルバチョフ
（85〜
91）

90〜91 ソ連大統領

※書記長とは，本来，党の実務を監督する役職だが，社会主義国では，共産党の書記長が最高権力者となることが多い。

ロシア大統領

エリツィン
（91〜
99）

プーチン
（2000
〜08，
12〜）

メドヴェージェフ
（08〜
12）

① ソ連の動揺と解体

泥沼化したアフガニスタン侵攻

親ソ派のクーデタを支援するため，1979年，ソ連は**アフガニスタンに侵攻**した。これにより，米ソ関係は一気に悪化し，米の支援を受けたイスラーム勢力のゲリラ活動も激化した。戦闘は長期化し，89年にソ連は撤退したが，軍事費の増大により，ソ連経済はますます停滞した。

▼①撤退するソ連軍

戦後のソヴィエト連邦とロシアの動き

	指導者	＜ソヴィエト連邦＞ 緑字:東欧関連
社会主義陣営の組織化	スターリン	1947 コミンフォルム結成（〜56）
		48 ベルリン封鎖（〜49）
		49 コメコン設立（〜91）
		50 中ソ友好同盟相互援助条約締結
冷戦下の「雪どけ」		55 ワルシャワ条約機構成立（〜91）
		55 ジュネーヴ4巨頭会談
	フルシチョフ	56 フルシチョフのスターリン批判・平和共存政策
		コミンフォルム解散 ポズナン暴動（ポーランド）
		ハンガリー反ソ暴動　　ソ連介入
		57 大陸間弾道弾実験・人工衛星うち上げ成功
		59 フルシチョフ訪米（→p.193）
		61 東ドイツによる「ベルリンの壁」構築（〜89）
		62 キューバ危機
		63 部分的核実験禁止条約（PTBT）調印
社会主義陣営に対する指導力低下	ブレジネフ	68 チェコの自由化「プラハの春」　ソ連介入
		ブレジネフ=ドクトリン
		ワルシャワ条約機構軍，チェコに侵攻（チェコ事件）
		69 珍宝（ダマンスキー）島で中国と武力衝突
		72 東西ドイツ基本条約→西側諸国との交流深まる
		73 東西ドイツ，国連同時加盟
		79 アフガニスタン侵攻（〜89）
		80 モスクワオリンピック（西側諸国ボイコット）
	アンドロポフ	ポーランド自主管理労組「連帯」を承認（→p.198⑥）
ソ連解体・冷戦終結	チェルネンコ	85 ゴルバチョフ政権
		（グラスノスチ（情報公開），ペレストロイカ（改革））（→p.198①）
	ゴルバチョフ	86 チェルノブイリ（チョルノービリ）原子力発電所事故
		87 中距離核戦力（INF）全廃条約調印
		89 東欧革命　「ベルリンの壁」崩壊　マルタ会談
		90 東西ドイツ統一（東ドイツ消滅）
		91 コメコン解散決定　ワルシャワ条約機構解散
		共産党解散宣言　バルト3国独立
グローバル化	エリツィン	ソ連解体→独立国家共同体（CIS）創設（→p.199⑨）
		＜ロシア＞
		94 チェチェン紛争（→p.207④）
	プーチン	2006 ロシアで初のサミット開催（サンクトペテルブルク）
	メドヴェージェフ	08 南オセチア紛争（→⑥，p.207⑤）
	プーチン	14 ロシア，クリミア併合を表明

プチ 東西対立とモスクワオリンピック

モスクワ大会は，東側陣営での初めてのオリンピックであったが，アメリカ・日本・西ドイツなどの西側諸国が，前年の**アフガニスタン侵攻**への制裁として参加を拒否（ボイコット）し，国の威信をかけていたソ連には大きな打撃となった。ソ連をはじめとする東側諸国は，報復として次のロサンゼルス大会には出場しなかった。

▶②ボイコットを呼びかける西側のポスター（フランス）

▼③米ソのメダル獲得数

モスクワ大会 （1980年）		ロサンゼルス大会 （1984年）	
	メダル数		メダル数
1.ソ連	195	1.アメリカ	174
2.東ドイツ	126	2.西ドイツ	59
3.ブルガリア	41	3.ルーマニア	53
4.ハンガリー	32	4.カナダ	44
ポーランド	32	5.中国	32
6.ルーマニア	25	イタリア	32
		日本	32

BOYCOTT!
Jeux Olympiques Moscou 1980
SOLIDARITÉ AVEC LES OPPOSANTS, LES TRAVAILLEURS ET LES PEUPLES D'U.R.S.S.!
Comité pour le Boycott des Olympiades de Moscou (COBOM)

② 新生ロシアの光と影

市場経済の導入

市場経済の導入により，ソ連時代に特権階級にいた人々はその恩恵をうけ，スーパーやデパートで高価な外国製品を購入するようになった。一方で，価格の自由化はインフレを引き起こし，貧富の差が拡大した。

▶④スーパーで買い物を楽しむ人々（モスクワ）

近隣諸国との結びつきと対立

21世紀に入り，ロシアは天然ガスや原油を西欧に輸出して経済的な結びつきを強め，経済成長をとげた。一方，ロシア周辺の旧ソ連諸国では，国内の親欧米派と親ロシア派の対立が紛争に発展することもあり，その対応をめぐってロシアと周辺諸国・西欧諸国とが対立することもある。（→p.207, 208）

▼⑤雪原にのびるロシアの天然ガスパイプライン

Georgian people choose NATO!
ジョージアの人々はNATOを選ぶ

◀⑥ジョージア人の反ロシアデモ
（2008年）旧ソ連のジョージアでは，親ロシア派の多い南オセチアとアブハジアが分離独立を求めて紛争となった。ジョージア政府はEU・NATOへの加盟をめざし，国名の国際的な呼称を英語読みに改めた。

ヨーロッパ

われわれは一つの国民だ！
14章 (→p.217)
▼①1989年11月のブランデンブルク門

▲②壁をこわす市民　▼③現在のブランデンブルク門

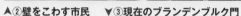

Try1 写真①で，人々が立っているコンクリートの壁の名前を答えよう。
ヒント　p.186「時代の扉」での学習を思い出そう。

Try2 写真①と③を比べ，何がなくなったかを確認しよう。また，この変化がドイツにもたらしたできごとは次のうちどちらだろうか。　①東西ドイツの統一　②東西ドイツの戦争

Try3 ドイツでのこのできごとは，世界的に何が終結したことを象徴しているだろうか。
①朝鮮戦争　②冷戦　③ベトナム戦争　ヒント　この壁は何の象徴だったか？

クイズ

ソ連解体と東欧革命の経過

	ソ連・ロシア	東欧
	1979.12 アフガニスタンに軍事侵攻	1980.10 ポーランド「連帯」を承認
1985	85.3 ゴルバチョフ政権 （グラスノスチ（情報公開） ペレストロイカ（改革））	自由化の波
	87.12 中距離核戦力(INF)全廃条約調印	88.3 「新ベオグラード宣言」
	ソ連の指導性を否定	
	89.5 ゴルバチョフ訪中, 中ソ対立解消	広がる民主化
	.12 マルタ会談（「冷戦終結」宣言）	89 ポーランド・チェコスロヴァキア・ハンガリー民主化（東欧革命）
	ソ連解体	.11 「ベルリンの壁」崩壊
	90.3 ゴルバチョフ, ソ連大統領に	.12 ルーマニア革命 （チャウシェスク大統領夫妻処刑）
	91.6 エリツィンがロシア共和国 大統領就任	90 ブルガリア民主化
	コメコン解散	.10 東西ドイツ統一（東ドイツ消滅）
	.7 ワルシャワ条約機構消滅	91 アルバニア民主化
	.8 軍部・保守派のクーデタ失敗 ゴルバチョフ, 党書記長辞任	.6 スロヴェニア・クロアティア独立 宣言
	共産党解散宣言	→ユーゴスラヴィア内戦へ (→p.206)
	.9 バルト3国独立	.9 クロアティア内戦 マケドニア独立
	.12 ソ連解体→独立国家共同体 (CIS)創設 エリツィン, ロシア連邦大統領に	92.4 ボスニア, 本格的内戦状態に 新ユーゴスラヴィア連邦成立
1991 エリツィン	94.12 チェチェン紛争	93.1 チェコとスロヴァキアが分離
2000 プーチン	2000.5 プーチン, 大統領に	2000.10 ユーゴスラヴィア, ミロシェヴィッチ 大統領失脚
	④プーチン （任 2000〜08, 12〜）	04.5 チェコ・スロヴァキア・ハンガリー・ポーランド・スロヴェニア・バルト3国（エストニア, ラトビア, リトアニア）などEU加盟(→p.204)
	06.7 ロシアで初のサミット開催 （サンクトペテルブルク）	
2008	08.5 メドヴェージェフ, 大統領に	07.1 ブルガリア・ルーマニア, EU加盟
2012	12.5 プーチン, 再び大統領に	13.7 クロアティア, EU加盟

ゴルバチョフ

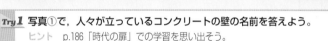

① ペレストロイカ（改革）と東欧革命

ソ連の「改革」　経済が停滞していたソ連では，**ゴルバチョフ**が**グラスノスチ**（情報公開）を理念に掲げ，**ペレストロイカ**（改革）を開始し市場経済の導入を進めたが，混乱をもたらした。

➤⑤買い物のための行列
市場経済へ移行したことで品不足と超インフレが起こった。

刺激

東欧革命　ソ連の改革の影響を受け，東欧の社会主義国でも変革の動きが現れた。1989年には，あいついで共産党独裁体制が崩壊した。

➤⑥ワレサの勝利　1989年，ポーランドでワレサ率いる自主管理労組「連帯」が選挙に勝利し，非社会主義政権が誕生した。

❷ 冷戦終結とソ連解体

▼⑦マルタ会談　1989年12月, 地中海のマルタ島で米ソ首脳が会談し, 冷戦の終結が宣言された。

ブッシュ(父)(米)　ゴルバチョフ(ソ連)

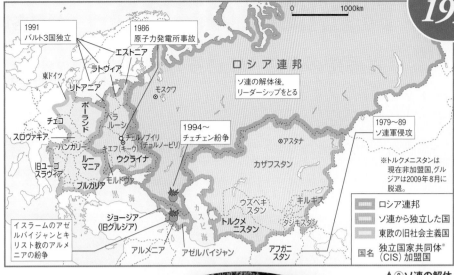

▲⑨ソ連の解体

1991バルト3国独立
エストニア
ラトヴィア
リトアニア
東ドイツ
ポーランド
チェコ
スロヴァキア
ハンガリー
ルーマニア
旧ユーゴスラヴィア
ブルガリア
モルドヴァ
ベラルーシ
ウクライナ
黒海
ジョージア(旧グルジア)
アルメニア
アゼルバイジャン
カスピ海
ウズベキスタン
トルクメニスタン
タジキスタン
キルギス
アフガニスタン
カザフスタン
アスタナ
モスクワ
ロシア連邦

1986原子力発電所事故
1994〜チェチェン紛争
1979〜89ソ連軍侵攻
ソ連の解体後, リーダーシップをとる
チェルノブイリ キエフ(キーウ)(チョルノービリ)

※トルクメニスタンは現在非加盟国, グルジアは2009年8月に脱退。

イスラームのアゼルバイジャンとキリスト教のアルメニアの紛争

□ ロシア連邦
■ ソ連から独立した国
■ 東欧の旧社会主義国
国名 独立国家共同体*(CIS)加盟国

◀⑧クーデタに対し勝利を宣言するエリツィン　1991年8月に共産党保守派がクーデタを起こしたが失敗。反クーデタを呼びかけたエリツィンが台頭し, 12月にロシア連邦初代大統領となった。

◀⑩撤去されるレーニン像(エストニア)　ソ連邦内の各地で民族独立運動が高まるなか, バルト3国は他国に先行し1991年9月に独立した。

❸ 冷戦後の東欧

▶⑪東欧諸国の経済成長率

東欧諸国は, 市場経済を導入後, 西欧諸国の資本参入などにより, 1990年代中ごろから経済が上向きつつある。しかし, いまだ, 政治情勢や外的要因の影響により経済成長が鈍化しやすく, 不安定な状態にある。

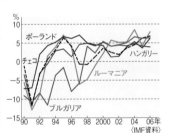

ポーランド
チェコ
ハンガリー
ルーマニア
ブルガリア
90 92 94 96 98 2000 02 04 06年
〈IMF資料〉

▶⑫NATOに加盟する東欧諸国(2004年)　ワルシャワ条約機構の解体は, NATO加盟国とロシアの間に位置する東欧諸国のNATO加盟をうながした。ロシアはこの動きに強く反対する一方, 加盟国による投資などを条件に協調も行っている。

アメリカ(ブッシュ大統領)
ブルガリア エストニア ルーマニア スロヴァキア スロヴェニア ラトヴィア リトアニア

more 深まる地域の結びつき

　冷戦が終結し, 東西の二大国を中心とした対立構造が解消したことで, 各地域でのつながりが重視されるようになり, 地域統合の動きが加速した。

▼⑬アジア太平洋経済協力会議(APEC)　1989年にASEANを大きく包含する形で発足した。現在, 参加19か国・2地域で, 環太平洋地域の経済協力をめざす, 世界最大規模の地域統合機構である。

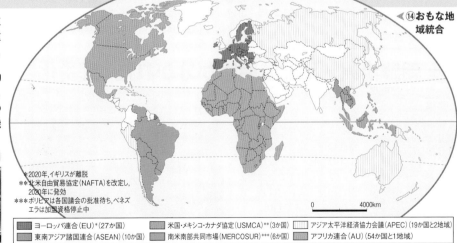

◀⑭おもな地域統合

*2020年, イギリスが離脱
**北米自由貿易協定(NAFTA)を改定し, 2020年に発効
***ボリビアは各国議会の批准待ち, ベネズエラは加盟資格停止中

■ ヨーロッパ連合(EU)*(27か国)
■ 東南アジア諸国連合(ASEAN)(10か国)
■ 米国・メキシコ・カナダ協定(USMCA)**(3か国)
■ 南米南部共同市場(MERCOSUR)***(6か国)
□ アジア太平洋経済協力会議(APEC)(19か国と2地域)
■ アフリカ連合(AU)(54か国と1地域)

80年代　90年代〜

✏️ ポイントチェック　　　　( )内の正しい方に○をつけよう!

ソ連ではゴルバチョフが(改革・解体)を意味するペレストロイカを行い, 東欧の社会主義圏では次々と共産党政権が倒れた。1989年の(マルタ・ポツダム)会談で冷戦の終結が宣言され, 90年に東西ドイツが統一, 91年にはソ連が解体した。

民主化運動の高まり
──世界各地で叫ばれる，自由を求める声

時代の扉

"共産党の象徴"に立ち向かう女神

◀①天安門事件（1989年）　学生らが天安門広場に集まり，大規模な運動を行った。人民解放軍が武力で鎮圧し，学生や市民に多くの逮捕者・死傷者が出た。

◀②掲げられた女神像

クイズ ❓

Try 1 写真①の女神像と向かい合っている肖像画は誰だろうか。
①蔣介石（チャンチェシー）　②毛沢東（マオツォトン）　③周恩来（チョウエンライ）

Try 2 この運動に参加した人々が掲げたこの像は，アメリカにある有名な像を模してつくられたが，それは何だろうか。

Try 3 この運動で人々が求めていたのは，次のうちどれだろうか。
①厳格な社会主義国家にしてほしい！
②プロレタリア文化大革命よ，再び！
③民主化と自由化を進めてほしい！

① 中国～大混乱の"革命"から"現代化"へ 🎞

文化大革命から改革開放政策へ

1959	大躍進（だいやくしん）政策（人民公社の創設など）の失敗
↓	毛沢東（マオツォトン），一時政治の表舞台から一歩退く
↓	劉少奇（リュウシャオチー）による国民経済の立て直し
1966	プロレタリア文化大革命開始（毛沢東復活）
「十年の動乱」	国内の混乱と内部分裂
↓	
1976	毛沢東死去⇒四人組（毛夫人江青（チャンチン）ら）逮捕
1977	プロレタリア文化大革命終結宣言
1980年代	改革開放政策の推進（人民公社解体・外国資本導入など）
↓	社会主義を守りつつ市場経済化を進める"経済面でのみ進む民主化"
1989	天安門事件

プロレタリア文化大革命

▲③プロレタリア文化大革命（1967年　天安門広場）「大躍進（だいやくしん）」政策で失敗した毛沢東は，劉少奇（リュウシャオチー），鄧小平（トンシャオピン）らを非難して復権をねらった。毛沢東を熱狂的に支持する学生たち（紅衛兵）が過激な破壊活動を行い，社会が大混乱におちいった。

（→巻頭Ⅲ）

..は，こんな人

"経済の民主化"を進めた
鄧小平（トンシャオヘイ）（1904～97）

毛沢東の死後に復権した鄧小平は，農業・工業・国防・科学技術の面で「4つの現代化」を推進した。また1978年に改革開放政策を掲げて市場経済の導入を進めたが，天安門事件（89年）を弾圧するなど政治面での民主化は認めなかった。

▼④米中国交正常化（1979年）

鄧小平　　カーター（米）

② 朝鮮半島～南北で明暗が分かれた"民主化"

▲⑤ソウルオリンピック（1988年）

▲⑥盧泰愚（任1988～93）

李承晩（イスンマン）や軍人出身の朴正熙（パクチョンヒ）らによる独裁が続いたが，1988年に大統領になった盧泰愚（ノテウ）は民主化を進め，ソウルオリンピックを成功させた。92年の選挙では非軍人出身の金泳三（キムヨンサム）が選ばれ，民主化が大きく前進した。

民主化を進める**韓国**（大韓民国）

指導者の世襲が続く**北朝鮮**（朝鮮民主主義人民共和国）

金大中（キムデジュン）　金正日（キムジョンイル）

▲⑦南北首脳会談（2000年）　朝鮮戦争の休戦状態が続く両国の代表が，分裂後初の首脳会談を行い，南北共同宣言を発表した。これを契機に，少しずつではあるが南北の交流や協力が拡大した。

▶⑧金日成（キムイルソン）（主席 任1972～94）社会主義体制を固め，朝鮮労働党を指導し独裁体制を確立した。

ハンマー　筆　鎌

◀⑨革命記念碑（平壌（ピョンヤン））ハンマーは工業労働者，筆は知識階級，鎌（かま）は農民を表し，3階級の団結による社会主義国家を象徴している。

③ 東南アジア・台湾〜民主化と経済成長

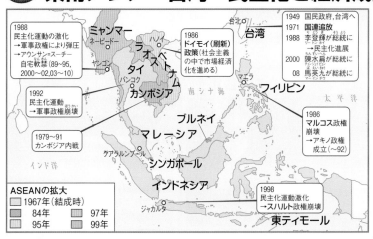

1988
民主化運動の激化
→軍事政権により弾圧
→アウンサンスーチー
自宅軟禁(89〜95,
2000〜02,03〜10)

ミャンマー
ネービードー
ラオス
タイ
バンコク
ハノイ
ヤンゴン

1986
ドイモイ(刷新)
政策(社会主義
の中で市場経済
を進める)

台北
台湾

1949 国民政府,台湾へ
1971 国連追放
1988 李登輝が総統に
→民主化進展
2000 陳水扁が総統に
08 馬英九が総統に

1992
民主化運動
→軍事政権崩壊

カンボジア
南シナ海
ブルネイ
フィリピン
マニラ
太平洋

1986
マルコス政権
崩壊
→アキノ政権
成立(〜92)

1979〜91
カンボジア内戦

マレーシア
クアラルンプール
シンガポール
インドネシア

インド洋

ジャカルタ

1998
民主化運動激化
→スハルト政権崩壊

東ティモール

ASEANの拡大
□ 1967年(結成時)
■ 84年
■ 95年
■ 97年
■ 99年

ミャンマー

社会主義の一党独裁が続いていたが、1988年の民主化運動によって倒れた。その後、軍部が政権をにぎり、民主化運動の指導者アウンサン＝スーチーを自宅軟禁するなど弾圧が続いたが、2015年の総選挙で彼女が勝利した。

▲⑪ 2015年11月8日の総選挙で勝利し、国会へ登院するアウンサン＝スーチーとその支持者たち

more ベトナムと中国の対立が飛び火した **カンボジアの内戦**

1975年に親米派のロン＝ノル政権が倒れると、**ポル＝ポト**ひきいるクメール＝ルージュが政権を掌握し、極端な共産主義政策をとって反対派を大量虐殺した。78年にベトナム軍が侵攻すると、ポル＝ポトを支援する中国との戦争に発展し(**中越戦争**)、その後も91年まで内戦状態が続いた。

79年 ヘン＝サムリン政権樹立 ← ベトナム

VS

82年 民主カンプチア連合政府発足
ポル=ポト派
ソン=サン派 ← 中国
シハヌーク派 ← ASEAN
↓

91年 和平協定 ◯…支援国

◀⑩ポル＝ポト派に処刑された人々の遺骨

フィリピン

1965年以来の**マルコス**独裁政権に対し反政府運動が高まるなか、83年に野党指導者のアキノが暗殺された。事件後国民の反発はさらに強まり、86年マルコスはアメリカに亡命し、アキノ夫人が大統領に就任した。

◀⑫大統領に就任したアキノ夫人

インドネシア

▶⑬辞任を発表するスハルト(任1968〜98) 開発独裁(経済開発を第一の目標として独裁政治を行うこと)によって経済発展をめざしたが、1998年に民主化運動の高まりなどによって退陣した。

④ ラテンアメリカ〜みえ隠れするアメリカの影

ラテンアメリカの一部の国では、戦後、左翼政権が成立したが、軍部がクーデタを起こし、独裁国家となった。その背景にはアメリカの姿がみえ隠れしていたが、近年反米左翼政権が成立してきた。

アメリカ合衆国
1959 (→p.194)
キューバ革命

メキシコ
キューバ
ハイチ
ドミニカ

1983
米軍グレナダ侵攻

グアテマラ
ジャマイカ
グレナダ
ニカラグア コスタリカ
ベネズエラ
パナマ
ガイアナ
スリナム
ギアナ(仏)
コロンビア

1979 ニカラグア革命
ソモサ独裁政権
倒れる
→内戦
1990 親米政権樹立

エクアドル
ブラジル

1989
米軍パナマ侵攻

ペルー
ボリビア
パラグアイ
チリ アルゼンチン
ウルグアイ

→ アメリカの介入
→ キューバの影響を受けたゲリラ活動

総輸入額に占めるアメリカの割合(調査年は2012〜15年にわたる)
■ 30〜50%
■ 20〜30%
□ 20%未満

1973
軍事クーデタ
1974〜90
ピノチェト
軍事政権

1955 軍事クーデタでペロン政権倒れる

1982
フォークランド戦争

アルゼンチン

ペロンは労働者を重視し、民族主義にもとづく社会改革を推進したが、経済政策の失敗で、軍部によるクーデタを招いた。軍部は82年にイギリスとの戦争(フォークランド戦争)に敗れるまで独裁政治を行い、83年に民政へ移管した。

▶⑭ペロン大統領夫妻

◀⑮ピノチェト
(任1974〜90)

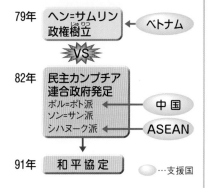
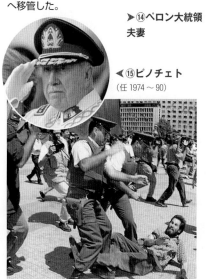

チリ

アジェンデが1970年に大統領に就任し社会主義政権を樹立したが、73年にピノチェトのクーデタに倒された。その後90年まで軍部独裁政権による民主化運動の弾圧が続けられた。

◀⑯ピノチェトの訴追を求めるデモ隊と警官の衝突(2000年)

ポイントチェック ( )内の正しい方に◯をつけよう！

戦後、世界各地で民主化を求める動きが高まり、中国では1989年に(天安門・盧溝橋)事件が起きたが、政府に鎮圧され失敗した。一方、韓国やインドネシア、(アルゼンチン・北朝鮮)では独裁政権が倒れ、民主化が進展した。

55〜60年代末
70年代
80年代
90年代〜

東アジア
東南アジア

❶ アジア諸国の独立と開発独裁

▼①独立後のインドネシアの歩み

スカルノ政権 (1945～67) 　非同盟外交

非同盟諸国・第三勢力の連携を推進（→ p.188）

・ 第1回アジア・アフリカ会議（バンドン会議）
・ 第1回非同盟諸国首脳会議（1961）

発展途上国の連携で発言力を高める！

▲②訪日したスカルノ（1966年）左は第三夫人のデヴィ夫人。
デヴィ夫人　スカルノ

1945 インドネシア独立宣言

政策の背景	欧米からの政治的・経済的自立の志向

➡ 1950年代後半から、欧米系石油企業などを接収・国有化 ➡ 欧米と対立

1965 クーデタ事件（九・三〇事件）

スハルト政権 (1968～98) 　開発独裁

独裁政治のもとで経済開発を推進

独裁政治	・ 反対派の弾圧 ・ 政治的自由制限
経済開発	・ 外国資本を導入して①資源開発（石油など）②工業化（先進国の下請けなど）・ アメリカの経済援助

▲③新政権成立の発表を聞くスハルト（1966年）1968年、正式に大統領となった。

共産党支持派の陸軍将校のクーデタを鎮圧するという名目で、スハルト将軍ら軍部が実権をうばう

冷戦の対立を利用して西側の援助を引き出す

1998 民主化運動（→ p.201）

政策の背景	冷戦の激化（1965年、ベトナム戦争開始）➡ 朴正煕政権（韓国）・マルコス政権（フィリピン）なども開発独裁を推進

戦後のアジアの動き （→p.183～184, 194～195）

赤字：国際紛争・対立　▨▨：開発独裁を行った指導者

	中国　青字：対外関係	朝鮮半島　◯：韓国大統領　緑字：北朝鮮関連	東南アジア	南アジア　◯：インド首相	日本
社会主義体制確立	1949 中華人民共和国成立（毛沢東主席） 53 第1次五か年計画 54 中華人民共和国憲法制定 58 第2次五か年計画（大躍進政策） 　人民公社設立 59 チベット動乱（→p.207C） ◯ 中ソ論争公然化	1948 大韓民国（韓国）成立 李承晩（任48～60）B 朝鮮民主主義人民共和国（北朝鮮）成立 金日成（首相48～72→主席72～94）（→p.200B） 50 朝鮮戦争勃発 （53 板門店で休戦協定）	1945 インドネシア独立（スカルノ大統領 任45～67） ベトナム民主共和国独立 （ホー＝チ＝ミン国家主席）（→p.187⑬） 46 インドシナ戦争勃発（～54） 55 アジア＝アフリカ（AA）会議 63 マレーシア連邦成立	1947 インド独立 ネルー（任47～64）（→p.188） パキスタン独立（ジンナー総督） 第1次印パ（インド＝パキスタン）戦争 48 ガンディー暗殺 セイロン独立 （72→スリランカ）	1946 日本国憲法公布 51 サンフランシスコ講和会議 日米安全保障条約 56 日ソ共同宣言 国際連合に加盟
大躍進→挫折	66 プロレタリア文化大革命（～76）（→p.200） 69 珍宝（ダマンスキー）島事件（対ソ）（→p.194） 71 国連代表権獲得 72 ニクソン米大統領，訪中 日中国交正常化	61 朴正煕，軍事クーデタ 朴正煕（任63～79）C（→p.200） 65 日韓基本条約 73 主体思想強化 80 光州事件 全斗煥（任80～88） 盧泰愚（任88～93）	65 シンガポール共和国成立 （リー＝クアンユー首相 任～90）D ベトナム戦争勃発（～75）（→p.187D） フィリピン，マルコス独裁政権成立E 67 東南アジア諸国連合（ASEAN）設立 68 インドネシア，スハルト独裁政権成立（→p.201⑬） 70 カンボジア内戦（～91）	54 ネルー，周恩来と会談 「平和五原則」提唱 62 中印国境紛争 65 第2次印パ戦争 インディラ＝ガンディー（ネルーの娘）（任66～77, 80～84）G	64 東海道新幹線開通 東京オリンピック 65 日韓基本条約 68 小笠原返還協定調印 70 大阪万博 72 沖縄復帰 日中共同声明 73 石油危機
文化大革命	76 周恩来・毛沢東死去（→p.188④）（→p.179⑥） 79 アメリカと国交正常化 89 天安門事件 93 社会主義市場経済の導入（鄧小平（1904～97）により推進）A 97 香港返還（一国二制度） 2001 世界貿易機関（WTO）加盟	88 ソウルオリンピック 91 国連に南北同時加盟 金泳三（任93～98） 94 金日成死去 97 金正日，総書記就任（→p.200⑦） 金大中（任98～03）太陽政策 2000 南北初の首脳会談（→p.200⑦） 03 6か国協議	75 カンボジア，ポル＝ポトが実権をにぎる（～79）F 86 フィリピン政変（アキノ政権成立）（→p.201⑫） ベトナム，ドイモイ（刷新）政策 88 ビルマ（89～ミャンマー），軍事クーデタ →アウンサン＝スーチーの民主化運動（→p.201⑪） 97 アジア通貨危機	71 第3次印パ戦争 →バングラデシュ独立（インドが支持） 74 インド，核実験成功 84 インディラ暗殺 ◯インド，経済自由化推進	74 サミット（先進国首脳会談）に初出席 79 石油危機（第2次） 92 PKO協力法成立 カンボジアPKO派遣 97 地球温暖化防止京都会議（→p.209）
改革開放政策	08 北京オリンピック 10 GDP（国内総生産）世界第2位 15 アジアインフラ投資銀行発足	12 金正恩が指導者となる 朴槿恵（任13～17） 文在寅（任17～22） 尹錫悦（任22～）	98 インドネシア，スハルト政権崩壊 2005 第1回東アジア首脳会議開催 15 ミャンマー総選挙でスーチー勝利 21 ミャンマーで軍事クーデタ勃発	98 インド・パキスタン核実験 シン（任2004～14）初のヒンドゥー教徒以外の首相 モディ（任14～）	2002 日韓共催サッカーワールドカップ 15 安保関連法成立

▲A 鄧小平（中国）トンシャオピン

▲B 李承晩（韓国）イスンマン

▲C 朴正煕（韓国）パクチョンヒ

▲D リー＝クアンユー（シンガポール）

▲E マルコス（フィリピン）

▲F ポル＝ポト（カンボジア）

▲G インディラ＝ガンディー（インド）

② アジアの経済成長

日本 1950年代後半〜70年代初め

アジア NIEs 1970〜80年代

◀④アメリカに輸出される日本車 (1971年) 第二次世界大戦後，連合国の占領を受けていた日本は，1951年のサンフランシスコ平和条約で独立を回復した。朝鮮戦争特需で経済復興をはたした日本は，1956年に国際連合に加盟して国際社会への復帰をとげた。日本は同時期に高度経済成長を迎え，その成長は1970年代初頭まで続いた。

▲⑤韓国の自動車工場 (1987年) 韓国では，朴正煕(パクチョンヒ)による開発独裁以来，重工業も発展した。

中国 1990〜2000年代

インド 2000年代

東南アジア 2000年代

26th ASEAN SUMMIT OPENING CEREMONY

▲◀⑥中国 上海(シャンハイ)の高層ビル街 (上，2010年) と⑦インドの自動車 (右上，2009年) 社会主義市場経済を導入した中国は経済特区を設定して工業化を進め，国家戦略として鉄道・貿易港を含むインフラ整備を行い急速な発展をとげた。インドは1991年に許認可制度の緩和，輸入機器の非課税策，外国企業への門戸開放を行い，飛躍的に経済成長をとげた。

▶⑧中国とインドの経済発展

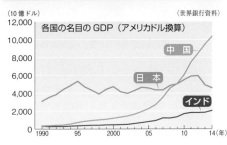
(10億ドル) 〈世界銀行資料〉
各国の名目のGDP（アメリカドル換算）
中国 / 日本 / インド

▲⑨東南アジア諸国連合（ASEAN(アセアン)）首脳会議で手を取り合う各国首脳 (2015年) 東南アジア諸国では，豊富な労働力を背景に経済発展が広がっている。経済成長にともない相互依存関係が強まったため，ASEAN域内の貿易自由化をめざして加盟国はFTA（自由貿易協定）を結び，2010年，先行加盟国6か国間でほぼすべての関税(てっぱい)が撤廃された。また，2015年12月にはアセアン経済共同体（AEC）が発足した。

③ アジア諸国の諸課題

A 経済格差の拡大

▶⑩高層の高級住宅とスラム街 (インド，ムンバイ，2005年) アジア各国では，経済成長にともない貧富の格差が広がった。急速に発展する都市には，仕事を求め地方から多くの人が流入しているが，劣悪な環境に住む貧困層も多い。社会主義国の中国でも，経済特区や経済技術開発区などの都市を中心に富裕層が増えた一方で，所得の格差が，都市と農村との間でも，都市住民の内部でも拡大している。

B 開発にともなう環境問題

◀⑪焼き払われる熱帯林 (インドネシア，スマトラ島，2012年) スマトラ島では，パーム油をとるための油やしや，紙パルプの原料となるアカシアなどを植林するために，熱帯林の伐採が大規模に進んだ。

more 資源開発が引き起こす領土問題

▶⑫南沙(ナンサ)群島 南沙群島は，1970年代に石油や天然ガスの埋蔵が判明し，注目されるようになった。海洋資源開発の技術が進歩し，東アジアのエネルギー需要が伸びるなかで，中国をはじめ各国が領有権を主張している。

中国 / 太平洋 / フィリピン / カンボジア / 南シナ海 / 南沙群島 / ブルネイ / マレーシア / 0 500km

◀⑬中国による埋め立てが進む南沙群島の岩礁(がんしょう) (2015年) 左手には建設中の空港が見える。

ヨーロッパ

❶ 戦後体制の再編

◀①フランス外相と握手をするアデナウアー（1951年, パリ）　西ドイツの初代首相**アデナウアー**は，東ドイツとの対決を深めるなか，フランスとの関係改善を進め，西ヨーロッパ諸国との結合を強化することで西ドイツの地位向上に努めた。

アデナウアー

▶②ワルシャワ=ゲットー跡で祈るブラント（1970年）　西ドイツ第4代首相**ブラント**は，ソ連や東ヨーロッパ諸国との関係を正常化し，東西の緊張緩和を積極的に進めた（**東方外交**）。71年にノーベル平和賞受賞。

ブラント

▲⑥**サッチャー**（英）

▲⑦**ブレア**（英）

▲⑧**ミッテラン**（仏）

▲⑨**シラク**（仏）

▲⑩**コール**（独）

❷ 統一をめざすヨーロッパ

※ 2020年1月, EUを離脱。

見本

▲③ユーロ紙幣＊　1970〜80年代の経済の停滞から，他地域との競争力強化のために経済の統合をめざしてきた**EC（ヨーロッパ共同体）**は，冷戦終結後**EU（ヨーロッパ連合）**へと発展し，1999年には単一通貨**ユーロ**を導入した。さらに，2007年にはリスボン条約が調印され，政治的統合も進み始めた。

＊ユーロ硬貨は片面が各国独自の図柄となっている。

1967年(EC)	
1973	
1981	
1986	
1990（東ドイツ加盟）	
1995	
2004	
2007	
2013	
候補国	
EFTA諸国（リヒテンシュタインも加盟）	

ストラスブール（フランス東部）の欧州議会前にたなびく加盟国の国旗（2004年）

◀▲④拡大するEU　旧社会主義の東ヨーロッパ諸国は，自国の経済活性化のためEU加盟をめざし，2013年までに11か国が加盟した。これにより，EUはアメリカと並ぶ大経済圏になり，世界市場での存在感を高めている。

戦後のヨーロッパ諸国の動き

東欧の動き→p.198〜199

		イギリス	フランス	ドイツ（西ドイツ）
東西陣営形成		㊓アトリー（1945〜51）	1944 ド=ゴール臨時政府成立	1945 ドイツ降伏，4か国分割管理
			46 第四共和政（〜58）	
			インドシナ戦争（〜54）	
			47 マーシャル=プラン提案 →48.3 西欧連合条約調印	
		49 アイルランド共和国成立		48 ベルリン封鎖（〜49）
		49 北大西洋条約機構（NATO）成立 米・英・仏・伊など12か国		49 西ドイツ成立
復興期		㊟チャーチル（51〜55）		アデナウアー（49〜63）
		52 核兵器保有	58 第五共和政	・経済復興に成功
		㊟イーデン（55〜57）	ド=ゴール（59〜69）（→p.185）	54 パリ協定→主権回復（55）
		56 スエズに派兵（英仏）	60 核兵器保有	55 NATO加盟 ソ連と国交回復
		㊓ウィルソン（64〜70）	62 アルジェリア独立	56 徴兵制を施行，再軍備
		68 スエズ以東より撤兵	64 中華人民共和国承認	61 東ドイツ，ベルリンの壁建設
体制の動揺と新秩序の形成		69 北アイルランド紛争	66 NATO軍事機構脱退	ブラント（69〜74）
			68 パリ五月革命	・東方外交推進
			71 ドル=ショック	
		73 EC加盟		73 東西ドイツ，国連に加盟
		73 石油危機（オイル=ショック）		シュミット（74〜82）
		㊓ウィルソン（74〜76）		・ブラントの政策継承
		75 主要先進国首脳会議（第1回サミット，仏・米・西独・日・伊・英）		
		㊟サッチャー（79〜90）	ミッテラン（81〜95）（→⑧）	コール（82〜98）（→⑩）
		・緊縮財政と国有企業の民営化	・左翼連合政権	・ドイツ統一をおし進める
		82 フォークランド戦争		
		84 香港返還協定（97 返還）		89 ベルリンの壁崩壊
		85 北アイルランド協定		90 東西ドイツ統一
グローバル化		㊟メージャー（90〜97）		
		㊓ブレア（97〜2007）（→⑦）	93 EU（ヨーロッパ連合）発足	
		98 アイルランドと和平合意	シラク（95〜2007）（→⑨）	
		㊓ブラウン（2007〜10）	95 核実験強行	シュレーダー（98〜2005）
		㊟キャメロン（10〜16）	サルコジ（2007〜12）	メルケル（2005〜21）
		㊟メイ（16〜19）	オランド（12〜17）	ショルツ（21〜）
		㊟ジョンソン（19〜22）	マクロン（17〜）	
		2020 EU離脱		
		㊟トラス（22）㊟スナク（22〜）		

㊓：労働党　㊟：保守党　※イギリスと西ドイツは首相名。フランスは大統領名。数字は任期。

▼⑤EUの歩み

は加盟国数

1948	ベネルクス3国関税同盟	（3か国）ベルギー オランダ ルクセンブルク
	OEEC（ヨーロッパ経済協力機構）	
1952	ECSC（ヨーロッパ石炭鉄鋼共同体）	ドイツ
1958	EURATOM（ヨーロッパ原子力共同体）	6か国 フランス
1958	EEC（ヨーロッパ経済共同体）（→p.189）	①関税撤廃 イタリア
1967	EC（ヨーロッパ共同体）	②農業・交通・エネルギーの共通政策 ③域外に対する共通税
1973	拡大EC	（9か国）イギリス デンマーク アイルランド
1981	（10か国）	ギリシア
1986	（12か国）	ポルトガル スペイン EU旗
1993	EU（ヨーロッパ連合） 市場統合	
	（マーストリヒト条約発効）	オーストリア スウェーデン フィンランド
1995	（15か国）	
1999	共通通貨（ユーロ）導入	
2004	（25か国）	エストニア, ラトヴィア, リトアニア, ポーランド, チェコ, スロヴァキア, ハンガリー, スロヴェニア, マルタ, キプロス
2007	（27か国）	ルーマニア, ブルガリア
2013	（28か国）	クロアティア
2020	（27か国）	イギリスが離脱

欧州政治統合へ？

結びつく世界 ──グローバル化による光と影（かげ）

① 経済と情報のグローバル化

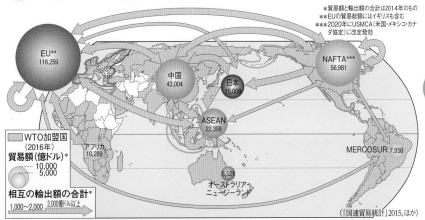

*貿易額と輸出額の合計は2014年のもの
**EUの貿易総額にはイギリスも含む
***2020年にUSMCA（米国・メキシコ・カナダ協定）に改定発効

EU** 116,259
中国 43,004
日本 15,009
NAFTA*** 56,981
ASEAN 22,399
アフリカ 10,289
MERCOSUR 7,858
5,521
オーストラリア・ニュージーランド

WTO加盟国（2016年）
貿易額（億ドル）*
10,000
5,000
相互の輸出額の合計*
1,000～2,000　2,000億ドル以上

〈「国連貿易統計」2015, ほか〉

グローバル化とは？

交通網や情報技術の発展によって, 人・モノ・情報などの交流が活発化し, 経済や文化において国を越えたつながりが強まり, 世界が一体化していくこと。**冷戦**が終結した1990年代以降にとくに拡大していった。

プチ　グローバル化が支える私たちの食卓

現在, 日本の食料自給率は5割を下まわっており, 外国から多様な食品を輸入している。また, 国際情勢の変化次第で, 日本への輸入が制限される可能性も考えられるため, 輸入依存の体質を見直す必要がある。

小麦　アメリカ 47%（日本 16%）
牛肉　オーストラリア 48%（日本 35%）
コーヒー豆　ブラジル 35%
米　ほぼ国内産（日本 97%）
大豆　アメリカ 73%（日本 6%）

※カッコ内は日本の食料自給率。
※2019年。

〈財務省貿易統計, ほか〉

▲③品目別の輸入第1位の国と輸入量に占める割合

▲①貿易の相互関係　貿易ネットワークの拡大にともない, 1995年にGATT（ガット）（関税貿易一般協定）にかわってWTO（世界貿易機関）が発足し, 自由貿易体制の管理を行っている。

◀②ルワンダの携帯電話ショップ　情報技術が飛躍的に発展した現在, インターネットや情報端末を使えば誰でも世界中の情報に触れられるようになった。一方でインターネットや携帯電話の普及率は各国・地域間で異なることから, 情報格差（デジタル・デバイド）も生まれている。

② 経済格差の問題～南北問題・南南問題

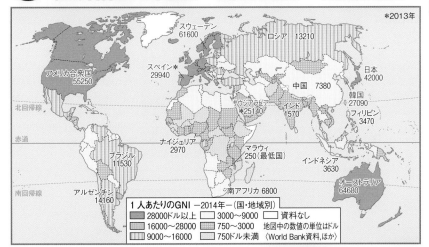

*2013年

スウェーデン 61600
ロシア 13210
アメリカ合衆国 55250
スペイン* 29940
日本 42000
中国 7380
韓国 27090
サウジアラビア *25140
インド 1570
フィリピン 3470
ナイジェリア 2970
マラウィ 250（最低国）
インドネシア 3630
ブラジル 11530
南アフリカ 6800
オーストラリア 64680
アルゼンチン 14160

北回帰線
赤道
南回帰線

1人あたりのGNI ─2014年─（国・地域別）
28000ドル以上
16000～28000
9000～16000
3000～9000
750～3000
750ドル未満
資料なし
地図中の数値の単位はドル
〈World Bank資料, ほか〉

▲④1人あたりのGNI（国民総所得）でみる世界
北側に多い先進工業国と南側に多い発展途上国との間で, 経済的な格差があることが読みとれる（**南北問題**）。さらに発展途上国の間でも, 石油など資源をもつ国とそうでない国との経済格差（**南南問題**）が広がっている。

▶⑤マンホールの中でくらす子ども（モンゴル）
モンゴルでは1990年代の経済自由化の波にともない貧困層が増大し, ストリートチルドレンも増加した。気温が氷点下30℃まで下がる冬は, マンホールの中で生活し, 寒さをしのぐ。

more　世界に広がるアメリカ文化

グローバル化によって超大国アメリカの企業が世界各地に進出し, それに伴いアメリカ文化も世界に広まった。食文化もその一つであり, 世界中にアメリカ企業のハンバーガー店やコーヒー店が進出している。

しかし, アメリカ文化による世界の画一化（かくいつか）が進み, 各地の固有の文化が消えてしまうのでは, との懸念（けねん）も存在する。

◀⑥ドバイのスターバックスコーヒー

ポイントチェック　（　）内の正しい方に○をつけよう！

冷戦終結後, 国を越えた人・モノ・情報のやりとりが進み, 世界が一体化してたがいの依存を高める（グローバル・リージョナル）化の時代になった。しかし, 貧富の差である（東西・南北）問題などの課題が残っている。

現代の民族問題と地域紛争①　——噴出(ふんしゅつ)する争いと平和への課題

時代の扉

「平和の祭典」の舞台から一転…

▲① 1984 年開催の冬季オリンピック会場

それが…

▲②現在のオリンピックスタジアム周辺のようす

…は、こんな人

強力な指導者(リーダー)
ティトー（1892～1980）

「1つの政党・2つの文字・3つの宗教・4つの言語・5つの民族」といわれるユーゴスラヴィアを1つにまとめていた。社会主義国家であったが東側諸国にくみせず，独自路線をとった。

（→ p.188）

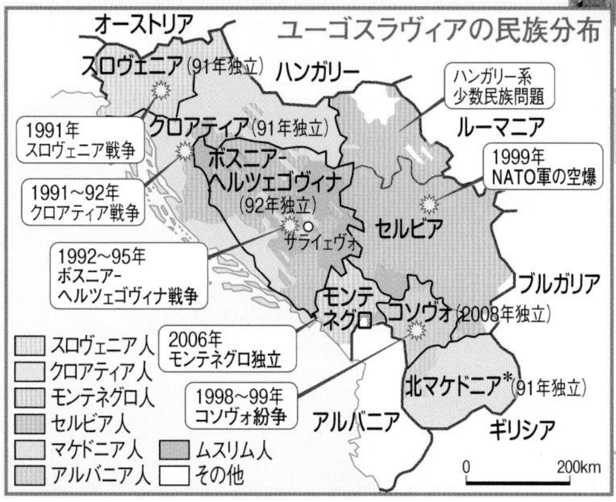
ユーゴスラヴィアの民族分布
オーストリア
スロヴェニア（91年独立）
ハンガリー
ハンガリー系少数民族問題
1991年スロヴェニア戦争
クロアティア（91年独立）
ルーマニア
ボスニア-ヘルツェゴヴィナ（92年独立）
1999年NATO軍の空爆
1991～92年クロアティア戦争
セルビア
サライェヴォ
1992～95年ボスニア-ヘルツェゴヴィナ戦争
ブルガリア
モンテネグロ
コソヴォ（2008年独立）
2006年モンテネグロ独立
北マケドニア*（91年独立）
1998～99年コソヴォ紛争
アルバニア
ギリシア
スロヴェニア人
クロアティア人
モンテネグロ人
セルビア人
マケドニア人
ムスリム人
アルバニア人
その他
0　200km

more　モザイク国家　ユーゴスラヴィア

ユーゴスラヴィアは大統領ティトーの指導力によって6つ（現在は7つ）の共和国が一つの連邦国家としてまとめられていた。しかしティトーの死去で構造がゆがみはじめ，冷戦が終結した 1990 年代には各共和国内でくすぶっていた民族意識が噴出し，独立や内戦があいつぎ連邦は解体した。

＊2019 年 2 月，マケドニアから国名変更

クイズ

Try1 写真①は，1984 年冬季オリンピックのスタジアムだが，この会場が写真②（現在）では，何に変わってしまっているだろうか。

Try2 オリンピックが行われた当時，サライェヴォは何という国の都市だっただろうか。

①クロアティア　②ユーゴスラヴィア　③セルビア

ヒント　p.186 の地図⑦も参考に見てみよう。

Try3 なぜ,このようなことになってしまったのだろうか。

①共和国内の民族の対立
②カシミール地方をめぐる対立
③9・11 同時多発テロ事件

1 西アジア情勢と超大国アメリカ

A ペルシア湾で起きた 2 つの戦争

イラン-イラク戦争（1980 ～ 88 年）

フセイン大統領

◀③停戦発表後に群衆に手を振るフセイン

1979 年の**イラン革命**での混乱に乗じて，イラクの**サダム=フセイン大統領**がイランに侵攻。この戦争で，アメリカから多額の援助を受けたイラクは，戦後軍事大国となった。

湾岸戦争（1991 年）

石油資源をねらったイラクがクウェートに侵攻。アメリカを中心とする多国籍軍が武力行使に踏み切り，イラクに大勝した。この結果，西アジアにおけるアメリカの力が強まった。

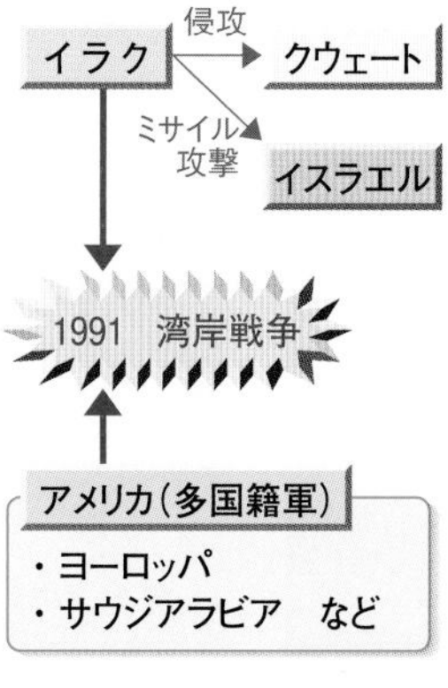
イラク
侵攻
クウェート
ミサイル攻撃
イスラエル
1991　湾岸戦争
アメリカ（多国籍軍）
・ヨーロッパ
・サウジアラビア　など

◀④炎上(えんじょう)するクウェートの油田と米軍の装甲車

B 深まるアメリカとのみぞ

▲⑤ 2 機目の飛行機が激突した瞬間

同時多発テロ事件

2001 年 9 月 11 日，ニューヨークの貿易センタービルに，ハイジャックされた 2 機の飛行機が激突し多数の死傷者が出た。アメリカは反米イスラーム過激派組織であるアルカーイダの犯行と断定し，潜伏(せんぷく)先のアフガニスタンへの攻撃を行った。

イラク戦争（2003 年）

テロとの戦いを主張するアメリカはイラクの大量破壊兵器の残存を主張し，フセイン政権を倒したが，大量破壊兵器は見つからず，イラクの新たな国作りも難航している。（→ p.208）

more　分断された民族 クルド人

オスマン帝国の解体と西欧諸国による国家建設のなか，クルド人は居住地を分断された。現在も各国で少数派として抑圧されているが，イラクのクルド人自治区は独自の行政・治安維持活動を行っている。

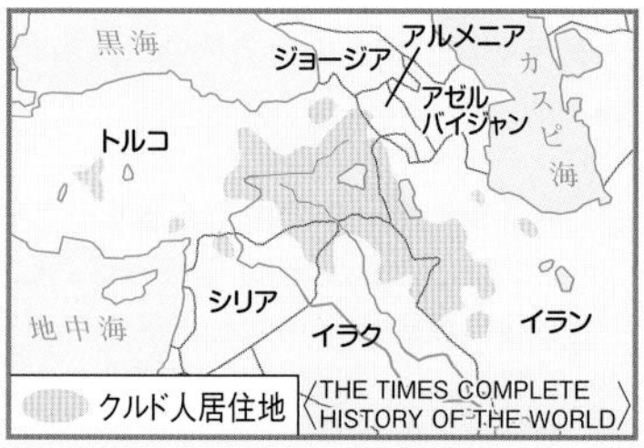
黒海
ジョージア
アルメニア
アゼルバイジャン
カスピ海
トルコ
地中海
シリア
イラク
イラン
クルド人居住地

▶⑥現在のクルド人の分布

〈THE TIMES COMPLETE HISTORY OF THE WORLD〉

② 各地の紛争と民族問題

A カシミール紛争

➤⑦**カシミール地方の宗教分布**
　インドとパキスタンは，カシミール地方の領有をめぐり，これまでに3回戦争を行った（印パ戦争 1947, 65, 71年）。両国の対立が続くなかで，1998年にインド・パキスタンともに核実験を成功させたことで世界中に緊張がはしった。

凡例：
- ムスリム
- ヒンドゥー教徒
- 仏教徒
※薄い色の地域は割合が低い
----- 停戦ライン

中国　カシミール　パキスタン　インド　ネパール

〈Alexander Kombi atlas 2004〉

B アフガニスタン問題

➤⑧**自爆テロによって燃える車両**（カーブル）　2001年，米英軍の攻撃により**タリバーン政権**が倒された。その後2004年に新憲法が制定され，民主的な国家をめざしていたが，2021年に再びタリバーンが政権を掌握した。

C チベット問題

　1959年に中国人とチベット人の衝突（チベット動乱）が起き，チベット仏教最高位ダライ=ラマ14世はインドへ亡命した。2008年のラサの暴動では，世界中で中国政府への抗議運動が起きた。▼⑨**チベット自治区ラサの暴動**（左）**とダライ=ラマ14世**（右下円内）

世界のおもな紛争地域

- ユーゴスラヴィア問題（1991〜2001年）
- ロシアによるウクライナ侵攻（2022年〜）
- シリア内戦（2011年〜）
- チェチェン紛争（1991年〜）**D**
- アフガニスタン問題（1979〜2021年）**B**
- 北アイルランド紛争（1969〜98年）（→p.146）
- 南オセチア紛争（2008年〜）
- ウイグル族の反政府運動（2009年〜）**E**
- バスク問題（1968年〜）
- カシミール紛争（1947年〜）**A**
- キプロス問題（1974年〜）
- メキシコ先住民の反政府運動（1994年〜）
- パレスチナ問題（1948年〜）（→p.190）
- 南沙群島領有問題（1974年〜）
- ダールフール紛争（2003〜13年）（→p.208）
- クルド問題（1979年〜）（→p.206）
- チベット人の反政府運動（1988年〜）**C**
- エチオピアとエリトリアの国境紛争（1998〜2000年）
- ソマリア内戦（1980年代〜）
- スリランカ民族対立（1983〜2009年）
- ルワンダ内戦（1990〜94年）

凡例：
- ✳ おもな紛争地域
- 🚩 国連平和維持活動（PKO）が行われているおもな地域（2016年10月現在）
- ▨ 核兵器保有国

＊2011年7月 南スーダンが分離独立

おもな難民人口（2013年末現在）
200万人　50万人
〈UNHCR統計〉

D カフカス地方をめぐる諸問題 （チェチェン・ジョージア[旧グルジア]）

▲⑩**チェチェンに侵攻したロシア軍**（2014年）　ソ連解体のなかで独立宣言をしたチェチェンでは，ロシア軍が独立を阻止するために侵攻し，紛争が続いている。グルジアとして独立したジョージアはロシアと距離をおき，国名を変更して民主化を進めたが，ロシア軍の支援のもと南オセチア・アブハジアが分離独立を宣言した。

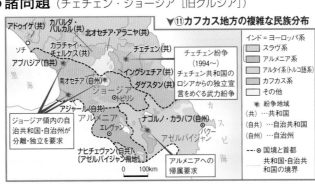

▼⑪**カフカス地方の複雑な民族分布**

- アドゥイゲ（共）
- カバルダ・バルカル（共）
- 北オセチア・アラーニャ（共）
- ソチ
- カラチャイ・チェルケス（共）
- チェチェン（共）
- アブハジア（自共）
- 黒海
- イングシェチア（共）
- 南オセチア（自州）
- ダゲスタン（共）
- ジョージア　トビリシ
- アジャール（自共）
- ジョージア領内の自治共和国・自治州が分離・独立を要求
- アルメニア　エレバン
- ナゴルノ・カラバフ（自州）
- アゼルバイジャン　バクー
- ナヒチェヴァン（自共）（アゼルバイジャン飛地）
- アルメニアへの帰属要求
- カスピ海

チェチェン紛争（1994年〜）チェチェン共和国のロシアからの独立宣言をめぐる武力紛争

インド=ヨーロッパ系
- スラヴ系
- アルメニア系
- アルタイ系（トルコ語系）
- カフカス系
- その他

✳ 紛争地域
（共）…共和国
（自共）…自治共和国
（自州）…自治州
-·-◎ 国境と首都　共和国・自治共和国の境界

0　100km

E ウイグル問題

　新疆ウイグル自治区では，ソ連解体後の中央アジア各国の独立に刺激をうけ，中国からの独立をめざす動きが起こっている。武装闘争が激化し，2009年にはウルムチで大規模な暴動が起きた。

▼⑫**暴動で焼かれた自動車**（ウルムチ）

more 先進国の分離独立運動

　分離独立運動は，おもに，複雑に民族（→p.38）が交わる地域で，文化的差別や経済格差を背景に行われる。先進国でも，スペインのカタルーニャやイギリスのスコットランドなどに独立運動があるが，この場合，民族問題よりも地域間の格差が影響している。2014年のスコットランド独立を問う住民投票では，イギリス残留が過半数をしめた。2017年のカタルーニャ独立を問う住民投票では賛成多数となったが，スペイン政府と対立，情勢は流動的である。

▲⑬**カタルーニャの独立派のデモ**

ポイントチェック
（　）内の正しい方に○をつけよう！
冷戦時代に抑圧されていた（民族・領土）問題が表面化し，各地で紛争があいついでいる。地域紛争の根底には（軍事力・経済）の格差，進展しない民主化があり大国の介入により問題は複雑化している。

80年代

90年代〜

現代の民族問題と地域紛争② ── 2010年代以降の状況

❶ 混迷するウクライナ情勢～ウクライナ侵攻の背景

▲①ウクライナ内戦で破壊された戦車（2015年）2014年，親欧米派の政権が成立したウクライナでは，東部の親ロシア派武装勢力が政府軍との内戦を開始，2022年のロシアによるウクライナ侵攻につながった。

▼②ウクライナ国内の対立　2014年の政変後，ロシア系住民など親ロシア派の多い東南部では，南部のクリミアが住民投票でロシア編入を決め，東部も分離独立をめぐる紛争となった。

中西部＝親欧米派	東南部＝親ロシア派
東南部の分離を認めず，EU加盟を希望 ウクライナ語を話し，オーストリアやポーランド，ソ連に属しながらも独自の文化を守ってきた	ウクライナからの分離を希望 歴史的にロシアの勢力下にあった歴史が長く，ロシア語を話す 工業化が進み経済でもロシアと結びついている

VS

〈WORLD ENERGY ATLAS 7th edition, ほか〉

ロシア人の割合（2001年）
- 30%以上
- 20～30
- 10～20
- 10%未満

2014年 ロシアへの編入を宣言

▲③ウクライナにおける州別のロシア系住民の割合

❷ 中東の政変と混乱

Ａ 「アラブの春」と政変

▲④反政府デモを行うチュニジアの民衆（2010年）2010年末のチュニジアの民衆デモを発端に，アラブ諸国では政府への抗議行動があいつぎ，「アラブの春」とよばれた。所得格差や高い失業率，国政への不満を背景に，チュニジアのほか，エジプトのムバラク政権，リビアのカダフィ政権などの長期政権が倒されたが，その後民主化は頓挫（とんざ）した。

▼⑤「アラブの春」とその後の状況

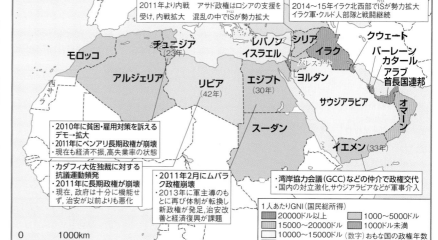

2011年より内戦　アサド政権はロシアの支援を受け，内戦拡大　混乱の中でISが勢力拡大

2014～15年イラク北部でISが勢力拡大　イラク軍・クルド人部隊と戦闘継続

・2010年に貧困・雇用対策を訴えるデモ→拡大
・2011年にベンアリ長期政権が崩壊
・現在も経済不振,高失業率の状態

・カダフィ大佐独裁に対する抗議運動頻発
・2011年に長期政権が崩壊
・現在，政府は十分に機能せず，治安が以前よりも悪化

・2011年2月にムバラク政権崩壊
・2013年に軍主導のもとに再び体制が転換し新政権が発足，治安改善と経済復興が課題

・湾岸協力会議（GCC）などの仲介で政権交代
・国内の対立激化,サウジアラビアなどが軍事介入

1人あたりGNI（国民総所得）
- 20000ドル以上
- 15000～20000ドル
- 10000～15000ドル（数字）
- 5000～10000ドル
- 1000～5000ドル
- 1000ドル未満

おもな国の政権年数（2011年初頭まで）

モロッコ／西サハラ／アルジェリア／チュニジア（23年）／リビア（42年）／エジプト（30年）／スーダン／レバノン／イスラエル／パレスチナ／シリア／ヨルダン／サウジアラビア／イラク／クウェート／バーレーン／カタール／アラブ首長国連邦／オマーン／イエメン（33年）

Ｂ シリア・イラクの混乱

▲⑥過激派組織の自称IS（アイエス）（「イスラム国」）「アラブの春」をきっかけに，シリアでは，アサド政権の独裁支配に対する不満が高まり，内戦となった。イラク戦争以後不安定だったイラクで活動していたISはシリア内戦に介入し，当初は反政府勢力に同調，のち対立してイラク・シリア両国に支配を広げた。ISは2014年に一方的に独立を宣言したが，国際的には承認されず，シリアやイラク政府との戦闘が続き，欧米諸国やロシアもISを攻撃した。その後ISは拠点を失い，事実上の崩壊状態となったが，世界各地で残存勢力によるテロが起こった。

❸ 資源をめぐるアフリカの紛争

▶⑦南スーダン独立を祝う人々　南スーダンは2011年にスーダンから独立したが，独立後もスーダンとの紛争を抱え，国内も内戦状態にある。PKO（国連平和維持活動）が行われ，日本の自衛隊も派遣されていた。

エジプト／リビア／チャド／スーダン／北ダルフール州／西ダルフール州／南ダルフール州／ハルツーム／エリトリア／エチオピア／中央アフリカ／南スーダン／コンゴ民主共和国／ウガンダ／ケニア／ジュバ／紅海

ダールフール紛争　アラブ系・非アラブ系の民族対立が発端

国境未確定の紛争地域

南北スーダンの紛争地域

井 油田
─ パイプライン
─ 州界
─ 国境

▼⑧スーダンと南スーダンの状況

スーダン
・アラブ系住民のムスリムが多数
・非アラブ系の圧迫➡ダールフール紛争・南スーダン独立
・石油資源は南スーダンより少ない

VS

南スーダン
・アフリカ系住民が多数（キリスト教・伝統宗教）
・石油資源油田が豊富（スーダン・南スーダン両国の油田の約70%）➡資源をめぐり内戦へ

◀⑨スーダン・南スーダンの紛争と石油資源　スーダンと南スーダンの紛争や，南スーダンの内戦には，石油利権の争奪戦という側面がある。

特集 環境の歴史 ──自然への適応から破壊，そして共生へ

人類は長い歴史のなかで，高度な文明を発達させてきた。そしてその過程で，「自然への適応」から「自然への挑戦・支配」へと姿勢をかえていった。その歴史をひもといてみよう。

「人類と環境」の歴史

400万年以上前
人類の誕生

1万年前 農耕・牧畜の開始 (→p.4〜5)
・農耕開始，定住開始
・大河周辺での灌漑農耕

前3500〜1600年
古代都市文明の発生と四大文明成立
・都市形成のための木材大量消費→①

前12世紀
鉄器の使用の広がり→開発が進展

前6世紀〜後3世紀
大帝国と諸地域世界の成立
・小農民中心から大規模農園の経営へ

3〜6世紀
ヨーロッパの民族大移動と中世世界の成立
・森林を開墾して農地へ (→p.106)
・荘園制の広がり

8〜13世紀
経済発展・交易の拡大
・ヨーロッパの大開墾時代
・中国の江南開発 (→p.82)

15世紀
大航海時代の始まり (→p.120〜121)

16世紀
ヨーロッパ人のアメリカ大陸進出
・アメリカ，カリブ海でプランテーション成立→②
(→p.30)

18世紀
産業革命 (→p.144〜145)
・化石燃料・資源の消費
　→公害（大気汚染・水質汚濁・酸性雨）発生→③
・プランテーションの拡大，熱帯雨林の破壊

20世紀
科学技術の発展と大規模開発
・2度の世界大戦→大量破壊兵器による自然破壊
・化石燃料・資源の大量消費による工業化の進展
・地球規模の環境問題→④
（地球温暖化・オゾン層の破壊・酸性雨・砂漠化・熱帯雨林の破壊）

▶①荒野に残るレバノン杉 古代オリエント時代に大量に伐採されたことで，かつては地中海まで続いたレバノン杉の森は，現在ではわずかに残されているにすぎない。(→p.42)

地中海
レバノン杉の森

▲②カリブ海の砂糖プランテーション 近代になると，西ヨーロッパ諸国によって「新大陸」である南北アメリカ，カリブ海諸島などが植民地化され，固有の自然を破壊した大規模なプランテーションの開発が進められた。(→p.30)

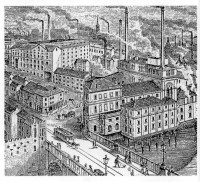
▲③スモッグでけむるイギリスの工業都市 (1879年) 産業革命で鉄と石炭を原料とする工場が急増した街では，排ガスによる大気汚染や，工業排水による水質汚濁の問題が深刻であった。(→p.145)

取り残された船
▲④干上がっていくアラル海 かつて世界第4位の大きさの湖だったが，アラル海に注ぐアム川・シル川の水が灌漑に使用され始めたことで，湖に流れ込む水の量が減ってしまい，今では50年前の5分の1以下にまで縮小してしまった。

more 戦争による環境破壊

▲⑤枯れ葉剤をまくアメリカ軍
大量破壊兵器の開発が進んだ20世紀以降は，**環境破壊**も大規模化している。**ベトナム戦争**ではジャングルを枯らすためにアメリカ軍が大量の枯れ葉剤を使用した。環境だけでなく人体にも後遺症を残している。(→p.187)

自然との共生をめざす時代へ

環境問題への国際的な取り組み

1972 国連人間環境会議
　☆初の環境問題に関する国際会議

92 国連環境開発会議
　（地球サミット）
　☆「持続可能な開発」について議論
　☆「リオ宣言」と「アジェンダ21」を採択

97 地球温暖化防止京都会議
　☆「京都議定書」の採択

2015 国連気候変動枠組条約
　締結国会議（COP21）
　☆「パリ協定」の採択

Nations Unies
Conférence sur les Changements Climatiques
COP21/CMP11
Paris, France
▲⑥パリ協定の採択を喜ぶ国連事務総長ら (2015年)
1997年の京都議定書では，二酸化炭素など温室効果ガスの削減目標が先進国に課せられた。2015年のパリ協定では，発展途上国も含めてすべての国が削減目標をもつことになった。

プチ 絶滅に追い込まれる動物たち

アメリカに入植した白人たちは，西部開拓の際，インディアンと共生していた数千万頭のバッファローを鉄砲で大量に殺戮し絶滅寸前にまで追い込んだ。現在，このような動植物を絶滅危惧種とし保護活動を行っている。(→p.152)

（左欄・縦書き）自然環境への適応　農地開発の進展　環境よりも開発を優先　環境破壊への懸念

90年代〜

20世紀の文化と科学技術 ——激動の世紀を物語る現代文化

時代の扉

「ゲルニカ」に込めた悲しみ, 怒り, そして願い…

▼①ピカソ作「ゲルニカ」〈ソフィア王妃芸術センター蔵, 349.3cm×776.6cm〉

東アジア / 南アジア / ヨーロッパ / アメリカ

❶ 20 世紀の文化の概観

哲学・神学	ベルクソン	仏	1859~1941	『創造的進化』
	ヤスパース	独	1883~1969	『哲学』
	ハイデガー	独	1889~1976	『存在と時間』
	デューイ	米	1859~1952	『民主主義と教育』
	サルトル	仏	1905~1980	現代実存哲学『嘔吐』
	シュペングラー	独	1880~1936	『西洋の没落』
経済思想	レーニン	ソ	1870~1924	『帝国主義論』
	ケインズ	英	1883~1946	『雇用・利子及び貨幣の一般理論』
	毛沢東	中	1893~1976	『新民主主義論』
心理・歴史学	フロイト	墺	1856~1939	精神分析学創始
	トインビー	英	1889~1975	『歴史の研究』
自然科学	アインシュタイン	独	1879~1955	相対性理論の発表
	ハイゼンベルク	独	1901~1976	原子力学・原子核理論
文学	ロマン=ロラン	仏	1866~1944	『ジャン=クリストフ』
	プルースト	仏	1871~1922	『失われた時を求めて』
	カミュ	仏	1913~1960	『異邦人』『ペスト』
	バーナード=ショー	英	1856~1950	『人と超人』劇作家
	カフカ	チェコ	1883~1924	実存主義文学『変身』
	トーマス=マン	独	1875~1955	『魔の山』
	ヘルマン=ヘッセ	独	1877~1962	『車輪の下』『シッダルタ』
	ヘミングウェー	米	1899~1961	『誰がために鐘はなる』
	スタインベック	米	1902~1968	『怒りの葡萄』『エデンの東』
	ゴーリキー	ソ	1868~1936	『どん底』
	ソルジェニーツィン	ソ	1918~2008	『収容所群島』反体制作家
	タゴール	インド	1861~1941	『ギーターンジャリ』(詩集)
	魯迅	中	1881~1936	『阿Q正伝』『狂人日記』
絵画・建築	マティス	仏	1869~1954	野獣派の中心「帽子をかぶる女」
	ピカソ	西	1881~1973	立体派「ゲルニカ」「泣く女」
	ダリ	西	1904~1989	超現実主義「内乱の予感」
	ガウディ	西	1852~1926	建築家「サグラダ=ファミリア」
音楽	シェーンベルク	墺	1874~1951	十二音音楽の創始
	ストラヴィンスキー	ソ	1882~1971	新古典主義音楽「火の鳥」

…は, こんな人　"表現力"の天才 ピカソ (1881 ~ 1973)

スペイン出身のピカソは, 新しい視点からものを描く可能性を探り, 描く対象を多角的な視点からとらえる「キュビズム」という技法を生み出し, これまでの絵画の常識をくつがえした。

「ゲルニカ」について残した言葉

独裁者フランコが死に,
スペインが再び
自由になったとき,
「ゲルニカ」をスペインの地に
戻してほしい。

?　クイズ

Try1 「ゲルニカ」の Ⓐ ~ Ⓒ は, それぞれ次のどれを表現したものだろうか。
　①折れた剣を持ち, 倒れる人 (兵士) ②燃えさかる家　③死んだ子どもを抱え, 泣きくずれる母親

Try2 この作品は, スペインの小さな街ゲルニカを描いた作品である。ゲルニカの何を描いたのだろうか。
　①人々の豊かな生活ぶり　②緑が広がる農村風景　③内戦時の空爆による惨状
　ヒント　この作品が描かれた 1937 年にスペインで起きていたできごとは何だろう。(→ p.181)

Try3 「ゲルニカ」はアメリカに貸与されていたが, 1981 年にようやくスペインに戻ってきた。これほど遅くなってしまったのはなぜだろうか。　ヒント　ピカソの言葉に注目しよう。

more 未完の大聖堂 サグラダ=ファミリア

世界遺産

スペインのバルセロナのシンボルとなっている「聖家族」という名のこの大聖堂は, 1882 年に着工され, 翌年から引きついだ建築家ガウディは, その生涯をかけて設計と建築に従事した。いまもなお工事は続いており, 2026 年の完成がめざされている。

▼②「聖母マリアの戴冠」

❷ 大衆文化の進展

マスメディアの発達

1920年 アメリカ
ラジオ放送開始
↓
1928年 イギリス
テレビ実験放送開始
↓
54年 アメリカ
カラーテレビ放送開始（日本は60年）
↓
1990年代
インターネットが急速に普及

街頭テレビ

▲③街頭テレビを見る大衆（1954年，日本）　日本では1953年にテレビ本放送が始まった。テレビは高価な品だったので，人々は街頭に設置されたテレビで相撲やプロレスを観戦した。

ロック音楽

1950年代のアメリカで，黒人のリズム・アンド・ブルースと，ジャズやカントリーミュージックが融合して誕生。物質的な豊かさを追求する既成文化への抵抗文化（カウンターカルチャー）として，若者世代に熱狂的に受け入れられた。

▲⑤ビートルズ
イギリス出身の4人組ロックバンド。音楽だけでなく，ファッションも若者たちに影響を与えた。

映画

映画はフランスで1895年に初めて上演されて以来，安価な大衆娯楽として広まった。

➤④「ローマの休日」
1953年公開のアメリカ映画。世界中の観客を魅了し，今もなお語りつがれている名作。

は，こんな人
戦争をのりこえ，輝いた妖精
○ オードリー＝ヘップバーン
（1929～93）

10歳の時に第二次世界大戦が勃発し，戦場となったオランダにおいて壮絶な少女時代を過ごした。ナチスと闘うレジスタンスへの資金調達の活動にも加わった。戦後は女優として多くの作品に出演し数々の賞を受賞。晩年はユニセフの親善大使を務め，貧しい子どもたちを救うための活動を行った。

プチ アニメ大国ニッポン

「アニメ（anime）＝日本のアニメーション」といわれるくらい，世界中に日本のアニメやマンガなどが輸出され，各国で人気を集めている。とくに手塚治虫や宮崎駿の作品はその芸術性が高く評価されている。

➤⑥手塚治虫のアニメのキャラクターたち　中央下の「鉄腕アトム」は1963年に日本初の連続長編テレビアニメとして放送され，アメリカにも輸出された。

©Tezuka Productions

❸ 科学技術の発展による光と影（かげ）

科学技術の発展
（宇宙開発は青，生命倫理は赤）

1903	キュリー夫妻，ラジウム発見（1898年）でノーベル物理学賞受賞
05	アインシュタイン，特殊相対性理論発表
13	フォードが自動車大量生産を開始（米）（→p.176）
26	液体燃料ロケットうち上げ成功（米）
27	リンドバーグ，大西洋無着陸飛行に成功（米）（→p.177）
45	原爆実験成功（米）（8月　広島，長崎へ原爆投下）（→p.183）
54	原子力発電の実用化（ソ）
57	人工衛星スプートニク1号うち上げ成功（ソ）
61	世界初の有人宇宙飛行に成功（ソ）（→p.193）
62	通信衛星うち上げ成功（米）
69	アポロ11号月面着陸（米）（→p.193）
76	人工授精成功（英）
81	スペースシャトルうち上げに成功（米）
96	クローン羊の「ドリー」誕生（英）
99	エンタテイメントロボット「AIBO（アイボ）」発売（日）
2003	ヒトゲノム計画（ヒトの遺伝子配列解読）完了
06	iPS細胞（人工多能性幹細胞）の形成に成功

▲⑦スペースシャトル コロンビア号のうち上げ（1981年）

◀⑧クローン羊「ドリー」

原子力の脅威（きょうい）

➤⑨被ばくした少女

▲⑩チェルノブイリ（チョルノービリ）原発事故（1986年）　強大なエネルギーをもつ原子力は，多くの国が発電用として利用しているが，利用法を誤ると甚大な被害をもたらす。この事故では周辺諸国にも放射性物質が拡散し多くの死傷者が出た。

▼ ポイントチェック　　（　）内の正しい方に○をつけよう！

20世紀前半は，絵画などの文化面にも戦争や国内情勢が影を落とした。戦後はテレビなどの（マスメディア・対抗文化）が発達したことで文化の大衆化が加速した。また科学技術の発展は新しい可能性を広げる反面，原発事故による（放射性物質・クローン）の拡散などの危険性も指摘されている。

これって芸術？ 20世紀アーティストたちの挑戦！

ヨーロッパ

それまでの芸術観を全否定!!―ダダイズム

芸術家は作品をつくらなければならないのか？既製品ではだめなのか？美術は美しくないといけないのだろうか？

芸術家は，芸術は特別でりっぱなものだという価値観こそ，こわさなければいけないのでは？

L.H.O.O.Q.

◀①デュシャン「L.H.O.O.Q」

▲②デュシャン

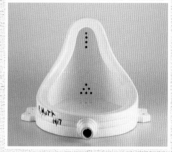

▲③デュシャン「泉」

Q1 左の絵では，有名なモナ＝リザの絵に，何かが描き加えられている。それはなんだろう。

ヒント 口元に注目！

Q2 上はなんだろう？
①オリジナルの噴水 ②既製品の便器
③美しい陶器の棚

ヒント 角度を変えて見てみよう。作者デュシャンの考えも参考にしよう。

アートの社会背景 1

（　　　）のなかの二つの言葉について，どちらかを選ぼう。
ダダイズムの芸術家たちは，それまでの芸術を（ 肯定 ・ 否定 ）した。この背景には，明るい未来を導くと考えられていた近代文明が（ 第一次世界大戦の悲劇 ・ ペスト流行による人口減少 ）をもたらしてしまったことから，それまでの伝統的な価値観すべてに疑問がもたれるようになったという事情があった。

超－現実の "無意識" へ!!―シュールレアリスム

その①

無意識の状態をめざした人々

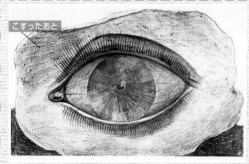

こすったあと

▲④エルンスト「博物誌」より「光の輪」

心理学者フロイトは，人の心に無意識という領域があることを提唱した。芸術も，もともと理性を越えた無意識の世界から生み出されるのでは？（→ p.210）

そうだ！この無意識の世界に近づくには，理性のコントロールを離れて無意識の状態で描けば良いのだ！

◀⑤エルンスト

◀⑥エルンスト「慈善週間または七大元素」より「元素―泥 例―ベルフォールの獅子」

Q3 無意識の状態をめざして，画家たちはいろいろな取り組みをした。左の図④と⑥の絵はどのようにして描かれただろうか。次のうちからそれぞれ選ぼう。
①もともとあるさまざまなものを組み合わせれば，自分の意識ではないものができると考えた。（コラージュ）
②紙の下に何かをおいてこすってできるがらを組み合わせれば，自分の意識ではないものができると考えた。（フロッタージュ）

無意識の状態に近づくために，何日も寝ない状態で描いたり，断食をして描いたりする人たちもいたよ！

アートの社会背景 2

（　　　）のなかの二つの言葉について，どちらかを選ぼう。
シュールレアリスムの画家たちも，それまでの価値観を疑い，理性を越えた（ 無意識 ・ 無価値 ）の世界を追求した。（ 写真 ・ 電話 ）の登場により，絵画よりも写真的に現実を描くことができる手段が身近になったことからも，画家たちは，現実を超えた世界を表現したいと考えるようになった。

無意識の世界を描こうとした人々

▲⑦マグリット「大家族」

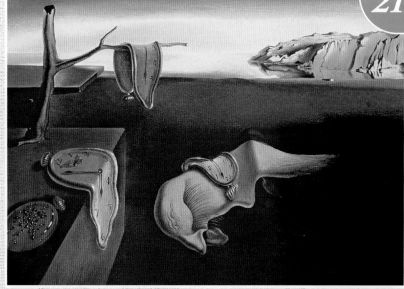

▲⑩ダリ「記憶の固執（やわらかい時計）」

➤⑪ダリ

無意識には
●●が流れ
ていない。

Q4 右のダリの言葉の●●には何が入るだろう。
①空気 ②音楽 ③時間

ヒント 絵のなかでは，時計がとけたように描かれている。

アメリカ

▼⑧マグリット「イメージの裏切り」

これはパイプではない

Ceci n'est pas une pipe.

▼⑨マグリット

君は今，私の作品を見て，おや?と思っただろう? タイトルと絵の内容とのズレや，まったく関係ないもの・不調和なものの組み合わせで，見る者におや?と思わせるのが私の手法なのだ。

アートの社会背景 **3** （　　　）のなかの二つの言葉について，どちらかを選ぼう。

シュールレアリスムの作品は，見る者に，その解釈を考えさせるものとなった。これは，現代に入り，美術が注文した人が独占するものから，美術館や出版物を通じて多くの人に（ 鑑賞 ・ 鑑定 ）されるものに変化したことを反映している。作品は，依頼主の意向ではなく，絵を見る多数の人々の目を意識して制作されるようになったのである。

"現代らしさ"を表現—ポップアート

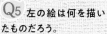

Q5 左の絵は何を描いたものだろう。
①どこにでもあるかんづめ
②高級なかんづめ
③新しいジュース

◀⑫ウォーホル「キャンベルスープ缶」

▲⑭ウォーホル「マリリン＝モンロー」 同じ作品を大量に印刷できる技法で，作品が制作されている。

なんでオリジナルでなきゃいけないの?ありふれたモチーフを作品にしてもいいじゃないか?

◀⑬ウォーホル

アートの社会背景 **4** （　　　）のなかの二つの言葉について，p.176も参考にして，どちらかを選ぼう。

ポップアートの芸術家は，現代社会の特徴をテーマにした。彼らは現代社会を，工場で（ 特別注文 ・ 大量生産 ）された商品を大衆が（ 大量消費 ・ 訪問販売 ）する，大衆消費社会としてとらえた。ありふれた製品を絵の題材に選んだり，作品そのものも大量に販売できるようにすることで，彼らはこの特徴を表現した。図⑫や⑭の作者ウォーホルは，自分のアトリエを「ファクトリー（工場）」とよんでいる。

動画でふり返る 20世紀の "その瞬間"

※動画の配信期限は，2027年3月末までの予定です。

1 サライェヴォ事件 ～「ヨーロッパの火薬庫」に着火した，第一次世界大戦の火種

| 撮影日時 | 1914年6月28日 | 視聴時間 | 19秒 | 音声なし |

オーストリアの帝位継承者夫妻が，当時オーストリア領であったボスニアの州都サライェヴォを視察した。映像は，セルビア人青年が夫妻に爆弾を投げ，取り押さえられた際のもの。この暗殺は失敗するが，直後に別のセルビア人青年が暗殺を実行した。この事件が第一次世界大戦のきっかけとなった。

セルビア人青年は，なぜ暗殺を行おうとしたのだろうか？
①オーストリアがセルビア人の多く住む地域を強制的に併合したため。
②別の帝位継承者を支持していたため。

関連ページ→ p.170「第一次世界大戦」

2 第一次世界大戦 ～クリスマスまでには帰れる，はずだった戦争

| 撮影日時 | 1916年 | 視聴時間 | 53秒 | 音声なし |

第一次世界大戦最大の会戦「ソンムの戦い」を撮影した記録映画の一部である。大戦中にヨーロッパで公開されたこの映画は，6週間で2000万人もの観客動員を達成した。開戦当初はすぐに終わると思われていたが，機関銃や戦車，毒ガスなどの新兵器が投入され，塹壕戦が展開されたことで戦争は長期化した。

動画に映っている兵士たちは，なぜ塹壕から出ないのだろうか？
①機関銃の威力が強いため，攻撃が止むのを待っている。
②前線への補給が途絶え，戦う意欲が下がっていたため。

関連ページ→ p.170「第一次世界大戦」

3 ロシア革命 ～帰ってきたレーニン，世界初の社会主義革命を指導した男

| 撮影日時 | 1917年 | 視聴時間 | 37秒 | 音声なし |

この映像は，1917年11月のロシア十月革命の後に編集されたもので，革命前後のロシア国内の様子をみることができる。映像には，①第一次世界大戦中の反戦デモ，②演説するレーニン，③亡命先のスイスからドイツ兵に守られてロシアに戻るレーニン，④路上の食料配給に並ぶ人々 が映し出されている。

なぜ，ドイツはレーニンをロシアに送り返したのだろうか？
①和平交渉の使者として，ロシア政府との停戦を期待した。
②ロシア帝国を崩壊させるため，ロシアの社会主義勢力を支持・支援した。

関連ページ→ p.172「ロシア革命」

4 1920年代のアメリカ ～技術が夢をつくりだす！狂騒の1920年代

| 撮影日時 | 1927年 | 視聴時間 | 55秒 | |

1920年代のアメリカの暮らしの様子がよくわかる映像である。ホームランを打ち塁を回るベーブルースや当時流行していたジャズの演奏，車からマシンガンを発射するギャング，無着陸で大西洋横断飛行を成し遂げ称賛されるリンドバーグなどが映っており，当時のアメリカの豊かさを見ることができる。（→ p.177）

アメリカが1920年代に栄えたのはなぜだろうか？
①第一次世界大戦のときヨーロッパに貸していたお金が返ってきたため。
②西部の州で砂金が取れるのがわかったため。

関連ページ→ p.176「アメリカ合衆国の繁栄」

ヨーロッパ　アメリカ

東アジア　南アジア　ヨーロッパ　アメリカ

5 世界恐慌 ～「暗黒の木曜日」に狂乱するウォール街　ここから大恐慌が始まった

0:00:06　0:00:08

関連ページ→ p.180「世界恐慌とファシズム」

撮影日時　1929年　視聴時間　8秒

　1929年10月24日，**ウォール街**の証券取引所で株価が大暴落した。取引所では，刻一刻と株価が下落していった。取引所に殺到する人々を撮影したこの映像から，混乱したウォール街の様子が伝わってくる。企業は次々と倒産し，失業者があふれ，アメリカ経済の大混乱は世界に大きな影響を与えた。

 人々がこれほど行列しているのは、なぜだろうか？
①これ以上株価が下がる前に、急いで株券をお金に換えようとしている。
②食料の配給を並んで待っている。

6 "塩の行進" ～インドの自治を勝ち取るため，非暴力・不服従で行進

0:00:09　0:00:48

関連ページ→ p.178「戦間期の西・南アジア」

撮影日時　1930年　視聴時間　48秒　音声なし

　ガンディーが民衆の前で演説を行っているシーンである。ガンディーの話に聞き入る民衆の服装から，各々の宗教や文化の違いを見ることができる。異なる立場の民衆が，ガンディーの力によってひとつにまとまっている様子を見ることのできる映像である。

 ガンディーと民衆はどこへ向かっているのだろうか？
①塩を作るために海へ向かっている。
②信仰の重視を訴えてガンジス川へ向かっている。

7 ドイツでのファシズム台頭 ～メディア戦術で大衆を操る，ヒトラーの独裁

0:00:20　0:00:46

関連ページ→ p.180「世界恐慌とファシズム」

撮影日時　1935年　視聴時間　46秒

　1935年のナチ党大会におけるヒトラーの演説である。聴衆は腕を斜め上につき出すナチス式敬礼でヒトラーを熱狂的に出迎えている。ヒトラーの演説は冗長で，美しい声とも言えなかったが，わかりやすいフレーズを繰り返して浸透させながら，感情をあらわにした迫力と圧倒的な声量によって聴衆の心をひきつけた。

 人々がヒトラーに求めていたものは何だろうか？
①第一次世界大戦後の不況から抜け出すためのリーダーシップ。
②過激な発言を連発するエンターテイナー。

8 太平洋戦争開戦～日本軍による真珠湾攻撃　～日本の奇襲により，アメリカ参戦

 撮影日時　1941年12月8日（現地12月7日）視聴時間　1分14秒

　1941年12月8日（日本時間），日本軍がハワイ諸島（オアフ島）の真珠湾を攻撃し，**太平洋戦争**が始まった。映像には炎上する艦隊や負傷した軍人たちが映し出され，緊迫感が伝わってくる。この時，日本の宣戦布告の伝達が遅れたため，米国は「だまし討ち」と真珠湾攻撃を強く批判した。

0:00:01　0:01:14

関連ページ→ p.182「第二次世界大戦」

攻撃を受けたアメリカが作った、太平洋戦争のスローガンはどちらか？
①Remember Pearl Harbor. （真珠湾を忘れるな。）
②Luxuries are your enemy. （ぜいたくは敵だ。）

動画でふり返る 20世紀の"その瞬間"

※ 動画の配信期限は，2027年3月末までの予定です。

⑨ 「鉄のカーテン」演説 ～「鉄のカーテン」が降ろされ，東西冷戦の幕が上がった

撮影日時 1946年 視聴時間 1分

1946年3月，イギリス前首相チャーチルは演説の中で，「鉄のカーテン」という印象的な比喩を用いて，ソ連が東ヨーロッパ諸国に勢力を拡大している情勢を強い口調で批判した。すでに第二次世界大戦末期から始まった「冷戦（冷たい戦争）」の存在が，この「鉄のカーテン」演説によってはっきりと示された。

 チャーチルが心配しているのは、どのようなことだろうか？
①中欧・東欧へ訪問できなくなること。
②ヨーロッパへ共産主義が広がること。

関連ページ→ p.186「冷戦の始まり」

▶ 0:00:16 ━━━━━━ 0:01:00

From Stettin in the Baltic to Trieste in the Adriatic, an "Iron Curtain" has descended across the Continent. Behind that line lie all the capitals of the ancient states of Central and Eastern Europe. Warsaw, Berlin, Prague, Vienna, Budapest, Belgrade, Bucharest and Sofia, all these famous cities and the populations around them lie in what I must call the Soviet sphere, and all are subject in one form or another, not only to Soviet influence but to a very high and, in some cases, increasing measure of control from Moscow.

バルト海のシュチェチンからアドリア海のトリエステまでヨーロッパ大陸を横切る「鉄のカーテン」が降ろされた。このカーテンの裏側には，中欧・東欧の古くからの国々の首都がある。ワルシャワ，ベルリン，プラハ，ウィーン，ブダペスト，ベオグラード，ブカレスト，ソフィア，これらの有名な全ての都市とその周辺の住民は，ソ連の勢力圏内にあり，何らかの形で，ソ連の影響下にあるばかりか，ますます強化されつつあるモスクワからの厳しい統制を受けている。

⑩ 「ベルリンの壁」建設 ～一夜にしてベルリン市民を東西に引き裂いた「冷戦の象徴」

撮影日時 1961年8月15日 視聴時間 20秒

関連ページ→ p.186「冷戦の始まり」

▶ 0:00:16 ━━━━━━ 0:00:20 🔊

第二次世界大戦後，東西に分断されたドイツでは，西ベルリン経由で西ドイツに亡命する東ドイツの人々が多かった。1961年8月，住民流出を阻止するため東ドイツが，西ベルリンを包囲する「壁」の建設を開始した。映像には「壁」建設の様子と，鉄条網を越えて西側に亡命した国境警備兵が映し出されている。

 東ドイツの人々は、なぜ西ドイツに亡命したがったのだろうか？
①資本主義政権の下での、自由な生活を求めた。
②社会主義政権の下での、安定した生活を求めた。

⑪ 文化大革命 ～造反有理！古いしきたりはもういらない

撮影日時 1968年 視聴時間 49秒 音声なし

関連ページ→ p.200「民主化運動の高まり」

▶ 0:00:32 ━━━━━━ 0:00:49 🔊

この動画は1968年正月の天津の様子である。**文化大革命**は主に学生・青少年からなる**紅衛兵**が中心となり活動が行われた。動画内では，民衆が毛沢東の思想を記した冊子『毛沢東語録』を朗読する様子や，毛沢東の肖像画を掲げ行進する様子が見られる。のちに紅衛兵の活動は過激となり，中国国内は混乱した。

 行進をしている民衆は何を求めていたのだろう？
①当時の中国政府の政策への反抗。
②当時の中国政府の政策のさらなる支援。

⑫ キング牧師の演説「私には夢がある」

関連ページ→ p.196「戦後のアメリカ合衆国」

～奴隷解放宣言から 100 年，リンカン像の前で語られた夢

| 撮影日時　1963 年 8 月 28 日　視聴時間　20 秒 |

　1963 年 8 月，黒人差別の即時撤廃と「仕事と自由」を求め，20 万以上の民衆が**ワシントン大行進**を行った。リンカン記念堂の前でキング牧師は，「私には夢がある」と民衆に語りかけ，非暴力による公民権運動を盛り上げた。翌 64 年，ジョンソン大統領の力のもとで**公民権法**が制定され，人種差別撤廃が法的に定められた。

 キング牧師が演説で求めていたのは何だろうか？
①人種に分け隔てのない，完全に平等な市民権。
②農場での労働条件の向上。

I have a dream that one day this nation will rise up and live out the true meaning of its creed："We hold these truths to be self-evident, that all men are created equal."

I have a dream that one day on the red hills of Georgia, the sons of former slaves and the sons of former slave owners will be able to sit down together at the table of brotherhood.

　私には夢がある。「すべての人は生まれながらにして平等である。これが自明の理であることをここに保証する」というこの国家の基本理念を，真の意味において実現する日が来るという夢である。

　私には夢がある。それは，いつの日か，ジョージア州の赤土の丘で，かつての奴隷の息子たちとかつての奴隷所有者の息子たちが，兄弟として同じテーブルにつくという夢である。

⑬ ベトナム戦争

関連ページ→ p.195「東西陣営の変動」

～戦いの悲惨さが全世界に報道された初めての戦争

| 撮影日時　1967 年　視聴時間　42 秒 |

　北ベトナムが支援する南ベトナム解放民族戦線のゲリラ戦に対抗するため，アメリカ軍は枯葉剤を散布する作戦や民家を焼き払う作戦を実行した。23 秒目からは火を付けられ燃える村が映されている。戦場の様子が報道されるにつれ，国内外からの批判や反戦ムードが高まっていくこととなった。

 ベトナムの村人たちが連行されているのはなぜだろうか？
①ゲリラではないかと疑われているため。
②労働力としてアメリカへ連れていくため。

⑭ 「ベルリンの壁」崩壊

関連ページ→ p.198「東西冷戦の終結」

～東西を隔てた「壁」の崩壊が，冷戦終結とドイツ統一をもたらした

| 撮影日時　1989 年 11 月 9 日　視聴時間　18 秒　音声なし |

　1989 年は東欧各地で「**東欧革命**」と呼ばれる民主化の動きが進んでいた。同年 11 月 9 日，東ドイツ政府が国外への自由な旅行を事実上認める発表を行ったことを受けて，東西分断の象徴であった「ベルリンの壁」に市民が殺到し，壁によじ登り，歓喜にわいた。この翌月，マルタ会談で「**冷戦の終結**」が宣言された。

 なぜ人々は壁の上によじ登っているのだろうか？
①ドイツ統一式典を壁の上から見学するため。
②東西ドイツ間の移動が自由になることに興奮したため。

産業革命による変化を推理せよ！①

歴史探偵

歴史を学ぶ際には，教科書を読んで覚えるだけでなく，「自ら当時の資料を読み解いて，歴史を考えること」も重要だ。これには，探偵の推理とも共通する能力が必要になる。産業革命による変化を題材に，読み解きの練習をしてみよう。

産業革命とは？
18世紀半ばにイギリスから始まり，世界各国で起こった技術革新。詳しく知りたい人は，p.144を開いてみよう！

推理❶ 二つの絵画を比較しよう
～ものづくりの大きな変化とは？～

下の二つの絵は，産業革命前と後の糸つむぎの様子をえがいたものである。これらを比較して，ものづくりにどのような変化があったのか推理してみよう。

読み解きのコツ
歴史の絵画を比較するときは，二つの絵に共通するものの変化に注目し，変化の理由やその結果どうなったのかを考えよう。

Ⓐ産業革命前

糸車

Ⓑ産業革命後

蒸気機関（p.144）の動力を伝えるワイヤー

紡績機

紡績機

推理の3ステップ 赤字の（　　　）内の，正しいと思う方に〇をつけよう！

STEP① 糸つむぎの方法に注目しよう
・Ⓐは手で糸をつむいでいるが，Ⓑでは機械で糸をつむいでいる
・Ⓑは蒸気機関を動力としている
→糸を（自動の機械・手作業）でつむぐようになった。

STEP② つむいでいる場所に注目しよう
・Ⓐでは，生活の空間で糸をつむいでいる
・Ⓑでは，機械がたくさんある広い場所でつむいでいる
→糸を（大きな工場・小さな工房）で生産するようになった。

STEP③ 生産の変化を推理しよう
・Ⓑでは，（大きな工場・小さな工房）で，（自動の機械・手動の道具）を使って（一つ一つ・たくさん同時に）生産している
→生産量が（増えた・減った）と推理できる。

結論
  ⒶとⒷの間に始まった産業革命によって，ものづくりが（自動の機械・手作業）による（大量・少数）生産に変化した。

ヨーロッパ

推理❷ 風刺画（ふうしが）を読み解いてみよう
～この絵が表す社会の構造（こうぞう）とは？～

下の絵は，産業革命期のアメリカのとある「資本家（しほんか）」と「労働者（ろうどうしゃ）」の関係を描いた風刺画である。この絵は，産業革命によって生まれた社会の構造をあらわしている。絵を読み解いて，それがどのような社会か，推理してみよう。

ヨーロッパ

資本家
工場などを経営する人々。
この四人は，Gould,Field,Vanderbilt,Sage という名前。

ドルの記号
鉄工場 週給7ドル
木材
数百万
リネン
リネン工場 週給11ドル
木材工場 週給6ドル
服工場 週給9ドル
服
紙

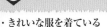
労働者
資本家に雇われて働く人々。

推理の3ステップ　赤字の（　　）内の，正しいと思う方に○をつけよう！

STEP① 労働者に注目しよう

- 服装（ふくそう）は作業着で，ボロボロである
- つらそうな顔で下を向いている
- 数えきれないほど人数がいる
- 水にぬれながら いかだ を支えている
- 給料は週に6～11ドルくらい

→たくさんの（貧しい・裕福（ゆうふく）な）労働者は，（苦労して・楽をして）働いている。

STEP② 資本家に注目しよう

- きれいな服を着ている
- たった4人しかいない
- 何もせず，座っているだけである
- 数百万ドルのお金の上に座っている
- お腹にもお金をためこんでいる

→少数の（貧しい・裕福な）資本家が，（苦労して・楽をして）お金をためている。

STEP③ この絵があらわす社会を推理しよう

- 資本家は，労働者たちを下敷（したじ）きにして，工業製品でできたいかだにのってお金をためこんでいる
- 労働者の給料と，資本家の持つお金には，大きな差がある

STEP①，STEP②もふまえて，推理すると…

→資本家は工業製品で（もうかって・損をして）おり，工場で働いている労働者の給料は非常に（高い・安い）。

→少数の資本家が，（利益を独占・労働者を補助）している。

結論
この絵は，産業革命によって生まれた，資本家と労働者の（格差の大きい・助け合いの）社会を表した風刺画である。

産業革命による変化を推理せよ！②

推理❸ さまざまな資料を読み解こう
～現代につながる社会の変化とは？～

産業革命は「現代社会の始まり」ともいわれる。その社会の変化の一つとして，現代でもよく見かける「ある風景」の誕生がある。その風景をえがいた❹の絵と，資料❸～❶を手がかりに，産業革命による社会の変化を推理してみよう。

読み解きのコツ

まずは推理②と同じように，❹の絵をさまざまな視点から見てみよう。STEP❸で二つの資料を比較するときは，推理①のように同じ要素の変化をそれぞれ見ていこう。

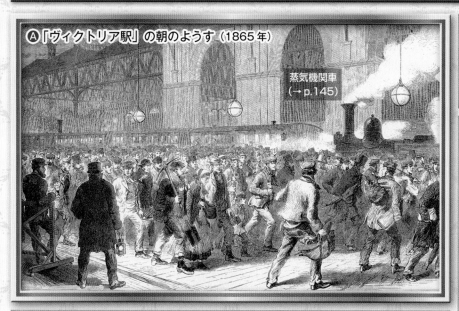

❹「ヴィクトリア駅」の朝のようす（1865年）

蒸気機関車（→p.145）

❸産業革命によるイギリスの変化

	1750年	1900年
総人口	1100万人	4000万人
都市人口率	20%	75%
最多の職業	農民	工場労働者

❸農民と労働者の一日の仕事時間（一例）

農民

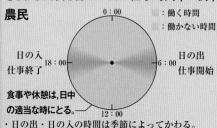

■：働く時間
■：働かない時間

日の入
仕事終了

日の出
仕事開始

食事や休憩は，日中の適当な時にとる。
・日の出・日の入の時間は季節によってかわる。

労働者

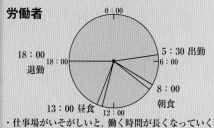

18：00 退勤
5：30 出勤
8：00 朝食
13：00 昼食

・仕事場がいそがしいと，働く時間が長くなっていく。

<川北稔ほか『産業革命と民衆』などより作成>

❶ある工場の規則

・労働者は朝5時半に出勤しなければならない。1分でも遅刻すると処罰の対象となる。
・10分遅刻した者は，朝食の時間が終わるまで工場には入れない。罰として，給料の1/4をさし引く。
・食事や休憩は，すべて規定の時間に行わなければならない。
・工場主（資本家）は，態度の悪い労働者をいつでも解雇できる。

<エンゲルス『イギリスにおける労働者階級の状態』より作成>

推理の3ステップ　赤字の（　　　）内の，正しいと思う方に〇をつけよう！

STEP❶ ❹の絵が何をえがいたものなのか，推理しよう。

・非常に多くの人が集まっている
・走っている人もいるので，どこかに急いでいるようだ
・つるはしなど仕事道具を持った人がいる
→❹は，（大都市・小さな村）の（あわただしい通勤・楽しい旅行）をえがいた絵である。

STEP❷ 駅に多くの人がいる理由を，❸から読み取ろう。

・産業革命以降，イギリス全体の人口は増えている
・産業革命以降，多くの人は都市の労働者となっている
→産業革命で，（農村・都市）で働く人が大きく増えたから，駅に多くの人がいる。

STEP❸ なぜ人々が急いでいるのか，❸と❶から読み取ろう。

・❸から，農民は自然にまかせた生活を，労働者は決まった時間通りの生活をしていたことがわかる
・❶から，労働者はスケジュールを雇い主に決められ，それを守らなければならなかったことがわかる
→❹の人々＝都市の労働者は，（出勤時間を守らなければならない・時間を気にしない）から，急いでいる。

結論
❹のような（通勤・旅行）の風景が生まれたのは，産業革命により，（農村・都市）に多くの人が集まり，（時間を守る・時間を気にしない）生活を送ることになったからである。

ヨーロッパ

p.218～220 を通して，資料から歴史を読み解く方法を学んできた。この本にはさまざまな読み解き問題が入っているから，今回の内容を思い出しながら取り組んでみてほしい。さて，最後にまとめとして，歴史について自分自身で考えてみよう。

まとめ　歴史について考えてみよう
～産業革命は「豊かな生活」をもたらしたのか？～

人々の生活は，産業革命で「豊か」なものになったのだろうか。推理❶～❸をふまえて，産業革命後の生活について自分自身の考えをまとめ，まわりの人と意見を交換してみよう。

STEP ①　推理❶～❸で読み解いた「産業革命による変化」をまとめよう。

推理❶
蒸気機関で動く機械により，大きな工場での（大量・少数）生産が可能になった。

推理❷
工場で，雇う側と雇われる側に分かれた結果，労働者と資本家の（格差・平等な）社会となった。

推理❸
多くの人が（都市・村）に住むようになり，（時間を守る・自然にまかせた）生活になった。

STEP ②　推理❶～❸の変化で影響をうけた，次の4つのトピックを見てみよう。各解説の最後の【　　】の中に，よい変化だと思ったら〇を，悪い変化だと思ったら×を，どちらとも言えなければ△を書きこもう。

縫製工場

労働

始業と終業の時刻や休業日が決められ，労働時間が明確になったが，長時間労働を命じられて体をこわすこともあった。【　　】
専門技術や腕力・体力がなくても機械を動かせるため，女性や子供も工場で働くようになった。【　　】

貧民街（スラム）

環境

多くの人が都市に移住したため，家が不足した。村では一軒家に住むのが普通だったが，都市では集合住宅に住んだ。【　　】
たくさんの工場が出す排気ガスや排水により，公害が発生した。衛生環境は悪化し，病気が広まった。【　　】

ロンドンの大通り，フリート・ストリート

生活

大量生産で社会に物が増えたので，自分で服や日用品をつくって長く使う生活から，工場でつくられたものを店で買う生活に変化した。【　　】
都市では「周りの人々とのつながり」は薄く，農村にあったようなご近所同士でのつき合いや助け合いは少なくなった。【　　】

蒸気機関で動くメリーゴーランド

娯楽

働く時間が定まったことで，人々が余暇（自由な時間）を手に入れたため，動物園，ショッピング，外食などさまざまな娯楽が発達した。【　　】
旅行が庶民も楽しめる娯楽になった。蒸気機関車や蒸気船の発明によって，移動が便利になったためである。【　　】

STEP ③　産業革命は「豊かな生活」をもたらしたのだろうか。STEP❶，STEP❷でみた変化をもとに自分の考えをまとめ，まわりの人と意見を交換してみよう。

何を「豊か」と感じるかは，人によって違う。「物がたくさんあること」かもしれないし，「人同士のつながりが深いこと」かもしれない。君にとって，「豊かさ」とは何だろうか？自由に考えてみてほしい。

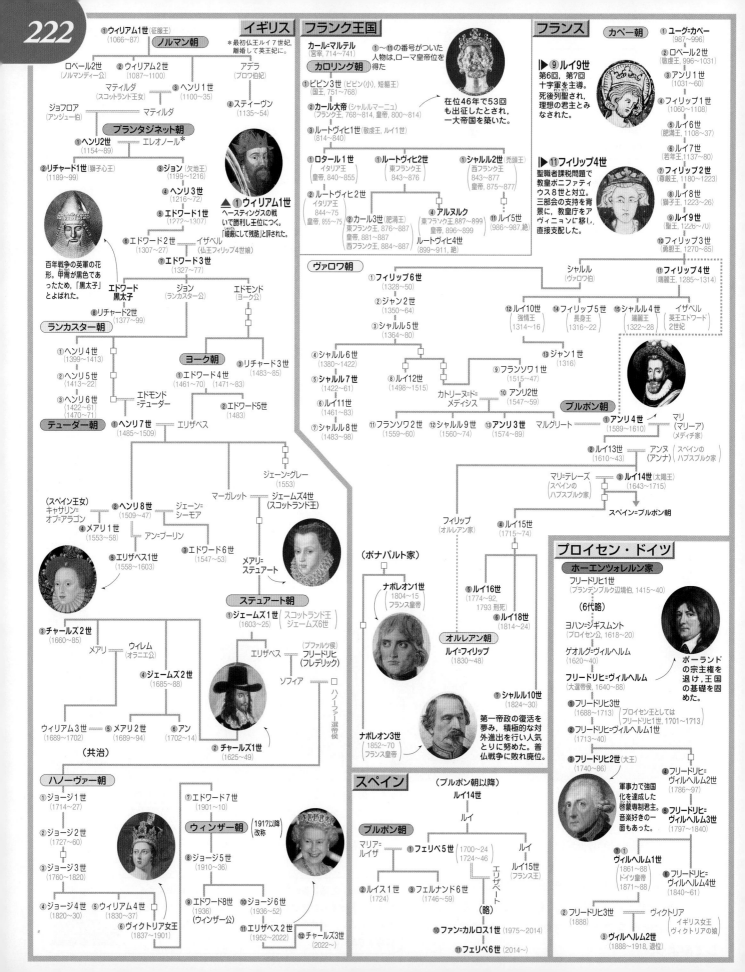

イギリス

ノルマン朝
①ウィリアム1世（征服王）(1066～87)
ロベール2世（ノルマンディー公）
②ウィリアム2世(1087～1100)
マティルダ（スコットランド王女）
③ヘンリ1世(1100～35)
アデラ（ブロワ伯妃）
④スティーヴン(1135～54)
ジョフロア（アンジュー伯）＝マティルダ

▲①ウィリアム1世　ヘースティングスの戦いて勝利し王位につく。「峻厳にして残酷」と評された。

プランタジネット朝
①ヘンリ2世(1154～89)＝エレオノール*
②リチャード1世（獅子心王）(1189～99)
③ジョン（欠地王）(1199～1216)
④ヘンリ3世(1216～72)
⑤エドワード1世(1272～1307)
⑥エドワード2世(1307～27)＝イザベル（仏王フィリップ4世娘）
⑦エドワード3世(1327～77)

百年戦争の英軍の花形。甲冑が黒色であったため、「黒太子」とよばれた。

エドワード黒太子
ジョン（ランカスター公）
エドムンド（ヨーク公）
⑧リチャード2世(1377～99)

ランカスター朝
①ヘンリ4世(1399～1413)
②ヘンリ5世(1413～22)
③ヘンリ6世(1422～61)(1470～71)
エドモンド＝テューダー

ヨーク朝
①エドワード4世(1461～70)(1471～83)
②エドワード5世(1483)
リチャード3世(1483～85)

テューダー朝
ヘンリ7世(1485～1509)＝エリザベス
ジェーン=グレー(1553)
マーガレット＝ジェームズ4世（スコットランド王）

（スペイン王女）キャサリン=オブ=アラゴン＝②ヘンリ8世(1509～47)＝ジェーン=シーモア／アン=ブーリン
①メアリ1世(1553～58)
⑤エリザベス1世(1558～1603)
④エドワード6世(1547～53)
メアリ=ステュアート

ステュアート朝
①ジェームズ1世(1603～25)（スコットランド王ジェームズ6世）
エリザベス＝（プファルツ侯）フリードリヒ（フレデリック）
ソフィア＝□ ハノーファー選帝侯
③チャールズ2世(1660～85)
メアリ＝ウィレム（オラニエ公）
④ジェームズ2世(1685～88)
②チャールズ1世(1625～49)
ウィリアム3世(1689～1702)／⑤メアリ2世(1689～94)（共治）
⑥アン(1702～14)

ハノーヴァー朝
①ジョージ1世(1714～27)
②ジョージ2世(1727～60)
③ジョージ3世(1760～1820)
④ジョージ4世(1820～30)
⑤ウィリアム4世(1830～37)
⑥ヴィクトリア女王(1837～1901)
⑦エドワード7世(1901～10)

ウィンザー朝（1917以降改称）
⑧ジョージ5世(1910～36)
⑨エドワード8世(1936)（ウィンザー公）
⑩ジョージ6世(1936～52)
⑪エリザベス2世(1952～2022)
⑫チャールズ3世(2022～)

フランク王国

*最初仏王ルイ7世妃、離婚して英王妃に。

カール=マルテル（宮宰、714～741）

カロリング朝
①ピピン3世（ピピン(小)、短躯王）（国王、751～768）
②カール大帝（シャルルマーニュ）（フランク王、768～814、皇帝、800～814）
③ルートヴィヒ1世（敬虔王、ルイ1世）(814～840)

①～⑪の番号がついた人物は、ローマ皇帝位を得た

在位46年で53回も出征したとされ、一大帝国を築いた。

①ロタール1世（イタリア王 皇帝、840～855）
①ルートヴィヒ2世（東フランク王 843～876）
①シャルル2世（禿頭王 西フランク王 843～877 皇帝、875～877）
ルートヴィヒ2世（イタリア王 844～75 皇帝、855～75）
②カール3世（肥満王 東フランク王 876～887 皇帝、881～887 西フランク王、884～887）
④アルヌルフ（東フランク王887～899 皇帝、896～899）
⑪ルイ5世(986～987、絶)
ルートヴィヒ4世(899～911、絶)

フランス

カペー朝
①ユーグ=カペー(987～996)
②ロベール2世（敬虔王、996～1031）
③アンリ1世(1031～60)
④フィリップ1世(1060～1108)
⑤ルイ6世（肥満王、1108～37）
⑥ルイ7世（若年王、1137～80）
⑦フィリップ2世（尊厳王、1180～1223）
⑧ルイ8世（獅子王、1223～26）
⑨ルイ9世（聖王、1226～70）
⑩フィリップ3世（勇胆王、1270～85）
⑪フィリップ4世（端麗王、1285～1314）

▶⑨ルイ9世　第6回、第7回十字軍を主導。死後列聖され、理想の君主とみなされた。

▶⑪フィリップ4世　聖職者課税問題で教皇ボニファティウス8世と対立。三部会の支持を背景に、教皇庁をアヴィニョンに移し、直接支配した。

ヴァロワ朝
シャルル（ヴァロワ伯）
①フィリップ6世(1328～50)
②ジャン2世(1350～64)
③シャルル5世(1364～80)
④シャルル6世(1380～1422)
⑤シャルル7世(1422～61)
⑥ルイ11世(1461～83)
⑦シャルル8世(1483～98)
⑧ルイ12世(1498～1515)
⑨フランソワ1世(1515～47)
カトリーヌ=ド=メディシス
⑩アンリ2世(1547～59)
⑪フランソワ2世(1559～60)
⑫シャルル9世(1560～74)
⑬アンリ3世(1574～89)
マルグリート

⑫ルイ10世（強情王 1314～16）
⑭フィリップ5世（長身王 1316～22）
⑮シャルル4世（端麗王 1322～28）
イザベル（英王エドワード2世妃）
⑬ジャン1世(1316)

ブルボン朝
①アンリ4世(1589～1610)＝マリ（マリーア）（メディチ家）
②ルイ13世(1610～43)＝アンヌ（アンナ）（スペインのハプスブルク家）
マリ=テレーズ（スペインのハプスブルク家）
③ルイ14世（太陽王）(1643～1715)
スペイン=ブルボン朝
フィリップ（オルレアン家）
④ルイ15世(1715～74)
⑤ルイ16世(1774～92、1793刑死)
ルイ18世(1814～24)
オルレアン朝
ルイ=フィリップ(1830～48)
⑦シャルル10世(1824～30)

第一帝政の復活を夢み、積極的な対外進出を行い人気とりに努めた。普仏戦争に敗れ廃位。

（ボナパルト家）
ナポレオン1世(1804～15 フランス皇帝)
ナポレオン3世(1852～70 フランス皇帝)

スペイン

ブルボン朝
（ブルボン朝以降）
ルイ14世
ルイ
マリア=ルイザ＝①フェリペ5世(1700～24)(1724～46)
②ルイス1世(1724)
③フェルナンド6世(1746～59)
ルイ＝ルイ15世（フランス王）
エリザベート／エリザベート（略）
⑩ファン=カルロス1世(1975～2014)
⑪フェリペ6世(2014～)

プロイセン・ドイツ

ホーエンツォレルン家
フリードリヒ1世（ブランデンブルク辺境伯、1415～40）
（6代略）
ヨハン=ジギスムント（プロイセン公、1618～20）
ゲオルク=ヴィルヘルム(1620～40)
フリードリヒ=ヴィルヘルム（大選帝侯、1640～88）

ポーランドの宗主権を退け、王国の基礎を固めた。

①フリードリヒ3世(1688～1713)（プロイセン王としてはフリードリヒ1世、1701～1713）
②フリードリヒ=ヴィルヘルム1世(1713～40)
③フリードリヒ2世（大王）(1740～86)
④フリードリヒ=ヴィルヘルム2世(1786～97)

軍事力で強国化を達成した啓蒙専制君主。音楽好きの一面もあった。

⑤フリードリヒ=ヴィルヘルム3世(1797～1840)
⑦①ヴィルヘルム1世(1861～88 ドイツ皇帝 1871～88)
⑥フリードリヒ=ヴィルヘルム4世(1840～61)
②フリードリヒ3世(1888)＝ヴィクトリア（イギリス女王ヴィクトリアの娘）
③ヴィルヘルム2世(1888～1918、退位)

神聖ローマ帝国

ザクセン（サクソニア）朝

①ハインリヒ1世
（ドイツ王、919～936）

②オットー1世（大帝）
（ドイツ王、936～973
962～、神聖ローマ皇帝）

ハインリヒ
（バイエルン公）

③ハインリヒ2世
（1002～24）

コンラート
（フランク
大公家）
ルイトガルト
オットー
ハインリヒ

③オットー2世
（973～983）

④オットー3世
（983～1002）

ザリエル朝

①コンラート2世
（1024～39）

②ハインリヒ3世
（1039～56）

③ハインリヒ4世
（1056～1106）

教皇グレゴリウス7
世に破門（カノッサ
の屈辱）。

④ハインリヒ5世
（1106～25）
アグネス
フリードリヒ
（シュタウフェン家
シュヴァーベン）

フリードリヒ
（シュヴァーベン公）

ホーエンシュタウフェン朝

②フリードリヒ1世
赤髭王
（1152～90）

①コンラート3世
（1138～52）
（シュヴァーベン
大公家）

赤髭（バルバロッサ）の
あだ名をもち、ドイツの
危機に際して現われる
という伝説の持主。

ハインリヒ
（獅子公）

③ハインリヒ6世
（1190～97）

④フィリップ
（1198～1208）

⑥フリードリヒ2世
（1215～50）シチリア王国を領有。
ドイツ領内では領邦
国家の形成促進。

ベアトリックス

ヴェルフェン朝

⑤オットー4世
（1208～15）

⑦コンラート4世
（1250～54）

大空位時代 1254（1256）～1273
（ハプスブルク朝ルドルフ1世へ）

ハプスブルク＝ロートリンゲン朝

①フランツ1世
（ロートリンゲン公）
1745～65
マリア＝テレジア
（オーストリア大公）
1740～80

啓蒙専制君主で、農奴
解放や病院・学校の建
設など大胆な諸改革を
行うが、封建貴族など
の反対で成功せず。

②ヨーゼフ2世
（1765～90）

③レオポルト2世
（1790～92）

マリ＝アントワネット
（フランス王
ルイ16世妃）

④フランツ2世
（1792～1806）
①フランツ1世
（1804～35）

神聖ローマ帝国終焉
同一人物
オーストリア皇帝

マリア＝ルイザ
（マリ＝ルイーズ）
（ナポレオン1世后）

②フェルディ
ナント1世
（1835～48）

フランツ＝カール
＝ヨーゼフ

③フランツ＝ヨーゼフ1世
（1848～1916）

マクシミリアン
（メキシコ皇帝）

カール＝
ルートヴィヒ

オットー大公

◀エリーザベト

フランツ＝ヨーゼ
フ1世の妃。美貌
で知られ、後期印
象派文学に理解を
示す。アナーキス
トに暗殺される。

フランツ＝フェルディナント
（1914, サライェヴォ事件で暗殺）

⑤カール1世
（1916～18,
退位）

（諸王家の交代）

ハプスブルク家

①ルドルフ1世
（1273～91）

③アルブレヒト1世
（1298～1308）

ナッサウ家

②アドルフ＝フォン
＝ナッサウ
（1292～98）

ルクセンブルク家

ハインリヒ7世
（1308～13）

カール4世
（1347～78）
アン

ジギスムント
（1411～37）
ヴェンツェル
（1378～1400）

④アルブレヒト2世
（1438～39）

②フリードリヒ3世
（1439～93）

フェルナンド2世
（アラゴン王）
（スペイン王
フェルナンド5世）
イサベル
（カスティリャ王女）

マリア
（ブルゴーニュ公女）
③マクシミリアン1世
（1493～1519）

カタリナ（キャサリン）
（イギリス王
ヘンリ8世妃）

フアナ
（ジョアンナ）

フィリップ
（オーストリア大公）
（カスティリャ王
フェリペ1世）

イサベル
（ポルトガル王女）

④カール5世（スペイン王
カルロス1世）
（1519～56）

⑤フェルディナント1世
（1556～64）

メアリ1世
（英女王）

フェリペ2世
（スペイン王）
（1556～98）
マリア

⑥マクシミリアン
2世
（1564～76）

⑨フェルディ
ナント2世
（1619～37）

フェリペ3世
（1598～1621）

⑦ルドルフ2世
（1576～1612）

⑧マティアス
（1612～19）

フェリペ4世
（1621～65）

⑩フェルディ
ナント3世
（1637～57）

カルロス2世
（1665～1700）

スペイン王
ブルボン家へ

マルガレーテ
テレサ
（スペイン王女）
⑪レオポルト1世
（1658～1705）
エレアノール

マクシミリアン2世
クニグンダ＝
ソビエスカ

⑫ヨーゼフ1世
（1705～11）

⑬カール6世
（1711～40）

ヴィッテルスバハ朝

⑭カール7世
（1742～45）

マリア＝
アマリア

マリア＝ヨゼファ
（ヨーゼフ2世妃）

ロシア

リューリク朝

イヴァン3世
（1462～1505
モスクワ大公）

イヴァン4世
（1533～84
雷帝）

エヴドキア

アレクセイ

③フョードル
3世
（1676～82）

ソフィア

ロマノフ朝

①ミハイル＝フョードロヴィッチ＝ロマノフ
（1613～45）

②アレクセイ
（1645～76）

④イヴァン5世
（1682～89）
のち廃位

⑤ピョートル1世
（大帝）
（1682～1725）

⑥エカチェリ
ーナ1世
（1725～27）

⑦ピョートル
2世
（1727～30）

⑧アンナ＝イワノヴナ
（1730～40）

⑨イヴァン6世
（1740～41）

カール＝フリードリヒ
（ドイツ辺境伯）
アンナ

⑩エリザヴェータ
（1741～62）

⑪ピョートル3世
（1762, 廃位, 暗殺）

⑫エカチェリ
ーナ2世
（1762～96）

⑬パーヴェル1世
（1796～1801）

⑭アレクサンドル1世
（1801～25）

⑮ニコライ1世
（1825～55）

⑯アレクサンドル2世
（1855～81,1881暗殺）

コンスタンティン

オルガ
ギリシア王
ゲオルグ1世妃

⑰アレクサンドル3世
（1881～94）

⑱ニコライ2世
（1894～1917, 翌年刑死）

ミハイル

赤字は女性
（ ）内の数字は在位年

ローマ教皇

（おもな教皇のみ）

代	在位	名
初代	?～64?	ペテロ
第45代	440～461	レオ1世
第64代	590～604	グレゴリウス1世
第70代	625～638	ホノリウス1世
第96代	795～816	レオ3世
第103代	847～855	レオ4世
第105代	858～867	ニコラウス1世
第107代	872～883	ヨハネス8世
第130代	955～964	ヨハネス12世
第152代	1049～54	レオ9世

〔1054 東西教会の分裂確定〕

第154代	1057～58	ステファヌス9世
第155代	1059～61	ニコラウス2世
第157代	1073～85	グレゴリウス7世
第159代	1088～99	ウルバヌス2世
第160代	1099～1118	パスカリス2世
第162代	1119～24	カリストゥス2世
第164代	1124～30	ホノリウス2世
第167代	1145～53	エウゲニウス3世
第170代	1159～81	アレクサンデル3世
第171代	1181～85	ルキウス3世
第174代	1187～91	クレメンス3世
第176代	1198～1216	インノケンティウス3世
第178代	1227～41	グレゴリウス9世
第181代	1243～54	インノケンティウス4世
第183代	1265～68	クレメンス4世
第193代	1294～1303	ボニファティウス8世

〔1309～77 教皇のバビロン捕囚〕

第195代	1305～14	クレメンス5世
第196代	1316～34	ヨハネス22世
第198代	1342～52	クレメンス6世
第202代	1370～78	グレゴリウス11世

〔1378～1417 教会大分裂（大シスマ）〕

第214代	1492～1503	アレクサンデル6世（ボルジア家）
第216代	1503～13	ユリウス2世
第217代	1513～21	レオ10世（メディチ家）
第231代	1592～1605	クレメンス8世
第234代	1605～21	パウルス5世
第251代	1800～23	ピウス7世
第255代	1846～78	ピウス9世
第256代	1878～1903	レオ13世
第258代	1914～22	ベネディクトゥス15世
第259代	1922～39	ピウス11世
第261代	1958～63	ヨハネス23世
第262代	1963～78	パウルス6世
第264代	1978～2005	ヨハネ＝パウロ2世（ヨハネス＝パウルス2世）
第265代	2005～13	ベネディクト16世
第266代	2013～	フランシスコ

初の南米出身の
教皇。

国連事務総長

①	1946～52	トリグブ＝リー（ノルウェー）
②	1953～61	ハマーショルド（スウェーデン）
③	1961～71	ウ＝タント（ミャンマー）
④	1972～81	ワルトハイム（オーストリア）
⑤	1982～91	デクエヤル（ペルー）
⑥	1992～96	ブトロス＝ガーリ（エジプト）
⑦	1997～2006	アナン（ガーナ）
⑧	2007～16	潘基文（韓国）
⑨	2017～	グテーレス（ポルトガル）

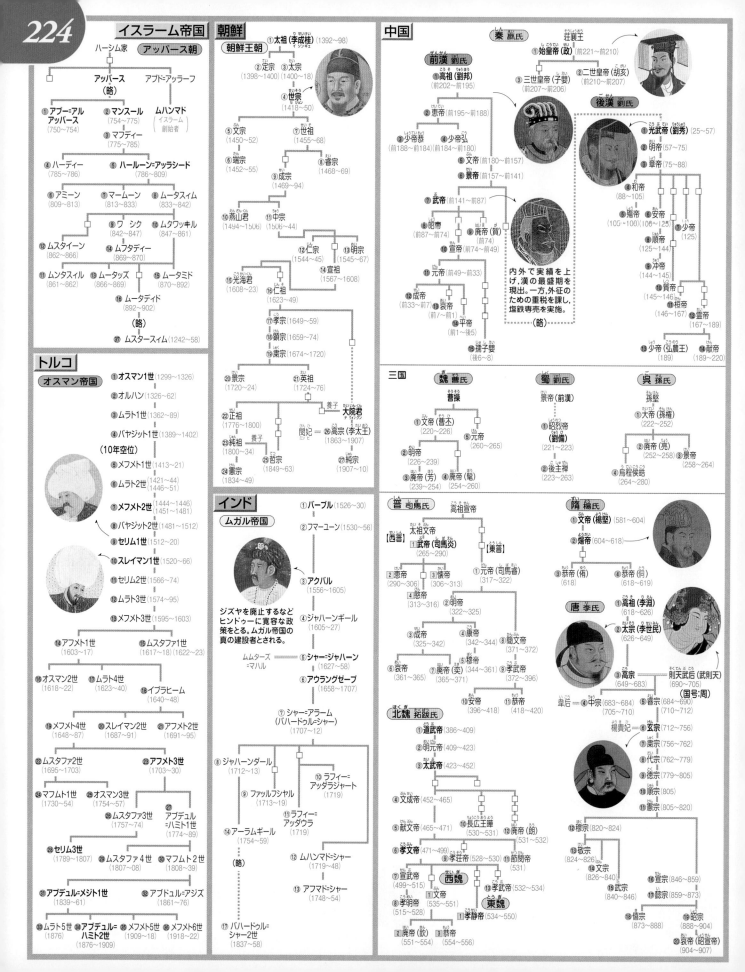

イスラーム帝国

アッバース朝

ハーシム家

アッバース（略）　アブド=アッラーフ

①アブー=アル　②マンスール　ムハンマド
アッバース　（754～775）　イスラーム
（750～754）　　　　　　　創始者
③マフディー（775～785）

④ハーディー（785～786）　⑤ハールーン=アッラシード（786～809）

⑥アミーン（809～813）　⑦マームーン（813～833）　ムータスィム（833～842）

⑨ワシク（842～847）　⑩ムタワッキル（847～861）

⑫ムスタイーン（862～866）　⑭ムフタディー（869～870）

⑪ムンタスィル（861～862）　⑬ムータッズ（866～869）　⑮ムータミド（870～892）

⑯ムータディド（892～902）

（略）

㊲ムスターヌィム（1242～58）

トルコ

オスマン帝国

①オスマン1世（1299～1326）
②オルハン（1326～62）
③ムラト1世（1362～89）
④バヤジット1世（1389～1402）
（10年空位）
⑤メフメト1世（1413～21）
⑥ムラト2世（1421～44）（1446～51）
⑦メフメト2世（1444～1446）（1451～1481）
⑧バヤジット2世（1481～1512）
⑨セリム1世（1512～20）
⑩スレイマン1世（1520～66）
⑪セリム2世（1566～74）
⑫ムラト3世（1574～95）
⑬メフメト3世（1595～1603）

⑭アフメト1世（1603～17）　⑮ムスタファ1世（1617～18）（1622～23）

⑯オスマン2世（1618～22）　⑰ムラト4世（1623～40）　⑱イブラヒーム（1640～48）

⑲メフメト4世（1648～87）　⑳スレイマン2世（1687～91）　㉑アフメト2世（1691～95）

㉒ムスタファ2世（1695～1703）　㉓アフメト3世（1703～30）

㉔マフムト1世（1730～54）　㉕オスマン3世（1754～57）　㉖ムスタファ3世（1757～74）　㉗アブデュル=ハミト1世（1774～89）

㉘セリム3世（1789～1807）　㉙ムスタファ4世（1807～08）　㉚マフムト2世（1808～39）

㉛アブデュル=メジト1世（1839～61）　㉜アブデュル=アジズ（1861～76）

㉝ムラト5世（1876）　㉞アブデュル=ハミト2世（1876～1909）　㉟メフメト5世（1909～18）　㊱メフメト6世（1918～22）

朝鮮

朝鮮王朝

太祖（李成桂）（1392～98）
②定宗（1398～1400）　③太宗（1400～18）
④世宗（1418～50）
⑤文宗（1450～52）　⑦世祖（1455～68）
⑥端宗（1452～55）　⑧睿宗（1468～69）
⑨成宗（1469～94）
⑩燕山君（1494～1506）　⑪中宗（1506～44）
⑫仁宗（1544～45）　⑬明宗（1545～67）
⑮光海君（1608～23）　宣祖（1567～1608）
⑭仁祖（1623～49）
⑯孝宗（1649～59）
⑰顕宗（1659～74）
⑱粛宗（1674～1720）
⑳景宗（1720～24）　㉑英祖（1724～76）
㉒正祖（1776～1800）　養子
㉓純祖（1800～34）　養子
㉔憲宗（1834～49）　㉕哲宗（1849～63）
大院君（テウォングン）
閔妃（ミンビ）＝㉖高宗（李太王）（1863～1907）
㉗純宗（1907～10）

インド

ムガル帝国

①バーブル（1526～30）
②フマーユーン（1530～56）
③アクバル（1556～1605）
④ジャハーンギール（1605～27）
ムムターズ=マハル＝⑤シャー=ジャハーン（1627～58）
⑥アウラングゼーブ（1658～1707）
⑦シャー=アラーム（バハードゥル=シャー）（1707～12）

⑧ジャハーンダール（1712～13）　⑩ラフィー=アッダラジャート（1719）

⑨ファッルフシヤル（1713～19）　⑭アーラムギール（1754～59）

ラフィー=アッダウラ（1719）

⑫ムハンマド=シャー（1719～48）

⑬アフマド=シャー（1748～54）

（略）

⑪バハードゥル=シャー2世（1837～58）

ジズヤを廃止するなどヒンドゥーに寛容な政策をとる。ムガル帝国の真の建設者とされる。

中国

秦　嬴氏

荘襄王
①始皇帝（政）（前221～前210）
③三世皇帝（子嬰）（前207～前206）　②二世皇帝（胡亥）（前210～前207）

前漢　劉氏

①高祖（劉邦）（前202～前195）
②恵帝（前195～前188）
③少帝恭（前188～前184）　④少帝弘（前184～前180）
⑤文帝（前180～前157）
⑥景帝（前157～前141）
⑦武帝（前141～前87）
⑧昭帝（前87～前74）　廃帝（賀）（前74）
⑩宣帝（前74～前49）
⑨元帝（前49～前33）
⑫成帝（前33～前7）　哀帝（前7～前1）
⑭平帝（前1～後5）
⑮孺子嬰（後6～8）

内外で実績を上げ、漢の最盛期を現出。一方、外征のための重税を課し、塩鉄専売を実施。

（略）

後漢　劉氏

①光武帝（劉秀）（25～57）
②明帝（57～75）
③章帝（75～88）
④和帝（88～105）
⑤殤帝（105～100）　⑥安帝（106～125）
⑦少帝（125）
⑧順帝（125～144）
⑨冲帝（144～145）
⑩質帝（145～146）
⑪桓帝（146～167）
⑫霊帝（167～189）
⑬少帝（弘農王）（189）　⑭献帝（189～220）

三国

魏　曹氏

曹操
①文帝（曹丕）（220～226）　⑤元帝（260～265）
②明帝（226～239）
③廃帝（芳）（239～254）　④廃帝（髦）（254～260）

蜀　劉氏

景帝（前漢）
①昭烈帝（劉備）（221～223）
②後主禅（223～263）

呉　孫氏

孫堅
①大帝（孫権）（222～252）
②廃帝（亮）（252～258）　③景帝（258～264）
④烏程侯皓（264～280）

晋　司馬氏

高祖宣帝
太祖文帝
【西晋】①武帝（司馬炎）（265～290）　【東晋】
②恵帝（290～306）　③懐帝（306～313）　①元帝（司馬睿）（317～322）
④愍帝（313～316）　②明帝（322～325）
③成帝（325～342）　④康帝（342～344）　⑧簡文帝（371～372）
⑥哀帝（361～365）　⑦廃帝（奕）（365～371）　⑥穆帝（344～361）　⑨孝武帝（372～396）
⑩安帝（396～418）　⑪恭帝（418～420）

北魏　拓跋氏

①道武帝（386～409）
②明元帝（409～423）
③太武帝（423～452）
④文成帝（452～465）
⑤献文帝（465～471）　⑩長広王曄（530～531）　⑫廃帝（朗）（531～532）
⑥孝文帝（471～499）　⑪孝荘帝（528～530）　⑬節閔帝（531）
⑦宣武帝（499～515）　⑬孝武帝（532～534）
⑧孝明帝（515～528）
西魏
①文帝（535～551）
②廃帝（欽）（551～554）　③恭帝（554～556）
東魏
①孝静帝（534～550）

隋　楊氏

①文帝（楊堅）（581～604）
②煬帝（604～618）
③恭帝（侑）（618）　④恭帝（侗）（618～619）

唐　李氏

①高祖（李淵）（618～626）
②太宗（李世民）（626～649）
③高宗（649～683）
則天武后（武則天）（690～705）（国号:周）
韋后＝④中宗（683～684）（705～710）　⑤睿宗（684～690）（710～712）
楊貴妃＝⑥玄宗（712～756）
⑦粛宗（756～762）
⑧代宗（762～779）
⑨徳宗（779～805）
⑩順宗（805）
⑪憲宗（805～820）
⑫穆宗（820～824）
⑬敬宗（824～826）　⑭文宗（826～840）　⑯宣宗（846～859）
⑮武宗（840～846）　⑰懿宗（859～873）
⑱僖宗（873～888）　⑲昭宗（888～904）
⑳哀帝（昭宣帝）（904～907）

遼 耶律氏

①阿保機（太祖）(916〜926)
②太宗（堯骨）(926〜947)
③世宗(947〜951)
④穆宗(951〜969)
⑤景宗(969〜982)
⑥聖宗(982〜1031)
⑦興宗(1031〜55)
⑧道宗(1055〜1101)
章懐太子濬
⑨天祚帝(1101〜25)

カラ＝キタイ（西遼）
①大石（徳宗）(1132〜35)

金 完顔氏
劾里鉢
①阿骨打（太祖）(1115〜23)
②太宗(1123〜35)
③熙宗(1135〜49)
④廃帝海陵王(1149〜61)
⑤世宗(1161〜89)
⑦廃帝衛紹王(1208〜13)
⑥章宗(1189〜1208)
⑧宣宗(1213〜23)
⑨哀宗(1223〜34)

宋 趙氏
①②③…北宋
①②③…南宋

②太宗(976〜997)
①太祖（趙匡胤）(960〜976)
(9代略) (6代略)
③真宗(997〜1022)
④仁宗(1022〜63)
⑤英宗(1063〜67)
⑥神宗(1067〜85)
⑦哲宗(1085〜1100)
⑧徽宗(1100〜25)
⑨欽宗(1125〜27)
②孝宗(1162〜89)
③光宗(1189〜94)
⑤理宗(1224〜64)
④寧宗(1194〜1224)
①高宗(1127〜62)
⑥度宗(1264〜74)
⑦恭宗(1274〜76)
⑧端宗(1276〜78)
⑨帝昺(1278〜79)

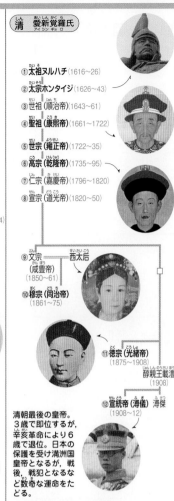

モンゴル（元）
①②③…モンゴル帝国
①②③…元朝成立(1271)以降

①チンギス＝ハン（カン）(1206〜27)
ジュチ（ジョチ）【キプチャク＝ハン国】
チャガタイ【チャガタイ＝ハン国】
②オゴタイ（太宗）（オゴデイ）(1229〜41)
トゥルイ
バトゥ
③グユク（定宗）(1246〜48)
ハイドゥ（カイドゥ）
④モンケ（憲宗）(1251〜59)
⑤フビライ（クビライ）（世祖）(1260〜94)
フラグ（フレグ）【イル＝ハン国】
チンキム
②成宗(1294〜1307)
⑥泰定帝(1323〜28)
③武宗(1307〜11)
④仁宗(1311〜20)
⑦天順帝(1328)
⑧明宗(1328〜29)
⑨文宗(1329〜32)
⑤英宗(1320〜23)
⑪順帝（恵宗）(1332〜70)
⑩寧宗(1332)
北元

明 朱氏
①太祖（朱元璋，洪武帝）(1368〜98)
②恵帝（建文帝）(1398〜1402)
③成祖（太宗，永楽帝）(1402〜24)
④仁宗（洪熙帝）(1424〜25)
⑤宣宗（宣徳帝）(1425〜35)
⑦代宗（景帝）(1449〜57)
⑥英宗（正統帝，天順帝）(1435〜49, 1457〜64)
⑨憲宗（成化帝）(1464〜87)
⑫世宗（嘉靖帝）(1521〜66)
⑩孝宗（弘治帝）(1487〜1505)
⑬穆宗（隆慶帝）(1566〜72)
⑪武宗（正徳帝）(1505〜21)
⑭神宗（万暦帝）(1572〜1620)
⑮光宗（泰昌帝）(1620)
福王
桂王
⑯熹宗（天啓帝）(1620〜27)
⑰毅宗（崇禎帝，荘烈帝）(1627〜44)
安宗（福王，弘光帝）(1644〜45)
永明王（永暦帝）(1646〜61)

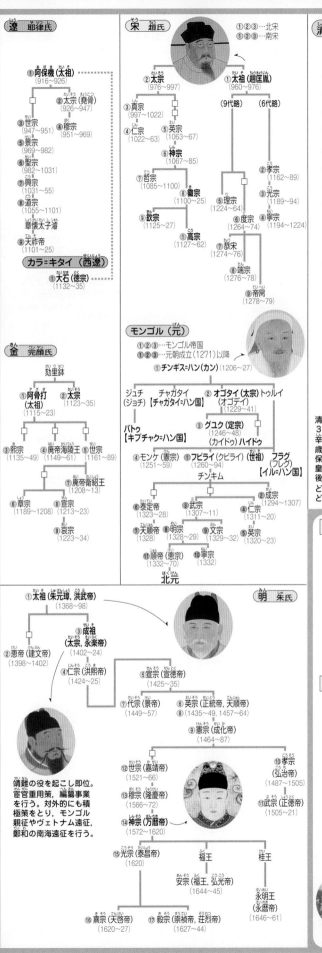

靖難の役を起こし即位。宦官重用策，編纂事業を行う。対外的にも積極策をとり，モンゴル親征やヴェトナム遠征，鄭和の南海遠征を行う。

清 愛新覚羅氏
①太祖ヌルハチ(1616〜26)
②太宗ホンタイジ(1626〜43)
③世祖（順治帝）(1643〜61)
④聖祖（康熙帝）(1661〜1722)
⑤世宗（雍正帝）(1722〜35)
⑥高宗（乾隆帝）(1735〜95)
⑦仁宗（嘉慶帝）(1796〜1820)
⑧宣宗（道光帝）(1820〜50)
文宗（咸豊帝）(1850〜61)
西太后
⑨穆宗（同治帝）(1861〜75)
⑩徳宗（光緒帝）(1875〜1908)
醇親王載灃(1908)
⑪宣統帝（溥儀）溥傑(1908〜12)

清朝最後の皇帝。3歳で即位するが，辛亥革命により6歳で退位。日本の保護を受け満洲国皇帝となるが，戦後，戦犯となるなど数奇な運命をたどる。

中華民国の大総統

臨時大総統	(1912.1〜2)	孫文
大総統	(1912.3〜1913.10)	袁世凱
	(1913.10〜1916.6)	袁世凱
	(1916.6〜1917.7)	黎元洪
	(1917.7〜1918.10)	馮国璋
	(1918.10〜1922.6)	徐世昌
	(1922.6〜1923.6)	黎元洪
	(1923.10〜1924.11)	曹錕
臨時執政	(1924.11〜1926)	段祺瑞
	(1928.10〜1931.12)	蔣介石
国家主席	(1931.12〜1943.8)	林森
	(1943.9〜1948.5)	蔣介石

中華人民共和国

国家主席	(1949.9〜1959.4)	毛沢東
	(1959.4〜1968.10)	劉少奇
国家主席制廃止 (1975.1)	国家主席復活 (1983.6)	
	(1983.6〜1988.4)	李先念
	(1988.4〜1993.3)	楊尚昆
	(1993.3〜2003.3)	江沢民
	(2003.3〜2013.3)	胡錦濤
	(2013.3〜)	習近平
総書記	(1982〜1987)	胡耀邦
	(1987〜1989)	趙紫陽
	(1989〜2002)	江沢民
	(2002〜2012)	胡錦濤
	(2012〜)	習近平
首相	(1949〜1976)	周恩来
	(1976〜1980)	華国鋒
	(1980〜1987)	趙紫陽
	(1988〜1998)	李鵬
	(1998〜2003)	朱鎔基
	(2003〜2013)	温家宝
	(2013〜)	李克強

習近平（シーチンピン）

ロシア連邦
（ソヴィエト連邦，1991ロシア連邦に）

ソヴィエト連邦議長，第一書記，書記長
1917〜24	レーニン	人民委員会議長
1922〜53	スターリン	党中央委員会書記長
1953〜64	フルシチョフ	党中央委員会第一書記
1964〜82	ブレジネフ	党中央委員会第一書記
1982〜84	アンドロポフ	党中央委員会書記長
1984〜85	チェルネンコ	党中央委員会書記長
1985〜91	ゴルバチョフ	党中央委員会書記長

（1990年，ゴルバチョフ初代大統領に就任）＊
（1991年，書記長辞任，共産党解散）

＊1991年12月25日，ゴルバチョフは大統領を辞任，ソ連の消滅が確定した。

ロシア連邦大統領
1991〜99	エリツィン
2000〜08	プーチン
2008〜12	メドヴェージェフ
2012〜	プーチン

▲スターリン ▲ブレジネフ ▲ゴルバチョフ

アメリカ合衆国

①	1789〜97	ワシントン	フェ
②	1797〜1801	J.アダムズ	フェ
③	1801〜09	ジェファソン	リ
④	1809〜17	マディソン	リ
⑤	1817〜25	モンロー	リ
⑥	1825〜29	J.Q.アダムズ	リ
⑦	1829〜37	ジャクソン	民
⑧	1837〜41	ビューレン	民
⑨	1841	W.ハリソン	ホ
⑩	1841〜45	タイラー	ホ
⑪	1845〜49	ポーク	民
⑫	1849〜50	テーラー	ホ
⑬	1850〜53	フィルモア	ホ
⑭	1853〜57	ピアース	民
⑮	1857〜61	ブキャナン	民
⑯	1861〜65	リンカン	共
⑰	1865〜69	A.ジョンソン	共
⑱	1869〜77	グラント	共
⑲	1877〜81	ヘイズ	共
⑳	1881	ガーフィールド	共
㉑	1881〜85	アーサー	共
㉒	1885〜89	クリーヴランド①	民
㉓	1889〜93	ハリソン	共
㉔	1893〜97	クリーヴランド②	民
㉕	1897〜1901	マッキンリー	共
㉖	1901〜09	T.ローズヴェルト	共
㉗	1909〜13	タフト	共
㉘	1913〜21	ウィルソン	民
㉙	1921〜23	ハーディング	共
㉚	1923〜29	クーリッジ	共
㉛	1929〜33	フーヴァー	共
㉜	1933〜45	F.ローズヴェルト	民
㉝	1945〜53	トルーマン	民
㉞	1953〜61	アイゼンハウアー	共
㉟	1961〜63	ケネディ	民
㊱	1963〜69	L.ジョンソン	民
㊲	1969〜74	ニクソン	共
㊳	1974〜77	フォード	共
㊴	1977〜81	カーター	民
㊵	1981〜89	レーガン	共
㊶	1989〜93	ブッシュ（父）	共
㊷	1993〜2001	クリントン	民
㊸	2001〜09	ブッシュ（子）	共
㊹	2009〜17	オバマ	民
㊺	2017〜21	トランプ	共
㊻	2021〜	バイデン	民

ホ ホイッグ党　共 共和党
フェ フェデラリスト　民 民主党
リ リパブリカン（民主党の前身）

▲①ワシントン
建国の父とよばれ，アメリカ随一の国民的英雄とされる。

▲⑦ジャクソン
アイルランド移民の孤児。米英戦争で活躍し，国民的英雄に。

▲32 F.ローズヴェルト
小児まひを克服し，ニューディール政策を掲げて大統領となった。

▲35 ケネディ
合衆国で最初のカトリック教徒の大統領。また最年少で大統領に当選。

	ヨーロッパ		オリエント		
		ギリシア	エジプト	小アジア	シリア・パレスチナ

B.C.＝Before Christ の略。　A.D.＝Anno Domini の略。　C.＝Circa（この頃）の略。

紀元前 (B.C.)	ヨーロッパ	ギリシア	エジプト	小アジア	シリア・パレスチナ
	○西ヨーロッパ巨石文化	C.3000　エーゲ文明始まる（青銅器文化）	C.4000　ナイル川流域に都市国家（ノモス）分立 **エジプト王国 C.3000〜341** C.3000　メネス,上下エジプトを統一 C.2800　太陽暦 C.2650〜C.2180　古王国 　〜○クフ王,ギザにピラミッド C.2040〜C.1786　中王国	C.2600〜C.1200　トロイア文明	
2000		C.2000　アカイア人,バルカン半島南下 C.2000〜1400　クレタ文明栄える（クノッソス宮殿） C.1600〜1200　ミケーネ文明（ミケーネ,ティリンス） ○線文字B使用　（アカイア人,小アジア西岸に） C.1100〜1000　ドーリス（ドーリア）人,ギリシアに侵入 ギリシア人,小アジア西岸に移住 ○イタリア,鉄器使用　C.1100　ギリシア,鉄器使用	C.1720　ヒクソスの侵入 C.1567　第18王朝ヒクソスを撃退し, 新王国建設（〜C.1085） C.1379〜C.1362　アメンホテプ4世 ○アマルナ美術 C.1361〜C.1352　ツタンカーメン C.1304〜C.1237　ラメセス（ラメス）2世 C.1286　カデシュの戦い	**ヒッタイト王国** **前17世紀〜前12世紀** ○鉄器の使用 C.1286　カデシュの戦い ○「海の民」来襲 ヒッタイト王国崩壊	C.前13世紀　モーセ,出エジプト C.1150〜C.850　フェニキア人の 交易活動の最盛期（シドン・ ティルス繁栄）フェニキア文字 C.1100〜C.800　アラム人,ダマ スクス中心に交易活動を行う **ヘブライ王国** **C.前1020〜C.前922**
1000	○イタリア,鉄器使用 C.900　エトルリア人,北イタリアへ南下	○「海の民」来襲		**フリュギア王国** **C.前1000〜C.前675** ○前10世紀　ナイル上流域にクシュ王国（〜C.571）	C.1000〜C.960　ダヴィデ C.960〜C.922　ソロモン C.922　ヘブライ王国分裂 **イスラエル王国**　**ユダ王国** **C.前922〜前722**　**C.前922〜前586**
800	**ローマ　前753〜後395** 753　ロムルスとレムス,ローマ建国（伝説）	776　第1回オリュンピア競技開催 前8世紀　ポリス（都市国家）成立（集住） C.750　ギリシア人,黒海沿岸・南伊・南仏・キレナイカ地方で 植民市を建設（〜C.550） C.730　ホメロス『イリアス』『オデュッセイア』	C.747　クシュ王国がエジプト征服		C.814　フェニキア人,カルタゴ植民市建設 C.730　預言者イザヤの活動『旧約聖書』 722　イスラエル,アッシリアに滅ぼされる
700	エトルリア人の王によるローマ支配	C.700　リュクルゴスの制（スパルタ） C.700　ヘシオドス『神統記』『労働と日々』 C.621　ドラコンの成文法（アテネ）		**リュディア王国** **C.前7世紀〜前546** ○最古の硬貨（コイン）製造	C.626　預言者エレミヤの活動『旧約聖書』
600	**共和政ローマ** **前509〜前27** 509　ラテン人,エトルリア人の王を追放 し,共和政始まる	594　ソロンの改革（財産政治） ○タレス　○サッフォー C.546　ペイシストラトス,アテネに僭主政確立 ○ピュタゴラス ○抒情詩人ピンダロス 510　僭主ヒッピアス追放（僭主政終わる） 508　クレイステネスの改革	525　ペルシアに征服される	**アケメネス朝ペルシア**　**前550〜前330** 546　ペルシアに征服される **525　アケメネス朝ペルシア帝国のオリエント統一** 522〜486　ダレイオス1世	586　ユダ,新バビロニアに滅ぼされる 586〜538　バビロン捕囚 538　ユダヤ人,アケメネス朝により解放 ○ユダヤ教成立
500	494　聖山事件（貴族と平民の争い） 護民官設置 C.471　平民会設置 C.450　十二表法成立 445　カヌレイウス法制定（貴族と平民の通婚を認める）	500〜449　ペルシア戦争 （第1回492 ペルシア軍撃破　第2回490 マラトンの戦い 第3回480〜479 テルモピュライの戦い・サラミスの海戦・ プラタイアイの戦い・ミュカレ岬の戦いでペルシア敗北） 478　デロス同盟（〜前404） ○アイスキュロス（525〜456）○ソフォクレス（C.496〜406） C.447〜432　パルテノン神殿（フェイディアスC.490〜C.430） C.443〜429　ペリクレス時代 ○ヘロドトス（C.484〜C.425）『歴史』,エウリピデス（C.485〜C.406） 431〜404　ペロポネソス戦争 ○トゥキュディデス（C.460〜C.400）『歴史』○ソクラテス（C.469〜399）	○帝国を20余州にわけ,サトラップ「王の代理人」を設置　「王の目」「王の耳」（監察官）,サトラップを観察 404〜399　第28王朝樹立（ペルシアより独立）	485〜465　クセルクセス1世 449　カリアスの和約 （ギリシア人カリアス, スサでペルシアと勢力圏を決定）	
400	367　リキニウス−セクスティウス法制定 343〜290　サムニウム戦争（3回） 340〜338　ラティン戦争（ラテン都市同盟を解体し,ラティウム諸都市を支配） 312　アッピア街道着工	**マケドニア王国　前7世紀半ば〜前168** 371　レウクトラの戦い（テーベ,ギリシアを制覇） 359〜336　フィリッポス2世　338　カイロネイアの戦い 337　コリントス同盟　336〜323　アレクサンドロス 335　アリストテレス（384〜322）アテネにリュケイオン開設 334〜323　東方遠征（333 イッソスの戦い　各地にアレクサンドリア市建設　331 アルベラ［ガウガメラ］の戦い） **アレクサンドロスの帝国** ○アレクサンドロスの死後,将軍間の争い（ディアドコイ戦争） 306　リュシマコス,王号を称する 301　イプソスの戦い	○プラトン（427〜347） 331　ナイル河口にアレクサンドリア建設はじまる	336〜330　ダレイオス3世 （イッソスの戦い,アルベラの戦いで敗北） 330　ダレイオス3世,部下に殺され,ペルシア帝国滅亡	
300	287　ホルテンシウス法 272　ギリシア植民市タラス（タレントゥム）を占領　イタリア半島統一完成 264〜241　第1次ポエニ戦争 241　シチリア島,ローマの属州となる 218〜201　第2次ポエニ戦争（ハンニバル戦争）（216 カンネーの戦い 202 ザマの戦い	○ヘレニズム文化 306〜168　アンティゴノス朝マケドニア ○エウクレイデス　平面幾何学 ○エピクロス（C.342〜C.271）エピクロス派 ○ゼノン（335〜263）ストア派	**プトレマイオス朝エジプト** **前304〜前30** C.290　アレクサンドリアにムセイオン創立 ○アリスタルコス（C.310〜C.230）地動説 ○アルキメデス（C.287〜212） ○エラトステネス（C.275〜C.194）	262　ペルガモン王国 セレウコス朝から自立	**セレウコス朝シリア** **前312〜前63** ○ギリシア風文化さかん
200	○ラティフンディウム広まり始める 149〜146　第3次ポエニ戦争（カルタゴ滅亡） 133　スペイン全土征服,ペルガモン領有 133〜121　グラックス兄弟（ティベリウスとガイウス）の改革 107　マリウスの兵制改革（傭兵制採用）	○ミロのヴィーナス 171〜168　第3次マケドニア戦争（168ピュドナの戦いに敗北） 146　アカイア同盟壊滅し,全ギリシア,ローマの属州に 111〜105　ユグルタ戦争（ヌミディア王ユグルタ,ローマと戦う）			167〜142　マカベア戦争 ユダヤ人,シリアに反乱
100	91〜88　同盟市（ソキイ）戦争　90 ローマ市民権,イタリア全土に普及 88〜82　マリウス（平民派）とスラ（閥族派）の戦い（82〜79スラ独裁） 73〜71　スパルタクスの反乱 65〜62　ポンペイウス,地中海域よりシリア方面まで征服 60〜53　第1回三頭政治（ポンペイウス・クラッスス・カエサル） 58〜51　カエサル（C.100〜44）ガリア遠征　C.50 ガリア戦記 46〜44　カエサル独裁（44 カエサル暗殺）　45 ユリウス暦制定 43〜36　第2回三頭政治（オクタウィアヌス・アントニウス・レピドゥス） 31　アクティウムの海戦（アントニウス・クレオパトラ敗北）　30 エジプト征服	○キケロ（106〜43）『国家論』 ○ウェルギリウス（70〜19）『アエネイス』 ○詩人ホラティウス（65〜8） ○地理学者ストラボン（C.64〜後21）『地理誌』 ○歴史家リウィウス（前59〜後17）『ローマ建国史』	88〜63　ミトリダテス戦争 51〜30　クレオパトラ 31　アクティウムの海戦 30　アレクサンドリアをローマに占領され滅亡		63　セレウコス朝,ローマにより滅亡
1	**帝政ローマ　前27〜後395**　27 オクタウィアヌス,元老院よりアウグストゥスの称号をうけ,元首政を開始		C.4　イエス誕生		

メソポタミア	イラン・中央アジア	インド・東南アジア	中央ユーラシア	中国	朝鮮・日本	紀元前(B.C.)
C.3500～C.3100 シュメール人の都市国家成立(ウルク期) C.2500～C.2400 ウル第1王朝 前24～前22世紀 アッカド王国 前24世紀 サルゴン1世 (メソポタミア南部を統一)		C.2600～C.1900 インダス文明繁栄 インダス川流域にモヘンジョ=ダロ, ハラッパーなどの都市文明 ○インダス文字		C.5000 原中国人, 黄河流域に新石器農耕を開始 ○長江下流域に稲作農耕文化 C.5000～C.3000 仰韶文化繁栄(彩陶を特色とする黄河流域の農耕文化) C.3000～C.1500 竜山文化繁栄(黒陶・灰陶を特色とする)		紀元前(B.C.)
古バビロニア王国(バビロン第1王朝, アムル人) 前20世紀末～前16世紀					○縄文後期 (C.2000)	2000
C.1792～1750 ハンムラビ王(メソポタミア統一) C.1760 ハンムラビ法典(楔形文字) 前16世紀 ヒッタイト人侵入 前16世紀 カッシート人がカッシート王朝を建てる(～前12世紀)		C.1500～C.1000 アーリヤ人, パンジャーブ地方へ移住(ヴェーダ時代, ～C.600) C.1200～1000 『リグ=ヴェーダ』成立		殷(商) C.前16～C.前11世紀 ○甲骨文字, 青銅器 周 C.前11世紀～前256 前11世紀 周の武王, 殷の紂王を討ち, 周をたてる	○縄文晩期 (～B.C.300)	
アッシリア王国 前2000初め～前612	○ゾロアスター	C.1000 アーリヤ人, ガンジス川流域に進出 C.900 ガンジス川流域に都市国家成立		西周 C.前11世紀～前770 ○周公旦, 成王の摂政となり周室の基礎を確立 ○封建制実施 841～828 共伯和が執政, 共和と号する		1000
722～705 サルゴン2世		○バラモン教, 種姓(ヴァルナ)制発達(バラモン, クシャトリヤ, ヴァイシャ, シュードラ)	C.771 犬戎の侵入, 幽王敗死, 西周滅亡	770 周室, 洛邑に遷都 東周 春秋時代 前770～前403 春秋の五覇(諸説あり) 斉の桓公(685～643) 晋の文公(636～628) 楚の荘王(613～591) 呉の夫差(495～473) 越の勾践(496～465)		800 700
○アッシリアのオリエント統一 668～627 アッシュル=バニパル 新バビロニア王国(カルデア人) 前625～前538	○南ロシアにスキタイが遊牧国家を建設 メディア王国 前7世紀～前550	○前7～前4世紀に十六王国並存 コーサラ・マガダなどがとくに有力 前7～前4世紀 ウパニシャッド哲学成立		C.651 斉の桓公, 初めて覇者となる C.632 晋の文公, 覇者となる		
625 アッシリアから自立 612 アッシリア滅亡 605～562 ネブカドネザル2世 538 ペルシアに征服される	アケメネス朝ペルシア 前550～前330 559～530 キュロス2世 530～522 カンビュセス2世 522～486 ダレイオス1世 C.519 ペルシア王ダレイオス1世, ガンダーラに侵入	マガダ国 ?～前413 C.563～483* ガウタマ=シッダールタ(シャカ) 仏教を創始 *463～383という説もある。 C.549～C.477** ヴァルダマーナ(マハーヴィーラ) ジャイナ教を創始 **539～437, 442～372という説もある。		C.551～479 孔子 ○諸子百家の活躍始まる ○鉄器の使用(農具)が普及		600 500
		C.477 第1回仏典結集 マガダ国(ナンダ朝) 前413～C.前322 ○『マハーバーラタ』『ラーマーヤナ』の原型成立		473 越の勾践, 呉を滅ぼし, 覇者を称する 453 晋の三大夫(韓・魏・趙), 晋の地を3分する ○青銅貨幣 403 韓・魏・趙, 諸侯となる 東周 戦国時代 前403～前221 ○詩経		400
		C.377 第2回仏典結集 C.326 アレクサンドロス, 西北インドへ進攻 ○東南アジアでドンソン文化(～後1世紀) マウリヤ朝 C.前317～C.前180 C.317～C.293 チャンドラグプタ	C.500～100 オルドス青銅器文化盛期	○牛犂耕, 普及する 戦国の七雄(斉・楚・秦・燕・韓・魏・趙) 359 秦の孝公 商鞅の策を入れ, 変法実施 350 秦, 咸陽に遷都 333 蘇秦, 合従策を説き, 6国の宰相となる 311 張儀, 連衡策を説くが, のち崩壊 墨子(C.480～C.390)(兼愛を唱える) 孫子(孫武・孫臏)(前500ころ) 商鞅(?～338) 老子(?～?) 蘇秦(?～?)縦横家 張儀(?～310)		
	バクトリア王国 前3世紀半ば～C.前139 C.255 シリアより独立 パルティア王国 C.前248～後226 C.248～214 アルサケス	C.268～C.232 アショーカ王, インド統一 C.260 アショーカ王, カリンガ征服, このころより仏教を保護 C.256 スリランカに仏教伝わる C.256 アショーカ王磨崖碑 ○サーンチーの仏塔建立 C.244 第3回仏典結集 ○前3世紀 南インドにチョーラ朝(～後13世紀)	匈奴 匈奴(オルドス), 月氏(甘粛), キルギス・丁零(西シベリア), 烏孫(天山北方), 鮮卑(モンゴリア), フェルガナ(シル川上流), 康居(アラル海北東)などの活躍始まる ○万里の長城建設 215 匈奴, 秦の将軍蒙恬に討たれ, オルドスから後退 209～174 冒頓単于(匈奴)	C.270 鄒衍, 五行説を唱える(陰陽家) 256 秦, 東周を滅ぼす 247 秦王政即位 221 秦王政, 天下統一 皇帝と称する 郡県制実施 221～210 始皇帝(秦王政) 213～212 焚書・坑儒 209～208 陳勝・呉広の乱 206 秦滅亡 202 項羽・劉邦の争い(垓下の戦い) 荘子(C.前4世紀) 孟子(C.372～C.289) 屈原(C.340～C.278)『楚辞』 荀子(C.298～C.235) 韓非(韓非子)(?～234) 秦 前8世紀～前206 都: 咸陽	○日本の北九州に弥生文化生まれる	300 200
	C.190～167 デメトリオス2世北西インドに侵入 C.176～160 月氏, 匈奴に追われ西遷 C.139 バクトリア, トハラ(大夏)により滅亡 大月氏 C.前140～後1世紀 ○イラン民族文化さかん	C.180 マウリヤ朝崩壊 サータヴァーハナ朝(アーンドラ朝) C.前1世紀～C.後3世紀	129 漢将衛青, 匈奴討伐(7回)(西域の経営) 121 漢将霍去病, 匈奴を討つ. 河西4郡をおく 104～102 漢の李広利, フェルガナ(大宛)遠征 54 匈奴, 東西に分裂	前漢 前202～後8 202～195 高祖(劉邦) 郡国制実施 154 呉楚七国の乱 ○董仲舒(C.176～104)『春秋繁露』 141～87 武帝(漢の全盛) 139～126 武帝, 匈奴挟撃のため張騫を大月氏に派遣 136 五経博士をおく(儒学の官学化) 119 塩・鉄・酒専売 115 均輸法 110 平準法 ○司馬遷(C.145*～C.86**)『史記』 ※前135年とする説もある。 ※前87年という説もある。	古朝鮮(衛氏)時代 C.前190～前108 108 漢, 楽浪・玄菟・真番・臨屯の朝鮮4郡をおく	100
			33 王昭君, 呼韓邪単于に嫁ぐ	60 西域都護府をおく(～後107) 1 哀帝死に, 王莽政権をにぎる	高句麗 C.前37～後668 C.前37 朱蒙, 高句麗を建国と伝えられる	1
53 カルラエの戦い(パルティア軍 ローマのクラッススの軍を壊滅)						

	ヨーロッパ・北アフリカ・小アジア					
	イベリア半島	イギリス	フランス	ドイツ	イタリア・ローマ教会	北アフリカ	シリア・小アジア

紀元後 (A.D.)

帝政ローマ　前27～後395

（1年付近）
- 前27～後14　オクタウィアヌス
- 14～37　ティベリウス
- 9　トイトブルクの森の戦い(ローマ軍, ゲルマン人に惨敗)
- ○ラテン文学黄金時代
- 6　パレスチナ, ローマの属州に
- C.30　イエス刑死
- ○キリスト教の成立(イエスをキリスト〔メシア, 救世主〕とする)

- 54～68　ネロ
- 43　ブリタニア州創設
- 64　ローマ市の大火　ネロの迫害　キリスト教徒殉教
- ○セネカ(C.前4～後65) ストア派
- C.45～64　ペテロ・パウロら使徒の伝道
- 80　コロッセウム, 公共浴場建設

- 96～98　ネルウァ
- 98～117　トラヤヌス(スペイン出身)
- 79　ヴェズヴィオ火山噴火, ポンペイ埋没, プリニウス死去(C.23～79)『博物誌』

100
- 五賢帝時代（96～180）
- 117～138　ハドリアヌス
- 138～161　アントニヌス=ピウス
- 161～180　マルクス=アウレリウス=アントニヌス(哲人皇帝)
- パクス=ロマーナ(ローマの平和)
- 101～106　ダキア占領
- 113～117　トラヤヌスの大遠征, アルメニア・メソポタミア服属(帝国の最大版図)
- C.98　タキトゥス(C.55～C.120)『ゲルマニア』
- ○プルタルコス(C.46～C.120)『対比列伝(英雄伝)』
- ○エピクテトス(C.55～C.135) ストア派『語録』
- ○プトレマイオス(C.2世紀) 天動説
- 132～135　ユダヤ人の反乱鎮圧(第2次ユダヤ戦争, ユダヤ人, 完全に流浪民化)
- 161～165　ローマ, パルティアと戦い
- 2世紀末～『新約聖書』

200
- 軍人皇帝（26名）時代（235～284）
- 211～217　カラカラ
- 212　アントニヌス勅令(ローマ市民権, 帝国全土に拡大)
- ○キリスト教徒の迫害激化
- 216　カラカラ浴場完成
- 260　ウァレリアヌス, シャープール1世と戦い(エデッサの戦い)

- 293　ディオクレティアヌス, 帝国四分統治始める　ドミヌスの称号採用(専制君主政〔ドミナトゥス〕)　ニコメディアに遷都(皇帝崇拝強制)
- 284～305　ディオクレティアヌス(東)

300
- 306～337　コンスタンティヌス帝(1世)(324以降正帝)
- 303～05　キリスト教徒への最後の大迫害(ディオクレティアヌス帝の大迫害)
- 313　ミラノ勅令(キリスト教公認)
- 325　ニケーア公会議(アタナシウス派を正統とし, アリウス派は異端とされる)

- 361～363　ユリアヌス(背教者)
- 330　ビザンティウムに遷都(コンスタンティノープルと改称)
- 332　職業世襲化勅令　コロナトゥスの完成

- 375　フン人ヴォルガ川を越え東ゴートを支配　西ゴート, 移動開始(ゲルマン人の大移動)
- 376　西ゴート, ドナウ川を渡る
- 379～395　テオドシウス帝(1世)
- 380　キリスト教信仰を強制する勅令を発する
- 392　キリスト教, ローマ帝国の国教となる(ほかのすべての異教信仰を厳禁)
- 393　古代最後のオリュンピア競技

- 西ローマ帝国 395～476
- 395～423　ホノリウス
- **395　ローマ帝国, 東西に分裂**
- 東ローマ帝国 395～1453

400
- 西ゴート王国 418～711
- イギリス(イングランド)
- ○アウグスティヌス(354～430)『神の国』
- 都：コンスタンティノープル
- 420～21　東ローマ

- 449　アングロ=サクソン人・ジュート人侵入
- 451　カタラウヌムの戦い
- ブルグント王国 443～534
- 443　ローヌ川上流に建国
- C.433～453　アッティラの大帝国(仏～東欧)(フン人)
- 452　教皇レオ1世, アッティラを退去させる
- ヴァンダル王国 429～534
- 429　ヴァンダル, 北アフリカに建国
- 439　カルタゴの故地に移る
- 431　エフェソス公会議(ネストリウス派, 異端となる)
- フランク王国(メロヴィング朝) 481～751
- 481～511　クローヴィス
- 496　クローヴィス, カトリック(アタナシウス派)に改宗(ゲルマン布教)
- 476　西ローマ帝国滅亡
- 476～93　オドアケルの王国
- C.473～526　テオドリック
- 451　カルケドン公会議(単性論派異端となる)

500
- 511　クローヴィス死後王国分裂
- 511～561　クロタール1世(558　フランク再統一)
- 534　ブルグント王国を併合
- 東ゴート王国 493～555
- C.529　ベネディクトゥス, モンテ=カッシーノに修道院創設「ベネディクトゥス戒律」
- 555　東ローマに征服される
- 東ローマ帝国(ユスティニアヌス朝) 518～610
- 527～565　ユスティニアヌス帝(1世)
- 528～534　『ローマ法大全』編纂
- 534　ヴァンダル王国を征服
- 537　聖ソフィア大聖堂再建 モザイク壁画(ビザンツ様式)
- 555　東ゴート王国を征服

- C.597　ブリタニアにキリスト教布教
- ○アングロ=サクソン七王国(ヘプターキー)時代(449～829)
- 561　クロタール1世の死後, 再び分裂
- 584～628　クロタール2世(613　王国統一)
- ランゴバルド(ロンバルド)王国 568～774
- 568　アルボイン, 北イタリアに建国
- 590～604　教皇グレゴリウス1世
- 585　スエヴィ王国併合
- 565～602　アヴァール人の王国栄える
- C.583　スラヴ人, バルカン半島への移動開始

600

イラン・中央アジア	インド・東南アジア	中央ユーラシア	中国	朝鮮	日本	紀元後(A.D.)
パルティア王国 C.前248～後226	**サータヴァーハナ朝（アーンドラ朝）** 前1世紀～後3世紀	**匈奴**		**高句麗** C.前37～後668		
クシャーナ朝 1世紀～3世紀 1世紀中葉 **カドフィセス1世**	○ローマとの季節風貿易さかん(海の道) ○『マヌ法典』ヒンドゥー教成立 ○サータヴァーハナ朝、領域最大に	1世紀半ば　匈奴、南北に分裂 91　北匈奴、イリ地方に移動開始	新 8～23 / 8 外戚の王莽、前漢を奪い、新建国 / 18～27 赤眉の乱 / 23 王莽敗死し、新滅びる / **後漢** 25～220 / 25 劉秀、後漢建国 / 25～57 **光武帝(劉秀)** / 36 後漢、中国を統一 / 班固(32～92)『漢書』 ○仏教、中国に伝わる / 73 班超、西域に派遣される / 91 班超、西域都護となりクチャ(亀茲)に駐屯 / 97 班超、甘英を大秦(ローマ帝国)に向けて派遣		57 倭の奴国王の使者、洛陽に至り、光武帝より印綬を受ける	100
○ガンダーラ美術隆盛 C.128～C.155 **カニシカ王** C.150 第4回仏典結集 …ティアと戦う	C.100 メコン川下流に扶南おこる C.125 インダス川下流にサカ族国家(～C.390) ○ナーガールジュナ(竜樹) 大乗仏教確立 C.192 中部ベトナムにチャンパー(チャム人の国)成立	**鮮卑** 156～ 156 鮮卑の檀石槐、モンゴル統一 158 鮮卑、領土拡大	105 蔡倫、製紙法を改良すると伝えられる ○訓詁学 馬融(79～166) 鄭玄(127～200) / 166・169 党錮の禁 / 166 大秦王安敦(マルクス=アウレリウス=アントニヌス帝?)の使者、海路で日南(ベトナム)に到着 / 184 黄巾の乱おこる(太平道の開祖張角が指導) / 192 曹操(155～220)挙兵		107 倭王 帥升等、後漢に生口献上	200
サ()サン朝ペルシア 224～651 224～C.241 **アルダシール1世** 226 パルティア王国を滅ぼす 241～272 **シャープール1世** C.245 マニ、マニ教を創始 3世紀 サ()サン朝の勢力西北インドに及び、クシャーナ朝滅亡 捕虜となる ○ゾロアスター教、国教となる『アヴェスター』編纂 ○対ローマ抗争激化 C.276 マニ処刑	○サータヴァーハナ朝衰えインド分裂	○鮮卑分裂(慕容部、宇文部、段部、拓跋部など)	207 劉備、諸葛亮を宰相とする / 208 赤壁の戦い / **魏** 220～265 / 220 曹丕、後漢を滅ぼす / 220～226 **曹丕(文帝)** / 220 九品官人法(九品中正) / ○屯田制 / ○竹林の七賢、清談流行 / **蜀** 221～263 / 221～223 劉備 / 227 諸葛亮『出師表』 / **呉** 222～280 / 222～252 孫権 / 263 魏、蜀を滅ぼす / **西晋** 265～316 / 265～290 **司馬炎(武帝)** / 280 西晋、呉を滅ぼす 中国統一 / ○占田法・課田法実施 / 291～306 八王の乱	C.204 遼東の公孫氏、帯方郡設置 C.3世紀 朝鮮中・南部、三韓時代(馬韓・辰韓・弁韓)	239 邪馬台国女王卑弥呼、魏に遣使 266 倭女王(壱与?)、西晋に遣使	300
309～379 **シャープール2世** 337～350 ローマ軍、メソポタミアに侵入 371～376 ローマと戦う	**グプタ朝** C.318～C.550 C.318～C.335 **チャンドラグプタ1世** ○バラモン教復興 C.375～C.414 **チャンドラグプタ2世(超日王)** このころグプタ朝最盛期 390 グプタ朝、サカ王朝を滅ぼす ○中国の僧法顕インド訪問	**柔然** ?～555 391 柔然、北魏に敗れる	311～316 永嘉の乱(西晋滅亡)→五胡十六国時代へ / **五胡十六国** 304～439 / ○仏図澄(ブドチンガ)、仏教を広める / 351 氐の苻健、前秦建国 / 366 敦煌千仏洞開掘 / 376 前秦の苻堅、華北統一 / 383 淝水の戦い、前秦、東晋に敗れ、覇業失敗 / ○西域僧鳩摩羅什(クマラジーヴァ)(344～413)、仏典を漢訳 / **東晋** 317～420 / 317 司馬睿(元帝)江南に建国 都:建康 / ○王羲之(C.307～C.365) / ○王献之(344～388) / ○陶淵明(365～427)『帰去来辞』 / 364 土断法制定 / ○顧愷之(C.344～C.405)『女史箴図』 / 399～412 法顕(C.337～C.422)インド旅行『仏国記』 / 390 北魏に敗れる / **北魏** 386～534 / 386 鮮卑の拓跋珪建国	313 高句麗、楽浪郡を滅ぼす **百済** C.346～660 **新羅** C.356～935 372 高句麗に仏教伝来 391～412 **高句麗広開土王(好太王)**(高句麗と倭国の南朝鮮での対立激化) 391 このころから倭国何回か朝鮮侵入	○古墳文化 ○ヤマト王権おこる	400
○サ()サン朝と戦う ○このころネストリウス派キリスト教流入 **エフタル** 5～6世紀 C.450 中央アジアに台頭 484 エフタルに敗れ、以後その影響下にはいる	○サンスクリット文学黄金時代 ○カーリダーサ『シャクンタラー』 ○『マハーバーラタ』『ラーマーヤナ』の原型成立 ○ナーランダー僧院建立 ○グプタ様式仏像 彫刻さかん(アジャンター、エローラ石窟寺院) ○エフタルの侵入	449 柔然、北魏に敗れ急速に衰退 450 高昌国おこる(～640)	**北朝** 439～581 / **南北朝時代** / **南朝** 420～589 / 423～452 **太武帝** / 439 華北を統一 / **宋** 420～479 / 420～422 **武帝(劉裕)** / 449 寇謙之(363～448)道教を大成 / 460 雲崗石窟開掘 / 471～499 **孝文帝** / ○禅宗 / 485 均田制を実施 / 486 三長制実施 / 494 洛陽に遷都 / 494 竜門石窟開掘 / **斉** 479～502	414 高句麗、広開土王碑を建立 427 高句麗、平壌遷都	404 帯方部に進出し、高句麗と戦う 413 倭王讃、東晋に朝貢 以後倭の五王の使者、宋にいたる	500
531～579 **ホスロー1世** 6世紀 突厥、ペルシアと結んでエフタルを滅ぼす ○サ()サン朝美術発達 581～591 東ローマと戦う 591～628 **ホスロー2世**	C.520 エフタルの侵入によりグプタ朝分裂 C.550～642 南インドにチャールキヤ朝 ○カンボジアにクメール人の真臘おこり、扶南衰退	**突厥** 552～744 552 柔然を破り建国 555 柔然滅亡 583 突厥、東西に分裂	○酈道元(469～527)『水経注』 / 532～44 賈思勰『斉民要術』完成 / 534 北魏、東西分裂 / **梁** 502～557 / ○昭明太子(501～531)『文選』 / **西魏** 535～556 / **東魏** 534～550 / ○府兵制採用 / **北周** 556～581 / **北斉** 550～577 / 577 北周、北斉を滅ぼす / **陳** 557～589 / **隋** 581～618 / 581 楊堅、北周を奪い建国 / 589 陳を滅ぼし中国統一	562 新羅、大加耶を滅ぼす	513 百済より五経博士来朝 538(552) 百済より仏教伝わる(大乗仏教) **飛鳥時代** ～710 593～622 **厩戸王(聖徳太子)** 摂政	600

年	イベリア半島	イギリス	フランス	ドイツ	イタリア・ローマ教会	東欧・北欧・ロシア	オリ エント 西アジア・北アフリカ
600	西ゴート王国 418〜711		フランク王国（メロヴィング朝）481〜751		ランゴバルド王国 568〜774	東ローマ帝国（ユスティニアヌス朝）518〜610	ササン朝ペルシア 224〜651
		601 カンタベリ大司教座設置			○グレゴリオ聖歌成立 ○教皇領（ペテロの遺産）の基おこる	ビザンツ文化 ビザンツ帝国（東ローマ帝国）（ヘラクレイオス朝）610〜717	603〜619 東ローマと戦い、ダマスクス・イェルサレム・エジプト占領 C.610 ムハンマド（C.570〜632）アッラーの教え（イスラーム）を説く
			○ピピン（中）、全フランクの宮宰となり、王国の実権掌握		○ランゴバルド全盛	610〜641 ヘラクレイオス1世 ○軍管区制・屯田兵制を採用 626 アヴァール人を撃退 673 イスラーム軍、コンスタンティノープル包囲 678 「ギリシアの火」でイスラーム軍撃退される	622 ヒジュラ（聖遷） 630 ムハンマド、メッカを占領、アラビア半島統一 正統カリフ時代 632〜661 653 『クルアーン（コーラン）』 ウマイヤ朝 661〜750 661〜680 ムアーウィヤ（都：ダマスクス）
700	711〜 ヘレスの戦い（西ゴート王国滅亡、イスラーム支配開始）711〜750 ウマイヤ朝支配	C.700 『ベオウルフ』成立	714〜741 宮宰カール＝マルテル 732 トゥール・ポワティエ間の戦い（イスラーム軍撃退） フランク王国（カロリング朝）751〜843			ビザンツ帝国（イサウロス朝）717〜802 717〜741 レオン3世 717〜718 イスラーム軍、コンスタンティノープルを包囲し敗退 726 聖像禁止令（聖像崇拝問題の論争）	○イスラーム世界の拡大 732 トゥール・ポワティエ間の戦い（フランク軍に北進を阻止される） ○サハラ南端にガーナ王国（〜13世紀ごろ） アッバース朝 750〜1258
	後ウマイヤ朝（西カリフ国）756〜1031（都：コルドバ）756〜788 アブド＝アッラフマーン1世		751 宮宰ピピン（小）、フランク王位を簒奪 ピピン3世（〜768） 756 ピピンの寄進、ランゴバルドを破り、ラヴェンナ地方を献上（ラヴェンナ教皇領の始まり）768〜814 カール大帝 774 ランゴバルド王国征服（カール大帝、イタリア王を兼ねる）○アルクイン、宮廷に招聘される（カロリング＝ルネサンス）796 アヴァール人を撃退 800 カール大帝（〜814）、皇帝の帝冠うける（西ローマ帝国の復興）		ローマ教皇領 795〜816 ローマ教皇レオ3世		750〜754 アブー＝アルアッバース 751 タラス河畔の戦い（唐軍を撃退）製紙法、唐から伝わる 756 ウマイヤ朝の遺族、コルドバに後ウマイヤ朝おこす 762〜66 新都バグダード建設 786〜809 ハールーン＝アッラシード ○イスラーム文化最盛
800		829 ウェセックス王エグバート（775〜839）のイングランド統一 871〜899 アルフレッド大王	○9〜11世紀ノルマン人、ヨーロッパ各地に侵入（第2次民族移動）814〜840 ルートヴィ1世 840〜855 ロタール1世 843 ヴェルダン条約（東・西・中部フランクに3分）西フランク王国 843〜987 843〜877 シャルル2世 870 メルセン条約	東フランク王国 843〜911 843〜876 ルートヴィヒ2世（ドイツ人王）870 メルセン条約	843 コンスタンティノープル公会議（聖像崇拝承認）ロタール王国（イタリア王国）843〜75 840〜855 ロタール1世 875 カロリング朝断絶	ノヴゴロド国 C.862〜1478 C.862 リューリク建国（伝説）ビザンツ帝国（マケドニア朝）867〜1056 C.9c ノルウェー王国・デンマーク王国成立〜13世紀後半 キエフ公国 9世紀後半〜13世紀 895 マジャール人、ハンガリー侵入	868 エジプトにトゥールーン朝成立（〜905）○フワーリズミー（780〜C.850）代数学を創始
900	912〜961 アブド＝アッラフマーン3世 929 カリフを称する（西カリフ国）○後ウマイヤ朝全盛 C.930 カスティリャ王国成立 レコンキスタ（国土再征服運動、〜1492）カスティリャ 930〜1479	『アングロ＝サクソン年代記』の編集	910 クリュニー修道院設立 911 ノルマン首長ロロ、ノルマンディー公に封ぜられる（ノルマンディー公国成立）987 カロリング朝断絶 カペー朝（フランス王国）987〜1328 987〜996 ユーグ＝カペー	911 カロリング朝断絶 ザクセン朝 919〜1024 936〜973 オットー1世 951〜 3回のイタリア遠征 955 レヒフェルトの戦い（マジャール人撃退）神聖ローマ帝国 962〜1806 962 オットー1世、神聖ローマ皇帝に即位		966 ポーランド、カトリック化 980〜1015 ウラジーミル1世（キエフ公国）989 ウラジーミル1世、ギリシア正教に改宗	ファーティマ朝 909〜1171 909 チュニジアに成立 ブワイフ朝 932〜1062 946 バグダードで実権掌握 ○イクター制 969 エジプト征服 969 首都カイロ建設 8〜9世紀『千夜一夜物語』
1000	1031 後ウマイヤ朝断絶 アラゴン王国 1035〜1479 ムラービト朝 1056〜1147	デーン朝 1016〜42 1016 デーン人のクヌート（〜35）イングランド王に ノルマン朝 1066〜1154 1066 ヘースティングズの戦い（ノルマンディー公ウィリアムによるノルマン＝コンクェスト）	○吟遊詩人の活動 C.1065 『ローランの歌』成立 987〜996 ユーグ＝カペー C.980 デーン人の侵入激化 1096〜99 第1回十字軍 1098 シトー派修道会設立	ザリエル朝 1024〜1125 1041 ボヘミア服属 1056〜1106 ハインリヒ4世 1073〜85 ローマ教皇グレゴリウス7世 1075〜1122 聖職叙任権闘争 1077 カノッサの屈辱 1122 ヴォルムス協約 ○ドイツ人の東方植民	○ロマネスク様式（教会建築）1054 キリスト教会東西分裂（ギリシア正教会成立）1088 ボローニャ大学成立 1088〜99 ウルバヌス2世 1095 ウルバヌス2世、クレルモン教会会議召集	1000 ハンガリー王国のイシュトヴァーン、教皇より王号を許可される 1018 ビザンツ、ブルガリア征服 1071 マンジケルトの戦い、セルジューク朝、イェルサレムを占領 ビザンツ帝国（コムネノス朝）1081〜1185 1095 ローマ教皇に救援要請	セルジューク朝 1038〜1194 1038〜63 トゥグリル＝ベク 1055 バグダード入城 スルタンの称号を獲得 1099 十字軍、イェルサレム占領。イェルサレム王国（1099〜1291）建国
1100	ムワッヒド朝 1130〜1269 ポルトガル王国 1143〜1910 1147 ムワッヒド朝、ムラービト朝を滅ぼす ○イブン＝ルシュド（アヴェロエス）1126〜98 哲学者）	プランタジネット朝 1154〜1399 1154 アンジュー伯アンリ英国王即位（ヘンリ2世〜89）○『アーサー王物語』成立 1167 オックスフォード大学創立 1189〜99 リチャード1世（獅子心王）	○アベラール（1079〜1142スコラ哲学者）1147〜49 第2回十字軍 ○ゴシック様式（教会建築）1163 ノートルダム大聖堂建築開始（〜C.1245）1180〜1223 フィリップ2世 ○シャンパーニュで定期市 ○パリ大学創立 1189〜92 第3回十字軍	ホーエンシュタウフェン朝 1138〜1254 1130 シチリア王国成立 1152〜90 フリードリヒ1世 1157 ケルン商人の互助会→ハンザ同盟の母胎 1167 ロンバルディア同盟結成 ○ドイツ騎士団領形成	○イタリアで皇帝党（ギベリン）教皇党（ゲルフ）両党抗争 1198〜1216 ローマ教皇インノケンティウス3世 ○サレルノ大学隆盛	ビザンツ帝国（アンゲロス朝）1185〜1204	○オマル＝ハイヤーム（1048〜1131）『ルバイヤート』 1157 セルジューク朝分裂 アイユーブ朝 1169〜1250 1169〜93 サラディン 1187 イェルサレムを征服、サラディン、十字軍と戦う
1200							

エント イラン・中央アジア	インド・東南アジア	中央ユーラシア	中国	朝鮮	日本	
サナン朝ペルシア 226〜651	**ヴァルダナ朝** 606〜7世紀半	**突厥** 552〜744	**隋** 581〜618　都：大興城(長安)　581〜604　**文帝(楊堅)** 590 府兵制 592 均田制・租庸調制 598 科挙制	**新羅** C.356〜935	**飛鳥時代** 〜710	600
642 ニハーヴァンドの戦い 651 サナン朝ペルシア滅亡	606〜647 **ハルシャ=ヴァルダナ** (戒日王) 612 北インドを統一,都カナウジ (曲女城) ○唐の玄奘,ナーランダー僧院で 修学 C.655 南インドにチャールキヤ朝 復活(〜C.970) C.7世紀 スマトラにシュリーヴィ ジャヤ成立(〜C.8世紀)	629〜649 **ソンツェン=ガンポ**の吐蕃支配 630 東突厥,唐に服属 657 唐に討たれ,西突厥,唐に服属 682 東突厥復活 698 靺鞨人の大祚栄, 震国建設	604〜618 煬帝 584〜610 大運河建設 612〜614 高句麗遠征失敗 618 李淵,長安をおとし建国 **唐** 618〜907 618 **高祖(李淵)** 626〜649 **太宗(李世民)** ○貞観の治 ○均田制・租庸調制・府兵制整備 629〜645 玄奘(602〜664)のインド旅行『大唐西域記』 660 唐,新羅と結び百済を滅ぼす 635 景教伝来 653 孔穎達(574〜648)『五経正義』 663 白村江の戦いで倭軍に勝利 649〜683 **高宗** 百済再興失敗 668 新羅と結んで平壌をおとし,高句麗を滅ぼす 671〜695 義浄(635〜713)のインド旅行 676 朝鮮半島放棄 『南海寄帰内法伝』 690〜705 **則天武后**,国号を周と改める C.694 マニ教伝来 ○回教伝わる	676 新羅, 朝鮮半島統一	604 十七条憲法 制定 607 小野妹子を隋 に派遣 630 遣唐使の始まり 645 大化改新 始まる 673〜86 **天武天皇**	
	712 イスラーム勢力,西北インド 進出 C.739 雲南で南詔が周辺を統一 (〜902) C.750 ベンガルにパーラ朝成立 (〜12世紀末) 8世紀半ば ジャワにシャイレーン ドラ朝(〜9世紀前半) C.800 北インド地方にプラティ ハーラ朝成立(〜1019) ○インド分裂状態続く	○突厥文字創始 713 **大祚栄**,渤海郡 王となり国号を渤 海と改称 744 ウイグルおこり 東突厥滅亡 **ウイグル** 744〜840 C.750 チベット仏教 成立 **渤海** 698〜926	710 韋后,中宗を殺す 唐詩,さかんになる 710〜742 逐次十節度使を置く ○呉道玄(680〜750) 712〜756 **玄宗(李隆基)** 713〜741 開元の治 ○王維(C.701〜761) 722 募兵制 ○李白(701〜762) 745 玄宗,楊太真を貴妃とする(楊貴妃) ○杜甫(712〜770) ○顔真卿(709〜786) 751 タラス河畔の戦い(唐将高仙芝,アッバース朝と戦い敗北) 755〜763 安史の乱(安禄山,史思明) 779〜805 **徳宗** ○均田制崩壊進む ○節度使勢力の拡大(藩鎮) 780 楊炎,両税法献策,実施 781 大秦景教流行中国碑建立	751 仏国寺建立	701 大宝律令なる **奈良時代** 710〜784 710 平城京遷都 717 阿倍仲麻呂, 遣唐使に同行して 渡唐 724〜49 **聖武天皇** 754 鑑真入京 『万葉集』 **平安時代** 794〜12世紀末 794 平安京遷都	700
ターヒル朝 821〜873 ○キルギス(結骨),中央アジア に分布 **サッファール朝** 867〜903 **サーマーン朝** 875〜999	802 カンボジア,アンコール朝 始まる(〜1432) C.846 チョーラ朝,南インドに 再興(〜C.1279) ○ボロブドゥール(ジャワ)つくら れる(大乗仏教)	840 ウイグル帝国, キルギスの急襲を 受け崩壊	821 唐蕃会盟(唐,チベットと和睦) ○柳宗元(773〜819) ○韓愈(768〜824) ○白居易(772〜846) 『長恨歌』 845 会昌の廃仏(武宗の仏教弾圧) 873 王仙芝の乱 875〜884 黄巣の乱 五代：後梁・後唐・後晋・後漢・後周	○新羅・摩震・後百 済の3国分立	839 最後の遣唐使 帰朝 858 藤原良房に摂 政の詔 884 藤原基経に関 白の詔 894 遣唐使を停止	800
カラ=ハン朝 10C中ごろ〜12C中ごろ **ガズナ朝** 962〜1186 999 カラ=ハン朝が サーマーン朝を滅ぼす	937 雲南に大理国(〜1253)	**遼(キタイ)** 916〜1125 ○キタイ (契丹)人 916 阿保機,帝を称する (太祖〜926) ○二重統治体制 920 キタイ文字 926 渤海を滅ぼす 947 国号を遼と改める	907 朱全忠,唐を滅ぼす 907 **朱全忠**,後梁建国(〜923) **耶律阿保機**,モンゴルを統一 923 **李存勗**,後唐建国(〜936) **五代十国** 907〜979 936 石敬瑭,キタイ(契丹)の 助けにより後唐を滅ぼし,後晋建国(〜946) キタイに燕雲十六州割譲 947 劉知遠,後漢建国(〜950) 951 郭威自立し,後周建国(〜960) **宋(北宋)** 960〜1127 960 趙匡胤,北宋建国(都：開封) 960〜976 **太祖(趙匡胤)** (文治主義的君主独裁制) 976〜997 **太宗** 979 中国統一完成 ○科挙(三試制)○文治的官僚国家形成○交子発行 ○磁針・火薬・木版印刷の発明	**高麗** 918〜1392 918 **王建**(〜943) 摩震を奪い高麗 建国,都：開城 935 王建,新羅征服 936 朝鮮半島統一 962 宋に朝貢 993 キタイの第1 次高麗侵入 994 キタイに朝貢	○武士団の形成 935〜40 平将門の 乱 939〜41 藤原純友 の乱	900
1016 ガズナ朝,サマルカン ド・ブハラ占領 1077 ホラズム朝,セルジュ ーク朝から自立 (〜1231)	1000 ガズナ朝のインド侵入激化 1009〜 ベトナムに大越李朝 (〜1225) 1044 ビルマにパガン朝(〜1299)	○タング ート(党 項)人 **西夏** 1038〜1227 1036 西夏文字 1038 李元昊(〜48), 西夏建国(〜1227) 1044 慶暦の和約 ○西夏しばしば宋に 入寇	1004 澶淵の盟 ○畢昇,活字印刷術 詞(楽曲)の発達 発明 ○欧陽脩(1007〜72) ○周敦頤(1017〜73) 1067〜85 **神宗** ○程顥(1032〜85) 1069 王安石,新法 ○程頤(1033〜1107) 開始 ○蘇軾(1036〜1101) 1076 王安石失脚 1084 司馬光(1019〜86)『資治通鑑』 1085〜1100 **哲宗**,司馬光を宰相とし新法 廃止 ○旧法党と新法党の党争激化	1010 キタイの第2 次高麗侵入 開京 政略 11世紀 高麗版大 蔵経	1017 藤原道長, 太政大臣となる ○摂関政治全盛 1019 刀伊の入寇 1086 院政始まる	1000
カラ=キタイ(西遼) 1132〜1211 1132 耶律大石(〜43) カラ=キタイ(西遼) 建国 **ゴール朝** C.1148〜1215 1186 ガズナ朝を滅ぼし, アフガニスタン統一	○アンコール=ワット建設 ○ゴール朝,北インド侵入 ○アンコール朝,王都アンコール =トム建設	**金** 1115〜1234 ○女真人 1115〜23 **太祖(完顔阿骨 打)** 猛安・謀克制 1119 女真文字創始 1124 西夏服属 1125 遼を滅ぼす	1100〜25 **徽宗** ○院体画さかんになる ○景徳鎮で白磁・青磁生産 1115〜23 ○靖康の変(北宋滅びる) **宋(南宋)** 都：臨安(杭州) 1127〜1276 1126〜27 靖康の変(北宋滅びる) 1127〜62 **高宗** 1131 秦檜,宰相となる ○主戦・和平論(岳飛・秦檜対立) 1142 紹興の和約 1142 金と和議締結(大散関・淮水を国境とする) (南宋,金に臣下の礼をとる) ○朱熹(1130〜1200) 1153 燕京(北京)遷都 ○朱子学を大成『通鑑綱目』 1167 全真教おこる ○陸九淵(1139〜92) (王重陽 1113〜70)	1126 金に臣礼 1196 崔氏,政権掌 握(武人政権)	1156 保元の乱 1159 平治の乱 1167 平氏全盛 清盛,太政大臣と なる 1185 平氏滅亡 源頼朝,各地に守 護・地頭を置く **鎌倉時代** 12世紀末〜1333 1192 源頼朝,征夷 大将軍となる	1100 1200

	イベリア半島	イギリス	フランス	ドイツ・ネーデルラント	イタリア・ローマ教会	東欧・北欧・ロシア
1200	カスティリャ 930〜1479 アラゴン 1035〜1479	プランタジネット朝 1154〜1399	カペー朝（フランス王国） 987〜1328	ホーエンシュタウフェン朝 1138〜1254		ビザンツ帝国（アンゲロス朝） 1185〜1204
	ムワッヒド朝 1130〜1269	1199〜1216 ジョン王 1209 ジョン王、ローマ教皇より破門 1209 ケンブリッジ大学創設	1202〜04 第4回十字軍（コンスタンティノープル占領） ○『ニーベルンゲンの歌』 1209〜29 アルビジョワ十字軍 1212 少年十字軍	1215〜50 フリードリヒ2世 1226 ドイツ騎士団のプロイセン植民始まる	○ヴェネツィア、東地中海の制海権掌握 1209 フランチェスコ修道会設立	1204 第4回十字軍、コンスタンティノープル占領、ラテン帝国建国（〜61） 1236〜42 モンゴル（バトゥ）のヨーロッパ遠征
	ポルトガル王国 1143〜1910	1214 フランス国内のイギリス領を失う 1215 大憲章（マグナ=カルタ）制定 1216〜72 ヘンリ3世	1214 イングランド・神聖ローマ連合軍を破り、フランス国内のイギリス領を奪回 1215 ドミニコ修道会設立	1229 第5回十字軍 1230 ドイツ騎士団領成立（のちのプロイセン公国の基礎）	1243〜54 インノケンティウス4世 1245 プラノ=カルピニをモンゴルへ派遣（〜47） ○トマス=アクィナス（C.1225〜74）『神学大全』	ワールシュタット（リーグニッツ）の戦い
	ナスル朝 1232〜1492 都：グラナダ		1226〜70 ルイ9世	1248 ケルン大聖堂起工	1266〜82 フランスのアンジュー家、シチリア王国支配	キプチャク=ハン国 1243〜1502
	1230 カスティリャ・レオンの最終的合同	1265 シモン=ド=モンフォールの身分制議会（イギリス議会の始まり） ○ロジャー=ベーコン（C.1214〜94）	1248〜54 第6回十字軍	1254（1256）〜73 大空位時代	1282 「シチリアの晩鐘」（反仏反乱）アラゴン、シチリア王位獲得 1289 モンテ=コルヴィノを元に派遣	ビザンツ帝国（パレオロゴス朝） 1261〜1453 1261 ビザンツ帝国再興
	1282 アラゴン、シチリア王位獲得（〜1409）	1272〜1307 エドワード1世	1270 第7回十字軍 1285〜1314 フィリップ4世 1295 模範議会召集	1273〜91 ルドルフ1世（ハプスブルク家出身） ○ハンザ同盟強大化 1291 スイス独立闘争始まる	1294〜1303 ボニファティウス8世 1299 マルコ=ポーロ（1254〜1324）『世界の記述（東方見聞録）』完成	
1300	C.1333 アルハンブラ宮殿建設	1327〜77 エドワード3世	1302 三部会召集 1303 アナーニ事件 ヴァロワ朝 1328〜50 フィリップ6世 1328〜1589	ルクセンブルク朝 1346〜1437	1303 アナーニ事件 1309 教皇庁、アヴィニョンに移る（〜77）「教皇のバビロン捕囚」	1313〜40 ウズベク=ハン（キプチャク=ハン国最盛期） 1325 イヴァン1世、モスクワ大公となる（〜40） ○セルビアの繁栄
	1341 ポルトガル人カナリア諸島に至る	1337 百年戦争始まる（〜1453） 1347〜51 全欧にペスト（黒死病）の流行（人口の3分の1を失う） 1356 ポワティエの戦い	1346 クレシーの戦い 1358 ジャックリーの乱（農民一揆） 1363 ブルゴーニュ公領の成立（〜1477）	1346〜78 カール4世 1348 プラハ大学創立 1356 金印勅書（7選帝侯を定め、皇帝選挙制を確立）	イタリア=ルネサンス ○ダンテ（1265〜1321）『神曲』トスカナ語 ○ジョット（C.1266〜1337） ○ペトラルカ（1304〜74）	C.1361 オスマン帝国、アドリアノープル征服 1386〜1572 ポーランド、ヤギェウォ朝リトアニア=ポーランド王国
		1376 エドワード黒太子死 1377 ウィクリフ、教会批判 1381 ワット=タイラーの乱 ○チョーサー（C.1340〜1400）『カンタベリ物語』			○ボッカチオ（1313〜75）『デカメロン』 1378 教会大分裂（大シスマ）（〜1417） ○ファン=アイク兄弟（蘭、フランドル派）	1389 コソヴォの戦い、セルビア人、オスマン帝国に服属 1397〜1523 北欧3国、カルマル同盟
1400	1445 ヴェルデ岬発見（葡） 1469 カスティリャのイサベル、アラゴンのフェルナンドと結婚	ランカスター朝 1399〜1461	1422〜61 シャルル7世 1429 オルレアン解放、ジャンヌ=ダルクの活躍（英、カレーを保つ）	1403 フス、教会批判 1411〜37 ジギスムント 1419〜36 フス戦争	1414〜18 コンスタンツ公会議 1415 フス（C.1370〜1415）火刑 ○ブルネレスキ（1377〜1446）「聖マリア大聖堂大円蓋」	1410 タンネンベルクの戦い C.1430〜1783 クリム=ハン国
	スペイン王国 1479〜1931 1474〜1504 イサベル（西） 1479〜1516 フェルナンド5世（西） 1488 バルトロメウ=ディアス、喜望峰到達	1455 ばら戦争（〜85） ヨーク朝 1461〜85 ○独立自営農民	1453 百年戦争終結	ハプスブルク朝 1438〜1740 C.1445 グーテンベルク活版印刷術改良	○ボッティチェッリ（C.1444〜1510）「春」「ヴィーナスの誕生」	1453 オスマン帝国、コンスタンティノープル征服 ビザンツ帝国滅亡
	1492 ナスル朝滅亡（レコンキスタ完了） 1492 コロンブス（コロン）、サンサルバドル島に到達 1494 トルデシリャス条約 1498 ヴァスコ=ダ=ガマ、インド航路開拓 1499 アメリゴ=ヴェスプッチ、ブラジル沿岸到着	テューダー朝 1485〜1603 1485〜1509 ヘンリ7世 15世紀末 囲い込み運動（第1次）開始 1487 星室庁整備 1497〜98 カボット北米沿岸探検	1477 ナンシーの戦い 1483〜98 シャルル8世 常備軍整備 1494 イタリア戦争始まる（〜1559）	1493〜1519 マクシミリアン1世 1499 スイス事実上の独立	1492〜1503 アレクサンデル6世 1494〜95 仏王シャルル8世侵入、メディチ家追放 1494 イタリア戦争始まる（〜1559） 1498 サヴォナローラ刑死	モスクワ大公国 1480〜1613 1480 イヴァン3世（1462〜1505）キプチャク=ハン国より自立
1500	1500 カブラル、ブラジル到達（葡） 1501〜02 アメリゴ=ヴェスプッチ、南米大西洋岸踏査 1510 ポルトガル、ゴア占領 1511 ポルトガル、マラッカ占領 1513 バルボア、太平洋に到達 1516〜56 カルロス1世（神聖ローマ皇帝カール5世）（ハプスブルク家） 1517 ポルトガル人広州到着 1519 マゼラン（マガリャンイス）艦隊の世界周航（〜22） 1519〜21 コルテス、アステカ王国征服	1509〜47 ヘンリ8世 1515 囲い込み制限令 1516 トマス=モア（1478〜1535刑死）『ユートピア』	1515〜47 フランソワ1世 1521〜44 イタリア戦争激化（59年終結）（フランソワ1世対カール5世）	1509 エラスムス（蘭1469〜1536）『愚神礼賛』 1517 ルター（1483〜1546）「95か条の論題」 1519〜56 カール5世 1521 ヴォルムス帝国議会 ルター破門 1524〜25 ドイツ農民戦争（トマス=ミュンツァー死）	○レオナルド=ダ=ヴィンチ（1452〜1519）「モナ=リザ」「最後の晩餐」 1513 マキァヴェリ（1469〜1527）『君主論』 ○ブラマンテ（1444〜1514） ○ラファエロ（1483〜1520）「アテネの学堂」 1513〜21 レオ10世 贖宥状（免罪符）販売 聖ピエトロ大聖堂大修築	1523 カルマル同盟を解消し、スウェーデンがデンマークより独立
1525	1532 ポルトガル、ブラジル領有 1532〜33 ピサロ、インカ帝国征服 ○ラス=カサス（1484〜1566） 1545 スペイン、ポトシ銀山採掘開始 （16世紀後半価格革命起こる）	1533 ヘンリ8世、キャサリンと離婚、アン=ブーリンを王妃に 1534 国王至上法（首長法）発布 イギリス国教会成立 1547〜53 エドワード6世 1549 礼拝統一法制定、一般祈禱書承認	1534 ラブレー（C.1494〜C.1553）『ガルガンチュアとパンタグリュエルの物語』 1536 カルヴァン『キリスト教綱要』発表 1541〜64 カルヴァン、ジュネーヴにて神権政治 1547〜59 アンリ2世	1534 プロイセン公国成立 1525 プロイセン公国成立 1526 第1回シュパイアー帝国議会 1529 第2回シュパイアー帝国議会（新教徒、皇帝に抗議しプロテスタントとよばれる） 1529 オスマン軍、第1次ウィーン包囲 1531 シュマルカルデン同盟結成 1546〜47 シュマルカルデン戦争	○デューラー（1471〜1528） 1534 イグナティウス=ロヨラら イエズス会創立 1534〜49 パウルス3世 1545〜63 トリエント公会議（反宗教改革会議）	○北欧3国ルター派採用 1526 モハーチの戦い（ハンガリーの一部、オスマン支配下に入る） 1533〜84 イヴァン4世（雷帝） 1543 コペルニクス（1473〜1543）『天球の回転について』（地動説） 1547 イヴァン4世、ツァーリの称号を正式に採用
1550	1556〜98 フェリペ2世（西）（スペイン=ハプスブルク家） 1557 ポルトガル人、マカオに居住権を得る 1559 イタリア戦争終結 1568 オランダ独立戦争始まる（〜1609） 1571 レパントの海戦（スペイン・教皇・ヴェネツィア連合艦隊、オスマン海軍撃破）	1553〜58 メアリ1世 1554 メアリ1世スペイン王子フェリペと結婚 1555 カトリック復活、新教徒弾圧 1558〜1603 エリザベス1世 1559 統一法公布 イギリス国教会確立	1559 カトーカンブレジ和約、イタリア戦争終結 1560〜74 シャルル9世 1562 ユグノー戦争始まる（〜98） 1572 サン=バルテルミの虐殺	1555 アウクスブルクの宗教和議 1556 フェルディナント1世即位（〜64）（オーストリア=ハプスブルク家） ネーデルラント（オランダ・ベルギー）はスペイン=ハプスブルク家（フェリペ2世）領に ○スペイン、ネーデルラントの新教徒を弾圧 1568 ネーデルラントで独立戦争始まる	○ミケランジェロ（1475〜1564）「最後の審判」「ピエタ」 ○ブリューゲル（C.1528〜69）「農民の踊り」 1571 レパントの海戦	1552 ロシア、カザン=ハン国併合 ○イヴァン4世の貴族に対する恐怖政治 1572 ヤギェウォ朝断絶（ポーランド選挙王政へ）
1575						

西アジア・北アフリカ・イラン・中央アジア	インド・東南アジア	中央ユーラシア	中国	朝鮮	日本	年代
アイユーブ朝 1169～1250 カラ=キタイ(西遼) 1132～1211 ゴール朝 1148ごろ～1215 1211 ナイマン部グチュルク,カラ=キタイを滅ぼす 1219～24 チンギス=ハンの西征 1220 ホラズム朝,チンギス=ハンに攻略される(1231 滅亡) ○西サハラにマリ王国成立(～15世紀) マムルーク朝 1250～1517 1258 アッバース朝滅亡,イル=ハン国成立 イル=ハン国 1258～1353 1258 フラグ(～65) ○サーディー(C.1184～1291)詩人 1291 マムルーク朝,十字軍最後の拠点アッコ(アッコン)攻略,イェルサレム王国終わる	○インドにおけるイスラーム政権 デリー=スルタン朝(奴隷王朝) 1206～1290 1206～10 アイバク 1215 ゴール朝崩壊 1221 モンゴル軍,アフガニスタン方面に侵入 1225 大越に陳朝成立(～1400) ○チューノム(字喃) ○タイにスコータイ朝(～15世紀半ば) 1287 元,パガン朝に侵攻 デリー=スルタン朝(ハルジー朝) 1290～1320 1293 ジャワにマジャパヒト朝成立(～C.1527)	西夏 1038～1227 1206 テムジン,モンゴル統一,チンギス=ハン(～27)と称す モンゴル帝国成立 (オゴタイ=ハン国) C.1225～1252 オゴタイ(1229～41) ○フビライ,大理を征服 1254 ルブルク,カラコルムにいたる 1258 フラグ,アッバース朝征服(イル=ハン国) 1266 ハイドゥの乱起こる(～14世紀初め)	金 1115～1234 ／ 宋(南宋) 1127～1276 1214 金,汴京(開封)に遷都 1227 モンゴル,西夏を滅ぼす 1229～41 オゴタイ(太宗) 1234 モンゴル,金を滅ぼす 1235 カラコルムに首都建設 1236 交鈔を発行 パスパ(パクパ,1235～80) 1260～94 フビライ(世祖) 1264 中都(現・北京)に遷都 元 1271～1368 1271 フビライ,国号を元とする 1272 フビライ,都の名を大都に改称 1275 マルコ=ポーロ,大都に到着 1276 元軍,臨安を占領,南宋滅亡 1279 崖山の戦い,南宋残存勢力滅亡 1280 郭守敬,「授時暦」制定 ○駅伝制(ジャムチ) 1294 モンテ=コルヴィノ,大都でカトリック布教 『西廂記』元曲 『琵琶記』(雑劇)	高麗 918～1392 1213～59 高宗 1231 モンゴル侵略開始 1235 江華島遷都 1236～52 高麗版大蔵経 1259 モンゴルに服属 1270～73 三別抄の抗争	鎌倉時代 12世紀末～1333 1203～05 北条時政(執権) 1221 承久の乱,六波羅探題設置 1253 日蓮,法華宗を始める 1268～84 北条時宗(執権) 1274 元の日本遠征(元寇・文永の役,高麗参加) 1281 元の日本遠征(元寇・弘安の役,高麗参加)	1200
オスマン帝国 1299～1922 チャガタイ=ハン国 1307～14世紀半(～16世紀) 1299～1326 オスマン1世 ○ラシード=ウッディーン(C.1247～1318)『集史』 イェニチェリ制度創設 1389～1402 バヤジット1世 ○イブン=バットゥータ(1304～C.77)『三大陸周遊記』 ○イブン=ハルドゥーン(1332～1406)『世界史序説』 1396 ニコポリスの戦い(オスマン軍,ハンガリー王を撃破) C.1330 チャガタイ=ハン国,東西分裂 1360 東チャガタイ=ハン国,西チャガタイ=ハン国を併合 ティムール帝国 1370～1507 ティムール 1370～1405 サマルカンド繁栄	デリー=スルタン朝(トゥグルク朝) 1320～1413 1336～1649 南インドにヴィジャヤナガル王国 1351～1767 シャム(タイ)にアユタヤ朝 1398 ティムール,インドに侵入しデリー占領,トゥグルク朝分裂混乱	1368 ツォンカパ(1357～1419) 1388 明将藍玉,北元を滅ぼす	C.1345 イブン=バットゥータ,大都にいたる 1351～66 紅巾の乱 明 1368～1644 1368 朱元璋,南京に即位し,明を建てる 1368～98 洪武帝(太祖・朱元璋) 1380 中書省廃止(皇帝独裁制を確立) ○魚鱗図冊 1381 里甲制実施,賦役黄冊 1397 六諭発布 1398～1402 建文帝(恵帝) 1399～1402 靖難の役	1350 倭寇始まる 朝鮮(李氏) 1392～1910 1392 李成桂,朝鮮を建国 1392～98 太祖(李成桂)	1318～39 後醍醐天皇 1333 鎌倉幕府滅亡 1333 建武の新政 南北朝時代 1336～92 室町時代 1338～1573 1338 足利尊氏,征夷大将軍となる(室町幕府) 1368～94 足利義満 1392 南北朝の合体	1300
1402 アンカラの戦い オスマン帝国軍,ティムール軍に敗北 バヤジット1世,捕らえられる 1405 ティムール,中国遠征途上,オトラルで病死 1444～46,51～81 メフメト2世 1409～47 シャー=ルフ,ティムール帝国統一 1453 コンスタンティノープルを征服 ○イスタンブルと改称 ○トプカプ宮殿造営 ○ジンバブエにモノモタパ王国(～19世紀) 1447～49 ウルグ=ベク(天文学の発達) 1481～1512 バヤジット2世 ○サハラ南縁にソンガイ王国(～16世紀)	1407 明が大越を支配(～27) ○マラッカ王国(14世紀末～1511)繁栄 デリー=スルタン朝(サイイド朝) 1414～1451 1428 大越に黎朝(～1527,1532～1789) デリー=スルタン朝(ロディー朝) 1451～1526 1498 ヴァスコ=ダ=ガマ,カリカット到達	○モンゴル高原に,モンゴル(韃靼)・オイラトの2部台頭 1410～24 永楽帝の北征(モンゴル・オイラトの討伐) 1439 オイラトにエセン立ち,勢力拡大 1487～1524 モンゴル(韃靼)のダヤン,内モンゴルに覇権確立	1402～24 永楽帝(成祖) 1405～33 鄭和の南海遠征(7回) 『永楽大典』『四書大全』『五経大全』『性理大全』 ○羅貫中『三国志演義』 1421 永楽帝,北京に遷都 1435～49 正統帝(英宗) 1448 鄧茂七の乱(～49) 1449 土木の変(オイラト侵入し,正統帝をとらえる) 1457～64 天順帝(重祚,英宗)	1403 銅活字鋳造 1418～50 世宗 1446 世宗『訓民正音』公布 1474 「経国大典」頒布 1494～1506 燕山君 1498 戊午の士禍	1401 義満,明に遣使 1404 義満,明より勘合を獲得 勘合貿易始まる 1428 正長の徳政一揆 1429 中山王琉球を統一 1467～77 応仁の乱(戦国時代～1568) 1485～93 山城の国一揆 1488～1580 加賀の一向一揆	1400
サファヴィー朝 1501～1736 1512～20 セリム1世 1501 イスマイール1世,イランにサファヴィー朝樹立(～1736) 1517 シリア・エジプト占領(マムルーク朝滅亡) 1520～66 スレイマン1世 1505～1920 ブハラ=ハン国 1512～1920 ヒヴァ=ハン国	1510 ポルトガル,ゴア占領 1511 ポルトガル,マラッカ占領 1512 ポルトガル,モルッカ諸島にポルトガル人到達 1518 ポルトガル,コロンボ占領,セイロン島支配 1519 バーブル,パンジャーブ占領 1521 マゼラン,フィリピンにいたって戦死 ○シク教祖ナーナク(1469～1538)	1501 ダヤン=ハン,モンゴル部統一 C.1520 ダヤン,山西の大同に入寇	施耐庵・羅貫中『水滸伝』 ○四大画家 沈周(1427～1509) 唐寅(1470～1523) 文徴明(1470～1559) 仇英(?～?) 1517 ポルトガル人広州にいたる,貿易開始 ○王陽明(王守仁,1472～1528)陽明学を説く(知行合一)	1506 燕山君を廃し中宗即位 1510 三浦の乱(三浦の日本居留民の反乱) 1512 三浦の日本人居留地廃止	1523 寧波の乱	1500
1526 モハーチの戦い(ハンガリー,一部併合) 1529 第1次ウィーン包囲 1535 フランスにキャピチュレーション(通商特権)を与える 1538 プレヴェザの海戦(スペイン・教皇連合艦隊撃破) 1541 ハンガリー,一部併合	ムガル帝国 1526～1858 1526 第1次パーニーパットの戦い,バーブル,デリーを占領し建国 1526～30 バーブル 1530～56 フマーユーン 1531 ビルマにタウングー朝成立(～1752) 1540 フマーユーン,アフガンのシェール=シャーに敗れ,ペルシアに亡命	1542～82 モンゴルのアルタン=ハーン活躍 1550 アルタン=ハーン,直隷に入寇し北京を包囲(庚戌の変)	○北虜南倭(モンゴル族と倭寇の侵入さかん) ○このころより,江南地方で一条鞭法実施 1535 ポルトガル人,マカオで商業活動始める	1545 乙巳の士禍	1543 ポルトガル人,種子島漂着(鉄砲伝来) 1549 ザビエル,鹿児島に至りキリスト教布教	1525
1566～74 セリム2世 1571 レパントの海戦(スペイン・ヴェネツィア艦隊に敗北)	1556～1605 アクバル大帝 1556 第2次パーニーパットの戦い,アフガンを打倒 1564 アクバル,ジズヤ(非ムスリムへの人頭税)を廃止 1571 スペイン,マニラを建設 1574～76 アクバル,ベンガル・ビハール・オリッサを征服		1552 ザビエル,上川島で没 1555 倭寇が南京に迫る 1557 ポルトガル人のマカオ居住を許す 1567 張居正入閣,政務をとる 海禁を緩和 1570 呉承恩(1500～82)『西遊記』 1572～1620 万暦帝(神宗) 1573～82 張居正の改革政治		1550 ポルトガル,平戸に商館設置 1560 織田信長,桶狭間に今川義元を破る 1573 信長,義昭追放(室町幕府滅亡) 安土桃山時代 1573～1603	1550

年	アメリカ	スペイン	イギリス	フランス・ベルギー	オランダ	ドイツ・オーストリア	イタリア・ローマ教会
		スペイン王国 1479～1931		ヴァロワ朝 1328～1589	ネーデルラント連邦共和国 1581～1795	ハプスブルク朝 1438～1740	
1575		1580 フェリペ2世、ポルトガル併合(～1640) 1588 スペイン無敵艦隊、イギリスに敗れる(アルマダの海戦)	1577～80 ドレークの世界周航 1584 ローリ、ヴァージニアに植民(失敗) 1587 メアリ=ステュアート処刑 ○シェークスピア(1564～1616) 『ロミオとジュリエット』『ヴェニスの商人』 1600 東インド会社設立	1580 モンテーニュ(1533～92)『随想録』 ブルボン朝 1589～1792 1589～1610 アンリ4世 1598 ナントの王令	1579 ユトレヒト同盟(ネーデルランド北部7州の連合) 1581 ネーデルランド連邦共和国となる 1581～84 総督オラニエ公ウィレム1世(独立戦争指導者) 1584 オラニエ公ウィレム暗殺	1593～98 オスマン軍、オーストリアへ侵入	1582 グレゴリウス13世の暦法改正(現行太陽暦) 1583 ガリレオ=ガリレイ(1564～1642)地動説を立証 1600 哲学者、ブルーノ火刑
1600	1603 セントローレンス川を探検(仏) 1607 ジェームズタウンの建設ヴァージニア植民地(英) 1608 ケベック市建設(仏) 1619 ヴァージニアに植民地議会成立 1620 メイフラワー契約、ピルグリム=ファーザーズ(ピューリタン)プリマス上陸(ニューイングランド)	1609 スペイン・オランダ間休戦条約成立 ○エル=グレコ(C.1541～1614) 1615 セルバンテス(1547～1616)『ドン=キホーテ』	ステュアート朝 1603～49, 1660～1714 1603～25 ジェームズ1世 1611 聖書の欽定訳完成 1620 フランシス=ベーコン(1561～1626)『新オルガヌム』帰納法、経験論	1604 東インド会社設立(まもなく中断) 1610 アンリ4世、旧教徒に暗殺される 1610～43 ルイ13世(母后マリー=ド=メディシス摂政) 1614 ブロワの三部会召集(～15) (以後1789まで中断) 1624～42 宰相リシュリュー	1602 東インド会社設立 スペインと休戦 アムステルダム銀行設立 1619 ジャワにバタヴィア市建設	1608 プロテスタント同盟結成 1609 カトリック連盟結成 1609～19 ケプラー(1571～1630)惑星運行の三法則 1618 ボヘミア(ベーメン)反乱 1618～48 三十年戦争 1618～23 ボヘミア-プファルツ(ファルツ)戦争 1618 ブランデンブルク=プロイセン同君連合成立、ホーエンツォレルン家、プロイセン公国も相続 1623 カンパネラ(1568～1639)『太陽の国』	
1625	1626 ニューアムステルダム建設(蘭) 1630 イギリス人マサチューセッツ植民(ボストン建設) 1636 ハーヴァード大学設立 1639 コネティカット基本法成立 1642 モントリオール市建設(仏)	1640 ポルトガル、スペインより独立 ○ベラスケス(1599～1660)	1625～49 チャールズ1世 1628 議会、「権利の請願」を起草 1629 チャールズ1世、議会を解散(～40無議会時代) 1639 スコットランドの反乱 1640.4～.5 短期議会 .11 長期議会(～53) 1641 議会、「大諫奏」提出 1642～49 ピューリタン(清教徒)革命 1645 ネーズビーの戦い(王党派敗北) 1649 チャールズ1世処刑 共和政宣言(～60)平等派、弾圧 1649～58 クロムウェル独裁	1635 リシュリュー、アカデミー=フランセーズ創設 1635 三十年戦争に介入 1637 デカルト(1596～1650)『方法序説』 ○合理論 演繹法 1642～61 宰相マザラン(1602～61) 1643～1715 ルイ14世「朕は国家なり」 1648～53 フロンドの乱	1625 グロティウス(1583～1645)『戦争と平和の法』自然法 ○ルーベンス(1577～1640) ○バロック美術 1642～48 タスマン、タスマニア・ニュージーランド探検	1625～29 デンマーク戦争(三十年戦争にデンマーク介入 1629 リューベック条約) 1630～35 スウェーデン戦争(スウェーデン、ドイツに侵入) 1635～48 スウェーデン-フランス戦争(仏、スウェーデンと同盟し三十年戦争に介入) 1640～88 フリードリヒ=ヴィルヘルム大選帝侯(普) 1648 ウェストファリア(ヴェストファーレン)条約(三十年戦争終結、スイス・オランダの独立承認) ○帝国の実質的解体	1633 ガリレイ、宗教裁判をうける(地動説)
1650	1655 イギリス、ジャマイカ島占領 1664 イギリス、ニューアムステルダムを占領し、ニューヨークと改称 1665～1700	1655 ポルトガル、オランダにコロンボ(セイロン島)を奪われる 1665～1700 カルロス2世	1649 アイルランド征服 1651 ホッブズ(1588～1679)『リヴァイアサン』社会契約説 1651 航海法制定 1652～54 第1次英蘭(イギリス-オランダ)戦争 1653 クロムウェル、護国卿となる 1660 王政復古(～85 チャールズ2世) ○ニュートン、万有引力の法則発見 1665～67 第2次英蘭戦争 1667 ミルトン(1608～74)『失楽園』 1670 ドーヴァー密約(英仏間) 1672～74 第3次英蘭戦争 1673 審査法制定 ○このころトーリ・ホイッグの2大政党おこる	1661 ルイ14世の親政始まる ルイ14世、王権神授説を唱える 1664 東インド会社再建 1665～83 財務総監コルベール ○絶対王政の完成 1667～68 南ネーデルラント継承戦争 ○古典主義文学 コルネイユ(1604～84) ラシーヌ(1639～99)	1652 ケープ植民地建設 ○レンブラント(1606～69) ○スピノザ(1632～77)	1658～1705 レオポルト1世 1663 オスマン軍、ハンガリー侵入 1667 ポーランド、プロイセンの独立承認	
1675	1679～82 フランス人ラ=サール、ミシシッピ川探検 1682 ラ=サール、ミシシッピ流域をルイジアナと命名(ルイジアナ植民地建設) 1689～97 ウィリアム王戦争(英・仏植民地戦争)	1700 スペインのハプスブルク家断絶	1679 人身保護法制定 1685～88 ジェームズ2世 1687 ニュートン(1642～1727)『プリンキピア』 1688～89 名誉革命 1689 ウィリアム3世(～1702)・メアリ2世(～94)の共同統治 1689 「権利の宣言」・「権利の章典」 1690 ロック(1632～1704)『統治二論』 1694 イングランド銀行設立	モリエール(1622～73) 1670 パスカル(1623～62)『パンセ』 1672～78 オランダ侵略戦争(ルイ14世オランダに侵入) 1685 ナントの王令廃止 1688～97 プファルツ継承戦争(仏対蘭・独帝・英・バイエルン・ザクセン 1697 ライスワイク条約)(ファルツ) ○スペイン王位継承問題起こる		1680 ライプニッツ(1646～1716)微積分法考案 1683 オスマン軍、第2次ウィーン包囲 ○大選帝侯のユグノー招致(プロイセンの産業発展) 1687 モハーチの勝利(オスマン帝国よりハンガリー奪還) 1699 カルロヴィッツ条約	
1700	1702～13 アン女王戦争 1713 ユトレヒト条約(英は仏よりニューファンドランド・アカディア・ハドソン湾地方を獲得)	1700～24 24～46 フェリペ5世(ブルボン家)	1701～13 スペイン継承戦争(英・墺・普・蘭対仏・西 1713 ユトレヒト条約) 1702～14 アン女王 1707 グレートブリテン王国成立(スコットランドと合併) 1712 ニューコメン、蒸気機関発明(炭坑排水用) 1713 ユトレヒト条約(ジブラルタルなど英獲得) ハノーヴァー朝 1714～1917 1714～27 ジョージ1世 1719 デフォー(1660～1731)『ロビンソン・クルーソー』 1721～42 ウォルポール内閣 責任内閣制の確立	1713 ユトレヒト条約(仏・西の合邦禁止) 1714 ラシュタット条約(墺、西領ネーデルランドを領有) 1715～74 ルイ15世 ○ワトー(1684～1721)ロココ美術		プロイセン王国 1701～1871 1705～11 ヨーゼフ1世 1701 プロイセン公国、王国となる(ホーエンツォレルン家) 1711～40 カール6世 1713 国事詔書(女系相続を承認する法律) 1714 ライプニッツ(1646～1716)『単子論』 1701～13 フリードリヒ1世 1716～18 墺・ヴェネツィア、オスマン帝国と交戦 1713～40 フリードリヒ=ヴィルヘルム1世	1720 サヴォイア公国、サルデーニャ王国となる(～1861)
1725	1732 ジョージア植民地建設(13植民地成立) 1744～48 ジョージ王戦争 1750 フランクリン、避雷針を発明		1726 スウィフト(1667～1745)『ガリヴァー旅行記』 1733 ジョン=ケイ、飛び杼を発明	1733～35 ポーランド継承戦争(仏対墺・露) ○フラゴナール(1732～1806) ロココ美術 1740～48 オーストリア継承戦争(墺・英対仏・西・普) 1748 アーヘン条約(普のシュレジエン領有承認、諸国による墺の国事詔書承認) ○啓蒙思想広まる 1748 モンテスキュー(1689～1755)『法の精神』 三権分立論		○バッハ(1685～1750)バロック音楽 ハプスブルク=ロートリンゲン朝 1740～1806 1740～80 マリア=テレジア 1740～86 フリードリヒ2世(啓蒙専制君主) 1745～47 サンスーシ宮殿建造 1745～65 フランツ1世(共治)	

北欧・東欧・ロシア	西アジア・アフリカ		インド・東南アジア・太平洋	中央ユーラシア	中国	朝鮮	日本	
スウェーデン王国 1523～	**オスマン帝国** 1299～1922	**サファヴィー朝** 1501～1736	**ムガル帝国** 1526～1858		**明** 1368～1644	**朝鮮(李氏)** 1392～1910	**安土桃山時代** 1573～1603	1575
○デンマークのティコ=ブラーエ (1546～1601),天体観測 1582 イェルマーク,シビル=ハン国の首都占領 　　○ロシアのシベリアへの発展始まる 1588～1648 **クリスチャン4世(デンマーク)** 1598 リューリク朝断絶	1580 イギリスに恩恵的特権貿易を許す 　　　1587～1629 　　　**アッバース1世** 　　　1597 　　　サファヴィー朝,イスファハーンに遷都		1582 アクバル,新宗教ディーネ=イラーヒー(神聖宗教)を公布する 1596 オランダ人,ジャワ到達 1600 英,東インド会社設立 ○ジャワのマタラム王国,スマトラのアチェ王国などイスラーム勢力拡大	1583 建州女真ヌルハチ挙兵 ○満洲人の勃興 1599 満洲文字作成	○新安商人,山西商人活躍 1581 一条鞭法,全国で実施 1582 マテオ=リッチ(利瑪竇 1552～1610),マカオに上陸 1592～98 明軍,朝鮮を救援 1596 李時珍(C.1523～96) 『本草綱目』	1575 両班,東西に対立し,党争始まる 1592 壬辰倭乱 (豊臣秀吉の朝鮮侵入,文禄の役,～93) 1597 丁酉倭乱 (再度の朝鮮侵入,慶長の役,～98) 1598.11 李舜臣戦死(1545～)	1582 本能寺の変 1582～98 **豊臣秀吉** 1590 全国統一ほぼ完成 1598.8 秀吉没し,日本軍撤退開始 1600 関ヶ原の戦い	1600
1611～32 **グスタフ=アドルフ** 　　　**ロマノフ朝** 　　　1613～1917 　　　1613～45 **ミハイル=ロマノフ**	1612 オランダに恩恵貿易を許す 　　　1622 　　　サファヴィー朝,ポルトガルからホルムズ島奪回		1600 英,東インド会社設立 1602 蘭,連合東インド会社設立 1604 仏,東インド会社設立 1612 英,スーラトに商館設置 1619 蘭,ジャワにバタヴィア市を建て総督府をおく 1623 アンボイナ事件	1615 八旗制拡充 **後金(清)** 1616～1912 1616～26 **ヌルハチ(太祖)** 1619 サルフの戦い (後金,明軍を撃破)	1601 マテオ=リッチ(利瑪竇),北京に到り万暦帝に謁見 1602 マテオ=リッチ,「坤輿万国全図」刊行 1610 『金瓶梅』刊行 1611 東林・非東林派の党争激化 　　　徐光啓(1562～1633)『農政全書』『崇禎暦書』 　　　宋応星(C.1590～C.1650)『天工開物』 1624～61 オランダ,台湾を占領	1607 日本に使節を派遣,国交回復(実質的に江戸時代最初の朝鮮通信使)	**江戸時代** 1603～1867 1603 徳川家康,江戸幕府を開く 1609 オランダ,平戸に商館設置 1609 島津氏,琉球を征服 1609 己酉約条(対馬の宗氏,朝鮮と通商条約を結ぶ) 1623～51 **徳川家光**	1625
1632 グスタフ=アドルフ戦死 1632～54 **クリスティナ女王** 　　　1638 ロシア,太平洋岸に到達	1638 バグダードを奪回,イラク併合 1645～69 ヴェネツィアと戦う		1628～58 **シャー=ジャハーン** 1632～53 タージ=マハル造営 1633 英,ベンガルに植民 1640 英,マドラスに要塞建設 1641 蘭,マラッカをポルトガルより奪う 1648 デリー遷都 1649 ヴィジャヤナガル王国滅亡	1625 後金,瀋陽に遷都 1626～43 **太宗** 1635 チャハル征服 1636 国号を清と改称 1636～37 朝鮮遠征 1638 理藩院設置 1643～61 **順治帝(世祖)** 1643～46 ポヤルコフ(露),黒竜江探検	1627～44 **崇禎帝(毅宗)** 1631～45 李自成の乱 1632 徐光啓,国政に参与 **清**　1636～1912 ○満洲人の中国支配 1644 李自成(1606～45) 北京占領,崇禎帝自殺し明朝滅ぶ 1644 清,北京に遷都 1644・45 辮髪令	1627 後金(清)軍,朝鮮に侵入 1636 日本に正式に朝鮮通信使を派遣 1637 朝鮮,清に服属	**鎖国政策** 1637～38 島原・天草一揆 1639 鎖国令(ポルトガル船来航禁止) 1641 オランダ商館を長崎出島に移す	1650
1652 清と初めて衝突 1669 クレタ島をヴェネツィアより獲得 1670～71 ステンカ=ラージンの反乱			1655～58 オランダ,ポルトガル領セイロン島を占領 1658～1707 **アウラングゼーブ** 1661 ポルトガル,ボンベイを英に割譲 1664 コルベール,仏東インド会社を再建 1669 ヒンドゥー教抑圧 1674 フランス,ポンディシェリ獲得 1674 マラータ王国成立	1658 露,ネルチンスク築城 1663 露,アルバジン築城	1652 ロシアと衝突し,松花江上に戦う 1659 フェルビースト(南懐仁1623～88)来朝 1661～1722 **康熙帝(聖祖)** 1661 鄭成功,台湾占領(鄭氏台湾～83) 1662 呉三桂(1612～78)永明王を殺し,明完全に滅びる 1669 フェルビースト,欽天監副(副天文台長)となる 1673～81 三藩の乱(呉三桂ら藩王が鎮圧される)		1657 『大日本史』の編集始まる	1675
1682～89 **イヴァン5世,ピョートル1世(～1725)と共治** 1689 ネルチンスク条約 1697～98 ピョートル1世,西欧視察 1697～1718 **カール12世**	1683 第2次ウィーン包囲失敗 1687 ハンガリーを失う 1696 アゾフ海を失う 1699 カルロヴィッツ条約		1679 アウラングゼーブ,ジズヤ(非ムスリムへの人頭税)復活,ラージプート族抵抗 1681 アウラングゼーブ,デカン遠征,マラータ制圧 1690 イギリス,カルカッタを占領	1689 ネルチンスク条約	○考証学発達 ○顧炎武(1613～82) ○黄宗羲(1610～95) 1679 蒲松齢(1640～1715)『聊斎志異』 1683 鄭氏を討ち,台湾を領有 1699 英に広州貿易を許す		1680～1709 **徳川綱吉** 1684 貞享暦が完成 ○元禄文化	1700
1700～21 **北方戦争** 1709 ポルタヴァの戦い(スウェーデン,露に敗北) 1712 バルト海沿岸を占領 1712 サンクトペテルブルク遷都 1721 ニスタット条約(露,バルト海沿岸を獲得)	1703 サンクトペテルブルク建設開始 ○オスマン,チューリップ時代 1716～18 墺・ヴェネツィアと交戦 1718 パッサロヴィッツ条約(セルヴィア・ワラキアを墺に譲渡) 1722 アフガン人,サファヴィー朝の首都イスファハーン攻略		1710 シク教徒反乱		1704 典礼問題 1709 円明園造営始まる 1713 盛世滋生人丁を施行 1715 カスティリオーネ(郎世寧1688～1766)北京にいたる 1716 『康熙字典』 1717 地丁銀,広東省に実施 1720 清,ラサ攻略,チベットに宗主権確立 1720 広州に公行制度 1722～35 **雍正帝(世宗)** 1724 キリスト教布教禁止 1725 『古今図書集成』		1709 正徳の治(新井白石) 1715 海舶互市新例(長崎新令)を発布し,金銀の海外流出制限 1716～45 **徳川吉宗**(享保の改革)	1725
1725～27 **エカチェリーナ1世** 1735 リンネ(スウェーデン1707～78)『自然の分類』 1741～43 スウェーデン,露と交戦 1741～62 **エリザヴェータ**	1736 サファヴィー朝滅亡 **アフシャール朝** 1736～96 C.1744 ワッハーブ王国(第1次サウード朝～1818)		1742 デュプレクス,ポンディシェリ総督就任(～54) 1744 クライヴ来る(～53) 1744～48 第1次カーナティック戦争 ○マラータ同盟成立	1727～30 **ピョートル2世** 1727 キャフタ条約 1727 キャフタ条約(モンゴル・シベリアの国境画定) 1727 安南,清と国境を画定 1732 軍機処設置 1735～95 **乾隆帝(高宗)** 1747 外国人宣教師の清国内居住を禁ずる			1742 公事方御定書	1750

使い方　赤字　戦争・紛争に関すること　青字　文化に関すること

アメリカ

- 1755~63　フレンチ=インディアン戦争
- 1759　英, ケベック占領
- 1763　パリ条約
- 1764　英, 砂糖法発布
- 1765　英, 印紙法発布（植民地人反対, 68 撤廃）"代表なくして課税なし"
- 1767　英, タウンゼンド諸法（鉛・紙・ガラス・茶などに課税）
- 1773　英, 茶法制定　ボストン茶会事件
- 1774　第1回大陸会議
- 1775~83　アメリカ独立戦争
- 1775　レキシントン・コンコードの戦い

アメリカ合衆国　1776~

- 1776.7.4　独立宣言
- 1777　サラトガの戦い
- 1781　ヨークタウンの戦い
- 1783　パリ条約（英, 米の独立承認）
- 1787　アメリカ合衆国憲法制定（88 発効）
- 1789~97　初代大統領ワシントン
- 1793　ホイットニー（1765~1825）綿繰り機を発明
- 1793　米, フランス革命に中立を宣言
- 1797~1801　J.アダムズ（フ）
- 1800　首府ワシントン
- 1801~09　ジェファソン（リ）
- 1803　ルイジアナを仏より購入
- 1804　ハイチ, 仏より独立
- 1807　フルトン, 蒸気船を試運転（ハドソン川）
- 1808　奴隷貿易禁止法発効
- 1809~17　マディソン（リ）
- 1811　ベネズエラ・パラグアイ独立宣言
- 1812~14　米英戦争
- 1814　ヘント（ガン）条約
- 1816　サン=マルティン, アルゼンチンの独立宣言
- 1817~25　モンロー（リ）
- 1818　チリ独立　サヴァンナ号, 米英間大西洋初航海
- 1819　フロリダ買収　大コロンビア独立
- 1820　ミズーリ協定
- 1821　メキシコ独立, ペルー独立宣言
- 1822　ブラジル帝国独立
- 1823　モンロー宣言（教書）
- 1825　ボリビア独立
- 1825~29　J.Q.アダムズ（リ）
- 1829~37　ジャクソン（民）
- 1830　先住民強制移住法　ベネズエラ, エクアドル独立
- 1833　アメリカ奴隷制反対協会設立
- 1835　ペルー・ボリビア国家連合成立
- 1837　モールス（1791~1872）有線電信機発明
- ○1830年代　アメリカ産業革命始まる
- 1839　ペルー・ボリビア国家連合解体

スペイン

スペイン王国　1479~1931

- 1779　米と同盟, 英と開戦（~83）
- 1808　スペイン反乱（マドリードの民衆蜂起, 半島戦争~14）
- 1820~23　スペイン立憲革命

イギリス

ハノーヴァー朝　1714~1917

- 1753　大英博物館創立
- 1760~1820　ジョージ3世
- 1764　ハーグリーヴズ, ジェニー紡績機
- 1765~69　ワット, 蒸気機関改良
- 1768　アークライト, 水力紡績機
- ○イギリス産業革命（機械工業確立）
- 1776　アダム=スミス（1723~90）『諸国民の富』
- 1779　クロンプトン, ミュール紡績機
- 1783~1801　第1次小ピット内閣
- 1785　カートライト, 力織機
- 1793~97　第1回対仏大同盟（英・普・墺・西・サルデーニャ）
- 1796　ジェンナー（1749~1823）種痘法発見
- 1798　マルサス（1766~1834）『人口論』
- 1798~1802　第2回対仏大同盟（英・露・墺・土・ナポリ）
- 1801　アイルランド併合（グレートブリテン-アイルランド連合王国の成立）
- 1802　アミアンの和約（英・仏）
- 1804~06　第2次小ピット内閣
- 1805.8　第3回対仏大同盟（英・露・墺）
- .10　トラファルガーの海戦（ナポレオンの英上陸作戦失敗）
- 1811　ラダイト（機械うちこわし）運動最高潮
- 1813　ヨーロッパ解放戦争
- 1814　スティーヴンソン, 蒸気機関車発明
- 1815　穀物法制定
- 1817　リカード（1772~1823）『経済学及び課税の原理』
- 1820~30　ジョージ4世
- 1822~27　カニング外相（諸国の独立を支援）
- ○バイロン（1788~1824）詩人
- 1825　ストックトン-ダーリントン間に最初の鉄道開通
- 1828　審査法廃止
- 1829　カトリック教徒解放法
- 1830　マンチェスター-リヴァプール間の鉄道開通
- 1830~37　ウィリアム4世
- 1832　第1回選挙法改正
- ○ベンサム（1748~1832）功利主義哲学「最大多数の最大幸福」
- 1834　ファラデー（1791~1867）ファラデーの法則発見
- 1833　英本国内の奴隷制廃止　工場法成立（児童労働・週48時間制）
- 1834　東インド会社の対中貿易独占権廃止
- 1837~1901　ヴィクトリア女王
- C.1838~50年代　チャーティスト運動
- 1838　人民憲章, 議会に提出
- 1839　反穀物法同盟結成（コブデン, ブライト）

フランス・オランダ・ベルギー

ブルボン朝　1589~1792　／　ネーデルラント連邦共和国　1581~1795

- 1751　ディドロ・ダランベールらの『百科全書』出版始まる（~72）
- 1755　ルソー（1712~78）『人間不平等起源論』
- 1756~63　七年戦争（英・普対墺・仏・露・スウェーデン, 第3次シュレジエン戦争）
- 1758　ケネー（1694~1774）『経済表』（重農主義）
- 1762　ルソー『社会契約論』
- 1763　パリ条約（仏, ミシシッピ川以東のルイジアナを英に割譲）
- ○ヴォルテール（1694~1778）『哲学書簡』
- 1770　東インド会社解散
- 1774~92　ルイ16世
- 1774~76　財務総監テュルゴー
- 1777~81　財務総監ネッケル
- 1778　米の独立承認, 対英宣戦（~83）
- ラヴォワジエ（1743~94）燃焼理論確立
- 1788　ネッケル財務総監に再任（~89）
- 1789~99　フランス革命　.5 三部会召集
- .6 国民議会結成, 球戯場（テニスコート）の誓い
- .7 バスティーユ牢獄襲撃　.8 封建的特権廃止, 人権宣言　.10 ヴェルサイユ行進
- 1791.6　ルイ16世亡命失敗（ヴァレンヌ逃亡事件）
- .9 憲法制定　.10 立法議会成立（~92）
- 1792.3　ジロンド派内閣成立　.4 対墺宣戦布告
- .8 テュイルリー宮殿襲撃（8月10日事件）王権停止

第一共和政　1792~1804

- .9 ヴァルミーの戦い, 国民公会開会（~95）, 共和政宣言
- 1793.1　ルイ16世処刑　.6 ジロンド派追放（山岳派独裁）
- .10 革命暦制定　○ロベスピエールの恐怖政治
- 1794.4　ダントン処刑
- .7 テルミドールの反動（ロベスピエール処刑）
- 1795.10　国民公会解散, 総裁政府成立（~99）
- 1797　バブーフ陰謀発覚, ナポレオン, イタリア遠征（~97）
- 1798　ナポレオン, エジプト遠征（~1799）
- 1799　ブリュメール18日のクーデタ, 統領政府（~1804）
- 1800　ナポレオン, 第2次イタリア遠征　フランス銀行設立
- 1801　宗教協約（ナポレオンと教皇ピウス7世）
- 1802　アミアンの和約　ナポレオン, 終身統領となる
- 1804　フランス民法典（ナポレオン法典）制定

第一帝政　1804~14

- 1804.5~14,4,15　ナポレオン1世
- 1805　アウステルリッツの戦い
- 1806　イェナの戦い　ナポレオン, ベルリン入城　大陸封鎖令（ベルリン勅令）
- 1810　オランダ併合
- 1810　ナポレオン, オーストリア皇女マリ=ルイーズと結婚
- 1812.6　ロシア遠征　.9 モスクワ占領（.10 退却開始）
- 1814.5　ナポレオン退位, エルバ島に配流
- 1814.9~1815.6　ウィーン会議（メッテルニヒ主宰）　タレーラン, 正統主義を主張

ブルボン朝　1814~30　／　オランダ立憲王国　1815~

- 1814~24　ルイ18世（反動政治期）
- 1815.3　ナポレオン, パリ入城, 百日天下
- .6 ワーテルローの戦い　.10 ナポレオン, セントヘレナ島に流刑
- 1818　アーヘン列国会議で四国同盟に加入（五国同盟）
- 1821　ナポレオン, セントヘレナ島で死亡
- 1822　シャンポリオン（1790~1832）ロゼッタストーンなどによりエジプト神聖文字解読
- 1824~30　シャルル10世
- ○サン=シモン（1760~1825）空想的社会主義
- 1829　ポリニャック内閣
- 1830　仏軍, アルジェリア出兵
- 1830　七月革命

七月王政　1830~48

- 1830~48　ルイ=フィリップ（オルレアン家）
- 1830　ベルギー独立宣言
- 1831　ベルギー王にレオポルド1世即位
- ○産業革命進展
- 1834　リヨン絹織物工の反乱鎮圧される
- 1836　ティエール内閣
- ○フーリエ（1772~1837）空想的社会主義

ドイツ・オーストリア

ハプスブルク=ロートリンゲン朝　1740~1806　／　ホーエンツォレルン朝　1701~1918

- ○ヘンデル（1685~1759）バロック音楽
- 1750　ヴォルテールを招く（~53）「君主は国家第一の下僕」
- 1763　フベルトゥスブルク条約（普のシュレジエン領有確定）
- 1765~90　ヨーゼフ2世
- 1772　第1回ポーランド分割（露は白ロシア, 普は西プロイセン, 墺はガリティアを獲得）
- 1774　ゲーテ（1749~1832）『若きウェルテルの悩み』
- 1781　シラー（1759~1805）『群盗』
- 1781　カント（1724~1804）『純粋理性批判』
- 1781　農奴制廃止
- 1786~97　フリードリヒ=ヴィルヘルム2世
- ○モーツァルト（1756~91）
- 1791　ピルニッツ宣言（皇帝と普王の対仏警告）
- 1792~1806　フランツ2世
- 1793　第2回ポーランド分割（普・露）
- 1795　第3回ポーランド分割（墺・普・露）
- 1797　カンポ=フォルミオの和約　1797~1840　フリードリヒ=ヴィルヘルム3世

オーストリア帝国　1804~1867

- 1801~08　ゲーテ『ファウスト』第1部
- 1804　シラー『ヴィルヘルム=テル』
- 1804　ハンガリーを合併して成立
- 1804~35　フランツ1世（普降伏, 領土半減）
- 1806　ライン同盟成立（~13）ワルシャワ公国成立（神聖ローマ帝国消滅）1807~10 プロイセン改革
- 1807　ヘーゲル（1770~1831）『精神現象学』1807~14 シュタイン, ハルデンベルク指導
- 1807　ティルジット条約　1814「ドイツ国民に告ぐ」フィヒテ(1762~
- 1810　フンボルト, ベルリン大学創立（学長フィヒテ）
- 1813　ライン同盟解体
- 1814　シャルンホルスト, 国民皆兵実施
- 1815.6　ウィーン議定書
- 1815　ドイツ連邦成立（35君主国と4自由市）ブルシェンシャフト（学生同盟）運動（~19）スイス永世中立
- 神聖同盟（墺・普・露中心）
- 四国同盟（墺・英・普・露）→18 仏加わり五国同盟へ
- 1819　カールスバート決議

ウィーン（反動）

- 1821　メッテルニヒ, 首相兼外相となる（~48）
- 1822　シューベルト（1797~1828）「未完成交響曲」
- 1823　ベートーヴェン（1770~1827）「交響曲第9番」
- 1827　ハイネ（1797~1856）「歌の本」ロマン主義
- 1830　ドイツ騒乱
- ○ヘーゲル（1770~1831）ドイツ観念論
- 1831　ゲーテ『ファウスト』完成
- 1834　ドイツ関税同盟発足
- 1837　ハノーファー公国, 英王室より分離

イタリア・ローマ教会

- 1773　教皇クレメンス14世, イエズス会解散
- 1794　ボローニャ暴動
- 1799　ヴォルタ（伊）（1745~1827）電池を発明
- 1808~14　スペイン反乱
- 1816　両シチリア王国成立
- 1820~23　スペイン立憲革命
- 1820　ナポリにカルボナリの革命（~21, 墺により鎮圧）
- 1821　ピエモンテ革命（サルデーニャ王追放）
- 1831~49　カルロ=アルベルト（サルデーニャ）
- 1831　マッツィーニ, 「青年イタリア」結成, イタリア騒乱（パルマ・モデナ・教皇領のカルボナリの革命, 墺により弾圧）

フランス革命 重要なできごと　ルイ16世 おもな治世者（年代は在位・在職年）　**太字** 重要事項　○このころ　　**（1750年〜1840年）**

北欧・東欧・ロシア	西アジア・アフリカ		インド・東南アジア・太平洋	中国	朝鮮	日本	
ロマノフ朝 1613〜1917	**オスマン帝国** 1299〜1922	**アフシャール朝** 1736〜96	**ムガル帝国** 1526〜1858	**清** 1636〜1912	**朝鮮(李氏)** 1392〜1910	**江戸時代** 1603〜1867	1750
1756　スウェーデン,普に宣戦 （七年戦争） 1762　ピョートル3世 （1761〜62）,普と単独講和 1762〜96　**エカチェリーナ2世**	**ザンド朝** 1751〜94		1750〜54　第2次カーナ ティック戦争 1757　プラッシーの戦い 1758〜61　第3次カーナ ティック戦争 1765　**英東インド会社, ベンガル・オリッサ・ ビハールの地租徴収 権獲得** 1767〜69　第1次マイソー ル戦争	1752　ビルマにコンバ ウン（アラウンパヤー） 朝（〜1885） 1758　オランダ勢力, ジャワ全域に拡大 1767　アユタヤ朝,ビ ルマに滅ぼされるが タークシンが撃退 1768〜92　クック(英), **第1次南太平洋探検**	1750　清,チベットの反乱鎮定 ○呉敬梓（1701〜54） 『儒林外史』 ○曹雪芹（C.1724〜63） 『紅楼夢』 1757　西欧諸国との貿易を広州 1港に限定 1758　ジュンガル併合 1759　東トルキスタン併合,天 山山脈以北とあわせ新疆と 命名		1758　宝暦事件	
1772　**第1回ポーランド分割** 1773〜75　プガチョフの乱 1774　**キュチュク=カイナルジャ条約**(露,黒海北岸を獲得)			1771　ベトナムでタイソン （西山）の反乱 （〜1802） 1774〜85　初代ベンガル総督**ヘースティングズ** 1775〜82　第1次マラータ戦争			1772〜86　**田沼意次の 政治** 1774　杉田玄白 『解体新書』	1770
	1768〜74　ロシアとオスマン帝国の戦い（第1次）		1780〜84　第2次マイソール戦争 1782　シャム（タイ）に ラタナコーシン朝成立 （バンコク朝） 1787　阮福暎,仏と結ぶ 1790〜92　第3次マイソール戦争 1792　イギリス,カリカットを領有	1781〜84　甘粛のムスリム反乱 1782　『四庫全書』完成（1773〜） 1784　米船,初めて広州にいたり 通商		1782　天明の大飢饉 （〜88） 1787〜93　**寛政の改革** （松平定信）	
1783　クリム=ハン国,露に併合 黒海に進出	1783　クリム=ハン国,露に併合 1787〜92　ロシアとオスマン帝国の 戦い（第2次）						
1793　**第2回ポーランド分割** 1794　コシューシコの蜂起 （ポーランド） 1795　第3回ポーランド分割 （ポーランド,完全に解体）	**カージャール朝** 1796〜1925		1793　ベンガル・ビハール・オリッサ に永代ザミンダーリー制施行	1792　『紅楼夢』刊行 1793　英使節のマカートニーが 北京にいたり通商要求		1791　大黒屋光太夫,エ カチェリーナ2世に謁見 1792　林子平禁固（『海 国兵談』） 露使節ラクスマン, 光太夫を送り根室にい たり,通商要求	1790
	1796　カージャール朝イラン統一 （アフシャール朝滅亡）		1799　蘭,連合東インド 会社解散,本国の直 接統治へ（オランダ 領東インド）	1796〜1804　白蓮教徒の乱 1796　アヘン輸入の禁止		1798　近藤重蔵ら択捉島 を探検	
	1798〜99　ナポレオンのエジプト遠征 （ロゼッタストーン発見）		1799　第4次マイソール 戦争				
1801　露,オスマン帝国よりグルジア獲得 1801〜25　**アレクサンドル1世**			1802　阮福暎がベトナ ム統一,越南国阮朝を 建てる（〜1945）	○考証学　銭大昕（1728〜1804）	1801　キリスト教伝 道者をとらえ,信徒 処刑(辛西迫害)		1800
1804〜13　ロシア=ペルシア戦争	1806〜12　ロシアとオスマン帝国の 戦い（第3次）		1803〜05　第2次マラー タ戦争			1804　露使節レザノフ, 長崎で通商要求 （幕府拒否）	
1805　露,第3回対仏同盟加盟	1805　エジプト太守 **ムハンマド=アリーの改革**		1802〜20 **嘉隆帝(阮福暎)**				
1807　**ティルジット条約** ワルシャワ公国成立（〜15）	1808〜39　**マフムト2世** （オスマン帝国西欧化推進）			1808　英船,マカオを攻撃		1808　間宮林蔵,樺太探検 フェートン号事件	
1812　ナポレオン,ロシアに遠征 モスクワ炎上	1811　エジプト事実上独立 （ムハンマド=アリー） 1815　英のケープ領有承認される （ケープ植民地）		1813　**英,東インド会社特許状更新 （対インド貿易独占権廃止）** 1814〜16　グルカ（ネパール）戦争 1815　英,セイロン全島領有 1816　ビルマ軍,アッサム侵入（〜26占領）	1811　欧人のキリスト布教と 居住を厳禁 1813　アヘン販売,吸煙に関す る法令制定 1813　天理教徒の乱	1811 洪景来の乱	1812　露艦,高田屋嘉兵衛 をとらえる	1810
1815　ロシア皇帝,ポーランド王 を兼任	1817　セルビア公国成立 1818　ムハンマド=アリー, ワッハーブ王国（第1次サウード朝） を滅ぼす		1816　オランダ,ジャワ 回復 1817〜18　第3次マラー タ戦争 1819　**ラッフルズ**,シン ガポールを建設	1815　アヘン輸入禁止 1816　英使節,アマースト来る （三跪九叩頭の礼を拒否）		1815　杉田玄白 『蘭学事始』 1817〜22　英船しばしば 浦賀に来る	
体　　制	1822　ビルマ軍,ベンガル侵入		1822　ビルマ軍,ベンガル侵入	1820〜50　**道光帝(宣宗)**		1821　伊能忠敬 『大日本沿海輿地全図』	1820
1821　露,アラスカ領有宣言 1825〜55　**ニコライ1世** 1825　デカブリストの乱 1826〜28　イラン=ロシア戦争 （トルコマンチャーイ条約で露, アルメニア獲得） 1830〜31　ポーランド11月蜂起 （ワルシャワ革命）	1821〜29　ギリシア独立戦争 1822　ギリシア独立宣言 1823　ワッハーブ王国再建（第2次サ ウード朝）（〜89） 1826　イェニチェリ廃止 1829　アドリアノープル（エディルネ） 条約（ギリシア独立承認） 1830　仏,アルジェリア占領		1824〜26　第1次イギ リス=ビルマ戦争 1824　イギリス=オランダ協定 1826　イギリス領海峡 植民地形成 1828　蘭,ニューギニア に植民開始	1823　民間のケシ栽培,アヘン 製造を禁じる		1823　独人シーボルト, 長崎にいたる 1825　**異国船打払令**	
1830　ロンドン議定書（英仏などギリシア承認） 1832　ポーランド,自治権失い, 露直轄地となる	1831　第1次エジプト=トルコ戦争 （〜33） （ムハンマド=アリー,シリアに侵入） 1833　ウンキャル=スケレッシ条約 （露土間） 1833　**ムハンマド=アリー**（エジプト） の独立,英仏から承認される 1838〜42　第1次アフガン 戦争 1839〜61　アブデュル=メジト1世(土) 1839　タンジマート(恩恵改革)の開始 1839　第2次エジプト=トルコ戦争 （〜40）		1830　オランダ,ジャワ に政府栽培制度（強 制栽培制度）実施 1833　**英,東インド会社の商業活動停止** 1833〜35　初代インド総督ベンティンク 1837〜58　**バハードゥル=シャー2世**	1831　アヘン輸入,重ねて厳禁 1833　英,東インド会社の対中国 貿易独占権廃止 1834　英使節ネピア,広州到来 1834　外国船を駆逐し,アヘンの 運搬販売を厳禁 1839　林則徐を欽差大臣として 広州派遣 1839　林則徐,アヘン2万余箱 没収,英船広州入港禁止	1832　英船,貿易を 要求 1839　キリスト教 徒の大迫害	1833〜36　天保大飢饉 1837　大塩平八郎の乱	1830
							1840

	アメリカ	スペイン	イギリス	フランス・オランダ・ベルギー	ドイツ・オーストリア	イタリア
	アメリカ合衆国 1776〜	**スペイン王国** 1479〜1931	**ハノーヴァー朝** 1714〜1917	**七月王政** 1830〜48 ／ **オランダ立憲王国** 1815〜	**オーストリア帝国** 1804〜1867 ／ **ホーエンツォレルン朝** 1701〜1871	**イタリア**
1840	1842 ウェブスター=アシュバートン条約(英領カナダ・合衆国間の東部国境画定) 1844 モールスの電信機実用化 1845 テキサス併合 1846〜48 アメリカ-メキシコ戦争 1846 英とオレゴン協定締結 1848 グアダルペ=イダルゴ条約(メキシコよりカリフォルニア地方獲得) 1848 カリフォルニアに金鉱発見, ゴールドラッシュ		1840 ロンドン四国条約(英・露・墺・普) 1840〜42 アヘン戦争 1845〜49 アイルランドじゃがいも大飢饉 1846 穀物法廃止 1847 工場法(女性・少年の10時間労働に制限) 1848 チャーティスト大示威運動(運動失敗する) 1848 J.S.ミル(1806〜73)『経済学原理』 1849 航海法廃止	1847〜48 ギゾー内閣 ○バルザック(1799〜1850)『人間喜劇』 **1848.2 二月革命** 1848.2 パリで民衆蜂起, 七月王政崩壊 **第二共和政** 1848〜52 1848 臨時政府, 国立作業場開設 .4 四月普通選挙 .6 六月暴動(労働者の反乱) .12 ルイ=ナポレオン大統領となる(〜52)	1840〜61 フリードリヒ=ヴィルヘルム4世(普) 1840 ロンドン四国条約(仏を出し抜いて, 英・露・墺・普のエジプト圧迫) 1841 リスト(1789〜1846)『経済学の国民的体系』歴史学派経済学 **1848年革命** 1848 マルクス・エンゲルス『共産党宣言』 1848 三月革命(ウィーン・ベルリン) ハンガリー民族運動 メッテルニヒ失脚, フランクフルト国民議会開催(〜49大ドイツ主義と小ドイツ主義の対立)ボヘミア(ベーメン)民族運動 1848〜1916 フランツ=ヨーゼフ1世(墺)	1848 イタリア民族運動 サルデーニャ, 対墺戦争(49敗北) 1849 マッツィーニ, ローマ共和国建設失敗(ノヴァラの戦いで仏・墺に敗北) 1849〜61 ヴィットーリオ=エマヌエーレ2世(サルデーニャ王)
1850	1850 クレイの妥協, カリフォルニア, 州に昇格 1852 ストウ(1811〜96)『アンクル=トムの小屋』発表 1853〜57 ピアース(民) 1854 カンザス-ネブラスカ法成立(ミズーリ協定廃止) 共和党結成 1855 ホイットマン(1819〜92)『草の葉』 1857〜61 ブキャナン(民)		1851 第1回万国博(ロンドン) 1853〜56 クリミア戦争(54英・仏,露に宣戦) 1856 パリ条約(クリミア戦争終結)(ダーダネルス・ボスポラス両海峡閉鎖の再確認,黒海の中立化,トルコの独立と保全,ドナウ川自由航行の原則,露の南下政策阻止) 1858 東インド会社解散 1859 ダーウィン(1809〜82)『種の起源』(進化論)	1851 ルイ=ナポレオンのクーデタ **第二帝政** 1852〜70 1852〜70 ナポレオン3世(ルイ=ナポレオン) 1855 パリ万国博 1857 ボードレール(1821〜67)『悪の華』 1858〜67 インドシナ出兵(〜62仏越戦争)	○産業革命進展	1852〜61 サルデーニャ首相カヴール 1855 サルデーニャ, クリミア戦争に参加 1858 プロンビエール密約 1859 サルデーニャ, ロンバルディア併合
1860	1861〜67 メキシコ内乱(英・仏・西のメキシコ遠征) 1861〜65 リンカン(共) 1861 南部11州,合衆国を離脱 1861〜65 アメリカ連合国(首都リッチモンド) **1861〜65 南北戦争** 1862 ホームステッド法 1863 リンカン,奴隷解放宣言 ゲティスバーグ演説 1865 リンカン暗殺 クー=クラックス=クラン(KKK)結成 1865〜69 ジョンソン(民) 1867 露よりアラスカ購入 1869 大陸横断鉄道開通		1863 ロンドンに地下鉄開通 1864〜76 第1インターナショナル結成(国際労働者協会,ロンドンにて) 1867 カナダ連邦,自治領となる 1867 第2回選挙法改正 1868 第1次ディズレーリ内閣(保) 1868〜74 第1次グラッドストン内閣(自) 1870 アイルランド土地法制定 1870 初等教育法制定	1860 サヴォイア・ニース獲得 1861〜67 メキシコ出兵 1862 ユーゴー(1802〜85)『レ=ミゼラブル』 1862 越南とサイゴン条約締結 ○クールベ(1819〜77)『石割り』写実主義絵画 1867 ルクセンブルク公国, 永世中立国となる 1870〜71 普仏戦争 1870 ナポレオン3世,セダン(スダン)で降伏 1870.9 第三共和政宣言	1861〜88 ヴィルヘルム1世(普) 1862 ビスマルク,プロイセン首相に就任 1864 デンマーク戦争(普・墺,デンマークと戦う デンマーク,2州を放棄) 1866 普墺戦争(プラハの和約) 1867 北ドイツ連邦成立(〜71) **オーストリア-ハンガリー帝国** 1867〜1918 1867 マルクス(1818〜83)『資本論』第1巻 1870 エムス電報事件 1870〜71 普仏戦争 ○ドイツ産業革命	1860 サルデーニャ, 中部イタリア併合 1860 ガリバルディ, 両シチリア王国征服, ナポリ王国崩壊 **イタリア王国** 1861〜1946 1861〜78 ヴィットーリオ=エマヌエーレ2世(イタリア国王) 1866 伊,普と同盟, 墺と戦いヴェネツィア併合 1870 伊,普仏戦争に乗じ教皇領併合
1870	1869〜77 グラント(共) 1871 ニューヨークに地下鉄開通 1876 ベル(1847〜1922)電話機発明 1877 エディソン(1847〜1931)蓄音機発明 1879 エディソン,白熱電球発明	1873 スペイン, 共和国となる 1874 スペイン, 王政復古	1871 労働組合法 1874〜80 第2次ディズレーリ内閣(保) 1875 スエズ運河会社株を買収 1877 インド帝国成立(ヴィクトリア女王,インド皇帝を兼任) 1878 ベルリン会議(ベルリン条約セルビア・モンテネグロ・ルーマニアの独立承認,墺のボスニア・ヘルツェゴヴィナ行政権掌握)キプロスの行政権獲得 ○自由・保守両党による政党政治の黄金時代	**第三共和政** 1870〜1940 1871〜73 臨時政府大統領ティエール 1871.3〜5 パリ=コミューン ○ミレー(1814〜75)『晩鐘』 ○自然主義 ゾラ(1840〜1902) 1875 第三共和国憲法制定 ○マネ(1832〜83)『草上の昼食』 ○モネ(1840〜1926)『日の出』『睡蓮』	**ドイツ帝国** 1871〜1918 1871〜88 ヴィルヘルム1世 1871〜90 宰相ビスマルク 1871 フランスよりアルザス・ロレーヌ地方を獲得 1871〜80 文化闘争(ビスマルク,カトリック中央党と対立) 1873 三帝同盟(独・墺・露)成立(〜87) ○ワグナー(1813〜83)『さまよえるオランダ人』 1875 社会主義労働者党結成(90→ドイツ社会民主党) 1878 社会主義者鎮圧法制定(〜90) 1878 ベルリン会議, ベルリン条約 1879 独墺同盟締結(〜1918)	1871 伊, ローマに遷都
1880	1885〜89 クリーヴランド(民) 1886 アメリカ労働総同盟(AFL)成立 1889 第1回パン=アメリカ会議 1889〜93 ハリソン(共)		1880〜85 第2次グラッドストン内閣(自) 1881 アイルランド土地法制定 1882 エジプト占領(〜1914) 1884 フェビアン協会設立 第3回選挙法改正 1886 アイルランド自治法案否決 1887 第1回植民地会議開催	1883 モーパッサン(1850〜93)『女の一生』 1885 パストゥール,狂犬病のワクチン治療に成功 1887〜91 ブーランジェ事件 1889 第2インターナショナル結成(〜1914)	○ランケ(1795〜1886)近代歴史学の祖 1882 三国同盟(独・墺・伊〜1915) C.1877 コッホ(1843〜1910),結核菌(1882)・コレラ菌(1883)発見 1883〜91 ニーチェ(1844〜1900)『ツァラトゥストラはかく語りき』 1887 独露再保障条約(〜90) 1888〜1918 ヴィルヘルム2世 ○フロイト(1856〜1939墺)精神分析学 1890 ビスマルク辞職	1889 伊, ソマリランドの一部を獲得
1890	1890 シャーマン反トラスト法成立 「フロンティアの消滅」宣言 1893 ハワイ革命,カメハメハ王朝転覆 1895〜98 キューバの独立運動(米援助) 1897〜1901 マッキンリー(共) 1898 米西戦争 パリ条約(キューバ独立承認 米,フィリピン・グアム島・プエルトリコ領有) 1898 ハワイ併合 1899 中国の門戸開放通牒(国務長官ジョン=ヘイ,〜1900)	1898 米西戦争	1890〜96 ケープ植民地首相セシル=ローズ 1890〜94 ローデシア占領(95 植民地化) ○帝国主義 1895〜1903 ジョゼフ=チェンバレン植民相 アフリカ縦断政策⇔ 1898 ファショダ事件(英仏の衝突) ○3C政策 1899〜1902 南アフリカ(ボーア)戦争	1891 露仏同盟(94完成) 1894〜99ごろ ドレフュス事件 1895 労働総同盟(CGT)結成 ○ルノワール(1841〜1919) ○ゴーギャン(1848〜1903) ○セザンヌ(1839〜1906) 1896 仏, マダガスカル領有 アフリカ横断政策 1898 キュリー夫妻, ラジウム発見 ゾラ,『私は弾劾する』を発表 1899 ハーグ国際平和会議 ハーグ条約(欧州列国, 毒ガス使用禁止決定)	1891 ドイツ社会民主党エルフルト大会(エルフルト綱領) 1892 ディーゼル(1858〜1913)ディーゼル機関発明(97完成) 1895 レントゲン(1845〜1923)X放射線発見 1897 第1回シオニスト会議 シオニズム運動発展 1897 ティルピッツ, 海軍拡張を主張 1899 バグダード鉄道敷設権獲得	1892 イタリア社会党結成 1895〜96 イタリア軍のエチオピア侵入(伊,アドワで敗北) 1895 マルコーニ(1874〜1937)無線電信発明
1900						

北欧・東欧・ロシア ロマノフ朝 1613～1917	西アジア・アフリカ オスマン帝国 1299～1922 ／ カージャール朝 1796～1925	インド・東南アジア・太平洋 ムガル帝国 1526～1858	中国 清 1636～1912	朝鮮 朝鮮(李氏) 1392～1910（1897～ 大韓帝国）	日本 江戸時代 1603～1867	
1840 露, 列強とともにエジプトを圧迫(ロンドン四国条約) 1841 五国海峡協定(英・仏・露・普・墺, 露の南下政策阻止)	1844 ギリシア, 立憲政となる	1840 ニュージーランド, 英領に 1845～46 第1次シク戦争	**1840～42 アヘン戦争** 1841 平英団事件 1842 魏源(1794～1857)『海国図志』 1842 南京条約(5港の開港, 香港島割譲, 公行の廃止) 1843 虎門寨追加条約 1844 望厦条約(対米), 黄埔条約(対仏)		1841～43 天保の改革(水野忠邦) 1844 オランダ国王, 開国勧告 1845 英船, 長崎来航	1840
1847 ムラヴィヨフ, 東シベリア総督となる ○ショパン(1810～49)(ポーランド)	1847 **黒人共和国リベリアの建設** ○バーブ教徒迫害 1848～52 バーブ教徒の乱 1849 第1回リヴィングストンのアフリカ探検開始(～56)	1848～49 第2次シク戦争 1849 パンジャーブ併合				1850
1853～56 クリミア戦争 1855～81 **アレクサンドル2世** 1855 セヴァストーポリ陥落 1856 パリ条約(黒海の中立化) 1858 アイグン条約	1852 ボーア人のトランスヴァール共和国成立(～1902) 1853～56 クリミア戦争 1854 ボーア人のオレンジ自由国成立(～1902) 1859 仏人レセップス, スエズ運河着工(～69)	1850年代 豪州で大金鉱発見 1852 第2次イギリス=ビルマ戦争 **1857～59 インド大反乱** (シパーヒーの反乱) 1858 ムガル帝国滅亡 **英領インド**　英, 東インド **1858～77**　会社解散 1858～67 仏, インドシナ出兵 (～62仏越戦争)	**1851～64 太平天国の乱** 1851 洪秀全, 広西省金田村に挙兵 1853 太平軍, 南京占領, 首都とし天京と称す 曾国藩, 湘軍を組織 1856 アロー号事件 アロー戦争(第2次アヘン戦争, ～60) 1858 アイグン条約(黒竜江以北を露領とする) 天津条約(対英仏米露)		1853 米使節ペリー, 浦賀で開国を要求 1854 日米和親(神奈川)条約 1855 日露通好(和親)条約 1858 日米修好通商条約(蘭・露・英・仏とも同様の条約調印) 1858～59 安政の大獄	1860
1860 北京条約(沿海州獲得) 1861 農奴解放令 1862 トゥルゲーネフ(1818～83)『父と子』 1863～64 ポーランド1月蜂起 1864 デンマーク戦争 1866 ドストエフスキー(1821～81)『罪と罰』 1867 アラスカを米に売却 1868～76 中央アジア併合 68 ブハラ=ハン国保護国化 73 ヒヴァ=ハン国保護国化 76 コーカンド=ハン国保護国化 1869 トルストイ(1828～1910)『戦争と平和』	1867 オレンジ自由国でダイヤモンド鉱山発見 1869 スエズ運河開通	1862 第1次サイゴン条約(仏, コーチシナ東部領有) 1863 仏, カンボジアを保護国化 1867 英, 海峡植民地を直轄とする 1868～1910 シャム王チュラロンコーン(ラーマ5世)	1860 英仏軍, 北京占領 円明園焼失 北京条約(.8 対英 .11 対露)締結 ○西太后 1861 総理各国事務衙門設置 1861 ウォード(米)常勝軍を組織 ○洋務運動(～90年代前半) 1862 李鴻章, 淮軍を組織 1863 英人ゴードン, 常勝軍指揮 1864 太平天国滅亡 1865～68 捻軍, 山東・陝西侵入 1867～78 左宗棠, 甘粛ムスリムの鎮定に尽力	1860 崔済愚, 東学を創始 1863～1907 高宗 1863～73 大院君摂政 1866 キリスト教弾圧	1867 大政奉還 王政復古 1868 明治維新 **明治時代** **1868～1912** 1867～1912 明治天皇 1869 版籍奉還	1870
1870～80年代 ヴ=ナロード(ナロードニキ運動)さかん 1873 三帝同盟成立(～87) ○アンデルセン(1805～75)(デンマーク) 1877～78 露土戦争 1878 ベルリン会議(セルビア・ルーマニア・モンテネグロの独立承認)サンステファノ条約 1879 イプセン(ノルウェー)(1828～1906)『人形の家』	1871 シュリーマン, トロイア遺跡発掘 1871 リヴィングストン, ウジジでスタンリーと会見 1874～77 スタンリー, アフリカ大陸横断 1875 英, エジプトよりスエズ運河会社の株買収, 実権掌握 1876～1909 **アブデュル=ハミト2世** 1876 トルコ, 新憲法発布(ミドハト憲法～78) 1877～78 露土戦争 1878 サンステファノ条約・ベルリン条約 1878～80 第2次アフガン戦争	1873～1912 アチェ戦争(蘭, スマトラのアチェ王国征服) 1874 第2次サイゴン条約, トンキン出兵 **インド帝国** **1877～1947** 1877 英, ヴィクトリア女王, インド皇帝を宣言	1871 露, イリ地方占領(～81) ○仇教運動, 各地で頻発 1874 日本, 台湾に出兵 日清天津条約成立(台湾問題) 1875～1908 光緒帝(徳宗) 1878 左宗棠, 甘粛・新疆のムスリムの反乱鎮定	1871 米艦, 江華島砲撃 1873 大院君の失脚→閔妃派が政権掌握 1875 江華島事件 1876 日朝修好条規(江華条約)締結→朝鮮開国	1871 廃藩置県 岩倉使節団派遣 1872 太陽暦採用 1873 徴兵令公布 地租改正 1874 台湾出兵 ○日本の大陸侵略開始 1875 樺太・千島交換条約 1877 西南戦争 1879 琉球を領有(沖縄県とする)	1880
1881 イリ条約 1881 アレクサンドル2世の暗殺 1881～94 **アレクサンドル3世** 1881 ルーマニア王国成立 1882 セルビア王国成立 1885 アフガニスタンを占領, 英に対抗 1887～90 独露再保障条約	1880 英, アフガニスタンを保護国化 1881 仏, チュニジアを保護国化 1881 オラービー(ウラービー)革命(～82エジプト), マフディーの反乱(～98スーダン) 1882 英, オラービー革命鎮圧, 以後エジプトを占領(1914正式に保護国化) 1885～1908 コンゴ自由国(ベルギー王私有地) 1886 トランスヴァールに金鉱発見 1889 青年トルコ(統一と進歩委員会)結成 1889 伊, ソマリランド領有 ワッハーブ王国(第2次サウード朝)滅亡	1883 フエ(ユエ)条約(仏, ベトナムを保護国化) 1885 インド国民会議結成 1885 第3次イギリス=ビルマ戦争→英, ビルマ併合(～86) 1886 独, マーシャル諸島領有 1887 仏領インドシナ連邦成立(～1945)	1880 李鴻章, 海軍創設 1881 イリ条約 1884 新疆省を新設 1884～85 清仏戦争 1885 朝鮮問題に関し日清間に天津条約 1885 仏と天津条約締結, 清, ベトナムの宗主権を失う 1887 マカオ, ポルトガル領となる 1888 北洋海軍成立 1889 西太后摂政をやめ, 光緒帝の親政が始まる	1882 壬午軍乱(朝鮮軍隊の反乱, 大院君が一時復権)→清・日本ともに出兵 1884 甲申政変(開化派の金玉均ら, 日本の武力により政権掌握めざず)	1881 国会開設の勅諭 自由党結成 1882 日本銀行創立 1885 内閣制度成立 1889 大日本帝国憲法発布	1890
1891 露仏同盟(94完成) 1891 シベリア鉄道建設開始(1904開通) 1893 チャイコフスキー(1840～93)「悲愴」 1894～1917 **ニコライ2世** 1895 三国干渉 1896 露清密約(東清鉄道契約) 1898 ロシア社会民主労働党結成 1899 トルストイ『復活』	1891 イランでタバコ=ボイコット運動 1896 仏, マダガスカル領有を宣言 1898 ファショダ事件 1899 独, バグダード鉄道敷設権獲得(3B政策) 1899～1902 南アフリカ(ボーア)戦争	1891～93 リリウオカラニ(ハワイ最後の女王) 1893 仏, ラオスを保護国化 1896 英領マレー連合州成立 1896 英仏, シャムの領土保全に関する協定 1898 米西戦争(フィリピン, 米領となる) アギナルド, フィリピン共和国独立宣言(米軍が鎮圧)	○康有為(1858～1927) 1894～95 日清戦争 1894 孫文, ハワイで興中会を結成 1895 下関条約調印 三国干渉(露・仏・独)日本, 遼東半島返還 1895 康有為, 変法自強策上奏 変法運動始まる(～98) 1896 露との密約成立 1898 列強の中国分割 独は膠州湾, 露は遼東半島南部, 英は威海衛・九竜半島(新界)を租借 戊戌の変法 戊戌の政変(変法運動失敗) 1898 山東で義和団蜂起 仏, 広州湾租借 安陽で甲骨文字発見 米の対中門戸開放通牒(～1900)	1894 全琫準ら東学信徒蜂起, 甲午農民戦争起こる 1895 閔妃暗殺 1897 国号を大韓帝国と改称	1890 第1回帝国議会開会 1894 日清戦争(～95) 1895 下関条約 三国干渉 1899 治外法権の撤廃	1900

年	国際関係	アメリカ（アメリカ合衆国 1776~）	イギリス（ハノーヴァー朝 1714~(1917)／ウィンザー朝 1917~）	フランス・ベネルクス（第三共和政 1870~1940）	ドイツ・オーストリア（ドイツ帝国 1871~1918／オーストリア=ハンガリー帝国 1867~1918）	イタリア・スペイン（イタリア王国 1861~1946／スペイン王国 1479~1931）
1900	1902 日英同盟成立 1904.2~05.9 日露戦争 1904.4 英仏協商成立 1905 第1次モロッコ事件(タンジール事件) 1906 アルヘシラス会議(モロッコ問題を討議) 1907.8 英露協商成立 三国協商(英・仏・露)	1901~09 セオドア=ローズヴェルト(共) 1903 パナマ、コロンビアより独立 1903 米、パナマ運河建設権取得、運河地帯を永久租借 1903 ライト兄弟、初飛行に成功 1904 米、パナマ運河建設着工 1905 世界産業労働者同盟(IWW)結成 ○T型フォード生産開始	1900 労働代表委員会設立 1901 オーストラリア連邦成立 1902 日英同盟成立 1904 英仏協商(英のエジプト、仏のモロッコでの権益を承認) 1905 アイルランドでシン=フェイン党結成 1906 労働党成立(労働代表委員会改組) 1907 英自治領ニュージーランド成立 1907 英露協商成立 1908~16 アスキス内閣(自)	1905.3 第1次モロッコ事件(独帝ヴィルヘルム2世のタンジール上陸、仏のモロッコへの独占的進出を非難) ○ピカソ(1881~1973)	1904 マックス=ヴェーバー(1864~1920)『プロテスタンティズムの倫理と資本主義の精神』 ○3B政策 1905 アインシュタイン(1879~1955)『特殊相対性理論』を発表 1908 オーストリア、ボスニア・ヘルツェゴヴィナを併合	1900~46 ヴィットーリオ=エマヌエーレ3世(伊)
1910	1911 第2次モロッコ事件 1911~12 伊土戦争 1914.6.28 サライェヴォ事件 **1914.7~18.11 第一次世界大戦** 1916.6~.11 ソンムの戦い 1917.4 アメリカの参戦 1918.3 ブレストリトフスク条約(ロシア単独講和) .8 シベリア出兵(英・米・日・仏の対ソ干渉戦争) .11 ドイツ休戦協定 1919.1~.6 パリ講和会議開催 .3 コミンテルン結成 1919.6.28 ヴェルサイユ条約調印	1910~17 メキシコ革命(ディアスの失脚) 1913~21 ウィルソン(民) 1914 第一次世界大戦に中立を宣言 1914.8 パナマ運河開通 1915 クー=クラックス=クラン(KKK)復活 1917.4 ドイツに宣戦 **1918.1.8 ウィルソン、14か条の平和原則** 1919 禁酒法成立(33廃止) 1920 サッコ・ヴァンゼッティ事件 ラジオ放送開始	1910~36 ジョージ5世 1910 英領南アフリカ連邦成立 1911 議会法(上院の拒否権を2回に制限、下院の優位確定) 1912.4 タイタニック号氷山に衝突 1912 アルスター暴動(北アイルランド分離運動) 1914.8 対独宣戦 .9 アイルランド自治法成立 1915 フサイン・マクマホン協定 1916.4 アイルランドでイースター蜂起 .5 サイクス・ピコ協定 1916~22 ロイド=ジョージ挙国一致内閣(外相バルフォア) **ウィンザー朝 1917~** 1917.7 英王室名をウィンザーと改名 .11 バルフォア宣言 1918 第4回選挙法改正(男子普通選挙、女性参政権成立) 1919 シン=フェイン党、アイルランド共和国の独立宣言	1911 第2次モロッコ事件(独の軍艦、アガディール港入港) 1912 モロッコを保護国に 1912 ロマン=ロラン(1866~1944)『ジャン=クリストフ』 1914.8 ドイツに宣戦 .9 マルヌの戦い 1916.2~.12 ヴェルダン要塞防衛戦(西部戦線) .6~.11 ソンムの戦い 1917~20 クレマンソー挙国一致内閣	1910 フロイト(1856~1939)『精神分析学入門』 1912 独社会民主党、総選挙勝利 1914.7.28 墺、セルビアに宣戦 .8 独、露・仏に宣戦、ベルギーの中立侵犯、タンネンベルクの戦い 1916 アインシュタイン、一般相対性理論を発表 1916.1 スパルタクス団結成 1917.2 無制限潜水艦作戦開始 1918.11 キール軍港の水兵反乱、オーストリア、革命起こり降伏 1918.11 ドイツ革命、皇帝退位 休戦協定、ドイツ共和国宣言 **ヴァイマル共和国 1918~33**／**オーストリア共和国 1918~38** 1919.1 スパルタクス団の蜂起鎮圧 6. ヴェルサイユ条約 8. ヴァイマル憲法制定 1919.9 サンジェルマン条約	1911~12 伊土戦争(トリポリ戦争) 1912 ローザンヌ条約(伊、トリポリ・キレナイカ獲得) 1915.5 伊、三国同盟を破棄し、墺に宣戦(第一次世界大戦に参戦) 1916.8 伊、独に宣戦 1919.3 ムッソリーニ、「戦士のファッシ」(ファシスト党の前身)結成(ミラノ) 1919.9 ダヌンツィオのひきいる義勇軍、フィウメ占領(~20)
1920	**ヴェルサイユ体制** 1920.1 国際連盟成立 1921.11~22.2 ワシントン会議(ワシントン体制) .12 四か国条約 1922.2 九か国条約 ワシントン海軍軍縮条約 国際司法裁判所設置(ハーグ) .11 第1回ローザンヌ会議 1923.4~.7 第2回ローザンヌ会議(ローザンヌ条約) 1924.9 ドーズ案実施 1925.10~.12 ロカルノ会議 1925.12 ロカルノ条約 1926.9 ドイツ、国際連盟に加盟 1928 不戦条約(ケロッグ・ブリアン協定、15か国調印 1929年までに54か国) **1929.10.24 世界恐慌始まる(暗黒の木曜日)**	○"孤立主義"外交 1921~23 ハーディング(共) 1923~29 クーリッジ(共) 1924 移民法(排日移民法)の実施、アジアからの移民を禁止 1927 リンドバーグ、大西洋無着陸横断飛行に成功 ○アル=カポネらシカゴのギャング抗争最高潮 1929~33 フーヴァー(共) 1929.10.24 ウォール街の株価大暴落	1922.12 アイルランド自由国成立 1924.1~.10 第1次マクドナルド内閣(労) 1924.2 ソ連を承認 1926.10~.11 英帝国会議 1928 第5回選挙法改正(男女とも21歳以上) 1928.8 ペニシリン発見 1929~31 第2次マクドナルド内閣(労)	1921~22 ブリアン内閣 1922~24 ポワンカレ内閣 1923.1 仏・ベルギー軍、ルール地方の保障占領(~25) 1924~25 左派連合政府(エリオ内閣) 1924.10 ソ連を承認 1925.7 仏軍、ルール撤兵開始 1926~29 ポワンカレ挙国一致内閣 1928.8 不戦条約(ケロッグ・ブリアン協定)調印	1919~25 エーベルト大統領(独) 1920 国民社会主義ドイツ労働者党(ナチ党)結成 1921 賠償総額1320億金マルクと決定(ロンドン会議) 1922.4 ラパロ条約(独ソ通商条約、ソヴィエト政権を承認) ○インフレーション進行 1923.8~.11 シュトレーゼマン内閣(独) 1923.11 レンテンマルク発行 ナチ党、ミュンヘン一揆 1924.9 ドーズ案実施 1925~34 ヒンデンブルク大統領(独) 1925 ヒトラー(1889~1945)『わが闘争』 1925.12 ロカルノ条約調印 1926.9 独、国際連盟加盟(常任理事国) 1929.6 ヤング案調印(30.1正式決定)	1921.11 ファシスト党結成 1922.10 ムッソリーニのローマ進軍 .11 ファシスト党内閣成立 1923.9 スペインでプリモ=デ=リベラの独裁始まる(~30) 1924.1 伊、フィウメ併合(~45) 1927.11 伊、アルバニアを保護国化(第2次ティラナ条約) 1928.9 ファシズム大評議会が国家最高機関となる、ファシスト党の独裁確立 1929.2 ラテラノ条約でヴァティカン市国独立を承認(伊・ローマ教皇間のコンコルダート)
1930	1930.1~.4 ロンドン海軍軍縮会議(ワシントン軍縮条約の5か年延長、米・英・日の補助艦の保有制限) 1931.9 満洲事変起こる 1932.6~.7 ローザンヌ会議 .7~.8 イギリス連邦経済会議(オタワ) 1933.6~.7 ロンドン世界経済会議(失敗) 1934.9 ソ連、国際連盟に加盟 1935.10~36.5 エチオピア戦争 1936.7~39 スペイン内戦 1937.11 日独伊防共協定(枢軸国) 1938.9 ミュンヘン会談(英・仏・独・伊、対独宥和政策) **1939.9~45 第二次世界大戦**	1931.6 フーヴァー=モラトリアム 1933~45 F.ローズヴェルト(民) **~36 ニューディール** 1933.5 農業調整法(AAA)、テネシー川流域開発公社(TVA)法 .6 全国産業復興法(NIRA) .11 ソ連を承認 1934.5 キューバ完全独立承認 1935.7 ワグナー法(労働者の団結権保障) .11 CIO成立 1937 ブラジル、ヴァルガス独裁 1938.5 海軍拡張法の成立 1939.7 日米通商航海条約破棄を通告 .9 米・中立を宣言	1931.8~35.6 マクドナルド挙国一致内閣 1931 金本位制停止 .12 ウェストミンスター憲章(英連邦成立) 1932.7~.8 イギリス連邦経済会議(オタワ) 連邦内の保護関税制度を採用、スターリング=ブロック形成 1935.4 ストレーザ会議(ドイツに対する英・仏・伊の提携) 1935.6 英独海軍協定 1936.1~.12 エドワード8世 1936 ケインズ(1883~1946)『雇用・利子および貨幣の一般理論』 1936~52 ジョージ6世 1937.5~40 チェンバレン挙国一致内閣 .6 アイルランド自由国、エール(エール)共和国と改称 1939.8 英仏の対ポーランド相互援助条約 1939.9.3 英・仏、ドイツに宣戦、第二次世界大戦始まる	1932.11 仏ソ不可侵条約 ○ロマン=ロラン『魅せられたる魂』 1935.5 仏ソ相互援助条約 .11 人民戦線結成 1936.6~37.6 ブルム人民戦線内閣(第1次) 1938.4~40 ダラディエ内閣 .4 サルトル(1905~1980)実存主義を提唱	1931.5 墺、中央銀行破産、経済恐慌広がる 1932.6~.7 ローザンヌ会議 .7 ナチ党、第一党になる 1933.1.30 ヒトラー内閣 1933.2 国会議事堂放火事件 **ナチス=ドイツ 1933~45** 1933.3 独、全権委任法成立 .10 独、国際連盟脱退を通告 1934.8 ヒトラー、総統就任(~45) 1935.1 ザール人民投票、独に編入 .3 独、再軍備宣言、徴兵制復活 .6 英独海軍協定 .9 ニュルンベルク法(ユダヤ人迫害法) 1936.3 独、ロカルノ条約破棄、ラインラント進駐 .11 日独防共協定 1937.11 日独伊防共協定 1938.3 独、オーストリア併合 .9 ミュンヘン会談、ズデーテン(独併合) 1939.3 チェコスロヴァキア解体 .8 独ソ不可侵条約 .9 独軍ポーランド侵攻	1931.4 スペイン革命、ブルボン朝倒れ共和国樹立 1932~68 サラザール、ポルトガル首相独裁化 1935.10~36 伊、エチオピア戦争 1936.5 伊、エチオピア併合 .2 スペイン人民戦線内閣成立(アサーニャ首相) .7 スペイン内戦(~39) .9 フランコ、スペイン国家主席を称する ○独・伊、スペイン内戦に干渉(~39) 1937.4 独空軍、ゲルニカ爆撃 .12 伊、国際連盟脱退 1937 ピカソ(1881~1973)「ゲルニカ」発表 1939.4 伊、アルバニア侵入 伊、アルバニア併合
1940						

ロシア(ソ連)・東欧・北欧	アフリカ・西アジア		インド・東南アジア	中　国	朝　鮮	日　本	
ロマノフ朝 1613〜1917	オスマン帝国 1299〜1922	カージャール朝 1796〜1925	インド帝国 1877〜1947	清 1636〜1912	朝鮮(李氏)1392〜1910 (1897〜　大韓帝国)	明治時代 1868〜1912	1900
1901　シベリア鉄道と東清鉄道が結ばれる 　社会革命党結成 ○チェーホフ(1860〜1904)『桜の園』など 1903　社会民主労働党,ボリシェヴィキと 　メンシェヴィキに分裂 1904〜05　日露戦争 1905.1　血の日曜日事件,第1次ロシア革命 　の始まり(〜07) 　.9　ポーツマス条約 　.10　ニコライ2世,「十月宣言」発表,立憲 　民主党設立 1906　ストルイピンの改革,ドゥーマ(国会)開設 1907　英露協商成立 1908　ブルガリア独立宣言	○列強の帝国主義的進出 1905　イラン立憲革命(〜11) 1908　青年トルコ革命,ミドハト 　憲法復活(〜) 1909〜18　メフメト5世 　(オスマン帝国)		1905　カーゾン,ベンガル分割令 　布告(ヒンドゥー教徒・ムスリム 　の分離策) 　ベトナムで東遊運動 1906　国民会議派カルカッタ大会 　英貨排斥・スワデーシ・民族教 　育・スワラージ要求決議 　全インド=ムスリム連盟結成 1909　会議派とムスリム連盟提携	1900〜01　義和団事件 　8か国共同出兵 1901.9　北京議定書(辛丑和約,義和団 　事件最終議定書) 1905.8　孫文,東京で中国同盟会結成 　三民主義 　.9　科挙廃止 　.10　立憲大綱準備に着手 1908　憲法大綱・国会開設公約 　発表 .11　徳宗,西太后死去 1908〜12　宣統帝(溥儀)	1904　第1次日韓協約(日本が指定した顧問を採用) 1905.11　第2次日韓協約 (日本,韓国の外交権を奪う) 1907　ハーグ密使事件 1907.7　第3次日韓協約 (韓国軍隊解散・高宗退位) ○反日義兵闘争さかん 1909　安重根,ハルビン で伊藤博文を暗殺	1902.1　日英同盟成立 1904.2　日露戦争始まる 1905.9　ポーツマス条約 1906.11　南満洲鉄道株式 　会社設立 1909.10　伊藤博文,安重根 　にハルビンで暗殺	1900
1912.10〜13.5　第1次バルカン戦争 1913.5　ロンドン条約(オスマン帝国がバル 　カン4国に領土を割譲) 1913.6〜.8　第2次バルカン戦争 　.8　ブカレスト条約でブルガリア領土を割譲 1914.6　サライェヴォ事件 　.8　タンネンベルクの戦い(東部戦線) 1915.10　ブルガリア参戦(同盟国側) 　1917　ロシア革命 1917.3　ペトログラード蜂起　ロシア暦二 　月革命(ロマノフ朝滅亡)臨時政府成立 　.4　レーニン「四月テーゼ」発表 　.8　ケレンスキー内閣成立 　.11　フィンランド独立宣言 　.11　レーニン,ソヴィエト政権樹立 　(十月革命)「平和に関する布告」 1918.2　エストニア独立 　.3　ブレストリトフスク条約 　.10　チェコスロヴァキア独立 　.11　ポーランド独立 ○ソ連,戦時共産主義(〜21) 1919.3　コミンテルン結成(〜43) 　.11　ヌイイ条約(対ブルガリア)	1910　南アフリカ連邦成立,英自 　治領に 1911　アガディールで第2次モ 　ロッコ事件 1911〜12　伊土戦争 1912　第1次バルカン戦争(オス 　マン帝国,バルカン同盟に敗北, 　〜13) 1914.10　オスマン帝国,第一次 　世界大戦に参戦 　エジプト,英の保護国に 1915.10　フサイン・マクマホン 　協定(英がアラブのハーシム家 　とアラブ独立について協定) 1916.5　サイクス・ピコ協定 　(英・仏・露,オスマン帝国分割, 　パレスチナの国際管理を協定) 1917.11　バルフォア宣言 　(英,パレスチナのユダヤ人国 　家建設支持を表明) 1918.10　トルコでワフド党成立 1919.5　ギリシア・トルコ戦争(〜22) 1919.5　第3次アフガン戦争 　.7　アフガニスタン王国独立		○東ティモール以外のインドネシア 　全域がオランダ領東インドに統合 　される 1911　イスラーム同盟(サレカット= 　イスラム)結成(インドネシア) 1911　ベンガル分割令取消し宣言 1913　タゴール(1861〜1941)叙事 　詩『ギータンジャリ』でノーベ 　ル文学賞受賞 　ガンディーら大戦に際し対 　英協力声明を発表 1916　インド国民会議派自治を要求 1917　英インド相モンタギュー, 　下院でインドに漸次自治を認める 　宣言 1919.3　ローラット法発布 　.4　アムリットサル事件 　.5　非暴力・不服従運動 　　(ガンディーら) 　.12　インド統治法成立	1911.5　幹線鉄道国有化 .9　四川暴動 　.10　武昌挙兵　辛亥革命 1912.1　中華民国成立　孫文,臨時大総統 　中華民国　.2　宣統帝退位,清朝滅亡 　1912〜 　　袁世凱,臨時大総統となる 　.8　中国同盟会,国民党と改称 1913　第二革命失敗 　.8　孫文,日本へ亡命 1914　中華革命党結成 1915.1　日本,中国に二十一か条要求 　.5　袁世凱,二十一か条要求承認 　.12　袁世凱の帝政化計画 　第三革命 1916　袁世凱,帝政取消し宣言　以 　後,軍閥政権(〜28) 6. 袁世凱死去 1917　文学革命(胡適・陳独秀ら) 1917.8　独墺に宣戦 1918.1　南北軍閥抗争の開始 1918　魯迅『狂人日記』 1919.5　五・四運動(北京大学生ら抗日デモ) 　.7　ソヴィエト政府カラハン宣言 　.10　中華革命党,中国国民党と改称	 1910.8　韓国併合 　朝鮮総督府設置 1911　朝鮮教育令公布 1919.3　三・一独立運動	1910.5　大逆事件 1911.2　関税自主権回復 大正時代　1912〜1926 ○日本の中国侵略 1912.7〜26　大正天皇 1912　護憲運動起こる 1914.8.23　第一次世界大戦に 　参戦(中国・青島とドイツ領南 　洋諸島を占領) 1915.1　中国に二十一か条 　要求 1917.11　石井・ランシング 　協定 1918.8　日本軍,シベリア 　出兵(〜22) 　.8　米騒動起こる	1910
1920.6　トリアノン条約(対ハンガリー) 1920〜21　ポーランド=ソヴィエト戦争 　(1921.3 正式講和) 　トロツキー『世界革命論』 1921.3　ソヴィエト,ネップ開始(〜27) ソヴィエト連邦 1922〜91 1922.4　ロシア=ソヴィエト・独間ラパッ 　ロ条約(独のソヴィエト政権承認) 　.12　ソヴィエト社会主義共和国連邦成立 　(ロシア・ウクライナ・白ロシア・ザカフカー 　スで構成) 1924.1　レーニン死去 1925.1　トロツキー失脚,スターリン権力 　掌握,一国社会主義論 1926.5　ポーランドでクーデタ(ピウスツキの 　独裁) 1927.12　コルホーズ・ソフホーズの建設 1928.10　第1次五か年計画(〜32) 1929.1　トロツキー国外追放	1920　ムスタファ=ケマル,アン 　カラでトルコ大国民議会開催 　セーヴル条約 1921　レザー=ハーンのクーデタ 　(イラン) 1922　エジプト王国　(〜52) 1922.11　トルコ,スルタン制廃止, 　オスマン帝国滅亡 トルコ共和国 1923〜 1923〜38　大統領ムスタファ= 　ケマル(アタテュルク) 1923　ローザンヌ条約 1924.3　トルコ,カリフ制廃止	 パフラヴィー朝 1925〜79 1925〜41　レザー=ハーン(イラ ン,パフラヴィー朝) 1928　トルコ,文字改革	○モヘンジョ=ダロの発掘 1926　ムスリムとヒンドゥー教徒, 　カルカッタで衝突 1927　スカルノ,インドネシア国民 　党結成 1928　ネルー・ボースら,インド独立 　連盟結成 1929　国民会議派ラホール大会 (プールナ=スワラージ要求)	1921.4　広東新政府 　.7　中国共産党結成 1921　魯迅『阿Q正伝』 1923.2　孫文,大元帥に就任 1924.1　第1次国共合作(〜27.4) 　.11.26　モンゴル人民共和国成立 1925.3　孫文死去 .5　五・三〇事件 　.7　広州国民政府樹立 1926.7　蔣介石,国民革命軍総司令 　として北伐開始(〜28.6) 1927.1　汪兆銘,武漢国民政府樹立 1927.4　蔣介石,上海クーデタ(国共 　分離)　南京国民政府樹立 　.5　日本,第1次山東出兵 　.10　毛沢東,江西省井崗山に革命 　根拠地を樹立 1928.5　日本,第2次山東出兵(済南 　事件)　第3次山東出兵(〜29.5) 　.6　北伐完了 　.6　張作霖爆殺事件 1928.10〜31　蔣介石(国民政府首席) 1929　国共内戦開始(〜36)		1920.3　ニコライフスク 　(尼港)事件 1921.11　原敬,暗殺される 　.12　四か国条約 　(日英同盟解消) 1922.2　ワシントン海軍軍 　縮条約,九か国条約調印 1922.10　シベリア撤兵 1923.9　関東大震災 1925.1　日ソ基本条約 　(日ソ国交樹立) 　.4　治安維持法公布 　.5　男子普通選挙法公布 1926.12　大正天皇没 昭和時代　1926〜89 1926.12〜89　昭和天皇 1927.3　金融恐慌起こる	1920
1934〜41　スターリン独裁確立 1933.1　第2次五か年計画(〜37) 1934　スターリンの大粛清(〜38) 　.9.18　ソ連,国際連盟加盟 1935.5.2　仏ソ相互援助条約 　.8　コミンテルン第7回大会,人民戦線 　戦術提唱 1936.12　スターリン憲法制定 1938.3　第3次五か年計画 1939.8　独ソ不可侵条約成立 　.9　ソ連,ポーランド侵入 　.11　ソ連=フィンランド戦争(〜40.3)	 1932　イラク王国独立 　(ファイサル1世〜33) 1932　サウジアラビア王国成立 　(イブン=サウード〜53) 1935.3　ペルシア,国号をイラン 　と改称 　.10　伊のエチオピア侵略(〜36) 1937　イラン・トルコ・アフガニ 　スタン・イラクの相互不可侵 　条約		1930　インドシナ共産党成立 　ガンディー,第2次非暴力・不服 　従運動開始(〜34),塩の行進 　第1回英印(イギリス・インド)円 　卓会議(ロンドン,〜31) 1931　第2回英印円卓会議 1932　シャム(タイ)立憲革命 1932　第3回英印円卓会議 1934　フィリピン独立法,米議会で 　可決 　.10　ネルー国民会議派を指導 1935.8　新インド統治法公布 1937　ビルマ,インドより分離 　タキン党の独立運動 1939.6　シャム,不平等条約を改正, 　国号をタイと改称	1931.9　柳条湖事件,満洲事変起こる 　.11　中華ソヴィエト共和国臨時 　政府,江西省瑞金に成立(〜34) 1932.1　上海事変 　.3　「満洲国」建国宣言(執政に 　溥儀就任) 　.10　リットン調査団,報告書を発表 1933.2〜.3　日本軍,熱河侵入 1934.10　中国共産党の長征 　(〜36.10) 1935.1　遵義会議(毛沢東,中国共産 　党の指導権確立) 　.8　八・一宣言「抗日救国のために 　全同胞に告ぐる書」 1936.12　西安事件(張学良,蔣介石を 　監禁) 1937.7.7　盧溝橋事件,日中戦争始まる 　.9〜45.11　第2次国共合作 　(抗日民族統一戦線,〜45.11) 　.11　国民政府,重慶遷都 　.12　南京事件(日本軍,南京占領) 1938.10　日本軍,武漢三鎮占領 1939.5　ノモンハン事件	 1939　創氏改名公布	1930.1　ロンドン海軍軍縮 　会議 1931.9　柳条湖事件 　満洲事変起こる 　(〜33.5) 1932.5　五・一五事件 ○戦時体制の強化 1933.3　国際連盟脱退を 　通告 1934.12　ワシントン海軍 　軍備制限条約破棄 1936.2　二・二六事件 ○戦時体制の強化 1936.11　日独防共協定 1937.11　日独伊防共協定 1938.4　国家総動員法 　公布	1930
							1940

年	国際関係	アメリカ アメリカ合衆国 1776～	イギリス ウィンザー朝 1917～	フランス・ベネルクス 第三共和政 1870～1940	ドイツ・オーストリア ナチス＝ドイツ 1933～1945	南欧 イタリア王国 1861～1946	北欧・東欧
1940	1940.9 日独伊三国同盟 1941.8 大西洋上会議(米・英), 大西洋憲章発表 1941.12～45 太平洋戦争 1943.1 カサブランカ会談(米・英) .11 カイロ会談(米・英・中) テヘラン会談(米・英・ソ) 1944.7 ブレトン＝ウッズ会議(世界銀行, IMF設立へ＝IMF体制) 1944.8～10 ダンバートン＝オークス会議(国連憲章原案作成)	1941.3 武器貸与法 .12 対日宣戦, 伊独の対米宣戦 1942.6 ミッドウェー海戦(戦局, 米に有利に転換) 1944.11 ローズヴェルト4選	1940.5～45 チャーチル戦時内閣 .6 連合軍ダンケルク撤退 1941.7 英ソ間に対独共同行動協定 .12 対日宣戦 1943.8 米英のケベック会談	1940.5 独軍, マジノ線突破, ベルギー, オランダ, ルクセンブルクに侵攻 .6 パリ占領 .6 ペタン政権, 独に降伏, ド＝ゴール, 自由フランス政府(ロンドン) .7 ヴィシー政府(～44) 1944.6 連合軍ノルマンディー上陸 .8 パリ解放 .9 臨時政府(ド＝ゴール主席～46)	1940.4 デンマーク・ノルウェー侵攻 .5 オランダ・ベルギー侵攻 .9 日独伊三国同盟成立 1941.6 独ソ戦開始(独伊, 対ソ宣戦) .12 独伊, 対米宣戦 1942.1～2 独軍, 北アフリカで反撃 .10 枢軸軍, モスクワに近づく .11 英米軍, キレナイカ再占領, 独軍, チュニジア上陸 1943.2 東部戦線で撤退開始 .9～.11 V2号使用開始	1940.6 伊, 参戦 1943.7 連合軍, シチリア島上陸 .9 伊, 無条件降伏 1944.6 ローマ解放	1940.6 ソ連, ルーマニアの一部占領 .8 バルト3国併合
1945	1945.2 ヤルタ会談(米・英・ソ) 4～6 サンフランシスコ会議 .7 ポツダム宣言(米・英・中・ソ) .10.24 国際連合発足(国際紛争解決のため安全保障理事会設置) 1946.1 第1回国連総会 .7 パリ平和会議 1947.2 パリ講和条約 .3～4 米ソ4国外相会議(米・ソ対立の開始) .9 コミンフォルム結成(～56.4) .10 GATT(関税と貿易に関する一般協定)調印 1948.3 西ヨーロッパ連合条約(ブリュッセル条約) .6 ベルリン封鎖(～49.5) .12.10 世界人権宣言発表(国連) 1949.4 北大西洋条約機構(NATO)成立	1945.4 トルーマン大統領昇格(～53)(民) .7 原子爆弾開発に成功 1946.3 チャーチル「鉄のカーテン」演説(米, フルトンで) 1947.3 トルーマン＝ドクトリン .6 マーシャル＝プラン提案 .9 米州相互援助条約(リオ条約, 米州19か国参加) 1948.4 対外援助法成立, 米州機構(OAS)発足(ボゴタ憲章) 1949.1 トルーマン, フェアディール政策発表	※**第四共和政 1946～58**(仏) 1948.3 西ヨーロッパ連合条約調印(ブリュッセル条約) 1949.4 エール(エール), 英連邦離脱しアイルランド共和国となる	**第四共和政 1946～58** 1946 第四共和政憲法制定 1949.3 仏・ベトナム間で協定調印 1949.12 オランダ, インドネシアの主権譲渡	1945.4 ソ連軍ベルリン包囲, ヒトラー自殺 .5 ベルリン陥落, ドイツ無条件降伏 .6 米英仏ソでベルリン分割占領, 4か国分割管理 .7 オーストリア4か国共同管理 .11 ニュルンベルク裁判(～46.10) 1948.6 西独で通貨改革, ソ連, ベルリン封鎖(～49.5)東西ドイツの分裂決定的となる **ドイツ連邦共和国 1949～** ／ **ドイツ民主共和国 1949～90** 1949.5 ドイツ連邦共和国(西独) 1949.9～63 アデナウアー内閣 1949.10 ドイツ民主共和国(東独)成立, グローテヴォール臨時政府成立(東独) ○実存哲学	1945.4 ムッソリーニ処刑 .12 ガスペリ内閣 **イタリア共和国 1946～** 1946.6 伊・王政廃止, 国民投票で共和政に 1947.3 フランコ終身総統となる(西)	1945.11 ユーゴにティトー政権成立(首都ベオグラード) 1947.9 東欧9か国コミンフォルムを結成 1948.2 チェコスロヴァキアクーデタ(共産党独裁確立) 1949.2 ハンガリー人民共和国成立
1950	1950.6 朝鮮戦争(～53) .7 安全保障理事会, 国連軍の朝鮮派遣決議 .9 国連軍出動 1951.9 サンフランシスコ講和会議 1954.4～.7 ジュネーヴ会議 .7 ジュネーヴ協定(インドシナ休戦協定) .10 パリ諸条約(西独の主権回復)	1951.9 太平洋安全保障条約(ANZUS)調印 1952.2 キューバでバティスタ独裁政権成立 ○米, 水爆を開発 1953～61 アイゼンハウアー(共) 1953.1 ダレス国務長官の「巻き返し政策」 1954.10 ロンドン協定・パリ協定に調印, 西ヨーロッパ連合(WEU)結成	1950.1 中華人民共和国承認 1951.10～55 第2次チャーチル内閣(保) 1952.2 エリザベス2世即位	1950.5 シューマン＝プラン発表 1952 ヨーロッパ石炭鉄鋼共同体(ECSC)発足(シューマン＝プランにもとづく) 1954.11 アルジェリア戦争(アルジェリア民族解放戦線, FLN, ～62)	1950.7 東独・ポーランド国境画定(オーデル－ナイセ線, 西独不承認) 1951.7 米英仏など西独と戦争状態終結宣言 1953.6 東ベルリンで, 反ソ暴動 1954.10 パリ諸条約調印	1951.12 旧イタリア領リビア独立(王政) 1953.1 ユーゴ, ティトー大統領 1954.10 トリエステ協定成立	
1955	1955.4 第1回アジア＝アフリカ(AA)会議(バンドン会議) .5 ソ連東欧8か国会議(ワルシャワ条約機構成立) .7 ジュネーヴ4巨頭会議(米英仏ソ), ジュネーヴ精神 1956.7 ティトー・ナセル・ネルー会談(非同盟中立) 1957.3 ヨーロッパ経済共同体(EEC)設立条約調印 .3 ヨーロッパ原子力共同体(EURATOM)調印(ローマ) .7 パグウォッシュ会議(国際科学者会議) 1958.1 EURATOM発足, EEC発足 .12 第1回アジア＝アフリカ経済会議(カイロ)	1955.9 アルゼンチンで軍事クーデタ, ペロン追放(46～55) 1955.12 AFLとCIOの合併 キング牧師, バス＝ボイコット運動開始 1958.1 人工衛星打ち上げ成功 1959.1 キューバ革命(カストロ) .9 フルシチョフ訪米 キャンプ＝デーヴィッド会談(米ソ首脳会談)	1955.4～57 イーデン内閣(保) 1956.7 スエズ運河国有化問題で, 英仏の軍事力行使声明 .10 英仏軍, スエズ出兵 1957.1～63 マクミラン内閣(保) ○英連邦アフリカ諸国の独立	1955.5 仏軍, 北ベトナムから撤退 1956.3 モロッコ・チュニジア独立(仏連合内) **第五共和政 1958～** 1958.6～59 ド＝ゴール内閣 1958.10 第五共和政発足 1959.1～69 ド＝ゴール大統領	1955.1 ソ連, 対独戦争終結宣言 .5 オーストリア国家条約(墺, 主権回復) .5 西独, 主権回復, NATO加盟 .9 ソ連と国交回復 .10 オーストリア国民議会, 永世中立を決議 1956.1 東独, ワルシャワ条約機構軍加盟		1955.5 ソ連・東欧(ワルシャ 1956.6 ポーランドでポズナン暴動 .10～11 ハンガリー動乱 1959.11 北欧3国, ヨーロッパ自由貿易連合(EFTA)調印
1960	1960.5 ヨーロッパ自由貿易連合(EFTA)正式発足 .5 パリ東西首脳会議(U2偵察機撃墜事件で流会) .12 経済協力開発機構(OECD)条約調印(西側20か国) 1961.9 第1回非同盟諸国首脳会議(ベオグラード)(25か国参加) ○中ソ論争公然化 1963.8 米英ソ, 部分的核実験禁止条約(PTBT)に調印 1964.3～.6 第1回国際連合貿易開発会議(UNCTAD)	1961.1～63 ケネディ(民) ニューフロンティア政策 .5 カストロ, 社会主義宣言 1962.10～11 キューバ危機 1963.8 ワシントン大行進 ○黒人公民権運動高揚 1963.11.22 ケネディ, ダラスで暗殺される 1963.11～69 ジョンソン(民) 1964.7 公民権法成立 .10 キング牧師, ノーベル平和賞受賞	1960.5 ヨーロッパ自由貿易連合(EFTA)正式に発足 .8 キプロス独立 .10 ナイジェリア独立 1961.5 南ア共和国成立 1962.8 ジャマイカ独立 1963.10～64 ヒューム内閣(保) 1964.10～70 ウィルソン内閣(労)	1960.6 ベルギー領コンゴ独立 .7 コンゴ動乱(～63) 1962.4～68 ポンピドゥー内閣 .7 アルジェリア独立 1963.1 仏・西独協力条約調印 1964.1 中国承認	1961.8 東独, 「ベルリンの壁」を構築 1963.10～66 エアハルト内閣(西独)		1961.12 ソ連・アルバニア断交 1963.4 ユーゴ新憲法採択(ティトー終身大統領)
1965	1965.2 ベトナム戦争(～75) .9 第2次印パ戦争 1967.7 ヨーロッパ共同体(EC)発足 1968.7 核拡散防止条約(NPT)調印	1965.2 北ベトナム爆撃開始 ベトナム介入 1968.4 キング牧師暗殺 .10 北爆全面停止のジョンソン演説 1969.1～74 ニクソン(共) 1969.7 アポロ11号月着陸成功	1967.7 鉄鋼国有化実施 1969 北アイルランド紛争, アイルランド共和国軍(IRA)の活動さかん	1965.4 EEC, EURATOM, ECSC統合条約(EC)調印 1966.6 NATO軍事機構脱退 1967.7 ヨーロッパ共同体(EC)発足(独・仏・伊・蘭・ベルギー・ルクセンブルクの6か国) 1968.5 学生デモ, 五月革命 1969.4 ド＝ゴール辞任 1969.6～74 ポンピドゥー大統領	1966.12～69 キージンガー内閣(西独) 1969.10～74 ブラント内閣(西独)	1966.12 ローマ教皇・ギリシア正教総主教, 破門取り消し宣言	1968.1 チェコスロヴァキアの自由化"プラハの春" .8 チェコスロヴァキアにワルシャワ条約機構軍介入
1970							

ソ 連	アフリカ・西アジア		インド・東南アジア	中 国	朝 鮮	日 本	
ソヴィエト連邦 1922~91	**トルコ共和国** 1923~	**パフラヴィー朝** 1925~79	**インド帝国** 1877~1947	**中華民国** 1912~		**昭和時代** 1926~89	1940
1940.6 ソ連軍、ルーマニアを一部占領 .8 バルト3国併合 1941.4 日ソ中立条約調印 .6 独ソ戦争開始 .7 英ソ、対独共同行動協定 1942.5 英ソ相互援助条約 .7 スターリングラードの戦い(~43.2独軍降伏) 1943.5 コミンテルン解散	1941.6 トルコ、独と友好不可侵条約 1943.11 レバノン、独立宣言	1941~79 **ムハンマド=レザー=パフラヴィー2世**(イラン) 1942.1 イラン、英ソと軍事同盟条約 .11 英米連合軍、北アフリカ(モロッコ・アルジェリア)上陸	1940.3 日本軍、北部仏領インドシナ進駐 1941.5 ベトナム独立同盟(ベトミン)結成 .7 日本軍南部仏領インドシナ進駐 .12 日本軍、マレー半島上陸 1942.1 日本軍マニラ占領	1940.3 汪兆銘、南京政府樹立 1941.12 国民政府、対日独伊宣戦布告 1942.10 米英、対華不平等条約廃棄を発表 1943.1 国民政府、米英と治外法権撤廃条約に調印 .9 蔣介石、国民政府主席となり軍政両権掌握 .11.27 カイロ宣言署名		1940.9 北部仏領インドシナ進駐、日独伊三国同盟 1941.4 日ソ中立条約、日米交渉始まる .12.8 日本軍、真珠湾(パールハーバー)奇襲、太平洋戦争始まる 1942.6 ミッドウェー海戦 1943.2 ガダルカナル島撤退 1944.7 サイパン島陥落 .11 サイパン基地の米空軍、日本本土空襲開始	
							1945
1945.8 ソ連、対日参戦 1946.2 千島・南樺太領有宣言 1947.3~.4 モスクワ4国外相会議(米ソ対立) 1949.1 コメコン(COMECON経済相互援助会議)設立 .9 原子爆弾保有宣言 .10 中華人民共和国承認	1945.2 トルコ、対日独宣戦 .3 アラブ連盟結成 1946.3 英、トランスヨルダンの独立承認 .4 シリア共和国からフランス軍撤退 1947.11.29 国連、パレスチナ分割案採択 1948.5.14 イスラエル国建国宣言 .5 第1次中東戦争(パレスチナ戦争~49)パレスチナ難民流出		1945.8.14 **インドネシア共和国独立宣言**(大統領スカルノ~67) .9 **ベトナム民主共和国独立宣言**(国家主席ホー=チ=ミン) 1946.7 **フィリピン共和国独立宣言** .12 **インドシナ戦争起こる**(~54)(フランス対ベトナム民主共和国ほか独立勢力) **インド連邦** 1947~50 1947.8.14 **パキスタン独立** .8.15 **インド連邦独立**(首相ネルー~64) .10 第1次印パ(インド-パキスタン)戦争起こる(~49、カシミール紛争の始まり) 1948.1 ビルマ連邦成立 .1 ガンディー暗殺 1949.3 ベトナム国、フランスが樹立 .12 ハーグ協定でインドネシア独立	1945.11 国共内戦始まる(~49.10) 1948.4 蔣介石、総統となる(~49) 1949.1.31 共産党、北京入城 1949.10.1 **中華人民共和国成立** 1949~59 主席毛沢東、首相周恩来 1949.12 国民党、台湾に移る	○**米・ソ占領下の朝鮮** 1945.8 38度線を境に米ソが占領 **大韓民国** 1948~ **朝鮮民主主義人民共和国** 1948~ 1948.8 大韓民国成立(韓国、大統領に李承晩~60) .9 朝鮮民主主義人民共和国成立(北朝鮮、首相に金日成~72、主席72~94) .12 ソ連軍撤退 1949.6 米軍撤退	1945.4 米軍、沖縄本島上陸 1945.8.6 広島に原子爆弾投下 .8.8 ソ連参戦 .8.9 長崎に原子爆弾投下 .8.15 無条件降伏の発表 1946.2 農地改革 .5 東京(極東国際軍事)裁判始まる 1946.11.3 日本国憲法公布 1948.11 東京裁判終わる(東条英機ら7人処刑)	
							1950
1950.2 中ソ友好同盟相互援助条約(~80.4) .3 ストックホルム=アピール 1953.3 スターリン死去 1953.3~64 **フルシチョフ第一書記** 1953.3~55 **マレンコフ首相** .8 水爆保有を宣言	1951.3 イラン、石油国有化宣言 1952.7 エジプト革命(自由将校団ナギブのクーデタ) 1953.6 エジプト共和国宣言(大統領ナギブ~54)	1954.4 イランでクーデタ(モサデグ失脚)	**インド連邦共和国** 1950~ 1950.1 インド新憲法施行(大統領プラサド~首相ネルー) 1951.8 米・比相互防衛条約 1954.4 東南アジア5か国首脳会議(コロンボ会議) .5 ベトナム人民軍、ディエンビエンフー占領 .6.28 ネルー・周恩来、平和五原則を提唱 .7 ジュネーヴ協定でベトナム(北緯17度線で南北分断)とラオスの独立承認 .9 東南アジア条約機構(SEATO)成立(~77)	**中華人民共和国** 1949~ 1950.2 中ソ友好同盟相互援助条約成立(~80) 1953.1 第1次五か年計画開始 1954.9 中華人民共和国憲法制定	1950.6.25 **朝鮮戦争勃発** .9 国際連合軍出動 1951.7.10 朝鮮休戦会談始まる(開城→板門店) 1953.7 朝鮮戦争休戦協定調印 .8 米韓相互防衛条約	1951.4 マッカーサー解任 1951.9 サンフランシスコ講和会議(9.8 日米安全保障条約調印) 1954.3 米、ビキニ環礁で水爆実験、第五福竜丸水爆被災事件	
							1955
8か国友好協力相互援助条約(ワ条約)調印 1955~58 **ブルガーニン首相** 1956.2 ソ連共産党第20回大会フルシチョフのスターリン批判 .4 コミンフォルム解散 .10 ソ連軍、ハンガリー出動・鎮圧(~11) .10 日ソ国交回復共同宣言 1957.10 スプートニク1号(史上初の人工衛星)打ち上げ成功 1958.3~64 **フルシチョフ第一書記首相兼任** 1959.9 フルシチョフ訪米、米ソ首脳会談(キャンプ=デーヴィッド会談)	1956.7 エジプトにナセル大統領就任、スエズ運河国有化を宣言 .10~57.3 第2次中東戦争(スエズ戦争) 1957.3 ガーナ独立(60~大統領エンクルマ) **アラブ連合共和国** 1958~71 1958.2 エジプト・シリア合併してアラブ連合共和国成立(大統領ナセル~70) .7 イラク革命 1959.8 中央条約機構(CENTO)成立(バグダード条約機構から改称)	1955.11 中東条約機構(バグダード条約機構、METO)成立	1955.4 **アジア=アフリカ(AA)会議**(バンドン会議、平和十原則発表) .10 ベトナム国に替わりベトナム共和国成立(米が支援、~75) 1956.3 パキスタン=イスラム共和国成立 1957.8 マラヤ連邦独立(63マレーシア連邦と改称)	1957.4 整風運動おこる .12 毛沢東、大躍進政策を指示 1958.8 人民公社の全国的な建設運動開始 1959.3 チベット動乱 .4 国家主席に劉少奇(~68) .8 中印国境紛争(~62)	1957.1 北朝鮮第1次五か年計画	1955.8 第1回原水爆禁止世界大会(広島) 1956.10 日ソ共同宣言(ソ連と国交回復) .12 国連加盟	
							1960
1960.5 U2偵察機撃墜発表 .11~.12 モスクワ会議(81か国共産党の共同声明) 1961.4 有人衛星ヴォストーク1号(ガガーリン) .12 アルバニアと断交 1962.10 キューバのミサイル基地撤去 1964.10 フルシチョフ解任、第一書記ブレジネフ、首相コスイギン	1960 アフリカ諸国の独立あいつぐ **アフリカの年** .6 ベルギー領コンゴ独立(.7 コンゴ動乱勃発) 1962.7 アルジェリア独立 1963.5 アフリカ独立諸国首脳会議(アディスアベバ)アフリカ統一機構(OAU)結成 1964.5 パレスチナ解放機構(PLO)結成		1960.12 南ベトナム解放民族戦線結成 1961.12 インド、ポルトガル領ゴアを武力併合 1963.9 マレーシア連邦発足 1964.8 トンキン湾事件	1960.7 ソ連、中国より技術者を引き揚げ(中ソ対立の深まり) 1964.1 仏と国交樹立 .10 核実験(原爆実験に初めて成功)	1960.4 韓国で4月革命、李承晩失脚 1961.5 大韓民国クーデタ 朴正熙、政権掌握 1963.12~79.10 韓国大統領 朴正熙	1960.1 日米新安全保障条約調印 .5~.6 安保阻止国民運動広まる 1964.10 東海道新幹線開通 .10 第18回国際オリンピック東京大会開催	
							1965
1968.5 東欧諸国の自由化警告 .8 ワルシャワ条約機構軍のチェコ侵攻 1969.3 珍宝島(ダマンスキー島)で中国と国境紛争 .11 核拡散防止条約批准	1966.2 ガーナでクーデタ(エンクルマ失脚) 1967.6 第3次中東戦争起こる スエズ運河閉鎖 1968.1 アラブ石油輸出国機構(OAPEC)設立 1969.9 リビア、クーデタで共和国となる		1965.2 米空軍のベトナム北爆始まる(ベトナム戦争~75.4) .8 シンガポール、マレーシアから分離(リー=クアンユー首相) .9 第2次印パ戦争 .9 インドネシア、九・三〇事件 1967.8 東南アジア諸国連合(ASEAN)発足 1968.3 スハルト、インドネシア大統領に就任 .5 パリ和平会談始まる(~73) .10 米、北爆停止	1965.9 チベット自治区成立 1966.5 プロレタリア文化大革命開始(~76) 1967.6 初の水爆実験 1968.10 中共8期12中全会で、劉少奇を除名 1969.3 珍宝島(ダマンスキー島)事件 .4 第9回全国人民代表大会 中国共産党規約改正、林彪を毛沢東の後継者とする(毛沢東・林彪体制)	1965.6 日韓基本条約 1968.1 プエブロ号拿捕事件	1968.4 小笠原諸島返還協定調印 1969.6 大学闘争拡大	
							1970

	国際関係	アメリカ	イギリス	フランス・ベネルクス	ドイツ・オーストリア		南欧	北欧・東欧
		アメリカ合衆国 1776～	ウィンザー朝 1917～	（第五共和政）1958～	西ドイツ 1949～	東ドイツ 1949～90	イタリア共和国 1946～	

1970
- 国際関係: 1971.10 中国の国連代表権交替／1972.5 米・ソ，第1次戦略兵器制限交渉（SALTI）調印／1972.6 国連人間環境会議／1973.1 ベトナム和平協定調印（パリ）　.9 東西両ドイツ国連同時加盟　.10 第4次中東戦争　OAPEC，石油戦略発動（原油生産25％削減発表）→第1次石油危機（オイル＝ショック）　○この年，主要国は為替変動相場制へ
- アメリカ合衆国: 1970.4 カンボジア政変に介入／1971.8 米，ニクソン声明，ドル防衛策発表（金・ドル交換停止）ドル＝ショック／1972.2 ニクソン訪中，米中共同声明　.6 ウォーターゲート事件起こる／1973.3 米軍，ベトナム撤兵　.9 チリ軍部クーデタ，翌年ピノチェト軍事政権誕生（～90）／1974.8 ニクソン辞任／1974.8～77 フォード（共）
- イギリス: 1970.6 ヒース内閣（保）成立／1971.8 ドル＝ショックでヨーロッパ各国為替市場一時閉鎖，各国変動為替相場制へ／1973.1 拡大EC発足（英・アイルランド・デンマークの参加で9か国に）／1974.3～76 ウィルソン内閣（労）
- フランス: 1970.11 ド＝ゴール死去／1974.5～81 ジスカールデスタン大統領
- 西ドイツ: 1970.8 西独－ソ連武力不行使条約調印／1972.9～.12 西独，ポーランド・中国と国交正常化　.12 東西ドイツ基本条約調印／1973.9 両国同時に国際連合加盟／1974.5～82 シュミット首相
- 東ドイツ:
- イタリア共和国: 1974.4 ポルトガル，無血クーデタ　.7 ギリシア文民政府成立（軍事政権崩壊）
- 北欧・東欧: 1970.12 ポーランド反ソ暴動／1972.9 ポーランド，西独国交樹立

1975
- 国際関係: 1975.11 第1回主要先進国首脳会議（サミット）開催（ランブイエ＝サミット）／1979.3 第2次石油危機（～80）　6. 米ソSALTⅡ調印　.12 ソ連，アフガニスタンに侵攻
- アメリカ合衆国: 1975.4 フォード，ベトナム戦争終結宣言／1977.1～81 カーター（民）／1979.1 米中国交正常化　.3 スリーマイル島原発事故　.11 イラン米大使館占拠事件
- イギリス: 1975.2 サッチャー，保守党首に／1976.4～79 キャラハン内閣（労）／1979.5～90 サッチャー内閣（保）
- フランス: 1977.3 シラク，パリ市長就任
- 西ドイツ:
- イタリア共和国: 1975.11 西，フランコ総統死去 王政復古（ファン＝カルロス）／1977.2 西，ソ連・チェコ・ハンガリーと国交正常化／1978.10～2005 教皇ヨハネ＝パウロ2世（ポーランド出身）
- 北欧・東欧: 1977.1 チェコ反体制自由派「憲章77」

1980
- 国際関係: 1980.1 アフガン問題緊急国連特別総会，外国軍即時撤退決議　.9 イラン・イラク戦争起こる／1982.6 米ソ戦略兵器削減交渉（START）開始／1983.9 大韓航空機撃墜事件
- アメリカ合衆国: 1980.4 対イラン国交断絶／1981.1～89 レーガン（共）／1983.10 米・カリブ6か国軍，グレナダ侵攻　.12 アルゼンチン民政移管／1984.1 米中産業・技術協力協定　レーガン，「強いアメリカ」強調　.7 ロサンゼルスオリンピック（ソ連・東欧諸国不参加）
- イギリス: 1982.4 フォークランド戦争／1984.12 香港返還協定調印
- フランス: 1981.5 ミッテラン大統領に就任（社会党）（～95）
- 西ドイツ: 1982.10～98 コール首相就任（キリスト教民主同盟）／1984.5 大統領にヴァイツゼッカー就任（～94）
- イタリア共和国: 1981.1 ギリシア，EC加盟（EC，10か国に）
- 北欧・東欧: 1980.5 ユーゴ大統領ティトー死去　.9 ポーランド，新労働組合法 自主管理労組「連帯」結成／1981 「連帯」議長にワレサ　.12 ポーランド，戒厳令／1983.7 ポーランド，戒厳令解除

1985
- 国際関係: 1985.9 先進国蔵相会議「プラザ合意」／1986.10 米ソ首脳会談（レイキャビク）　.12 南太平洋非核地帯条約／1987.12 米ソ，中距離核戦力（INF）全廃条約調印／1988.7 イラン，国連停戦決議受諾／1989.12 米ソ首脳会談（マルタ会談）冷戦終結を宣言
- （国際関係欄）冷戦終結
- アメリカ合衆国: 1987.10 ブラックマンデー／1989.1～93 ブッシュ（父）（共）　.5 米，対ソ封じ込め政策転換を表明
- イギリス: 1986.3 保守連合総選挙勝利，首相にシラク／1987.6 総選挙で保守党圧勝／1988.5 ミッテラン大統領再選
- 西ドイツ: 1989.10 東独のホーネッカー議長辞任　.11 ベルリンの壁崩壊
- イタリア共和国: 1986.1 ポルトガル・スペイン，EC加盟（EC，12か国に）
- 北欧・東欧: 1988.3 ソ連書記長，ゴルバチョフ，「新ベオグラード宣言」（東欧革命へ）／1989 東欧革命　.6 ポーランド選挙で「連帯」圧勝（90.12～95 ワレサ大統領）　.12 ルーマニアでチャウシェスク政権崩壊，チェコスロヴァキアでビロード革命，大統領にハヴェル

1990
- 国際関係: 1990.6 米ソ首脳会談，STARTⅠで合意　.8 イラク，クウェートに侵攻／1991.1 米など多国籍軍がイラクを攻撃，湾岸戦争勃発（6週間で終結）　.7 米ソ首脳会談で，STARTⅠに調印／1992.3 国連カンボジア暫定行政機構（UNTAC）設置／1992.6 地球環境サミット開催／1993.1 米露，STARTⅡに調印
- アメリカ合衆国: 1990.7 ペルー，日系二世のフジモリ大統領就任／1991.1 米軍を中心とする多国籍軍，イラクを空爆開始（湾岸戦争）／1992.4 ロサンゼルスで黒人らの暴動／1993.1～2001 クリントン（民）
- イギリス: 1990.11 サッチャー首相辞任，新首相にメージャー（保）（～97）／1992.2 EC加盟国がマーストリヒト条約（ヨーロッパ連合条約）に調印／1993.1 ECの市場統合により人・物の移動が自由化／.11 マーストリヒト条約発効，ヨーロッパ連合（EU）発足／1994.5 英仏海峡トンネル開通
- 西ドイツ: 1990.10 ドイツ統一／ドイツ連邦共和国 1990～
- 北欧・東欧: 1991.6 ユーゴ内戦に突入　.6 コメコン解散決定　.7 ワルシャワ条約／1992.3 ボスニア独立宣言　.4 本格的な内戦に突入（～95）　.4 セルビアとモンテネグロが新ユーゴスラヴィア連邦を創設／1993.1 チェコとスロヴァキアが分離独立

1995
- 国際関係: 1995.1 世界貿易機関（WTO）発足（GATT発展的解消）／1996.9 国連総会，包括的核実験禁止条約（CTBT）採択／1997.12 地球温暖化防止京都会議で京都議定書採択／1998.6 国連安保理が核不拡散決議を採択
- アメリカ合衆国: 1995.7 ベトナムと国交樹立／1996.11 アメリカ大統領選挙実施，クリントン再選　.12 ペルーで日本人大使公邸人質事件／1999.12 パナマ運河返還
- イギリス: 1995.1 オーストリア・スウェーデン・フィンランド，EUに加盟（15か国に）／1997.5 総選挙で労働党圧勝，ブレア首相就任／1998.4 北アイルランド和平合意／1999.1 EUの単一通貨ユーロがイギリス・デンマーク・スウェーデン・ギリシアを除く11か国に導入
- フランス: 1995.5 シラク，大統領に就任（～2007）　.9 ムルロア環礁で核実験強行
- 西ドイツ: 1998.9 総選挙，社会民主党勝利 新首相にシュレーダー（社会民主党）（～2005）
- イタリア共和国: 1996.10 教皇，進化論認める／1997.10 教皇，ユダヤ人迫害を謝罪／1998.1 ローマ法皇，キューバを訪問
- 北欧・東欧: 1995.12 ボスニア和平に合意／1997.12 ポーランド，チェコ，ハンガリー，NATOに加盟／1998.2 コソヴォ紛争（～99.6）／1999.3 NATO軍，ユーゴ（セルビア）空爆開始

2000
- 国際関係: 2008.9 世界的な金融危機（リーマン＝ショック）／2015.12 第21回気候変動枠組条約締約国会議（COP21）でパリ協定採択
- アメリカ合衆国: 2001.1～09 ブッシュ（子）（共）／2001.9 ニューヨークなどで同時多発テロ　.10 アフガニスタン進攻／2003.3 イラク戦争開戦／2009.1～17 オバマ（民）／2015.7 キューバと国交回復
- イギリス: 2002.1 EUの単一通貨ユーロがイギリス・デンマーク・スウェーデンを除く12か国で流通開始／2004.5 EU25か国に拡大（チェコ，ポーランド，ハンガリーなど10か国加盟）／2007.1 EU27か国に拡大（ブルガリア，ルーマニア加盟）／2007.6 ブラウン内閣（労）発足／2010.5 キャメロン内閣（保）発足／2013.7 EU28か国に拡大（クロアティア加盟）／2016.7 メイ内閣（保）発足／2019.7 ジョンソン内閣（保）発足／2020.1 EU離脱／2022.9 トラス内閣（保）発足／2022.10 スナク内閣（保）発足
- アメリカ合衆国（下段）: 2017.1～21 トランプ（共）／2021.1～ バイデン（民）
- フランス: 2007.5 サルコジ大統領／2012.5 オランド大統領／2015.11 パリ同時多発テロ／2017.5 マクロン大統領
- ドイツ: 2005.11 メルケル首相／2021.12 ショルツ首相（社会民主党など連立）
- イタリア共和国: 2009.10 ギリシアで欧州債務危機（1回目）／2015.7 ギリシアで欧州債務危機（2回目）
- 北欧・東欧: 2000.10 ユーゴスラヴィア，ミロシェヴィッチ大統領失脚／2006.6 モンテネグロ独立／2008.2 コソヴォ独立

アメリカ大統領の所属政党 （民）…民主党，（共）…共和党　イギリス首相の所属政党 （労）…労働党，（保）…保守党

冷戦終結 重要なできごと　フォード おもな治世者(年代は在位・在職年)　太字 重要事項　○このころ　　　　　　　　　　　　　　　　（1970年～）

ソ連・ロシア	アフリカ・西アジア	インド・東南アジア	中　国	朝　鮮		日　本	
				韓国 1948～	北朝鮮 1948～		
ソヴィエト連邦 1922～91	**アラブ連合共和国** 1958～71	**インド連邦共和国** 1950～	**中華人民共和国** 1949～			**昭和時代** 1926～89	1970
1970.8　西独・ソ連条約調印	1970.9　ナセル死去(1918～)	1970.4　米軍,カンボジアに直接 　　介入(ベトナム戦争,カンボジア 　　に波及)	1971.10.25　中華人民共和国の国連加 　盟,中国代表権獲得　中華民国政府 　(台湾),国連脱退			1970.3　万国博覧会開催 　　(～.9)	
1972.5　米大統領ニクソン訪ソ	**エジプト=アラブ共和国** 1971～	1971.4　バングラデシュ独立 　　宣言 　.12　第3次印パ戦争	1972.2　ニクソン訪中,米中共同声明			1972.5　沖縄復帰 1972.9.29　日中国交正常化	
1973.6　ブレジネフ訪米,核戦争防止 　　協定に調印	1973.10　第4次中東戦争 　　OAPEC諸国,石油戦略発動 　　→石油危機(オイル=ショック)	1973.1　ベトナム和平協定調印 　.2　ラオス和平協定調印 1992.3　米軍,北爆再開	1972.2　ニクソン訪中,米中共同声明 　.9　日本との国交回復なる	1973.8　金大中事件 　　起こる		1973.10　第1次石油危機	
1974.2　ソルジェニーツィン国外追放	1974.1　スエズ地帯兵力分離協定 　　(イスラエル・エジプト間) 　.9　エチオピア革命,皇帝退位	1974.5　インド,最初の核実験		1974.8　朴大統領狙 　　撃事件			
1975.10　サハロフ,ノーベル平和賞 　　(博士拒否)	1975.1　アンゴラ独立 1977.11　エジプト大統領サダト,イス 　　ラエル訪問	1975.4　サイゴン,プノンペン陥落 1976.1　カンボジア,国名を民主 　　カンプチアと改称(.4　ポル= 　　ポト政権)	1975.4　蔣介石死去(1887～) 1976.1　周恩来死去(1898～) 　.4　天安門事件(第1次)起こる 　.9　毛沢東死去(1893～)			1975.7　沖縄国際海洋博覧会 　　開催 1976.7　田中前首相,ロッキー 　　ド疑獄で逮捕	1975
1977.6　ブレジネフ書記長,最高幹部 　　会議議長兼任	1979.2　ホメイニ帰国,イラン=イスラーム 　　革命(→第2次石油危機)	1977.6　SEATO解体	.10　江青ら[四人組]逮捕,華国鋒, 　　党主席に就任				
1978.11　ベトナムと友好協力条約 　.12　アフガニスタンと友好善隣協力 　　条約	.3　エジプト-イスラエル平和 　　条約調印 　.11　イラン米大使館占拠事件	1978.12　ベトナム軍,カンボジア 　　侵攻	1977.8　文化大革命終結宣言 1978.8　日中平和友好条約調印 　.12　改革開放政策始まる	1979.10.26　朴大統領 　　暗殺		1978.8　日中平和友好条約 　　調印	
1979.12　アフガニスタンに侵攻	.12　ソ連軍,アフガニスタン侵攻	1979.2～.3　中越戦争	1979.1　米中国交正常化	.12　韓国,崔圭夏大 　　統領(～80)			
1980.7　モスクワオリンピック 　　(日・米など西側諸国不参加)	1980.9　イラン-イラク戦争おこる(～88) 1981.10　エジプト大統領サダト暗殺 　　(大統領にムバラク昇格)	1982.7　カンボジア,ポル=ポト派 　　ら3派連合政府(民主カンプチ 　　ア)結成,ヘン=サムリン政権と	1980.8　華国鋒首相辞任,後任に趙紫陽 　　就任 1981.6　中共11期6中全会で鄧小平・	1980.5　韓国で光州 　　事件 　.9　韓国,全斗煥		1982.7　教科書検定問題, 　　外交問題に発展 1982.11～87　中曽根康弘内閣	1980
1982.11　ブレジネフ書記長死去 　　アンドロポフ書記長就任	1982.4　イスラエル,シナイ半島をエジ 　　プトに返還	の間で内戦続く(～91)	胡耀邦体制確立,社会主義市場経済 　　推進	大統領(～88)		成立	
1984.2　アンドロポフ書記長死去 　　チェルネンコ書記長就任	.9　イスラエル軍,レバノンに侵攻	1984.10　インディラ=ガンディー 　　首相暗殺される	1982.9　中共12期1中全会で党主席 　　廃止,党総書記に胡耀邦就任 1984.12　香港の中国返還で中英両国 　　が調印	1983.10　ラングーン 　　爆弾テロ事件			
1985.3　チェルネンコ書記長死去 　　ゴルバチョフ書記長就任, 　　外相シェワルナゼ 　　ゴルバチョフ,ペレストロイカ,グラ 　　スノスチ提唱	1987　パレスチナのイスラエル占領地で 　　インティファーダ(民衆蜂起)始まる 1986.12　ベトナム,ドイモイ(刷 　　新)政策開始	1986.2　フィリピン,マルコス政 　　権崩壊し,コラソン=アキノ 　　政権誕生	1985.1　農村の人民公社解体,郷政府 　　に再編成 1987.1　胡耀邦総書記辞任	1988.2～93　韓国,盧 　　泰愚大統領		1985.9　[プラザ合意] ○バブル景気(日本の株価と 　　地価の異常な上昇)	1985
1986.4　チェルノブイリ原子力発電所 　　で爆発事故	1988.5　ソ連,アフガニスタン撤退開始 　.8　イラン-イラク戦争停戦 　.11　パレスチナ独立宣言	1988.5　ビルマで民主化運動高 　　まる.9ビルマで軍事クーデタ	.4　ポルトガルとマカオ返還共同声明 　　に調印 　.10　趙紫陽を総書記に選出	.9～.10　ソウルオリ 　　ンピック			
1989.2　ソ連軍,アフガニスタン撤退 　　完了 　.5　ゴルバチョフ訪中,中ソ対立解消	1989.6　イランの最高指導者ホメイニ 　　死去(1902～)	1989.6　ビルマ,ミャンマーと国 　　名を改称　.7　民主化指導者 　　アウンサン=スーチー自宅軟禁 　.9　カンボジア駐留ベトナム軍 　　撤退	1988.1　台湾の蔣経国死去,李登輝が 　　新総統に就任(～2000) 1989.5　ペキンで民主化要求のデモ激化 1989.6　天安門事件(第2次) 　　趙紫陽総書記が解任,後任に江沢民			1989.1.7　昭和天皇没 **平成時代** 1989～2019	
1990.3　リトアニア独立宣言 　　ゴルバチョフ,初代大統領に就任 　　エストニア,ラトヴィア独立宣言	1990.8　イラク,クウェート侵攻 　.10　ルワンダ内戦 1991.1　湾岸戦争勃発(6週間)	1991.10　カンボジアの各派,和 　　平協定に合意	1991.4　台湾が[内戦]終了を宣言	1990.9　韓ソ国交樹立 1991.9　大韓民国・ 　　朝鮮民主主義人民 　　共和国が国際連合		.4　消費税3％スタート ○バブル経済崩壊	1990
1991.6　ロシア共和国大統領にエリ 　　ツィン就任,コメコン解散 　約機構,解散	.6　南アで人種差別法が全廃され 　　デクラーク大統領がアパルトヘイ 　　ト体制の終結を宣言	1992.3　国連カンボジア暫定機 　　構(UNTAC)正式発足 　　(～93.9)		に同時加盟		1992.6　PKO協力法成立 　.9　カンボジア平和維持活 　　動(PKO)に参加	
.8　反ゴルバチョフ=クーデタ失 　　敗,共産党解散　.9　バルト3国の独 　　立を承認.12　ソ連解体し,CIS 　　(独立国家共同体)創設	.11　中東和平会議(マドリード) 1992.7　イスラエル,ラビン政権成立 1993.9　パレスチナ暫定自治協定	.5　タイで民主主義擁護運動, 　　軍事政権崩壊 1993.5　カンボジア王国成立 　　(シハヌーク国王復位)	1992.8　中国,韓国が国交成立 1994.11　李鵬首相,初の韓国訪問	1993.2～98　韓国,金 　　泳三大統領		1993.8　細川護熙連立内閣 　　成立	
ロシア連邦 1991～　　ロシア連邦大統領に 　　　　　　エリツィン	1994.5　南ア,マンデラ大統領就任 　.10　イスラエルとヨルダン,平和条 　　約に調印			1994.7　北朝鮮,金日 　　成死去		1994.6　村山富市連立内閣 　　成立	
1994.12　ロシア軍,チェチェン侵攻(～96)	1995.11　ラビン暗殺	1995.7　米越国交樹立　ベトナ 　　ム,ASEANに加盟	1995.5　地下核実験 1996.3　台湾で李登輝が総統に再任			1995.1　兵庫県南部地震 1996.1　橋本龍太郎内閣成立	1995
1996.8　ロシア軍,停戦に合意,チェチェ 　　ンから撤退	1996.5　イスラエル首相にネタニヤフ 　　就任	1997.7　アジア通貨危機	(～2000) 1995.5　鄧小平死去(1904～)	1997.10　北朝鮮の金 　　正日が総書記に就			
		1998.5　インド・パキスタン地下 　　核実験　.5　インドネシア,ス 　　ハルト大統領辞任	.7　香港,中国に返還 1998.3　[江李体制]確立(国家首席に 　　江沢民,新首相に朱鎔基)	任 1998.2　韓国大統領 　　に金大中就任		1998.7　小渕恵三内閣成立	
	1999.8　トルコ北西部イズミットで大 　　地震	1999.4　ASEAN,10か国に 　.5　印・パ,カシミールで紛争	1999.9　台湾中部で大地震 　.12　マカオ,中国に返還	(～2003)			
2000.5　ロシア大統領にプーチン就任	2000　イスラエル軍,パレスチナ自治 　　区へ侵攻	2001.1　フィリピン,アロヨ大統領就任 2002.5　東ティモール独立	2000.5　陳水扁が台湾総統に就任 2001.12　中国,WTOに加盟	2000.6　南北首脳会 　　談(金大中・金正日)		2000.4　森喜朗内閣成立 2001.4　小泉純一郎内閣成立	2000
	2001.12　アフガニスタンのタリバーン 　　政権崩壊 2003.3　イラク戦争勃発	2004.5　シン,インド首相に就任 2004.10　インドネシア,ユドヨノ 　　大統領就任	2002.11　胡錦濤が総書記就任	2003.2　韓国大統領 　　に盧武鉉就任		2006.9　安倍晋三内閣成立 2007.9　福田康夫内閣成立	
	2004.11　アラファト死去(1929～) 2006.7　イスラエル軍,レバノン侵攻	2004.12　スマトラ沖大地震 2010.6　フィリピン,ベニグノ=ア 　　キノ3世大統領就任	2003.3　胡錦濤が国家主席就任 　　温家宝が首相就任 2008.5　馬英九が台湾総統に就任	2008.2　韓国大統領 　　に李明博就任		2008.9　麻生太郎内閣成立 2009.9　鳩山由紀夫内閣成立	
2008.5　ロシア大統領にメドヴェージェフ 　　就任	.12　フセイン元イラク大統領処刑 2011.1　[アラブの春](～12)	.8　北京オリンピック 2014.5　モディ,インド首相に就任	2012.11　習近平が総書記就任	2012.4　北朝鮮の金正 　　恩が第一書記に就任		2010.6　菅直人(民)内閣成立 2011.3　東北太平洋沖地震	
2008.8　南オセチア紛争 2012.5　プーチン,ロシア大統領に再任	シリア内戦状態に 2011.7　南スーダン独立	2015.11　ミャンマーの総選挙で 　　アウンサン=スーチー勝利	2015.12　アジアインフラ投資銀行 　　(AIIB)発足	2013.2　韓国大統領に 　　朴槿恵就任(～17)		2011.9　野田佳彦(民)内閣成立 2012.12　安倍晋三内閣成立	
2014.3　ロシア,クリミアの併合を宣言	2014　シリアで,過激派組織IS台頭 2017.4　トルコのエルドアン大統領に 　　権力集中　.10　ISの拠点ラッカ陥落	2017.5　フィリピン,ドゥテルテ 　　大統領就任	2016.5　蔡英文が台湾総統に就任	2017.5　韓国大統領に 　　文在寅就任		2016　安全保障関連法施行 **令和時代** 2019～	
2022.2　ロシア,ウクライナに侵攻	2021.8　アフガニスタンでタリバーン政権掌握	2021.2　ミャンマーで軍事クーデタ				2020.9　菅義偉内閣成立 2021.10　岸田文雄内閣成立	2000

地名索引の見方　本文内の地名・国名は赤文字で示した。
人名索引の見方　本文内の人名は青文字で示した。
事項索引の見方　本文内の上記以外の事項は黒文字で示した。

索引 フ～ワ

写真等協力（五十音順）

赤木祥彦
朝日新聞社
アジアネットワーク
アートテラー・とに～
アフロフォトエージェンシー
安倍文殊院
アマナイメージズ
アメリカンフォト
池田理代子プロダクション
一般財団法人黒船館
伊藤展安
市立函館博物館
茨城県立歴史館
ウイングスフォトエンタープライズ
大久保利泰
大村次郷
沖縄県立博物館・美術館
外務省外交資料館
鹿島茂
神奈川県立歴史博物館
切手の博物館
共同通信社
京都大学研究資源アーカイブ

宮内庁三の丸尚蔵館
宮内庁書陵部
久米美術館
倉敷埋蔵文化財センター
ゲッティイメージズ
神戸市立博物館
〈Photo : Kobe City Museum /
DNPartcom〉
広隆寺
国立国会図書館
金戒光明寺
時事通信フォト
島根県教育委員会
集英社
尚古集成館
水産航空
瑞峯院
世界文化社
セキサトコ
ソウル国立中央博物館
大修館書店
大成建設
大宰寺

田村仁
中国通信社
芳賀ライブラリー
手塚プロダクション
東京国立博物館
DNP アーカイブ
Image : TNM Image Archives
Source : http://TnmArchives.jp/
東京ジャーミイ
東宝アド
徳川黎明会
長崎県立対馬歴史民俗資料館
長野剛
日本アニメーション
日本漫画資料館
ネイチャープロダクション

根津美術館
芳賀ライブラリー
ハザマチヒロ
林千尋
原書房
広島市
福岡市博物館
便利堂
法隆寺
毎日新聞社
丸山勇
三笠保存会
宮城県図書館
明治神宮外苑聖徳記念絵画館
安田喜憲

悠工房
ユニフォトプレス
横浜開港資料館
龍谷大学図書館
Bundesmobilienverwaltung
CPC
JTB フォト
PPS
Usborne
westermann
WPS

Haus-, Hof- und Staatsarchiv Wien (Family-, Court- and State-Archive Vienna),
Frankreich-Varia (France-Varia), Karton (box) 28, (alter Faszikel/old fascicle 37),
Convolut (convolute or folder) „Kaunitz-Pompadour 1756-1759", folio 2-3

"Reproduced from Encyclopedia of World History by permission of Usborne Publishing
Ltd.,83-85 Saffron Hill, London EC1N 8RT,England. Copyright © 2000Usborne
Publishing Ltd." Pierre Crom/Getty Images News/Getty Images

巻頭VI右下図資料等：全図．TKUM PIC 2011/1／3／4／3／1，"京都大学総合博物館
蔵キリシタン関係資料，ca. 1920-2004."京都大学（京都大学研究資源アーカイブ）．

最新世界史図説 タペストリー 二十一訂版

明解世界史図説 エスカリエ 十五訂版

別冊白地図作業帳

もくじ

帝国書院

年	組	番
年	組	番

② オリエント世界／地中海世界

風土　下の❶〜⓬に該当する自然地域名を記入しよう。【タペストリー p.54,62，エスカリエ p.39,45】

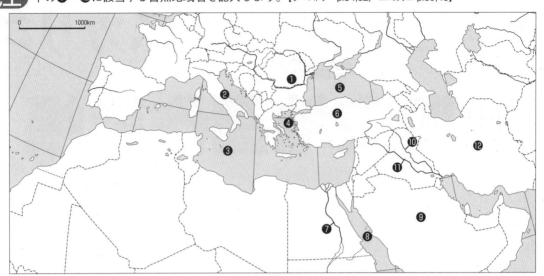

[風土]

❶ 　　　　川	❷ 　　　　半島	❸ 　　　　海	❹ 　　　　海
❺ 　　　　海	❻ 　　　　高原	❼ 　　　　川	❽ 　　　　海
❾ 　　　　半島	❿ 　　　　川	⓫ 　　　　川	⓬ 　　　　高原

行政　下のⒶ〜Ⓗに該当する国名を，ア〜オに該当する都市名を記入しよう。【タペストリー p.54,62,巻末折込，エスカリエ p.2〜3】

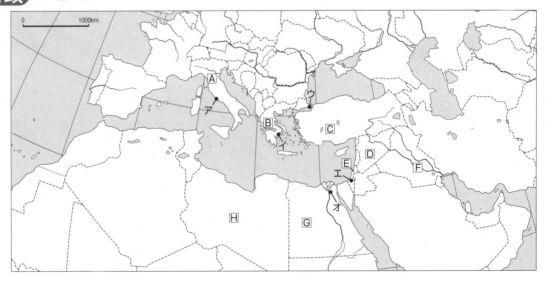

[国名]

Ⓐ	Ⓑ	Ⓒ	Ⓓ
Ⓔ	Ⓕ	Ⓖ	Ⓗ

[都市名]

ア	イ	ウ	エ
オ			

南アジア世界

風土 下の❶〜❿に該当する自然地域名を記入しよう。【タペストリー p.78, エスカリエ p.59】

❶	峠
❷	山脈
❸	川
❹	海
❺	洋
❻	高原
❼	山脈
❽	平原
❾	湾
❿	川

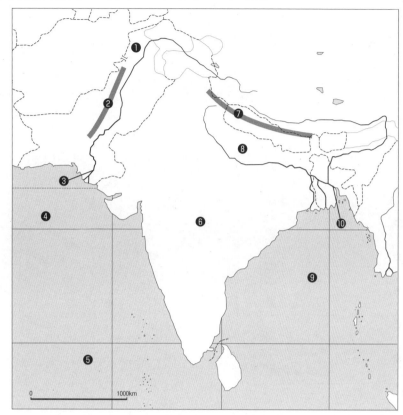

行政 下のＡ〜Ｆに該当する国名を，ア〜オに該当する都市名を記入しよう。【タペストリー p.78,巻末折込, エスカリエ p.2〜3】

[国名]

Ａ	
Ｂ	
Ｃ	
Ｄ	
Ｅ	
Ｆ	

[都市名]

ア	
イ	
ウ	
エ	
オ	

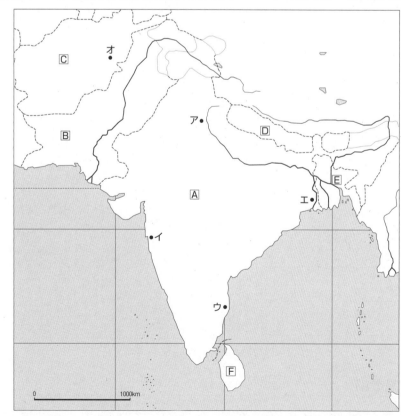

4 東南アジア世界

風土 下の❶〜⓫に該当する自然地域名を記入しよう。【タペストリー p.82, エスカリエ p.62】

❶	川
❷	川
❸	川
❹	海
❺	半島
❻	半島
❼	海峡
❽	島
❾	島
❿	島
⓫	諸島

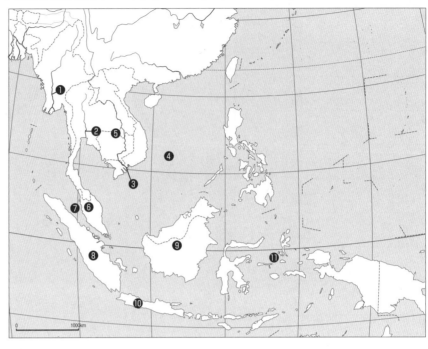

行政 下の🄐〜🄘に該当する国名を，ア〜エに該当する都市名を記入しよう。【タペストリー p.82,巻末折込, エスカリエ p.2〜3】

[国名]

🄐	
🄑	
🄒	
🄓	
🄔	
🄕	
🄖	
🄗	
🄘	

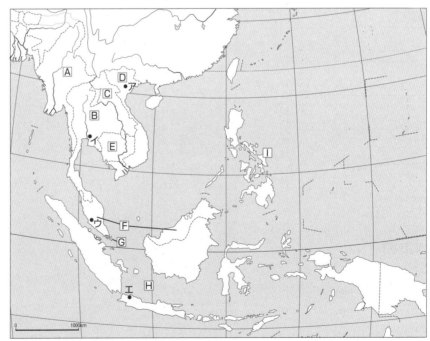

[都市名]

ア	イ	ウ	エ

東アジア世界

風土 下の❶〜⓱に該当する自然地域名を記入しよう。【タペストリー p.87，エスカリエ p.65】

❶	河
❷	江
❸	河
❹	江
❺	海
❻	海
❼	海
❽	洋
❾	山脈

❿ 山脈	⓬ 山脈	⓮ 高原	⓰ 砂漠
⓫ 山脈	⓭ 高原	⓯ 高原	⓱ 盆地

行政 下のA〜Fに該当する国名を，ア〜ケに該当する都市名を記入しよう。【タペストリー p.87,巻末折込，エスカリエ p.2〜3】

[国名]

A	
B	
C	
D	
E	
F	

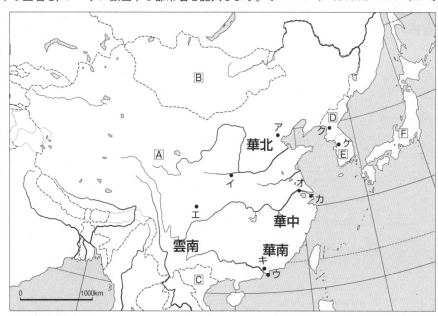

華北　華中　華南　雲南

中国の地方区分

山西　河北　黄河　陝西　甘肅　関中　山東　淮河　河南　湖北　江南　四川　洞庭湖　長江　湖南　雲貴　広西　広東　福建　珠江

秦嶺＝淮河線
南嶺線

・関中…周囲を関所に囲まれた交通の
要地で，周以降，多くの王朝がこの
地を都とした。
・中原…黄河中下流域の平原部をいい，
古くから天下を制する根拠地として
重視された。

[都市名]

ア	イ	ウ
エ	オ	カ
キ	ク	ケ

6 ヨーロッパ世界

風土 下の❶〜⓮に該当する自然地域名を記入しよう。【タペストリー p.136，エスカリエ p.102】

❶	洋
❷	海
❸	海
❹	海
❺	海
❻	川
❼	川
❽	川
❾	山脈
❿	山脈
⓫	半島
⓬	島
⓭	半島
⓮	半島

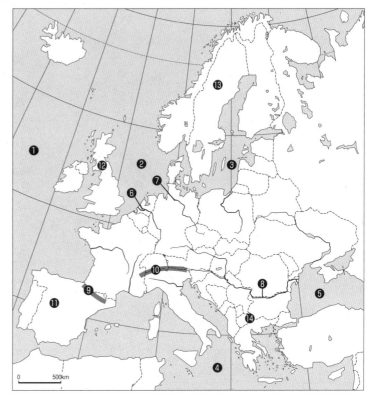

行政 下のＡ〜Ｎに該当する国名を，ア〜エに該当する都市名を記入しよう。【タペストリー p.136，巻末折込，エスカリエ p.2〜3】

[国名]

Ａ	
Ｂ	
Ｃ	
Ｄ	
Ｅ	
Ｆ	
Ｇ	
Ｈ	
Ｉ	
Ｊ	
Ｋ	
Ｌ	
Ｍ	
Ｎ	

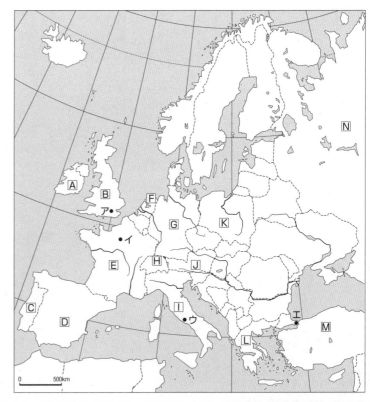

[都市名]	ア	イ	ウ	エ

南北アメリカ

風土・行政 下の❶〜⓭に該当する自然地域名，Ａ〜Ｐに該当する国名，ア〜ケに該当する都市名を記入しよう。【タペストリー p.156, 巻末折込，エスカリエ 巻頭「世界史の舞台①」, p.2〜3, 122】

[風土]

❶	海
❷	山脈
❸	湾
❹	川
❺	山脈
❻	洋
❼	洋
❽	諸島
❾	海
❿	運河
⓫	山脈
⓬	川
⓭	海峡

[国名]

Ａ	
Ｂ	
Ｃ	
Ｄ	
Ｅ	
Ｆ	
Ｇ	
Ｈ	
Ｉ	
Ｊ	
Ｋ	
Ｌ	
Ｍ	
Ｎ	
Ｏ	
Ｐ	

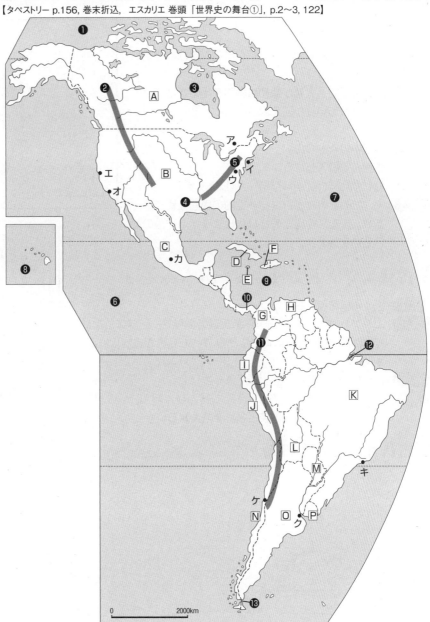

[都市名]

ア	イ	ウ
エ	オ	カ
キ	ク	ケ

古代オリエント

① オリエント諸王朝 【タペストリー p.54～55, エスカリエ p.39】

作業1 ▬ で示された, メソポタミアとよばれる地域を赤で囲もう。

問題 この地域で, 人類が最初に農耕を始めた地帯は何とよばれているか答えよう。

( )

作業2 地図中のA～Cの□に, 下から適切な地域名を選んで記入しよう。

〔メソポタミア, 小アジア, パレスチナ〕

作業3 ---- で表されたヒッタイト王国の範囲を青でなぞろう。また, ◎印で表されたヒッタイト王国の都の名称を答えよう。 ( )

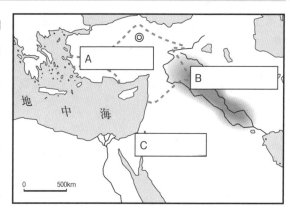

② 古代エジプト文明 【タペストリー p.56, エスカリエ p.40】

作業1 ナイル川を赤でなぞろう。

作業2 エジプトの古王国・中王国・新王国の境界を---- 線にしたがってaは黒, bは赤, cは青でなぞり, かつ, 名称を書き入れよう。

a ( ) b ( ) c ( )

作業3 A～Cの都市名を□に記入しよう。

問題 ← の方向から紀元前18世紀に侵入し, 前17～16世紀にエジプトを支配した民族の名称を答えよう。( )

③ 古代オリエントの統一 【タペストリー p.4～5, 60, エスカリエ p.39, 43】

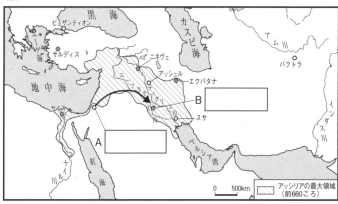

◀Ⓐ アッシリアの統一

作業1 ▨ で表されたアッシリアの最大領域を赤で囲もう。

作業2 A, Bの都市名を書き込もう。

問題 ユダヤ人が→の方向に強制移住させられた事件の名称を答えよう。

( )

◀Ⓑ アケメネス朝ペルシア

作業1 A～Cの国名, 勢力圏を, □から選び, 地図中に番号で記入しよう。

> ①アケメネス朝ペルシア
> ②フェニキアの勢力圏
> ③ギリシアの勢力圏

作業2 地図中に▨で示されたアケメネス朝ペルシアの成立期の領土を赤で塗りつぶそう。

パルティアとササン朝ペルシア／キリスト教の成立

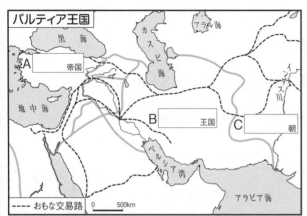

パルティア王国

① パルティア王国 【タペストリー p.61, 95, エスカリエ p.44, 72〜73】

作業1 地図中のA〜Cの国名を記入しよう。

作業2 紀元2世紀に発達した地図中の ---- で表された交易路を赤でなぞろう。

問題 作業2 でなぞった交易路は，西のローマ帝国から東の後漢まで続いていた。この交易路を総称して何とよぶか答えよう。

名称（　　　　　　　　）

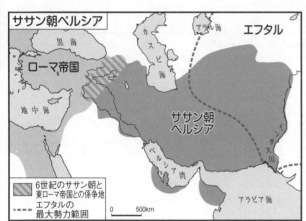

ササン朝ペルシア

② ササン朝ペルシア 【タペストリー p.61, エスカリエ p.44】

作業1 地図中に ▨ で表されたローマ帝国とササン朝ペルシアの係争地を青で囲もう。

作業2 エフタルがササン朝ペルシアに侵入した最大勢力範囲を赤でなぞろう。

問題 以下の皇帝・国王が攻め込んだ国名を下の □ から選び，記号で答えよう。

トラヤヌス帝 →（　　　　）

ホスロー1世 →（　　　　）

| ⓐパルティア王国　ⓑ東ローマ帝国 |

③ キリスト教の成立

【タペストリー p.74, エスカリエ p.57】

作業1 地図中のA〜Eの都市が，総大司教座（五本山）のどの都市であるか記入しよう。

作業2 地図中のa, b, cの都市名を答えよう。また，これらの都市では，ローマ帝国がキリスト教を公認していく過程で重要なできごとがあった。その名称と年号を答えよう。

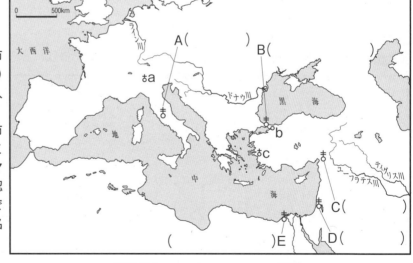

	都市名		できごと		年号	
a	（　　　）	（	）	（	）	
b	（　　　）	（	）	（	）	
c	（　　　）	（	）	（	）	

古代ギリシア／ヘレニズム世界／古代ローマ

①ペルシア戦争 【タペストリー p.64〜65, エスカリエ p.47】

作業1 ペルシア戦争でギリシアが戦った国名を，地図中の□に記入しよう。

作業2 ペルシア戦争で戦場となったマラトンとサラミスに赤で×印をつけよう。

作業3 A〜Dの都市名を答えよう。

A（　　　　　　　） B（　　　　　　　）
C（　　　　　　　） D（　　　　　　　）

問題 ペルシアとの戦争で，ギリシア軍の主力となった歩兵の名称を答えよう。

（　　　　　　　）歩兵

②ヘレニズム世界

【タペストリー p.66, エスカリエ p.50】

作業1 アレクサンドロスが征服した地域----を赤で囲もう。

作業2 a，bの都市名と，前333年，前331年の戦いの名称を記入しよう。

作業3 アレクサンドロスの帝国分裂後（前200年ごろ）の各国（A〜D）の領域をそれぞれ青で囲み，国名を□に入れよう。

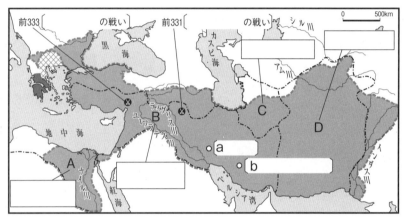

③ローマ帝国の拡大 【タペストリー p.72〜73, エスカリエ p.53】

作業1 ローマ帝国の最大版図——を青で囲もう。

作業2 ローマ帝国の分裂（後395年）の境界線----を赤でなぞろう。

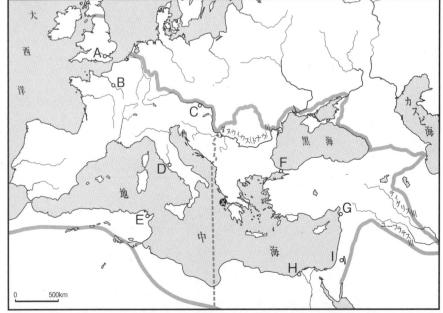

作業3 地図中のA〜Iの地名を答えよう。

A（　　　　　　　　　　）
B（　　　　　　　　　　）
C（　　　　　　　　　　）
D（　　　　　　　　　　）
E（　　　　　　　　　　）
F（　　　　　　　　　　）
G（　　　　　　　　　　）
H（　　　　　　　　　　）
I（　　　　　　　　　　）

問題 ローマ軍がクレオパトラひきいるエジプト艦隊を破り，地中海世界を制覇した戦いの名称を答えよう。

（　　　　　　　）の海戦

古代インド

1 ヴェーダ時代 【タペストリー p.79, エスカリエ p.60】

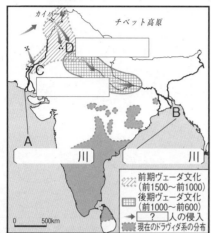

前期ヴェーダ文化
（前1500～前1000）
後期ヴェーダ文化
（前1000～前600）
→ ? 人の侵入
現在のドラヴィダ系の分布

作業1　AとBの河川名を記入しよう。

作業2　インダス文明の代表的遺跡である，CとDの遺跡名を記入しよう。

問題　ヴェーダ時代に，北インドに広がった矢印の民族の名称を記入しよう。

（　　　　　　　　　　）人

2 マウリヤ朝 【タペストリー p.80, エスカリエ p.60】

アショーカ王時代の
マウリヤ朝
→ ? の進路（前4C末）

作業1　アショーカ王時代の領域を赤で囲もう。

作業2　マウリヤ朝の都の名称を答え，場所をA～Cから選ぼう。

名前（　　　　　　　　　）　場所（　　）

問題　Dの進路で軍をひきいた人物名を答えよう。

（　　　　　　　　　　）

3 クシャーナ朝とサータヴァーハナ朝
【タペストリー p.80, エスカリエ p.60～61】

カニシカ王時代
のクシャーナ朝
サータヴァーハナ
朝の最大領域

作業　カニシカ王時代のクシャーナ朝の領域を赤で，サータヴァーハナ朝の最大領域を青で囲もう。

問題　ギリシア文化の影響を受けた仏像と，純インド風仏像がつくられた場所をA，Bから選び，その地名を答えよう。

　　　　　　場所　　　　　地名

ギリシア風（　　）（　　　　　　　　）

純インド風（　　）（　　　　　　　　）

4 グプタ朝とヴァルダナ朝 【タペストリー p.81, エスカリエ p.61】

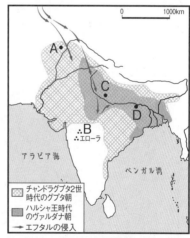

チャンドラグプタ2世
時代のグプタ朝
ハルシャ王時代
のヴァルダナ朝
→ エフタルの侵入

作業1　チャンドラグプタ2世時代のグプタ朝の領域を赤で囲もう。

作業2　ハルシャ王時代のヴァルダナ朝の領域を青で囲もう。

作業3　グプタ朝の都の名称を答え，場所をA～Dから選ぼう。

名前（　　　　　　　　）　場所（　　）

問題　グプタ朝時代に建立され，グプタ美術が見られる寺院の名称を答え，場所をA～Dから選ぼう。

（　　　　　　　　）石窟寺院　場所（　　）

東南アジアの歴史

1 4～9世紀 【タペストリー p.84, エスカリエ p.63】

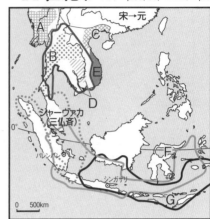

作業1 義浄（ぎじょう）の行路を赤でたどろう。

作業2 A～Fの国名・王朝名を答えよう。

A (　　　　　) B (　　　　　)
C (　　　　　) D (　　　　　)
E (　　　　　) F (　　　　　)

問題 Fによって大乗仏教寺院が築かれたaの地名を答えよう。 a (　　　　　)

2 10～14世紀 【タペストリー p.83, 85, エスカリエ p.62～63】

作業1 A～Gの国名・王朝名を答えよう。

A (　　　　　) B (　　　　　)
C (　　　　　) D (　　　　　)
E (　　　　　) F (　　　　　)
G (　　　　　)

作業2 本体の年表を参考に，この時代に上座仏教が広がった地域を青で着色しよう。

3 15世紀 【タペストリー p.83, 85, エスカリエ p.62～63】

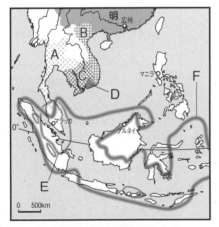

作業1 A～Fの国名・王朝名を答えよう。

A (　　　　　) B (　　　　　)
C (　　　　　) D (　　　　　)
E (　　　　　) F (　　　　　)

作業2 本体の年表を参考に，A～Fの中でイスラーム化が進んだ地域を一つ選び，その地域を赤で囲もう。

4 16～18世紀 【タペストリー p.85, エスカリエ p.63】

作業1 スペイン領を青で着色しよう。

作業2 A～Fの国名・王朝名を答えよう。

A (　　　　　) B (　　　　　)
C (　　　　　) D (　　　　　)
E (　　　　　) F (　　　　　)

作業3 日本町を赤い○で囲もう。

問題 aの都市で，1623年に起きた事件の名称を答えよう。【タペストリー p.85, エスカリエ p.29】

(　　　　　) 事件

古代中国／秦・漢

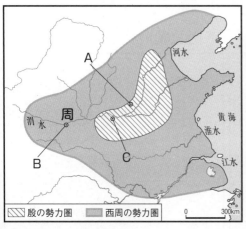

凡例：
- 殷の勢力圏
- 西周の勢力圏
- 0　　300km

①殷・周 【タペストリー p.88, エスカリエ p.66】

作業1 殷の勢力圏を赤でなぞろう。

作業2 殷の都の一つであった地図中のＡの遺跡の名称を答えよう。　　　　　　Ａ（　　　　　　　　　　　）

問題1 Ａで発見された亀の甲羅や動物の骨に刻まれた文字の名称を答えよう。　（　　　　　　）文字

作業3 西周の勢力圏を青でなぞろう。

作業4 西周の都Ｂと東周の都Ｃの名称を答えよう。
Ｂ（　　　　　　）　Ｃ（　　　　　　　　）

問題2 周が国家の秩序を維持するために行った統治制度の名称を答えよう。　　　（　　　　　　）制度

②春秋・戦国と秦 【タペストリー p.89, 91, エスカリエ p.67～68】

作業1 地図中のⓐ～ⓖの□に,「戦国の七雄」を記入しよう。

作業2 秦の最大領域（前214年）を青でなぞろう。

作業3 地図中のＡ（秦の都）の名称を答えよう。
（　　　　　　　　　）

問題1 戦国諸国を統一した始皇帝が全国に施行した地方統治制度の名称を答えよう。
（　　　　　　　　　）

問題2 地図中のＢで，前209年に起きた農民の反乱の名称を答えよう。
（　　　　　　　　　）の乱

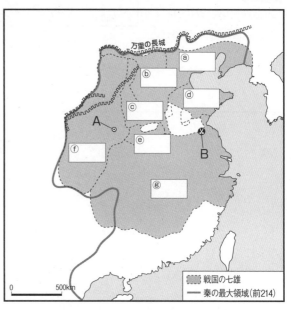

凡例：
- 戦国の七雄
- 秦の最大領域（前214）

③前漢・後漢

【タペストリー p.92～93,
エスカリエ p.69～70】

作業1 武帝即位当時の前漢の領土（前141年）を,赤で着色しよう。

作業2 前漢の最大領域（前102年まで）を赤でなぞろう。

作業3 張騫の西域行路を黒でたどろう。

問題 地図中の ア にあてはまる遊牧集団の名称を答えよう。（　　　　　　　）

作業4 後漢の領域を青でなぞろう。

作業5 166年に大秦王安敦の使者が到着した日南郡を青の■で記入しよう。

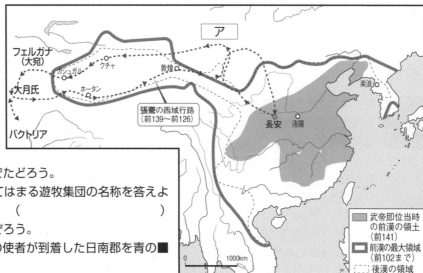

凡例：
- 武帝即位当時の前漢の領土（前141）
- 前漢の最大領域（前102まで）
- 後漢の領域

魏晋南北朝／隋・唐

1 魏晋南北朝 【タペストリー p.98, エスカリエ p.74】

作業1
Ⓐ地図中の㋐～㋒の□に三国（魏・呉・蜀）の国名を，㋓～㋖の〔　〕に魏・呉・蜀，それぞれの都の名称を書き込もう。

作業2
Ⓑ地図中の北魏の領域を赤で，宋の領域を青でそれぞれ囲もう。

作業3
Ⓑ地図中の㋖，㋗の〔　〕に北魏の都の名称を書き込もう。

Ⓐ 三国時代

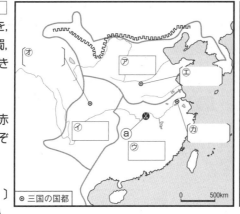

Ⓑ 南北朝時代

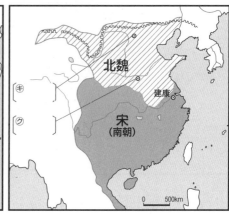

問題 三国の分立が決定的となった208年のⓐの戦いの名称を答えよう。（　　　　　）の戦い

2 隋 【タペストリー p.100, エスカリエ p.76】

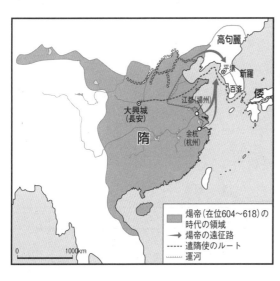

作業1 煬帝の時代の領域を，赤で囲もう。
作業2 運河を青でなぞろう。
作業3 遣隋使のルートを黒でなぞろう。
問題 煬帝が3度にわたり遠征を行った国名をあげよう。また，その遠征の結果は，成功したか失敗したか，正しい方に○をつけよう。

国名（　　　　　　　　）

成功・失敗

3 唐 【タペストリー p.101, エスカリエ p.77】

作業1 唐の最大領域を赤で囲もう。
作業2 遣唐使のルートを黒でなぞろう。
作業3 本文を参考にして，下の㋐と㋑の指示にしたがって，地図中の国名を囲もう。
　ア）唐と冊封関係にある国名を青の○で囲もう。
　イ）唐と朝貢関係のみで結びついている国名を青の□で囲もう。

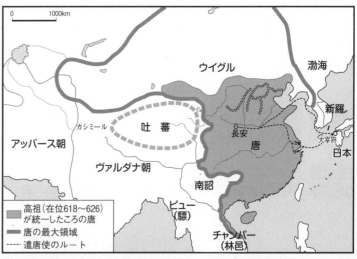

宋／モンゴル帝国

1 北宋【タペストリー p.105～106, エスカリエ p.81】

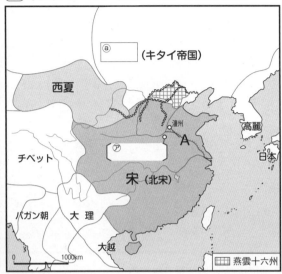

作業1 地図中の②の□□□に，あてはまる国名を記入しよう。また，この国の範囲を青でなぞろう。

作業2 地図中の⑦に北宋の都の名称を書き込もう。

作業3 燕雲十六州を赤で塗ろう。

問題 地図中Aの都市で，1004年に結ばれた盟約の名称を答えよう。
（　　　　　　　）の盟

2 南宋【タペストリー p.107, エスカリエ p.81】

作業1 地図中の②～ⓒの□□□に国名を記入し，金の範囲を青でなぞろう。

作業2 南宋の範囲を赤でなぞろう。

作業3 地図中の⑦に南宋の都の名称を書き込もう。

作業4 金と南宋の国境となった，地図中④の川の名称を答えよう。　（　　　　　）

問題 地図中Bの都市で，1126～27年に起きたできごとの名称を答えよう。
（　　　　　　　）の変

3 モンゴル帝国
【タペストリー p.110～111, エスカリエ p.84～85】

作業1 モンゴル帝国を構成するA～Dの国の名称を答えよう。
A（　　　　　　　）
B（　　　　　　　）
C（　　　　　　　）
D（　　　　　　　）

作業2 元の都である，地図中②の都市名を答えよう。
（　　　　　　　）

作業3 世界全図のページも参考に，マルコ＝ポーロが旅したルートを，赤でなぞろう。【タペストリー p.30～31, エスカリエ p.22～23】

問題 元が2度，日本に遠征してきたできごとの名称を答えよう。
1274年（　　　　　　　）の役
1281年（　　　　　　　）の役

1 朝鮮半島【タペストリー p.122, エスカリエ p.86〜87】

Ⓐ 4世紀ごろ

作業1 高句麗・新羅・百済の三国を▨▨で, それぞれ塗り分けよう。
（高句麗：青, 新羅：赤, 百済：黒）

作業2 地図中の@に新羅の都の名称を書き込もう。

作業3 広開土王の進出方向を青でなぞろう。

Ⓑ 16世紀ごろ

作 業 壬辰倭乱のルートを青で, 丁酉倭乱のルートを赤でなぞろう。

問題1 これら二つの争乱を引き起こした人物名を答えよう。（　　　　　　　）

問題2 江戸時代, 朝鮮と日本との交流を示す地図中のＡは何のルートかを答えよう。（　　　　　　　）

2 明【タペストリー p.115, エスカリエ p.88】

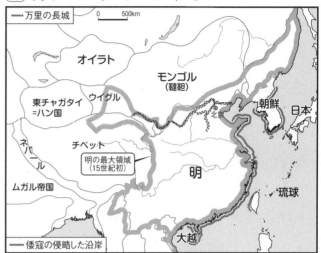

作業1 明の最大領域を黒でなぞろう。

作業2 オイラトの範囲を青の▨▨で, モンゴルの範囲を赤の☰☰線で, それぞれ示そう。

作業3 万里の長城を青で, 倭寇の侵略した沿岸を赤でなぞろう。

問 題 明が対外関係に悩まされたこうした状況を何というか, 漢字4字で答えよう。（　北　　　南　　）

3 清【タペストリー p.119, エスカリエ p.89】

作業1 清の最大領域を青でなぞろう。

作業2 清の直轄地を赤の▨▨で, 藩部を青の☰☰で示そう。

作業3 清がロシアと国境条約を結んだＡとＢの都市名を答えよう。Ａ（　　　　　　）Ｂ（　　　　　　）

問 題 清の支配に最後まで抵抗を続けた鄭氏の拠点Ｃの地域名を答えよう。（　　　　　　　）

イスラーム世界の形成と変容

1 イスラーム世界の形成 【タペストリー p.124 ～ 125, 巻末折込, エスカリエ p.2 ～ 3, 93 ～ 94】

作業1 イスラームが拡大した地域を，下の指示にしたがって塗り分けよう。
・632 年まで…青
・656 年まで…青の￣￣￣
・715 年まで…青の／／／／

作業2 アッバース朝の最大領域を赤の線で囲もう。

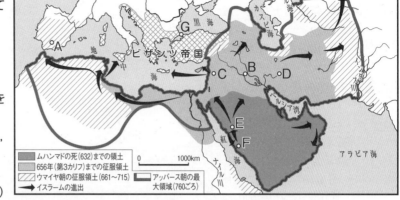

凡例:
- ムハンマドの死(632)までの領土
- 656年(第3カリフ)までの征服領土
- ウマイヤ朝の征服領土(661～715)
- アッバース朝の最大領域(760ごろ)
- イスラームの進出
0　1000km

問題1 次の設問に合う地名を答え，場所をA～Gから選ぼう。
①ムハンマド生誕の地
（　　　　　）場所（　　）
②ムハンマドが 622 年に①の場所から移住（ヒジュラ＝聖遷）した地
（　　　　　）場所（　　）

問題2 ウマイヤ朝の都とアッバース朝のマンスールが建設した都の名称を答え，場所をA～Gから選ぼう。そして，今はどこの国の首都になっているか答えよう。

ウマイヤ朝　（　　　　　　　　　　）場所（　　）今はどこの国の首都か（　　　　　　　　　）
アッバース朝（　　　　　　　　　　）場所（　　）今はどこの国の首都か（　　　　　　　　　）

2 イスラーム世界の変容 【タペストリー p.127, エスカリエ p.95】

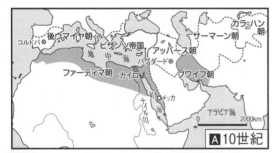

A 10世紀

作業1 シーア派王朝の領域￣￣を赤で塗ろう。
作業2 カリフを立てた王朝名を青の○で囲もう。

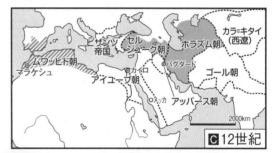

C 12世紀

作業1 トルコ系王朝￣￣を赤で塗ろう。
作業2 ベルベル系王朝／／／を青で塗ろう。

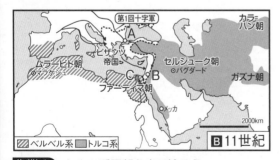

凡例: ／／ベルベル系　￣￣トルコ系
B 11世紀

作業1 トルコ系王朝を赤で塗ろう。
作業2 ベルベル系王朝を青で塗ろう。
問題 第1回十字軍がめざした都市名を答え，場所をA～Cから一つ選ぼう。
【タペストリー p.145, エスカリエ p.108 も参照】

都市名（　　　　　　　）場所（　　）

凡例: ￣￣モンゴル系
D 13世紀

作業 モンゴル系王朝を赤で塗ろう。
問題1 地図中のAの王朝名を答えよう。
（　　　　　　　　）朝
問題2 ナスル朝時代に，イベリア半島に建設された宮殿の名称を答えよう。
（　　　　　　　　）宮殿

オスマン帝国／ムガル帝国

1 オスマン帝国

【タペストリー p.132 ~ 133, エスカリエ p.100】

作業1 1362 年の領土を青で塗ろう。

作業2 1683 年の国境を赤でなぞろう。

作業3 ㋐～㋓に国名を記入しよう。

問題1 次の説明に合う都市名を答え、場所をA～Dから選ぼう。

① オスマン帝国が征服したビザンツ帝国の都

都市名（　　　　　　　）　場所（　　　　）

② オスマン帝国が包囲した神聖ローマ帝国の都

都市名（　　　　　　　）　場所（　　　　）

問題2 本体の年表を参考に、次の戦いの名称を答え、場所をX～Zから選ぼう。

① 1402 年、オスマン帝国がティムール帝国に敗れた戦い

（　　　　　　　）の戦い　場所（　　　　）

② 1538 年、オスマン帝国が東地中海の制海権をにぎった戦い

（　　　　　　　）の海戦　場所（　　　　）

（地図）14～17世紀

凡例：
- 1362年の領土
- 1683年の国境
- ⊗ おもな戦い
- 0　500km

2 ムガル帝国 【タペストリー p.134, エスカリエ p.101】

作業1 A 図のガズナ朝の領域を赤で、ゴール朝の領域を青で囲もう。

作業2 B 図の奴隷王朝を青で塗ろう。

作業3 C 図のムガル帝国におけるアウラングゼーブ帝の最大領域を青で、マラータ同盟支配下の最大領域を赤でなぞろう。

問題1 インドのイスラーム化の過程として正しいのは、㋐㋑のどちらか。記号で答えよう。

㋐南インド→北インド→アフガニスタン

㋑アフガニスタン→北インド→南インド

（　　　　）

問題2 16 世紀ごろから、インドにヨーロッパ諸国が進出してきた。次の各都市を占領した国名を、□□□の中から選んで記入しよう。

国名

・ゴア（1510 年），コロンボ（1517 年）〔　　　　　　〕

・マドラス（1639 年），ボンベイ（1661 年）

カルカッタ（1690 年），カリカット（1792 年）

〔　　　　　　〕

・コロンボ（1658 年）　　　　　　　〔　　　　　　〕

オランダ，イギリス，ポルトガル

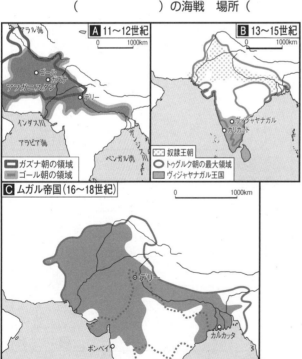

A 11～12世紀　0　1000km

ガズナ朝の領域
ゴール朝の領域

B 13～15世紀　0　1000km

奴隷王朝
トゥグルク朝の最大領域
ヴィジャヤナガル王国

C ムガル帝国（16～18世紀）　0　1000km

アクバル没年時の領域（1605）
アウラングゼーブ帝の最大領域（1707）
マラータ同盟支配下の最大領域

ヨーロッパ世界の形成

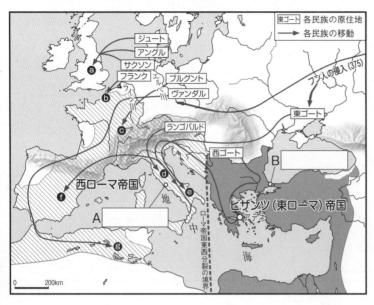

1 ゲルマン人の大移動
【タペストリー p.137, エスカリエ p.102】

作業1 ローマ帝国の東西分裂の境界----を赤でなぞろう。

作業2 ローマとコンスタンティノープルの都市名を，A・Bの適した方の□□□に書き込もう。

作業3 →をたどり，各民族が最終定住地ⓐ〜ⓖに建てた国の名称を記入しよう。

- ⓐ （　　七王国　）
- ⓑ （　　　　王国　）
- ⓒ （　　　　王国　）
- ⓓ （　　　　王国　）
- ⓔ （　　　　王国　）
- ⓕ （　　　　王国　）
- ⓖ （　　　　王国　）

2 フランク王国
【タペストリー p.138, エスカリエ p.103】

作業1 カール大帝の勢力圏の範囲を青でなぞろう。

作業2 宮廷のあったアーヘンと，カールが戴冠したローマを，それぞれ地図中のA・Bのあてはまる方に記入しよう。

作業3 ピピンがローマ教皇に献上したラヴェンナ地方を含む教皇領を赤の▨で示そう。

作業4 フランク軍がイスラーム勢力を破った戦いは何というか。その名称を地図中のCに記入しよう。

問題 かつてのフランク王国の版図には現在どの国があるか，おもな国を三つあげよう。
（　　　　）（　　　　）（　　　　）

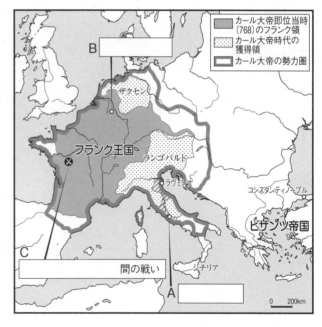

3 ビザンツ帝国
【タペストリー p.139, エスカリエ p.104】

作業1 地図中A・Bに国名を，a・b・cに都市名を記入しよう。

作業2 ユスティニアヌス帝時代の最大領域を赤で塗ろう。

作業3 地図中C・Dに，ユスティニアヌスによって滅ぼされたイタリアと北アフリカの国の名称を記入しよう。

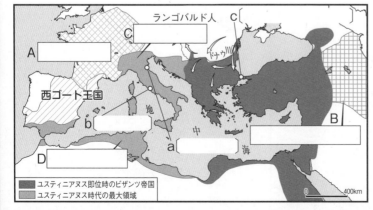

ヨーロッパ世界の変動

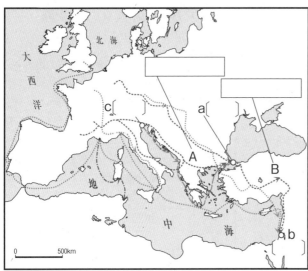

1 十字軍 【タペストリー p.145, エスカリエ p.108】

作業1 地図中のA，Bの□□□に国名を記入しよう。また，a〜cの〔 　〕には次の①〜③の都市名から番号を選んで記入しよう。

①イェルサレム
②コンスタンティノープル
③ヴェネツィア

作業2 第1回十字軍の経路を青でなぞろう。

作業3 第4回十字軍の経路を赤でなぞろう。

2 中世ヨーロッパの商業
【タペストリー p.146, エスカリエ p.109】

作業1 地図中のa〜hに次の都市名を書き込もう。

ヴェネツィア, ジェノヴァ,
フィレンツェ, リューベク,
ハンブルク, リヨン,
アウクスブルク, ブリュージュ

作業2 地中海交易圏を赤，北方交易圏を青，シャンパーニュ地方を黒で囲もう。

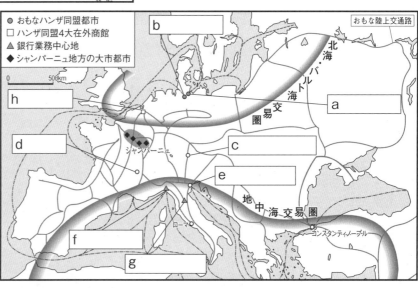

おもなハンザ同盟都市
ハンザ同盟4大在外商館
銀行業務中心地
シャンパーニュ地方の大市都市
おもな陸上交通路

3 中世末期のヨーロッパ
【タペストリー p.151, エスカリエ p.110】

作業1 神聖ローマ帝国の境界を赤い線で書き込もう。

作業2 次の国名を地図中に記入しよう。
イングランド王国
ポルトガル王国
カスティリャ王国
フランス王国
神聖ローマ帝国
リトアニア-ポーランド王国
ハンガリー王国
オスマン帝国

宗教改革／大航海時代

①宗教改革 【タペストリー p.162〜163, エスカリエ p.119】

作業1 神聖ローマ帝国の範囲を赤でなぞろう。

作業2 次の都市の記号を青い○で囲もう。
　　①ジュネーヴ　　　②ヴィッテンベルク
　　③アウクスブルク　④ヴォルムス

問題 次の説明文と, 最も関係の深い都市を, 作業2の
①〜④の都市より選び, 記号で答えよう。

1. ルターが「95か条の論題」を発表した。
（　　　）

2. 帝国議会が, 1521年にルター派を禁止した。
（　　　）

3. カルヴァンが神権政治を行った。
（　　　）

4. 帝国議会がルター派を1555年に公認した。
（　　　）

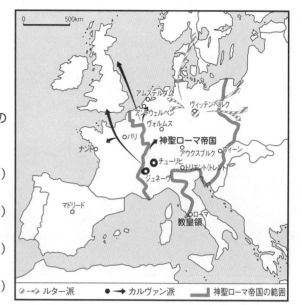

② ルター派　● カルヴァン派　━ 神聖ローマ帝国の範囲

②大航海時代 【タペストリー p.154〜157, エスカリエ p.120〜122】

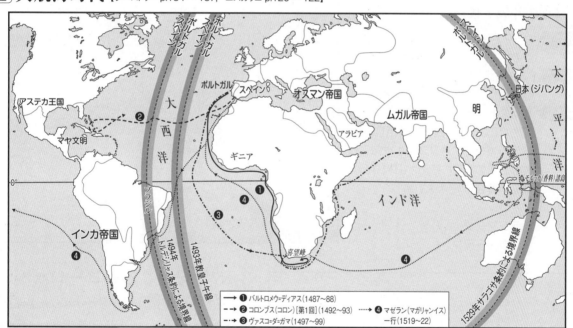

→ ① バルトロメウ=ディアス(1487〜88)
-→ ② コロンブス(コロン)[第1回](1492〜93)
-·→ ③ ヴァスコ=ダ=ガマ(1497〜99)
······→ ④ マゼラン(マガリャンイス)一行(1519〜22)

作業1 図中の①〜④のバルトロメウ=ディアス, ヴァスコ=ダ=ガマ, コロンブス, マゼランの航路を, それぞれの航海を援助した国が, スペインの場合には赤で, ポルトガルの場合には青でなぞろう。

作業2 1493年教皇子午線と, 1494年トルデシリャス条約によって変更された陸地の部分を, 青の斜線で示そう。

問題1 次の文章の空欄に入る語句を, 下の語群より選び, a〜fで答えよう。

　ポルトガルの(①　　　)まわり航路に対して, スペインは(②　　　)まわり航路である。このため,
(③　　　)はポルトガルの支配が認められたのに対して, (④　　　)はスペインのものとなった。
しかし, (⑤　　　)はスペイン, (⑥　　　)はポルトガルが領有することとなった。
　a. 東　　b. 西　　c. アメリカ大陸　　d. アジア　　e. ブラジル　　f. フィリピン

問題2 メキシコ高原とペルーにあった国と, それらを滅ぼしたスペイン人の名前をそれぞれ答えよう。
　メキシコ高原(　　　王国)(　　　)　ペルー(　　　帝国)(　　　)

主権国家体制の成立（16～18世紀のヨーロッパ）

1 16世紀中ごろのヨーロッパ

【タペストリー p.164～166, エスカリエ p.123～124】

作業1 スペイン王フェリペ2世の領土を赤の線で囲もう。

作業2 スペインによる新教徒の弾圧に反発して, 独立した地域の名称を黒で囲もう。

作業3 スペイン艦隊の進路を青でなぞり, アルマダの海戦の位置を青の○で示そう。

問題 アルマダの海戦時のイギリス国王の名前と, この王が確立したキリスト教宗派の名称を答えよう。

国王名（　　　　　　　　　）

宗派名（　　　　　　　　　）

凡例:
- スペイン王フェリペ2世の領土
- オーストリア＝ハプスブルク家の領土
- ── 神聖ローマ帝国の境界

2 17世紀中ごろのヨーロッパ（三十年戦争後）

【タペストリー p.169, エスカリエ p.127】

作業1 オーストリアのハプスブルク家とスペインのハプスブルク家領を赤の線で囲もう。

作業2 プロイセン公国の領土（ホーエンツォレルン家領）を黒の線で囲もう。

作業3 ウェストファリア条約で, 独立が承認された二つの国を青で着色しよう。

問題 三十年戦争で, ハプスブルク家と敵対した次の国々の宗教が旧教なら旧を, 新教なら新を入れよう。

フランス　　　（　　　）

デンマーク　　（　　　）

スウェーデン　（　　　）

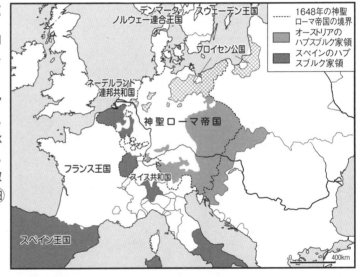

凡例:
- 1648年の神聖ローマ帝国の境界
- オーストリアのハプスブルク家領
- スペインのハプスブルク家領

3 18世紀中ごろのヨーロッパ（ポーランド分割）

【タペストリー p.172～174, エスカリエ p.128～129】

作業1 分割されたポーランドで, ロシア領は青の斜線, プロイセン領は赤の斜線, オーストリア領は赤で着色しよう。

作業2 オーストリアが, 1699年カルロヴィッツ条約で獲得した地域を黒の線で囲もう。

作業3 ロシアが, 北方戦争でスウェーデンより獲得した地域を青の線で囲もう。

問題 ロシア, プロイセン, オーストリアで啓蒙専制君主として有名な人物をそれぞれ答えよう。

露（　　　　　　　　　）

普（　　　　　　　　　）

墺（　　　　　　　　　）

凡例:
- 普＝プロイセン
- 墺＝オーストリア
- 露＝ロシア
- ┊ 神聖ローマ帝国の範囲
- ポーランド分割 ロシア（露）プロイセン（普）オーストリア（墺）

ナポレオン時代／ウィーン体制

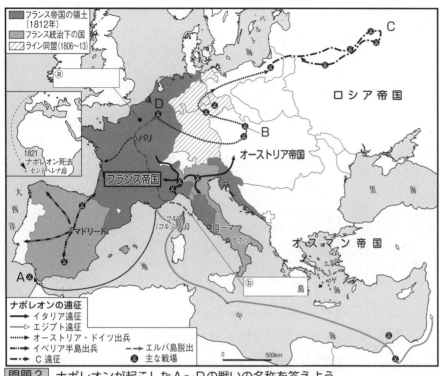

【タペストリー p.191, エスカリエ p.139・141】

1 ナポレオンの遠征

作業1 ナポレオンの遠征の進路を赤でなぞろう。

作業2 地図中の@, ⓑに地名を入れよう。

作業3 フランス帝国の領土（1812年）と, フランス統治下の国を青で塗ろう。

問題1 大陸封鎖令は, ナポレオンがどの国に対抗するためのものだっただろうか。

対抗国
（　　　　　）

問題2 ナポレオンが起こしたA〜Dの戦いの名称を答えよう。

A〔　　　　　〕の海戦……ネルソン提督に敗れ, 大陸封鎖が失敗。

B〔　　　　　〕の戦い……三帝会戦ともいう。ナポレオンの戦術がもっとも成功した戦い。

C〔　　　　　〕遠征……敵の焦土作戦がもたらした飢えと猛寒波に苦しめられ, 敗北した。

D〔　　　　　〕の戦い……「百日天下」が終わり, ナポレオンが退位した。

2 ウィーン体制の成立と崩壊

【タペストリー p.192〜193, エスカリエ p.142〜143】

作業1 ウィーン会議による各国の併合地を, 塗り分けよう。

プロイセン　：赤
ロシア　　　：青
オーストリア：黒
オランダ　　：赤の斜線
デンマーク　：青の斜線

作業2 ドイツ連邦の境界を赤でなぞろう。

問題 次の各文の空欄に適語を入れよう。

・1830年にパリで起きた革命
（ア　　　　　）革命

影響→（イ　　　　　）の独立

・1848年に再びパリで起きた革命
（ウ　　　　　）革命

→ヨーロッパ各地に革命が波及
（エ　　　　　）革命

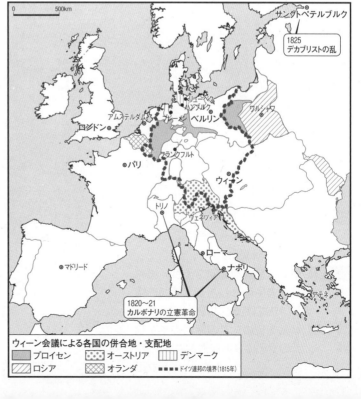

アメリカの発展／ラテンアメリカ／大英帝国

① アメリカ合衆国の成り立ち 【タペストリー p.206, エスカリエ p.152】

作業1 アメリカ合衆国の成立過程を, 以下のように色分けしよう。

- ・1776年独立の13植民地：赤
- ・イギリスより割譲（1783, 1818）：青
- ・フランスより購入（1803）
  ：赤の⬜
- ・スペインより買収（1819）
  ：青の⬜
- ・テキサス併合（1845）：赤の▦
- ・編入（1846）：黒
- ・メキシコより割譲（1848）・購入（1853）：黒の⬜

作業2 おもな大陸横断鉄道を黒でなぞろう。

② ラテンアメリカ諸国の独立 【タペストリー p.194, エスカリエ p.143】

作業 植民地を支配していた国別に, 指示の色で塗り分けよう。

スペイン：赤　　ポルトガル：青　　フランス：黒
イギリス：赤の⬜　　オランダ：青の⬜

③ "七つの海に君臨" する 大英帝国 【タペストリー p.42〜43, 195〜197, エスカリエ p.147】

作業1 イギリスの植民地を赤で塗って, 植民地が各大陸に及んでいることを確認しよう。

作業2 おもな航路を青でなぞり, イギリスを中心とした各大陸間の結びつきを確認しよう。

問題 繁栄を極めたこの時代のイギリスの女王の名前を答えよう。

（　　　　　　　）女王

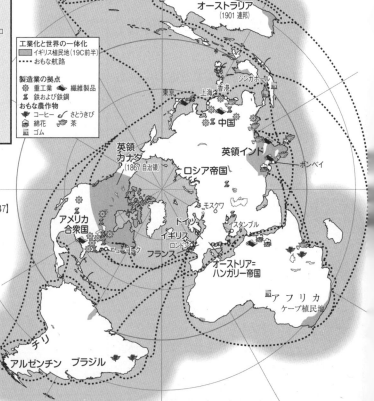

イタリア・ドイツの統一／ロシアの南下

1 イタリア・ドイツの統一
【タペストリー p.200〜201, エスカリエ p.150〜151】

▶Ⓐ イタリアの統一

作業1 イタリア統一の中心となったサルデーニャ王国の領土が拡大していった過程を, 五つの時代で色分けしてたどろう。
1815年…赤　1859年…赤の▨　1860年…青
1866年…青の▨　1870年…黒の▨

作業2 「独立の三傑」の一人, ガリバルディの進路を赤でなぞろう。

作業3 "未回収のイタリア"(オーストリア領だが, イタリアは自国領と主張)とよばれた南ティロル, トリエステを地図から探し, 文字を赤の○で囲もう。

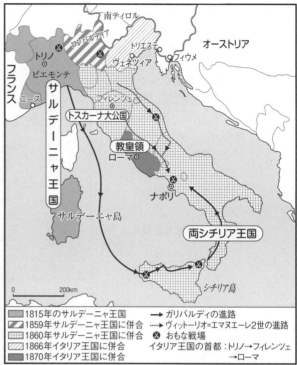

◀Ⓑ ドイツの統一〜"分裂から統一へ"

作業1 1815年のプロイセン, 1866年までのプロイセン獲得領を, それぞれ塗り分けよう。
1815年…赤　　1866年まで…青

作業2 1871年のドイツ帝国の境界を, 黒でなぞろう。

2 ロシアの南下
【タペストリー p.205, エスカリエ p.149】

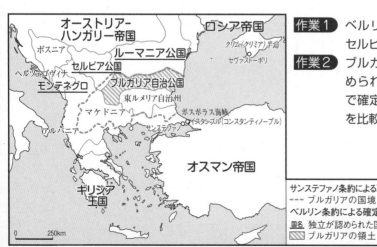

作業1 ベルリン条約で独立が認められたルーマニア, セルビア, モンテネグロを青で塗ろう。

作業2 ブルガリアについて, サンステファノ条約で認められた国境を赤でなぞり, 次にベルリン条約で確定したブルガリアの領土を赤で塗り, 両者を比較しよう。

近代の西アジア・南アジア・東南アジア

1 近代の西アジア（オスマン帝国の縮小）

【タペストリー p.223，エスカリエ p.159】

作業 オスマン帝国が失った領土を，右の白地図の凡例の区分をもとに，下の指示にしたがって，塗り分けよう。

・1829年まで…青
・1914年まで…赤
・1920年まで…黒

問題 1869年にフランスが完成させたAの運河名を答えよう。

（　　　　　　　　　）運河

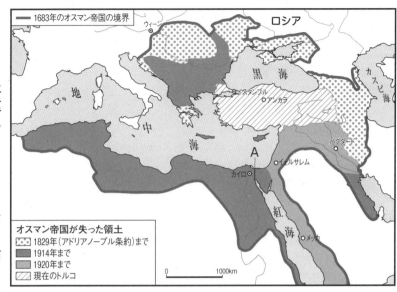

凡例：1683年のオスマン帝国の境界

オスマン帝国が失った領土
- 1829年（アドリアノープル条約）まで
- 1914年まで
- 1920年まで
- 現在のトルコ

1000km

2 近代の南アジア（イギリス領インドの完成）

【タペストリー p.224～225，エスカリエ p.160】

作業1 イギリスが1753～1805年までに支配した地域を，赤の▨で，1815～1858年までに支配した地域を，赤の▤で示そう。

作業2 インド大反乱が起きた範囲を青でなぞろう。

問題 1877年に成立した帝国の名称と皇帝となったイギリス女王の名を答えよう。

（　　　　　）帝国　（　　　　　　　　）女王

作業3 1886年までにイギリス領となった範囲を黒でなぞろう。

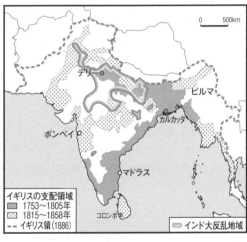

イギリスの支配領域
- 1753～1805年
- 1815～1858年
- イギリス領（1886）
- インド大反乱地域

500km

3 近代の東南アジア（進展する植民地化）【タペストリー p.226，エスカリエ p.161】

作業1 欧米列強によって植民地化された地域を，下の指示にしたがって塗り分けよう。

・フランス領…青の▨
・オランダ領…赤の▨
・イギリス領…黒の▨

作業2 次の主要産物の生産地に，それぞれ青で印をつけよう。

・原油…○印　　・ゴム…□印
・米……△印　　・砂糖…◇印

問題 植民地化が進むなかで，唯一独立を維持した国の名称を答えよう。

（　　　　　　　　　）

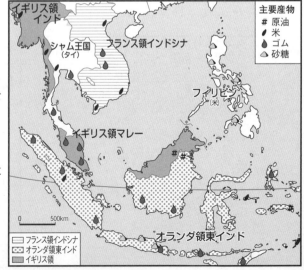

主要産物
- ＃ 原油
- 米
- ゴム
- 砂糖

- フランス領インドシナ
- オランダ領東インド
- イギリス領

500km

近代の東アジア

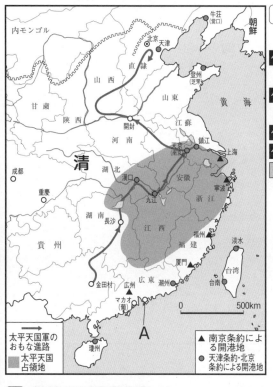

① アヘン戦争・アロー戦争と太平天国 【タペストリー p.228～229, エスカリエ p.162～163】

作業1 アヘン戦争後の南京条約による開港地の記号に，赤で○印をつけよう。

作業2 アロー戦争後の天津条約・北京条約による開港地の記号に，青で○印をつけよう。

作業3 太平天国軍のおもな進路を，青でなぞろう。

作業4 太平天国軍の占領地に，黒の を入れよう。

問題 南京条約によってイギリスに割譲された，Aの島名を答えよう。　　　　（　　　　　　）島

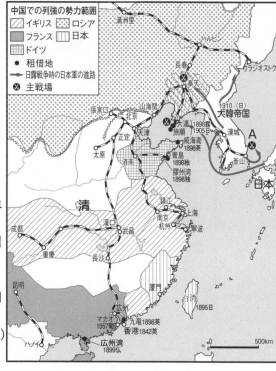

中国での列強の勢力範囲
- イギリス　ロシア
- フランス　日本
- ドイツ
- ● 租借地
- → 日露戦争時の日本軍の進路
- ⊗ 主戦場

② 列強の中国進出 【タペストリー p.231, エスカリエ p.165】

作業1 右の地図に中国での列強の勢力範囲を，それぞれ次のように塗り分けよう。

イギリス：赤　フランス：青の　ドイツ：黒の
ロシア：青　日本：赤の

作業2 日露戦争時の日本軍の進路を赤でなぞろう。

問題 地図中Aで起きた，ロシアのバルチック艦隊と日本の海軍が衝突した戦いの名称を答えよう。
（　　　　　　　　　　　）

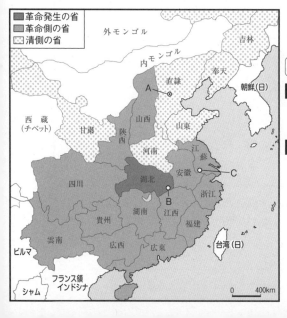

革命発生の省
革命側の省
清側の省

③ 辛亥革命 【タペストリー p.231, エスカリエ p.165】

作業1 各省を，それぞれ次のように塗り分けよう。

革命発生の省：赤　革命側の省：赤の
清側の省　　：青

作業2 辛亥革命に関する以下のできごとが起こった都市名を答え，その位置を地図中のA～Cから選ぼう。

・1911年10月　軍隊の蜂起
　　　都市名（　　　　　　）　位置（　　）

・1912年1月　孫文臨時大総統に就任
　　　都市名（　　　　　　）　位置（　　）

・1912年2月　袁世凱臨時大総統に就任
　　　都市名（　　　　　　）　位置（　　）

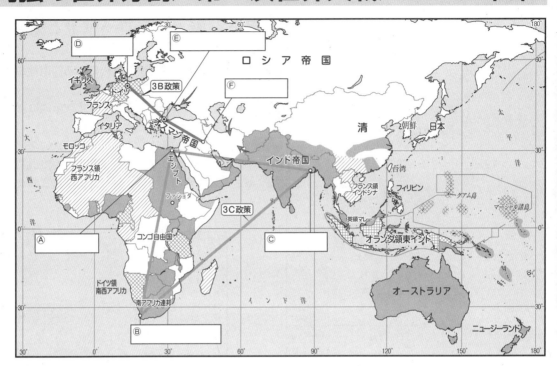

② 第一次世界大戦 【タペストリー p.235, エスカリエ p.171】

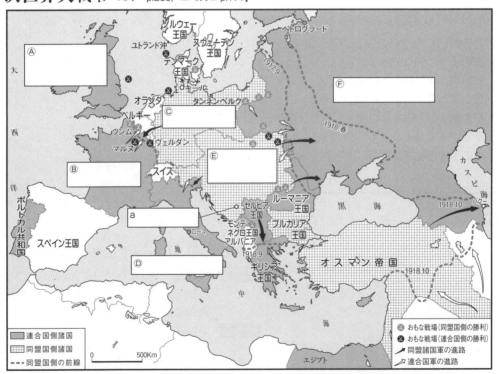

作業1 連合国側を青で，同盟国側を赤で塗り分け，図中のⒶ〜Ⓕの空欄に国名を記入しよう。

作業2 第一次世界大戦が勃発する端緒となった事件が起こったaの都市名を図中の空欄に記入しよう。

作業3 同盟国側の前線を赤でなぞろう。

問題 この戦争から登場した新しい兵器や戦法を五つ答えよう。

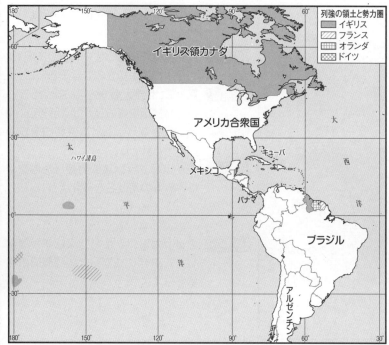

1 列強の世界分割

【タペストリー p.44〜45, 216, エスカリエ p.168〜169】

作業1 イギリスの勢力範囲を赤で，フランスの勢力範囲を青で，オランダの勢力範囲を黒で，ドイツの勢力範囲を赤の▨で塗り分けよう。

問題 上の着色した四つの国の中で，最も勢力範囲が広いのはどの国かを答えよう。
（　　　　　　　　）

作業2 ３B政策と３C政策に関連する都市Ⓐ〜Ⓕの名称を地図上の空欄に記入しよう。

作業3 上の二つの政策のうち，問題で答えた国の政策を赤でなぞろう。

3 ロシア革命 【タペストリー p.239, エスカリエ p.173】

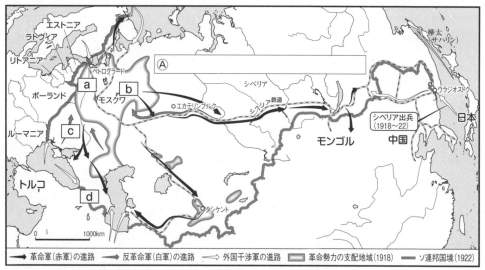

作業1 1918年の革命勢力の支配地域の範囲を青で，1922年のソ連邦国境を赤で囲もう。

作業2 ロシア革命によって誕生した国の名称を，図中の空欄Ⓐに記入しよう。

作業3 この国は，四つの共和国により成立した。図中のa〜dに当てはまる共和国の名称を記入しよう。
a［　　　］ b［　　　］ c［　　　］ d［　　　］

作業4 シベリア鉄道を，タペストリー p.44〜45，エスカリエ p.168〜169 ③の地図も参照して青でなぞろう。

ヴェルサイユ体制／戦間期のアジア

1 ヴェルサイユ体制

【タペストリー p.240〜241, エスカリエ p.174〜175】

作業1 1914年のドイツ・オーストリア-ハンガリーの国境線を赤でなぞろう。

作業2 第一次世界大戦後に独立したヨーロッパ諸国を青の▨で示そう。

作業3 敗戦国となったドイツ共和国を赤の▨で示そう。

作業4 ドイツがフランスに割譲した地図中のⒶ〜Ⓑの地域名を答えよう。

Ⓐ （　　　　　　　　　）
Ⓑ （　　　　　　　　　）

問題 アメリカのウィルソン大統領が提案し，1920年に成立した国際機関の名称を答えよう。

（　　　　　　　　　）

地図凡例：
▨▨▨ 1914年のドイツ・オーストリア-ハンガリーの国境線
▨ 第一次世界大戦後独立したヨーロッパ諸国
▨ 国際管理地域

2 戦間期の西・南アジア

【タペストリー p.244〜245, エスカリエ p.178】

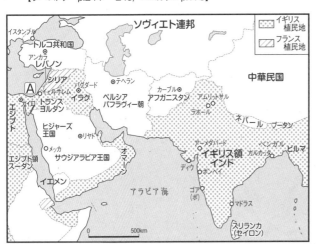

凡例：
▨ イギリス植民地
▨ フランス植民地

作業1 イギリス，フランスの植民地を，それぞれ色分けしよう。

イギリス：赤　　　フランス：青

作業2 1923年にムスタファ゠ケマルが建国した国を，地図中に黒の▨で示そう。

問題 地図中のⒶの地域は何とよばれているだろう。
ヒント：イギリスの委任統治領となったのち，ユダヤ人が多数移住。現在も紛争地域となっている。

（　　　　　　　　　）

3 日本の中国進出

【タペストリー p.247, エスカリエ p.179, 181】

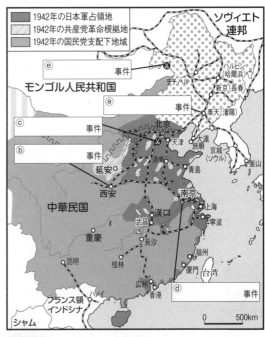

凡例：
▨ 1942年の日本軍占領地
▨ 1942年の共産党革命根拠地
▨ 1942年の国民党支配下地域

作業1 1932年成立の「満洲国」を赤で塗ろう。

作業2 1942年の中国共産党の革命根拠地を青で塗ろう。

問題 中国共産党と中国国民党が日本の侵略と戦うためにとった協力体制を漢字4文字で答えよう。（　　　　　　　　　）

作業3 地図中のⓐ〜ⓔに，それぞれの事件の名称を記入しよう。

第二次世界大戦

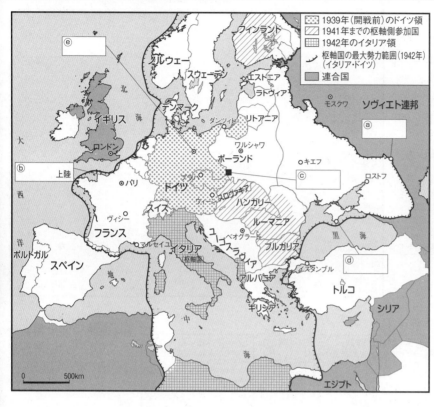

【タペストリー p.254, 256, エスカリエ p.182】

1 ヨーロッパ戦線

作業1	1939年のドイツ領を赤で着色しよう。
作業2	枢軸側参加国とイタリア領を赤の⧄で示そう。
作業3	枢軸国の最大領域を赤でなぞろう。
作業4	連合国を青の⧄で示そう。

問題 地図中の@〜eに，次の①〜⑤から地名を選んで，番号で記入しよう。

①ノルマンディー
②ベルリン
③ヤルタ
④アウシュヴィッツ
⑤スターリングラード

地図凡例:
- 1939年(開戦前)のドイツ領
- 1941年までの枢軸側参加国
- 1942年のイタリア領
- 枢軸国の最大勢力範囲(1942年)(イタリア・ドイツ)
- 連合国

2 アジア・太平洋戦線

【タペストリー p.255, 257, エスカリエ p.183】

作業1	1942年夏の日本軍の前線を，赤でなぞろう。
作業2	地図中の@〜fはおもな戦いのあった場所である。戦いの名称を，次の①〜⑥から選んで，番号を記入しよう。

①サイパン島
②真珠湾(パールハーバー)
③ガダルカナル島
④沖縄
⑤硫黄島
⑥ミッドウェー

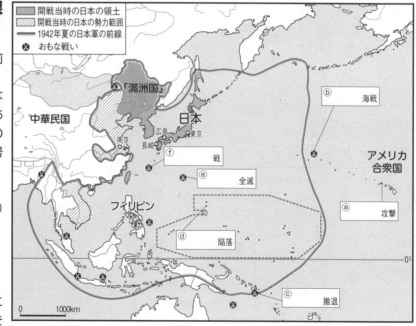

地図凡例:
- 開戦当時の日本の領土
- 開戦当時の日本の勢力範囲
- 1942年夏の日本軍の前線
- ⊗ おもな戦い

問題 タペストリー p.257，エスカリエ p.183の年表を参考に，次の説明文に適する用語を答えよう。

(1) 欧米列強からアジアを解放し，諸民族の共存・共栄をめざした構想（日本の膨張を正当化するスローガンとなった）。　　　（　　　　　　　　　）圏

(2) 1940年に，ドイツ，イタリア，日本が結んだ同盟。　（　　　　　　　　　）同盟

冷戦の始まり（ヨーロッパ・東アジア）

1 戦後のヨーロッパ

【タペストリー p.262〜263，エスカリエ p.186】

作業1 チャーチルが「鉄のカーテン」とよんだラインを黒でなぞろう。

作業2 NATO加盟国（〜1991年）▨を青で，ワルシャワ条約機構加盟国（1991年解体）▧を赤で色分けしよう。

作業3 壁が建設されたベルリンの都市の記号を赤の○で囲もう。

問題 次の文の（　）の中に該当する語句を入れよう。

・1947年，アメリカの（　　　　　）大統領は，ソ連を中心とする社会主義勢力との対決を明らかにした。

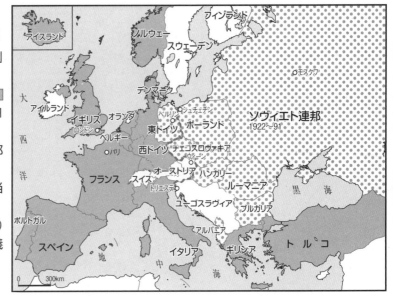

2 朝鮮戦争

【タペストリー p.302，エスカリエ p.187】

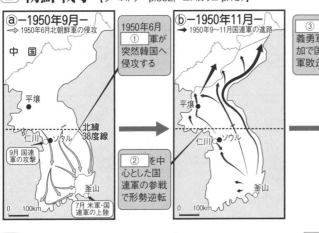

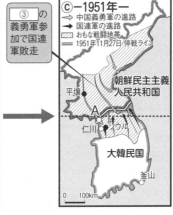

作業1 地図の横にある文の▢に該当する国名を記入しよう。

（① 　　　　　）
（② 　　　　　）
（③ 　　　　　）

作業2 北緯38度線を赤で，停戦ラインを黒でなぞろう。

問題 53年に休戦協定が調印されたAの地名を答えよう。

（　　　　　　）

3 インドシナ戦争

【タペストリー p.298，エスカリエ p.187】

問題1 インドシナを植民地化した国名を答えよう。

（　　　　　）

作業 ホー＝チ＝ミンが建国宣言を行い，北ベトナムの首都となった都市の記号を赤の○で囲もう。

問題2 この戦争の勝敗を決した1954年の戦場Aの名称を答えよう。

（　　　　　）

4 ベトナム戦争

【タペストリー p.298，エスカリエ p.187】

作業1 ホー＝チ＝ミン＝ルートを赤でなぞろう。

作業2 南ベトナムへ軍事介入を行い，北ベトナムへ大規模な爆撃を行った国名を答えよう。

（　　　　　）

作業3 1975年に陥落した南ベトナムの首都の記号を青の○で囲もう。

問題 北ベトナムへ援助を行った国を二つ答えよう。

（　　　・　　　）

第三勢力の形成／中東戦争

1 アジア諸国の独立
【タペストリー p.48～49, 294, エスカリエ p.188】

作業1 社会主義国を赤で着色しよう。

作業2 1955 年に第1回アジア＝アフリカ会議が開催された都市を青い○で囲もう。

問題 1947 年にイギリスから独立した国を二つ探そう。そして，それぞれの国で多数を占める宗教を答えよう。

国名	宗教
( )	( )
( )	( )

2 アフリカの独立 【タペストリー p.288, エスカリエ p.189】

作業 地図中の各国を下の指示にしたがって色分けしよう。

・第二次世界大戦前の独立国…赤
・1945～59 年の独立国　　…青の▨
・1960 年の独立国　　　　…青

問題1 1960 年は何の年とよばれているか答えよう。

「(   ) の年」

問題2 タペストリー p.287, エスカリエ p.190 も参考に，スエズ運河を左の地図から探して青い○で囲み，運河の国有化を宣言したエジプトの大統領名を答えよう。

(   ) 大統領

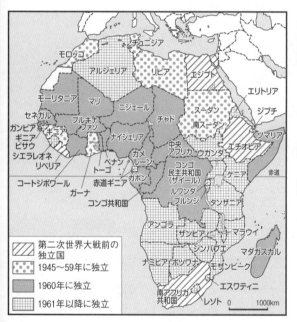

凡例：
- ▨ 第二次世界大戦前の独立国
- ▦ 1945～59年に独立
- ▨ 1960年に独立
- ▦ 1961年以降に独立

3 中東戦争 【タペストリー p.293, エスカリエ p.190】

作業1 1947 年の国連によるパレスチナ分割案で，ユダヤ人国家の領域とされた地域を，左の地図に赤で着色しよう。

作業2 第3次中東戦争時のイスラエルの領域を赤で，イスラエルの占領地を赤の▨で，右の地図に示そう。

問題 1993 年に，イスラエルと PLO（パレスチナ解放機構）が結んだ協定の名称を答えよう。

(   ) 協定

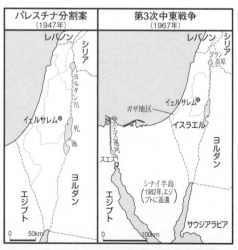

集団安全保障／ソ連の解体／現代の地域紛争

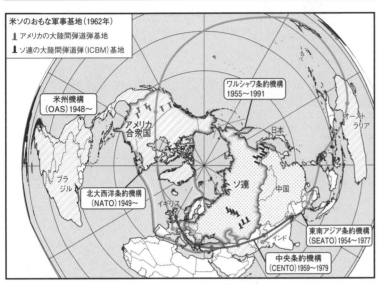

米ソのおもな軍事基地（1962年）
🔺 アメリカの大陸間弾道弾基地
🔺 ソ連の大陸間弾道弾（ICBM）基地

1 集団安全保障
【タペストリー p.48, 264, エスカリエ p.36, 192】

作業1 北大西洋条約機構（NATO）を青でなぞり，ワルシャワ条約機構を赤でなぞろう。

作業2 1959年のアメリカの同盟国▨を青で，共産主義国▨を赤で塗ろう。

問題 次の文の（　）の中に該当する語句を入れよう。

1961年，キューバは社会主義国となった。1962年，アメリカの（A　　　）とソ連の（B　　　）の決断により，危機は回避された（キューバ危機）。

2 ソ連の解体
【タペストリー p.270, エスカリエ p.199】

作業1 ロシア連邦を赤で着色しよう。ソ連から独立した国を青で着色し，東欧の旧社会主義国の範囲を黒で囲もう。

作業2 ソ連から他国に先行して独立したバルト3国の国名を赤の○で囲もう。

作業3 ソ連解体後，紛争が起きているチェチェンの場所に○，アルメニアの場所に×，ジョージアの場所に△を，それぞれ青色でマークしよう。

▨ ロシア連邦
▨ ソ連から独立した国
▨ 東欧の旧社会主義国
国名 独立国家共同体（CIS）加盟国

3 現代の地域紛争 【タペストリー p.267, 272, エスカリエ p.207】

作業1 「冷戦の終結」（1989年12月）以降に新たに起きた紛争地域の記号を赤で囲もう。

作業2 核兵器保有国▨を青で塗ろう。

ユーゴスラヴィア問題（1991〜2001年）
シリア内戦（2011年〜）
チェチェン紛争（1991年〜）南オセチア紛争（2008年）
北アイルランド紛争（1969〜98年）
ウイグル族の反政府運動（2009年〜）
バスク問題（1968年〜）
アフガニスタン問題（1979〜2021年）
カシミール紛争（1947年〜）
キプロス問題（1974年〜）
ロヒンギャの難民流出問題（1990年代〜）
メキシコ先住民問題（1994年〜）
パレスチナ問題（1948年〜）
クルド問題（1979年〜）
南沙群島領有問題（1974年〜）
ダールフール紛争（2003〜13年）
ソマリア内戦（1980年代〜）
チベット問題（1988年〜）
ルワンダ内戦（1990〜94年）
エチオピアとエリトリアの国境紛争（1998〜2000年）
スリランカ民族対立（1983〜2009年）

✴ おもな紛争地域
🚩 国連の平和維持活動が行われているおもな地域（2016年10月現在）

＊2011年7月 南スーダンが分離独立

（Q…クイズ　P…ポイントチェック　Q…特設ページ「クイズ」　A…文化特設ページ「アートの社会背景」を表します。）

p.39　P　ティグリス川とユーフラテス川　楔形　激しかった

p.40　Q　Try1 ②　Try2 6 ～ 10 月の洪水期　Try3 ①／P　神権　ナイル川

p.42　Q　Try1 ②　Try2 ③　Try3 一神教／P　表音文字　一神教　『旧約聖書』

p.43　Q　Try1 ②　Try2 ③　Try3 ②／P　短　中央集権　寛容な

p.44　Q　Try1 ②　Try2 ②　Try3 ①／P　イラン系　東西交易

p.46　Q　Try1 アテネ…写真⑥，スパルタ…写真⑤　Try2 ③　Try3 ③／P　都市国家　スパルタ

p.47　Q　Try1 ①　Try2 ①　Try3 ①／P　貴族と平民　戦争

p.48　Q　Try1 ②　Try2 ①　Try3 ①／P　人間　パルテノン神殿

p.49　Q1(略)　Q2 まっすぐ…両腕，右脇腹　屈曲…両足，左脇腹，腰　Q3 ①　Q4 ①／A ②

p.50 ～ 51　Q　Try1 ②　Try2 ①　Try3 ①／P　ペルシア　ヘレニズム

p.53　Q　Try1 エジプト　Try2 恋人の養子　Try3 ①／P　カルタゴ　帝政

p.54 ～ 55　Q　Try1 （ロンディニウム近くにある牡蠣の記号を探させる）　Try2 ②　Try3 ②／P　実用　奴隷

p.56　Q1 ①エ　②ウ　③オ　④ア　Q2 イ→（温浴室）→ア→エ→ウ　Q3 ①／A ②

p.57　Q　Try1 ②　Try2 ③　Try3 ③／P　世界宗教　帝国統一の必要から

p.59　P　水利施設　計画的に

p.60 ～ 61　Q　Try1 バラモン　Try2 ③／P　仏教　ヒンドゥー教

p.65　P　南北　農耕

p.66　Q　Try1 王　Try2 ②　Try3 殷／P　殷　封建制

p.67　Q　Try1 ①　Try2 ①／P　鉄　青銅貨幣　諸子百家

p.68　Q　Try1 ある　違う　Try2 始皇帝　Try3 ①／P　皇帝　郡県制　すぐに滅びた

p.69　Q　Try1 ①　Try2 ①　Try3 ②／P　匈奴　武帝　積極

p.70　Q　Try1 ①③④　Try2 ①／P　光武帝　豪族　黄巾

p.71　Q　Try1 ②　Try2 紙　Try3 ①／P　紙の製法　史記

p.74 ～ 75　Q　Try1 関羽　Try2 ③　Try3 ①／P　三国　華北　江南

p.76　Q　Try1 隋　煬帝　Try2 ①　Try3 高句麗／P　大運河　高句麗　40

p.77　Q　Try1 Ａ－②　Ｂ－③　Ｃ－①　Try2 南方　Try3 ①／P　隋　律令　冊封

p.78　Q　Try1 ②（ヒントの平城京の面積には東側に張り出した下京は含まれず）　Try2 ②④　Try3 ①／P　長安　安史

p.79　Q　Try1 Ａ：①③④　Ｂ：②⑤⑥　Try2 Ｂ　Try3 ②／P　イラン　国際的　貴族　唐詩

p.80　Q　Try1 ②　Try2 ①　Try3 ②／P　五代十国　科挙

p.81　Q　Try1 ①　Try2 ①　Try3 ①／P　文人　武人　北方

p.82 ～ 83　Q　Try1 （略）　Try2 （略）　Try3 ②／P　官僚　庶民　江南

p.84　Q　Try1 馬　Try2 ①③④　Try3 ①／P　モンゴル　ユーラシア

p.85　Q　Try1 元　Try2 積水潭　通恵河　Try3 ①／P　フビライ　海上

p.88　Q　Try1 石，石灰，土，れんが　Try2 ①　Try3 北方からの異民族の侵入を防ぐため／P　積極　北虜南倭

p.89　Q　Try1 ①　Try2 ①／P　威圧　懐柔　乾隆帝

p.90 ～ 91　Q　Try1 ②　Try2 ④⑤　Try3 ②／P　銀　西洋

p.92　Q1 ②　Q2 かつら　Q3 ①　Q4 ①／A1 ①

p.93　Q　Try1 ムスリム　Try2 ①　Try3 ③／P　ムハンマド　六信五行

p.94　Q　Try1 ①④　Try2 ③／P　納税のかわりに信仰の保持を認めた

p.95　Q　Try1 ③　Try2 ①　Try3 ①／P　カリフ　奴隷軍人

p.96　Q　Try1 ①盾　②弓　Try2 ②　Try3 モンゴル帝国／P　騎馬隊　イスファハーン

p.98　Q　Try1 Ａ－③　Ｂ－①　Ｃ－④　Ｄ－②　Try2 ③　Try3 ②／P　ギリシア　哲学

p.99　Q1 ③　Q2 ②／A1 ①　Q3 ②／A2 ①

p.100　Q　Try1 ①③　Try2 ①　Try3 ②／P　イェニチェリ　スレイマン 1 世

p.101　Q　Try1 ①　Try2 ②／P　アクバル　シク教

p.102　P　フン人　西ローマ帝国　東ローマ帝国

p.103　Q　Try1 ③　Try2 ①　Try3 ②／P　カール大帝　西ローマ帝国

p.104　Q　Try1 ビザンツ帝国（現イタリア）　Try2 （略）　Try3 キリスト教において皇帝が神の代理人であること（皇帝教皇主義）を示すため／P　ローマ法大全　聖ソフィア大聖堂

p.105　Q　Try1 ③　Try2 ②　Try3 ①③／P　ノルマン　イングランド

p.106　Q　Try1 ③　Try2 ①　Try3 ①／P　三圃制　封建制

p.107　Q　Try1 起床 2 時，就寝 21 時　Try2 労働，課業，読書　Try3 ①④／P　クリュニー修道院　グレゴリウス 7 世　カノッサ

p.108　Q　Try1 ③　Try2 ①　Try3 現世と来世を問わずすばらしい報酬が約束されている／P　ムスリム　ヴェネツィア

p.109　Q　Try1 ①　Try2 ①③　Try3 ①／P　自治都市　ギルド

p.110　Q　Try1 ①　Try2 ①　Try3 ①／P　黒死病　独立自営農民　ワット＝タイラーの乱

p.111　Q　Try1 ①　Try2 フランス　Try3 ①③／P　騎士　中央集権化

p.112 ～ 113　Q　Try1 632 年　Try2 ③　Try3 十字架／P　ラテン語　スコラ哲学

p.114 ～ 115　Q　Try1 ①　Try2 ②　Try3 ①／P　フィレンツェ　万能人

p.116 ～ 117　Q1 上部中央　Q2 上部左端　Q3 ①　Q4 ①／A1 ①　Q5 イエスと聖母の視線をあわせた　Q6 （略）　Q7 ①　Q8 ②　Q9 ①中央やや左寄り　②中央　③中央より左側手前　④左端付近の手前側（ピュタゴラスの後方付近）／A2 ①

p.118　Q　Try1 ①右奥　②左奥　③中央やや左寄り　Try2 ②　Try3 ①／P　ネーデルラント　世俗画

p.119　Q　Try1 ①　Try2 ①　Try3 ③／P　教皇や教会　プロテスタント

p.120 ～ 121　Q　Try1 ①　Try2 ③　Try3 ③／P　①─d　②─a　③─b　④─c

p.123　Q　Try1 ③　Try2 ②　Try3 ③／P　カトリック　オランダ

p.124 ～ 125　Q　Try1 ヘアスタイル　Try2 虹　Try3 ①／P　イギ

最新世界史図説 タペストリー 二十一訂版

明解世界史図説 エスカリエ 十五訂版

別冊白地図作業帳

33928

編　集　　帝国書院編集部

発　行　　株式会社帝国書院

東京都千代田区神田神保町 3-29（〒101-0051）

電　話　　03（3262）4795（代）

文化にみる日本と世界①

時代区分

年代	弥生時代	古墳時代	飛鳥時代	奈良時代	平安時代	鎌倉時代	南北朝時代	室町時代	戦国時代
		200 300 400 500	600 700	800	900 1000 1100	1200 1300	1400		1500

日本のおもな動き

- 紀元前○ → 紀元後○
- 五七　倭の奴国王が後漢の光武帝に遣使し金印を授けられる（光武帝に遣使）　楽浪郡
- 一〇七　倭の国王が後漢に遣使
- 二三九　邪馬台国の卑弥呼が魏に遣使
- 百余国に分立、漢に遣使を通じ、漢に遣使　楽浪郡
- 古墳がつくられ始める
- ヤマト王権による統一が進む
- 四二一～　倭の五王が南朝の宋に遣使
- 百済と連合し、高句麗と戦う
- 渡来人が大陸の文化・技術を伝える
- 五三八　百済から仏像・経論が伝来（仏教伝来）（五五二年説も）
- 五八七　厩戸王（聖徳太子）、小野妹子を遣隋使として派遣
- 六〇七　遣隋使を開始
- 六三〇　遣唐使の派遣を開始
- 六六三　白村江の戦い（唐・新羅連合軍に敗北）
- 六七二　遣唐使の派遣を再開
- 七〇一　大宝律令を制定
- 七一〇　平城京に遷都
- 七五二　大仏造立の詔
- 七五四　鑑真が唐より来日
- 七九四　平安京に遷都
- 八〇四　最澄、唐より帰国
- 八〇六　空海、唐より帰国
- 八九四　遣唐使の停止／国風文化（かな文字の使用広まる）
- 日宋貿易の始まり
- 一一六七　平清盛が太政大臣となる
- 一一九一　栄西、宋より帰国、臨済宗を広める
- 一二一九　道元、宋より帰国、曹洞宗を伝える
- 一一九二　源頼朝が征夷大将軍となる（鎌倉幕府成立）
- 貨幣経済発達
- 一二七四　文永の役（蒙古襲来／元寇）（→p.84）
- 一二八一　弘安の役（蒙古襲来／元寇）（→p.84）
- 一三三三　鎌倉幕府が元に滅び（建長寺船）
- 一三三五　鎌倉幕府滅亡
- 一三三六　室町幕府成立（建武式目発表）（天龍寺船）
- 足利尊氏が征夷大将軍となる
- 一三六八　足利義満、征夷大将軍となる
- 一三七八　足利義満が京都の室町に幕府を移す
- 一三九二　南北朝の合体
- 一四〇一　足利義満、明から日本国王に冊封される
- 一四〇四　勘合貿易始まる、明から日本国王に冊封される
- 一四二九　尚氏が琉球を統一（琉球王国成立）
- 一四六七　応仁の乱始まる（～七七）
- 一五四三　最後の勘合船派遣
- 朝貢貿易途絶、琉球王国が全盛期を迎える

日本と関連する世界の動き

- 前6～5Cごろ　仏教創始（→p.60）
- 前202　劉邦が漢を建国（前漢）
- 二五　光武帝が漢を再興（後漢）
- 鉄
- 二八〇　中国、南北朝
- 三一三　高句麗、楽浪郡を滅ぼす
- 三四六ごろ　馬韓に百済おこる
- 三五六ごろ　辰韓に新羅おこる
- 後漢滅亡、三国時代へ（→p.86）
- 漢字・須恵器・鍛冶技術・土木技術・機織り
- 渡来人
- 四七五　高句麗、百済を攻撃
- 仏教・盾／医学・易
- 渡来人
- 五八九　隋が中国を統一
- 六一八　隋が滅亡、唐が成立
- 六二九　玄奘、インドに出発（～四五帰国）（→p.76）（→p.12）
- 六七六　新羅、朝鮮半島を統一
- 律令／仏教文化
- 遣隋使・遣唐使
- 七五五　唐で安史の乱（～六三）
- 八七五　唐で黄巣の乱（～八四）
- 九〇七　唐が滅亡、五代十国時代（→p.80）
- 九七九　宋、中国を統一
- 一一二七　宋（北宋）成立
- 中国、貨幣経済が発展し、銅銭を大量発行
- 砂金・扇・蒔絵・硫黄
- 日宋貿易（→p.82）
- 銅銭・陶磁器・書籍・経典
- 一二〇六　チンギス＝ハン即位、モンゴル帝国の成立
- 一二七一　フビライ＝ハン、元を建国
- 一二七六　元、南宋を滅ぼし中国支配完成
- 砂金・硫黄・扇・蒔絵
- 銅銭・陶磁器・生糸・絹織物
- 一三六八　明を建国（洪武帝）
- 一三九二　李成桂、朝鮮を建国（→p.87）
- 倭寇の活動、明を建国
- 一三九二　明が海禁を実施
- 日元貿易（→p.84～85）
- 硫黄・刀剣・銅
- 一四四三　朝鮮が対馬の宗氏と関する条約を締結
- 一四九八　航路開拓、インド
- 一五一一　ポルトガル、マラッカ、インド、ポルトガルがマラッカを占領
- 明の外交が消極化（→p.120）
- 銅銭・生糸・絹織物
- 勘合貿易

---

1 やってきた大陸の文化（古墳～平安時代）

日本の古代文化は、中国文化の影響を受けてきた。文字をもたなかった日本語を表記するため、本来は中国語を表記する文字であった漢字を使うようになった。その過程で「万葉仮名」や、漢文を日本語で読むための「レ点」「一二点」といった、古典の授業で学習する「返り点」もあみだされた。文字のほかにも法律（律令）や音楽、食べ物、衣服、そして宗教も影響を受けてきた。

ファッション

▶①唐風の衣装をまとった女性たち　飛鳥時代のもの。裾が広がったスカートのようなものを着ている。近年の研究では、この赤色がカイガラムシの一種から採取される臙脂とよばれる赤で、東南アジア由来のものとされる。

比較

▼②永泰公主墓の壁画（唐代）
（国（文部科学省）所管　便利堂提供　高松塚古墳壁画　西壁女子群像）

仏教

▶⑤法隆寺金堂の壁画（奈良県）
仏教は中国・朝鮮半島経由で6世紀に日本に伝わった。この壁画はインドのアジャンター石窟寺院の壁画（→p.61）と顔などがよく似ている。1949（昭和24）年の火事で焼失。
（法隆寺蔵）※焼損前の壁画の模写

音楽

▶③雅楽「蘭陵王」　雅楽は、東アジア各地の音楽が、およそ5世紀以来日本に伝わり、それを古来の音楽と合わせ演奏する雅楽寮が大宝令によって創設されたのがその始めとされる。「蘭陵王」は、中国・北斉（→p.74）の皇族出身である武将の故事を描いたもの。
（写真：首藤光一／アフロ）

プチ　再現！古代美人

壁画を参考に、古代の日本人女性の服装を再現してみると…
- 長いひだのある着物、裾にフリル付き。
- 色とりどりの台形の布を縫い合わせた巻きスカートのようなものを着用。
- 細い腰ひもを蝶結びにしばる。
- 手には翳とよばれる長い柄の団扇を持つ。

▶④古代衣装ファッションショー（2014年、奈良県）〈朝日新聞社提供〉

食事にみる交流　シルク＝ロードを通ってきたチーズ～蘇

『日本書紀』にも登場する蘇は、牛乳を数時間かけて温め続けて固めたもの。味はかすかに塩気もあるが、ほんのり甘く、ミルク味のあめに近い。蘇は中央アジアの草原での生活で生まれ、シルク＝ロードを通り、日本へ伝えられたとみられる。（→p.72～73）
▲⑥古代の製法で再現された蘇

---

2 中国の禅宗とともに広がった文化（鎌倉・室町時代）

外国の人々が"代表的な日本文化"と考える「茶の湯」や「禅」は、宋代に中国から日本へもたらされたものである。当時の禅寺の建築様式は中国の様式を移入したもので、その一室で行われた茶会では「唐物」とよばれる舶来の調度品が重宝された。これらは大陸や朝鮮半島から海のルートで運ばれたものである。

日本で保存される名品

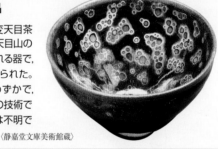

▶⑦曜変天目茶碗　曜変天目茶碗は、宋代の中国浙江省天目山の禅寺で使われていたとされる器で、禅僧によって日本に伝えられた。世界に現存するものはわずかで、すべて日本にある。現在の技術でも復元できず、その製法は不明である。
（静嘉堂文庫美術館蔵）

more　引き上げられた沈没船

13世紀後半、南宋が元に滅ぼされたことで、多くの禅僧が日本へ渡ることとなった。そののち、元との往来がさかんになり、博多を中心に多くの船が行き来した。写真⑩は1976年に発見されたジャンク船（新安沈船）で、寧波から博多へ向かう途中に沈没した。2万点に及ぶ陶磁器、25t・800万枚もの銅銭を積んでいた。日本から元に戻る船は火薬の原料になる硫黄も積んでいたが、これは北方での戦闘に使われた。

▲⑩韓国の新安沖で引き上げられた沈没船〈韓国国立海洋遺物展示館蔵〉
▲⑪船から見つかった銅銭〈韓国国立中央博物館提供〉

禅宗様の寺院

▶⑧阿育王寺舎利殿（中国、浙江省）

そり返った屋根
花頭窓

▲⑨円覚寺舎利殿（神奈川県鎌倉市）　臨済宗寺院。中国から禅僧が到来したことで、一種の「中国建築ブーム」が生じた。そった屋根のつくりや花頭窓、細かい木材を組み合わせた繊細な組み木などに、その特徴を見ることができる。国宝。

食事にみる交流　禅宗が発展させた精進料理

禅宗である曹洞宗の開祖道元は、宋に渡り約5年の修行を経て帰国後、永平寺（福井県）を開くにあたり、日常の生活全てが仏道の実践であるとして、洗面や入浴、就寝などの細かなルールを定めた。その際、とくに食事を重視し、調理を仏道修行として行うことを説いた。菜食中心で、食材を生かし、むだを出さない精進料理は、現在の和食にもつながっている。
▲⑫永平寺門前の精進料理

文化にみる日本と世界②

時代区分
戦国時代 ｜ 安土桃山時代 ｜ 江戸時代 ｜ 明治時代 ｜ 大正時代

日本のおもな動き

- 一五四三 ポルトガル人が鉄砲を伝える
- 一五四九 イエズス会のザビエルがキリスト教を伝える（→巻頭Ⅴ～Ⅵ）
- 一五八二 天正遣欧使節が出発する
- 一五九〇 豊臣秀吉、天下統一
- 一五九二 朝鮮出兵（～九三、九七～九九）
- 一六〇〇 江戸幕府成立
- 一六〇九 薩摩藩が琉球を征服
- 一六一〇 朱印船貿易がさかんになる
- 一六一二 対馬藩、朝鮮と貿易条約
- 一六一三 全国でキリスト教を禁止
- 一六二四 スペイン船の来航禁止
- 一六三三 奉書船以外の海外渡航禁止
- 一六三五 日本人の海外渡航・帰国禁止
- 一六三六 通信使来日
- 一六三七 島原・天草一揆（～三八）
- 一六三九 ポルトガル船の来航を禁ず
- 一六四一 オランダ商館を出島に移す
- 一六六九 蝦夷地でシャクシャインの戦い
- 一七九二 ロシアのラクスマンが根室に来航
- 一八〇四 ロシアのレザノフが長崎に来航
- 一八二五 異国船打払令
- 一八四二 異国船打払令をあらためる
- 一八五三 ペリーが浦賀に来航（→巻頭Ⅶ～Ⅷ）
- 一八五四 日米和親条約締結
- 一八五八 日米修好通商条約締結
- 一八六三 薩英戦争／長州藩、攘夷決行（下関で外国船を砲撃）
- 一八六四 四か国連合艦隊、下関を砲撃（英・米・蘭・仏）
- 一八六七 大政奉還
- 一八六八 戊辰戦争（～六九）／王政復古の大号令
- 一八七一 岩倉使節団派遣（～七三）
- 一八七二 台湾出兵
- 一八七六 日朝修好条規締結／江華島事件
- 一八七七 鹿鳴館外交
- 一八八一 国会開設の勅諭
- 一八八九 大日本帝国憲法発布
- 一八九四 日清戦争（～九五）
- 一九〇二 日英同盟を結ぶ
- 一九〇四 日露戦争（～〇五）
- 一九一〇 韓国併合
- 一九一四 第一次世界大戦に参戦

日本と関連する世界の動き

- 一五一七 ルターによる宗教改革（対抗宗教改革）
- 一五三四 イエズス会設立（対抗宗教改革）
- 一五五七 ポルトガル、マカオ居住権獲得（貿易根拠地）
- 一六〇二 連合東インド会社（オランダ）設立
- 一六四四 明が滅亡、清が中国を支配
- 一七五一 清が中国を支配
- 一八四〇 アヘン戦争（～四二）
- 一八五一 太平天国の乱（～六四）
- 一八五七 インド大反乱（～五九）
- 一八五六 アロー戦争（～六〇）
- 一八六一 アメリカで南北戦争始まる（～六五）
- 一八七〇 普仏（プロイセン＝フランス）戦争（～七一）
- 一八八二 三国同盟成立（独・墺・伊）
- 一八八四 清仏戦争（～八五）
- 一八九四 朝鮮で甲午農民戦争起こる
- 一九〇〇 清で義和団事件起こる
- 一九〇七 三国協商成立（英・仏・露）

貿易品（部分）
銀・銅／生糸・絹織物／米・調度品／海産物（俵物）／海産物・馬／絹織物・茶・医薬品／銀・銅／医薬品・書籍・生糸／金・銀・銅・俵物／生糸・絹織物・綿織物／金・生糸・茶／綿織物・毛織物・武器／生糸・綿糸・絹織物・茶／綿花・米・機械

南蛮貿易・朱印船貿易（p.119／p.123）
松前口での貿易（アイヌ）
薩摩口での貿易（琉球）
対馬口での貿易（朝鮮）
長崎貿易（オランダ・清）（→p.89）
長崎貿易（オランダ・清）（→p.144）
アヘン戦争（～四二）（→p.162）
開国後の貿易（→p.163）
西洋の近代文明・制度・技術・文化・思想・風俗（→p.164）
文明開化
産業革命後の貿易（→p.165）

イギリスで産業革命始まる
イギリス、中国へのアヘン輸出開始
アメリカで南北戦争始まる
清で辛亥革命起こる

〈日本漫画資料館蔵〉

---

③ "異界"からの訪問者、南蛮人がやってきた（戦国～江戸時代）

16世紀前半、ポルトガル人は密貿易商人として明から後期倭寇と同列にみられていた。種子島に鉄砲を伝えたポルトガル人が乗っていたのは、倭寇の首領である王直の船といわれる。大航海時代、ポルトガルは東アジアの域内交易を活発化させた。図①にも描かれている南蛮船は、アジア各地を寄港しながら、鉄砲や火薬、時計、明の生糸などを日本にもたらし、日本からは銀を持ち帰った。日本人は南蛮船を「黒船」とよんで畏敬する一方で、富や福をもたらす宝船とも受け止めていた。

修道士がルイス＝フロイスに送った手紙
　・・・彼ら（日本人）の間では、今、琥珀の球や金のくさりとかボタンを用いることが流行しています。私たち（ヨーロッパ人）の食物も彼らの間ではとても望まれております。・・・ポルトガル人の品々が彼らの間でたいした好評を博するようになりましたことは、まったく驚くべきことなのです。

松田毅一ほか訳『完訳フロイス日本史３』中央公論新社

▲①南蛮屏風（狩野内膳筆）〈神戸市立博物館蔵〉

南蛮船／カピタン（商館長）／教会堂（南蛮寺）／宣教師／虎

▶②豊臣秀吉のものと伝わるビロードのマント　ビロードはポルトガル語で、英語ではベルベットという。光沢があり、なめらかなはだざわりの布で、海外よりもち込まれた。細かい唐草文様がある。

〈名古屋市秀吉清正記念館蔵〉

食事にみる交流　菓子文化が花開いた "シュガーロード"
　日本に初めて砂糖がもたらされたのは奈良時代といわれ、大変な貴重品であった。その後、江戸時代初期のポルトガルとの交易が、砂糖が国内に広まるきっかけとなった。出島に荷揚げされた砂糖は、長崎から福岡県北九州市の小倉までを結ぶ長崎街道を通り、京・大坂・江戸などへ運ばれた。そのため、長崎街道は「シュガーロード」ともよばれている。沿道には、長崎のカステラ、佐賀の丸ぼうろや小城の羊羹など、親しまれている名菓がいっぱいである。

▲③シュガーロード（北九州市・福岡市・金平糖・丸ぼうろ・佐賀市・羊羹・小城市・長崎市・カステラ・0 50km）

---

④ 西洋文化の本格到来と変わる生活（幕末～明治時代）

　日本が幕末を迎えていたころ、世界では帝国主義とよばれる、植民地分割競争の時代の前夜だった。日本も開港ののち、急速に西洋化の波にさらされる。西洋の技術を導入し、政府の主導で食事や服装も西洋化されていった。初めのうちは人々の気持ちや考え方は簡単には変わらなかったが、しだいに大都市を中心に西洋化が浸透していった。

ビゴーが故郷の母にあてた手紙
　・・・道中行く先々で、多くの人々がぼくにお茶やお菓子を出してくれたり、大声で「コニチワ、トージン（外人さんこんにちは）」、「オイデナサレ、ドーゾ（ちょっといらっしゃい）」・・・などとあいさつしてくれたりします。
　・・・いやまったく日本は愉快な国で・・・母さんにも見せたいほどです

芳賀徹ほか編『ビゴー素描コレクション３』岩波書店

▲④外来の物と日本の物の争い　物を擬人化して表している。欧米からはいってきた物は洋装をし、日本の物は和服を着ている。欧米と日本だけでなく、中国の物も描かれている。〈香川大学図書館蔵　神原文庫資料〉

（図中ラベル）西洋料理／ビール／いす／床几 折りたためるこしかけ／日本米／おでん／KAIKA INJUN 開化因循鏡／日本油／日本酒／南京油／会席料理／せっけん／横文字／南京米／人力車／帽子／牛鍋／ざんぎり頭／ちょんまげ／うさぎ／ぬか袋／ランプ／漢字／えぼし／こうもりがさ／れんが／かわら／かんてら／からかさ／豚

▲⑤サムライ姿のビゴー　ビゴーはパリ生まれ。横浜で発行した雑誌『トバエ』で、近代化する日本を風刺した（→p.164 図①）。なお、この誌名は浮世絵の一種鳥羽絵をさし、鳥獣戯画の筆者といわれる鳥羽僧正にならいマンガ的な表現をとったことをさす。

〈東京都江戸東京博物館蔵〉

Japon 1882　Georges Bigot

食事にみる交流　あの食べ物も実は文明開化の産物！
　文明開化の波は日本人の食文化も大きく変えた。それまで肉食は一般的でなかったが、牛肉をとうふやねぎなどとともに鉄鍋で煮ながら食べる「牛鍋」の登場で肉食ブームが起きた。夏の風物詩であるラムネも幕末に伝わったもので、英語のレモネードがなまりラムネとして広まったといわれる。ほかにもアイスクリームやウスターソースなど、新しい味覚がもち込まれた。パンの製造も広がり、日本独特のあんパンも誕生した。

▲⑥銀座を描いた錦絵〈マスプロ美術館蔵〉
（図中ラベル）石づくりの洋館／鉄道馬車／石橋／ガス灯

▶⑦ラムネに驚く人